教育部人文社会科学重点研究基地项目"宋代地方法制研究"(10JJD770009)研究成果

国家社会科学基金青年项目"宋朝地方司法结构变革与治理效能研究"(11CFX010)研究成果

教育部人文社会科学重点研究基地——河北大学宋史研究中心基地建设经费资助出版

河北大学历史学强势特色学科经费资助出版

河北大学中国史"双一流"学科建设经费资助出版

国家社科基金丛书
Guojia Sheke Jijin Congshu

宋代地方法治问题研究

The Study on Local Rule of Law in Sung Dynasty

贾文龙 著

人民出版社

序　言

　　历史研究在中国是个古老的学科,她在近年出现了较大的变化。这与中国与外界交往的扩展有直接关系。鸦片战争、甲午战争等的失败,使中国人开始关注外国的情况,西方的理论开始影响中国。十月革命一声炮响,又给中国送来了马克思列宁主义。这些新的理论极大地开拓了中国人的精神世界,动摇了许多陈旧的传统观念。使中国的史学获得了新的活力,从而面貌一新。但是,任何事物都是有利也有弊的。外来的理论再好,都是产生于国外环境中的,拿到中国来总是有适合不适合、在多大程度上适合的问题。我在赞叹外来新理论给我们带来的巨大好处的同时,又不能不感叹某些新理论造成的近乎灾难性的恶劣影响。特别是感叹一些外来理论被生吞活剥地套用于中国后产生的令人啼笑皆非的怪结果。司法史研究也存在类似情况。但是,随着时间的延续,随着研究的深入,随着对外来理论理解的加深,情况正在朝正确的方向变化。

　　我本人对宋代司法没有做过深入研究,更没有机会很好地钻研司法理论,只是在学生的带动下稍许关心了一下宋代司法问题。我对自己的研究生挑选课题采取放任态度,结果造成不少学生选的课题是我不熟悉的。我的好几位学生选了宋代司法方面的课题,逼得我只硬着头皮去看了一些有关的书籍。我的粗浅体会是:中国古代司法的突出特点,是行政、司法合一,司法少有独立性。礼、法合一，对人行为的管理与对思想的管理统一。儒家的伦理渗透于法条之中。而宋代是一个高度集权的政治制度。中国古代少有法律面前人人平等的观念，法律条文明确写明社会地位不同的人适用不同的法律。这在《唐律疏义》中有明确体现。宋代各级行政长官都兼有法官职能，特别是州、县二级更是如此。在这一大框架、大前提下，也有对公正、公平的追求。宋代儒学复兴，新儒学提倡治心，强调天下为公，成为意识形态的主流。新儒学对社会上形形色色的人提出了不同的要求，总之是皇帝要有皇帝样，大臣要有大臣样，百姓要有百姓样，各尽各的义务。在此基础上，实现当时的公平正义。这种意识形态推动了司法改革，出现了一些有积极意义的尝试。宋代统治者特别重视对历史教训的总结，努力寻求克服以往主要治国弊病的办法。防范官员的徇私舞弊、徇私枉法，是他们很注重的，这也导致司法作相应的改变。

贾文龙主攻宋代法制多年，颇有研究成果。除了专著《卑职与高峰——宋朝州级属官司法职能研究》（人民出版社2014年版）外，还发表了相当数量的学术论文。他努力学习新理论、新方法，寻求新的角度、新的切入点。他也关心古文献的电子化，在这方面作了不少努力。这次，他又完成了国家社科基金课题《宋朝地方司法结构变革与治理效能研究》。本成果以马克思主义的社会变革与法律变迁的理论为指导，使用"司法结构"概念作为研究思路，以宋代地方法制中国家、官吏、民众为三个基本要件，通过对地方司法结构的分层解析，尝试把法律史与社会史研究结合起来，使宋代地方司法结构中诸元素间的现实社会关系形成不同角度且又相互印证的剖面，从而突破历史现象的表面而向深层突破，重新评价了宋代地方司法的诸个层面。他不满足于对制度、现象的研究，首次使用"司法结构"概念，深入考察宋代的审级结构、法权结构、流程结构、等级结构、民间结构、法礼结构、因果结构，分析宋代司法受理诉状、审讯检验、传集证人、书写供状、检出法条、拟出判决、集体审核、终审判决等程序环节。本课题系宋史学界首次使用

序　言

"司法结构"概念探讨宋代地方地方司法的相关问题，对于突破以往研究视角，重新分析和评价宋代地方司法制度，总结其经验教训，均有积极意义。

我以为，史学的任务是给人们提供思想资料。以往有时夸大史学的作用，似乎它可以解决一切现实问题。有时，又出现"史学无用"的议论。然而，史学就是史学，她不会因被夸大、被贬抑而灭亡。史学依其客观规律而发展。但是，作为史学工作者，不可避免地遇到史学研究如何发展、向哪些方向发展的问题。新的环境、新的条件，促使史学不断变化。我从事史学工作的初期，寻找书籍是极困难的事。那时要看《四库全书》中的书，是极困难的。我看《续资治通鉴长编》，是打着老教授的旗号，开了大学校级介绍信，在两年多时间中陆续从图书馆借阅的。这种情况今天已经完全没有了。条件不同，做学问的方法也必然改变。史学的内涵也必然改变。从本成果中，我看到了新一代史学研究者不满足现状竭力创新的奋斗。我不敢说他们所有的努力都是对的，但是，这种奋斗终将为中国的史学书写新的篇章，终将探索出中国史学发展的正确方向。

以上的话也仅是我读有关宋代司法著作及贾文龙相关著述的一些感想和体会，写出来作为抛砖引玉的引子。

汪圣铎

2018 年 12 月

目　录

制度·社会·精神：宋代地方法治问题研究绪论 ·················· 001

第一章　干枝与虚实：宋代地方司法结构的层级设置 ············ 030
第一节　宋代县级司法行政 ·················· 036
第二节　宋代州级司法行政 ·················· 046
第三节　宋代路级司法行政 ·················· 058

第二章　分权与控权：宋代地方司法结构中的分割与配置 ······ 079
第一节　宋代皇帝对地方司法的控制权 ·················· 079
第二节　宋代地方司法中的主审权分配 ·················· 102
第三节　宋代地方司法的判决权分配 ·················· 112
第四节　宋代地方司法中复审权的分配 ·················· 120

第三章　上下与制衡：宋代地方法官群体中的主官与属官 ······ 127
第一节　宋代选任地方官员的政治理念 ·················· 127
第二节　宋代地方司法中主官的官际关系 ·················· 147
第三节　宋代地方司法中属官的职际关系 ·················· 167

第四章　强弱与贵贱：宋代地方法吏群体的利益介入 …… 182
第一节　宋代法吏成为地方司法的必要辅助 …… 182
第二节　宋代地方政治中的"官易吏难"现象 …… 200
第三节　宋代地方政治中的"吏强官弱"现象 …… 214
第四节　宋代地方政治中的漏洞化司法腐败 …… 226

第五章　好利与忍讼：宋代地方民众法律求助的路径选择 …… 240
第一节　宋代地方民众的法律求助路径 …… 240
第二节　宋代地方民众的法律借助态度 …… 257
第三节　宋代地方民众的法律观念流向 …… 280

第六章　情法与理性：宋代地方法官群体的法律思想 …… 299
第一节　宋代地方官的知识信仰与施政方式 …… 302
第二节　宋代地方官的法官角色专业化 …… 326
第三节　宋代地方官司法思想的理性化趋势 …… 343

第七章　短安与长治：宋代地方司法结构的制度张力与实施效能 …… 373
第一节　宋代地方治理体系的时代进步 …… 373
第二节　宋代地方治理的特别预防政策 …… 399
第三节　宋代地方治理中"短安长治"模式的形成 …… 421

参考文献 …… 437

后　记 …… 464

制度·社会·精神：宋代地方法治问题研究绪论

一、选题意义

（一）宋代地方司法是宋人善治州县的体现

宋人对本朝的地方政治制度评价颇高，与其他朝代相比较认为当时地方法制处于领先地位："惟本朝之法，上下相维，轻重相制，如身之使臂，臂之使指。民自徒罪以上，吏自罚金以上，皆出于天子。藩方首臣，统制列城，付以数千里之地，十万之师，单车之使，尺纸之诏，朝召而夕至，则为匹夫。是以百三十余年，海内晏然谧闭，而不兴寇窃乱贼，而不作舟车。所至海隅，出口无异近地。不惟祖宗仁恩德泽深结于民，亦由制置郡县最为得其道，前世所未有也。"① 宋代制度中地方政府的职能划分相当明晰："祖宗之规模在于州县，州委之生杀，县委之赋役。"② "凡州郡之治，非兵戎则尽农事、狱讼、简书也。"③ 宋代州级政府扮演重要的司法角色，"州郡之狱，所系甚重，刑名

---

① （宋）范祖禹：《太史范公文集》卷二二《转对条上四事状》，载《宋集珍本丛刊》，线装书局2004年版，第24册，第277页。
② （宋）赵汝愚：《宋朝诸臣奏议》卷一一一《上神宗论新法》（范镇），上海古籍出版社1999年版，第1208页。
③ （宋）刘攽：《彭城集》卷三二《汝州推官厅记》，景印文渊阁《四库全书》本，台北：商务印书馆1983年版，第1096册，第316页。

有出入之殊，人命有死生之判。流徒而下，其事实繁，苟推鞫之际，一失其平，则冤抑之民，何所赴愬？然则狱官所系，顾不重哉！"①

宋代制度中正是将州级政府作为地方最重要的司法审判级别，因而才有宋人对本朝善治州县的自信。

（二）宋代地方司法是唐宋法律变革的主要体现

1922年内藤湖南发表《概括的唐宋时代观》，由此形成"唐宋变革"说，认为唐与宋分属两个不同性质的时代，唐属中古，宋属近世。② 内藤湖南的"唐宋变革"并没有涉及法律方面的变革内容，经其弟子宫崎市定等京都学派的发展，认为唐宋法律上有司法制度成熟、讼学发达、注意个人权利等三个方面的变革。③ 柳立言先生认为代表中产之家的法律文化的形成是唐宋法律变革的主要内容。④ 而司法制度的完善，民间讼学的发展，私有财产观念影响法律条文都以地方社会为主要发生场域。因此，宋代地方司法状况可以成为唐宋法律变革的主要表现。

（三）宋代地方司法是中华法系司法体制大变革的主要体现

宋代科举制的盛行，开创了皇帝"为与士大夫共治天下"⑤的政治格局，促使士大夫成为地方官员的重要主体，宋代地方法官群体执法素质的提高，

---

① （明）黄淮、杨士奇：《历代名臣奏议》卷二一七《乞慎择狱官奖掖有功者札子》（虞俦），上海古籍出版社1989年版，第2854页。
② [日]内藤湖南：《概括的唐宋时代观》，《历史与地理》第9卷第5号，第1—11页；黄约瑟译，载刘俊文主编《日本学者研究中国史论著选译》第一卷《通论》，中华书局1992年版，第10—18页；柳立言先生认为译文将该论文的出版时间误为1910年。
③ 柳立言：《何谓"唐宋变革"》，载《中华文史论丛》第81辑，上海古籍出版社2006年版，第133页。
④ 柳立言：《宋代的社会与流动与法律文化：中产之家的法律？》，2004年7月北京大学"唐宋时期的社会流动与社会秩序"研讨会提交论文，《唐研究》，北京大学出版社2005年版。
⑤ （宋）李焘：《续资治通鉴长编》卷二二一，熙宁四年三月戊子，中华书局2004年版，第5370页。

改良了汉唐以来的传统司法结构。但是宋代地方法制实践中，也出现了司法官僚化趋向，"官不足以制吏""吏强官弱"成为痼疾，宋代地方司法深刻昭示了中国传统政治在封建社会中后期的弊端与困境。

宋代是中国古代司法监察体制的大发展时期。宋代为促进地方司法更好发挥维护统治秩序的职能，设计了多层级、多系统的监察体系。宋代地方司法既受中央监察，也要接受监司监察。此外，同僚互察、当事人越诉也是宋朝地方司法监察制度的重要形式。[①] 可以说，宋代是中央政权对地方司法机关与法官由上至下施加控制十分严密的时期，这种趋势的后续发展最终扼杀了中国传统司法体制的生命力。

（四）宋代地方司法是中华法系审判思想大变革的体现

随着宋代士大夫群体自身法律素质的提高，其在地方治理的实践中，更加重视民间财产纠纷等"田宅细故"，逐渐提出了"天理、国法、人情"三者结合的司法思想，这是中国传统"礼法结合"审判思想的一次重大跃进。

宋代士大夫群体知识化程度较高，宋代政府又相当重视证据制度，"国家累圣相授，民之犯于有司者，常恐不得其情，故特致详于听断之初"[②]，因此宋代是中国古代刑事侦查科学大发展的时期，宋代三大刑侦著作《折狱龟鉴》《棠阴比事》《洗冤集录》的作者郑克、桂万荣、宋慈都曾在地方长期从事司法工作。

宋代是中国传统社会中依法行政的典型时期，社会治理效果也相当不错，宋代是中国古代地方行政史上从周期动乱到相对平稳的重要拐点。

[①] 王云海：《宋代司法制度》第 10 章《司法监察制度及法官的责任》，河南大学出版社 1992 年版。

[②] （明）黄淮、杨士奇：《历代名臣奏议》卷二一七《论刑部理寺谳决当分职札子》（汪应辰），上海古籍出版社 1989 年版，第 2852 页。

(五) 宋代地方司法是中国司法制度高峰的体现

宋代地方法制中的"鞫谳分司""翻异别勘"等制度，出现了"审"权与"判"权的司法结构分离，从而达到了中国司法制度史的最高峰。在中华法制文明史上，两宋"达到我国封建社会司法制度的顶峰"，其"周密的判决制度在中国古代实在是首屈一指的"。① 这个顶峰主要体现在宋代极具特色的地方司法体制中，宋朝路级设置了特有的司法、监察机构——提点刑狱司，"有疑狱未决，即驰传往视之"②。宋代州级确立了中国古代史上最有特色的"鞫谳分司""翻异别勘"的审判制度，宋代县级知县制度的推广影响深远。宋代地方法制结构的变迁是中国司法制度达到高峰论的主要依托。

综上所述，可以认为宋代地方法制是中国法律史研究的重要问题，也是中华政治文明中具有独特魅力和典范价值的重要部分。

二、研究动态

(一) 宋代地方司法制度研究

在近代学术界，徐道邻先生是宋代司法制度史的最早探路者，他在20世纪六七十年代发表了《宋律中的审判制度》《宋朝刑事审判中的复核制》《鞫谳分司考》《翻异别勘考》《宋朝的县级司法》《推勘考》等论文③，这是后世学者研究宋代司法制度史的基础。

徐氏之后，受到"宋律是唐律翻版"等认识的局限，宋代司法制度史研究一直不能成为学术热点。在大陆宋史学界中，王云海先生是第一位重视宋

---

① 王云海：《宋代司法制度》，河南大学出版社1992版，第8页、第285页；另薛梅卿、赵晓耕主编《两宋法制通论》中亦持此说，法律出版社2002年版，第12页。
② (元) 脱脱：《宋史》卷一九九《刑法志一》，中华书局1977年版，第4971—4972页。
③ 徐道邻：《中国法制史论集》，台北：志文出版社1975年版；《徐道邻法政文集》，北京：清华大学出版社2017年版。

代法律制度研究的学者①,《宋代司法制度》是学术界第一部系统研究宋代司法制度的著作,成为后来学者研究宋代法史的入门津梁。1988年戴建国先生对宋代司法管辖、审判机构的组成、法官回避、司法起诉、审判程序、审判期限、上诉、覆审、死刑覆核及审判制度的特点作了系统而详细的论述。② 此文对徐道邻先生的观点有所修正与补充。郭东旭先生借助现代法学的理论体系,以立法、刑法、民法、经济法、诉讼法等现代部门法角度对宋代法制做了系统研究。③

在法律史学界,张晋藩先生对宋代司法制度的研究最为深入。《中国法制通史·宋代卷》有专章对宋代的司法机关、诉讼制度、审判制度问题进行论述。④《中华法制文明的演进》着重就宋代司法机关的变动、诉讼制度、审判制度和狱政制度等问题作了深入研究。⑤《中国司法制度史》对宋代的司法机构、刑事诉讼制度、强制措施、刑事审判制度、证据制度、民事诉讼与审判等问题进行了研究。⑥ 在上述著作中,张晋藩先生对宋代司法制度有相当高的评价。陈景良先生发扬光大了张晋藩先生的观点,认为"设官分职,各司其局"是宋代司法的理念,并由此形成了宋代风格独具的司法制衡传统。⑦ "法官""司法"和"法理"等词在宋代史料中反复出现,是宋代社会私有制深入发展和利益多元化在司法上的必然反映,彰显了宋代社会"好讼"之风的形成及宋代司法传统由伦理型向知识型的转变。⑧ 陈景良先生认为宋代司法出现职业化的趋向,这一趋向以州级检法官的全面设置为标志,以民事案件给

---

① 王云海:《宋代司法制度》,河南大学出版社1992版。
② 戴建国:《宋代刑事审判制度研究》,《文史》第31辑,中华书局1988年版。
③ 郭东旭:《宋代法制研究》,河北大学出版社1997年初版,2000年第2版。
④ 张晋藩:《中国法制通史》,法律出版社1999年版。
⑤ 张晋藩:《中华法制文明的演进》,中国政法大学出版社1999年版。
⑥ 张晋藩:《中国司法制度史》,人民法院出版社2004年版。
⑦ 陈景良:《宋代司法传统的现代解读》,《中国法学》2006年第3期。
⑧ 陈景良:《宋代"法官"、"司法"和"法理"考略——兼论宋代司法传统及其历史转型》,《法商研究》2006年第1期。

当事人以断由为支撑,以州级司法文书"千文架阁法"为保障。① 陈景良先生认为宋代的民事审判坚持书证为裁判田宅交易纠纷之重要证据、同一类案件适用同一类规则、剖判曲真则依条法的三大原则,法律作为知识与客观准则得以在民事诉讼的审理中发挥重要作用,宋代司法传统是典型的成文法传统。② 宋代司法传统中的一系列制度,不仅使仁爱司法理念得到践行、法官职业素养得到提升,而且还使司法制衡机制得到强化,审判程序设置更加精密,司法辅助制度更加完善。③

宫崎市定先生对宋元时期的司法机构设置和职掌进行了详细考订。④ 1996年朱瑞熙先生所著的《中国政治制度通史·宋代卷》中从政治学的视角考察了宋代的司法制度,史料丰富详赡。⑤ 此外,李交发先生对宋代诉讼法制的相关情况进行了描述。⑥ 周密对宋代司法机构及断狱制度作了简要的概述。⑦ 赵旭对唐宋时期司法程序及法司建制方面进行了比较研究。⑧ 戴建国、郭东旭先生对南宋的回避制、鞫谳分司制、翻异别勘制、越诉制、死刑复奏制、公证书铺等进行了述论,认为南宋司法运行呈现出新的时代特色。⑨ 贾玉英先生以体制变革为门径,以制度变迁为主线,依次对唐宋时期京畿管理体制变迁、"道""路"制度演变、地方政区"府"制和三大京府的管理制度及其演变、地方州军监管理制度演变、县级管理制度及其演变、乡村基层管理体制及其

---

① 陈景良:《唐宋州县治理的本土经验:从宋代司法职业化的趋向说起》,《法制与社会发展》2014年第1期。
② 陈景良:《宋代司法传统的叙事及其意义——立足于南宋民事审判的考察》,《南京大学学报》2008年第4期。
③ 陈景良、吴欢:《宋代司法公正的制度性保障及其近世化趋向》,《河南大学学报》2015年第1期。
④ 宫崎市定:《宋元时代的法制和审判机构》,载《日本学者研究中国史论著选译》第八册,中华书局1992年版。
⑤ 朱瑞熙:《中国政治制度通史·宋代卷》,人民出版社1996年版。
⑥ 李交发:《中国诉讼法史》,中国检察出版社2002年版。
⑦ 周密:《宋代刑法史》,法律出版社2002年版。
⑧ 赵旭:《唐宋法律制度研究》,辽宁大学出版社2006年版。
⑨ 戴建国、郭东旭:《南宋法制史》,人民出版社2011年版。

变迁、地方使职差遣及添差官制度演变、地方监察体制及其演变等问题进行了深入的考察。① 王晓龙等学者以"法律文明"的视角，从法治观念、立法、民众法律地位、财产关系、"以人为本"、民事审判、责任追究、司法检验、民间法律学习等诸方面对宋代的法律进行了总结。②

在以上诸多通论性著述中，宋代地方司法制度作为整个王朝司法体系的一部分，尽管不可或缺，但视角大多自上而下，在中央驱使地方的理念之下，多数成果未对宋代地方司法制度更多着墨。

余蔚将宋代各层级近三十种地方行政组织整合为完整、有序的体系，讨论各级地方施政区域、机构组成、行政功能之执行与工作方式，是目前学术界对宋代地方行政区划研究中的力作。③ 他还对中国古代的地方监察制度进行了通史与专题相结合的考察。④

对宋代地方司法制度的研究，按照行政级别而进行分层研究是重要的特征。在路一级，戴建国先生对路级提点刑狱司的设置、人员组成、职权、考课监督做了考述。⑤ 石涛研究了北宋提点刑狱司制度。⑥ 王晓龙对宋代提点刑狱司的司法职能作了详尽的研究，认为提点刑狱司促进了宋代的司法文明。⑦

苗书梅先生对宋代知州与通判的司法职能进行了研究。⑧ 贾文龙对宋代州级属官的司法职能进行了研究，认为州级属官的人员设置构成了"鞫谳分司""翻异别勘"制的前提和基础。⑨ 霍存福先生认为宋代府州一级审判一般有推勘、录问、检法、拟判、审核、判决六道程序，"推驳（推正、驳正）"制度

---

① 贾玉英：《唐宋时期地方政治制度变迁史》，人民出版社2016年版。
② 王晓龙、郭东旭：《宋代法律文明研究》，人民出版社2016年出版。
③ 余蔚：《宋代地方行政制度研究》，复旦大学2003年博士学位论文。
④ 余蔚：《中国古代地方监察体系运作机制研究》，上海古籍出版社2014年版。
⑤ 戴建国：《宋代的提点刑狱司》，《上海师范大学学报》1989年第2期。
⑥ 石涛：《北宋提点刑狱司研究》，《聊城大学学报》2002年第6期。
⑦ 王晓龙：《宋代提点刑狱司研究》，人民出版社2008年版。
⑧ 苗书梅：《宋代通判及其主要职能》，《河北学刊》1990年第2期；苗书梅：《宋代知州及其职能》，《史学月刊》1998年第6期。
⑨ 贾文龙：《卑职与高峰：宋朝州级属官司法职能研究》，人民出版社2014年版。

是理解当时司法程序的枢纽。① 汪庆红认为两宋时期州府司法的形式性呈现曲折发展，宋初的强势而北宋中期逐渐减弱，神宗年间的登峰造极，至南宋末年一蹶不振。② 戴建国先生认为宋代州府的法司与司法参军并非同一个概念，法司是由吏人和司法参军构成。法司所谓驳正，是针对鞫狱官审讯已结案的驳议。③

刘馨珺先生对宋代县级司法研究的系列成果，是这一领域最为深入者。他深入分析了县衙狱讼制度的实际程序，描述了县衙官吏具体进行司法实践的历史场景，致力于透过制度史的建构，了解"人"的生活秩序。④ 刘氏还专文对宋代司法中的"检法拟笔"的程序、宋代地方保人在政府受理词讼时的伴随角色等问题有详细论述。⑤ 此外，贾文龙研究了南宋县级推吏的设置与影响。⑥ 虎威以《夷坚志》为主要材料研究了南宋州县狱讼。⑦ 王钟杰研究了宋代县尉制度⑧，万川、孙茜、郑迎光分别对宋代警政与地方治安问题进行了研究。⑨

目前较少有学者对宋代地方司法制度进行专题研究，屈超立先生《宋代地方政府民事审判职能研究》一书从宋代地方政府贯彻执行国家法律的实际

---

① 霍存福：《宋代"鞫谳分司"："听""断"合一与分立的体制机制考察》，《社会科学辑刊》2016年第6期。
② 汪庆红：《宋代州府司法形式化的历史考察——以诸曹官为中心》，《甘肃政法学院学报》2016年第1期。
③ 戴建国：《宋代州府的法司与法司的驳正权》，《人文杂志》2018年第4期。
④ 刘馨珺：《明镜高悬——南宋县衙的狱讼》，北京大学出版社2007年版。
⑤ 刘馨珺：《宋代判决文书中"检法拟笔"的原则》，《法制史研究》，2007年第11期；刘馨珺：《宋代衙门的放告与保人》，载邓小南、杨果、罗家祥主编《宋史研究文集（2010）》，湖北长江出版集团、湖北人民出版社2011年版，第14—40页。
⑥ 贾文龙：《南宋县级审判体制改良述议》，载姜锡东主编《中华文明的历史与未来国际学术研讨会论文集》，河北大学出版社2010版。
⑦ 虎威：《南宋州县狱讼——以〈夷坚志〉为中心》，河南大学2009年硕士学位论文。
⑧ 王钟杰：《宋代县尉研究》，河北大学2006年博士学位论文；王钟杰：《唐宋县尉研究》，河北大学出版社2009年版。
⑨ 万川：《浅谈两宋时期警政的主要特点》，《北京人民警察学院学报》2006年第3期；孙茜：《浅议宋代巡检制度及其启示》，《吉林公安高等专科学校学报》2006年第3期；郑迎光：《宋代地方治安巡逻制度探析》，《河南社会科学》2007年第2期。

情形入手，论述了宋代地方政府民事审判职能的发展概况和朝廷对地方政府司法的影响。① 这部著作是宋代地方司法制度研究中少见的专题之作。陈景良先生高度肯定了宋代地方司法中呈现的职业化的历史意义。②

宋代是尤其重视分权制衡的时代，因此对地方的司法监察也极具时代特色。贾玉英先生认为通判监察体系的创置，提点刑狱司等路级监察体制的创立与变革，诸路监司互察等对地方监察官的自身监察的强化机制，使宋代完成了固定型、多元化、多层面的变革。③ 殷啸虎考察了北宋前四朝的司法监察制度与影响④，并对宋代审判中的复核制度作了探讨⑤。吕志兴认为宋代已形成均衡的司法体系和周密的诉讼机制，但也带来了狱讼淹滞的弊端。⑥ 冯锦对北宋司法监察制度作了论述。⑦ 袁刚描述了宋代从中央到地方的整个监察网络的形态。⑧ 吴业国认为宋代地方考课监察中"善最并重"。⑨ 陈玉忠对宋代刑事审判权的制约机制进行了研究。⑩ 学术界对宋代地方司法监察制度有较高评价，傅日晶则认为宋代在司法机构、审判制度、监察等方面表现出很有个性的"自立一王之法"。⑪ 张晋藩先生将三国两晋南北朝唐划为中国古代监察法制的发展阶段，宋元明清则定性为完备阶段，⑫ 对宋代司法监察制度给予了肯定。

---

① 屈超立：《宋代地方政府民事审判职能研究》，巴蜀书社，2003年版。
② 陈景良：《唐宋州县治理的本土经验：从宋代司法职业化的趋向说起》，《法制与社会发展》2014年第1期，第111—125页。
③ 贾玉英：《唐宋地方监察体制变革》，《史学月刊》2004年第11期。《宋代监察制度》一书全面涉及宋代各级司法监察制度，河南大学出版社1996年版。
④ 殷啸虎：《北宋前期司法监督制度考察》，《中国史研究》1991年第2期。
⑤ 殷啸虎：《试论北宋的审判复核制度》，《中州学刊》1991年第4期。
⑥ 吕志兴：《宋代司法中的分权与监督制度初探》，《中央政法管理学院学报》2000年第3期。
⑦ 冯锦：《北宋司法监察制度述论》，《湖北大学学报》2000年第4期。
⑧ 袁刚：《宋代台谏和地方监司概况》，《法学杂志》2003年第4期。
⑨ 吴业国：《宋代州县监察行政考论》，《江西社会科学》，2010年第1期。
⑩ 陈玉忠：《宋代刑事审判权制约机制研究》，人民出版社2013年版。
⑪ 傅日晶：《试论宋代司法制度的发展》，《学术探索》2006年第3期。
⑫ 张晋藩：《中国监察法制史稿》，商务印书馆2007年版。

(二) 宋代地方社会群体研究

宋代地方社会中新的阶层变动状况，亦从另一方面深刻塑造了宋代地方司法的特别历史形态。其中以泛化的民众阶层、胥吏、豪强、宗族四股社会力量对地方司法有明显影响。

作为一般意义上的民众，其法律地位在宋代有明显提高。朱瑞熙先生对宋代佃客的法律地位进行了深入研究，就宋仁宗景祐、宝元时期的新制及嘉祐法、元丰法、绍兴法做了精到的考证，指出宋代佃客法律地位经历了一个从较高逐渐降低的历史过程。[①] 郭东旭先生从国家编户齐民身份、财产、人身自由、人身安全等方面对乡村客户的法律地位做了论述。[②] 赵晓耕先生研究了宋代官商形成的社会基础、官商经营及其对社会生活的影响。[③] 王瑞蕾也研究了宋代民众诉权扩大问题。[④]

宋代地方民众关于个人财产与利益的诉讼增多，是引人注意的历史现象。高楠将宋代民间财产纠纷分为田宅、钱债、遗产继承等种类，并考察了宋代民间争讼的调处机制与执行状况。[⑤] 高楠还对宋代私有田宅纠纷[⑥]，墓祭田争讼[⑦]，家庭共有财产纠纷[⑧]，用水纠纷[⑨]进行了研究。另外，张凝凯、朱文慧也将宋代民间纠纷选作学位论文题目。[⑩] 张本顺通过对大量宋代家产争讼案例

---

① 朱瑞熙：《宋代佃客法律地位再探索》，《历史研究》1987 年第 5 期。
② 郭东旭：《试论宋代乡村客户的法律地位》，载漆侠主编《宋史研究论丛》，河北大学出版社 1990 年版。
③ 赵晓耕：《宋代官商及其法律调整》，中国人民大学出版社 2001 年版。
④ 王瑞蕾：《宋代民事权利变化研究》，河北大学 2008 年硕士学位论文。
⑤ 高楠：《宋代民间财产纠纷与诉讼问题研究》，云南大学出版社 2009 年版。
⑥ 高楠：《宋代的私有田宅纠纷——以亲邻法为中心》，《安徽史学》2004 年第 5 期。
⑦ 高楠、吴克燕：《透视宋代墓祭田争讼》，《保定师范专科学校学报》2005 年第 4 期；高楠、宋燕鹏：《墓田上诉：一项南宋民间诉讼类型的考察》，《安徽大学报》2009 年第 1 期。
⑧ 高楠：《宋代家庭中的共有财产纠纷》，《中国社会历史评论》第八卷。
⑨ 高楠：《宋代用水纠纷述论》，《河北大学学报》2009 年第 3 期。
⑩ 张凝凯：《宋代亲属间民事争讼研究》，吉林大学 2011 年硕士学位论文；朱文慧《宋代江南地区的民间纠纷及其解决——法律史视野下的社会变迁》，暨南大学 2011 年博士学位论文。

的实证研究,对宋代家庭财产关系和法官家产解纷机制进行了深入研究。① 陈景良先生认为宋代私有财产权中的"个人"不同于西方,是家庭之私与"伦理个人之私"。②

由于宋代民间争讼增多,"民风好讼"亦成为学者关注的重点。许怀林先生对宋代好讼的原因进行了探讨,认为造成民风好讼的原因主要是政治上的朝代更替带来变化、吏治腐败给民众造成压力、豪强欺压民众、人多地狭引起田讼,以及文化教育发展与法律知识传播的影响。③ 许怀林先生还研究了宋代福建地区的民间诉讼问题,指出统治腐朽、赋税苛重是导致当时民间财产诉讼的主要原因。④ 雷家宏指出宋代社会利益调整呈现多元化趋势,社会争讼具有普遍性与广泛性,⑤ 并从文化角度探讨了自宋至清民众避开官司解决争讼的四种方式。⑥ 郭东旭先生论述了讼学在宋代的产生与发展。⑦ 陈景良先生既描述了宋代的好讼之风在各地的情况,也论述了当时的讼学,特别是对讼师这一特殊群体进行详细分类,进而指出,宋代讼师与士大夫并不仅仅是冲突,而是冲突之中有融合。⑧ 邓建鹏从健讼与贱讼的矛盾入手论述了健讼的根源和官府贱讼的原因。⑨ 霍存福先生认为"告不干己事法"条款禁止了在学生员的助讼活动,从而在很大程度上堵塞了他们过渡到专业或者职业讼师的通道,

---

① 张本顺:《宋代家产争讼及解纷》,商务印书馆2013年版。
② 陈景良:《何种之私:宋代法律及司法对私有财产权的保护》,《华东政法大学学报》2017年第3期。
③ 许怀林:《宋代民风好讼的成因分析》,载漆侠主编《宋史研究论文集》,河北大学出版社2002年版。
④ 许怀林:《宋代福建的民间诉讼》,《福州师专学报》2001年第6期。
⑤ 雷家宏:《宋朝民间争讼简论》,载漆侠主编《宋史研究论文集》,河北大学出版社2002年版;雷家宏:《从民间争讼看宋朝社会》,《贵州师范大学学报》2001年第3期。
⑥ 雷家宏:《北宋至晚清民间争讼解决方式的文化考察》,《船山学刊》2003年第4期。
⑦ 郭东旭:《宋代之讼学》,载漆侠主编《宋史研究论丛》,河北大学出版社1990年版。
⑧ 陈景良:《讼师与律师:中西司法传统的差异及其意义》,《中国法学》2001年第3期;陈景良:《讼学、讼师与士大夫——宋代司法传统的转型及其意义》,《河南省政法管理干部学院学报》,2002年第1期。
⑨ 邓健鹏:《健讼与贱讼:两宋以降民事诉讼中的矛盾》,《中外法学》2003年第6期。

遏制了法律服务业发育与成长的机会和可能。① 刘昕对宋代讼师对州县司法审判的影响作用进行了研究。② 牛杰探讨了宋代民众的诉讼观念、契约观念和鬼神赏罚观念③，还从社会经济变化和司法机制两个角度对宋代民风好讼进行了探讨④。李婕则认为宋代民众意识还是传统的畏讼习俗。⑤ 青木敦考察了宋代江西人口变化与健讼之风的关系。⑥ 张文勇对宋代民众自残、伪证、缠讼和诬告等诉讼手法进行了研究，认为这反映了宋代民众诉讼意识与利益观念的演进。⑦ 戴建国先生认为南宋州县私名贴书为编制外招募的狱吏，与所谓的正名吏人不同。由于任职的稳定性和狱讼业务知识的常年积累，这一群体逐渐趋于世袭化、专业化。他们在地方司法审判过程中常常起着重要的作用。"讼师"在中国历史上作为一个正式的职业称谓出现于南宋后期。私名贴书和讼师具有同一性，很容易互换角色，成为明清时期刑名幕友和讼师最初的历史源头。⑧ 贾文龙认为宋代民众在好讼和畏讼之间，存在一个较为潜层的忍讼层面。好讼、忍讼、畏讼三个层面并存才是宋代民众法律意识的全貌。⑨

关于宋代民众诉讼的路径，杨廷福先生简要概括了宋代民事诉讼的管辖、程序等规定。⑩ 郭东旭先生对南宋时期的越诉法进行了研究。⑪ 张晋藩先生主

---

① 霍存福：《宋、明、清"告不干己事法"及其对生员助讼的影响》，《华东政法大学学报》2008年第1期。
② 刘昕：《宋代讼师讼学和州县司法审判研究》，湖南人民出版社2016年版。
③ 牛杰：《宋代民众法律观念研究》，河北大学2004年硕士学位论文。
④ 牛杰：《宋代好讼之风产生原因再思考——以乡村司法机制为中心》，《保定师范专科学校学报》2006年第1期。
⑤ 李婕：《宋代民众畏讼根源探研》，河北大学2009年硕士学位论文。
⑥ 青木敦：《江西有耳笔之民——宋朝法文化与健讼之风》，载柳立言主编《近世中国之变与不变》，台北：联经出版事业公司2013年版。
⑦ 张文勇：《略论宋代民众的诉讼手法及其意义》，载《宋史研究论丛》第23辑，科学出版社2018年版。
⑧ 戴建国：《南宋基层社会的法律人——以私名贴书、讼师为中心的考察》，《史学月刊》2014年第2期。
⑨ 贾文龙：《好畏之间：宋代地方民众法律观念流向探究》，载林文勋主编《传统中国的社会力量与地方治理》，科学出版社2019年版。
⑩ 杨廷福：《宋朝民事诉讼制度述略》，载《宋史论集》，中州书画社1983年出版。
⑪ 郭东旭：《论南宋的越诉法》，载《宋朝法律史论》，河北大学出版社2001年版。

编的《中国民事诉讼制度史》的第三章以民事诉讼程序为主线，详尽地论述了宋代民事诉讼的司法机关、起诉与受理、民事审判制度、调处与判决、民事上诉制度、民事执行制度。① 屈超立通过对具体的民事上诉判例，对民事案件经县、州、监司、御史台、登闻院的上诉过程，民事上诉案件的判决，保障民事上诉制度施行的监督措施进行了探讨，表明了宋代统治者对民事案件的极大重视。② 黄纯燕讨论了宋代登闻鼓制度。③ 赵旭对宋代越诉、直诉制度为民间诉讼顺利实施提供的各种保障作了论述，分析了在国法和家法双重压力的民间诉讼的发展所受到的重重限制。④ 牛杰对民讼官的各种原因及豪强与胥吏在官民诉讼斗争中的角色进行了探讨。⑤ 谭景玉认为宋代乡村行政组织在民间刑事诉讼过程发挥着重要作用。⑥ 马永娟对对宋朝民众争讼中自残现象进行了分析。⑦ 黄道诚探讨了宋代取保候审制度。⑧ 郭尚武认为宋代民事立法赋予商人、佃客、奴婢的权利，是中国封建社会的一座高峰。⑨ 郭东旭先生又有专著系统考察宋代民众生活的社会环境与法律环境，民众法律地位和法定权利的变化，民间讼学之兴与好讼之风，民间财产纷争的各种表现形态，官府诫争措施及民众在司法活动中的实际境遇，多角度描绘了宋代法律生活的民间场景。⑩

宋代胥吏群体对地方司法产生了直接影响，宋代地方政治中有"胥吏世界"的说法，又可谓之"吏强官弱"，这是造成州郡地方司法黑暗腐败的重要

---

① 张晋藩：《中国民事诉讼制度史》，巴蜀书社，1995年版。
② 屈超立：《宋代民事上诉案件的上诉程序考述》，《现代法学》2003年第2期。
③ 黄纯燕：《宋代登闻鼓制度》，《中州学刊》2004年第6期。
④ 赵旭：《论宋代民间诉讼的保障与局限》，《史学月刊》2005年第5期。
⑤ 牛杰：《民讼官——宋代民众对官员的诉讼抗争论略》，《云南社会科学》2005年第3期。
⑥ 谭景玉：《宋代乡村行政组织与民间刑事诉讼》，《求索》2008年第4期。
⑦ 郭东旭、马永娟《宋朝民众争讼中自残现象浅析》，《河北大学成人教育学院学报》2004年第3期。
⑧ 黄道诚：《宋代与中国古代取保候审制度的形成》，《河北学刊》2009年第3期。
⑨ 郭尚武：《论宋代民事立法的划时代贡献》，《山西大学学报》2005年第3期。
⑩ 郭东旭、高楠、王晓薇、张利：《宋代民间法律生活研究》，人民出版社2012年版。

原因，因而宋代官吏关系是地方法制研究中的重要问题。高美玲、穆朝庆对宋代胥吏制度进行了整体分析①，祖慧对宋代胥吏的历史作用给予了肯定②。苗书梅先生对宋代州级和县级公吏都有深入研究，为这一问题的深入研究坐实了制度研究基础。③ 赵忠祥从经济和政治两个方面论述了宋代吏强官弱局面形成的原因④，并把宋代的吏分成文书吏、司法刑狱吏、帐籍吏、仓场库务吏、督课押运吏等几类。⑤ 张正印对宋代司法中的"吏强官弱"现象进行了研究⑥，认为宋代"鞫谳分司"主要体现在胥吏层次，官员之间的分职并不严格⑦，还认为宋代吏的社会地位不断下降，形成了固定的士大夫与胥吏天地悬隔的局面，⑧ 宋代立法的重要变化与胥吏活动有重要关系⑨。廖峻对宋代官吏共生与制衡机制进行了研究。⑩ 赵旭认为"重禄法"一定程度上遏制了吏的卖法弄权，熙宁改革失败后难以广泛推行，重典治吏的思想则贯穿宋王朝的始终。⑪ 黄山松、胡宁宁分析了宋代州县公吏违法的手段及其形成的原因。⑫ 张本顺认为宋代狱讼中的胥吏之弊主要表现在传唤、受词、追证、审理、执行等司法过程中胥吏对当事人的无情欺压与盘剥。⑬ 王申以官箴书为关注重点，

---

① 高美玲：《宋代的胥吏》，《中国史研究》1988年第4期；穆朝庆：《宋代中央官府吏制述论》，《历史研究》1990年第6期。
② 祖慧：《论宋代胥吏的作用及影响》，载《宋史研究论文集》，河北大学出版社2002年版。
③ 苗书梅：《宋代州级公吏制度研究》，《河南大学学报》2004年第6期；苗书梅：《宋代县级公吏制度试论》，《文史哲》2003年第1期。
④ 赵忠祥：《试析宋代的吏强官弱》，《西北师大学报》2000年第2期。
⑤ 赵忠祥：《宋代吏胥的职能浅析》，《河北师范大学学报》2001年第2期。
⑥ 张正印：《宋代司法中的"吏强官弱"现象及其影响》，《法学评论》2007年第5期。
⑦ 张正印：《宋代狱讼胥吏研究》，中国政法大学出版社2012年版；张正印：《宋代"鞫谳分司"辨析》，《当代法学》2013年第1期。
⑧ 张正印：《论宋代狱讼胥吏的地位》，《上海政法管理干部学院学报》2008年第5期。
⑨ 黎桦、张正印：《宋代胥吏对立法的影响》，《法学评论》2008年第5期。
⑩ 廖峻：《宋代"公人世界"中的官吏共生与制衡》，《法学杂志》2010年第3期。
⑪ 赵旭：《宋代以"重禄法"治吏惩赃政策评析》，《史学集刊》2010年第1期。
⑫ 黄山松、胡宁宁：《略论宋代州县公吏违法》，《中共浙江省委党校学报》1999年第5期。
⑬ 张本顺：《宋代狱讼胥吏之弊及其成因探析》，《四川师范大学学报》2013年第4期。

对胥吏负面形象的成因进行了分析。① 贾芳芳认为地方政府中官与吏的关系是决定地方政治走向的重要原因，尤其重视对宋代司法腐败问题的研究。② 程民生对宋代中央和地方吏人的文化水平进行了考察，认为吏人实际上是除士大夫阶层之外更加实用、高效的第二行政梯队。③ 贾文龙则关注了与"吏强官弱"相对应的"官易吏难"现象。④

宋代地方社会中存在"豪强"阶层，其对地方司法也有重要影响。宋代地方豪强多为官户、吏户、乡村上户，王曾瑜先生对这一阶层的阶级构成等情况做了全面介绍。⑤ 陈智超先生对南宋二十户豪横地主的情况作为个案分析，区别了豪民与豪横之间的界限，指出豪民的主要违法表现形式有：兼并土地、放高利贷、霸占水利、侵占学田、武断乡曲等五个方面，豪强的主要违法表现形式有：私设牢狱、诈作官司、伪造官府文书、侮辱长官等多种。⑥ 梁庚尧认为宋代基层社会中长者推动了地方公益活动的展开和地方的建设，而豪横则有着负面的作用。⑦ 王善军先生对宋代强宗豪族杀人害物、封山占水、武断乡曲等犯罪行为进行了研究。⑧ 刁培俊运用"乡村精英"的概念来分析基层社会，"豪强"阶层亦可属于此群体。⑨ 黄牧航以《名公书判清明集》为中心，认为豪横是南宋乡村社会中乡村权力真空的畸生物。⑩ 李永卉将宋代豪横分为恶霸地主、官僚豪横、僧道豪横及依附势力，并对其损害了封建国

---

① 王申：《宋官箴书所见胥吏形象成因探析》，《温州大学学报》（社会科学版），2015年1月，第28卷第1期。
② 贾芳芳：《宋代地方政治研究》，人民出版社2017年版。
③ 程民生：《宋代吏人的文化水平与政府运转》，《河南大学学报》（社会科学版）2018年第2期。
④ 贾文龙、沈潼：《表里与共存：宋代地方政治中的"官易吏难"现象探析》，载《宋史研究论丛》第23辑，河北大学出版社2018年。
⑤ 王曾瑜：《宋朝阶级结构》，河北教育出版社1996年版，中国人民大学出版社2010年修订版。
⑥ 陈智超：《南宋二十户豪横的分析》，载邓广铭、徐规主编《宋史研究论文集——1984年年会编刊》，浙江人民出版社1987年版。
⑦ 梁庚尧：《豪横与长者：南宋官户与士人居乡的两种形象》，《新史学》1993年第4期。
⑧ 王善军：《宋代宗族和宗族制度研究》下篇第二章《强宗豪族对基层社会秩序的破坏》，河北教育出版社2000年版，第173—179页。
⑨ 刁培俊：《宋代乡村精英与社会控制》，《社会科学辑刊》2004年第2期。
⑩ 黄牧航：《〈清明集〉中所见的南宋乡村社会》，华东师范大学2002年硕士学位论文。

家利益的不法行为进行了研究。① 林文勋提出唐宋两代是中国传统社会的一个重大变革时期，开创性地提出了"富民阶层"的观点。② 谷更有以"豪民"的概念对宋代社会的"中间层"进行了分析。③ 黄庆中认为豪民与富民涵义有别，豪民更多与政府打交道而取得某些权力。④ 康武刚认为宋代乡村精英中的富民通过兴办教育设施来教化民众，有助于社会控制。⑤ 薛政超对唐宋时期富民阶层的规模进行了估计。⑥ 田晓忠认为宋代"富民"成为向国家纳赋的主要对象，"富民——国家"关系处于以国家为主导、双方共赢互惠的统一体中。⑦ 寥寅使用了"民间强势力量"概念对两湖地区的社会关系进行了研究。⑧ 李华瑞先生认为宋代对"巨室"防闲遏制较明代为严，而明代对"巨室"较为优容曲从。⑨

宋代通过扩大科举取士，培养了一大批及第或不及第的士人，士绅社会初步形成，宗族组织成为影响地方司法的重要因素。朱瑞熙先生提出中国历史上的族权是从宋代开始形成的。⑩ 陈景良先生认为宋代法律的最大变迁就在于地方上因固化风俗而制定的家礼、家训、族谱等行为规范，至宋代形成了"一风俗，同道德"新传统。⑪ 熊伶认为《温公家范》反映了司马光主张忠孝

---

① 李永卉：《宋代豪横研究》，安徽师范大学 2006 年硕士学位论文。
② 林文勋：《唐宋乡村社会力量与基层控制》，云南大学出版社 2005 年版；《中国古代"富民社会"的形成及其历史地位》，《中国经济史研究》2006 年第 2 期；《中国古代的"富民"阶层研究》，云南大学出版社 2008 年版；《宋元明清"富民社会"说论要》，《求是学刊》2015 年第 2 期。
③ 谷更有：《唐宋国家与乡村社会》，社科文献出版社 2006 年版。
④ 黄庆中《〈名公书判清明集·惩恶门·豪横类〉中的豪民》，《中正历史学刊》第 12 期，2009 年 12 月。
⑤ 康武刚：《论宋代富民兴教化民与乡村社会秩序》，《兰州学刊》2010 年第 10 期。
⑥ 薛政超：《唐宋以来"富民"阶层之规模探考》，《中国经济史研究》2011 年第 1 期。
⑦ 田晓忠：《宋代的"富民"与国家关系——以税制改革为核心的考察》，《中国社会经济史研究》2015 年第 3 期。
⑧ 寥寅：《宋代两湖地区民间强势力量与地域秩序》，人民出版社 2011 年版。
⑨ 李华瑞：《宋、明对"巨室"的防闲与曲从》，《历史研究》2015 年第 5 期。
⑩ 朱瑞熙：《宋代社会研究》，中州书画社 1983 年版，第 114 页。
⑪ 陈景良：《法律史视野下的唐宋社会变革》，2010 年 12 月河南大学举办的"法律史视野下的唐宋社会变革"学术会议开幕词。

立身、以礼治国的政治观点。① 许怀林先生对唐宋时聚居一百多年的江门陈氏家族家法中对生产和生活的规定内容进行了研究②，还研究了陆九渊家族的家规，认为陆氏家规重视训诫劝说。③ 戴建国先生认为中国封建社会进入宋代以后，官僚地主阶级建立起不同于以往朝代的新型家族组织，出于自身利益的需求，调整家族内部秩序的家法族规也逐渐出现，其内容主要源于封建伦理道德和国家法律。④ 王善军先生认为随着门阀家族制度的衰落，以谱牒制、族产制、家法族规制、族塾义学制、祭祖制、族长房长制为手段，以"敬宗收族"为特征的宗族制度在宋代社会逐渐确立，宋代家法族规是宗族为加强对族众的约束力而采取的一种有效措施。⑤ 臧健认为宋代家法已将守节视为妇女最重要的品德，并依据《袁氏世范》与《郑氏规范》，认为家法族规融入儒家伦理，妇女易为接受，从而引起女性地位的变化。⑥ 王立军认为宋代统治阶层充分认识到民间家礼的重要社会作用，他们精心制订家礼条文，宣传家礼规范，从而达到稳固基层统治的政治目的。⑦ 杨建宏认为宋代是以儒家文化之封建伦理为内容的家训成为"家法"，并与国家"王法"，相辅相成，互为表里。由儒家文化为主体内容的家训而构成的"家法"，成为民间社会家族秩序之准则。⑧ 杨建宏还对《吕氏乡约》进行了研究，认为《吕氏乡约》体现的是民间士绅阶层的权力场域，是民间士绅自发以礼治教化为手段的基层控制形式。南宋中期，朱熹对《吕氏乡约》作了增损，其后学弟子又进行了实践，为乡

---

① 熊伶：《评〈温公家范〉的家庭伦理思想》，《西南师范大学学报》1988年第2期。
② 许怀林：《"江州义门"与陈氏家法》，载《宋史研究论文集》，河北教育出版社1989年版。
③ 许怀林：《陆九渊家族及其家规述评》，《江西师大学报》1989年第2期。
④ 戴建国：《宋代家法族规试探》，载《宋史研究论文集》，云南民族出版社1997年版。
⑤ 王善军：《唐宋之际宗族制度变革概论》，载《宋史研究论文集》，河南大学出版社1993年版。王善军：《宋代宗族和宗族制度研究》，河北教育出版社2000年版。
⑥ 臧健：《宋代家法与女性》，《庆祝邓广铭教授九十华诞论文集》，河北教育出版社1997年版；臧健：《对宋元家族制度、家法与女性的考察》，《山西师范大学学报》2000年第2期。
⑦ 王立军：《宋代的民间家礼建设》，《河南社会科学》2002年第2期。
⑧ 杨建宏：《论宋代家训家范与民间社会控制》，《船山学刊》2005年第1期。

约在明清的推行准备了条件。① 周扬波认为宋代乡约最终只限于吕大钧、阳枋、胡泳、程永奇、潘柄等少数几位理学家推行，意味着在没有国家力量的参与下，它只是理学家们的一种道德理想模式。② 林春梅通过对宋代多种家礼、家训的内容进行分析，指出宋代家训发达，理学有重要贡献，并由书院私人讲学风气所触发，宋代家训具有承前启后的历史地位。③ 刘欣对《袁氏世范》中有关诉讼内容进行了分析。④ 梁聪论述了两宋政府对民间祠祀活动进行法律控制的手段和措施。⑤ 马泓波系统整理了宋代各个时期的家法族规，深入分析了内容中的思想观念，是目前对宋代家法族规最为系统的论述。⑥ 苏洁认为宋代家法族规以习惯和伦理为准则，与国家法一起维护着宋代社会的正常运行，并在司法实践中成为国家法的有效补充。⑦ 康武刚对宋代地方中军事性团体、经济性民间组织、行业组织与宗族组织对社会基层秩序的影响进行了综合研究。⑧

（三）宋代法官司法精神研究

宋代科举制的盛行，开创了"皇帝与士大夫共治天下"的政治格局，其文官政治促使宋代成为中国历史上显著的官僚社会。中国古代司法从属于行政，士大夫成为行政主体，也就成为法官的主体。这种政治结构的变化，对宋代地方法制也产生了极大影响。

宋代重视法官的选用与培养，士大夫成为法官的主体，因而促成了宋代

---

① 杨建宏：《〈吕氏乡约〉与宋代民间社会控制》，《湖南师范大学学报》2005年第5期。
② 周扬波：《宋代乡约的推行状况》，《浙江大学学报》2005年第5期。
③ 林春梅：《宋代家礼家训研究》，台北：花木兰文化出版社2010年版。
④ 刘欣：《兴讼乎？息讼乎？——对〈袁氏世范〉中有关诉讼内容的分析》，《邢台学院学报》2009年第3期。
⑤ 梁聪：《两宋时期民间祠祀的法律控制》，《重庆师范大学学报》2005年第6期。
⑥ 马泓波：《宋代家法族规研究——儒家理想中的家庭秩序》，吉林人民出版社2012年版。
⑦ 苏洁：《宋代家法族规与基层社会治理》，《现代法学》2013年第3期。
⑧ 康武刚：《宋代地方势力与基层秩序研究》，合肥工业大学出版社2015年版。

司法传统的历史转型。① 徐道邻先生最早对宋代法律教育进行了研究,对"明法"科、神宗时的"新明法"科、"书判拔萃科"、"试刑法"等问题做了比较详实的论述。② 卓帆先生对宋代置律学、设明法科考试、法官的选拔和任用、严惩贪官、明法度选贤良等方面做了探讨。③ 莫家齐先生对容易混淆的三种法律考试——"明法"、"新科明法"及"试刑法"作了界定。④ 季怀银先生论述了文职官员的法律考试问题。⑤ 郭东旭先生对宋代律学进行了专题的叙述。⑥ 吴秋红对宋代法律教育产生的历史原因、考试内容、对后代产生的影响等方面均有所涉及。⑦ 曹家齐对宋代书判拔萃科、身言书判试都有深入研究。⑧ 黄慧娴就北宋明法科及新科明法的运作及其在法律人才培育上扮演的角色作了探讨。⑨ 赵晶对宋代明法科登科人员进行了群体考察。⑩ 魏磊对宋代官方与民间的法律教育进行了研究。⑪ 马泓波认为宋代地方官员在立法准备、法的弊端与修改、实施后发现问题等方面都发挥了积极的作用。⑫ 宋代官员职务犯罪问题是近些年学位论文选题中的热点问题,也涉及

---

① 陈景良:《宋代"法官"、"司法"和"法理"考略——兼论宋代司法传统及其历史转型》,《法商研究》2006年第1期。
② 徐道邻:《中国唐宋时代的法律教育》,台北:《东方杂志》,1972年4月;徐道邻:《宋朝的法律考试》,台北:《东方杂志》,1973年8月。
③ 卓帆:《宋朝法官的选拔和任用》,《江西大学学报》1982年第4期。
④ 莫家齐:《宋朝"明法""新科明法"及"试刑法"考》,《中州学刊》1984年第6期。
⑤ 季怀银:《宋代文职官吏的注官法律试》,《河南大学学报》1992年第4期。
⑥ 郭东旭:《宋代律学简论》,(韩)《国际中国学研究》2004年12月。
⑦ 吴秋红:《论宋代的法律教育》,《黄冈师范学院学报》2002年第4期。
⑧ 曹家齐《宋代书判拔萃科考》,《历史研究》2006年第2期,又见《徐规教授九十华诞纪念文集》浙江大学出版社2009年版;曹家齐《由唐到宋的身言书判试》,2011年第四届韩中宋辽金元史国际学术研讨会(韩国首尔)提交论文。
⑨ 黄慧娴:《论北宋明法科及新科明法》,2006年8月上海师范大学"国际宋史研讨会暨中国宋史研究会第十二届年会"提交论文。
⑩ 赵晶:《宋代明法科登科人员综考》,《华东政法大学学报》2011年第3期。
⑪ 魏磊:《宋代法律教育研究》,河北大学2009年硕士学位论文。
⑫ 马泓波:《宋代地方官员在法律订立过程中的作用探析》,《历史教学》2010年第6期。

宋代官员的法律教育问题。①

宋代士大夫成为法官主体,其自身较高的法律素养必然要改变宋代的审判范式。陈景良先生最早对宋代士大夫的法律观念进行了研究,1996年完成博士学位论文《士大夫与两宋法律文化》,认为宋代士大夫的诉讼观念有着鲜明的个性和时代特色,注重保护当事人私有财产的合法权益,重视狱讼,关心民间疾苦,商品经济、功利主义思想突出,个人意识觉醒,通晓法律、工于吏事,有着强烈的现实批判精神,忧国忧民的悲愤意识。② 陈景良先生就士大夫的法律意识问题后来又发表一系列论文,都是在博士学位论文基础上的深化与进展。③ 陈先生认为两宋之际,士大夫以群体的姿态登上了历史的舞台,成为左右宋王朝政治局势的决定性力量,士大夫的法律意识得以转变,法律素养得以提高,"文学法理,咸精其能"。④

宋代士大夫法官群体的审判风格以"情理法"并用为主。何忠礼先生从延续重儒轻法的传统,力主法意与人情并行,提倡忠恕、以弛刑为贵等三个方面批判性论述了宋代士大夫的法律观念。⑤ 郭东旭以《名公书判清明集》为主要材料研究了南宋名公的审判精神,认为其审判原则是宁人息讼、审判方

---

① 郑颖慧:《宋代司法官吏职务犯罪研究》,河北大学2003年硕士学位论文;鹿军:《宋代县级公吏职务犯罪考察》,河北大学2005年硕士学位论文;王胜:《宋代州县官职务犯罪研究》,河南大学2007年硕士学位论文;陈骏程:《宋代官员惩治研究》,暨南大学2006年博士学位论文;韩瑞军:《宋代官员经济犯罪及防治研究》,河北大学2008年博士学位论文,中国社会科学出版社2011年版;余小满:《宋代职务犯罪研究》,河南大学2010年博士学位论文;王瑞蕾:《宋代官吏渎职犯罪与惩治研究》,河北大学2011年博士学位论文。

② 陈景良:《士大夫与宋代法律文化》论文摘要,载张晋藩《青蓝集》,法律出版社2001年版。

③ 陈景良:《试论两宋士大夫的法学素养》,《南京大学法律评论》1996年秋季号;陈景良:《试论宋代士大夫司法活动中的人文主义批判之精神》,《法商研究》1997年第5期;陈景良:《试论宋代士大夫司法活动中的德性原则与审判艺术》,《法学》1997年第6期;陈景良:《试论宋代士大夫的法律观念》,《法学研究》1998年第4期。

④ 陈景良:《"文学法理,咸精其能"——试论两宋士大夫的法律素养》(上、下),《南京大学法律评论》1996、1997年号。

⑤ 何忠礼:《略论宋代士大夫的法制观念》,载《宋史研究论文集》,河北大学出版社1996年版。

式是调判结合、审判标准是情法混用、审判作风是自由惩罚。① 宋代士大夫的法律观念中,不仅重视法律,还重视人情,更加重视民间财产纠纷等"田宅细故",这是宋代民事诉讼发展的思想基础。赵晓耕先生阐述了在田宅、钱债等财产问题上传统伦理导向与宋代重视财产的立法、司法实践相背离及两宋法律对私人权利、私人行为的认可。② 中国台湾地区王德毅、柳立言等学者对《名公书判清明集》进行了集中研究,涉及宋代婚姻、财产继承、商人地位等专题。③ 霍存福研究了情理法的发生、发展过程。④ 邓勇从分析《名公书判清明集》中的几个典型书判出发,揭示出其中体现的情理观念,归纳提炼出"情理场"的概念。⑤ 郭学信认为宋代士大夫对商的社会功能和社会地位进行了重新评价,在实际生活中冲破了君子耻于言利的精神堤防。⑥ 郭东旭探讨了宋代名公把传统的"无讼"理想转化为"息讼"理念的转变。⑦ 张利指出《名公书判清明集》中名公常以儒家伦理道德作为司法审判的标准,探讨了"义理"决狱在案件调解和息讼中的重要作用,并认为"义理决狱"是儒家精神和原则在司法领域内的具体体现。⑧ 胡月明也研究了情理法问题。⑨ 王为东将《名公书判清明集》所载民事案件分为财产关系、人身关系、人身和财产纠结关系三类,分别考察天理、国法和人情作为审判依据的适用情况。⑩ 廖峻

---

① 郭东旭:《论南宋"名公"的审判精神》,载《宋史研究论文集》,云南民族出版社1997年版。
② 赵晓耕:《两宋法律中的田宅细故》,《法学研究》2001年第1期。
③ 台湾宋代官箴研读会编:《宋代社会与法律——〈名公书判清明集〉讨论》,台北:东大图书公司2001年版。
④ 霍存福:《中国传统法文化的文化性状与文化追寻——情理法的发生、发展及其命运》,《法制与社会发展》2001年第3期。
⑤ 邓勇:《论中国古代法律生活中的"情理场"——从〈名公书判清明集〉出发》,《法制与社会》2004年第5期。
⑥ 郭学信:《试论宋代士大夫本末观的转变》,《山东师范大学学报》2006年第3期。
⑦ 郭东旭:《名公"息讼"之术透视》,载《宋代法律与社会》,人民出版社2008年版。
⑧ 张利:《"义理决狱探析"——以〈名公书判清明集〉为主要依据》,《河北学刊》2006年第2期。
⑨ 胡月明:《从〈名公书判清明集〉看南宋的情理法》,吉林大学2007年硕士学位论文。
⑩ 王为东:《南宋民事审判依据的分类考察》,《中州学刊》2009年第4期。

认为宋代法、理、情三者各序其位模式凸显出中庸理念。①张利通过研究宋代遵天理、彰法义、顺人情一体化理论及其在司法中更多灵活性的表现，揭示了宋代司法文化中"人文精神"的时代特征。②郭东旭先生还对宋代士大夫中的"公法"理念进行了研究。③柳立言先生认为天理的内容具有一定程度的确定性与一致性，大多指天性、天伦、人伦纲常，故多适用于亲属相争，而不适用于凡人相争。④张本顺、陈景良认为宋代法官审理亲属财产诉讼能综合考量法意法理、民意民情、风俗习惯、血缘伦理，表现了"利益衡平"的司法艺术与精神。⑤胡兴东认为宋朝士大夫官僚群体因缺乏为官的基本知识和技能，导致了必须借助胥吏群体实现国家治理的需要，形成士大夫官僚群体与胥吏群体共生的政治结构，让国家政治出现显性和隐性两大政治群体。⑥张本顺、陈景良认为中国古代司法善治艺术形态主要体现在司法官员们的"父母官诉讼"式的亲民艺术情怀，以及正名分、重人伦、美教化、厚风俗的德礼教谕艺术。⑦耿元骊认为地方官员处理乡村诉讼事务的基本原理是"法意人情"，以"乡原体例"作为习惯法，以"干照分明"作为诉讼基本规则，从而使宋代乡村社会秩序得以长期维持较为平稳运行态势。⑧

宋代士大夫群体知识化程度较高，不仅刑事审判更加科学，而且注重收集和总结实际案例，因此出现了《折狱龟鉴》《棠阴比事》《洗冤集录》等著

---

① 廖峻：《〈名公书判清明集〉中宋代司法审判的中庸理念及其方法》，《贵州民族学院学报》2010年第1期。
② 张利：《宋代司法文化中的人文精神》，河北人民出版社2010年版。
③ 郭东旭、王晓薇：《宋代士大夫"公法"理念略论》，"宋都开封与十至十三世纪中国史"国际学术研讨会暨中国宋史研究会第十五届年会提交论文，2012年8月。
④ 柳立言：《"天理"在南宋判中的作用》，《清华法律评论》2016年第1期。
⑤ 张本顺、陈景良：《宋代亲属财产诉讼中的"利益衡平"艺术及其当代借鉴》，《兰州学刊》2015年第6期。
⑥ 胡兴东：《宋朝对士大夫官僚法律知识改善措施、失败及其影响研究》，《思想战线》2016年第2期。
⑦ 张本顺、陈景良：《试论中国古代司法传统中的善治艺术》，《兰州学刊》2017年第3期。
⑧ 耿元骊：《宋代乡村社会秩序与法律运行机制——〈清明集〉所见之乡村诉讼》，《山西大学学报》2019年第6期。

名刑事侦查著作，出现了《名公书判清明集》这样的判例集。宋代士大夫在审判中重视证据，于是，宋代兴起了"写状钞书铺"，这是我国现代公证机构的雏形。① 戴建国先生还考察了宋代不动产所有权凭证及转移的形式。② 莫家齐先生依据《名公书判清明集》中的案例对南宋民事证据制度进行了分析与论述，指出中国古代并没有采用法定证据制度。③ 陈景良先生认为"干照"作为"田宅诉讼"中各类契约文书的通称，也因其具有示信、客观真实的证据作用。④

任惠华、马洪根对宋代的侦查方法、侦查技术、侦查著述、侦查名人有所涉猎。⑤ 于成江对郑克的"鞫情之术"对现代侦查方法的启示进行了研究。⑥ 李华论述了宋代司法官员在审理案件中对证据的收集、辨别和运用。⑦ 袁嘉轩、马泓波、黄道诚等对宋代司法检验问题进行了研究。⑧ 魏文超和栾时春两位博士对宋代证据制度体系、获取与适用、兴盛原因进行了深入研究。⑨

宋代士大夫群体具有较高的法律素养，因此宋代形成"名公"群体，近年来关于宋代名公群体法律思想的研究进展很快。张国华先生认为宋辽金是中国法律思想史中的封建制衰落时期⑩，宋明两代是封建正统法律思想发展的

---

① 戴建国：《宋代的公证机构——书铺》，《中国史研究》1988年第4期。
② 戴建国：《宋代的田宅交易投税凭由和官印田宅契书》，《中国史研究》2001年第3期。
③ 莫家齐：《南宋民事诉讼制度管见——兼论中国古代不采法定证据制度》，《法学季刊》1985年第2期。
④ 陈景良：《释"干照"——从"唐宋变革"视野下的宋代田宅诉讼说起》，《河南财经政法大学学报》2012年第6期。
⑤ 任惠华：《中国侦查史》，中国检察出版社2004年版；马洪根：《中国侦查史》，群众出版社2007年版。
⑥ 于成江：《论郑克的"鞫情之术"及对现代侦查方法的启示》，《山西警官高等专科学校学报》2005第4期。
⑦ 李华：《论宋代司法官员的证据观念及实践》，《南都学坛》2003年第1期。
⑧ 袁嘉轩：《宋代医学发展对司法检验的影响》，上海师范大学古籍研究所2008年硕士学位论文；马泓波：《宋代司法检验中存在的问题及其原因分析》，《西北大学学报》2008年第4期；黄道诚：《宋代侦查制度与技术研究》，河北大学2009年博士学位论文。
⑨ 魏文超：《宋代证据制度研究》，中国政法大学出版社2013年版；栾时春：《宋代证据制度研究》，法律出版社2017年版。
⑩ 张国华：《中国法律思想史》，法律出版社1982年版。

新阶段①。栗劲认为宋金元时期的法律思想是封建社会衰落时期的法律思想，而明清为封建社会进一步衰落时期。② 李光灿先生一方面认为宋代是中国封建制度由鼎盛转向衰落的转变时期，另一方面也认为宋代的经济立法和民事法律思想在中国封建社会的历朝是最繁盛发达的。总体定位宋代是一个衰落与发展并存，守旧与鼎新并蓄的王朝。③ 马小红认为宋明理学使正统法律思想僵化。④ 吴晓玲研究了宋明理学家的法律观念。⑤ 屈超立对刘克庄的司法活动进行了研究。⑥ 黄瑞亭研究了宋慈的法律学术思想⑦，在探讨郑克法律思想方面有吴茜、张全民的文章，⑧ 肖建新对陈亮的法律思想进行了研究⑨。郭东旭和万里研究了胡颖的法律思想⑩，郭东旭先生还研究了蔡杭的法律思想⑪，并指导研究生进行了系列选题研究⑫。单晓娜对黄榦的法官理念和治国为官之道进行了系统研究。⑬

---

① 张国华：《中国法律思想史纲》（下册），甘肃人民出版社 1987 年版。
② 栗劲：《中国法律思想史》，黑龙江人民出版社 1983 年版。
③ 李光灿：《中国法律思想通史》第二册，山西人民出版社 2000 年版，第 458—459 页。
④ 马小红：《中国法律思想发展简史》，中国政法大学出版社 1995 年版。
⑤ 吴晓玲：《宋明理学视野中的法律》，中国政法大学 2005 年博士学位论文。
⑥ 屈超立：《刘克庄司法活动述论》，2011 年 10 月杭州"第二届中国南宋史国际学术研讨会"提交论文。
⑦ 黄瑞亭：《〈洗冤集录〉与宋慈的法律学术思想》，《法律与医学杂志》2004 年第 2 期。
⑧ 吴茜：《〈折狱龟鉴〉中的审讯思想初探》，《北京人民警察学院学报》2006 年第 4 期；张全民：《郑克法律思想初探》，《法制与社会发展》2004 年第 6 期。
⑨ 肖建新：《陈亮法制思想的特色》，《安徽师范大学学报》2004 年第 6 期。
⑩ 郭东旭、王瑞蕾：《南宋儒家化法官的法治理念与司法实践——以理学家胡颖为例》，《河北大学学报》2007 年第 4 期；万里：《宋代唯物主义法学家胡颖事迹著述与思想考述》，《长沙电力学院学报》2001 年第 3 期。
⑪ 郭东旭、李婕：《南宋蔡杭法律思想探析》，载《宋史研究论丛》第八辑，河北大学出版社 2007 年版。
⑫ 颉静莉：《真德秀法律思想研究》，河北大学 2006 年硕士学位论文；董焕君：《刘克庄政法思想研究》，河北大学 2011 年硕士学位论文；王志峰：《黄榦政法思想及其实践活动研究》，河北大学 2011 年硕士学位论文。
⑬ 单晓娜：《治国与行止：黄榦研究》，中国社会科学出版社 2014 年版。

三、研究方法

尽管目前学术界还没有出现宋代地方法制的研究专著，但现有相关成果已经从职官制度、诉讼制度、审判制度、证据制度、侦查制度、监察制度进行了相当深入的研究，而对民风好讼、司法腐败、豪横富民等问题的研究亦相当充分，情理法的法律思想亦成为研究宋明清法律史学者的关注热点。因此，从制度史的角度研究宋代地方司法制度已经缺少充足的创新空间。

深化宋代地方法律史研究，一是要与制度史研究有所区别，二是要突破描述历史现象的研究模式。

本书使用了"司法结构"概念，力图在宋代地方法律史研究方面有所创新。

在汉语中，结构的意思是组成整体的各部分的搭配和排列。《辞海》中"结构"的释义为"各个部分的配合"，引申解释为："物质系统内各组成要素之间的相互联系，相互作用的方式。是物质系统组织化、有序化的重要标志。……结构既是物质系统存在的方式，又是物质系统的基本属性，是系统具有整体性、层次性和功能性的基础和前提。"[①] 在近代以来社会科学研究中，结构一词在经济、政治、社会等各个研究领域都有广泛的运用。马克思主义学说中对"结构"一词有广泛而深入的应用，用"社会结构"一词来表示社会各个基本活动领域，包括政治领域、经济领域、文化领域和领域之间相互联系的一般状态，是对整体的社会体系的基本特征和本质属性的静态概括，是相对于和社会过程而言的；用"阶级结构"一词来表示由社会分化产生的各主要的社会地位群体（阶级、阶层、种族、职业群体、宗教团体等）之间相互联系的基本状态，其中阶级是主导因素，阶级关系决定着整体社会和各个社会群体的发展方向，"阶级结构"是理解其他群体的地位和作用之基础。

---

① 辞海编辑委员会：《辞海》，上海辞书出版社2000年版，第3317页。

总体来讲,"结构"一词的内涵主要指各领域的诸要素构成及相互关系,有一定模糊性。从另一方面来讲,这一模糊性也使其具有很强的概括性,可以比较方便地描述具有复杂性、整体性、层次性、相对稳定性等重要特点的研究客体。因此在社会科学领域,多有论述经济、政治、社会等各个领域多方面的结构状况的著述。在宋史研究领域,王曾瑜先生用马克思主义中的"阶级结构"一词来研究宋金的社会等级结构。① 日本学者平田茂树用系列论文研究宋代专制体制,认为宋代的士大夫是以科举为基础而产生出来的儒士,他们把"经世济民"作为政治信念,实则是想通过科举考试来实现其"升官发财"的梦想,为了在官场能出人头地,他们利用同乡、同宗、同学、同行等各种"关系"构筑起关系网,并利用各种关系策动政治斗争,树立党争派别,尔虞我诈,互相倾轧,加剧了中国"君主独裁政治"的形成。其中《宋代政治结构试论——以"对"和"议"为线索》一文中明确使用了这一概念外,其他12篇论文研究主题各不相同,但在结集出版时还是使用了"政治结构"一词作为书名。② 但很明显,平田茂树笔下的"政治结构"一词更多源于现代欧美社会理论语境,用来指独立于有主动性的个体并对个体有制约的外部整体政治环境。

目前学术界对"司法结构"一词没有明确的定义,本书认为司法权是国家政治权力的一个组成部分,"司法结构"是法律作为阶级社会的上层建筑及统治工具的组成体系及其关系格局的概括。使用"司法结构"概念,可以容纳各个与司法相关的要素,包括国家、官吏、民众为三个基本要件,突出了制度与人关系的整体性。同时,"司法结构"概念中还尤为重视司法要素间的相互关系,这些诸要素间的关系及构成方式在较长的时期又是相对稳定的,这种在特定的时间内保持司法要素间稳定的体系结构,可以说明宋代司法制

---

① 王曾瑜:《宋朝阶级结构》,河北教育出版社1996年初版,中国人民大学出版社2010年修订版;王曾瑜:《金朝户口分类制度和阶级结构》,《历史研究》1993年第6期。

② [日]平田茂树:《宋代政治结构研究》,上海古籍出版社2010年版。

度运行的社会状况。

"司法结构"中诸要素与国家机关间的权力的配置,有官与民之间的互动,也有精英与平民间的互动,而且这种相互关系的互动性可以建立在立法者、司法者、守法者和乱法者的能动性个体选择的基础上,可以体现恩格斯关于社会发展的"合力"思想:

> 历史是这样创造的:最终的结果总是从许多单个的意志的相互冲突中产生出来,而其中每一个意志,又是由于许多特殊的生活条件,才成为它所成为的那样。这样就有无数互相交错的力量,有无数个力的平行四边形,而由此就产生出一个总的结果,即历史事变,这个结果又可以看作一个作为整体的、不自觉地和不自主地起着作用的力量的产物。因为任何一个人的愿望都会受到任何另一个人的妨碍,而最后出现的结果就是谁都没有希望过的事物。所以以往的历史总是象一种自然过程一样地进行,而且实质上也是服从于同一运动规律的。但是,各个人的意志——其中的每一个都希望得到他的体质和外部的、终归是经济的情况(或是他个人的,或是一般社会性的)使他向往的东西——虽然都达不到自己的愿望,而是融合为一个总的平均数,一个总的合力,然而从这一事实中决不应作出结论说,这些意志等于零。相反地,每个意志都对合力有所贡献,因而是包括在这个合力里面的。①

司法要素的能动性对司法体系具有相当的反作用,使司法结构运行及发挥功能的过程中,或遇到某些运行障碍,或产生部分病变,或遇到新的历史问题而不适应,都可能使司法结构产生变化。不同的司法结构产生不同的司法行为,因此"司法结构"视角可以充分透视宋代法制在演变中的历史弊病。

---

① 《马克思恩格斯全集》,人民出版社 1995 版,第 37 卷,第 461—462 页。

司法结构可以沟通上层与下层。上层是中央司法结构，主要是皇帝专政制，是司法权力的主要所有者。下层包含地方司法结构和基层司法结构，前者是司法权力的主要执行者，主要是司法官僚制；后者是地方司法的主要的资源提供者，主要是民间自治。地方是上下司法结构的联结点，是皇帝、官僚与民众需求博弈的主要场所。本书以马克思主义的社会变革与法律变迁理论为指导，结合法历史学方法与法社会学方法，以宋代地方法制结构中国家、官吏、民众为三个基本要件，尝试把法律与社会结合起来，揭示中国古代地方治理的内在结构性的行为范式，并以此为基轴深入分析中国传统地方法律制度、地方官员治理行为与民众法律心理与观念三者之间的长时段的互动关系，以发现和揭示官吏行为模式、民众法律意识形态与国家秩序和社会稳定之间的内在关联模式。为了体现各司法要素间的关系，本书将地方司法结构分为以下几个方面：

1. 审级结构。审级制度是诉讼制度的重要组成部分，不同审级确定了不同的审判权。宋代审级大体上分为四级，即县级、州级、路级、中央，除中央外皆属于地方结构的构成，是履行审判权最主要的层级。

2. 法权结构。审判权是司法权的中心，将此结构独立出来既可以官制的外在形式为重点，又以权力的内在分工、相互制约作为地方司法运行的主线。

3. 流程结构。将宋代地方司法分为受理诉状、审讯检验、传集证人、书写供状、检出法条、拟出判决、集体审核、终审判决等程序环节，以完整体现地方司法的动态运行。

4. 等级结构。宋代亦是司法从属于行政的司法结构，将地方法官群体分为主官与属官两个阶层，增加法吏群体介入对司法样态影响的研究，既注重法官群体内部的等级结构，亦重视官员与胥吏间的等级结构及相互影响。

5. 民间结构。以法律路径选择来体现宋代地方民众能动性，并将地方强势力量、讼师与权威人物纳入民间司法结构。

6. 法礼结构。主要在法哲学方面探讨在地方司法结构变动的历史情况下，宋代地方法官群体法律思想的反思与调整。

7. 因果结构：主要探讨宋代地方司法结构对地方法治形势的反作用，以及对宋代在中国法律史历史地位的影响。

徐忠明先生评价明清时期的司法制度的变化时认为：

> 从政治权力结构的物理学来看，在数千年来的中华政治文明的历史进程中，居于枢纽地位，具有转型意义的政治制度变迁的事件乃是，从封建贵族政治到郡县官僚政治的变革，其以拆除具有制衡皇权功能的"间架结构"为代价，而最终构筑了"一君万民"的政治制度。①

在中国古代司法结构的演变中，宋代是这一历史趋势中重要的演变时期，其司法结构具有独特的断代性格与时代烙印。本书通过以上多个角度对地方司法结构的分层解析，力图将宋代地方司法中重要历史现象全部纳入、合理解释并求得整体认识，使宋代地方司法结构中诸元素间的现实社会关系形成不同角度且又相互印证的剖面，从而突破历史现象的表面而向深层突破，进而对宋代地方司法制度的认识从单一化走向复合化。

---

① 徐忠明：《明清司法的构造、理念与机制：一个论纲》，载《外国法制史研究》第18卷，法律出版社2016年版，第441页。

第一章　干枝与虚实：宋代地方司法结构的层级设置

自秦代以来，中国确立了郡县制度，也大体确定了两级地方行政体制。"县"最早出现于春秋时期，首先由楚、晋等大国率先创立，开始时皆设在边鄙地区，大多是被灭亡国家或新得土地，因而军事管制色彩浓厚，君主直接任命长官，政令由朝廷直传，军政合一，这些县与原来奴隶制国家直接统治的领邑和国君赏给卿大夫的封邑不同，奴隶主贵族势力薄弱，成为最适宜的封建地方行政基层，是中央政权权力的延伸，因而"县"是随着地主阶级与奴隶主阶级的历史交替而出现于历史舞台的。自此而后两千余年的封建社会里，"县"一直是地方基层政权。

"郡"的出现比"县"要晚，是在春秋后期时由晋国首先创立，而且春秋时期是"县"大于"郡"，地位也较之为高。但随着兼并战争的发展，战国时期各国在新得边地上设"郡"，因为边地荒僻，地广人稀，面积较"县"为大。随着各国之间战争与交往的频繁，边境地区逐渐繁荣，郡下逐渐分置若干县，郡的地位随之高于县，形成郡下统县的政治制度。"后来者居上"是历史发展的永恒规则。

"郡"与"县"出现虽早晚不同，性质却是一致的：都是由军事占领区转换为地方行政区；都首先设立于本国奴隶主势力薄弱地区；地方长官由君主直接任命；军政合一，组织形式是君权的下垂延伸。这些特点使郡县制度与奴隶社会的采邑制度截然不同，因而成为新社会形态下地方行政体制的历史选择。

商鞅变法时确立了秦国的郡县制度：郡县令均由国王直接任免，只领俸禄而不享有封地、采邑，重大事项必须报请国君，这些特点非常有助于强化王权专制。郡县制与军功爵制一起，宣布了世卿世禄制的灭亡，也使秦国在当时各国的封建化变法运动中取得历史的先机，最终统一六国，建立起中国历史上第一个封建君主集权王朝。

相比先秦时期的分封制，郡县制度有相当多的历史优点，是与确立的封建君主专政制度相匹配的地方行政体制。郡县制度中地方长官都向皇帝负责，集政专权，行政、军事、司法、财政、监察诸权皆集中于皇帝一人，而中央对任何地方个体都能保持绝对优势，因而能有效防止分裂、维护统一，同时郡县制行政体系环节少，因而行政效率高，所需官员少，这与国小民寡或草创伊始的王朝统治是相适应的。

秦王朝的暴政也很快暴露了郡县制度的缺点：皇帝制度下国家治理"高下在心，天下制在一人，百姓不闻二主"①，专权制度上令下行，却没有上下互动，政治制度缺乏张力，中央与地方几成一体，上有误政则容易殃及全国；郡县制仅是中央任命地方长官，一人就可凌驾辖区之上，地方官员有恶行失德，则地方矛盾又易激化成对抗中央的行为。中间没有任何缓冲地带，因而缺乏必要的政治张力。郡县制的这个缺点因为地主阶级的成长而有所弥合，处于政府与分为特殊领域和特殊个人间的地主阶级，逐渐成为缓冲社会矛盾激化的防波堤，一定程度上起到防止农民阶级同封建国家算总账的作用。

刘邦建汉以后，吸取秦和项羽速亡的教训，实行郡国制度，部分地区复活了春秋时期诸侯采邑分封制，国家直属地区仍则实行郡县制，但这个旨在维护刘姓一统江山的设计很快被历史否定：分封制使诸侯坐大，接连叛乱。

---

① （唐）朱敬则：《五等论》，周绍良主编：《全唐文新编》，吉林文史出版社2000年版，第3册，第1991页。

汉武帝采取推恩子弟，酎金夺侯，颁行左官之律，设附益阿党之法，费了很大力气才维护了国家的统一。分封制为历史所遗弃，以后的皇室宗亲，只能得衣食租税，即使是西晋大分封，也不给诸王以治地的行政权，这是郡县制历史性的胜利。

但是，随着古代中国疆域的扩大，州郡数目增多，中央直接管辖困难很大，必然要求增设新一级地方行政建制，如西汉武帝元封五年（前106），约有郡和王国102个，唐太宗贞观元年（627）约有高级地方行政单位州358个。因此，对中央王朝而言，妥善管理这么多的地方政府也有相当难度，因此在州郡之上，再设一级行政组织就出现了必要性。因此，汉武帝设立"部"，元封五年，"初置刺史部十三州……其令州、郡察吏、民有茂材、异等可为将、相及使绝国者。"① 刺史的职责是监察郡国官吏和强宗豪右，以"六条"问事，因此这一时期"州"是监察区划而不是行政区划。② 隋炀帝仿汉制，在郡上设十五州部，由司隶和刺史十五人分部巡察，以纠郡守。③ 唐太宗贞观元年在州之上设置十道，唐玄宗开元二十一年（733）分天下为十五道，各置采访处置使，简称采访使，主要职责为监察地方，如同汉代刺史之职："分天下州县制为诸道，每道置使，治于所部。（即采访、防御等使也。）其边方有寇戎之地，则加以旌节，谓之节度使。自景云二年四月，始以贺拔延嗣为凉州都督，充河西节度使。其后诸道因同此号，得以军事专杀。行则建节，府树六纛，外任之重莫比焉。"④ 但新设一级行政，必然要增加官员数量，增加财政负担，管理不好就会出现官多吏冗、叠屋架床、十羊九牧的情况，因此汉代的"部"和唐代的"道"都仅是监察政区，而没有完整的行政权力。

但随着中央王朝的衰弱，对地方不能完全约束，地方高级政区亦高度集

---

① （汉）班固：《汉书》卷六《武帝纪》，中华书局1962年版，第197页。
② 陈仲安、王素：《汉唐职官制度研究》，中华书局1993年版，第160页。
③ （唐）魏徵：《隋书》卷二八《百官志下》，中华书局1973年版，第802页。
④ （唐）杜佑：《通典》卷三二《职官十四·都督》，王文锦等点校，中华书局1988年版，第894—895页。

中权力，很容易造成地方分裂、割据之虞。历代的社会动乱如汉的王国之乱、三国鼎立、晋代八王之乱、南北朝战乱、隋末群雄并起都源于中央对地方势力的失控。

对宋代而言，唐末五代的藩镇割据更是近在眼前的历史借鉴。唐朝中期以后，为了加强对边地的统治，防范吐蕃、回纥的进扰，唐睿宗景云二年（711），以贺拔延嗣为凉州都督、河西节度使，这是节度使设置的开始。唐玄宗继位后，又于天宝初年（742），陆续设置了安西、北庭、河西、朔方、河东、范阳、平卢、陇右、剑南、岭南等十个节度使，以进一步加强边地的防御力量。节度使的辖地称为"方镇"或"藩镇"。但由于节度使逐渐掌握了所管辖地方上的军权、财政权、行政权，势力也随之坐大，并在天宝十四年（755）酿成安史之乱。在讨伐安禄山、史思明叛乱的过程中，唐朝中央政府为了奖励出征的将军，或者为了安置投降的叛将，又每每给予这些武将以节度使的名号。故节度使制度不但延续下来，而且本来是用于边地的制度逐渐滥用于内地。在节度使制度盛行的情况下，道成为了地方实级行政层级。节度使所割据的地区本来与道的区划并不重合，但因各个节度使将自己所割据的若干个州视为一个道。这样，唐朝法定的十五道制度便遭到破坏，"分天下为四十余道，大者十余州，少者二三州。"[①] 节度使们不但将自己割据的地区视为一个道，还自兼这个道的观察使。观察使本来是监察官，但在节度使兼任之后，却成为一个道的行政长官。这样，道便由虚级变成了实级，从而破坏了法定的虚三级制。"道一级行政实体的出现，是造成行政重心由内重外轻转变为外重内轻的原因。"[②]

宋太宗惩五代之弊，为使各州直属京师，向皇帝奏事，于太平兴国二年（977），尽罢天下节镇所领支郡，从此全国诸州直辖于中央：

> 上初即位，以少府监高保寅知怀州。怀州故隶河阳，时赵普为节度

[①]（宋）马端临：《文献通考》卷六一《职官考十五》，中华书局2011年版，第1837页。
[②] 白钢主编，俞鹿年著：《中国政治制度通史·隋唐五代卷》，人民出版社1996年版，第46页。

使，保寅素与普有隙，事颇为普所抑，保寅心不能平，手疏乞罢节镇领支郡之制。乃诏怀州直属京，长吏得自奏事。①

宋初尽罢支郡后，新设使臣填补地方的权力真空："国初罢节镇统支郡，以转运使领诸路事。"② 转运使司在一定意义上取代了原先的藩镇，路在一定意义上取代了唐五代以来的道，形成了新的三级政区体制。但宋朝统治者为防范转运司成为藩镇的替代者，既没有赋予转运使统军的权力，也不赋予任免、升黜本路官员的权力，只赋予转运使监察本路官员的权力。宋朝还将转运使司所拥有的民政权力也进行了再分割，建立了多元化的地方高级政区体制，宋太宗淳化二年（991），各路设提点刑狱，隶于转运司，却由朝廷直接委派朝官担任，后罢。宋真宗景德四年（1007）于各路正式设提点刑狱司，不再隶属转运司，成为第二个路级监司。至宋神宗熙宁年间（1068—1077）置提举常平司始，路级机构增至四个：转运司、提点刑狱司、提举常平司和经略安抚使。宋代这四个路级机构互不隶属，地位相当，治所常异地而设，区划范围也不尽相同，共同代表朝廷监督所辖州县，这样在中国古代地方行政体制改革中就迈出跨时代的一步，"打破了历代一直采用的完整制，前所未有地使用了分离制，在每一高层政区建立多个机构，高层行政组织的数目数倍于高层政区数。"③

在这种多元分离制路级政区之下，宋朝又形成在中国历史上独具特色、最为复杂的州级政区体制，共包括府、州、军、监四种形式。府、州是唐代正式的地方行政区，"宋初承袭唐制，也在地方实行府制，但置府条件放宽很多，只要属于军事上或经济上比较重要的城市，都尽量设府加以统治，而且

---

① （宋）李焘：《续资治通鉴长编》卷一八，太平兴国二年八月丙寅，中华书局2004年版，第410—411页。

② （宋）李焘：《续资治通鉴长编》卷四二，至道三年十二月戊午，中华书局2004年版，第901页。

③ 余蔚：《完整制与分离制：宋代地方行政权力的转移》，《历史研究》2005年4期。

第一章　干枝与虚实：宋代地方司法结构的层级设置

与日俱增，以致府在地方行政上的地位和功能，与普通州、军几乎没有两样。"① 府成为地位较高的州，宋朝州的行政区也承前代而来，但幅员略小。唐代戍边军队驻扎的地方称军，将领称使。安史之乱后，军的设置被推广到内地。五代时期由于驻扎于地方的军队"皆寄治于县，隶于州"②，往往干涉县令的职务，甚至县令也要接受军使管辖，军因此也就成为了地方行政区，其地位略低于州。监是由国家经营的矿冶、铸钱、牧马、制盐等专业管理机构，"掌茶、盐、酒税场务征输及冶铸之事"③，是国家财政收入的重要来源，且其生产活动必然与地方发生关系，故为监官划出一定区域属其管辖。"五代时，因这类监官的职权往往超过县令，乃有以监兼领县政的制度。于是监逐渐成为地方行政单位的名称。"④ 宋朝又进一步扩大了监的管辖区域，设置属县，增加其行政权力，使监的地位正式上升为州级行政单位。这样宋朝地方县级行政区上就有府、州、军、监四种形式，这在中国古代历史上是形式最多的，且数目颇多，因而也最为复杂。

关于宋朝府、州、军、监的数目，因为其间多有变动，不同的时间界限产生不同的统计结果。北宋初，共设府、州、军、监139个。仁宗初，设322个。神宗熙宁八年（1075），减为287个。元丰三年（1080）时有府14，州242，军37，监4。徽宗政和元年（1111）制度，共有府19，州243，军50，监3，宣和四年（1122）有府38，州243，军52，监4，南宋约190个。⑤

最终，宋王朝设计了三级地方行政区划：路级为多元分离制，州县则包括府、州、军、监四种形式，多种等级。这种政区设计理念，既方便管理多达320多个地方州郡，又可以防止地方高级监察区向行政区或军事驻防区的演

---

① 白钢主编，朱瑞熙著：《中国政治制度通史·宋代卷》，人民出版社1996年版，第283页。
② （宋）欧阳修：《新五代史》卷六〇《职方考三》，中华书局1974年版，第740页。
③ （元）脱脱：《宋史》卷一六七《职官志七》，中华书局1977年版，第3983页。
④ 白钢主编，朱瑞熙著：《中国政治制度通史·宋代卷》，人民出版社1996年版，第285页。
⑤ 周振鹤：《中华文化通志·地方行政制度志》，上海人民出版社1998年版，第115页；白钢主编，朱瑞熙著：《中国政治制度通史·宋代卷》，人民出版社1996年版，第282—283页。两书中统计数字不同。

变，从而基本完成了整顿唐末五代以来地方行政混乱的历史任务。这种新式的地方行政体制，则成为宋代地方司法运行的行政框架。

第一节　宋代县级司法行政

在中国地方行政的历史演变中，从春秋至近代的两千余年，"县"都是古代地方行政系统中的基层组织。自秦代推广时至清朝灭亡，县级组织都呈现了颇为稳定的历史面貌：县衙都是亲民机构，县令都是"亲人之官"①，直接面向社会基层，县官也被为社稷之守，成为维系各代王朝统治安危的基石。

自秦汉以来，为了更合理地配置行政资源，历代王朝都制订了县等制度，根据辖区大小、人口多寡、物产丰薄、地理险易与否以及与政治中心远近等条件，把县划分几等，以便制定相应的配官、纳租之标准。

宋太祖建国之初，从后周继承下来的只有615县，随着疆域的扩展，到太平兴国四年（979）共辖1236县，②北宋中期经过合并，元丰八年（1085），有1132县，北宋末年置1245县。宋代的县分为赤、畿、次赤、次畿、望、紧、上、中、中下、下十个等级。宋代赤县、畿县大部分都在四京之内，次赤县和次畿县，大都分布在河中、真定等十个次府中。4000户以上称望县，3000户以上称紧县，2000户以上称上县，1000户以上称中县，不满1000户为中下县，500户称下县。③后取消中下县，将不满1000户以下都列为下县。

宋代县等制度，决定了国家委派官员的品级和数额，承担职役的吏胥数量也因而不同，可以说县等制度决定了基层司法所能动用行政资源的规模，因此成为司法行政的制度基础。

---

①　（宋）王钦若：《册府元龟》卷七〇一《令长部·选任》，凤凰出版社2006年版，第8096页。
②　李昌宪：《中国行政区划通史·宋西夏卷》，复旦大学出版社2007年版，第二编第一章，第116页；第二章，第134页。
③　（清）徐松辑：《宋会要辑稿》职官一一之七六，上海古籍出版社2014年版，第3363—3364页。

第一章　干枝与虚实：宋代地方司法结构的层级设置

一、宋代县级主官设置

1. 知县制度

五代时期，藩镇割据，割据一方的节度使委任亲随为镇将等把持县政，导致县级长官权力旁落，几近虚设。"五代以来，节度使补署亲随为镇将，与县令抗礼，凡公事专达于州，县吏失职。"① 县官的行政权被剥夺的同时，司法权也被侵夺，"盗贼斗竞则属镇将"②。因此，五代县官多是昏老无能之辈："五代任官，凡曹掾簿尉，有龌龊无能，以至昏老不任驱策者，始注为县令，故天下之邑，率皆不治。甚者诛求刻剥，秽迹万状。故天下优浑之言，多以长官为笑。"③

赵匡胤夺取国家政权之后，大力削弱藩镇专政地方的弊端，使地方州县长官重新独掌行政权力。宋人对县级政权的基础作用，有相当清晰的认识："天下之民事皆领于县，则奉朝廷之法令，而使辞讼简，刑狱平，会计当，赋役均，给纳时，水旱有备，盗贼不作，衣食滋殖，风俗敦厚，必自县始。"④

为矫正五代县政之弊，北宋时期建立了"知县"制度，从而对宋代的县级司法模式产生了重大影响。"知县"制度与过去县级制度的不同之处在于：同为县级主官，但宋代县令却同时保有中央官员的身份。宋建国之初，首先撤换了首都开封，陪都河南的四个附郭县开封、浚仪、河南、洛阳县的县令。⑤ 宋太祖开始任命京官为一县执政："命大理正奚屿知馆陶县，监察御史王祐知魏县，杨应梦知永济县，屯田员外郎于继徽知临清县。常参官知县，自屿等始也。"⑥ 大县和驻兵马县由此实行知县制度，知县属差遣系列，凡户

---

① （宋）李焘：《续资治通鉴长编》卷三，建隆三年十二月癸巳，中华书局2004年版，第76页。
② （宋）马端临：《文献通考》卷六三《职官考十七》，中华书局2011年版，第1911页。
③ （宋）李攸：《宋朝事实》卷九《官职》，商务印书馆1935年版。
④ （宋）吕祖谦：《宋文鉴》卷九〇《县法序》，中华书局1992年版，第1278页。
⑤ 陈振：《宋史》，上海人民出版社2003年版，第150页。
⑥ （宋）李焘：《续资治通鉴长编》卷四，乾德元年六月庚戌，中华书局2004年版，第96页。

口多、土地广、地理位置重要的繁要剧县，多由京朝官出任长官，全称为知某县事。"赤知县迁出后主要担任监司、知州等地方高级官员，而畿知县迁出后以充任通判、知县等中下级地方官为主。"① 在人口较少或边远小县，行政长官由品阶低于京朝官的人选担任，仍称县令，但县令的选任也由中央政府统一铨选，而地方直属州郡长官没有任免的决定权。

知县制度的优点在于：转迁之际，可以升陟其"官"而不易其任，有时甚至直接加县令以京朝官衔而知县事，保证了外任官员的治事积极性。② 宋初的知县制度，以高职低配的方式提高了中央差遣官员的权威性，以"泥中揅沙"的方式稳固了重要县份对邻近县的威慑。既保证了军事政变后地方政权的顺利过渡，又改变了大县称长、小县称令的县官等级布局，提高了县官群体的政治待遇，保证了县级官员队伍的稳定性和积极性。此后，在县级内部也实现了权力向上集中的倾向，宋哲宗元符元年（1098）敕令规定："县丞、簿、尉日赴长官厅议事，及签书文檄。"③ 县令或知县切实负起总治一县政务之责，比较彻底地纠正了五代县政的弊端。

宋初地方官员缺额甚多，开宝四年（971）"诸道幕职、州县官阙八百余员。"④ 太平兴国时，宋太宗在诏书中亦云："今封疆尽辟，县吏猥多，动皆缺员，历年未补。"直到真宗咸平年间，仍是"州县阙多员少。"⑤ 宋代统治者重用文官，在地方官选任上亦倾向文人。宋初为选拔文臣，大开科举。至宋太宗时十六年而八开科场，取进士、诸科6692人，其取人之多，用人之骤，前所未有。⑥ 柳开对此评论说："凡八赐天下士，获仅五千人，上自中书门下

---

① 祁琛云：《资序家世、地理空间与职任迁转——立足于北宋开封府赤畿知县迁转趋向及影响因素研究》，载《宋史研究论丛》第23辑，科学出版社2018年版。
② 邓小南：《试论北宋前期任官制度的形成》，《北京大学学报》1990年第6期，第42—43页。
③ （清）徐松辑：《宋会要辑稿》职官四八之五三，上海古籍出版社2014年版，第4351页。
④ （宋）李焘：《续资治通鉴长编》卷一二，开宝四年二月，中华书局2004年版，第261页。
⑤ （宋）林駉：《古今源流至论·后集》卷五《省官》，景印文渊阁《四库全书》本，台北：商务印书馆1983年版，第942册，第237页。
⑥ 张希清：《论宋代科举取士之多与冗官问题》，《北京大学学报》1987年第5期，第109页。

为宰相,下至县邑为簿尉。"① 到宋仁宗时,全国州县官职基本设置齐备。②

宋代县官中科举出身比重的上升,提高了县官群体的整体素质。从北宋至南宋,一般进士高科可以直接授京官,担任知县。选人担任县令差遣,须从最基层的主簿、县尉等做起,积累够规定的资历,才能注授县令职务。可以说,宋代也非常重视培养一县之长的实际执政能力。"因此北宋的剧邑,繁区,即出现过许多能令,举凡革风俗(破迷信),治剧邑,兴教化,革县政,制县豪,捕剧盗,修河工,收赋税,增户口。而能循规持廉,劝农生产,宣中央之德,行便民之政,故县令出身而位至公辅者甚多,至于能令如寇准知巴东;苏颂知江宁;王安石为鄞令;吕端知开封;周敦颐知南昌;范纯仁为襄邑令;苏辙知绩溪;吕大防知青城;文彦博知翼城;包拯知建昌;欧阳修为乾德令;梁适知崑山;王禹等,知长州县等,均见于《宋史》本传。"③

2. 知县、县令之职能

县作为最亲民的基层行政机构,凡是国家和百姓之间的一切政务联系,皆须通过县级行政而进行,因此县级政府成为国家政府与民众互动的第一层级,担负综合性的行政职能,"县有一州之体,而视民最亲。"④ 作为一县之长,宋政府规定知县、县令的职掌是:"掌总治民政、劝课农桑、平决狱讼,有德泽禁令,则宣布于治境。凡户口、赋役、钱谷、赈济、给纳之事皆掌之,以时造户版及催理二税。有水旱则受灾伤之诉,以分数蠲免;民以水旱流亡,则抚存安集之,无使失业。有孝悌及行义闻于乡间者,具事实申于州,激劝以励风俗。"⑤ 其职责包括发展生产、兴修水利、安集流亡,以保持境内户口的增长,保证国家赋税的征收;秉公执法、为民申冤,平决狱讼,以防止徇

---

① (宋)柳开:《河东集》卷八《与郑景宗书》,景印文渊阁《四库全书》本,台北:商务印书馆1983年,第1085册,第301页。
② 苗书梅:《宋代官员选任和管理制度》,河南大学出版社1996年版,第133页。
③ 齐觉生:《北宋县令制度之研究》,(台北)《政治大学学报》1968年第18期,第276页。
④ (宋)胡太初:《昼帘绪论·尽己篇》,《宋代官箴书五种》,中华书局2019年版,第161页。
⑤ (元)脱脱:《宋史》卷一六七《职官七》,中华书局1977年版,第3977页。

情枉法;宣布诏敕、兴办学校,改良风俗,表彰忠义以改善风俗;兼管军事,防止和消灭叛乱,保一方平安;等等。

宋代知县或县令的职能呈现不断扩大的趋势,宋徽宗政和二年(1112),为促进农业的发展,朝廷制订出县令"功课农桑"十二条,为敦本业、兴地利、戒游手、谨时候、诫苟简、厚蓄积、备水旱、戒宰牛、置农器、广栽植、恤佃户、无妄讼。宋代还要求县令在境内"亲诣田畴,劝谕勤惰,以为力田之倡。"①

宋代县级长官的职责范围可以说是集行政、司法、财政、民政各项事务于一身,但其中以催督税赋及审理案件职能最为繁重。宋代统治者也特别强调县官的司法治民之责,"县令之职,当先责以治民",使"征赋狱讼各得其平"。② 宋代司法判案实行县级先判,杖以下县里决定,徒刑以上须县里初审,然后申报到州,最后到监司的审判程序,如果有疑问,还要上报朝廷。因此,县令在司法过程中起着关键作用。当然,不同时期、不同地域,其职能的重点各有侧重。如战乱时期及沿边地区,防盗、安民、保护境土是重任;灾荒年份,赈济穷苦、安集流民就成为工作重点。

为了提高州县长官的司法业务水平,宋廷要求地方官员必须加强对法令的学习,并把"试刑法"作为注官的必要程序。早在雍熙三年(986),宋太宗就下诏:"刑法者,理国之准绳,御世之衔勒。重轻无失,则四时之风雨弗迷;出入有差,则兆人之手足何措。念食禄居官之士,皆亲民决狱之人。苟金科有昧于详明,则丹笔若为于裁处。用表哀矜之意,宜行激劝之文。应朝臣、京官及幕职州县官等,今后并须习读法书,庶资从政之方,以副恤刑之意。其知州、通判及幕职州县官等,秩满至京,当令于法书内试问,如全不知者,量加殿罚。"③ 熙宁六年(1073)科举改革后第一次考试后数日,诏令:

---

① (清)徐松辑:《宋会要辑稿》职官四八之三一,上海古籍出版社2014年版,第4329页。
② (清)徐松辑:《宋会要辑稿》职官四三之一二三,上海古籍出版社2014年版,第4173页。
③ (清)徐松辑:《宋会要辑稿》选举一三之一一,上海古籍出版社2014年版,第5520页。

"自今进士、诸科同出身及授试监簿人,并令试律令、大义或断案,与注官;如累试不中或不能就试,候二年注官。"① 变法后的第二次科举前,宋神宗诏:"进士及第自第一人以下注官,并先试律令、大义、断案。"② 并命"选人、任子,亦试律令始出官。"③

二、宋代县级司法属官设置

宋承唐制,县级司法行政官员主要有四员:令(知县)、丞、主簿、尉。但受限于行政资源的不足,宋代只有大县才能完全配备四位行政官员,小县则不设县丞,甚至更小的县只设主簿或县尉而无县级主官之设。

1. 县丞及其职能

宋代只在一些重要县域设置县丞,县丞是仅次于知县、县令的县级行政副长官,主要职能是辅助知县或县令完成各项职能,督察群吏,同掌"字民、治赋、平决讼诉之事,主簿为之佐。尉掌盗贼、斗杀。"④

宋初,太祖认为州县"吏员猥多,难以求其治,俸禄鲜薄,未可责以廉。与其冗员而重费,不若省官而益俸"⑤,因而众多边远小县皆不置丞。宋仁宗天圣年间,祠部员外郎苏耆奏言开封、祥符两赤县,因"簿、尉多差出外勾当,而本县阙官"⑥,开始在开封府两赤县各置县丞一员,"在簿、尉之上",从有进士出身的幕职令录即从品阶较高的选人中选任:"置开封、祥符县丞各一员,仍令吏部铨注幕职、令录有出身人。时两赤县簿、尉多差出在外,县

---

① (宋)李焘:《续资治通鉴长编》卷二四三,熙宁六年三月丁卯,中华书局2004年版,第5923页。
② (宋)李焘:《续资治通鉴长编》卷二六六,熙宁八年秋七月辛巳,中华书局2004年版,第6530页。
③ (元)脱脱:《宋史》卷一五五《选举志一》,中华书局1977年版,第3618页。
④ (清)徐松辑:《宋会要辑稿》职官四八之二五,上海古籍出版社2014年版,第4321页。
⑤ (宋)李焘:《续资治通鉴长编》卷一一,开宝三年七月壬子,中华书局2004年版,第247页。
⑥ (清)徐松辑:《宋会要辑稿》职官四八之五三,上海古籍出版社2014年版,第4351页。

事颇失经理故也。"① 皇祐年间，两赤县县丞又皆从京朝官中选任，"自今并除新改京官人，任满与免远官。"② 宋神宗熙宁年间，推行新法，"令诸路转运司具州军繁剧县分，主户二万户以上，增置县丞一员，以幕职官或县令人充。"③ 此为北宋诸路普设县丞之始。宋哲宗元祐废新法时，设县丞的县有所减少。但是事务繁剧难以省罢的县，可由转运司申明予以保留："应系因给纳、当平、免役置丞、簿，并行省罢，内县丞如委是事务繁剧，难以省罢处，委转运司存留，保明以闻。"④ 因此，一些大县仍设县丞。

宋徽宗崇宁二年（1103），复行熙宁、元丰之政，宰臣蔡京言：

> 熙宁之初，修水土之政，行市易之法，兴山泽之利，皆王政之大者，追述缉熙，当在今日。农田如荒闲可耕凿，瘠卤可变膏腴，陆可为水，水可为陆之类；水利如陂塘可修，灌溉可复，积潦可泄，泄堤可兴之类；山泽如铜、铅、金、银、铁、锡、水银坑冶，及林木可养，斤斧可禁，山荒可种植之类，县并置丞一员，以掌其事。⑤

徽宗准奏后，随即全国普设县丞。四月十九日，中书省、尚书省言："检会三月二十四日敕，诸路除已置县丞处外，余并置丞一员……今欲承务郎以上知县去处，差置县丞。"⑥ 这一时期，县丞的职责范围比较明确，主要负责新法的增收项目。大观三年（1109），再次限定设县丞的范围，规定："昨增置县丞内，除系旧额及万户以上县分，委是事务繁冗，并虽非万户，实有山林、川泽、坑冶之利，可以修兴，不可阙官去处，依旧存留外，余令逐路转运、提举常平司同共相度闻奏。"⑦

---

① （宋）李焘：《续资治通鉴长编》卷一〇四，仁宗天圣四年七月，中华书局 2004 年版，第 2413 页。
② （清）徐松辑：《宋会要辑稿》职官四八之五三，上海古籍出版社 2014 年版，第 4351 页。
③ （清）徐松辑：《宋会要辑稿》职官四八之五三，上海古籍出版社 2014 年版，第 4351 页。
④ （清）徐松辑：《宋会要辑稿》职官四八之五三，上海古籍出版社 2014 年版，第 4351 页。
⑤ （清）徐松辑：《宋会要辑稿》职官四八之五三—五四，上海古籍出版社 2014 年版，第 4351 页。
⑥ （清）徐松辑：《宋会要辑稿》职官四八之五四，上海古籍出版社 2014 年版，第 4351 页。
⑦ （清）徐松辑：《宋会要辑稿》职官四八之五四，上海古籍出版社 2014 年版，第 4351—4352 页。

第一章　干枝与虚实：宋代地方司法结构的层级设置

南宋时，基本上是在宋仁宗朝设县丞之县及万户以上县仍设县丞，"诸县县丞如系嘉祐以前员阙并及万户处存留一员，余并罢。"① 小县则不置，由主簿代行其事。因为行政事务的增加，宋政府在部分地区逐渐健全了县级主官。如福州所管12县，"国初诸县惟有令、尉，间置主簿，后始置县丞。"② 绍兴二十年（1150）诏"县及万户者许置丞"③，肇庆府高要、潮州揭阳、新州新兴、德庆府端溪、泷水县各置丞一员。宋宁宗嘉定元年（1208）四月诏："省罢兴元府城固县丞一员，令主簿兼领。"至此，小县不设丞"永为定例"。④

2. 主簿及其职能

主簿是汉唐以来就在县级设置的属官。宋代建国之初规定除400—1000户县不设主簿外，其他各等县都设置主簿，400户以下县，主簿还要兼职知县，甚至还要兼职县尉："县千户以上，依旧置令、尉、主簿，凡三员；户不满千，止置令、尉各一员，县令兼主簿事；不满四百，止置主簿、县尉，以主簿兼知县事；不满二百，止置主簿，兼县尉事。"⑤ 可以看出，主簿是县一级常设的官职。

宋政府对民众征收赋税的主要依据是户籍制度与赋税簿帐，而县级长官的重要职能就是"以时造户版及催理二税"，所以县级主官也相当重视户籍与税收档案的整理与保存："盖簿书乃财赋之根柢，财赋之出于簿书，犹禾稼之出于田亩也。故县令于簿书，当如举子之治本经。"⑥ 但宋代县级机构人员简省，知县与县令处理大量民间诉讼，已经难于他顾，高宗时刘行简言："今所谓县令者，且朝受牒诉，暮夜省案牍。牒诉之多，或至数百，少者不下数十。案牍之繁，堆几溢格。其间名为强敏者，随事剖决，不至滞淹，已不可多得。

---

① （清）徐松辑：《宋会要辑稿》职官四八之五五，上海古籍出版社2014年版，第4352页。
② （宋）梁克家：《淳熙三山志》卷九，载《宋元方志丛刊》，中华书局1990年版，第7867页。
③ （清）徐松辑：《宋会要辑稿》职官四八之五六，上海古籍出版社2014年版，第4352页。
④ （清）徐松辑：《宋会要辑稿》职官四八之五七，上海古籍出版社2014年版，第4353页。
⑤ （宋）李焘：《续资治通鉴长编》卷一一，开宝三年秋七月壬子，中华书局2004年版，第247页。
⑥ （宋）佚名：《名公书判清明集》卷三《赋役门·财赋造簿之法》，中华书局1987年版，第62页。

偿复责其余力，足办狱事，讯鞫得情，吏不敢欺，民不被害，诚恐百人之中未必有一也。"① 胡石壁也说："县令之职，最为劳人，自非材具优长，智识明敏者鲜能胜任。"②

所以，宋代县级主簿的主要职责就是辅佐长官掌管官物出纳与簿书、催督赋税。彭子复为婺州金华县主簿时，因该县"簿籍多废绝"，于是搜求"四膝帐，校其差缪，类为数百册藏焉"。③ 说明宋代主簿最主要的日常工作就是整理、主管编户齐民的经济档案。

宋代各级政府的档案保存在架阁库中，因而主簿也成为县级架阁库主管官员："诸架阁库，州职官一员，县令丞、簿掌之。应文书印缝计张数，封题年月事目并簿历之类，各以年月次序注籍，立号编排，造帐文书，别库架阁。仍置籍。遇借，监官立限，批注交受，纳日勾销，按察及季点官点检。"④

宋代民间财产争讼，常常需要查阅档案中的官方记载："田产之讼，官司考之契要，质之邻证，一时剖判，既已明白，无理者心服无词，有理者监系日久，一得判辄归，未必丐给断凭。元案张缝，率不用印。数年之后，前官既去，无理者或嘱元主案吏折换，或赂贴吏窃去。兼主案吏，若罢与死，辄隐匿，诈言不存。彼乃依前饰词妄争，有理者须执前判，无所考据。则前判皆为虚设矣。"⑤ 因而宋代主簿也会承担一定的司法职能。

宋代县级主簿常常十分忙碌，需要勤勉政务："始为主簿，官虽卑，惟既

---

① （明）黄淮、杨士奇：《历代名臣奏议》卷二一七《乞令县丞兼治狱事》（刘行简），上海古籍出版社1989年版，第2851页。

② （宋）佚名：《名公书判清明集》卷二《官吏门·县令老缪别委官暂权》，中华书局1987年版，第39页。

③ （宋）叶适：《叶适集》卷一五《彭子复墓志铭》，中华书局1961年版，第274页。

④ （宋）谢深甫：《庆元条法事类》卷一七《文书门二·架阁敕令格·文书令》，黑龙江人民出版社2002年版，第357页。

⑤ （宋）陈襄：《州县提纲》卷二《案牍用印》，载《宋代官箴书五种》，中华书局2019年版，第124页。

厥心。夜漏未尽而起，旦即坐曹，簿书钩校，不遗纤微。"①

总体而言，宋代主簿的工作比较繁琐，也不容易做出政绩，因而宋人认为："主簿在县官中，卑于令丞，而冷于尉，非甚有才，则其举事为尤难。"②

3. 县尉及其职能

宋初，县级机构仅有县令、主簿。为了加强中央对地方的统治，建隆三年（962），下诏复设县尉：

> 盗贼斗讼，其狱实繁，逮捕多在于乡间，听决合行于令佐。顷因兵革，遂委镇员，渐属理平，合还旧制。宜令诸道州府，今后应乡间盗贼斗讼公事，仍旧却属县司，委令尉勾当。其一万户已上县差弓手五十人，七千户以上四十人，五千户以上三十人，三千户以上二十五人，二千户以上二十人，一千户以上十五人，不满一千户一十人。……如有盗贼，仰县尉躬亲部领收捉送本县。……每县置尉一员，在主簿下，俸禄与主簿同。③

宋初设置县尉之始，每县只设置一员，此后一些大县也设置两员县尉，一员驻县城，另一员驻某个镇或市。

两宋时期，县尉一职有时任用文臣，有时改用武将，有时文武参用。宋神宗熙宁四年（1071）部分重法地分"以武臣为县尉"④，元丰五年（1082）诏："重法地县尉，并差使臣。"⑤ 元祐时苏辙认为武臣县尉"未必皆敢入贼，而不习法律，先已扰民"，建议多取文人担任县尉：

> 近岁民贫多盗，言事者不知救之于本，遂请重法地分县尉并用

---

① （宋）楼钥著，顾大朋点校：《楼钥集》卷一一三《戴伯度墓志铭》，浙江古籍出版社2010年版，第1948页。
② （宋）陆游：《渭南文集》卷二〇《诸暨县主簿厅记》，载《宋集珍本丛刊》，线装书局2004年版，第47册，第188页。
③ （宋）佚名：《宋大诏令集》卷一六〇《置县尉诏》，中华书局1962年版，第604页。
④ （宋）马端临：《文献通考》卷一六七《刑考六》，中华书局2011年版，第5000页。
⑤ （宋）李焘：《续资治通鉴长编》卷三二八，元丰五年秋七月癸未，中华书局2004年版，第7891页。

武夫。自改法以来，未闻盗贼为之衰少，而武夫贪暴不畏条法，侵渔弓手，先失爪牙之心；搔扰乡村，复为人民之患。臣窃惟捕盗之术，要在先得弓手之情，次获乡村之助。耳目即广，网罗先具，稍知方略，易以成功。旧用选人，虽未能一一如此，而颇知畏法，则必爱人；使之出入民间，于势为便，不必亲习骑射，躬自格斗，然后能获贼也。①

宋哲宗听取了苏辙的建议，除沿边地区依旧外，其他地区并差选人为县尉。

北宋末年至南宋初期，宋王朝政权不稳，内外交困。因此，一些地区亦设置武尉，以加强治安管理。高宗建炎三年（1129）知湖州张虞卿曾上书，请求在四安镇增设武尉一名："四安镇最系水陆冲要，乞添置武尉一员……专一控扼水陆盗贼，仍不许诸处抽差。"② 绍兴和议后，南宋又多以文臣为县尉。

但总体而言，县尉一直都是宋代县级最主要的治安官员，承担重要的司法职能。

第二节　宋代州级司法行政

一、宋代州级主官设置

宋代知州乃一州之长，是州级最高行政、司法官，全称"知州军事"。宋太祖为加强中央集权，于建隆二年（961）开始削夺藩镇的权力，召各镇节度使回京师，"赐第以留之，分命朝臣出守列郡，号权知军州事，军谓兵，州谓民政焉。"③ 宋太祖始"令文官权知"，一般每州一员，二品以上及带中书、

---

① （宋）李焘：《续资治通鉴长编》卷三八五，元祐元年八月癸巳，中华书局2004年版，第9374—9375页。
② （清）徐松辑：《宋会要辑稿》兵三之二〇，上海古籍出版社2014年版，第8667页。
③ （元）脱脱：《宋史》卷一六七《职官志七》，中华书局1977年版，第3972—3973页。

第一章 干枝与虚实：宋代地方司法结构的层级设置

枢密院、宣徽事者，称"判某州"。① 知州的职能为："掌总理郡政，宣布条教，导民以善而纠其奸慝，岁时劝课农桑，旌别孝悌，其赋役、钱谷、狱讼之事，兵民之政皆总焉。凡法令条制，悉意奉行，以率所属。有赦宥则以时宣读，而班告于治境。举行祀典。察郡吏德义材能而保任之，若疲软不任事，或奸贪冒法，则按劾以闻。"② 宋代州级政府共有府、州、军、监四种类别。府的地位最高，分京府和普通府，京府即开封、河南、大名、应天四京府。军的地位略低于州，设置在军事要，即"地要不成州，而当津会者，则为军。"③ 在坑冶、铸钱、制盐、牧马之地置监。府的长官称知府，军的长官称军使或知军，监的长官称监使或监事。可见，知府、知军与监事与知州职掌大体相同，皆是本辖区内行政的全面负责者。

宋朝通判与知州同为掌贰，全称为"权通判某州军州事"，简称"倅"。宋太祖为加强对州级财政的集中而专设此职：

> 乾德三年，诏诸州度支经费外，凡金帛悉送阙下，无得占留。时藩镇有阙，稍命文臣权知，所在场务或以京朝官监临。凡一路之财，置转运使掌之；一州之财，置通判掌之，为节度、防御、团练、留后、观察、刺史者，皆不予签书金谷之事。于是外权削而利归公上矣。④

宋太祖此后又将通判职能大扩充，乾德四年（966）十一月诏："朕比于诸州，改置通判，本期共治，必冀分忧。而闻与长吏互执事权，罔思公共，或徇私而为党，或专欲而自强，多致忿争，动成踰越。自今应诸道州府，事无巨细，须长吏、通判佥议连署，则州郡僚属方许禀行。"⑤ 一般每州、府各

---

① （清）徐松辑：《宋会要辑稿》职官四七之一，上海古籍出版社2014年版，第4265页。
② （元）脱脱：《宋史》卷一六七《职官志七》，中华书局1977年版，第3973页。
③ （宋）高承：《事物纪原》卷七《州郡方域部·镇》，中华书局1989年版，第358页。
④ （宋）李焘：《续资治通鉴长编》卷六，乾德三年三月，中华书局2004年版，第152页。
⑤ （宋）佚名：《宋大诏令集》卷一九〇《诫约通判与长吏叶和诏》，中华书局1962年版，第695—696页。

置通判一人,大的府、州则设两员、三员,小州或不置。

宋哲宗时规定通判的职能为:"掌倅贰郡政,凡兵民、钱谷、户口、赋役、狱讼听断之事,可否裁决,与守臣通签书施行。所部官有善否及职事修废,得刺举以闻。"① 通判有权巡行辖区属县,"佐郡守之治,入则贰政,出则按县。"②

因州县政区内刑狱、赋税、农桑、水利诸事,皆由长官负责,所以宋朝廷制订相同的考核标准来要求州县长官。《神宗正史·职官志》记载:

> 考守令以善最,德义有闻,清慎明著,公平可称,恪勤匪懈,为四善。狱讼无冤,催科不扰,为治事之最;农桑垦殖,水利兴修,为劝课之最;屏除奸盗,人获安处,赈恤困穷,不致流移,为抚养之最。③

宋徽宗时,开始行用"四善四最"的考课条目,南宋时沿用。《庆元条法事类》卷五"知州、县令四善四最"条记载:

> 一善德义有闻,二善清谨明著,三善公平可称,四善恪勤匪懈。
>
> 一生齿之最:民籍增益,进丁入老,批注收落,不失其实。
>
> 二治事之最:狱讼无冤,催科不扰。
>
> 三劝课之最:农桑垦殖,水利兴修。
>
> 四养葬之最:屏除奸盗,人获安居,振恤困穷,不致流移;虽有流移而能招诱复业,城野遗骸无不掩葬。④

宋代知州的任期,元丰七年(1084)诏规定:"堂除及吏部使阙知州,自今三年为一任","武臣知州军及军使,并三年为一任。"⑤

---

① (清)徐松辑:《宋会要辑稿》职官四七之六二,上海古籍出版社 2014 年版,第 4299 页。
② (清)徐松辑:《宋会要辑稿》职官四七之六七,上海古籍出版社 2014 年版,第 4302 页。
③ (清)徐松辑:《宋会要辑稿》职官一〇之二〇,上海古籍出版社 2014 年版,第 3290 页。
④ (宋)谢深甫:《庆元条法事类》卷五《职制门·考课·考课格》,黑龙江人民出版社 2002 年版,第 69—70 页。
⑤ (清)徐松辑:《宋会要辑稿》职官四七之一五,上海古籍出版社 2014 年版,第 4273 页。

第一章 干枝与虚实：宋代地方司法结构的层级设置

宋代知州、通判作为行政长官，亦担任司法主官。宋代知州执法的案例很多，如宋真宗时咸平二年（999），"有民家子与姊婿讼家财。婿言妻父临终，此子才三岁，故见命掌资产；且有遗书，令异日以十之三与子，余七与婿"，当时知杭州张咏认为："汝妻父，智人也，以子幼故托汝。苟以七与子，则子死汝手矣。"则将遗产判决三分与婿，七分与子，"人皆服其明断。"① 向敏中为洛阳长官时曾侦破"僧人夜间求宿案"：

> 有僧暮过村舍求宿，主人不许。求寝于门外车箱中，许之。是夜，有盗入其家，携一妇人并囊衣，逾墙出。僧不寐，适见之。自念不为主人所纳，而强求宿，明日必以此事疑我，而执诣县矣。因亡去。夜走荒草中，忽坠眢井。而逾墙妇人已为人所杀，尸在井中，血污僧衣。主人踪迹，捕获送官。不堪掠治，遂自诬，云："与妇人奸，诱以俱亡。恐败露，因杀之，投尸井中。不觉失脚，亦坠于井。赃与刀在井旁，不知何人持去。"狱成，皆以为然。敏中独以赃、仗不获，疑之。诘问数四，僧但云："前生负此人命，无可言者。"固问之，乃以实对。于是密遣吏访其贼，食于村店，有妪闻其自府中来，不知其吏也，问曰："僧某狱如何？"吏绐之曰："昨日已笞死于市矣。"妪叹息曰："今若获贼，如何？"吏曰："府已误决此狱，虽获贼，不敢问也。"妪曰："然则言之无害。彼妇人，乃此村少年某甲所杀也。"吏问："其人安在？"妪指示其舍。吏往捕，并获其赃，僧始得释。一府咸以为神。②

韩亿知洋州，曾审李四诬嫂案："州豪李甲，兄死，迫嫂使嫁，因诬其子为他姓，以专其赀。嫂诉于官，甲辄赂吏，掠服之，积十余年，诉不已。亿

---

① （元）脱脱：《宋史》卷二九三《张咏传》，中华书局1977年版，第9802页。
② （宋）郑克著，杨奉琨校注：《折狱龟鉴校释》卷二《释冤下·向敏中》，复旦大学出版社1988年版，第104—105页。

视旧牍未尝引乳医为证,召甲出乳医示之,甲亡以为辞,冤遂辨。"① 刘湜知耀州时,"富平有盗掠人子女者,既就擒,阳死,伺间逸去;捕得,复阳死,守者以报,湜趣焚其尸。"②

欧阳晔知端州桂阳监时,"桂阳民有争舟而相殴至死者,狱久不决。公自临其狱,出囚坐庭中,去其桎梏,而饮食之,食讫,悉劳而还于狱,独留一人于庭。留者色动惶顾,公曰:'杀人者汝也。'囚不知所以然。公曰:'吾视食者皆以右手持匕,而汝独以左,今死者伤在右肋,此汝杀之明也。'囚即涕泣曰:'我杀也,不敢以累他人。'"③

《名公书判清明集》中有相当部分的断案名公都是在知州任上,吴势卿知处州,吴革知临安府,方岳知袁州,真德秀知泉州,姚珤知赣州,赵汝腾知婺州、泉州,王伯大知临江军、信阳军、池州、婺州,方大琮知广州、隆兴府等,比较集中反映了南宋知州行使亲审权的情况。南宋时有的知州才能低下,在履行亲审权时则产生了笑话:"绍兴初,知台州曹戬以戚里而显,不历事务,属吏民户有投白纸者,戬判云:'判本县详状施行。'"④

苗书梅先生总结宋代知州的司法职能时说:"知州则在诸司审理之后执行终审和裁决,凡事实明自能依法断遣者,则判决之;凡事实明自难以断决者,上报监司裁决;凡事实尚有未明,则退回本县,令县官再度推勘,限期上报。这种徒以上罪罚必由知州亲自监决的制度自太宗至道元年确定后,基本上沿用至宋末,只有武臣任知州及帅守,可以委通判审决。"⑤ 正因为宋代州级长官握有亲审权,因此当时士大夫对知州、知府尊称为"判院"。⑥

宋代通判也参与审理州郡重大案件。至道元年(995)正月,宋太宗至道

---

① (元)脱脱:《宋史》卷三一五《韩亿传》,中华书局1977年版,第10297页。
② (元)脱脱:《宋史》卷三〇四《刘湜传》,中华书局1977年版,第10075页。
③ (宋)欧阳修:《欧阳修全集》卷二七《尚书都官员外郎欧阳公墓志铭》,李逸点校,中华书局2001年版,第423页。
④ (宋)张知甫:《可书》,载《全宋笔记》第四编,第三册,大象出版社2008年版,第180页。
⑤ 苗书梅:《宋代知州及其职能》,《史学月刊》1998年第6期,第46页。
⑥ 陈铁凡:《判院探源》,《宋史研究集》第七卷,1974年。

时规定通判参与审判徒、杖刑以下罪，宋真宗朝则不仅令通判参预本州重大刑狱案件的审理，而且于大中祥符三年（1010）六月，还下诏规定："诸州大辟罪及五人以上狱具，请邻州通判、幕职官一人，再录问讫决之。"① 宋哲宗朝规定："狱讼听断之事可否裁决"，通判"与守臣通签书施行。"② 南宋时，不仅规定"狱讼听断可否裁决"，通判"与守臣通签"，而且"帅府则以徒罪委通判。"③ 如北宋年间陈奉古为贝州通判，"有卒执盗者，其母欲前取盗，卒拒不与，仆之地，明日死。以卒属吏，论为弃市。奉古议曰：'主盗有亡失法。今人取之，法当得捍。捍而死，乃以斗论，是守者不得主盗也。残一不辜，而剽夺生事，法非是。'因以闻。报至，杖卒。人称服之。"④ 王利通判沧州时，有"三卒至都下，二人者共害一卒，取其赍装，反以卒逃状闻。利疑其奸，密遣吏自郡至都，以物色求之，得其实，二人即服罪。"⑤

二、宋代州级司法属官设置

宋代州级司法属官的设置颇具时代特色，实行双系统官制：一是以诸参军官为主的州曹官系统，一是以判官、推官为主的幕职官系统。

宋代直接承袭了隋唐时期三个州司级佐官的名称：录事参军（府称司录参军）、司户参军与司法参军。宋初又新设司理参军一职，亦作为州级佐官中的重要一员。司理参军简称司理，又称理曹、理官、狱官、狱掾等，是宋代改造唐末五代使府武职属官而设置的主管州级刑狱的重要属官。五代时期，各地藩镇长官为控制地方司法，在各州设马步院，派亲信衙校出任马步都虞

---

① （宋）李焘：《续资治通鉴长编》卷七三，大中祥符三年六月庚午，中华书局2004年版，第1675页。
② （清）徐松辑：《宋会要辑稿》职官四七之六二，上海古籍出版社2014年版，第4299页。
③ （宋）王栐：《燕翼诒谋录》卷三《州长吏亲决徒罪》，中华书局1981年版，第24页。
④ （宋）郑克著，杨奉琨校注：《折狱龟鉴校释》卷四《议罪·陈奉古》，复旦大学出版社1988年版，第214页。
⑤ （宋）郑克著，杨奉琨校注：《折狱龟鉴校释》卷六《核奸·王利》，复旦大学出版社1988年版，第295—296页。

候、马步判官。这些武官主持系囚犯及审刑狱,高下其手,恣意杀人。宋朝立国之初,沿旧制设马步院、子城院,负责系囚及审讯狱案。建立宋朝的赵匡胤兄弟立志以文治化成天下,开宝六年(973)七月,下诏改各州马步院为司寇院,不再派用武臣,而是选派新及第进士及与选人资序相当的文臣出任司寇参军。太平兴国四年(979)十二月又下诏"改司寇参军为司理参军,以司寇院为司理院。令于选部中选历任清白、能折狱辨讼者为之"。司理参军成为有宋一代管理地方刑狱的重要部门和官吏。并规定"掌讼狱勘鞫","专于推鞫研核情实",① 而不兼他职。南宋绍兴三十二年(1162)以后,鉴于"州县之官,检验一事,不肯亲临,往往多以事辞,率巡检武人,其间多出军伍,至有不识字画者,奸胥因得其便,往往是非曲直颠倒。"于是规定司理参军是州衙派出初验"验尸"之官。②

宋代州级行政还承袭了唐末五代以来的判官、推官两职。据《新唐书·百官志》载:唐代判官、推官属于幕府参佐,主要由藩镇长官辟署文臣担任,辟署以后须报请中央批准,中央政府认可者,颁发授官敕书,被属之官即成为国家官吏,凡中央政府未敕授者,则称"摄职"。唐代判官是藩镇使府中位次副使的重要属官,"判官二人,分判仓、兵、骑、胄四曹事。"③ 宋代判官,基本不理兵戎之政,而以佐理行政、司法、财政、监察等为主要职责。太平兴国四年八月,宋太宗首次派遣十五名具有朝官官阶的文官出任诸州节度判官,其差遣职名是签署某军节度观察判官,后简称签判。这是宋代签判创置之始:

> 以赞善大夫十五员充诸州节度判官,韦亶凤翔,唐正白襄州,孔宪沧州,张蔚陈州,张利涉徐州,杨舜举卢州,吕祐之兖州,武

---

① (元)脱脱:《宋史》卷一六七《职官志七》,中华书局 1977 年版,第 3976 页。
② (清)徐松辑:《宋会要辑稿》职官三之七七:"检复绍兴三十二年闰二月六日臣僚言:在法:州差司理参军,县差县尉。"上海古籍出版社 2014 年版,第 3094 页。
③ (唐)杜佑:《通典》卷三二《职官志一四》,王文锦等点校,中华书局 1988 年版,第 895 页。

元颖曹州，周巨源邓州，孟上交寿州，韩国华相州，王化基扬州，郑归昌密州，张至荆州，张郢宿州。太宗以宿州戎幕阙官，选朝士补之，俾分理事，且试其才。①

此后，凡京朝官出任判官者，便称签判，选人充任者依旧称判官。签判与判官职能相当，被称为"郡僚之长"②，地位在本州其他属官之上，可以代理正副长官之职事。一般情况下，宋代两使州置节度推官、观察推官各一员，其余州军仅置一员。在不设判官之州军，即由推官主持签厅公事，或称之为推官厅公事。

在这一历史沿革中，宋代州级属官队伍及司法职能出现重大变化。一是司理参军的创立和职能扩大。通过司理参军对审理权的掌握，宋政府成功把地方司法权收回中央。宋代录参、司理皆主持司法审讯，司法参军的鞫狱权被取代了，督盗贼之职则被巡检等武臣擅有。二是承认了判官、推官的体制存在，其佐助知州、通判的政治地位得到承认，成为州级政府内的正式官员。原来幕职判官、推官参与司法的权力得以保留，这是唐末五代藩镇地方官制的遗留。宋仁宗、英宗时《两朝国史志》载北宋前期州级属官的设置为："知州、通判、判官、掌书记、推官、支使、录事参军、司户参军、司法参军、司理参军、知州府事各一员……凡州之别有六：曰都督，曰节度，曰观察，曰防御，曰团练，曰军事……节度、观察皆有判官，京官以上充则谓之签书判官事。又节度有掌书记，观察有支使，而节度、观察、防御、团练、军事皆有推官，府则置司录，州则录事参军，而下各一人，户多事繁，则置司理二人，自通判而下，州小事简，或不备置。又节度、防御、团练皆有副使，而节度、团练副使并以待左降官，诸州有司马、长史、文学、参军、助教，士人或有特恩而授，不厘务，亦有以负犯人为之者，流外则止除别驾、司马。

---

① （清）徐松辑：《宋会要辑稿》职官四八之五，上海古籍出版社2014年版，第4311页。
② （宋）佚名：《名公书判清明集》卷一《官吏门·郡僚举措不当轻脱》，中华书局1987年版，第25页。

又有军监使，掌同诸州，以京朝官及阁门祗候以上充，亦有称知军监事者。边要之地或户口繁多，亦置通判，以京朝官充，判官各一人以京朝官及选人充，司户、司法、司理参军并同。诸州军小事简，不备置，非繁剧，而不领县务者，量减官属。"①《神宗正史·职官志》记载宋朝前期州级属官的设置与职能为：

> 其属有七：判官、推官掌受发符移，分案治事；兵马都监掌训治兵械、巡察贼盗；录事、司理、司户参军掌分典狱讼；司法参军掌检定法律，各一人，皆以职事从其长而后行焉。……吏员多寡及节度、观察、推判官、掌书记、支使有无，系于州府军监之高下，而典领职务则同焉。②

可见，宋代州级属官已经形成两个系统，一是州曹司法官系统，一是幕职司法官系统。苗书梅先生已指出宋代幕职州县官是唐末五代幕府属官和州县属官中部分官职组成的新的官僚群体。其中观察判官、观察推官、军事判官等原皆系幕府属官，因此在宋代仍概称幕职官、幕职。而录事参军、县令、司法参军、司户参军、县尉、主簿等则系州县旧有官称，宋代仍概称州县官。幕职官与州县官同属吏部流内铨（元丰以后归侍郎左选，铨选差注的低级文官），二者常被并称为幕职州县官，又称为选人。③ 是宋代文阶官中最基层的一部分。

宋代州级属官有比较明确的职能分工。宋代判官与推官作为州级长官的重要助手，其职能也属从于长官职责，呈现综合性之特点。《哲宗正史·职官志》记载："幕职官掌助理郡政，分案治事，其簿书、案牍、文移、付受催督之事皆分掌之。凡郡事与守、倅通签书。"④ 宋朝地方同僚对判官与推官的职

---

① （清）徐松辑：《宋会要辑稿》职官四七之一一一二，上海古籍出版社2014年版，第4265页。
② （清）徐松辑：《宋会要辑稿》职官四七之一一一一二，上海古籍出版社2014年版，第4271页。
③ 苗书梅：《宋代官员选任和管理制度》，河南大学出版社1996年版，第414页。
④ （清）徐松辑：《宋会要辑稿》职官四八之八，上海古籍出版社2014年版，第4312页。

第一章 干枝与虚实：宋代地方司法结构的层级设置

能认识也强调了这个特点："掾曹，旅也。分职以治，各司其局而已。若乃事无不预而非逼，职未尝分而情通，惟幕职为然。"①

宋代录事参军（府称司录参军）在诸曹官中职位最高，"诸州录事参军于令为从八品，掌郡狱及军资市令之政，实曹掾之首。"② 宋代录事参军负责白天掌管州印："州印昼则付录事掌用，暮则纳于长吏。"③ 宋代录事参军有权参与司法事务，宋太祖乾德三年（965）七月，"始令诸州录参与司法掾同断狱。"④《宋会要辑稿》记载，州属官中，"录事、司理、司户参军，掌分典狱讼"⑤。南宋臣僚认为诸州录参、司理并系狱官，"录参以治狱为职。"⑥ 为了与司理参军所掌之狱相区别，多将录事参军掌管之狱称为"右狱"。⑦ 宋代州级行政中，录事参军也多负责财政税收事宜。宋太祖开宝元年（968）诏："诸道州府追属县租……自今令录事参军躬按文簿。"⑧ 录事参军因此在职位交接时需"交管户籍，新旧逃户数目，书于印纸历子。"⑨

宋代司理参军是州级专职司法官，"凡县邑之民事，不得其平者则平之于尹；尹之不能平，及事之大者，咸得平之于守；守视其事之小者立决之，其

---

① （宋）周必大：《文忠集》卷六〇《筠州判官厅记》，景印文渊阁《四库全书》本，台北：商务印书馆1983年版，第1147册，第632页。
② （宋）周必大：《文忠集》卷六〇《吉州录参厅题名记》，景印文渊阁《四库全书》本，台北：商务印书馆1983年版，第1147册，第630页。
③ （宋）李焘：《续资治通鉴长编》卷八七，大中祥符九年七月甲寅，中华书局2004年版，第1999—2000页；（元）脱脱：《宋史》卷一五四《舆服志》："节度州有三印：节度印随本使，使缺则纳有司；观察印，则州长吏之；州印，昼则付录事掌用，暮纳于长吏。节度使在本镇，兵仗则节度判官、掌书记、推官书状，用节度印；田赋则观察判官、支使、推官书状，用观察印；符刺属县，则本使判书，用州印。故命帅必曰某军节度、某州管内观察等使、某州刺史。言军，则专制其兵旅；言管内，则总察其风俗；言刺史，则莅其州事。"中华书局1977年版，第3591—3592页。
④ （宋）李焘：《续资治通鉴长编》卷六，乾德三年六月，中华书局2004年版，第156页。
⑤ （清）徐松辑：《宋会要辑稿》职官四七之一二，上海古籍出版社2014年版，第4271页。
⑥ （宋）刘克庄著，辛更儒校注：《刘克庄集笺校》卷一九二《贵池县高廷坚等诉本州知录催理绢绵出给隔眼事》，中华书局2011年版，第7509页。
⑦ （宋）刘宰：《漫塘集》卷二二《真州司法厅壁记》："录事多典右狱，则与刑曹均狱掾。"景印文渊阁《四库全书》本，台北：商务印书馆1983年版，第1170册，第593页。
⑧ （宋）李焘：《续资治通鉴长编》卷九，开宝元年五月甲午，中华书局2004年版，第202页。
⑨ （清）徐松辑：《宋会要辑稿》职官五九之五，上海古籍出版社2014年版，第4638页。

大者下于理官，理官得以考其情而弃之杀之。故曰，守之责不若理官之重。"①
司理参军的职能是比较专一的，都与司法事务相关而很少兼职其他事务。司理参军设立之初，宋政府就规定其"掌讼狱勘鞫"，其"专于推鞫研覆情实"②，而不兼他职。

宋代的司法参军简称司法，又称法曹、法掾、检法、法官等，其职权范围比唐代要小很多。唐制司法参军事"掌鞫狱丽法、督盗贼、知赃贿没入"③，宋制的鞫狱权被录事、司理参军取代了，督盗贼之职则被巡检等武臣擅有，司法参军只掌"议法断刑"④，在录事、司理参军等审理案件后检出适应的法律条文，以供判决时参照运用。宋代司法参军除掌管法令档案之外，也掌管州级财政档案。唐代司法参军就有整理财政账目的传统："诸道年终句帐……其诸州府仍请各委录事、参军，每年据留州定额钱物数，破使去处，及支使外余剩见在钱物，各具色目，分明造帐，依格限申比部。"⑤宋代在解除了司法参军鞫狱权之后，更是突出其这一传统职能。天禧时，京东转运副使范雍言："诸州帐籍，应在不少，望自今委转运使于诸州选官一员，专管帐目磨勘，如及一百万数，一年内八分以上，并升差遣；不满百万，一年了者，批历为劳籍。"⑥而此后的史料证明，掌管州级"帐目磨勘"的官员一般都是司法参军。史称："祖宗时，有会计录，备载天下财赋，出入有帐，一州以司法掌之，一路以漕属掌之。"⑦"岁月易久，奸弊易生，故不得不时为会计，以救其弊。是以景德之录、庆历之录、皇祐之录以致元丰《中书备对》，分令诸房

---

① （宋）蔡襄：《蔡襄集》卷二九《送张总之温州司理序》，上海古籍出版社1996年版，第513页。
② （元）脱脱：《宋史》卷一六七《职官志七》，中华书局1977年版，第3976页；（宋）佚名：《宋大诏令集》卷一六〇《官制一·司理阙令本州于见任簿尉判司内选充诏》，中华书局1962年版，第606页。
③ （宋）欧阳修、宋祁：《新唐书》卷四九下《百官志四下》，中华书局1975年版，第1313页。
④ （宋）马端临：《文献通考》卷六三《职官考一七》，中华书局2011年版，第1907页。
⑤ （宋）王溥：《唐会要》卷五九《比部员外郎》，中华书局1955年版，第1036页。
⑥ （清）徐松辑：《宋会要辑稿》食货一一之一一，上海古籍出版社2014年版，第6216页。
⑦ （清）徐松辑：《宋会要辑稿》食货五六之五七，上海古籍出版社2014年版，第7314页。

揭贴，搜罗详密，纤悉备具。朝廷每有施行，不复待报于外，按图阅籍，如指诸掌。窃思惟祖宗之时，所谓会计之书修纂如是之易者，盖缘郡国帐状如期来上，无有隐匿稽违，故得以讨论措画。又尝考之条令：一州之账状，司法主之；一路之帐状，漕属主之。率诸路帐状，上之户部。"① 此外，司法参军还有检出各类赏格的职能："诸赏，官司应依式保明者，委官点勘（发运、监司委属官，无及诸州各委司法参军）。"②

宋代司户参军的职权范围也较唐代要小很多。唐制司户参军"掌户籍、计帐、道路、过所、蠲符、杂徭、逋负、良贱、刍藁、逆旅、婚姻、田讼、旌别孝悌"③，宋代司户参军仅"掌户籍赋税、仓库受纳"④，"职在仓庾"⑤，以及与户籍关系密切的婚田词讼。宣和四年（1122），两浙转运副使奏："本路财计，系逐州户曹专任其责。"⑥ 司户参军可以参预审理有关婚姻、户籍、田产争议等方面的民事诉讼案件。在小州军诸曹官不备置时，司户参军可兼任录事参军或司法参军之职事。按绍兴诏敕，司户参军必须"同书狱事"⑦。

宋代州级属官分成幕职、州曹司法属官两个系统，对宋代地方司法模式产生了深远影响。在地方诸曹官内部，由于司理参军和司法参军的分工，已实现了审判分离，分化出鞫司和谳司两个子系统。幕职、州曹属官两个系统和诸曹官内部的鞫司和谳司两个子系统，实际已在一定程度上实现了审判权和检察权分离，二者和巡检、县尉的缉捕权一起实现了中国古典式的三权分立。

---

① （清）徐松辑：《宋会要辑稿》食货一一之二四—二五，上海古籍出版社 2014 年版，第 6224 页。
② （宋）谢深甫：《庆元条法事类》卷一三《职制门十·职制令·赏令》，黑龙江人民出版社 2002 年版，第 271 页。
③ （宋）欧阳修、宋祁：《新唐书》卷四九下，中华书局 1975 年版，第 1312—1313 页。
④ （元）脱脱：《宋史》卷一六七《职官志七》，中华书局 1977 年版，第 3976 页。参阅（清）徐松辑《宋会要辑稿》食货六二之六三，乾道六年九月三日孝宗语，上海古籍出版社 2014 年版，第 7584 页。
⑤ （宋）真德秀：《西山先生真文忠公文集》卷一二《申尚书省乞将饶州司户赵时伸罢任状》，上海商务印书馆 1937 年版，第 213 页。
⑥ （清）徐松辑：《宋会要辑稿》职官六一之四四，上海古籍出版社 2014 年版，第 4713 页。
⑦ （清）徐松辑：《宋会要辑稿》职官三九之二二，上海古籍出版社 2014 年版，第 3986 页。

第三节　宋代路级司法行政

唐末五代，节度使和观察使的所谓藩镇治理区域称"道"，由于藩镇的权力不断扩大，"道"在实际上成为府、州之上的行政和军事区域单位，因此唐代"道"有时也称"路"。

宋初延续唐制，"路"与"道"并称，但没有明确设置道一级的长官。为了避免在地方形成汉末刺史、唐末藩镇那样分裂割据的行政势力，但又需要存在联结中央和州县之间的财政机构，在这种历史情势中，宋代开始设诸道转运使一职，其职能是总管本道财赋，开始形成了宋代特色的路级行政制度。

宋太宗淳化三年（992）形成十六路。淳化五年（994），正式废"道"名而称"路"。至道三年（997），正式定全国为15个转运司路：京东路、京西路、河北路、河东路、陕西路、淮南路、江南路、荆湖南路、荆湖北路、两浙路、福建路、四川路、峡路、广南东路、广南西路。

淳化四年（993）春，在川、峡两路爆发了王小波、李顺起义，提出"吾疾贫富不均，今为汝均之"的口号①，转战邛、蜀二州，众至万余人。王小波牺牲后，李顺又攻克成都，称"大蜀王"，设置官司，建号"应运"。曾攻占北抵剑关，东迄巫峡的州县。为了强化这一地区的统治，宋真宗咸平四年（1001）三月，分西川、峡两路为益州、梓州、利州、夔州四路。天禧四年（1020）复分江南路为江南东、西两路。这样转运使路便形成为18路。宋神宗又形成了元丰23路：京东东路、京东西路、京西南路、京西北路、河北东路、河北西路、永兴军路、秦凤路、河东路、淮南东路、淮南西路、两浙路、江南东路、江南西路、荆湖南路、荆湖北路、成都府路、梓州路、利州路、夔州路、福建路、广南东路、广南西路。

---

① （元）脱脱：《宋史》卷二七六《樊知古传》，中华书局1977年版，第9396页。

北宋灭亡后，淮河以北地区尽为金人占领。南宋转运使路仅有 16 个，每路区划与北宋真宗时期大致相同，计有：京西南路、淮南东路、淮南西路、两浙路、江南东路、江南西路、荆湖南路、荆湖北路、成都府路、利州东路、利州西路、夔州路、潼川府路、福建路、广南东路、广南西路。

宋代路的地域划分是以财政征收为第一考虑，但随着政治经济形势的发展变化，宋代在路级陆续设置了提点刑狱司（宪司）、提举常平司（仓司）、安抚使司（帅司）都行政机构，各自侧重承担刑狱、农田、军事等不同职能，其所管辖地域与转运司所划范围不尽相同，但还是以转运司路为区划基础。

一、宋代路级转运司设置

宋太祖时，为了统一战争的需要，出于方便从各地筹措军饷的考虑，中央向各地直接委派特别官员"专主粮饷"[1]，乾德元年（963），当时宋太祖以沈义伦为京西道转运使，韩彦卿为淮南转运使，诸道置转运使始于此。[2] 转运使最初为军事机构，后其职能扩大为督办漕运、赋税、和买、坑冶、铸钱、茶盐酒矾的征榷，并负责向中央运送，留下的部分供给本司及州、县办公经费："掌经度一路财赋，而察其登耗有无，以足上供及郡县之费。岁行所部，检察储积，稽考帐籍。"[3] 因此，转运司全称某路诸州水陆计度转运使，又称"漕司"。同时也赋予转运使留心地方民间政情的职责，太祖乾德四年（966）正月，诏："诸道转运使如见三司行下公事有不便于民者，许直具事状以闻，不得隐避。"[4] 以使"吏蠹民瘼，悉条以上达"[5]，以供中央制订政策时作为参考。

宋太宗朝以后，转运使开始逐步被赋予监察本路地方长官、审理地方刑

---

[1] （宋）马端临：《文献通考》卷六一《职官考十五》，中华书局 2011 年版，第 1847 页。
[2] （宋）王应麟：《玉海》卷一八二《乾德转运使》，江苏古籍出版社 1990 年版，第 3352 页。
[3] （元）脱脱：《宋史》卷一六七《职官志七》，中华书局 1977 年版，第 3964 页。
[4] （宋）李焘：《续资治通鉴长编》卷七，乾德四年正月丙戌，中华书局 2004 年版，第 166 页。
[5] （元）脱脱：《宋史》卷一六七《职官志七》，中华书局 1977 年版，第 3964 页。

狱、计度地方财物的职能。太平兴国元年（976）十一月诏："诸道转运使，各察举部内知州、通判、监临物务京朝官等，以三科第其能否，政绩尤异者为上。"① 次年八月，太宗罢节度使领支郡制度，"自是而后，边防、盗贼、刑讼、金谷、按廉之任皆委于转运使，又节次以天下土地形势，俾之分路而治矣，继增转运判官，以京官为之，于是转运使于一路之事无所不总也。"② 端拱二年（989），诏："自今转运使凡厘革庶务，平反狱讼，漕运金谷，成绩居最，及有建置之事，果利于民者，令诸州岁终件析以闻。"③ 这时的转运使身兼财政、行政、司法、监察等大权，全面负责对地方的监控管理。"转运之置，虽昉于唐，然第掌水陆之输，其黜陟按察，犹别命使。至国朝，始得刺举一道吏之能否，民之戚休，狱讼钱谷，无所不当问。"④ 由于转运使既有财权，又负有沟通中央与地方的职能，所以宋人评价这一时期的转运使，"领转漕之任，生民系乎舒惨，国用倚之盈虚。"⑤ 转运使因对一路财政事务的统领而逐渐填补了藩镇消除后对于州、县监管的空缺，自然而然的成为一路的长官，成为藩镇的替代者。⑥

宋真宗咸平四年（1001）指令诸路转运使绘制本路军事地理："每十年各画本路图一，上职方。所冀天下险要，不窥牖而可知，九州轮广，如指掌而斯在。"⑦ 景德四年（1007）二月，内侍史崇贵尝使嘉州还，上奏揭露有知县王姓者贪浊等事，真宗曰："内臣将命，能采善恶，固亦可奖。然以其密侍扃禁，便尔赏罚，外人未为厌伏，当须转运使审察之。"⑧ 说明皇帝认为转运使

---

① （宋）李焘：《续资治通鉴长编》卷一七，太祖开宝九年十一月庚午，中华书局2004年版，第385—386页。
② （宋）马端临：《文献通考》卷六一《职官考十五》，中华书局2011年版，第1848页。
③ （清）徐松辑：《宋会要辑稿》选举二七之四，上海古籍出版社2014年版，第5769页。
④ （宋）周应合：《景定建康志》卷二六，载《宋元方志丛刊》，中华书局1990年版，第1758页。
⑤ （宋）章如愚：《山堂考索》后集卷一五《官制门·考课类》，中华书局1992年版，第545页上。
⑥ 汪圣铎：《宋代转运使补论》，《中国史研究》2004年第1期。
⑦ （宋）李焘：《续资治通鉴长编》卷四九，咸平四年八月甲子，中华书局2004年版，第1070页。
⑧ （宋）李焘：《续资治通鉴长编》卷六五，真宗景德四年二月壬申，中华书局2004年版，第1445页。

第一章 干枝与虚实：宋代地方司法结构的层级设置

监察地方更具效果。

宋仁宗时，转运使的职责再次扩大。"庆历中，欧阳文忠公为河北都转运使，则又请与闻边事，以调军储，察将帅。"① 明道二年（1033）复置各路提刑以前，转运使、副"于一路之事，无所不总。"② 神宗元丰时，再次明确转运使所担负的财政职能："县、镇、仓场、库务帐，本州勘勾。诸州账，转运司勘勾。"③

北宋时转运使司常设的官员是转运使、转运副使、转运判官，经济发达、地位重要的路设正、副两员，或者两员皆为副使，或者两员皆为正使，或以一员为判官。一般的路分只任命一员。转运判官以上均须选择朝官以上、曾担任过知州、通判差遣，并且有政绩、通晓经济事务的文官充任。如果所选官员的资序不够，下一等者带"权"字，再下一等者带"权发遣"。而两省五品官以上任转运使或者同时兼任两路者，则称"都转运使"。④

转运使司最初没有属官，仅从所属州抽调官员协助办事，天禧四年（1020）二月，真宗采纳京东转运副使范雍建议，从地方抽选人员专职负责路级财物账籍的审计："自今委转运使于逐州选官一员，专管帐目磨勘。"⑤ 熙宁初始增置属官，设转运司勾当公事和管勾文字官，入南宋后避高宗的讳，改称干办公事和主管文字官。勾当（干办）公事为转运司会计，掌管本路的户口账籍、田地租税、房园关市的收入，以及所辖州县上供财物的数目等事务。文字官负责"点检一路财赋"，保管本司财务账册。⑥ 此外，各路还设准备差遣（文臣）和准备差使、指使（武官）、守次押纲官、催促起发行在物斛官等属官。

---

① （宋）周应合：《景定建康志》卷二六，载《宋元方志丛刊》，中华书局1990年版，第1758页。
② （宋）马端临：《文献通考》卷六一《职官考十五》，中华书局2011年版，第1848页。
③ （宋）李焘：《续资治通鉴长编》卷三〇九，神宗元丰三年闰九月庚子，中华书局2004年版，第7495页。
④ 邓小南：《宋代官员选任诸层面》，河北教育出版社1993年。
⑤ （清）徐松辑：《宋会要辑稿》食货一一之一一，上海古籍出版社2014年版，第6216页。
⑥ （清）徐松辑：《宋会要辑稿》食货四九之三一，上海古籍出版社2014年版，第7111页。

二、宋代路级提点刑狱司设置

宋初最高统治者汲取五代时期司法败坏的教训,也赋予转运使司法监察的职能,但是转运使司政务繁多,难以全面兼顾。为了加强对地方司法政务的监督,宋太宗淳化二年(991)开始设置提点刑狱司:"命董循等十人充诸路转运司提点刑狱公事","有疑狱未决,即驰传往视之。州县稽留不决、按谳不实,长吏则劾奏,佐史、小吏许便宜按劾从事。"① 淳化四年罢之。宋真宗初年,仍然不断遣使到地方处理留滞案件。景德四年(1007),真宗因担心"四方刑狱官吏,未尽得人",虽有转运使,但由于"地远无由知",所以决定在河北、陕西等路复置提点刑狱官。② 在此之后,提点刑狱司有撤有废。

宋真宗时详细规定了提点刑狱司的职能,也明确了接管转运司审理尚未结束案件的职掌:

> 所至专察视囚禁,审详案牍,州郡不得迎送聚会。所部每旬具囚系犯由、讯鞫次第申报,常检举催督。有淹系久者,即驰往案问,出入人罪者,移牒覆勘,劾官吏以闻。诸色词诉、逐州断遣不当,已经转运司批断未允者,并收接施行。官吏贪浊弛慢者,具名以闻。③

后人总结提点刑狱的职能为:"掌察所部之狱讼,而平其曲直,所至审问囚徒,详覆案牍,凡禁系淹延而不决,盗窃逋窜而不获,皆劾以闻,及举刺官吏之事。"④

明道二年(1033)十二月,宋仁宗亲政,认为诸路刑狱罢后,"转运司不能一一躬往谳问,恐浸致冤滥,宜选贤明廉干不生事者委任之,则民受其赐

---

① (元)脱脱:《宋史》卷一九九《刑法志一》,中华书局1977年版,第4971—4972页。
② (宋)李焘:《续资治通鉴长编》卷六六,景德四年七月癸巳,中华书局2004年版,第1477页。
③ (宋)佚名:《宋大诏令集》卷一六一《置诸路提刑诏》,中华书局1962年版,第610页。
④ (元)脱脱:《宋史》卷一六七《职官志一七》,中华书局1977年版,第3967页。

矣",于是复置诸路提点刑狱官。① 此后,各路设置提刑司始成永制,提点刑狱不再是临时派遣的使臣,其司法监察职能随之固定,皇祐时文彦博说:"臣以谓人有冤滞,必由郡县及按察之司节级陈诉,若犹未伸,又许披鼓挝诉。"②大臣张方平也说:"臣伏以先帝勤恤有邦,明慎庶狱,故内置审刑之职,以覆天下之辩,外布提点刑狱之司,受民词牒,使侵枉无辜之人有所诉告。"③

提点刑狱司其长官名为"提点某路刑狱公事",简称"提点刑狱"或"提刑",也称"宪司","选朝臣及诸司使副至阁门祗候明干者充"④,即文臣以朝臣以上,武臣以诸司使副至阁门祗候(政和以后诸司使副改武功大夫至武翼郎)人担任提刑官。若设副职,称作"同提点某路刑狱公事",任用武臣阁门祗候以上者担任,但废置不常,南宋孝宗淳熙末年,武臣提刑最终取消。

提点刑狱司的属官较少,只有检法官、勾当公事等。检法官始设于熙宁六年(1073),主要职责是辅佐长官审阅、疏驳狱状,审覆州县官、小使臣公罪杖以下的案件。勾当公事创立于北宋崇宁年间,时称"勾当官",后被裁减,⑤ 宣和二年(1120)复置⑥,南宋为避高宗讳,改为干办公事官,其职责是协助提刑审理案件。此外,还有主管文字官、谘议官等属官,但不常置。

三、宋代路级提举常平司设置

提举常平司简称"仓司",或"庾司"。

宋太宗淳化二年(991),因袭唐代制度,设置了常平仓,后置专官管理

---

① (宋)李焘:《续资治通鉴长编》卷一一三,明道二年十二月丙申,中华书局2004年版,第2646页。
② (宋)文彦博:《文彦博集校注》卷一六《答御札手诏》,中华书局2016年版,第612页。
③ (宋)张方平:《乐全集》卷一二《官刑之滥》,景印文渊阁《四库全书》本,台北:商务印书馆1983年版,第1104册,第100页。
④ (宋)梁克家:《淳熙三山志》卷七,载《宋元方志丛刊》,中华书局1990年版,第7846页。
⑤ (清)徐松辑:《宋会要辑稿》职官四五之三,上海古籍出版社2014年版,第4235页。
⑥ (宋)梁克家:《淳熙三山志》卷二五,载《宋元方志丛刊》,中华书局1990年版,第8004页。

常平仓，初隶转运司。王安石变法时，宋神宗为了督促地方推行新法，自熙宁二年（1069），根据变法的特别指导机构制置三司条例司的建议，诏令王广廉、吕公弼等四十多名官员，赴河北、陕西等路"提举常平广惠仓，兼管勾农田水利差役事。"① 提举常平广惠仓，并置专职开封府界提举常平等事官。这些官员兼管勾农田水利差役事，简称提举常平公事、提举常平官，或曰提举、提仓官，其机构称提举常平司，掌各路免役钱、贷青苗钱、户绝田土、保甲义勇，及常平、义仓钱谷、市易、坊场、河渡、茶盐等事，丰年籴贱，备凶年平粜，以惠农民，并自此形成制度。

宋神宗将提举常平司提高为路级常设机构，加大了对地方财政的监督权，因而提举常平官自此也进入了路级监察体系。熙宁三年（1070）七月诏令："提举诸司库务司勾当公事官，不得擅诣诸司库务点检及取索文字，追呼公人，违者，提举司劾奏。"② 并"专举刺官吏之事"③，成为名副其实的国家监察机构："安抚、转运、提刑、提举，实分御史之权。"④ 因此宋人林駉对此概括说："我朝监司，始则有转运使、（转运使）副、转运判官；后则有提点刑狱、武臣提刑；又其后则有提举茶盐、提举常平。"⑤

元祐元年（1086），司马光、吕公著改更新法，曾一度罢诸路提举常平官。⑥ 但宋哲宗亲政后又复置提举常平司等事官，⑦"元符以后因之"⑧。

北宋还设有提举茶盐司，后与提举常平司并称提举司。北宋政和元年（1111），始置茶盐司。江、淮、荆、浙六路合置提举茶盐司官一员，既而诸

---

① （清）徐松辑：《宋会要辑稿》职官四三之二，上海古籍出版社2014年版，第4111页。
② （宋）李焘：《续资治通鉴长编》卷二一三，神宗熙宁三年七月乙巳，中华书局2004年版，第5179页。
③ （元）脱脱：《宋史》卷一六七《职官志七》，中华书局1977年版，第3968页。
④ （宋）赵升：《朝野类要》卷三《外台》，中华书局，2007年版，第75页。
⑤ （宋）林駉：《古今源流至论·续集》卷七《监司》，景印文渊阁《四库全书》本，台北：商务印书馆1983年版，第942册，第451页。
⑥ （清）徐松辑：《宋会要辑稿》职官四三之六，上海古籍出版社2014年版，第4114页。
⑦ （清）徐松辑：《宋会要辑稿》职官四三之六，上海古籍出版社2014年版，第4114页。
⑧ （元）脱脱：《宋史》卷一六七《职官志七》，中华书局1977年版，第3968页。

路皆置。① 宣和七年（1125），改为提举茶盐公事司。提举茶盐司"掌摘山煮海之利，以佐国用。皆有钞法，视其岁额之登损，以诏赏罚。凡给之不如期，鬻之不如式，与州县之不加恤者，皆劾以闻。"②

南宋初年，提举常平司曾几度并归本路提刑司。③ 绍兴十五年（1145）八月，诸路提举茶盐官与常平官合为一职，改名提举常平茶盐公事，或曰提举茶盐常平司，也称提举常平茶盐司，通称提举常平官。④ 提举常平茶盐司"掌常平、义仓、免役之政令，凡官田产及坊场、河渡之入，按额拘纳，收籴储积，时其敛散以便民。视产高下，以平其役。"⑤ 南宋还恢复了提举常平司的监司地位和职能，"依旧法为监司"，"官员有不职，则按以闻。"⑥ 提举司按十六路设置，与提刑司路基本一致，直到南宋末年，基本上没有发生大的变化。

宋代提举常平司的机构比较简单，每路皆置，但在所辖范围广或人口多的几路，则设置两员。⑦ 宋代提举常平官的任职资序，在宋神宗熙宁年间尚无定制，往往破格选拔"年少资浅轻俊之士"担任，冠"权发遣"之名。⑧ 元丰元年（1078），规定诸路提举常平官须选差朝官充任。宋徽宗大观三年（1109），又规定：诸路提举常平官须"用通判资序。"⑨ 南宋提举茶盐常平司官员的资序法比北宋严格，绍兴六年（1136）五月，规定：诸路提举常平官有阙，"或于郎官以上选择任用。"⑩

---

① （元）脱脱：《宋史》卷一六七《职官志七》，中华书局1977年版，第3968页。
② （元）脱脱：《宋史》卷一六七《职官志七》，中华书局1977年版，第3968页。
③ （清）徐松辑：《宋会要辑稿》职官四三之二七，上海古籍出版社2014年版，第4125页。
④ （清）徐松辑：《宋会要辑稿》职官四三之二八至二九，上海古籍出版社2014年版，第4126页。
⑤ （元）脱脱：《宋史》卷一六七《职官志七》，中华书局1977年版，第3968页。
⑥ （元）脱脱：《宋史》卷一六七《职官志七》，中华书局1977年版，第3969页。
⑦ （清）徐松辑：《宋会要辑稿》职官四三之四，上海古籍出版社2014年版，第4112页。
⑧ （宋）司马光：《司马温公集编年笺注》卷五一《乞罢提举官札子》，巴蜀书社2009年版，第248页。
⑨ （清）徐松辑：《宋会要辑稿》食货四九之二五，上海古籍出版社2014年版，第7108页。
⑩ （清）徐松辑：《宋会要辑稿》职官四三之二四，上海古籍出版社2014年版，第4124页。

提举常平司的属官有提举常平司勾当公事一员，省称"提干"，南宋改称常平干办公事。

四、宋代路级安抚使司设置

唐朝旧制，为处理各项突发事件，派遣安抚使、经略使、经略安抚使、沿边安抚使等作为临时差遣，事已即罢。这一职官，本"不常置"。①

宋真宗时沿袭唐代，设路级安抚使司，安抚使这一名称开始于王钦若和梁颢。咸平二年（999）"以翰林学士王钦若为四川安抚使……知制诰梁颢为陕西安抚使"②，安抚使之名始此，其职责为："所至录问系囚，除十恶至死，官典犯正枉法赃，致杀人、劫杀、谋杀、斗杀并为已杀人不降外，余死罪降从流，流从徒，徒从杖，杖已下释之。死罪合该减降，情理难恕者，疾置以闻"，以"观省风俗"和"宣布德泽"。③ 咸平四年（1001）设置了经略安抚使，"李继迁陷清远军"④，"以张齐贤充泾、源等十五军州安抚经略使。帝以边将玩寇，始改命齐贤等，使自此始为边帅也"⑤。咸平五年（1002），"邓州观察使钱若水为并代经略使，判并州。上新用儒将，未欲使兼都部署之名，而其任实同也。"⑥ 景德元年（1004）十月，"以知青州张齐贤兼青、淄、维等州安抚使，并兵马巡检贼盗公事。自此又为内地帅座之任。"⑦ 景德三年（1006），"置河北沿边安抚使，以雄州知州充。又有副使，以诸司副使以上充。不常置。都监，以阁门祗候以上充，并掌北边戎机、交聘之事。副使、

---

① （清）徐松辑：《宋会要辑稿》职官四一之七九，上海古籍出版社2014年版，第4039页。
② （清）徐松辑：《宋会要辑稿》职官四一之八一，上海古籍出版社2014年版，第4040页。
③ （清）徐松辑：《宋会要辑稿》职官四一之八一，上海古籍出版社2014年版，第4040页。
④ （元）脱脱：《宋史》卷二六五《张齐贤传》，中华书局1977年版，第9155页。
⑤ （宋）高承：《事物纪原》卷六《横行武列部·安抚》，中华书局1989年版，第308页。
⑥ （宋）李焘：《续资治通鉴长编》卷五二，真宗咸平五年七月丙申条，中华书局2004年版，第1140页。
⑦ （宋）高承：《事物纪原》卷六《横行武列部·安抚》，中华书局1989年版，第309页。

都监迭巡所部。"① 大中祥符元年（1008），置河东安抚司，掌勾官二人，一以代州知州充，一以阁门祗候以上充。

宋仁宗天圣三年（1025），诏命范雍、曹仪充陕西沿边州军体量安抚使："所至州军，犒设军员、使臣，并察访边民利害，及体量官吏能否，内有贪浊深刻、昧于绥抚者，具姓名以闻"。② 明道元年（1032）三月，"龙图阁直学士马季良为江南东路灾伤州军体量安抚使，西上阁门使曹仪副之。"③ 明道二年（1033）二月，"以两川饥，遣使体量安抚，天章阁待制王鬷益利路，户部副使张宗象梓夔路。"④ 宝元二年（1039），"两川自夏至秋不雨，民大饥"⑤，"擢（韩琦）知制诰，知审刑院。益利路岁饥，为体量安抚使，加三品服。蜀地号富饶，产金帛、纨锦，中州岁仰给。有司乘便刻取，赋徭繁重，诸郡设而买院，收市上供物，不以其直。公为轻减蠲除之，逐贪残不职吏，罢冗役七百六十人，为馈粥济饥人一百九十余万。"⑥ 马端临考证："宝元中，夏人入寇，始命陕西沿边大将皆兼经略。皇祐间，侬智高扰边，诏知广、桂州并带经略安抚使。自后西南二边常带经略，所以重帅权而服羌夷也。其经略、安抚各以直秘阁以上充。"⑦ 可见，在宋仁宗时，沿边地区陆续设置了安抚使。1050年王拱辰充益梓路体量安抚使，"是时，两川荒馑，公私凋残，既至，奏蠲逋负，阅官吏良否，多所进绌，人大慰说。"⑧ 皇祐三年（1051）八月，诏遣使体量安抚京东、淮南、两浙、荆南、北、江南东、西七路，"时七路艰

---

① （清）徐松辑：《宋会要辑稿》职官四一之七九，上海古籍出版社2014年版，第4039页。
② （清）徐松辑：《宋会要辑稿》职官四一之八八至八九，上海古籍出版社2014年版，第4044页。
③ （宋）李焘：《续资治通鉴长编》卷一一一，仁宗明道元年三月丙申条，中华书局2004年版，第2579页。
④ （宋）李焘：《续资治通鉴长编》卷一一二，仁宗明道二年二月壬子条，中华书局2004年版，第2606页。
⑤ （宋）李焘：《续资治通鉴长编》卷一二四，宝元二年八月丁丑条，中华书局2004年版，第2922页。
⑥ （宋）杜大珪：《名臣碑传琬琰集》卷四八《韩忠献公琦行状》，台北：文海出版社1969年版，第1093页。
⑦ （宋）马端临：《文献通考》卷六二《职官考十六》，中华书局2011年版，第1862页。
⑧ （宋）刘挚：《忠肃集》拾遗《王开府行状》，中华书局2002年版，第471页。

食,而长吏多非其人,及转运司颇肆科率,而民不聊生,帝因命中书择使以按视之"①。至和元年(1054)五月,"刑部员外郎兼侍御史知杂事郭申锡为河北体量安抚使,西上阁门使张希一副之。时谍者称契丹议遣泛使,申锡因言河北官私俱困,吏不素择,兵不素练,愿选能臣申饬备御。上嘉其言,即命申锡往,托以流民初复业,故遣使安辑也。寻诏申锡如经制边事,须密行文字,毋或张皇。"② 宋仁宗中期以后,一些路设置了较为固定的安抚使,逐步形成了后来的安抚使路。安抚使自此成为了路级帅臣。

宋神宗元丰年间,经略安抚使职权扩大,并设置了经略安抚使司路。经略安抚使司路,设安抚使或经略安抚使一人,简称"帅司","凡民兵之政,皆总焉"。③ 有些安抚使路和转运司路区划一致,有些则有所区别。如,宋初陕西路的转运司路只有一个,在熙宁五年至元丰元年曾分为秦凤路和永兴军路两路,元丰以后,又合并为陕府一路。其安抚使路在宋仁宗朝前期与西夏的战争中已逐渐建立起来,从宝元元年(1038)任命永兴军路都部署,泾原、秦凤路安抚使,和鄜延路都部署,鄜延、环庆路安抚使,到宋仁宗庆历元年,宋廷分陕西为秦凤、泾原、环庆、鄜延四路,分设都部署、经略安抚使、沿边招讨使。此后,陕西四路经略安抚使名称虽然有变化,但是四路经略安抚使制度基本形成定制。熙宁年间,增设这四个安抚使司加上原有的永兴军路安抚使,和新增的熙河路,共同构成了北宋中后期陕西路的六个安抚司路。与此同时或者稍后,河东路安抚使司、河北四路(大名府、高阳关、真定府、定州路)安抚使司,以及京东路、京西路等等路分的安抚司或经略安抚司皆制度化。而淮南东西路、江南东西路等两广之外的江南各路的钤辖司体制也是北宋中后期的帅司组成部分。帅司路的划分主要是为了军事防务的需要,

---

① (清)徐松辑:《宋会要辑稿》职官四一之九〇,上海古籍出版社2014年版,第4045页。
② (宋)李焘:《续资治通鉴长编》卷一七六,至和元年五月戊寅条,中华书局2004年版,第4262页。
③ (清)徐松辑:《宋会要辑稿》职官四一之七五,上海古籍出版社2014年版,第4037页。

第一章 干枝与虚实：宋代地方司法结构的层级设置

所以在北宋与辽、西夏接界处设置较多，其他各路与转运司区划大致相当。①

南宋时，由于战争需要，帅司地位提高，"一路兵权尽在帅司"②，安抚使为一路的首席长官，总一路兵民之政。遇朝廷调发军马，则负责措置办集，统领管内州郡副钤辖，副兵马都监，率军出征。每岁春秋两次由帅司选差将官到各州教阅军队，训练教阅军马。还负责荐举察访所部一路官员。此外，沿边路分安抚使还负责处理边境营田、市易、招抚等事宜。

关于安抚使的职能，《宋会要·职官》中记载颇详：

> 《哲宗正史·职官志》云：（经略使）掌总护诸将，统治军旅，察治奸究，以肃清一道。凡兵民之政皆总焉系边任，则绥御夷狄，抚宁疆圉，若甲兵屯戍，刍粟馈运，则视其缓急盈虚而移用之。掌凡战守之事，即事干机速边防及士卒抵罪者，听以便宜裁断。其属有勾当公事，管勾机宜文字，准备将领，准备差使。③

《宋史》总结其职能为：

> 经略安抚使一人，以直秘阁以上充，掌一路兵民之事；皆帅其属而听其狱讼，颁其禁令，定其赏罚，稽其钱谷、甲械出纳之名，籍而行以法。若事难专决，则具可否具奏；即干机速、边防及士卒抵罪者，听以便宜裁断。帅臣任河东、陕西、岭南路，职在绥御戎夷，则为经略安抚使兼都总管以统制军旅，有属官典领要密文书，奏达机事。河北及近地，则使事止于安抚而已，其属有勾当公事、主管机宜文字、准备将领、准备差使。④

宋宁宗嘉泰时，削弱了安抚使司的大权，其"兵事皆属都统，民政皆属诸司，

---

① 李昌宪：《中国行政区划通史·宋西夏卷》，复旦大学出版社 2007 年版，第 26—36 页。
② （清）徐松辑：《宋会要辑稿》兵一三之三三，上海古籍出版社 2014 年版，第 8868 页。
③ （清）徐松辑：《宋会要辑稿》职官四一之七五，上海古籍出版社 2014 年版，第 4037 页。
④ （元）脱脱：《宋史》卷一六七《职官志七》，中华书局 1977 年版，第 3960 页。

安抚使特虚名而已"①。

　　安抚使司（经略安抚使司同）设安抚使一员为长官，或任命副使，主要由治所所在州府的知府或首州知州兼任："凡诸路安抚之名并以逐州知州充，掌抚绥良民而察其奸宄，以肃清一道。"② 官阶在左右谏议大夫（元丰改制后的太中大夫）以上，曾任两制等侍从官、或者曾经担任过地方知州、通判差遣、政绩突出者方可充任。二品以上官员出任者，称安抚大使，官品轻则称同管勾安抚司事或主管安抚使司。东南各路的钤辖司等则称提举某某路兵马钤辖或者提举兵马巡检等，也由置司州府长官兼任，职务繁重的路分则设专任武臣钤辖为副职，如成都府路钤辖专制西南边事，即为之设两员武臣钤辖为副职。

　　关于安抚司的属官设置，北宋时没有固定员数，宋徽宗崇宁年间全国共有安抚使司属官113员。南宋初年安抚司属官大增，其人员有干办公事、主管机宜文字、准备差使、参议官、准备差遣、参谋官、准备将、主管书写机宜文字、准备使唤、听候差使、训练官等等，最多者有数十员。其中，有些属官仅安抚大使才能配置，如参议、参谋官等。

　　宋朝为了保证中央集权的长久，实行了"强干弱枝"（又称"守内虚外"）政策。这首先体现在军事力量部防方面，据宋人记载："艺祖养兵止二十二万，京师十万余，诸道十万余。使京师之兵足以制诸道，则无外乱；合诸道之兵足以当京师，则无内变。内外相制，无偏重之患。"③"京城之内，有亲卫诸兵，而京城之外，诸营列峙相望，此京城内外相制之兵也；府畿之营云屯数十万众，其将、副视三路者，以虞京城与天下之兵，此府畿内外之制

---

① （宋）李心传撰，徐规点校：《建炎以来朝野杂记》甲集卷一一《安抚使》，中华书局2000年版，第228页。
② （清）徐松辑：《宋会要辑稿》职官四一之七九，上海古籍出版社2014年版，第4039页。
③ （宋）李焘：《续资治通鉴长编》卷三二七，元丰五年六月壬申，中华书局2004年版，第7883页。

第一章 干枝与虚实：宋代地方司法结构的层级设置

也。非特此也，凡天下之兵，皆内外相制也。"① 而另一方面，则尽力削弱地方割据的条件，州郡不修武备，王禹偁对此有很好的总结：

> 自五季乱离，各据城垒，豆分瓜剖，七十余年。太祖、太宗，削平僭伪，天下一家。当时议者，乃令江淮诸郡毁城隍、收兵甲、彻武备者，二十余年。书生领州，大郡给二十人，小郡减五人，以充常从。号曰长吏，实同旅人；名为郡城，荡若平地。……尊京师而抑郡县，为强干弱枝之术。②

宋代军事上的"强干弱枝"布防格局维护了社会的基本稳定，宋人认为："太祖皇帝惩唐末五代之乱，始为军制，联营厚禄，以收才武之士。宿重兵于京师，以消四方不轨之气，番休互迁，使不得久而生变，故百余年天下无事，虽汉、唐盛时，不可以为比。"③

其次，宋朝在地方行政上，也贯彻了"弱枝"的原则。在财政层面，规定各路州县收来的租赋，除必须开支外，一律由转运使转运京师：

> 乾德三年，诏诸州度支经费外，凡金帛悉送阙下，无得占留。时藩镇有阙，稍命文臣权知，所在场务或以京朝官监临。凡一路之财，置转运使掌之；一州之财，置通判掌之，为节度、防御、团练、留后、观察、刺史者，皆不予签书金谷之事。于是外权削而利归公上矣。④

在选官方面，坚持用文人为地方长官，赵匡胤公开宣称"宰相须用读书人"⑤，任命文官治理地方："五代方镇残虐，民受其祸。朕令选儒臣干事者百余，分治大藩，纵皆贪浊，亦未及武臣一人也。"⑥ 北宋中叶以后，文官士大

---

① （宋）朱弁：《曲洧旧闻》卷九《艺祖养兵二十万》，中华书局2002年版，第213页。
② （元）脱脱：《宋史》卷二九三《王禹偁传》，中华书局1977年版，第9798页。
③ （宋）李焘：《续资治通鉴长编》卷三〇一，元丰二年十一月癸巳，中华书局2004年版，第7324页。
④ （宋）李焘：《续资治通鉴长编》卷六，乾德三年三月条，中华书局2004年版，第152页。
⑤ （宋）李焘：《续资治通鉴长编》卷七，乾德四年五月乙亥，中华书局2004年版，第171页。
⑥ （宋）李焘：《续资治通鉴长编》卷一三，开宝五年末，中华书局2004年版，第293页。

夫充斥地方政坛，所谓"今世用人，大率以文词进。……边防大帅，文士也；天下转运使，文士也；知州郡，文士也。"① 而且为防止州郡长官长期统辖一方，尾大不掉，又制定了三年一换的办法，"列郡……以京官权知，三年一易"②，使知州等地方官定期轮换，不许久任。

这种独特的弱枝政策，决定了宋朝地方司法结构的特殊性。州县是地方司法的主体，县级行政对民事案件有完整的管辖权，其作出的笞、杖刑罚是属于定案性质的，而对徒、流刑的判决则属于拟判性质："杖以下，县决之，徒以上及应奏者，并须追证勘结圆备……送州。"③ 州级行政则有独立的审判权和较完整的判决权，北宋中前期州还拥有死罪案件的终审权："大辟送所属州军决判。"④ 元丰以后，死刑案件须经路级提刑司详覆后方可执行："四方之狱，非奏谳者，则提点刑狱主焉。"⑤ 因此，宋人总结："祖宗之规模在于州县，州委之生杀，县委之赋役。"⑥ 宋代州县司法，实行以州统县的司法体制，是传统的上下垂直式司法结构："属县事令、丞所不能决者，总而治之；又不能决，则禀于所隶监司及申省部。凡法令条制，先详意义，注于籍而行下所属。"⑦ 而由州至路，也是上下垂直式司法结构："生民休戚，系郡、县之得失。今天下州三百，县一千二百，其治否，朝廷固不得周知，付之十八路转运使"⑧，"祖宗分天下为十八路，置转运使、提点刑狱，收乡长、镇将之权悉归于县，收县之权归于州，州之权归于监司，监司之权归于朝廷。上下相维，

---

① （宋）蔡襄：《蔡襄集》卷二二《任材》，上海古籍出版社 1996 年版，第 384 页。
② （元）脱脱：《宋史》卷四三六《陈亮传》，中华书局 1977 年版，第 12933 页。
③ （宋）谢深甫：《庆元条法事类》卷七三《刑狱门·决遣·断狱令》，黑龙江人民出版社 2002 年版，第 744 页。
④ （元）脱脱：《宋史》卷一《太祖本纪》，中华书局 1977 年版，第 9 页。
⑤ （宋）马端临：《文献通考》卷一六七《刑考六》，中华书局 2011 年版，第 5002 页。
⑥ （宋）赵汝愚：《宋朝诸臣奏议》卷一一一《上神宗论新法》（范镇），上海古籍出版社 1999 年版，第 1208 页。
⑦ （清）徐松辑：《宋会要辑稿》职官四七之一二，上海古籍出版社 2014 年版，第 4271 页。
⑧ （宋）赵汝愚：《宋朝诸臣奏议》卷六七《上仁宗论转运使选用责任考课三法》（陈升之），上海古籍出版社 1999 年版，第 741 页。

第一章　干枝与虚实：宋代地方司法结构的层级设置

轻重相制，建置之道，最为合宜。"① 林駉在《古今源流至论》中也侧面总结这种地方司法的垂直结构："夫天下分而为几县，县总而为几州，州合而为几道，狱讼之繁耶、简耶？民情之伸耶、否耶？其权皆出于宪司之职。"②

但在路级行政，宋代则设置了多元平行式司法结构，从单一监察转向联合监察。宋代各路设帅、漕、仓、宪四个监司，负责兵工民事、地方财政、仓务救恤和提点刑狱，四个监司皆"以为耳目之官"③，"君天下者，寄耳目于台谏，而又以其视听之远者寄于监司，内外相及"④。"监司之职，临按一路，寄耳目之任，专刺举之权"⑤，"夫监司之职，表帅一方，郡县观其政而轻重，朝廷信其言而赏罚官吏"⑥。"朝廷置部使者之职，俾之将明王命，以廉按吏治，至于职事，则各有攸司；婚田、税赋则隶之转运；狱讼、经总则隶之提刑；常平、茶盐则隶之提举；兵将、盗贼，则隶之安抚，是以事权归一，而州县知所适从，民听不贰，而词讼得以早决。"⑦

宋代路级监司实行"分布按举"办法。皇祐三年（1051）十一月，规定："诸路转运使、提点刑狱廨宇同在一州，非所以分部按举也。宜处别州，仍条巡察之令以付之。"⑧ 各监司长官互不统属，互相牵制，互相监察，实行诸路监司互察法。崇宁五年（1106）六月，宋徽宗诏令："立诸路监司互察法，庇匿不举者罪之，仍令御史台纠劾。"⑨ 南宋时，监司互察法更加制度化，高宗

---

① （元）脱脱：《宋史》卷三三七《范祖禹传》，中华书局1977年版，第10796页。
② （宋）林駉：《古今源流至论·前集》卷七《提刑》，景印文渊阁《四库全书》本，台北：商务印书馆1983年版，第942册，第96页。
③ （宋）李焘：《续资治通鉴长编》卷四一〇，元祐三年五月己酉，中华书局2004年版，第9988页。
④ （宋）李心传：《建炎以来系年要录》卷一四四，绍兴十二年二月壬午，中华书局1988年版，第2312页。
⑤ （清）徐松辑：《宋会要辑稿》职官四五之二一，上海古籍出版社2014年版，第4244页。
⑥ （宋）李焘：《续资治通鉴长编》卷二八〇，熙宁十年春正月癸亥，中华书局2004年版，第6851页。
⑦ （清）徐松辑：《宋会要辑稿》职官四五之四二，上海古籍出版社2014年版，第4255页。
⑧ （宋）李焘：《续资治通鉴长编》卷一七一，皇祐三年十一月乙丑，中华书局2004年版，第4117页。
⑨ （元）脱脱：《宋史》卷二〇《徽宗本纪二》，中华书局1977年版，第376页。

绍兴二十八年（1158）十一月二十三日赦令规定："监司违戾，令诸司互察，御史台弹劾，仍许人户越诉。"① 光宗绍熙元年（1190）诏令规定："外路诸司体分职之意，若暴横赋敛以摇民心，若隐蔽水旱以欺主听，若大吏奸赃而蠹国，若兵将包藏而干纪，则当如令互察。"②《庆元条法事类》有许多关于监司互察的规定："诸监司巡历所至，应受酒食之类辄受折送钱者，许互察"③；"诸官司无按察官而有违法及不公事者，发运、监司按察奏，发运、监司互相觉察，其经略按抚、发运、监司属官，听逐互行按举。"④ 诸司互不察者，以失察罪奏劾。诸路监司违反互察法者，如系"犯赃私罪，庇匿不举者，以其罪罪之。"⑤ 每个监司，既有纠查对方的权力，同时也是被稽查的对象，因此可以说宋代路级呈现的是平行式司法结构。

州县司法是实质的司法结构，而路级司法则是虚间结构。这表现在工作方式上，州县主要"在司"履行职能，而监司主要通过"巡历"履行职能。

宋代监司按刺州县官吏的主要方式是出巡全路，分别要在一两年内巡历一遍辖区，"岁行所部，检察储积，稽考账籍，凡吏蠹民瘼，悉条以上达，及专举刺官吏之事。"⑥ 元祐元年（1086）十一月，诏诸道监司互分州县，每年巡遍。⑦ 目前，学术界对此问题有争论，金圆先生认为，"宋王朝规定监司官要在一年（或二年）内，巡察所辖地区一遍。"⑧ 莫家齐先生则引用《庆元条

---

① （清）徐松辑：《宋会要辑稿》食货三七之三六，上海古籍出版社2014年版，第6825页。
② （宋）谢深甫：《庆元条法事类》卷四《职制门·职掌·随敕申明》，黑龙江人民出版社2002年版，第32页。
③ （宋）谢深甫：《庆元条事类》卷七《职制门·监司巡历·职制令》，黑龙江人民出版社2002年版，第118页。
④ （宋）谢深甫：《庆元条法事类》卷七《职制门·监司知通按举·职制令》，黑龙江人民出版社2002年版，第129页。
⑤ （宋）谢深甫：《庆元条法事类》卷七《职制门·监司知通按举·职制敕》，黑龙江人民出版社2002年版，第128页。
⑥ （元）脱脱：《宋史》卷一六七《职官志七》，中华书局1977年版，第3964页。
⑦ （宋）李焘：《续资治通鉴长编》卷三九一，元祐元年十一月戊寅，中华书局2004年版，第9531页。
⑧ 金圆：《宋代监司监察地方官吏摭谈》，《上海师范大学学报》1982年第3期。

法事类》中的材料，提出宋代"各监司法岁分上下半年巡按州县。"① 贾玉英先生则认为，北宋时监司出巡的时间一般为二年或者一年。南宋时监司出巡的时间一般为一年一巡。② 宋代监司出巡的时间有制度规定，如景德四年（1007）九月，"诏广南路提点刑狱官许乘传按部，若炎瘴之地，盛夏许移牒点检，至秋乃出巡。及大中祥符末，转运使、副亦听准例。"③ 此外，每遇到灾荒监司还要不时地奉诏出巡，如皇祐四年（1052），京东、江淮、江浙、江湖等地发生了灾害，宋仁宗令转运使、提点刑狱"分路巡察"④。

宋代规定监司出巡必须遍及所属州县，宋真宗咸平六年（1003）十一月规定："诸路转运使，令遍至管内按察。"⑤ 监司巡视的具体时间还要申报尚书省，若"不遍者，杖一百；遍而不申，减二等。"⑥

监司巡历主要任务是考察地方官员是否称职，但因各监司工作重点不同，检视侧重自然也有区别。太祖开宝九年（976）十一月，要求"诸道转运使，各察举部内知州、通判、监临物务京朝官等，以三科第其能否，政绩尤异者为上，恪居官次、职务粗治者为中，临事弛慢、所莅无状者为下，岁终以闻，将大行诛赏焉。"⑦ 太宗淳化三年（992）四月规定："诸道转运使、副觉察部内知州、通判、监当场务京朝官、使臣、幕职州县官等，显有劳绩，及慢公不理，诸般罪犯，并具画一闻奏。如转运使尚敢徇私盖庇，并当除名。"⑧ 为避免在巡视中畸轻畸重情形发生，咸平四年（1001）正月，采纳秘书丞查道

---

① 莫家齐：《具有特色的宋代监司巡检制度》，《政法论坛》1989 年第 3 期。
② 贾玉英：《宋代监察制度》，河南大学出版社 1996 年版，第 316—317 页。
③ （宋）李焘：《续资治通鉴长编》卷六六，景德四年九月丙子，中华书局 2004 年版，第 1488 页。
④ （宋）李焘：《续资治通鉴长编》卷一七二，皇祐四年二月辛巳，中华书局 2004 年版，第 4132 页。
⑤ （宋）李焘：《续资治通鉴长编》五五，咸平五年十一月庚寅，中华书局 2004 年版，第 1216 页。
⑥ （宋）谢深甫：《庆元条法事类》卷七《职制门·监司巡历·职制敕》，黑龙江人民出版社 2002 年版，第 116 页。
⑦ （宋）李焘：《续资治通鉴长编》卷一七，开宝九年十一月庚午，中华书局 2004 年版，第 385—386 页。
⑧ （清）徐松辑：《宋会要辑稿》食货四九之七，上海古籍出版社 2014 年版，第 7097 页。

建议，规定转运使在"商度钱谷""廉察郡县"本职基础上，为防止"因循之弊"，要求"自今每使回日，先令具任内曾荐举才识者若干，奏黜贪猥者若干，朝廷议其否臧，以为赏罚。"① 强调检视的重点在于发现人才，惩治赃污。而之后检视的重点日益明确，即督查民事和监察官吏。"朕择遣使者，分部而治，虽以将漕为称，然实总民政之举措，察吏属之能否。"② 庆历四年（1044）七月，采纳范仲淹建议，规定："诸路转运使副、提点刑狱察所部知州军、知县，县令有治状者以名闻，议旌擢之，或不如所举，令御史台劾奏，并坐上书不实之罪。"③ 熙宁五年（1072）八月规定："自今察访诸路回，条具所至知州、通判治状。其转运、提点刑狱、提举司，每知州、通判得替前一月，亦具治状上中书，委检正官注籍。"④ 南宋孙子秀为浙西提刑官，时浙西提刑"久阙官，所在狱户充斥……公以隆暑领事，即周行巡历者两阅月，八郡三十九县之狱，自庚申距今，方又再为之一清。"⑤ 此外，还要监听州、县是否有"暴赋横敛，以摇民心，或隐蔽水旱，以欺主听；或大吏有奸赃而蠹国；或兵将包藏而干纪"等。⑥ 监司职责"在乎察官吏之能否，辨狱讼之冤滥……事权至重，责任尤剧，苟非其人，则一路受蔽。"⑦

监司检视完毕后，对所视察的情况"须具实状以闻"⑧，还要将"巡历"于正月十五日前报中书，熙宁时规定："监司官岁分州县互巡，次年正月十五

---

① （宋）李焘：《续资治通鉴长编》卷四八，咸平四年正月己亥，中华书局2004年版，第1044页。
② （宋）曾巩：《曾巩集》卷二一《许懋两浙运副制》，中华书局1984年版，第268页。
③ （宋）李焘：《续资治通鉴长编》卷一五一，庆历四年七月丙戌，中华书局2004年版，第3670页。
④ （宋）李焘：《续资治通鉴长编》卷二四六，熙宁六年八月己卯，中华书局2004年版，第5991页。
⑤ （宋）黄震：《黄震全集·黄氏日抄》卷九六《安抚显谟少卿孙公行状》，浙江大学出版社2013年版，第2478页。
⑥ （清）徐松辑：《宋会要辑稿》职官四五之四二，上海古籍出版社2014年版，第4256页。
⑦ （宋）包拯著，杨国宜校注：《包拯集校注》卷三《请选用提转长吏官奏》，黄山书社1999年版。
⑧ （宋）李焘：《续资治通鉴长编》卷一二〇，景祐四年十二月壬申，中华书局2004年版，第2840页。

日以前具已巡历上中书。经一年不巡者,委中书点检官申举。"① 为防止监司在行使职责时徇情包庇,徽宗政和三年(1113)规定:"沿路不许受谒、出谒,不得受供馈及聚议会食之类"②,"接送有所须之物,如陈设家事什物之类,并合用官钱收买,不得取借,不得勾呼行人、市户、诸色人随行供应"③。

宋代州县长官则不能离开任所,必须在官署所在地执行公务,否则为擅离职守之罪,因此确立了地方长吏躬亲审判制度。太宗至道元年(995)正月诏:"诏诸处长吏无得擅断,徒、杖刑以下,听与通判官等量罪区分。"④ 同年六月重申:"诏诸州长吏,凡决徒罪亦须新临。"⑤ 宋真宗咸平五年(1002)十月诏:"自今并须长吏、通判、幕职官同录问详断。"⑥ 乾兴元年(1022)十一月诏:"纠察在京刑狱并诸路转运使副、提点刑狱及州县长吏,凡勘断公案,并须躬亲阅实,无令枉滥淹延。"⑦ 天圣八年(1030)五月诏:"大辟公事,自今令长吏躬亲问逐,然后押下所司点检勘鞫,无致偏曲,出入人罪。"⑧ 如长官不躬亲狱事要承担责任,徽宗时规定:"州县官不亲听囚而使吏鞫讯者,徒二年。"⑨ 宋代所确立的州县长官必须亲自听讼的制度,为明清所沿袭。⑩

综上所述,在"强干弱枝"的政治权力分配政策指导下,宋代形成了独特的地方司法结构,路级设置了转运司、提点刑狱司、提举常平司、安抚使

---

① (宋)李焘:《续资治通鉴长编》卷二五四,熙宁七年六月庚午,中华书局2004年版,第6206页。
② (清)徐松辑:《宋会要辑稿》职官四五之八,上海古籍出版社2014年版,第4237页。
③ (清)徐松辑:《宋会要辑稿》职官四五之九,上海古籍出版社2014年版,第4237页。
④ (宋)李焘:《续资治通鉴长编》卷三七,至道元年正月,中华书局2004年版,第809页。
⑤ (宋)王栐:《燕翼诒谋录》卷三《州长吏亲决罪犯》,中华书局1981年版,第24页。
⑥ (宋)李焘:《续资治通鉴长编》卷五三,咸平五年十月戊寅,中华书局2004年版,第1156页。
⑦ (宋)李焘:《续资治通鉴长编》卷九九,乾兴元年十一月戊寅,中华书局2004年版,第2303页。
⑧ (清)徐松辑:《宋会要辑稿》刑法六之五四,上海古籍出版社2014年版,第8560页。
⑨ (宋)马端临:《文献通考》卷一六七《刑考六》,中华书局2011年版,第5011页。
⑩ 朱勇:《清代宗族法研究》,湖南教育出版社1987年版,第132页;屈超立:《宋代地方政府民事审判职能研究》,巴蜀书社2003年版,第193页。但有学者提出不同意见,参戴建国《州县官亲自鞫狱制非创于宋》,《政法丛刊》1988年第5期。

司四个互不隶属的监司机构，从而其机构设置从单一制转变为分离制，并决定了路级司法行政呈现了上虚多元平行式结构。宋代的州县则沿袭了传统的司法模式，实行自上而下的集权制度，等级隶属色彩极为强烈，因而呈现了上下实质垂直式结构。这种分权与集权相结合的司法结构，可以使宋代皇权最大限度集中司法权力，能够达到"上下相维，轻重相制，如身之使臂，臂之使指"①的治理效果。

与其他王朝相比，宋代路级机构最为多元化，宋代州级的府、州、军、监四种行政区形式最为多样，这就决定了宋代形成了中国政治制度史中最为复杂、最具特色的地方司法结构。

---

① （宋）范祖禹：《太史范公文集》卷二二《转对条上四事状》，载《宋集珍本丛刊》，线装书局2004年版，第24册，第277页。

第二章　分权与控权：宋代地方司法结构中的分割与配置

第一节　宋代皇帝对地方司法的控制权

宋代的政治制度充满了分权，但无论何种性质的分权，无论政治、军事、司法哪个领域，这种分权又一定会存在着某样或多样的制衡制度，其目的无非是便于皇帝从中操控，因而可以说宋代是地方分权而中央集权的社会。具体到司法领域，其中央集权的表现就是设计了一系列中央机关，控制了重大案件的复核、亲审和终审权，从而实现了对罪犯处置权的控制；通过加强法官考课制度与司法责任追究制度，实现了对法官的控制。

一、死刑案件的最高复核权

在统一的唐王朝强盛时期，以刑部为代表的中央司法机关被赋予了终审的权力，这方面最重要的表现是地方所有判决的死刑案件必须经过中央复核，才能成为最终判决。但是，自唐末开始，随着地方藩镇割据局势的发展，中央政府渐渐失去了对地方司法的控制。五代时期，各地割据政权判决死刑不再上奏中央政府，从而拥有了并非明文规定的死刑判决权：

　　五代用兵以来，藩侯跋扈，率多枉法杀人。朝廷务行姑息之政，多置不问,刑部按复之制遂废。①

因为五代地方割据政权无一例外全部实行武人政治,"兵强马壮者为之"②,实行军政合一体制,军队长官兼职地方法官,因此出现粗暴司法的状况。而在当时社会动乱的情况下,武人唯利是图,因此司法腐败亦极为严重,常"不问罪之轻重,理之是非,但云有犯,即处极刑,枉滥之家,莫敢上诉,军吏因之为奸,嫁祸胁人,不可胜数"③,从而使五代成为中国法制史上最混乱和最黑暗的时期之一。

宋太祖赵匡胤夺取政权之后,致力恢复社会太平,因此努力改变地方司法割据的局面,认可"刑法之重,政教所先,法寺当平断重轻,刑部在审量可否"④,于建隆三年(962)"定大辟详复法"⑤,先将死刑执行的复核权收回中央:

> 上谓宰臣曰:"五代诸侯跋扈,多枉法杀人,朝廷置而不问,刑部之职几废,且人命至重,姑息藩镇,当如此耶!"乃令诸州自今决大辟讫,录案闻奏,委刑部详复之。⑥

宋人评价这一司法权的变动为:"奏案自此始。"⑦ 宋太宗雍熙三年(986),果州、达州、密州、徐州官吏枉断死罪,刑部认为:"人命至重,死者不可复生。"⑧ 可见,此后刑部已经开始履行详复职能。宋太宗至道年间规定刑部的

---

① (宋)马端临:《文献通考》卷一七〇《刑考九》,中华书局2011年版,第5094页。
② (宋)欧阳修:《新五代史》卷五一《安重荣传》,中华书局1974年版,第583页。
③ (清)赵翼:《廿二史札记》卷二二《五代滥刑》,中华书局1984年版,第478—479页。
④ (宋)佚名:《宋大诏令集》卷二〇〇《诸道公案下大理检断诏》,中华书局1962年版,第739页。
⑤ (宋)马端临:《文献通考》卷一六六《刑考五》,中华书局2011年版,第4975页。
⑥ (宋)李焘:《续资治通鉴长编》卷三,建隆三年三月,中华书局2004年版,第63—64页;(元)脱脱:《宋史》卷三《太祖本纪》载:"自今诸州决大辟,录案闻奏。"《宋史》自武英殿本至中华书局本,本纪载皆如此,"决大辟"后当缺一"讫"字,中华书局1977年版,第50页。《天一阁藏明钞本天圣令校证·宋会要狱官令》载:"诸决大辟罪,在京者,行决之司一复奏,得旨乃决。在外者,决讫六十日录案奏,下刑部详复,有不当者,得随事举驳。"中华书局2006年版,第336页。
⑦ (宋)李攸:《宋朝事实》卷一六《兵刑》,商务印书馆1935年版。
⑧ (清)徐松辑:《宋会要辑稿》刑法四之六九,上海古籍出版社2014年版,第8482页。

第二章 分权与控权：宋代地方司法结构中的分割与配置

职能为："刑部有详复诸州已决大辟案牍及旬禁奏状。"① 太平兴国九年（984）诏令："诸处州府军监，每十日一具所犯事由收禁月日闻奏，仍委刑部纠举。"②

为了彻底树立中央司法的皇权特征，宋太宗"惧刑部、大理寺用法之失"③，"虑法吏舞文"，于淳化二年（991）"置审刑院于中书门之西。凡具狱案牍，先经大理断谳，既定，关报审刑，知院与详议官定成文草奏讫。"④ 置审刑院"于禁中"⑤，不归宰相管辖，由皇帝直接控制：

> 李受曰："淳化中，赵韩王出镇，太宗患中书权太重，且事众，宰相不能悉领理。向敏中时为谏官，上言请分中书吏房置审官院；刑房置审刑院。初皆以两制重臣领之，其审刑详议官皆自台谏馆阁为之。"⑥

审刑院取代刑部行使最高审判复核权，成为皇帝控制案件复审权的最高监审机关：

> 凡狱具上奏者，先由审刑院印讫，以付大理寺、刑部断复以闻，乃下审刑院详议，中复裁决讫，以付中书，当者即下之，其未允者，宰相复以闻，始命论决。盖重谨之至也。⑦

此后，刑部只负责有关犯罪官员的除免，经赦叙用、昭雪等行政事宜，其职权大大缩小。

关于大理寺和审刑院之间的关系，司马光有比较详细的说明：

> 凡天下狱事，有涉命官者，皆以其狱上请，先下审刑院，令详

---

① （宋）李焘：《续资治通鉴长编》卷三九，至道二年二月壬申，中华书局2004年版，第829页。
② （宋）佚名：《《宋大诏令集》卷二〇〇《令天下系囚十日具犯由收禁月日奏诏》，中华书局1962年版，第741页。
③ （元）脱脱：《宋史》卷一九九《刑法志一》，中华书局1977年版，第4967页。
④ （清）徐松辑：《宋会要辑稿》职官一五之二九，上海古籍出版社2014年版，第3423页。
⑤ （元）脱脱：《宋史》卷一九九《刑法志一》，中华书局1977年版，第4972页。
⑥ （宋）司马光：《涑水记闻》卷三《大理寺畏事审刑院》，中华书局1989年版，第57页。
⑦ （宋）李焘：《续资治通鉴长编》卷三二，淳化二年八月乙卯，中华书局2004年版，第718页。

议官投均分之，略观大情。即日下大理寺，详断官复投均分之，抄其节目，以法处之，皆手自书。既定，复上审刑院，详议官再观之，重抄节目贴黄，六人通观，署定乃奏；其有不当则驳下更正之。故大理寺常畏事审刑院如属吏，凡有事，审刑院用头子下大理寺，大理寺用申状。①

宋真宗"性宽慈，尤慎刑辟。……审刑院每奏案，令先具事状，亲览之，翌日，乃候进止，裁处轻重，必当其罪。"②为了进一步分割原来大理寺和刑部的审判复核权力，宋真宗又于大中祥符二年（1009）七月设置纠察在京刑狱司，其职能是："在京应有刑禁之处，并得纠举，逐处断徒以上罪，与供报内未尽理及淹延者，并追取案牍，看详驳奏"③，"如察访得虽非徒以上而有出入不当"者，亦许"索文案点检"④，大理寺、开封府鞫审罪人则需"报纠察司"⑤。每逢赦宥时机，还会新设机构："祖宗时，虽有刑部、大理与审刑院，然每至赦宥，必别置详定罪犯一司，以侍从馆阁领之，刑部、大理、审刑皆无预焉。"⑥

但是，宋初收回最高审核权的过程中，也造成了明显的弊端。一是宋朝统治之下，疆域广阔，人口重多，中央难以统一复核全部重大案件。"今天下生齿未加于唐，而天圣三年断大辟二千四百三十六，视唐几至百倍。"⑦ 按照宋朝制度，死刑复核实在是繁重的任务。宋朝沿袭了唐代死刑复奏制规定，情属罪大恶极、证状明了的死刑案件复奏一次，其他死刑案件复奏两至三次：

---

① （宋）司马光：《涑水记闻》卷三《大理寺畏事审刑院》，中华书局1989年版，第57页。
② （元）脱脱：《宋史》卷一九九《刑法志一》，中华书局1977年版，第4972页。
③ （宋）佚名：《宋大诏令集》卷一六一《置纠察在京刑狱诏》，中华书局1962年版，第610页。
④ （宋）李焘：《续资治通鉴长编》卷三〇二，元丰三年正月辛未，中华书局2004年版，第7343页。
⑤ （清）徐松辑：《宋会要辑稿》职官二四之八，上海古籍出版社2014年版，第3659页。
⑥ （宋）汪应辰：《文定集》卷一六《答张侍郎》，景印文渊阁《四库全书》本，台北：商务印书馆1983年版，第1138册，第742页。
⑦ （宋）李焘：《续资治通鉴长编》卷一〇四，天圣四年五月己卯，中华书局2004年版，第2406—2407页。

"诸决大辟罪,若犯恶逆以上,及部曲、奴婢杀主者,唯一复奏","应决大辟罪,自今以后,在京者,宜令行决之司三复奏,决日一复;在外者,所司两复奏,仍每复不得过三日。"① 二是与军事、经济制度一样,过于强调机构间的相互制衡,"多创司分以谨关防"②,结果各种性质相近的机构叠床架屋,名实不副,一派乱象。

宋朝中央司法机关难于一一履行复奏职能,但是死刑复奏作为慎刑措施,其优点显而易见。咸平四年(1001),宋真宗就对死刑复奏次数的增减陷入矛盾境地:

> 上览囚簿,自正月至三月,天下断死罪八百人,怃然动容,谓宰相曰:"杂犯死罪,条目至多,官吏傥不尽心,岂无枉滥!故事,死罪狱具,三复奏,盖其重慎也,自何代罢之?"遂命检讨沿革,终虑淹系,亦不果行。③

因此,宋真宗于大中祥符六年(1013),规定五人以上死刑案件要先经路级提点刑狱司审复后才能执行:"比来诸州大辟五人以上,委转运、提点刑狱司录问讫,乃得决。"④ 这样就减轻了中央审刑院的复审压力。

宋神宗确信本朝统治已经进入正轨,无须过于实行司法集权,因此逐步恢复了刑部等传统中央司法部门的职能,而审刑院等设于禁中的司法机关则渐渐取消。熙宁二年(1069)看详银台司文字所言:"诸处奏到大辟罪人断讫文案,今后只申尚书刑部,仍令本部详复,候岁终具都数以闻。"⑤《宋会要辑稿》中记载刑部职能为:"刑部主复天下大辟已决公按(案),旬奏狱状,举驳其不当者。"⑥ 元丰改制时期,对中央司法机关的调整比较彻底,一是将审

---

① (宋)窦仪:《宋刑统》卷三〇《断狱·决死罪》,法律出版社1999年版,第561页。
② (宋)李焘:《续资治通鉴长编》卷四〇,至道二年闰七月辛未,中华书局2004年版,第848页。
③ (宋)李焘:《续资治通鉴长编》卷四八,咸平四年五月甲申,中华书局2004年版,第1060页。
④ (宋)李焘:《续资治通鉴长编》卷八〇,大中祥符六年三月戊午,中华书局2004年版,第1821页。
⑤ (清)徐松辑:《宋会要辑稿》职官一五之七,上海古籍出版社2014年版,第3411页。
⑥ (清)徐松辑:《宋会要辑稿》职官一五之一,上海古籍出版社2014年版,第3407页。

刑院并归刑部："审刑院并归刑部，以知院官判刑部，掌详议、详复司事，其刑部主判官二员为同判刑部，掌详断司事，详议官为刑部详议官。"① 二是强调强调地方死刑案件都须经提刑司详复：

> 安鼎为御史，论本朝岁断大辟人数：天圣中，一岁二千三百余人，当时患其数多，大议改制。元丰岁率二千三百余人。元祐元年、二年、四年，各四千余人；三年，三千人已上。按《国朝会要》淳化初置详复官，专阅天下奏到已断案牍。熙宁中，始罢闻奏之法，止申刑部。元丰中，又罢申省，独委提刑司详复，刑部但抽摘审核。元祐初，始复刑部详复司，然不专任官属，又有摘取二分之限。②

自神宗元丰之后，地方提刑司已经承担大部死刑案件的复核职能。宋徽宗宣和六年（1124）诏："今后大辟已经提刑司详复，临赴刑时翻异，令本路不干碍监司别推。"③ 可见此时地方执行死刑时，须先经宪司详复才能执行已经成为惯例。因而戴建国先生认为："北宋前期，州有权判决死刑在内的刑事案件和民事案件。元丰改制后，州判决的死刑案件，必须申报提刑司核准，才能执行。"④ 南宋时期，继承了提刑司详复死刑案件后，地方才有权执行的规定。宋宁宗嘉泰三年（1203）五月二十一日，右正言李景和言："大辟之狱，在县则先以结解，在郡则申以审勘。罪状明白，刑法相当，郡申宪司，以听论决，是谓详复。"⑤

从以上论述可以看出，宋朝建立之初，通过刑部、审刑院等机构职能的废用，皇帝控制了死刑案件的最高复核权，从而摆脱了五代以来的地方司法弊病。后来为了减轻中央司法机关的办案压力，也为了理顺整个帝国的司法

---

① （宋）李焘：《续资治通鉴长编》卷三〇七，元丰三年八月己亥，中华书局2004年版，第7456页。
② （宋）庄绰：《鸡肋编》卷下，中华书局1997年版，第79页。
③ （清）徐松辑：《宋会要辑稿》刑法三之七二，上海古籍出版社2014年版，第8432页。
④ 戴建国：《宋代刑事审判制度研究》，载《文史》第31辑，1988年11月。
⑤ （清）徐松辑：《宋会要辑稿》刑法四之五七，上海古籍出版社2014年版，第8477页。

秩序，宋代皇帝又恢复了刑部等传统中央司法部门的职能，将死刑案件的复核权下放于路级提点刑狱司。但是，这种调整，是在皇帝控制了全国上下全部司法系统的前提下才施行的，因此，可以说，宋代自始至终，皇帝都掌控着全国死刑案件的最高审核权。

二、疑难案件的最高终审权

宋代皇帝掌握最高司法权的另一表现是，中央司法机关作为皇权的代表，掌握疑难案件的最高终审权。宋代沿袭唐律，将疑难案件称为"疑罪"，大概分为四种：

> 诸疑罪，各依所犯，以赎论。（疑，谓虚实之证等，是非之理均；或事涉疑似，傍无证见；或傍有闻证，事非疑似之类。）①

宋朝地方政府对证据不足或刑名难定的案件要申报中央判决，这一制度称为奏谳，又称奏裁、谳请、奏案。宋朝在唐代关于"疑罪"的定义之上，又规定四类案件需要奏谳，在法："有刑名疑虑、情理可悯、尸不经验、杀人无证见，四者皆许奏裁，此本朝累圣仁厚之至。"② 两相比较，宋代关于疑难案件的定义较之唐代更具有操作性，分类更加清楚明白。

宋代对疑难案件的审理程序为："诸州有疑狱不决者，奏谳刑法之司。仍疑者，亦奏下尚书省议。"③ 也就是说，先经中央专门司法机关审理，如还存疑问，可以再由中央最高行政机构审议。在中央司法机关内部的审理程序为："州郡不能决，而付之大理；大理不能决，而付之刑部；刑部不能决，而后付之御史台"④，其中刑部是最重要的审议机构，"大理定刑送部，详复官入法

---

① （宋）窦仪：《宋刑统》卷三〇《断狱·疑狱》，法律出版社1999年版，第564页。
② （宋）楼钥著，顾大朋点校：《楼钥集》卷二六《缴刑部札子》，浙江古籍出版社2010年版，第477页。
③ 天一阁博物馆、中国社会科学院历史研究所点校：《天一阁藏明钞本天圣令校证·狱官令》，中华书局2006年版，第336页。
④ （宋）李焘：《续资治通鉴长编》卷三三五，元丰六年五月丙戌，中华书局2004年版，第8066页。

状,主判官下断语,乃具奏"①。进入中央最高行政机构的程序为:"知院与详议官定成文草,奏记上中书,中书以奏天子论决。"② 皇帝最终会召开"杂议",指定朝官(一般是翰林学士、中书舍人、同平章事、参知政事、御史、谏官等)等会审,"天下疑狱,鞫谳有不能决,则下两制与大臣若台谏杂议,视其事之大小,无常法。"③ 高级官员在共同评议之后,再将审判意见交由皇帝决断。

裁定地方司法中的疑难案件,体现了中央司法的最高权威,因此北宋皇帝对疑狱奏谳制度十分重视。太宗雍熙元年(984)诏:"诸州……其当奏疑案,亦骑置以闻。"④ 宋真宗认为:"一成之法,朕与天下共守。如情轻法重、情重法轻之类,皆当以理裁断,具狱以闻。"⑤ 宋仁宗天圣四年(1026)五月诏令也鼓励上报疑难案件:"朕念生齿之繁,抵冒者众,法有高下,情有轻重,而有司巧避微文,一切致之重辟,岂称朕好生之志哉!其令天下死罪情理可矜及刑名疑虑者,具案以闻,有司毋得举驳。"⑥ 吕希道为开封府推,"民有相詈激语,近讪上,无悖慢情,尹及同僚皆欲以指斥抵法,公力争请上闻。神宗果笑曰:'小人无知,灼非本情。'释之。"⑦ 景祐四年(1037),"密州大姓王澥私酿酒,邻人往捕之,澥绐奴曰:'此盗也。'"使尽杀其父子四人,州论奴以法,而澥独不死。大理寺详断官郑人蒋偕当澥及奴皆大辟,宰相陈尧佐右澥。知审刑院宋郊力争,卒抵澥死,尧佐不悦。"⑧ 欧阳修为颍州知州

---

① (元)脱脱:《宋史》卷一九九《刑法志一》,中华书局 1977 年版,第 4971 页。
② (元)脱脱:《宋史》卷一六三《职官志三》,中华书局 1977 年版,第 3858 页。
③ (元)脱脱:《宋史》卷二〇一《刑法志三》,中华书局 1977 年版,第 5005 页。
④ (宋)李焘:《续资治通鉴长编》卷二五,雍熙元年八月戊寅,中华书局 2004 年版,第 582 页。
⑤ (宋)李焘:《续资治通鉴长编》卷七八,大中祥符五年九月丁酉,中华书局 2004 年版,第 1782 页。
⑥ (宋)李焘:《续资治通鉴长编》卷一〇四,天圣四年五月壬午,中华书局 2004 年版,第 2407 页。
⑦ (宋)范祖禹:《太史范公文集》卷四二《左中散大夫守少府监吕公墓志铭》,载《宋集珍本丛刊》,线装书局 2004 年版,第 24 册,第 413 页。
⑧ (宋)李焘:《续资治通鉴长编》卷一二〇,景祐四年九月丁卯,中华书局 2004 年版,第 2837 页。

第二章 分权与控权：宋代地方司法结构中的分割与配置

时，张洞为推官，"民刘甲者，强弟柳使鞭其妇，既而投杖，夫妇相持而泣。甲怒，逼柳使再鞭之，妇以无罪死。吏当夫极法，知州欧阳修欲从之。洞曰：'律以教令者为首，夫为从，且非其意，不当死。'"① 两人争论不已，不得以谳于朝，后来中央司法机关肯定了张洞的意见。可见，北宋时期是鼓励地方上报疑狱的。

宋神宗时，泰宁军、怀州和耀州曾上报三起"情理可悯"案件：

> 泰宁军勘到保正家人姜齐，见本部代名大保长张存捽着百姓孙遇，其孙遇捽着袁贵髻子，张存道："此人称是'东岳急脚子'，胡乱打人，不伏收领。"齐捽孙遇，褪衣打三二十拳，解擘放却袁贵。齐与存捽倒孙遇，齐行拳踢打，孙遇身死。齐发心共张存捉缚袁贵，虚做打杀元相争人，申解赴县，替行偿命。其袁贵到县，不肯虚招。齐蒙枷项隔勘，方具实招通。

> 又怀州勘到百姓魏简与郭兴争赌钱，拽倒郭兴家棚子。郭兴父郭升搜著简，使头撞简。简为本人年老，便道："你共我不是抵对，休扯着我。"待推搭，郭升图放却，简用力去郭升咽喉上搭一搭，其人当下倒地身死。

> 又耀州勘到百姓张志松，为再从弟张小六冤执咒骂责兄弟男女，值志松乘酒，嗔恨张小六，因此行拳打张小六，当时身死。②

以上三案，都上报到刑部检例判决。

"阿云之狱"是北宋最著名的疑难案件，充分体现了中央司法机关与地方司法机构的互动：

> 登州奏有妇阿云，母服中聘于韦，恶韦丑陋，谋杀不死。按问欲举，自首。审刑院、大理寺论死，用违律为婚奏裁，敕贷其死。

---

① （元）脱脱：《宋史》卷二七九《张洞传》，中华书局1977年版，第9932—9933页。
② （宋）司马光：《司马温公集编年笺注》卷四八《乞不贷故斗杀札子》，巴蜀书社2009年版，第201页。

知登州许遵奏，引律"因杀伤而自首，得免所因之罪，仍从故杀伤法"，以谋为所因，当用按问欲举条减二等。刑部定如审刑、大理。时遵方召判大理，御史台劾遵，而遵不伏，请下两制议。乃令翰林学士司马光、王安石同议，二人议不同，遂各为奏。①

这个案件中，关于"谋杀自首应否减等"的问题，宋朝大臣从熙宁年间一直争论到元丰年间，长达十七年，成为宋朝著名疑狱案件。

宋神宗时，宣州民叶元杀人案中"奸乱之事"也曾作为疑案上报：

> 元丰中，宣州民叶元，以同居兄乱其妻而杀之，又杀兄子，而强其父与嫂约契，不讼于官。邻里发其事，州以情理可悯，为上请。审刑院奏欲贷，神宗曰："罪人已前死，奸乱之事，特出于叶元之口，不足以定罪，且下民虽为无知，抵冒法禁，固宜哀矜。然以妻子之爱，既杀其兄，仍戕其侄，又罔其父，背逆天理，伤败人伦，宜以殴兄至死律论。"此旨可谓至明矣。②

曹浔杀兄案中对误杀与谋杀的定性，也曾上报中央裁决：

> （杨汲为赵州司法参军）州民曹浔者，兄遇之不善，兄子亦加侮焉。浔持刀逐兄子，兄挟之以走，浔曰："兄勿避，自为侄尔。"既就吏，兄子云："叔欲给吾父，止而杀之。"吏当浔谋杀兄，汲曰："浔呼兄使勿避，何谓谋。若以意为狱，民无所措手足矣。"州用其言，谳上，浔得不死。

宋徽宗宣和时期，袁州百姓李彦聪唆使人力何大打死杨聪，州级法官引用《斗讼律》定罪："诸以威力制缚人者，各以斗殴论。因而殴伤者，各加斗殴伤二等。即威力使人殴击而致死伤者，虽不下手，犹以威力为重罪，下手者减一等"③，以"威力断罪"。大理少卿聂宇认为止合杖罪定断，刑部认为

---

① （元）脱脱：《宋史》卷二〇一《刑法志三》，中华书局1977年版，第5006页。
② （宋）洪迈：《容斋三笔》卷一六《奏谳疑狱》，中国世界语出版社1995年版，第393—394页。
③ （宋）窦仪：《宋刑统》卷二一《斗讼律·斗殴故殴故杀》，法律出版社1999年版，第378页。

第二章 分权与控权：宋代地方司法结构中的分割与配置

断罪未当，应作斩罪。双方争执，遂申朝廷，"既而大理寺检到元丰断例，刑部方始依前断杖罪施行。"① 这个案件反映了中央复核地方死刑判决时，也可能进入疑罪判决过程。

南宋绍兴年间，宣州百姓叶全三盗窃地主檀偕藏在地窖里的钱财，檀偕发现后，指使阮授、阮捷杀死叶全三等五人，弃尸水中。案件很快侦破，官府判定当处斩刑，但没有打捞到尸体，由于"尸不经检"，当地官府上奏朝廷裁决。大理寺、刑部以宋高宗亲准的"绍兴俞富杀盗妻案"为比附，判决阮授、阮捷处杖脊、流三千里，檀偕贷死，"杖脊配琼州"。但被中书舍人孙近驳回，其为浙东提点刑狱时，"绍兴俞富杀盗妻案"正经其手处理。孙近认为两案性质不同："富执本县判状捕劫盗，杀拒捕之人并及妻；偕乃私用威力，被杀者五人，所犯不同。"因此认为刑部、大理援以为比，实属不知变通。叶全三案又由御史台再审，御史辛丙等人认为：檀偕是故杀，众证分明，"以近降申明条法，不应奏裁"。孙近得到支持，要求追究宣州官员"观望"之罪。宰相朱胜非则建议："疑狱不当奏而辄奏者，法不论罪。"宋高宗最后裁定："宣州可贷，今若加罪，则后来实有疑虑者，亦不复奏陈矣。"于是下诏檀偕按照故杀罪处死。② 此案清楚表明了皇权在疑难案件中的最后裁决权。

宋朝地方奏谳疑狱，体现了中央司法人命至重的司法态度，"州郡疑狱许奏谳，盖朝廷之深恩"③，因此皇帝的态度是支持的，以使"法归有司、恩归其上"④。

但很多官员却持反对意见，认为"狱有小疑，复奏辄得减宥"⑤，会导致刑罚威力的下降。此外，还会导致地方司法迟滞之弊，地方"法官断狱，皆

---

① （清）徐松辑：《宋会要辑稿》刑法四之七八至七九，上海古籍出版社2014年版，第8488页。
② （宋）马端临：《文献通考》卷一七〇《刑考九》，中华书局2011年版，第5104页。
③ （元）脱脱：《宋史》卷三五五《杨汲传》，中华书局1977年版，第11187页。
④ （元）脱脱：《宋史》卷一九九《刑法志一》，中华书局1977年版，第4692页。
⑤ （元）脱脱：《宋史》卷一九九《刑法志一》，中华书局1977年版，第4692页。

引律令之文，以定轻重之罪。及其奏御，复云'虑未得中，别取进止'"①，"不惟淹系刑狱，兼恐案牍繁多"②。司马光是宋代反对地方奏谳疑狱的代表人物，神宗元丰八年（1085）七月，"曹州民赵倩等三人同劫南华县顿荣家财物，以枪刺伤顿荣。既捉获，估赃计六千九十九钱。曹州勘顿荣被刺伤时，不曾经官检验，遂具案奏闻。大理寺定断赵倩等，会赦，准律合决重杖处死，刑部用例，拟特贷命，杖脊二十，刺面配广南远恶州军"。司马光认为："近年诸州勘到劫贼，但不曾杀人放火者，并作情理可愍，或刑名疑虑申奏，朝廷率从宽贷。窃详逐人既为劫贼，情理有何可愍？赦后赃满伤人，刑名有何疑虑？此皆逐州官吏避见失入罪名，专务便文营己，无去害疾恶之心。况曹州素多盗贼，系重法地分，如赵倩等所犯如此，皆得免死，则是强盗不放火杀人者，尽皆免死。窃恐盗贼转加恣横，良民无以自存，殆非惩恶劝善之道。"③

宋代中央司法机关掌控疑难案件的终审权，是完全有必要的。在宋代的司法实践中，曾一度规定，由路级提点刑狱处理州县上报疑狱："诸州死罪情理可悯及刑名可疑者，报提点刑狱司详察以闻。"④ 但是在申报疑狱过程中，"州吏必多方驳难县胥，宪司吏人必多方驳难州吏，追呼取会，因而受赂，缘此州县吏人惮于径申，故于罪人入狱之初，教为疑虑可悯情节，及至狱具，一面照条奏裁，则免追呼需索之扰"⑤，所以地方向提刑司申报疑狱积极性不高。宋仁宗天圣四年（1026）规定："自今大辟案情理可悯、而刑名疑虑者，

---

① （宋）李焘：《续资治通鉴长编》卷四五，咸平二年十一月壬午，中华书局 2004 年版，第 968 页。
② （清）徐松辑：《宋会要辑稿》刑法一之一〇，上海古籍出版社 2014 年版，第 8222 页。
③ （宋）李焘：《续资治通鉴长编》卷三五八，元丰八年七月甲寅，中华书局 2004 年版，第 8570—8571 页。
④ （宋）李焘：《续资治通鉴长编》卷八〇，大中祥符六年四月丙戌，中华书局 2004 年版，第 1824 页。
⑤ （清）徐松辑：《宋会要辑稿》职官五之六〇，上海古籍出版社 2014 年版，第 3150 页。

更不申提点刑狱官，并具案闻奏。"① 尽管在川、广、福建、荆湖南路等僻远之地，施行此制颇具困难，因而有所变通，但总体来讲，宋代还是大体坚持了地方疑狱上报中央的制度，南宋初期，又恢复了地方疑狱经提刑司上报中央的规定，绍兴三年（1133）诏："诸州大辟应奏者，从提刑司具因依缴奏。"② 孝宗朝朱熹也说："今天下之狱，死刑当决者，皆自县而达之州，自州而达之使者。其有疑者，又自州而上之朝廷。自朝廷而下之棘寺，棘寺谳议，而后致辟焉。"③

综观两宋的历史，可以说，中央司法机关一直掌握了疑难案件的最高终审权，从而维护了皇权的司法权威。

三、特别案件的权宜亲决权

宋代皇帝对任何案件都有权宜亲决权，这种亲决权主要表现有三：一是设立登闻鼓院作为皇帝直诉机构，而且不设身份限制，普通百姓亦可通过登闻鼓院向皇帝陈情。二是皇帝诏令对重大案件选员组成临时特别审判机构。三是由皇帝对个别案件亲自诏书的处理意见，作为最高终审判决。

1. 登闻鼓院

宋初于皇城门外置谏鼓，或称登闻鼓，臣民有重大冤屈皆可挝鼓申诉："凡四方官、吏、士、民冤枉，封牍咸受，而奏之于中，以达万人之情。"④ 其管理机构初称鼓司，景德四年（1007）五月改为登闻鼓院。宋代规定，击登闻鼓而上奏诉状一经受理，皆须实封进奏，由皇帝直接审阅。

宋太宗淳化四年（993），京城百姓牟晖击登闻鼓，诉家奴"失豮豚一"，

---

① （宋）楼钥著，顾大朋点校：《楼钥集》卷二六《缴刑部札子》，浙江古籍出版社2010年版，第480页。
② （宋）李心传：《建炎以来系年要录》卷七〇，绍兴三年十一月庚辰，中华书局1988年版，第1185页。
③ （宋）朱熹：《朱熹集》卷一四《延和奏札二》，四川教育出版社1996年版，第534页。
④ （清）徐松辑：《宋会要辑稿》职官三之六七，上海古籍出版社2014年版，第3084页。

即弄丢一头小猪，太宗下诏赐千钱作为补偿，并对宰相说："似此细事悉诉于朕，以为听决，大可笑也。然推此心已临天下，可以无冤民矣。"① 可见，皇帝通过登闻鼓院受理民间案件，更多的是一种重视民生的政治姿态。雍熙元年（984），"开封女子李尝击登闻鼓，自言无儿息，身且病，一旦死，家业无所付。诏本府随所欲裁置之。李无它亲，独有父，有司因系之。李又诣登闻，诉父被絷。帝骇曰：'此事岂当禁系？辇毂之下，尚或如此。天下至广，安得无冤滥乎？朕恨不能亲决四方之狱，固不辞劳尔！'"② 这一案件中，民间妇女因养老问题牵扯其父，政府部门却因而拘系，皇帝督促官员应合理执法。雍熙时，民王元吉妻张氏"击登闻鼓称冤，帝召问张，尽得其状"：开封寡妇刘氏与他人有奸情，惧其夫前室子王元吉告发，遂使婢女到开封府控告王元吉毒置羹食中以毒己，病将死。"右军巡推不得实，移左军巡掠治，元吉自诬伏"，在府中录问时，王元吉翻异，移司重审，致累月未决。太祖遣中使捕元推官吏，御史鞫问，查明寡妇刘氏"有奸状"，"惧其子发觉而诬之"，③ 王元吉无罪释放，有关责任官吏受到严惩。因此史称："太宗在御，常躬听断，在京狱有疑者，多临决之，每能烛见隐微。"④ 此外，又有永新县少年周整与人赌博，被人骗去田地，周整母亲知道后先讼于县，再讼于州，最重又击登闻鼓向皇帝告诉。⑤

宋真宗咸平五年（1002），赵州民苏翰诣登闻院诉幽州难民"苏即其女，请并赵祚还其家"，宋真宗"赐衣物缯帛遣之"⑥。还有大中祥符七年（1014）春，开封一无赖骗婚后持妻资产亡去，而宋律有夫亡六年改嫁之制，"其妻迫

---

① （宋）李焘：《续资治通鉴长编》卷三四，淳化四年十月癸丑，中华书局2004年版，第757页。
② （元）脱脱：《宋史》卷一九九《刑法志一》，中华书局1977年版，第4969页。
③ （元）脱脱：《宋史》卷二〇〇《刑法志二》，中华书局1977年版，第4986页。
④ （元）脱脱：《宋史》卷一九九《刑法志一》，中华书局1977年版，第4968页。
⑤ （元）脱脱：《宋史》卷三四三《元绛传》，中华书局1977年版，第10906页。
⑥ （宋）李焘：《续资治通鉴长编》卷五二，咸丰五年九月甲午条，中华书局2004年版，第1149页。

第二章 分权与控权：宋代地方司法结构中的分割与配置

于饥寒，诣登闻上诉。"① 天禧二年（1018），"开封解榜出，有廖复者被黜，率众诣鼓院诉有司不公。朝廷差钱惟演等重考，取已落者七十余人，复亦预荐，时号还魂秀才。前发解官皆谪外郡监当。"② 天禧三年（1019），"着作佐郎高清、襄州文学焦邕皆以罪配隶，监押董遇因事杀之。至是，清子伐登闻鼓，上言遇责赂不足，诬以谋叛"，于是宋真宗下诏诘遇，而高清既死无以证辨，于是宋真宗诏："沙门寨监押不得挟私怨害流人，委提点五岛使臣常察举之。违者具事以闻，重置其罪。"③

宋仁宗景祐时期，洪州别驾王蒙正诬其父婢霍某所生子为异姓，霍某击登闻鼓诉之，"诉蒙正诬其所生为异姓，以规取财产"，朝廷因此派出官员到益州置狱审理，后查出王蒙正与霍某有男女私通之事，后将王蒙正于广南编管，永不录用。④

宋代君主赋予登闻鼓院广泛的职能："凡言朝政得失、公私利害、军期机密、陈乞恩赏、理雪冤滥，及奇方异术，改换文资，改正过名，无例通进者，先经鼓院进状。"⑤ 正因职能如此广泛，又没有重案轻案之分，所以才会出现皇帝关心百姓丢猪这样的事。但皇帝自身不可能过多亲审刑民案件，所以登闻鼓的存在意义，更多的是表明皇帝可以随时对任何案件履行亲审权，为普通百姓向最高层申诉冤屈留下门路。皇帝亲自审讯部分案件，对地方州县非法判决案件、非理抑退诉讼等行为不失为一种相当严厉的警示。

南宋靖康初年，为反对割地议和，太学生陈东率太学生上书，京师数万人群情激愤而响应，"乃舁登闻鼓，置于东华门外，挝而坏之。"⑥ 宋高宗时，

---

① （宋）李焘：《续资治通鉴长编》卷八二，大中祥符七年春正月壬辰条，中华书局 2004 年版，第 1861 页。
② （宋）方勺：《泊宅编》卷上，中华书局 1983 年版，第 73 页。
③ （宋）李焘：《续资治通鉴长编》卷九三，天禧三年二月甲午，中华书局 2004 年版，第 2137 页。
④ （宋）范镇：《东斋记事·辑佚》，中华书局 1980 年版，第 60 页。
⑤ （元）脱脱：《宋史》卷一六一《职官志一》，中华书局 1977 年版，第 3782 页。
⑥ （宋）佚名：《靖康要录》卷二，景印文渊阁《四库全书》本，台北：商务印书馆 1983 年版，第 329 册，第 441 页。

陈东又上疏力主还汴京，迎还徽、钦二帝，言不可任用黄潜善、汪伯彦，应留任李纲。高宗不顾陈东所论正是民心所向，反而下令将陈东处以死刑，此事过后，登闻鼓院在南宋的政治司法生活中渐渐消失了。

2. 御笔、内降

中国古代皇帝，号称上天之子，口含天宪，在君主集权的政治体制下，其言论、指示和命令在法律上都具有最高效力，都是君临天下的至上法律。在宋代，君主的御笔和内降诏书也被视为皇帝亲临审讯的最高判决。有些案件地方已经判决，但宋代皇帝认为其中有政治导向意义，可以通过诏书对这类判决的司法精神进行首肯，或进行否定驳斥，从而使这些最终判决具有更高的全国范围内的指导意义，成为此后司法中的重要成例和指导精神。

宋真宗曾肯定了蔡州"饥民为盗"案件的从轻判决结果：

> 凡岁饥，强民相率持杖劫人仓廪，法应弃市，每具狱上闻，辄贷其死。真宗时，蔡州民三百一十八人有罪，皆当死。知州张荣、推官江嗣宗议取为首者杖脊，余悉论杖罪。帝下诏褒之。遣使巡抚诸道，因谕之曰："平民艰食，强取糇粮以图活命尔，不可从盗法科之。"①

宋仁宗则亲下诏书规定饥民为盗从轻处罚，还曾从轻判决青州民为父复仇事件：

> 天圣初，有司尝奏盗劫米伤主，仁宗曰："饥劫米可哀，盗伤主可疾。虽然，无知迫于食不足耳。"命贷之。五年，陕西旱，因诏："民劫仓廪，非伤主者减死，刺隶他州，非首谋又减一等。"自是，诸禄灾上即降敕，饥民为盗，多蒙矜减，赖以全活者甚众。②

> 仁宗时，单州民刘玉父为王德殴死，德更赦，玉私杀德以复父仇。帝义之，决杖、编管。元丰元年，青州民王赟父为人殴死，赟

---

① （元）脱脱：《宋史》卷二〇〇《刑法志二》，中华书局1977年版，第4987页。
② （元）脱脱：《宋史》卷二〇〇《刑法志二》，中华书局1977年版，第4987页。

第二章 分权与控权：宋代地方司法结构中的分割与配置

幼，未能复仇。几冠，刺仇，断支首祭父墓，自首。论当斩，帝以杀仇祭父，又自归罪，其情可矜，诏贷死，刺配邻州。①

宋真宗时，京师富民号陈子城者，"因保庆杨太后纳女入宫"②，其后"殴杀磨工，初有诏立赏追捕，数日，中旨罢之。"③

宋仁宗时曾多次指示赦免权幸之人，"有司断狱，或事连权幸，多以中旨释之"④，"开封府既多近戚宠贵，干令犯禁，而复求以内降苟免。……内臣梁举直私役官兵，付开封府取勘，既而内降放罪。"⑤ 庆历二年（1042），周景伙同胡可观盗窃内东门罗帛。事发后，按照法律主犯周景应处绞刑，从犯胡可观流配千里外牢城。周景起初逃走，被捉获后买通关节，求得内降，先被免死，后减脊杖十七，又改臀杖十七，最后内降减为军器造作司北作坊皮匠。⑥

宋神宗时，同知谏院范百禄与御史徐禧共同再审余姚主簿李逢、百姓李士宁谋反案，此案牵涉秀州团练使世居：

> 李士宁者，挟术出入贵人门，常见世居母康，以仁宗御制诗上之。（范）百禄谓士宁荧惑世居致不轨，且疑知其逆谋，推问不服。（徐）禧乃奏："士宁赠诗，实仁宗御制，今狱官以为反因，臣不敢同。"百禄以士宁尝与王安石善，与锻炼附致妖言死罪，卒论士宁徒罪，而奏"禧故出之，以媚大臣。"诏详劾理屈者以闻。百禄报上不实，落职。⑦

宋神宗认为此案中，主审法官范百禄故意以谋反罪牵连王安石，实属恶意攻击，因此下诏重审，重惩范百禄。

---

① （元）脱脱：《宋史》卷二〇〇《刑法志二》，中华书局1977年版，第4990页。
② （宋）司马光：《涑水记闻》卷一〇，中华书局1989年版，第183页。
③ （宋）吴曾：《能改斋漫录》卷一三《真宗书鲁宗道刚直于殿柱》，上海古籍出版社1960年版，第389页。
④ （元）脱脱：《宋史》卷二〇〇《刑法志二》，中华书局1977年版，第4989页。
⑤ （宋）欧阳修：《欧阳修全集》附录卷二《先公事迹》，中华书局2001年版，第2637页。
⑥ （宋）包拯撰，杨国宜校：《包拯集校注》卷一，黄山书社1999年版，第76页。
⑦ （元）脱脱：《宋史》卷二〇〇《刑法志二》，中华书局1977年版，第4998页。

皇帝以御笔和内降诏书指示具体案件，当然可以深层介入司法判决。但也很容易造成弊端，因为皇帝的指示比法律条文的效力要高一个等级，所以相关司法官员只能唯命是从，甚至变通逢迎，摒弃法条，"自此苟有势援之人，皆视法令为甚轻，悉以特旨冲之，则旧法几于无用矣"①，因而极容易对法律制度的正常运行造成实质性破坏。宋神宗时，"刑部侍郎崔台符、宝文阁待制、知庐州杨汲，大理卿王孝先，自元丰以来，相继为大理卿，每有内降公事，不能悉心持平，推考情实，专务刻深，高下其意。虽知所告不实，事或微末，不度是非，一切徇报者之语，委成狱吏，不复亲听。而报者所闻，往往得于仇怨之人，巧谮诬陷，无所不至。"② 王振被崔台符、杨汲荐引为大理丞后，"勘鞫内降公事，相为左右，枉陷无辜，不可胜数。"③

宋徽宗在位时，尤其喜欢以内降、御笔干涉司法："政和后，始有御笔特断刑名，是盖多出于三尺之外矣。"④ 徽宗时特别强调其御笔诏书具有至高的法律效力："出令制法，重轻予夺在上。比降特旨处分，而三省引用敕令，以为妨碍，沮抑不行，是有司之常守，格人主之威福。夫擅杀生之谓王，能利害之谓王，何格令之有？臣强之渐，不可不戒。自今应有特旨处分，间有利害，明具论奏，虚心以听。如或以常法沮格不行，以大不恭论。"⑤ 宣和六年（1124）的诏令又进一步肯定了内降、御笔的法律效力："凡御笔断罪，不许诣尚书省陈诉。如违，并以违御笔论"⑥，"凡应承受御笔官府，稽滞一时杖一百，一日徒二年，二日加一等，罪止流三千里，三日以大不恭论。"⑦ 宋徽

---

① （宋）楼钥著，顾大朋点校：《楼钥集》卷二八《缴医官郑至达改风科入内内宿》，浙江古籍出版社2010年版，第502页。
② （宋）李焘：《续资治通鉴长编》卷三八一，元祐元年六月甲寅，中华书局2004年版，第9267—9268页。
③ （宋）李焘：《续资治通鉴长编》卷三八六，元祐元年八月壬子，中华书局2004年版，第9410页。
④ （宋）佚名：《续编两朝纲目备要》卷五《宁宗》，中华书局1995年版，第87页。
⑤ （元）脱脱：《宋史》卷二〇〇《刑法志二》，中华书局1977年版，第4990页。
⑥ （元）脱脱：《宋史》卷二〇〇《刑法志二》，中华书局1977年版，第4991页。
⑦ （元）脱脱：《宋史》卷二〇〇《刑法志二》，中华书局1977年版，第4991页。

第二章 分权与控权：宋代地方司法结构中的分割与配置

宗多以其个人好恶来干涉司法，如林灵素案就是典型。林灵素本为道士，后得到徽宗宠信。后有僧人以自残的方式宣扬佛教，林灵素"得幸"后授意司法官员重判，"将毁释氏以逞其私，襄州僧杜德宝毁体然香，有司观望灵素意，捕以闻。"大理评事王衣认为按照法律，"自伤者杖而已"，只能判处杖刑。但林灵素却从徽宗皇帝求得内批，指示司法部门冲改条令，给予重判："坐以害风教，窜流之。"① 林灵素事件充分说明了内降、御笔干涉司法的随意性，其最终结局一定会伤害依法判决的权威性："凡狱既取旨，则轻重出于朝廷。有司议法则可驳，特旨则非"②，"赃吏最可恶，比亦有已经勘结而直降内批改正者。如此，天下何所惩劝？"③ "鞫狱或由内降，必傅重议，则法令滋章矣。"④ 正是因为宋徽宗相当随意地使用内降、御笔，后来为权相利用作为攻击政敌的手段，"蔡京当国，请降御笔手诏以快己私，自衅法令，有司莫知适从。"⑤ 宋徽宗时政治高层滥用内降、御笔干涉司法，极大破坏了正常的政治生态，致使当时出现了政治腐败局面，从而使北宋末年出现全国性的混乱局面。

北宋中期之后，因为内降、御笔指示多造成争议狱事，刑部、大理寺判决时法律依据不停变动，"用法多不守一，而其刑名取决于执政。所欲深则以重论，所欲贷则以轻论。然则轻重在有司，不在法也。"⑥ 宋哲宗时多次下诏，力图矫正这一弊病："取索元丰以来大理寺、开封府断遣过因内降探报公事，

---

① （元）脱脱：《宋史》卷三七七《王衣传》，中华书局1977年版，第11659页。
② （宋）李焘：《续资治通鉴长编》卷四六五，元祐六年闰八月甲子，中华书局2004年版，第11108页。
③ （宋）朱熹：《朱熹集》卷九六《少师观文殿大学士致仕魏国公赠太师谥正献陈公行状》，四川教育出版社1996年版，第4938页。
④ （宋）魏了翁：《鹤山先生大全集》卷二一《答馆职策一道》，载《宋集珍本丛刊》，线装书局2004年版，第76册，第787页。
⑤ （宋）马端临：《文献通考》卷一六七《刑考六》，中华书局2011年版，第5012页。
⑥ （明）黄淮、杨士奇：《历代名臣奏议》卷二一一《论刑名不当取决执政状》（彭汝砺），上海古籍出版社1989年版，第2779页。

元断犯及断遣刑名看详，内有不合受理并事涉冤抑者，具事理以闻。"① 南宋建立之初，也开始注意厘正徽宗时期蔡京执政时的司法错误："自蔡京当国，凡所请御笔以坏正法者，悉厘正之。"② 宋孝宗乾道三年（1167）下诏指示应按律进行司法判决："狱，重事也。稽者有律，当者有比，疑者有谳，比年顾以狱情，白于执政，探取旨意，以为轻重，甚亡谓也。自今其祗乃心，敬于刑，惟当为贵，毋习前非。不如吾诏，吾将大置于罚，罔攸赦。"③

3. 杂议、诏狱

宋代皇帝对或犯罪性质严重、或牵涉命官大臣、或刑名难以确定的案件，还会以特使或杂议的形式，以制勘或诏狱的名称，在皇帝的授意下，指定大臣组成临时审判机构进行审理。

宋太宗时，以"宣敕差出勘事使臣"作为派出的特别审判官员："今后应宣敕差出勘事使臣，朝辞日具所勘公事因依，回日具诏对情罪事节进呈。"④ 这类官员可以比作为皇帝的特使法官，严格地控制着全国各地的重大案件。⑤ 宋神宗也常派出司法特使：

> 神宗励精治道，整齐法度，参考旧制，始定诸路每三岁一次取旨，遣郎官或御史按察监司职事，至元丰八年，立为著令。夫监司虽按察郡县，而患监司或非其人，有过举故纵之弊。宪台虽得兼察内外，而患四方之远，有传闻不详之病。此遣使考察之法所以不可废也。⑥

这种定期派出司法特使的制度，既有利于皇帝对地方审判活动的控制，又有

---

① （宋）李焘：《续资治通鉴长编》卷三六九，元祐元年闰二月丙午，中华书局 2004 年版，第 8905 页。
② （元）脱脱：《宋史》卷二〇〇《刑法志二》，中华书局 1977 年版，第 4992 页。
③ （元）脱脱：《宋史》卷二〇〇《刑法志二》，中华书局 1977 年版，第 4994 页。
④ （清）徐松辑：《宋会要辑稿》刑法三之四九，上海古籍出版社 2014 年版，第 8419 页。
⑤ 王云海：《宋代司法制度》，河南大学出版社 1992 年版，第 106 页。
⑥ （宋）李焘：《续资治通鉴长编》卷三九五，元祐二年二月乙未，中华书局 2004 年版，第 9632—9633 页。

第二章　分权与控权：宋代地方司法结构中的分割与配置

助于对地方不法和失职官吏的及时惩处。在宋代路级转运使司、提点刑狱司制度健全之后，这种特使制度就没有存在必要了。

宋代皇帝遇到重大疑难刑事案件，常命令正副宰相、御史、谏官、翰林学士、知制诰等朝廷高官，一起开会集中讨论，称为"杂议"。宋神宗时经常召开高官杂议来商讨疑难案件的最后判决。神宗时的"阿云之狱"，就由司马光和王安石两位翰林学士合议，正是因为两人意见分歧，司马光认为刑部的判决是正确的，王安石则支持许遵的判决，因此神宗又诏翰林学士吕公著、韩维，知制诰钱公辅重新审定此案。吕公著等人的意见与王安石一致，得到了神宗的采纳。但法官齐恢、王师元、蔡冠卿等仍坚持认为吕公著等人的意见不当。于是，神宗又命王安石和法官等人共同讨论，结果反复争辩，最后神宗降敕定案，此案竟然先后争论了二年之久，成为当时著名的疑难案件。①

对余姚主簿李逢、百姓李士宁谋反案，神宗也是先遣御史台推直官审讯，后以诏狱形式进行了最终审理：

> （熙宁）八年，沂州民朱唐告前余姚主簿李逢谋反。提点刑狱王庭筠言其无迹，但谤讟朝政，语涉指斥及妄说休咎，请编配。帝疑之，遣御史台推直官蹇周辅劾治。中书以庭筠所奏不当，并劾之。庭筠惧，自缢死。逢辞连宗室秀州团练使世居、医官刘育等、河中府观察推官徐革，诏逮系台狱，命中丞邓绾、同知谏院范百禄与御史徐禧杂治。狱具，赐世居死，李峰、刘育及徐革并凌迟处死，将作监主簿张靖、武进士郝士宣皆腰斩，司天监学生秦彪、百姓李士宁杖脊，并湖南编管。余连逮者追官落职。世居子孙贷死除名，削属籍。旧勘鞫官吏并劾罪。②

另在张朝复仇杀人案中，宋神宗肯定了王安石的意见："苏州民张朝之从兄以枪戮死朝父，逃去，朝执而杀之。审刑、大理当朝十恶不睦，罪死。案

---

① （元）脱脱：《宋史》卷二〇一《刑法志三》，中华书局1977年版，第5006—5007页。
② （元）脱脱：《宋史》卷二〇〇《刑法志二》，中华书局1977年版，第4998页。

既上,参知政事王安石言:'朝父为从兄所杀,而朝报杀之,罪止加役流。会赦,应原。'帝从安石议,特释朝不问。"①

南宋之初,宋高宗通过或派出政治特使,或宣布特别赦免命令,或下旨由臣下杂议等手段,来指导司法判决:

> 建炎三年四月,苗傅等疾阉宦恣横,及闻王渊为枢密,愈不平,乃与王世修谋逆。诏御史捕世修鞫之,斩于市。七月,韩世忠执苗傅等,磔之健康。统制王德擅杀军将陈彦章,台鞫当死,帝以其有战功,特贷之。庆远军节度使范琼领兵入见,面对不逊,知枢密院张浚奏琼大逆不道,付大理寺鞫之,狱具,赐死。越州守郭仲荀,寇至弃城遁,过行在不朝。付御史台、大理寺杂治,贬广州。神武统制鲁珏坐贼杀不辜,掠良家子女,帝以其有战功,贷之,贬瑞州。②

在宋代皇帝干涉司法的诸个形式中,杂议的特点是重大事项由皇帝指派政治高层集体商议,有相当程度的集体民主特色,可以看作是宋代皇帝与士大夫共治天下的政治形态,因而值得肯定。但是御笔、内降、诏狱却充满了皇帝的个人统治色彩,因其具有最高判决的性质,一旦皇帝做出错误决定,其他人亦只能执行,很容易造成冤假错案。在御笔、内降、诏狱三者中,因为诏狱已经定性为刑事或政治案件,而且很容易牵扯其他官员,形成团体窝案,因而会产生重大社会影响,"诏狱,本以纠大奸慝,故其事不常见。初,群臣犯法,体大者多下御史台狱,下则开封府、大理寺鞫治焉。神宗以来,凡一时承诏置推者,谓之制勘院。"③诏狱手段一经使用,基本没有逆转的可能,因此被打击的政治官员及其关连人员,不得不在政治上采取反制手段,其结果只能加剧官僚集团内部矛盾,最终向党争演变:"盖诏狱之兴,始由柄

---

① (元)脱脱:《宋史》卷二〇一《刑法志三》,中华书局1977年版,第5007页。
② (元)脱脱:《宋史》卷二〇〇《刑法志二》,中华书局1977年版,第5002页。
③ (元)脱脱:《宋史》卷二〇〇《刑法志二》,中华书局1977年版,第4997页。

第二章　分权与控权：宋代地方司法结构中的分割与配置

国之巨蠹此以威缙绅，逞其私憾，朋党之祸遂起，流毒不已。"①

王安石变法失败后，革新派一度为旧党所打击，蔡京、章惇掌权后，多次利用诏狱为打击旧党和政治异己，其最弱结果只能是使革新派失去政治道义，而被终会为皇帝所抛弃：

> 绍圣间，章惇、蔡卞用事，既再追贬吕公著、司马光及谪吕大防等岭外，意犹未快，仍用黄履疏高士京状追贬王珪，皆巫以"图危上躬"，其言浸及宣仁，上颇惑之。最后，起同文馆狱，将悉诛元祐旧臣，时太府寺主簿蔡渭奏："臣叔父硕，尝于邢恕处见文及甫元祐中所寄恕书，具述奸臣大逆不道之谋。及甫，彦博子也，必知奸状。"诏翰林承旨蔡京、吏部侍郎安惇同究问。初，及甫与恕书，自谓："毕谭当求外，入朝之机未可必，闻已逆为机阱，以榛塞其涂。"又谓："司马昭之心，路人所知。"又云："济之以粉昆，朋类错位，欲以眇躬为甘心快意之地。"及甫尝语蔡硕，谓司马昭指刘挚，粉昆指韩忠彦，眇躬，及甫自谓。盖俗称驸马都尉为"粉侯"。人以王师约故，呼其父克臣为"粉父"，忠彦乃嘉彦之兄也。及甫除都司，为刘挚论列。又挚尝轮彦博不可除三省长官，故止为平章重事。及彦博致仕，及甫自权侍郎以修撰守郡，母丧除，与恕书请补外，因伪躁忿诋毁之辞。及置对，则以昭比挚如旧，眇躬乃以指上，而粉昆乃谓指王岩叟面如傅粉，故曰"粉"，梁焘字况之，以"况"为兄，故曰"昆"，斥挚将谋废立，不利于上躬。京、惇言："事涉不顺，及甫止闻其父言，无他证佐，望别差官审问。"乃诏中书舍人蹇序臣审问，仍差内侍一员同往。蔡京、安惇等共治之，将大有所诛戮，然卒不得其要领。会星变，上怒稍息，然京、惇极力锻炼不少置。既而梁焘卒于化州，刘挚卒于新州，众皆疑二人不得其死。明年五

---

① （元）脱脱：《宋史》卷二〇〇《刑法志二》，中华书局1977年版，第4999页。

月,诏:"挚、焘据文及甫所供言语,偶逐人皆亡,不及考验,明正典刑。挚、焘诸子并勒停,永不收叙。"先时,三省进呈,帝曰:"挚等已谪远方,朕遵祖宗遗志,未尝杀戮大臣,其事勿治。"①

宋高宗绍兴年间,宰相秦桧大权独揽,为了打击政治对手,实现个人政治野心,更是屡兴诏狱,陷害岳飞等主战派官员:

绍兴元年,监察御史娄寅亮陈宗社大计,秦桧恶之。十一月,使言者论其父死匿不举哀,下大理寺劾治,迄无所得,诏免所居官。十一年,枢密使张俊使人诬张宪,谓收岳飞文字谋为变。秦桧与乘此诛飞,命万俟卨锻炼成之。飞赐死,诛其子云及宪于市。汾州进士智浃上书讼飞冤,决杖编管袁州。广西帅胡舜陟与转运使吕源有隙,源奏舜陟赃污僭拟,又以书抵桧,言舜纸讪笑朝政。桧素恶舜陟,遣大理官往治之。十三年六月,舜陟不服,死于狱。飞与舜陟死,桧权愈炽。②

北宋时期,在党争之际屡屡兴起诏狱,但皇帝坚持遵循"不杀戮大臣"的祖宗家法,因而没有处以死刑者,亦显示北宋诏狱中皇权能够控制政治斗争。但南宋的诏狱则已出现弃祖宗家法于不顾的势头,甚至有的刑罚处置已经相当冷血,最典型的是岳飞冤狱,是宋代文官体制中不应出现的恶性政治案件。南宋这种弃法制完全所不顾的现象,说明诏狱已经成为皇帝、权相进行政治斗争的工具。

第二节　宋代地方司法中的主审权分配

一、州县长官审讯权的分工

中国古代的诉讼活动可以分为事实审与法律审两个阶段,前者主要负责

---

① (元)脱脱:《宋史》卷二〇〇《刑法志二》,中华书局1977年版,第4999—5000页。
② (元)脱脱:《宋史》卷二〇〇《刑法志二》,中华书局1977年版,第5002页。

第二章 分权与控权：宋代地方司法结构中的分割与配置

审清事实真相，后者主要负责适用法条的审查。宋代负责事实审的主要是州（府、军、监）和县两级。

宋代诉讼制度中一般是原告就被告居所地进行词讼，所以县是宋代司法审判的第一审级，知县是县级最高审判官员。宋代县级长官对杖以下轻罪有判决权，徒以上狱讼则承担预审之责而无判决之权。宋太宗时规定："杖罪以下，县长吏决遣。"①《庆元条法事类》也规定："诸犯罪……杖以下，县决之，徒以上及应奏者，并须追征勘结圆备，方得送州。"②

尽管宋代县级政府对徒以上罪只有审理权而无实质意义上的判决权，但其预审工作的好坏却可能直接关系能否弄清狱讼的事实真相，宋代一些名臣对此问题有深入地认识：

> 罪之小者，县得自行决遣。罪之大者，虽必申州，而州家亦惟视县款为之凭据。③

> 今天下之狱，死刑当决者，皆自县而达之州，自州而达之使者，其有疑者，又自州而上之朝廷，自朝廷而下之棘寺，棘寺谳议，而后致辟焉。其维持防闲可谓周且审矣。然而宪台之所详复，棘寺之所谳议者，不过受成于州县之具狱，使其文案粗备，情节稍圆，则虽颠倒是非，出入生死，盖不得而察也。④

> 监司、郡守与作县不同，作县是亲民最紧底处，每事可以立见底蕴，郡守则已隔一重，监司则又隔两重。监司、郡守之于人户词诉，但当只令索案，或且令具因依申，然后徐察其词之是非而处之。今若凭一纸状词，便为施行，鲜不十事而九失者，不可不察也。⑤

---

① （清）徐松辑：《宋会要辑稿》刑法三之一一，上海古籍出版社2014年版，第8398页。
② （宋）谢深甫：《庆元条法事类》卷七三《刑狱门·决遣·断狱令》，黑龙江人民出版社2002年版，第744页。
③ （宋）胡太初：《昼帘绪论·治狱篇》，载《宋代官箴书五种》，中华书局2019年版，第179页。
④ （宋）朱熹：《朱熹集》卷一四《延和奏札二》，四川教育出版社1996年版，第534页。
⑤ （宋）黄榦：《勉斋集》卷一二《复吴胜之湖北运判》，景印文渊阁《四库全书》本，台北：商务印书馆1983年版，第1168册，第128页。

宋朝州（府、军、监）政府对州治及倚郭县内的案件有完全的审理权，"应系州城下居住人户，不得诣县中陈状（此一项唯倚郭县可用）。"① 唐代州级审判机构只对徒以下的案件拥有审判权，宋代州级机构与前代相比拥有更大的审判管辖权："凡徒流罪人，于长吏前对辩无异，听遣决之。"② 所以，宋代州级衙门更主要的工作是负责审理县报呈的徒、流以及大辟案件，是民事案件的第二审机构。《夷坚志》中的故事生动地说明了县级押送犯人、诣州呈报的情形：

> 莆田士人守官广右，一仆尝负罪遭治，而不勇于逐。仆心怨主人，因其满罢泛海归，为雇贼船。到半途，全家遇害，抛尸水中。唯一老兵，既受刃而推堕板下。贼凿破其船，弃于淖，别易船行。兵伤处不致要害，经宿复苏，忍痛升岸。去乡里只数程，扶杖乞食，归报主家。族党以为一门尽死，安得独存？是必与贼为囊橐者，执而诉于县。县以大囚法桎梏绁讯，虽强引伏，终不得其情。邑宰白郡，移赴司理院。时正尉抱疾谒假，主簿黄揆摄职，躬领弓兵护送。才出县门，逢三盗着商贾服，相随游观。老兵指而呼曰："此三个正是杀人贼，却教我苦中受苦。"揆即遣卒拘之，同缚诣郡廷。③

州级政府如无不同意见，则会肯定县级审理的事实认定，如此之后就进入判决环节。如朱熹在推荐漳州龙溪知县翁德广时，就反映了州级政府对县级审理意见的肯定：

> 知龙溪县翁德广天资刚直，才气老成，不为赫赫可喜之名，而每有恳恳爱民之实。臣尝以县事大要者三察其施为，知其果有可称者，刑狱、词讼、财赋是也。县所解徒流以上罪，岁率数十，臣取

---

① （宋）李元弼：《作邑自箴》卷六《劝谕民庶榜》，载《宋代官箴书五种》，中华书局2019年版，第41页。
② （宋）李焘：《续资治通鉴长编》卷六四，景德三年十月癸巳，中华书局2004年版，第1431页。
③ （宋）洪迈：《夷坚志》支志庚卷三《莆田人海船》，中华书局1981年版，第1157页。

第二章 分权与控权：宋代地方司法结构中的分割与配置

其案牍观之，见其亲画条目，委曲难问，必尽囚辞而后已。及州司理院再行审鞫，而囚卒无异词，皆以县之所鞫为得其情，是能上体国家哀矜庶狱之意也。①

北宋开封府及南宋临安府地方州级政府虽属同级机构，但为京畿之地，在案件的审判管辖上有特殊规定。宋神宗时规定："以京朝官分治左右厢，凡斗讼杖六十已下情轻者，得专决"②，"以京朝官曾历通判、知县者四人，分治开封府新旧城左右厢。凡斗讼，杖六十已下情轻者得专决，及逋欠、婚姻、两主面语对定，以委理断。"③

二、州县长官审讯奉行的原则

宋代州县政府审理案件有两个前提：一是在务限之内，一是在诉状之内。

自唐以来，凡民事案件的审理就有"务限"的规定，即民事诉讼只能在农闲时节才可受理。宋代沿袭了这一规定："所有论竞田宅、婚姻、债负之类，取十月一日以后，许官司受理，至正月三十日住接词状，三月三十日以前断遣须毕……但不干田农人户者，所在官司随时受理断遣，不拘上件月日之限。"④即民事诉讼只有在每年的十月一日到次年正月三十日之间，官府必须在三月三十日前处理完毕。每年二月初一日开始入务，即进入农忙季节，直到九月三十日为止，属于务限期间，为了不违农时，不废农事，限内州县官府停止受理有关田宅、婚姻、债负、地租等争讼案件。南宋时，为防止豪强借"务限"侵吞他人财产，务限制度有所松动，"应婚田之讼，有下户为豪强侵夺者，不以务限为拘，如违，许人户越诉。"⑤州级政府对于县级转来核

---

① （宋）朱熹：《朱熹集》卷一九《荐知龙溪县翁德广状》，四川教育出版社1996年版，第792—793页。
② （宋）马端临：《文献通考》卷一六七《刑考六》，中华书局2011年版，第4997页。
③ （宋）李焘：《续资治通鉴长编》卷二一一，熙宁三年五月庚戌，中华书局2004年版，第5135页。
④ （宋）窦仪：《宋刑统》卷一三《户婚·婚田入务》，法律出版社1999年版，第233页。
⑤ （清）徐松辑：《宋会要辑稿》刑法三之四八，上海古籍出版社2014年版，第8418页。

审的诉讼判决，则分别按固定时间受理。如黄震知抚州时规定："自六月为始，每月初三日受在城坊厢状。初八日受临川县管下乡都状，十三日受崇仁县郭及乡都状，十八日受金溪县状，二十三日受宜黄县状，二十八日受乐安县状。自后月分，周而复始。其有不测紧急事自不拘此限，但常事不许挟紧急为名。"①

宋代州县政府在审理狱讼时，只问讯诉状所列之事，不得于诉状之外求罪，此制称为"据状勘鞫"。这一制度源于唐代，《宋刑统》继承唐律而规定：

> 诸鞫狱者，皆须以所告状鞫之。若于本状之外，别求他罪者，以故入人罪论。
>
> 【疏议曰】鞫狱者，谓推鞫之官，皆须以所告本状推之，若于本状之外，旁更推问，别求得笞、杖、徒、流及死罪者，同故入人罪之类。若因其告状，或应掩捕搜检，因而检得别罪者，亦得推之。其监临主司，于所部告状之外，知有别罪者，即须举牒，别更纠论，不得因前告状而辄推鞫。若非监临之官，亦不得状外别举推勘。②

宋哲宗绍圣三年（1096）诏："鞫狱请治状外事者，论如求他罪律。"③ 宋孝宗淳熙十六年（1189）重申："自今狱事无得于状外求罪，如有违戾，重实于法。"④ 只有劫盗杀人等重案，由政府对犯罪人提起公诉时，可以突破据状勘鞫制度的限制。宋太宗端拱元年（988）规定："今后除事该窃盗杀人须至根勘外，其余刑狱并不得状外勘事。"⑤

宋代州县政府审理案件时，确立了"长官亲审"的重要原则。宋朝司法十分强调地方长吏躬亲审判。太宗至道元年（995）正月诏："诏诸处长吏无

---

① （宋）黄震：《黄震全集·黄氏日抄》卷七八《词诉约束》，浙江大学出版社2013年版，第2215页。
② （宋）窦仪：《宋刑统》卷二九《断狱·不合拷讯者取众证为定》，法律出版社1999年版，第542—543页。
③ （清）徐松辑：《宋会要辑稿》刑法三之四九，上海古籍出版社2014年版，第49页。
④ （宋）马端临：《文献通考》卷一六七《刑考六》，中华书局2011年版，第5018页。
⑤ （清）徐松辑：《宋会要辑稿》刑法三之六九，上海古籍出版社2014年版，第8429页。

第二章　分权与控权：宋代地方司法结构中的分割与配置

得擅断，徒、杖刑以下，听与通判官等量罪区分。"① 宋真宗咸平五年（1002）十月诏："自今并须长吏、通判、幕职官同录问详断。"② 宋仁宗乾兴元年（1022）十一月诏："州县长吏，凡勘断公案，并须躬亲阅实，无令枉滥淹延。"③ 天圣二年（1024）规定："诸路州军自今常留县令管勾簿书、催督税赋及理婚田词讼，不得差出勾当小可公事。"④ 天圣八年（1030）五月诏："大辟公事，自今令长吏躬亲问逐，然后押下所司点检勘鞫，无致偏曲出入人罪。"⑤ 如长官不躬亲狱事要承担责任，徽宗时规定："州县官不亲听囚而使吏鞫讯者，徒二年。"⑥ 宋代地方官员记载："在法，鞫狱必长官亲临。"⑦ 宋代地方长官必须亲自听讼且负有相应的责任的制度，是对普通民众民事诉权的制度保障，更重要的是长官及时掌握案情，避免案情因其他因素而反复：

> 大率词讼，须是当厅果决，面谕罪名，不尔，即生枝蔓，其情轻法重，于理可恕，欲从轻科者，便令当厅勘状。若稍有稽缓，吏人受贿，遂成枉法。赃二十贯文，官员例当冲替。⑧

宋代州县亦设有属官辅助长官审讯问案，在州主要是司理参军，在县主要是县尉。司理参军"掌讼狱勘鞫之事"⑨，"司理参军，专于推鞫研覆情实"⑩，宋真宗咸平时规定："今后杀伤公事，在县委尉，在州委司理参军。"⑪

宋代州县长官皆须亲审狱讼，但是州级长官有众多属官辅助，完成了众

---

① （宋）李焘：《续资治通鉴长编》卷三七，至道元年正月，中华书局2004年版，第809页。
② （宋）李焘：《续资治通鉴长编》卷五三，咸平五年十月戊寅，中华书局2004年版，第1156页。
③ （宋）李焘：《续资治通鉴长编》卷九九，乾兴元年十一月戊寅，中华书局2004年版，第2303页。
④ （清）徐松辑：《宋会要辑稿》职官四八之二七，上海古籍出版社2014年版，第4324页。
⑤ （清）徐松辑：《宋会要辑稿》刑法六之五四，上海古籍出版社2014年版，第8560页。
⑥ （宋）马端临：《文献通考》卷一六七《刑考六》，中华书局2011年版，第5011页。
⑦ （宋）胡太初：《昼帘绪论·治狱篇》，载《宋代官箴书五种》，中华书局2019年版，第176页。
⑧ （宋）李元弼：《作邑自箴》卷二《处事》，载《宋代官箴书五种》，中华书局2019年版，第15页。
⑨ （元）脱脱：《宋史》卷一六七《职官志七》，中华书局1977年版，第3976页。
⑩ （宋）佚名：《宋大诏令集》卷一六〇《官制一·司理阙令本州于见任簿尉判司内选充诏》，中华书局1962年版，第606页。
⑪ （清）徐松辑：《宋会要辑稿》刑法六之一，上海古籍出版社2014年版，第8531页。

多前期工作。而县级与州级不同，除县尉可在司法检验环节辅助，其他审理事务皆须县级长官亲历亲为，因此更显繁重：

> 狱之初情，实在于县，自县而达之州，虽有异同，要之以县狱所鞫为祖，利害不轻。今所谓县令者，且朝受牒诉，暮夜省按牍。牒诉之多，或至数百，少者不下数十。案牍之繁，堆几溢格。其间名为强敏者，随事剖决，不至滞淹，亦不可多得。倘复责其余力，足办狱事，讯鞫得情，吏不敢欺，民不被害，诚恐百人之中，未必有一也。郡之狱事，则有两院，治狱之官，若某当追，若某当讯，若某当被五木，率具检以禀郡守，曰可则行。至具则不然，令既不暇专察，佐官虽名通签，终以嫌疑，不敢侵预，其追乎讯鞫，具名以禀，系出吏手，故其事与州郡不同。①

南宋孝宗淳熙十五年（1188），朱熹认为知县独员推鞫县狱，一旦知县不得其人，不免"拆换款词，变乱情节，无所不至"，因此奏请中央允许县丞和主簿参与审讯。② 这条史料说明长官亲审已在现实中施行。

三、州县长官审讯策略的进步

宋代州县长官亲自审理狱讼时，基本沿袭传统的软、硬两手审讯方法。

"软"的方面是沿用传统的"五听"或称"五声"方法。《周礼·秋官·小司寇》言："以五声听狱讼，求民情：一曰辞听，二曰色听，三曰气听，四曰耳听，五曰目听。"郑玄作注解释为："辞听，谓观其出言，不直则烦；色听，谓观其颜色，不直则赧然；气听，谓观其气息，不直则喘；耳听，谓观其听聆，不直则惑；目听，谓观其眸子，不直则眊然"。宋代沿袭唐律："诸

---

① （明）黄淮、杨士奇：《历代名臣奏议》卷二一七《乞令县丞兼治狱事》（刘行简），上海古籍出版社1989年版，第2850—2851页。
② （宋）朱熹：《朱熹集》卷一四《延和奏札二》，四川教育出版社1996年版，第535页。

第二章 分权与控权：宋代地方司法结构中的分割与配置

察狱之官，先备五听。"① 明代丘濬认为王安石对《周礼》中的"五声"理论有所发展："听狱讼，求民情，以讯鞫作其言，因察其视听、气色，以知其情伪，故皆谓之声焉。言而色动，气丧，视听失，则其伪可知也。然皆以辞为主，辞穷而尽得矣，故五声以辞为先，色、气、耳、目次之"。王安石认为五声之中"辞"是最基本的，其他四种都是从而得之，反映了宋代士大夫对言辞证据逻辑性的新认识，丘濬因而称其为"深得听狱讼，求民情伪之要。"② 《州县提纲》中也提到："察言观色，喻之以理，扣其实情，俾之自吐。"③ 南宋郑克认为，"察狱之术有三：曰色，曰辞，曰情。"④

"硬"的方面是沿用刑讯制度。宋制规定："诸察狱之官，先备五听，又验诸证据，事状疑似犹不首实者，然后考掠。"⑤ 宋代州县审问过程中，刑讯自始至终都是存在的，《作邑自箴》中记载：

> 勘问罪人，未可便行拷掠，先安排下小杖子，喝下所拷数目，欲行拷打，却且权住，更且子细闪问，待其欲说不说，持疑之际，乘势拷问。若未尽本情，又且略住杖子，再三盘诘，当留杖子数目，未要打尽，自然畏慑，不敢抵讳。

> 罪人犯状明白，倚赖凶顽，累经绷拷，未肯招承者，但昼夜不得令睡，立在厅前，不过三两日，便通本情。然须择有心力狱子三五名专一看守，不得稍涉懈怠。仍差节级不辍高声提举，以防疏失。

> 凡勘罪人切不可非理拗擗绷吊，但吊起一足，直身令立，已自

---

① （宋）窦仪：《宋刑统》卷二九《断狱·不合拷讯者取众证为定》，法律出版社1999年版，第538页。
② 鲁嵩岳：《慎刑宪点评》，法律出版社1988年版，第184页。
③ （宋）陈襄：《州县提纲》卷三《鞫狱从实》，载《宋代官箴书五种》，中华书局2019年版，第139页。
④ （宋）郑克著，杨奉琨校注：《折狱龟鉴校释》卷一《释冤上·辛祥》，复旦大学出版社1988年版，第58页。
⑤ 天一阁博物馆、中国社会科学院历史研究所点校：《天一阁藏明钞本天圣令校证·狱官令》，中华书局2006年版，第333页。

难受。①

南宋时刑讯犯人的情况十分普遍，至有州府公庭厅前绷吊犯人，"大官大府，一入其间，当使之有雍容闲雅气象。今左右囚系，有似囹圄。"② 对品官、宗室、孕妇、重病者等人，宋政府则规定不准用刑，如罪证确凿，犯人不肯招供，可以众证定罪。宋代规定长官批准或在场时才可刑讯罪犯，未经长吏批准而拷讯者"杖六十"③，太宗时规定："自今系囚，如证左明白而捍拒不伏、合掠讯者，集官属同讯问之，勿令胥吏拷决。"④ 如果犯人在刑讯之下死于非命，长官须承担相应责任，凡"擅掠囚致死者，悉以私罪论"⑤。

宋代一些优秀的士大夫对官员对刑讯拷问的依赖提出了批评，"恃拷掠者，乃无术也"⑥，"缧绁之下，何求而不得？""死者不可复生，命谁与酬？"⑦ 对传统"五听"的审讯方法进行了创造性的应用，提出"正""谲"之术："鞫情之术，有正有谲，正以核之……谲以擿之……术苟精焉，情必得矣。"⑧ 在审理案件时通过虚实手段的交叉应用，才能达到迷惑犯罪人的作用，"密而速，与兵法同矣。"审讯中虚实调查手段要在"正"有"奇"："不苟出于奇，亦必依于正。以此用谲，则无败事，犹可贵也"⑨，"谲非正也，然事有赖以济

---

① （宋）李元弼：《作邑自箴》卷三《处事》，载《宋代官箴书五种》，中华书局2019年版，第22页。

② （宋）彭龟年：《止堂集》卷一一《论州府公庭治囚失体书》，景印文渊阁《四库全书》本，台北：商务印书馆1983年版，第1155册，第869页。

③ （宋）窦仪：《宋刑统》卷二九《断狱·不合拷讯者取众证为定》，法律出版社1999年版，第538页。

④ （宋）马端临：《文献通考》卷一六六《刑考五》，中华书局2011年版，第4977页。

⑤ （宋）马端临：《文献通考》卷一七〇《刑考九》，中华书局2011年版，第5095页。

⑥ （宋）郑克著，杨奉琨校注：《折狱龟鉴校释》卷三《鞫情·陈枢》，复旦大学出版社1988年版，第182页。

⑦ （宋）陈襄：《州县提纲》卷三《鞫狱从实》，载《宋代官箴书五种》，中华书局2019年版，第139页。

⑧ （宋）郑克著，杨奉琨校注：《折狱龟鉴校释》卷三《鞫情·陈枢》，复旦大学出版社1988年版，第182页。

⑨ （宋）郑克著，杨奉琨校注：《折狱龟鉴校释》卷七《钩慝·赵和》，复旦大学出版社1988年版，第337页。

第二章 分权与控权：宋代地方司法结构中的分割与配置

者，则亦焉可废哉？抑又闻之，正不废谲，功乃可成；谲不失正，道乃可行"①，"偶然使之，遂以为奇，已泄之机，安可再用，民若狡猾，将反见欺。"② 这种对正面审讯与谲诈之术间关系的认识达到了新的历史高度。

宋代州县长官在处理狱讼时显现了比较高明的审讯素质。张咏知江宁府时，"有僧陈牒出凭，咏据案熟视久之，判送司理院勘杀人贼。翌日，群官聚听，不晓其故，咏乃召问：'为僧几年？'对曰：'七年。'又问：'何故额有系巾痕？'即惶怖服罪。盖一民与僧同行，于道中杀之，取其祠部戒牒，自披剃为僧也。"③ 孙沔知杭州时，"有丐者，左臂无一手，右臂唯两指，盗细民镮，相竞至庭。丐者举臂泣曰：'细民诬我！无指之人，岂能盗镮？'沔即然之，叱细民出，抚劳丐者，因与其镮。始弗敢受，再三安慰。丐者不知其计也，以指撮镮，徐以臂举，戴于首而去。沔追还，断其指，令于市。"④ 刘宰任太兴令，有富家丢金钗，只有仆妇二人在场，遂送官诉讼，刘宰让两人各持一芦草，假称明日早晨偷金钗者的芦草会长长二寸，"明旦视之，一自若，一去其芦二寸矣。"⑤ 因而查明案情。

下面几例，皆可见宋代州县官审讯技艺的复杂化：

> （叶府君）历知泉州永春、南安、邛之临邛三县事。……南安盗截牛舌，其主以闻。府君阳为叱去，阴令屠之，即有告其自杀牛者。府君谓告者曰："截牛舌盗，汝也。"讯之，伏其罪。⑥

---

① （宋）郑克著，杨奉琨校注：《折狱龟鉴校释》卷七《谲盗·陈述古》，复旦大学出版社 1988 年版，第 367 页。
② （宋）郑克著，杨奉琨校注：《折狱龟鉴校释》卷六《核奸·任术》，复旦大学出版社 1988 年版，第 308—309 页。
③ （宋）郑克著，杨奉琨校注：《折狱龟鉴校释》卷七《察贼·张咏》，复旦大学出版社 1988 年版，第 373 页。
④ （宋）郑克著，杨奉琨校注：《折狱龟鉴校释》卷五《惩恶·孙沔》，复旦大学出版社 1988 年版，第 254 页。
⑤ （元）脱脱：《宋史》卷四〇一《刘宰传》，中华书局 1977 年版，第 12168 页。
⑥ （宋）蔡襄：《蔡襄集》卷三八《尚书都官员外郎致仕叶府君墓志铭》，上海古籍出版社 1996 年版，第 699 页。

李鼎为阳翟令，听讼明敏，士民称之。有醫姥诉妇不孝，议者二三，鼎即善词勉之，俾各饮茶而去，妇即啜之，姥扣于地而妇不顾，遂正其妇罪。又，尉司诬一童子盗邻田草，童子方十余岁，所盗草甚重。鼎疑而释之，令童负草以归，竟莫能举，遂正捕者之罪。①

陈迹古密真（陈襄），知建州浦城县日，有人失物，捕待未知的为盗者。述古乃绐之曰："某庙有一钟能辨盗至灵。"使人迎置后阁祠之，引群囚立钟前自陈，不为盗者摸之则无声，为盗者摸之则有声。述古自率同职祷钟，其肃祭讫，以帷帷之，乃阴使人以黑涂钟。良久，引囚逐一令引手入帷摸之，出乃验其手皆有墨，惟有一囚无墨。讯之，遂承为盗，盖恐钟有声不敢摸也。②

经过州县长官的审讯，违法犯罪事实基本清楚之后，则可进入判决环节。

第三节　宋代地方司法的判决权分配

一、州县判决权限的划分

宋代县级政府对民事案件有完整的管辖权，其作出的笞、杖刑罚是属于定案性质的，即无须经过上级机关复审便可执行。因此，宋代县级官员可以当场判决，如谢雩为福建福州宁德知县时，"及试邑日，危坐听事，事至立决，故无留狱。"③ 又如郭叔谊为成都府路眉州青神县令时，"两造在庭，促席

---

① （宋）张知甫：《可书》，载《全宋笔记》，大象出版社2008年版，第四编，第三册，第173—174页。
② （宋）彭乘：《续墨客挥犀》卷一〇《能辨盗》，中华书局2002年版，第521—522页。
③ （宋）楼钥著，顾大朋点校：《楼钥集》卷一一五《承议郎谢君墓志铭》，浙江古籍出版社2010年版，第1998页。

112

第二章 分权与控权：宋代地方司法结构中的分割与配置

谘访，立为剖决，狱无滞囚，邑无冤民。"①

宋代县级政府对徒、流的判决则属于拟判性质，即必须经上级机关批审方能成立。"杖以下，县决之，徒以上及应奏者，并须追证勘结圆备……送州。"② 蔡襄具体描述了宋代州级审判机制的运行：

> 凡县邑之民事，不得其平者，则平之于尹；尹之不能平及事之大者，咸得平之于守；守视其事之小者立决之，其大者下于理官，理官得以考其情而弃之。……每一事之下审狱，具文谘于从事，谋于郡监，上于太守，而又质于掌法者。若文不比，囚不直，则移而谳之。众皆可焉，班而署之，然后乃得已矣。③

二、州县判决前后的环节构成

宋代地方政府判决前还有预防错案的录问环节，即在案件审结之后，检法议刑之前，长官要对案犯就司法事实认定进行当面问讯。宋太宗时先规定州郡长官五日一录狱④，后改为十日，太平兴国九年（984）六月诏书规定："今天下亦几于治矣。然颇为劳烦，特示改更，永则遵守。今后宜令十日一录问，杖罪以下，便可依理疏矣。"⑤《天圣令》中也规定十日一录囚："诸在京及诸州县禁囚，每月逐旬录囚姓名，略注犯状及禁时月日、处断刑名，所主官署奏。"⑥ 宋真宗又规定凡人命要案，必须由知州、通判、幕职诸官共同录

---

① （宋）魏了翁：《鹤山先生大全文集》卷八三《知巴州郭君墓志铭》，载《宋集珍本丛刊》，线装书局2004年版，第77册，第506页。
② （宋）谢深甫：《庆元条法事类》卷七三《刑狱门·决遣·断狱令》，黑龙江人民出版社2002年版，第744页。
③ （宋）吕祖谦：《宋文鉴》卷八七《送张聪之温州司理序》，中华书局1992年版，第1237页。
④ （宋）佚名：《宋大诏令集》卷二〇〇《刑法上·令诸州大狱长吏五日一亲临虑问诏》，中华书局1962年版，第740页。
⑤ （宋）佚名：《宋大诏令集》卷二〇〇《刑法上·先令诸道刑狱五日一录问今后宜十日一录问诏》，中华书局1962年版，第741页。
⑥ 天一阁博物馆、中国社会科学院历史研究所点校：《天一阁藏明钞本天圣令校证·狱官令》，中华书局2006年版，第327页。

113

问。咸平五年（1002）十月诏："诸州大辟案上，委本判官录问，或有初官未详法理，虑其枉滥，非朝廷重惜民命之意也。……自今并须长吏、通判、幕职官同录问详断。"① 大辟罪同案犯在五人以上者，还须差邻州通判或幕职官，再行录问，大中祥符三年（1010）六月诏："诸州大辟罪及五人以上狱具，请邻州通判、幕职官一人再录问讫，决之。"② 宋朝州级录问制度一直得以实行，宋孝宗乾道元年（1165）朝廷下诏督促州级官员实行录问："自今诸县结解大辟，仰本州长吏先审情实，如无冤抑，方付狱，狱官亲行勘鞫。仍委长吏逐旬虑问。"③ 录问时官员要审查案状，核实供词，亦要"引囚于前，读示款状，令实则书实，虚则陈冤。"④ 这是宋朝判决前必经的一项法定程序，但只有徒罪以上大案才会应用。

经过录问环节就意味着案件审理完结，此后便进入了据案定罪的阶段。

判决程序的第一个环节是检法。宋承唐律，"诸断罪皆须具引律、令、格、式正文，违者，笞三十。……诸制敕断罪，临时处分，不为永格者，不得引为后比。若辄引，致罪有出入者，以故、失论"⑤。宋代司法参军是州级专职检法官，其职责是根据犯罪供审事实，将有关法律条文摘录出来供长官定罪量刑使用，检法时以律、令、敕、例为具体顺序。《宋刑统》引后唐长兴二年（931）八月的敕条规定："今后凡有刑狱，宜据所犯罪名，须具引律、令、格、式，逐色有无正文，然后检详后敕，须是名目条件同，即以后敕定罪。后敕内无正条，即以格文定罪。格内又无正条，即以律文定罪。律、格

---

① （宋）李焘：《续资治通鉴长编》卷五三，咸平五年十月戊寅，中华书局2004年版，第1156页。
② （宋）李焘：《续资治通鉴长编》卷七三，大中祥符三年六月庚午，中华书局2004年版，第1675页。
③ （清）徐松辑：《宋会要辑稿》刑法三之四八，上海古籍出版社2014年版，第8439页。
④ （宋）李焘：《续资治通鉴长编》卷二八九，元丰元年夏四月乙巳，中华书局2004年版，第7060页。
⑤ （宋）窦仪：《宋刑统》卷三〇《断狱·断罪引律令格式》，法律出版社1999年版，第549—550页。

第二章 分权与控权：宋代地方司法结构中的分割与配置

及后敕内并无正条，即比附定刑，亦先自后敕为比，事实无疑，方得定罪。"① 后"神宗以律不足以周事情，凡律所不载者一断以敕"②，敕正式取得律的优先地位。徽宗崇宁时规定："引例破法及择用优例者，徒三年。"③ 光宗绍熙元年（1190）正月重申："明示中外，其有法者，止当从法。"如引例破法"主典违制科罪，长吏免所居官。"④ 同时谳司援法定罪有驳正责任。如仁宗景祐三年（1036），知蕲州王蒙正故入林宗言死罪，被责降洪州别驾，"司法参军胡揆不驳公案，罚铜五斤。"⑤ 由于检法阶段很容易影响长官的决断，因此当时法律规定法司只能检出法令，不能提供参考意见。南宋令"诸州法司吏人，只许检出事状，不得辄言予夺。"⑥ 今将南宋理宗绍定元年（1228）平江府学田被盗耕案，府法司所检适用法律条文移录如下：

> 律：诸盗耕种公私田者，一亩以下笞三十，五亩加一等；过杖一百，十亩加一等，罪止徒一年半。荒田减一等，强者各加一等，苗子归官主（原注：下条苗子准此）。

> 律：诸妄讼公私田，若盗贸卖者，一亩以下笞五十，五亩加一等。过杖一百，十亩加一等，罪止徒二年。

> 敕：诸盗耕种及贸易官田（原注：泥田、沙田、逃田、退复田同官荒田，虽不籍系亦是）各论如律。冒占官宅者，计所赁坐赃论，罪止杖一百（原注：盗耕种官荒田、沙田罪止准此），并许人告。

> 令：诸盗耕种及贸易官田（原注：泥田、沙田、逃田、退复田同）若冒占官宅，欺隐税租赁支者，并追理，积年虽多至十年止（原注：贫乏不能全纳者每升理二分），自首者免，虽应召人佃赁仍

---

① （宋）窦仪：《宋刑统》卷三〇《断狱·断罪引律令格式》，法律出版社1999年版，第551页。
② （元）脱脱：《宋史》卷一九九《刑法志一》，中华书局1977年版，第4963页。
③ （清）徐松辑：《宋会要辑稿》刑法一之二一，上海古籍出版社2014年版，第8234页。
④ （清）徐松辑：《宋会要辑稿》职官七九之六，上海古籍出版社2014年版，第5228页。
⑤ （清）徐松辑：《宋会要辑稿》刑法四之七三，上海古籍出版社2014年版，第8485页。
⑥ （宋）李心传：《建炎以来系年要录》卷一五六，绍兴十七年十二月己亥，中华书局1988年版，第2546页。

给首者。

格：诸色人告获盗耕种及贸易官田者（原注：泥田、沙田、逃田、退复田同）准价给五分。

令：诸应各尝而无应受之人者，理没官。①

可见，司法参军检法时先律后敕，再次令、格，但因只对判决起参考作用，难以影响宋朝司法实际中重敕而轻律的趋势。

判决程序的第二个环节是拟判。即在检法之后，由推官或签书判官厅公事等幕职官依据案情事实和法律条款，草拟初判意见。《名公书判清明集》记载了佥判拟判的情况："佥厅所拟，已尽情理，照行"②，"陆兼佥所拟，固已曲尽其情矣"③，"本州佥厅之所断"④。《名公书判清明集》中盛荣与盛友叔侄争屋业案中，临安府通判吴革就肯定了幕职官的拟判意见："察推谓予夺田地之讼，所据在契照，所供在众证，此说极是。"⑤

判决程序的第三个环节是聚录。地方州级大辟案"并须长吏，通判，幕职官同录问详断"⑥，聚录制终宋不变。聚录是司法审判中重要环节，也可看作是第二次录问程序，"民命莫重于大辟，方锻炼时，何可尽察，独在聚录之际，官吏聚于一堂，引囚而读示之，死生之分，决于顷刻"，因此聚录时要求："委长贰点无干碍吏人，先附囚口，责状一通，复视狱案，果无差殊；然后亦点无干碍吏人依句宣读，务要详明，令囚通晓，庶几伏辜者无憾，冤枉者获伸。"⑦ 自天圣三年（1025）十一月起，宋政府规定凡经州级官员集体聚

---

① 《江苏通志稿·江苏金石记》目一五《给复学田公牒记一》，载《宋代石刻文献全编》第二册，北京图书馆出版社2003年版，第339页。
② （宋）佚名：《名公书判清明集》卷七《户婚门·出继子破一家不可归宗》，中华书局1987年版，第227页。
③ （宋）佚名：《名公书判清明集》卷七《户婚门·欺凌孤幼》，中华书局1987年版，第229页。
④ （宋）佚名：《名公书判清明集》卷九《户婚门·卑幼为所生父卖业》，中华书局1987年版，第298页。
⑤ （宋）佚名：《名公书判清明集》卷六《户婚门·叔侄争》，中华书局1987年版，第189页。
⑥ （宋）李焘：《续资治通鉴长编》卷五三，咸平五年十月戊寅，中华书局2004年版，第1156页。
⑦ （宋）马端临：《文献通考》卷一六七《刑考六》，中华书局2011年版，第5017页。

第二章 分权与控权：宋代地方司法结构中的分割与配置

录案件，不再押送罪人赴阙，而只需将犯罪案卷送刑部复审即可：

> 诸州罪人合该配递，不送赴阙，直行断遣者，或有憎爱组织，便行配移，或并妻男女之荒远，鲜有生还，虑伤至和。望自今令长吏已下依公勘鞫，集厅录问，依法施行讫录案，坐条具所配地里，上刑部详复。①

判决程序的第四个环节是结绝。聚录之后如无疑议，长官、幕职官、录问官要在"拟判"签押确认个人意见，依次是幕职官、通判、知州签押，最后还要由知州加盖官印，判决即可生效。宋太宗雍熙年间规定连署制度："朝廷选用贤能，分膺事任，必资公共，以副忧勤。向者联事同僚多不连署奏牍，自今并须同署，永为定式。"② 朱熹说："诸案呈复，已得判押，并须以次经由通判职官签押，方得行遣文字。并须先经职官，次诣通判，方得呈知州，取押用印行下。"③ 至此意味案件审理终结，须公开宣而定判，"诸狱结正，徒以上，各呼囚及其家属，具告罪名，仍取囚服辩。若不服者，听其自理，更为审详。"④ 宣判之后，官府还要将判语、断由等发放给当事人，"民户所讼如有婚田、差役之类，曾经结绝，官司须具情与法叙述定夺因依，谓之断由。人给一本，如有翻异，仰缴所给断由于状首，不然不受理，使官吏得以参照批判，或依违移索，不失轻重。将来事符前断，即痛与惩治。"⑤ 或者"各人给判语一本。"⑥ 从而起到"上以见听讼者之不苟简，下以使讼者之有所据"⑦的效果。

---

① （清）徐松辑：《宋会要辑稿》刑法四之一二至一三，上海古籍出版社2014年版，第8452页。
② （宋）佚名：《宋大诏令集》卷一九〇《诫约同僚连署奏牍诏》，中华书局1962年版，第697页。
③ （宋）朱熹：《朱熹集》卷一〇〇《公移·州县官牒》，四川教育出版社1996年版，第5092页。
④ （宋）窦仪：《宋刑统》卷三〇《断狱·遇赦不原》，法律出版社1999年版，第556—557页。
⑤ （清）徐松辑：《宋会要辑稿》刑法三之二八，上海古籍出版社2014年版，第8407页。
⑥ （宋）佚名：《名公书判清明集》卷一〇《人伦门·乡邻之争劝以和睦》，中华书局1987年版，第394页。
⑦ （清）徐松辑：《宋会要辑稿》刑法三之三七，上海古籍出版社2014年版，第8412页。

宋代对州县政府审判的结案期限有明确规定："诸道刑狱大事限四十日，中事二十日，小事十日，一日笞十下，三日加一等罪，止杖八十。自来诸道刑狱出限三十日以下者，比官文书稽程定罪，故违日限稍多者，即引上件诏书，从违制定罪。今请别立条制，凡违四十日以下者，比附官文书定断，罪止杖八十，四十日以上奏取旨。如事有关连，须至移牒刺问致稽缓者，具以事闻奏。"①"应讼事照条限结绝"后"限三日内即与出给断由。"② 南宋初年，宋高宗政府诏准汤鹏举奏请，强调了各类案件的审理结案期限："近年狱官偷惰，故狱以贿成，又多观望，恤刑之诏，徒为虚文。为守令者，略听断而避怨责；为廷尉者，用观望而为重轻。狱讼稽留，而刑罚不清，诚可恤也。伏望申严有司，遵守见行诏令。如违元限者，臣乞听展：大事元限四十日，听展不得过三十日；中事元限二十日，听展不得过十日；小事元限十日，听展不得过五日。罪人至有翻异送别狱者，元勘官待罪，未得离任，元行人吏监禁，未得别行他案，则后勘便得一案结绝，不复更有淹延之狱。至或尚有愆期者，在外委监司按发，在内委台谏具奏，庶几不负陛下钦恤之意。"③

如果州级政府遇到疑难案件而不能审清，路级提点刑狱官会亲临州县而审理，"有疑狱未决，即驰传往视之。"④ 孝宗乾道七年（1171）下诏："诸路见勘公事内，有五次以上翻异人，仰提刑司躬亲前去审，具案闻奏。如仍前翻异，即根勘着实情节，取旨施行。"⑤

三、州县判决的司法执行

宋代州级政府对民事案件的判决大多发回县里执行。如"朱安礼、张七

---

① （清）徐松辑：《宋会要辑稿》刑法三之四九，上海古籍出版社 2014 年版，第 8418 页。
② （清）徐松辑：《宋会要辑稿》刑法三之三七至三八，上海古籍出版社 2014 年版，第 8412 页。
③ （宋）李心传：《建炎以来系年要录》卷一七二，绍兴二十六年夏四月己卯，中华书局 1988 年版，第 2831 页。
④ （元）脱脱：《宋史》卷一九九《刑法志一》，中华书局 1977 年版，第 4971—4972 页。
⑤ （清）徐松辑：《宋会要辑稿》刑法三之八六，上海古籍出版社 2014 年版，第 8441 页。

四争张清死后地案"中，张清死后无子，有土地二亩，朱安礼、张七四互争，"自县至府，展转二年"，将官司打到了府衙。知府吴革"将县府案卷反复看详"后，认为所争之田为户绝田产，"将朱安礼缴到伪契毁抹，行下本县……尽照绝户条法拘籍入官。"① 在吴革判钱孝良争山一案中，州级判决指明争讼双方是非，这是更为常见的判决结果。钱孝良诉牛大同伪做叔父钱居茂遗嘱，强占钱家山地，"有词于县，县不直之，再词于府"。府衙"将遗嘱辨验"，"却是居茂亲笔书押"，"真正自无可疑"，况且"大同所葬之山，居茂之山也。居茂虽死，其妻汪氏、其子孝忠见存。大同若果是伪作遗嘱，强占山地，汪氏、孝忠诉之可也。今汪氏、孝忠俱无词，而孝良有何干涉，乃指为伪而诉之。"② 因此认为钱孝良为非理妄诉，驳回其人上诉，判牛大同胜诉。

宋代州级政府主要执行刑事审判判决，对死刑以下判决皆有执行之权。如北宋仁宗嘉祐年间的临安知府沈遘，"小民有犯情稍不善，不问法轻重，断讫强刺为卒，刺者数百人，人屏息，不敢犯。"③ 宋代规定州级长吏必须监决徒罪案件："太宗恤刑，虑有冤滥，至道元年（995）六月己亥，诏诸州长吏，凡决徒罪，并须亲临。……今州郡杖罪，悉委职幕官，而徒罪必自监决，帅府则以徒罪委通判。圣朝谨严于用刑，盖以人命为重也。"④ 对于死刑案件，州级政府有权判决，太祖建隆二年（961）八月诏："诸大辟送所属州军决判。"⑤ 但自北宋神宗元丰改制后，各州判决的死刑案件，须经提点刑狱司核准后才可执行。"淳化初，置详复官，专阅天下奏到已断案牍。熙宁中始罢闻奏之法，止审刑部。元丰中又罢审省，独委提刑司详复，刑部但抽摘审核。

---

① （宋）佚名：《名公书判清明集》卷六《户婚门·陆地归之官以息争竞》，中华书局1987年版，第187—188页。
② （宋）佚名：《名公书判清明集》卷六《户婚门·争山》，中华书局1987年版，第197—198页。
③ （宋）潜说友：《咸淳临安志》卷四六《秩官四》，载《宋元方志丛刊》，中华书局1990年版，第3765页。
④ （宋）王栐：《燕翼诒谋录》卷三《州长吏亲决徒罪》，中华书局1981年版，第24页。
⑤ （元）脱脱：《宋史》卷一《太祖一》，中华书局1977年版，第9页。

元祐初始复刑部详复司,然不专任官属,又有摘取二分之限。"① 可见自元丰以后,地方死刑案件由提点刑狱司复核,刑部只抽摘审核。南宋宁宗嘉泰三年(1203)三月十一日,江西运副陈研说:诸路州军大辟公事,"县狱禁勘无翻异,即申解州;州狱复勘无翻异,即送法司,具申提刑司详复,行下处断。"② 说明南宋延续提点刑狱司复核地方死刑案件的制度一直未变。

总的来讲,宋代县级司法审理事务越来越重,而判决权越来越小;宋代州级司法审理事有属官辅助,而州的判决权力加大,所以宋人评价本朝:"祖宗之规模在于州县,州委之生杀,县委之赋役。"③

第四节 宋代地方司法中复审权的分配

宋朝的复审制度,是为纠正审判中的差误,防止冤假错案而设定的再审活动,其制度本质是宋代官方的司法纠错措施。

宋代司法中的复审制度可以分为两类:一是适用罪名、条款的法律再审;二是犯罪真相的事实再审。

一、地方司法中的法律再审

按照正常的法律程序,宋代州级审判之后重大狱讼案件应进入适用刑名的法律再审环节,其主要形式为路级提点刑狱司履行复核权。如果提刑司发现州县已经审判的案件刑名不当或案情不明,则有权要求重新审理、重新判刑。如真宗大中祥符六年(1013),"同谷县民句知友妻张缢杀其夫,其子妇杜因省亲言于其父,父以闻州。州鞫张伏辨,晟等论杜告其夫父母,罪流三

---

① (宋)庄绰:《鸡肋集》卷下《安鼎论大辟人数及详复沿革》,中华书局1983年版,第97页。
② (清)徐松辑:《宋会要辑稿》职官五之六〇,上海古籍出版社2014年版,第3150页。
③ (宋)赵汝愚:《宋朝诸臣奏议》卷一一一《上神宗论新法》(范镇),上海古籍出版社1999年版,第1208页。

第二章 分权与控权：宋代地方司法结构中的分割与配置

千里，仍离之，张同自首，原其罪。转运司移邻州检断，张准律处斩，杜无罪"，"州刘晟，推官时群，录事参军孙汝弼，并勒停。"① 仁宗皇祐年间，葛源为湖北提刑，有鄂州崇阳富豪和人妻子谋杀其夫，而州官受贿将他们释放。葛源发现了其中的弊病，差官再劾，"劾者又受赇，狱如初。而源终以为不直"。葛源因此"遂亲往鞠问，不复置狱，卒得其奸赇状，论如法。"② 又如徐应龙为湖南检法官时，"潭获劫盗，首谋者已系狱，妄指逸者为首，吏信之，及获逸盗，治之急，遂诬服。吏以成宪谳于宪司，应龙阅实其辞，谓：'首从不明，法当奏。'"③ 史弥巩为提点江东刑狱时，"徽之休宁有淮民三十余辈，操戈劫人财，逮捕，法曹以不伤人论罪"。史弥巩说："持兵为盗，贷之，是滋盗也。"④

此外，提刑司对州级审判的全部死刑案件拥有复核权。宋太祖时，刑部负责死刑判决的复核。宋真宗大中祥符六年（1013），地方死刑案件的复核制度有实质性改革，规定五人以上死刑案件要先申报路级提点刑狱司，经审复后才能执行死刑："比来诸州大辟五人以上，委转运、提点刑狱司录问讫，乃得决。"⑤ 宋神宗元丰时期更是强调地方死刑案件都须经提刑司详复：

> 淳化初置详复官，专阅天下奏到已断案牍。熙宁中，始罢闻奏之法，止申刑部。元丰中，又罢申省，独委提刑司详复，刑部但抽摘审核。⑥

宋徽宗宣和六年（1124）诏："今后大辟已经提刑司详复，临赴刑时翻

---

① （宋）李焘：《续资治通鉴长编》卷八一，大中祥符六年十一月甲午，中华书局2004年版，第1852页。
② （宋）郑克著，杨奉琨校注：《折狱龟鉴校释》卷六《核奸·葛源》，复旦大学出版社1988年版，第298页。
③ （元）脱脱：《宋史》卷三九五《徐应龙传》，中华书局1977年版，第12050—12051页。
④ （元）脱脱：《宋史》卷四二三《史弥巩传》，中华书局1977年版，第12637页。
⑤ （宋）李焘：《续资治通鉴长编》卷八〇，大中祥符六年三月戊午，中华书局2004年版，第1821页。
⑥ （宋）庄绰：《鸡肋编》卷下，中华书局1997年版，第79页。

异，令本路不干碍监司别推。"① 可见，此时地方执行死刑时，先经宪司详复才能执行已经成为惯例。宋宁宗嘉泰三年（1203）五月二十一日，右正言李景和言："大辟之狱，在县则先以结解，在郡则申以审勘。罪状明白，刑法相当，郡申宪司，以听论决，是谓详复。"② 可见，南宋时期提刑司详复死刑案件后，地方才有权执行。因而戴建国先生认为："北宋前期，州有权判决死刑在内的刑事案件和民事案件。元丰改制后，州判决的死刑案件，必须申报提刑司核准，才能执行。"③

二、地方司法中的事实再审

宋代地方司法中涉及犯罪动机认定的事实再审的提起有两种情况：一是案犯或家属因不服审判提起申诉而引起的平级异司再审活动；二是因提点刑狱司进行司法监察时发现问题而引起的上级他司再审活动。两者以录问为分界线，录问以前翻异的要移司别推；录问以后翻异的要申报上级机关差官别推。④

因为录问环节可能是犯人在临刑之前最后的辩白机会，宋仁宗天圣九年（1031）诏："自今鞫劾盗贼，如实枉抑者，许于虑问时披诉。"⑤ 因此，犯罪嫌疑人常对录问官时推翻前供，倾吐冤屈：

> （程仁霸）摄录参军，眉山尉有得盗芦菔根者，实窃，而所持刃误中主人。尉幸赏，以劫闻。狱掾受赇，掠成之。太守将虑囚，囚坐庑下泣涕，衣尽湿。公适过之，知其冤，咋谓盗曰："汝冤，盍自言，吾为汝直之。"盗果称冤，移狱。公既直其事，而尉、掾争不

---

① （清）徐松辑：《宋会要辑稿》刑法三之七二，上海古籍出版社 2014 年版，第 8432 页。
② （清）徐松辑：《宋会要辑稿》刑法四之五七，上海古籍出版社 2014 年版，第 8477 页。
③ 戴建国：《宋代刑事审判制度研究》，载《文史》第 31 辑，1988 年 11 月。
④ 王云海：《宋代司法制度》，河南大学出版社 1992 年版，第 301 页。
⑤ （清）徐松辑：《宋会要辑稿》刑法三之一七，上海古籍出版社 2014 年版，第 8401 页。

第二章　分权与控权：宋代地方司法结构中的分割与配置

已，复移狱。竟杀盗。①

（汤宋彦）授迪功郎、湖州司户参军。湖剧郡，户冗曹，公以妙年居之有裕。录重囚于狱，得其冤状，白请更讯，未几更获正囚，阖郡称其明。②

如录问环节出现案情反复，则会启动本司复审；如录问之后出现案情反复，则原审州级就失去了此案的审判权。宋仁宗景祐四年（1037）正月诏："天下狱有大辟，长吏以下并聚厅虑问，有翻异，或其家诉冤者，听本处移司；又不服，即申转运司或提点刑狱司，差官别讯之。"③

录问犯人翻供后，案件需从头再审，"当职见其翻异，只得唤上两词，重立反坐，却与定夺"④，州级必须回避原来的审判官或审判机构，而移送本机关其他部门或移送其他司法机关重新审理，称为"翻异别勘"。即在原审机关内由一个部门移送另一部门重审，称"别推"，属于同级异司复审，如州院审理不服罪者，必须移往司理院进行推鞫。宋太宗淳化三年（992）诏："诸州决死刑，有号呼不伏及亲属称冤者，即以白长吏，移司推鞫。"⑤淳化四年（993）根据知制诰柴成务建议，针对案犯屡有翻异的情况又进行了改革："人之犯罪，至重者死，数有翻变，或遇赦免，则奸计得成，纵不遇恩，止是一死。近见蓬州贾克明为杀人，前后禁系一年半，七次勘鞫，皆伏本罪、录问翻变。……今后朝廷、转运司、州府差官勘鞫，如伏罪分明，录问翻变，轻者委本州处别勘，重者转运司邻州遣官鞫勘。"⑥这次改革增加了"差官别

---

① （宋）苏轼：《苏轼文集》卷六六《书外曾祖程公逸事》，孔凡礼点校，中华书局1986年版，第2052页。
② （宋）刘宰：《漫塘集》卷三四《故湖北参议汤朝议行述》，景印文渊阁《四库全书》本，台北：商务印书馆1983年版，第1170册，第763页。
③ （宋）李焘：《续资治通鉴长编》卷一二〇，景祐四年正月丙戌，中华书局2004年版，第2819页。
④ （宋）佚名：《名公书判清明集》卷一二《惩恶门·假为弟命继为词欲诬赖其堂弟财物》，中华书局1987年版，第514页。
⑤ （宋）马端临：《文献通考》卷一六六《刑考七》，中华书局2011年版，第4979页。
⑥ （清）徐松辑：《宋会要辑稿》刑法三之五一，上海古籍出版社2014年版，第8419页。

推"的形式,即由上级机关委官重审,也称"移推","在法,诸录囚有翻异者,听别推然后移推"①,"若事不可委本州者,差官别推"②。差官别勘是移司别勘审理的后续,多以重大疑难案件为再审对象,主要由提点刑狱司主持。宋朝史籍中关于"差官别推"的记载很多,宋神宗时审理秦凤路市易提举官汲逢一案时,先"令开封府遣人押送秦州制院",又于"陕西路选差狱官",与"卫尉寺丞、知三泉县庄黄裳同鞫之"。③元丰四年(1081)诏"开封府司录参军路昌衡鞫前太原府教授余行之于邢州。"④宋徽宗时,潭州湘潭县令刘式犯罪,先在邵州根勘,翻异后"改送袁州";又翻异,"移桂阳监"。⑤

路级辖区内属下知县、州级属官、主簿等都是"差官别推"的主要人选:

(江袤)知杭州余杭县,一日,他邑有贾人讼僧窃其券者,官久不能决,郡将以委公,公捕贾之党与,鞫得其情,乃负僧博金,无偿,因瘗券于寺而诬之。既得券,贾遂伏辜。一府皆惊,守叹曰:"江君可谓掘地决狱者矣。"⑥

(孙甫)为华州观察推官时,州仓粟恶,吏当负钱数百万。转运使李纮以吏属甫,乃令取斗粟舂之,可弃者十才一二,又试之亦然,吏遂得弛,负钱数十万而已。⑦

(张奎为常州推官)婺州有滞囚,法当死,狱成,再问辄不服,

---

① (清)徐松辑:《宋会要辑稿》刑法三之八四,上海古籍出版社2014年版,第8439页。
② (宋)李焘:《续资治通鉴长编》卷四九九,元符元年六月辛巳,中华书局2004年版,第11873页。
③ (宋)李焘:《续资治通鉴长编》卷二九四,元丰元年十一月丁亥,中华书局2004年版,第7168页。
④ (宋)李焘:《续资治通鉴长编》卷三一一,元丰四年二月乙酉,中华书局2004年版,第7547页。
⑤ (宋)胡寅:《斐然集》卷一五《缴湖南勘刘式翻异》,景印文渊阁《四库全书》本,台北:商务印书馆1983年版,第1137册,第470页。
⑥ (宋)胡寅:《斐然集》卷二六《左朝散郎江君墓志铭》,景印文渊阁《四库全书》本,台北:商务印书馆1983年版,第1137册,第708页。
⑦ (宋)郑克著,杨奉琨校注:《折狱龟鉴校释》卷八《严明·孙甫》,复旦大学出版社1988年版,第404页。

第二章 分权与控权：宋代地方司法结构中的分割与配置

命奎复案，一视牍而辨之，得不死，人皆服。①

（萧之敏）调建康府观察推官。舒州恶少张天锡父子五人夜投宿僧寺，僧不敢纳。天锡踰垣杀僧，屡鞫不承，迁延数年，株连者多死。诏江东选官鞫治。公至，天锡即伏辜。②

（常有开）调宜宾县主簿，尝摄令，究心职业，刑狱使者王勋廉知之，会宁囚毙于圄者，多檄君换理曹，临鞫得实。③

（陈炜）改台州推官……郡有久年不决之囚，臬台委君检复，君密访耆宿，知死者畴昔疡生于胫，君曰："吾得其情矣。"臬台以其说推鞫，官吏免失入，被诬者获昭雪。④

刘克庄所判"饶州朱超等为殴死程七五案"详细体现了多次"差官别推"的司法运行：程七五、李八为本主程本中差使，来朱十八家取课钱，朱十八留二人饮，醉卧不去，又谑其妻孥。适逢朱十八屋主朱公辅经过，令仆人驱赶程七五、李八并朱十八，欲锁其门，因此争打。打斗中程七五因不肯离开，被朱公辅仆人朱超打成重伤，回家后两日身死，当时别无外证。程以宁与程七五并非同居，为并吞程本中家产，将此案报县。知县见程本中、朱公辅两家饶财，为从中谋利，明知朱超是动手致死之人，却将两家主人入狱。程本中怯懦，与李八都指控朱公辅曾经指使喝打，因而致命。而朱公辅则称争斗之中曾喝令不得相打。但酷刑之下，朱超等数仆指认朱公辅曾经喝打。朱公辅不服，又控诉程七五自被主家打死毒死，又谓程七五之尸初检两手拳，后检拳内有灰，以为换尸，但也没有证据。程、朱两家血属指陈冤状，该案由

---

① （宋）郑克著，杨奉琨校注：《折狱龟鉴校释》卷八《矜谨·张奎》，复旦大学出版社1988年版，第427页。

② （宋）周必大：《文忠集》卷三三《秘阁修撰湖南转运使萧公之敏墓志铭》，景印文渊阁《四库全书》本，台北：商务印书馆1983年版，第1147册，第365页。

③ （宋）魏了翁：《鹤山集》卷八三《朝奉大夫知巴州常君有开墓志铭》，载《宋集珍本丛刊》，线装书局2004年版，第77册，第504页。

④ （宋）刘克庄著，辛更儒校注：《刘克庄集笺校》卷一六五《陈光仲常卿墓志铭》，中华书局2011年版，第6421页。

县而州，由州而提刑司。因提刑司只见供词录本，信为狱成。因朱公辅祖为太守，其家人讼于内台，又改送漕司，委官别推，但饶州罗司理将朱公辅小童程六绷吊闷绝，用水灌醒，终不肯证其主之喝打，亦不能结案。刘克庄时为江东提刑，"急檄出院"。刘克庄认为在法"诸相容隐人不得令为证"，因而州县不应逼仆证主；有尸体检验格目而无体究；朱公辅在县狱供款，姓名之下必草书一"屈"字准花押，在州狱供款，姓名之下楷书一"冤"字准花押，大者如折二钱，所以在州县狱中未尝翻异的说法不能定论。刘克庄索到州县狱款，知"狱未尝成，囚未尝伏"，自行推问，仆人朱超承认程七五为其踢肋而死之后，才使案情大白。① 因此该案屡勘屡翻，经涉四年，显示了宋朝"差官别推"审判制度运行的复杂程度。

重大狱讼中，如在提点刑狱司出现翻异的情况，则转由其他监司审理，这也属于移司别勘制度。宋徽宗宣和六年（1124）规定："诏今后大辟已经提刑司详复，临赴刑时翻异，令本路不干碍监司别推。"② "州狱翻异，则提刑司差官推勘；提刑司复翻异，则以次至转运、提举、安抚司。本路所差既遍，则又差邻路。"③ "囚禁未服则别推，若仍旧翻异，始则提刑司差官，继即转运司、提举司、安抚司或临路监司差官，谓之五推。"④ "已遍经邻路置勘而又翻异者，令后勘官开具前后所招及翻异因依，申取朝廷指挥。"⑤

总而论之，宋代地方司法的复审权主要掌握在以提点刑狱司为主的路级监司机构中，而州级政府如能及时发现问题，亦有复审的主动权。

---

① （宋）刘克庄著，辛更儒校注：《刘克庄集笺校》卷一九二《饶州州院推勘朱超等为踢死程七五事》，中华书局 2011 年版，第 7521—7525 页。
② （清）徐松辑：《宋会要辑稿》刑法三之七二，上海古籍出版社 2014 年版，第 8432 页。
③ （清）徐松辑：《宋会要辑稿》职官五之五七，上海古籍出版社 2014 年版，第 3148 页。
④ （清）徐松辑：《宋会要辑稿》职官五之六三，上海古籍出版社 2014 年版，第 3151 页。
⑤ （清）徐松辑：《宋会要辑稿》刑法三之八五，上海古籍出版社 2014 年版，第 8440 页。

第三章 上下与制衡：宋代地方法官群体中的主官与属官

宋代将地方官员的选用权力完全收归中央，用以保证地方对中央的隶属关系。宋人总结："自祖宗肇造区夏，划削藩镇，分天下为十八路，路置转运使副、提点刑狱；有州三百，州置守，皆得专达于朝廷；有县一千二百，县置令，皆命于天子。"①"天下节镇无复领支郡者矣"②，这种局面确是宋代对地方统治加深加固的根本所在。

第一节 宋代选任地方官员的政治理念

一、宋代地方中下级官员的选用

唐睿宗景云年间设置节度使之后，"文武将吏，擅自署置"③。安史之乱时唐王朝就开始允许方镇使府自辟僚佐："其诸路本节度、采访、支度、防御等使虢王巨等，并依前充使。其署官属及本路郡县官，并各任便自简择，五品

---

① （宋）李焘：《续资治通鉴长编》卷四六八，元祐六年十二月乙卯朔，中华书局2004年版，第11177页。
② （宋）李焘：《续资治通鉴长编》卷一八，太平兴国二年八月戊辰，中华书局2004年版，第411页。
③ （后晋）刘昫：《旧唐书》卷一四三《李怀仙传》，中华书局1975年版，第3895—3896页。

以下任署置讫闻奏，六品以下任便授已后一时闻奏。"① "（唐代）方镇自辟属官及控制州县人事的制度，与汉魏南北朝地方军政机构自辟僚佐的制度有相似之处。这种制度固然有着密切长官与属官关系，便于处理日常军政事务等等优点，但最终难免架空了中央，坐大了地方。衡量得失，弊大于利。唐代后期，藩镇跋扈，叛乱迭起，与此制度未尝没有关系。"②

随着唐代中后期藩镇割据政治的发展，方镇使府僚佐逐渐侵入地方行政中。藩府委派僚佐主要以权知、假（兼）摄之名行被夺管内州县官员的权力之实，"唐氏杂考古法，稍复其制，采访节廉之官属，判官而下，皆自延请，其已就署，徐乃上闻。未奉报者称摄，既王命者同正。肃、代之后，岳牧权重，或自除支郡刺史，专戮二千石。凡诸辟用，悉兼台省。"③ "自中叶以来，藩镇自辟召，谓之'版授'，时号'假版官'，言未授王命，假摄耳。"④

唐中央政府后认可了藩府以僚佐权摄州县阙官的用人形式，唐代宗广德元年（763）二月敕："诸州府及县，今后每有阙官，宜委本州府当日牒报本道观察、节度及租庸使，使司具阙由，附便使牒中书门下，送吏部，依阙准式处分。其所阙官，有职务稍重者，委本府长官，于见任及比司官中简择，权令勾当，正官到日停。不得更差前资及白身等摄。"⑤ 广德二年（764）六月敕："诸州府录事参军及县令，其有带职兼官、判、试、权知、检校等官者，自今已后，吏部不在用缺之限。"⑥ 因此，唐人说"郡守之职，总于诸侯帅；郡佐之职，移于部从事"⑦，这就造成方镇使府僚佐"夺刺史、县令之职"的

---

① （清）董浩：《全唐文》卷三六六《元宗幸普安郡制》，中华书局1983年版，第3720页。
② 陈仲安、王素：《汉唐职官制度研究》，中华书局1993年版，第231页。
③ （宋）张方平：《乐全集》卷九《辟署之制》，景印文渊阁《四库全书》本，台北：商务印书馆1983年版，第1104册，第81页。
④ （宋）赵彦卫：《云麓漫钞》卷四，中华书局1996年版，第60—61页。
⑤ （宋）王溥：《唐会要》卷七五《选部下》，中华书局1955年版，第1362页。
⑥ （宋）王溥：《唐会要》卷六九《刺史下》，中华书局1955年版，第1217页。
⑦ （唐）白居易：《白居易集》卷四三《江州司马厅记》，中华书局1979年版，第932页。

第三章 上下与制衡：宋代地方法官群体中的主官与属官

局面。①

至五代时期，已经沿袭了地方官员的两个系统的任命制：中央任命原有地方职官，而地方藩镇势力则安排军人插手地方政务，因此形成了"幕职州县官"这一称呼。后周广顺元年（951）曾有诏令："行军副使已下，幕职州县官等，得替求官，自有月限，年月未满，一听外居。"②

宋太祖夺取政权后，也沿袭了旧有官名，军使职官和州县官员各存其名，亦以"幕职州县官"称呼，但将选用任免权收归中央："（张）昭为吏部尚书领选事，凡京官七品以下犹属铨，及昭致仕，始用它官权判，颇更旧制，京官以上无选，并中书门下特除，使府不许召署，幕职悉由铨授矣。"③ 宋代地方职官制度中，将"幕职州县官"分为"四等七资"：

> 国朝选人寄禄官，凡四等七资。留守节察判官、掌书记、支使、防团判官，留守节察推官、军事判官，为两使职官；防团军事推官、军监判官，为初等职官；司录、县令、知县为令录；军巡判官、司理、司户、司法、簿尉，为判司簿尉。④

正是因为宋代幕职官与州县官都是由吏部流内铨（元丰以后归侍郎左选）铨选差注的低级文官，因而二者又都称为"选人"。

北宋初期，因为科举制度选才人数尚少，对幕职州县官还多实行荐举制：

> 太宗尤严牧守之任，诏诸道使者察部内履行著闻、政术尤异、文学茂异者，州长吏择判、司、簿、尉之清廉明干者，具名以闻，驿召引对，授之知县。又令阅属部司理参军，廉慎而明于推鞠者，举之。⑤

宋真宗景德三年（1006），又诏地方长官荐举幕职州县官：

---

① （后晋）刘昫：《旧唐书》卷一六一《乌重胤传》，中华书局，部1975年版，第4223页。
② （宋）薛居正：《旧五代史》卷一一一《周太祖本纪》，中华书局1976年版，第1469页。
③ （宋）李焘：《续资治通鉴长编》卷五，乾德二年三月己酉，中华书局2004年版，第123页。
④ （宋）叶梦得：《石林燕语》卷三，中华书局1984年版，第45页。
⑤ （元）脱脱：《宋史》卷一六〇《选举志》，中华书局1977年版，第3740页。

自今如已是令录、知令录引见与幕职者,即注节察推官、军事判官;其判司簿尉、司理参军资考合入令录引见与幕职者,且注初等,给本州录事或倚郭令俸,不得过十五千。①

宋朝幕职州县官部分源于进士科与制科:"凡入官,则进士入望州判司、次畿簿尉,《九经》入紧州判司、望县簿尉,《五经》《三礼》《通礼》《三传》《三史》、明法入上州判司、紧县簿尉,学究有出身人入中州判司、上县簿尉,太庙斋郎入中下州判司、中县簿尉,郊社斋郎、试衔无出身人入下州判司、中下县簿尉,诸司入流人入下州判司、下县簿尉。"②"制科入第三等,与进士第一,除大理评事、签书两使幕职官;……制科入第四等,与进士第二、第三,除两使幕职官。"③

随着宋朝开科取士人数的增多,尤其自宋仁宗后,新科进士成为幕职州县官人选的重要来源:④

皇帝	时间	内容	《宋会要》选举
宋太宗	太平兴国	(二年)三月二十三日,诏:新及第进士吕蒙正以下,第一等为将作监丞,第二等为大理评事,并通判诸州,各赐钱二十万。同出身以下,免选,注初等幕职、判司簿尉。 (二年)十一月二十日,以新及第进士胡旦、田锡、赵昌言、李蕤并为将作监丞,崔策等七十人并为大理评事、通判诸州事及诸州监当。 (五年)五月初一日,以新及第进士苏易简二十三人并为将作监丞,充诸道通判,余为大理评事、知县。颜明远、刘昌言、张观、乐史以见任官赴举,并授节度掌书记。 (八年)七月初五日,以及第进士王世则等一十人并为大理评事、知县、录事参军。	二之一至二

---

① (清)徐松辑:《宋会要辑稿》职官一一之七七,上海古籍出版社2014年版,第3364页。
② (元)脱脱:《宋史》卷一五八《选举志四》,中华书局1977年版,第3703页。
③ (元)脱脱:《宋史》卷一五五《选举志一》,中华书局1977年版,第3615页。
④ (清)徐松辑:《宋会要辑稿·选举》,上海古籍出版社2014年版,第5265—5284页。

第三章 上下与制衡：宋代地方法官群体中的主官与属官

续表

皇帝	时间	内容	《宋会要》选举
宋太宗	雍熙	（二年）四月十二日，以新及第进士第一等梁颢等二十一人为节度观察推官，第二等、第三等、诸科三等人令吏部依常调注拟。	二之二
	端拱	（二年）四月初八日，以新及第进士……第三人姚揆为颍州团练推官。后数日，以揆恩命未优，改曹州观察推官。	二之二
	淳化	三年三月，第五人任随已下，吏部流内铨注初等职事官并两畿簿尉。	二之三
宋真宗	咸平	元年五月十六日，以礼部及第进士孙瑾、黄宗旦、朱严并为防团推官，余悉授判司簿尉。 （三年四月）以新及第进士第一人陈尧咨、第二人周起、第三人胡用、第四人宋巽、第五人李颖、锁厅人李绎并为将作监丞、通判诸州，第一等四十二人并九经关头为大理评事、知县，第二等节察推官，第三等初等幕职，余判司簿尉、试衔。 五年四月十八日，以新及第进士第一人王曾、第二人陈知微、第三人李天锡、第四人王随、第五人孙冲并为将作监丞、通判诸州，夏焕等三十三人、九经高丙并为大理评事、知县。	二之三至四
	景德	（二年）二月十四日，宴新及第进士李迪等于琼林苑……以迪为将作监丞，第二人夏侯麟、第三人李谘为大理评事并通判诸州。第一等并九经第一人试秘书省校书郎、知县，第二等已下判司簿尉，其河北特放及第第一至第三人与节察推官，余如第二等注官。	二之二 二之五
	大中祥符	（元年）五月初六日，以新及第进士第一人姚晔为将作监丞，第二人祖士衡、第三人郑向为大理评事，并通判诸州，第四、五人为节察推官。余如景德二年之例。 二年七月十九日，以新及第进士第一人梁固为将作监丞，第二人宋程、第三人麻温舒为大理评事、通判诸州，第四、第五人为节察推官，余为试校书郎、知县、判司簿尉。 四年十二月初一日，以新及第进士第一人张师德为将作监丞，第二人丁度、第三人陈宽为大理评事、通判诸州，余授官如东封之例。	二之五至六

131

续表

皇帝	时间	内容	《宋会要》选举
宋真宗	大中祥符	五年四月初八日，诏新及第进士徐奭已下，授官守选如元年之例。 七年九月十一日，诏新及第进士张观已下，授官如汾阴之制。 八年四月十一日，诏新及第进士蔡齐已下，授官、守选如五年之制。	二之五至六
宋真宗	天禧	元年四月四日，诏新及第进士王整已下，授官、守选如大中祥符之制。 四年九月二十三日，翰林学士刘筠等试到诸州军续解进士姚随等十九人、奉职周普等二十九人、借职何从易等八人，当授诸州长、马，特补借职，并与家便差遣。	二之六
宋仁宗	天圣	（二年）八月，诏新及第进士第一人宋郊为大理评事、通判卢州，第二人叶清臣、第三人郑戬为奉礼郎、金书诸州两使判官公事，第四、第五人节察推官，余初等职官、判司簿尉。 五年四月十八日，诏新及第进士王尧臣等五人为将作监丞、通判诸州，第一甲三十人并九经第一人为大理评事、知县，第二甲节察推官，第三甲初等幕职官，余判司簿尉，并续放进士孟楷等。余试衔，令守选，长吏已下各归逐处。 八年四月初二日，诏新及第进士第一人王拱辰为将作监丞，第二人刘沆、第三人孙抃为大理评事，并通判诸州；第四、第五人为大理评事，并金书节度判官；余至第二甲，并铨注职官；第三甲以下皆判司簿尉。	二之六至七
宋仁宗	景祐	元年四月十八日，诏新及第进士第一人张唐卿、第二人杨察、第三人徐绶并为将作监丞、通判诸州，第四人苗振、第五人何中立并大理评事、金书诸州节度判官事，第六人已下并为秘书省校书郎、知县。第二甲为两使职官，第三甲为初等职官，第四甲为试衔、判司簿尉，第五甲为判司簿尉。九经第一人为国子监主簿、知县，第三人初等职官，余注判司簿尉。 五年四月十一日，诏新及第进士第一人吕溱为将作监丞，第二人李绚、第三祖无择为大理评事、诸州通判，第四人石扬休、第五人王异为两使职官，第六人司马光已下初等职官。第二甲试衔簿尉，第三甲判司簿尉，第四甲特免选，判司簿尉。	二之七

第三章　上下与制衡：宋代地方法官群体中的主官与属官

续表

皇帝	时间	内容	《宋会要》选举
宋仁宗	庆历	二年四月二十三日，诏新及第进士第一人杨寊为将作监丞，第二人王珪为大理评事，第三人韩绛为太子中允，并通判；第四人王安石为校书郎，第五人曾公定为奉礼郎，并金书诸州判官事；第六人已下两使职官。第二甲初等职官，第三甲试衔知县，第四甲试衔簿尉，第五甲判司簿尉。镤厅人第一甲……选人进下京官；第二甲京官家便推官，后任升陟，选人两使推官；第三甲京官金书诸州判官，选人初等职官；第四甲京官家便知县，后任金书诸州官，选人试衔知县；第五甲京官家便知县，选人试衔知县。九经第一人两使推官，诸科并注判司簿尉。 六年五月一日，以新及第进士第一人贾黯为将作监丞，第二人刘敞、第三人谢仲弓并为大理评事、通判诸州，第四人张繟、第五人孙坦为秘书省校书郎并金书两使判官公事，第六人已下为两使推官。第二甲为初等职官，第三甲并诸科并为判司簿尉，第四甲已下并诸科、同出身并守选。	二之八
	皇祐	元年四月初七日，以新及第进士第一人冯京为将作监丞，第二人沈遘、第三人钱公辅为大理评事、通判诸州，第四人李育、第五人文同为两使职官，第六人而下并为初等幕职官，第二甲为试衔大县主簿、尉，第三甲为判司簿尉，第四甲与诸科为判司簿尉，第五甲守选。 三年五月初一日，以新及第进士第一人郑獬为将作监丞，第二人杨绘、第三人滕甫并为大理评事、通判诸州，第四人雍子方、第五人宇文之奇并为两使职官，第六人而下并九经及第为初等幕职官，第二甲为试衔大县主簿、尉，第三甲、第四甲试衔，并判司、主簿、尉，第四甲已下及诸科、同出身，并守选。	二之八至九
	嘉祐	二年五月四日，以新及第进士第一人章衡为将作监丞，第二人窦卞、第三人罗恺并为大理评事、通判诸州，第四人郑雍、第五人朱初平并为两使幕职官，第六人已下及九经及第并为初等幕职，第二甲为试衔大县簿、尉，第三、第四甲试衔判司簿尉，第五甲及诸科、同出身，并守选。	二之九至一〇

续表

皇帝	时间	内容	《宋会要》选举
宋仁宗	嘉祐	四年五月初三日，以新及第进士第一人刘煇为大理评事、金书河中府观察判官公事，第二人胡宗俞、第三人安焘为两使幕职官，第四人刘挚、第五人章惇并试衔知县，第六人已下并九经、明经及第并为试衔大郡判司、大县主簿，第二甲并试衔判司、主簿、尉，诸科并判司簿尉，第五甲并诸科、同出身，并守选。 六年四月二十二日，以新及第进士第一人王俊民为大理评事、金书武宁军节度判官公事，第二人陈睦两使幕职官，第三人镶厅将作监主簿王陟臣为太常寺奉礼郎、签书高邮军判官厅公事，第四人任贯、第五人黄履并试衔知县，第六人已下、明九经及第并为试衔大郡判司、大县主簿、尉，第二甲至第四甲并为试衔判司簿尉，第五甲并诸科、同出身，并守选。 八年四月十一日，以新及第进士第一人许将为大理评事、金书奉国军节度判官厅公事，第二人陈轩、第三人左仲通为两使幕职官，第四人范祖禹、第五人龚原试校书郎、知县，余进士、明经、诸科及第人皆以为判司簿尉，出身人皆守选。	二之九至一〇
宋英宗	治平	（二年三月十一日），诏彭汝砺、薛向、贾昌朝、宋焕为初等幕职官，杜常等及明经、诸科皆以为判司簿尉。 四年三月二十二日，以新及第进士许安世、何洵直、郭仪并与防御、团练推官，黄降并明、九经及第并注试衔判司簿尉，诸科及第并注判司簿尉，进士第四甲等、明经、诸科、出身并令守选。	二之一〇
宋神宗	熙宁	三年三月，诏新及第进士叶祖洽已下，授官守选如嘉祐八年之制。 六年三月，诏新及第进士余中以下，授官、守选如三年之制。 九年三月二十一日，诏新及第进士徐铎以下，授官、守选如六年之制。	二之一〇至一一
	元丰	二年四月十二日，诏新赐进士及第……诸科正及第、明经出身，依熙宁六年推恩。	二之一一

第三章　上下与制衡：宋代地方法官群体中的主官与属官

续表

皇帝	时间	内容	《宋会要》选举
宋哲宗	元祐	（三年）四月二日，以御试中选进士杜藻昭宪太后族孙，特授初等职官，令占射差遣。五月十一日，进士及第李常宁为宣义郎、金书镇海军节度判官厅公事，吕益柔为承事郎、金书保信军节度判官厅公事，龚央为承事郎、金书河阳节度判官厅公事。 六年六月九日，诏及第进士冯涓为承奉郎、签书雄武军节度判官，朱绂为忠正军节度推官，张廷坚为成都府观察推官。	二之一二
宋哲宗	绍圣	元年四月四日，诏：今次科场第一人与宣义郎、签书大都判官公事，第二、第三人承事郎、知县，第四、第五人两使职官，第一甲入初等职官，第二甲以下依见行推恩条。以及进士毕渐为左宣义郎、签书山南东道节度判官，赵谂左承事郎、知彭州九陇县令，岑穜为左承事郎、知颍昌府长葛县。	二之一二
宋徽宗	崇宁	元年十月二日，诏：今后特奏名进士、诸科，并依绍圣四年二月二十三日指挥并《元符令》施行。内州助教改为诸州参军，仍依州助教，不许出官。	二之一二
宋高宗	建炎	（二年）十月，诏以进士及第第一名李易为左宣教郎、签书江阴军判官厅公事。第二、第三人为左宣义郎，第四、第五人为左儒林郎，第一甲第六人以下为左文林郎，第二甲并为左从事郎。	二之一四
宋高宗	绍兴	（二年）五月六日，诏：张九成系类试第一名，合升一甲，唱名又系第一甲第一名，可特转一官，授左宣教郎、签书镇东军节度判官厅公事。 （八年）七月十三日诏黄公度特补左承事郎、签书平海军节度判官厅公事。 （九年）正月五日，新复河南州军赦：自祖宗朝，谅阴中特奏名进士五等人，并许出官。今来绍兴八年特奏名进士试在第五等人，并与特依下州文学恩例施行。 （十二年）五月二日，诏以及第进士第一人陈诚之为左承事郎、签书镇东军节度判官厅公事。 （十五年）五月四日诏以及第进士第一人刘章为左承事郎、签书镇东军节度判官厅公事。	二之一四至一九

续表

皇帝	时间	内容	《宋会要》选举
宋高宗	建炎	（十八年）五月二十七日，诏以及第进士第一名王佐为左承事郎、签书平江军节度判官厅公事，第二人董德元为左承事郎、签书镇南军节度判官厅公事。 （二十四年）四月十五日，诏以及第进士第一人张孝祥为左承事郎、签书镇东军节度判官厅公事。 （二十七年）四月二十七日，诏以及第进士第一名王十朋为左承事郎、签书建康军节度判官厅公事。 （三十年）四月二十四日，诏以及第进士第一名梁克家为左承事郎、签书平江军节度判官厅公事，第二名许克昌为左承事郎、签书奉国军节度判官厅公事。	二之一四至一九
宋孝宗	隆兴	（元年）五月一日，诏新及第进士第一人木待问补左承事郎、签书诸州节度判官事，第二人黄洽、第三人丘崈、四川类试第一人赵雄并左文林郎、两使职官，第四人郑伯英、第五人袁枢并从事郎、初等职官，第六人以下至第四甲并左迪功郎、诸州司户簿尉。	二之一九
	乾道	（二年）五月，诏：新及第进士第一人萧国梁、第二人赵汝愚并补左宣义郎，第三人赵烨左承事郎，并签书诸州节度判官事；第四人陈孔光、第五人杨甲以下，并左文林郎、两使职官。第二甲并左从事郎、初等职官，第三甲至第五甲并左迪功郎、诸州司户簿尉。 （五年）四月十八日，诏：新及第进士第一人郑侨补左承事郎、签书诸州节度判官事，第二人石起宗、第三人汪义端并左文林郎、两使职官，第四人贾光祖、第五人史俞并左从事郎、初等职官。第六人至第四甲并左迪功郎、诸州司户簿尉。 （八年）五月一日，诏：新及第进士第一人黄定补左承事郎、签书州节度判官事，第二人黄艾、第三人刘下并左文林郎、两使职官，第四人王圭、第五人夏蹈中并左从事郎、初等职官，第六人以下至第四甲并左迪功郎、诸州司户簿尉。	二之二〇至二一

第三章 上下与制衡：宋代地方法官群体中的主官与属官

续表

皇帝	时间	内容	《宋会要》选举
宋孝宗	淳熙	（二年）四月四日，诏：新及第进士第一人詹骙补承事郎、签书诸州节度判官事，第二人罗点、第三人邓驲并文林郎、两使职官，第四人段昌世、第五人李挨并从事郎、初等职官，第六人以下至第四甲并迪功郎、诸州司户簿尉。 （五年四月）十一日，诏：新及第进士第一人姚颖补承事郎、签书诸州节度判官事，第二人叶适、第三人李寅仲并文林郎、两使职官，第四人徐元德、第五人姚祖赓并从事郎、初等职官，第六人以下至第四甲并迪功郎、诸州司户簿尉。 （八年）三月十二日，诏：新及第进士第一人黄由补承事郎、签书节度判官事，第二人王奭、第三人张伯源并文林郎两使职官，第四人陈希点、第五人孙元卿并从事郎、初等职官，第六人以下至第四甲并迪功郎、诸州司户簿尉。 （十一年）五月二十四日诏：新及第进士第一人卫泾补承事郎、签书诸州节度判官事，自二人陈棣、第三人王公迈并文林郎、两使职官，第四人邵康、第五人林璪并从事郎、初等职官，第六人以下至第四甲并迪功郎、诸州司户簿尉。 （十四年）五月九日，诏：新及第进士第一人王容补承事郎、签书诸州节度判官事，第二人陈元、第三人王居安并文林郎、两使职官，第四人萧迩、第五人李协并从事郎、初等职官，第六人以下至第四甲并迪功郎、诸州司户簿尉。	二之二一至二五
宋光宗	绍熙	（元年）四月二十五日，诏：新及第进士第一人余复补宣义郎，第二人曾渐、第三人王介补承事郎，并金书诸州节度判官厅公事；第四人陆峻以下并补文林郎、两使职官；第二甲并补从事郎、初等职官，内陈用之为犯庙讳旧讳，特补下州文学；第三甲、第四甲、第五甲并迪功郎、诸州司户簿尉。 （四年）五月四日，诏：新及第进士第一人陈亮，补承事郎、签书诸州节度判官厅公事，第二人朱质、第三人黄中并文林郎、两使职官，第四人滕强恕、第五人杨琛并从事郎、初等职官，第六人以下至第四甲并迪功郎、诸州司户簿尉。	二之二八至二九

续表

皇帝	时间	内容	《宋会要》选举
宋宁宗	庆元	（二年）五月十二日，诏：新及第进士第一人邹应龙、第二人从事郎莫子纯并补承事郎、签书诸州军节度判官厅公事；第三人夏明承补文林郎，第四人徐应龙补从事郎，第五人宋德之补文林郎，两使职官；第六人以下至第五甲并迪功郎、诸州司户簿尉。 （五年）五月七日，诏：新及第进士第一人曾从龙、第二人许奕并特补宣义郎，第三名魏了翁特补承事郎，并签书诸州军节度判官厅公事；第四人凌次英以下并补文林郎；第二甲并补从事郎、两使职官；第三甲、第四甲、第五甲并迪功郎、诸州司户簿尉。	二之三〇至三一
	嘉泰	（二年）五月二十六日，诏：新及第进士第一人傅行简特补承事郎、签书建康军节度判官厅公事，第二名乔嚞、第三名谢汲古并文林郎、节察推判官，第四名陈殊补从事郎、防团推判官，第五名何应龙补文林郎，为系四川类试第一名，与依第三名恩例。第六名以下、第二甲、第三甲、第四甲、第五甲并迪功郎、诸州司户簿尉。	二之三一
	开禧	（元年）五月二十二日，诏：新及第进士第一人毛自知特补承事郎、签书镇东军节度判官厅公事，第二名赵甲、第三名求淳并文林郎、节察推判官，第四名张寅之、第五名谢兴甫并从事郎、防团推判官，第六名以下、第二甲、第三甲、第四甲、第五甲并迪功郎、诸州司户簿尉。	二之三一
	嘉定	（元年）五月二十二日，诏：新及第进士第一人郑自诚特补承事郎、签书平江军节度判官厅公事，第二名孙德舆、第三名黄桂并文林郎、节察推判官，第四名周必贤、第五人赵汝谠并从事郎、防团推判官，第六名以下、第二甲、第三甲、第四甲、第五甲并迪功郎、诸州司户簿尉。 （四年）五月二十四日，诏：新及第进士第一人赵建大特补承事郎、签书昭庆军节度判官厅公事，第二名姚瑶、第三名孙望之并文林郎、节察推判官，第四名沈敏、第五名张翀并从事郎、防团推判官，第六名以下、第二甲、第三甲、第四甲、第五甲并迪功郎、诸州司户簿尉。	二之三一至三三

第三章　上下与制衡：宋代地方法官群体中的主官与属官

续表

皇帝	时间	内容	《宋会要》选举
宋宁宗	嘉定	（七年）五月二十一日，诏：新及第进士第一人袁甫特补承事郎、签书建康军节度判官厅公事，第二名汪介、第三名李方子并文林郎、节察推判官，第四名赵涯、第五名王伯大并从事郎、防团推判官，第六名以下、第二甲、第三甲、第四甲、第五甲并迪功郎、诸州司户簿尉。 （十年）五月八日，诏：新及第进士第一人吴潜特补承事郎、签书镇东军节度判官厅公事，第二名孙挟、第三名费西之并文林郎、节察推判官，第四名王迈、第五名阎镛并从事郎、防团推判官，第六名以下、第二甲、第三甲、第四甲、第五甲并迪功郎、诸州司户簿尉。 （十三年）六月十五日，诏：新及第进士第一人刘渭特补承事郎、签书建康军节度判官厅公事，第二名董洪、第三名任友龙并文林郎、节察推官，第四名林彦挟、第五名任鸣雁并从事郎、防团推判官，第六名以下、第二甲、第三甲、第四甲、第五甲并迪功郎、诸州司户簿尉。 （十六年）六月十四日，诏：新及第进士第一人蒋重珍特补承事郎、签书建康军节度判官厅公事，第二名蔡仲龙、第三名赵发并文林郎、节察推判官，第四名程必东、第五名高宣并从事郎、防团推判官，第六名以下、第二甲、第三甲、第四甲、第五甲并迪功郎、诸州司户簿尉。	二之三一至三三

除进士科之外，书判拔萃科在实行期间也是选拔州级属官的重要途径，如宋仁宗天圣九年（1031）规定：

> 应书判拔萃科入第四等、前颍州司理参军李惇裕为大理寺丞、知秀州华亭县；洪州新建县主簿毛询为镇东军节度推官、家便知县；颍州汝阴县主簿张孝孙为忠武军节度推官、近地知县；第五等、湖州归安县主簿吴感为江州军事推官；不入等魏京、李宗罢之。①

---

① （清）徐松辑：《宋会要辑稿》选举一〇之三，上海古籍出版社 2014 年版，第 5454 页。

对唐宋地方职官管理制度的变化，宋人多有概括："在唐方镇盛时，有奏辟郎官、御史以充幕府者，由此幕府增重。祖宗深鉴此弊，一切厘改，州郡僚佐皆从朝廷补授。大臣出镇，或许辟官，亦皆随资注拟，满岁迁秩，并循铨格，非复如唐世之比。"① "皇朝兴国初，始罢假摄，而重臣近职出临方面，自介倅宾佐，逮诸掾吏，得自王官请辟。相承惟旧，于政殊无损者。而顷议者复为过论，以为多引交旧，或容请托，又虑孤平之人才上被代，使奔命之不暇，且郡县送迎之浡劳，由是复止奏辟之制。"② "古之州从事，皆自辟士，士亦择所从，故宾主相得也。如不得其志，去之可也。今之州从事，皆命于朝，非惟守不得择士，士亦不得择所从。"③ 总而言之，中央是否掌握唯一的人事任免权，是宋代统一政治与唐代分割政治的根本区别。

二、宋代地方高级官员的选用

宋代地方文官序列中，大体可以分为幕职州县官和京官两个层次。在地方实际任职的京官是地方高级官员的主要构成，知县、通判、知州及路级诸使皆属京官系列。京官的政治地位远高于幕职州县官，不仅可为清紧要阙，而且获得随时被提拔重用的资格，苏洵曾描述两者之间的不同境遇："凡人为官，稍可以纾意快志者，至京朝官始有其仿佛耳。自此以下者，皆劳筋苦骨，摧折精神，为人所役使，去仆隶无几也。"④

宋代政府相当重视对地方高级官员的选任工作："治天下之术，莫重于牧民；牧民之任，莫亲于守令。守令不贤，人君虽有良法美意，不能部宣，而

---

① （宋）李焘：《续资治通鉴长编》卷二一一，熙宁三年五月癸卯，中华书局2004年版，第5124页。
② （宋）张方平：《乐全集》卷九《辟署之制》，景印文渊阁《四库全书》本，台北：商务印书馆1983年版，第1104册，第81—82页。
③ （宋）曾巩：《曾巩集》卷一四《送蔡元振序》，中华书局1984年版，第227页。
④ （宋）苏洵著，曾枣庄注释：《嘉祐集笺注》卷一三《上韩丞相书》，上海古籍出版社1993年版，第352页。

第三章 上下与制衡：宋代地方法官群体中的主官与属官

朝廷之德泽终不能被于天下。"① 如果地方高级官员由贤才能臣担任，那么就会带动一方良政，"大臣者，百僚之表，万民之视效也。大臣欺君而罔上，故小臣诞谩以求合；大臣持禄以固宠，故小臣侥幸以求进；大臣贪冒而不法，故小臣并缘而为奸；大臣声色以自娱，故小臣奢纵以相高。夫公卿士大夫所为若尔，欲望士行之正直，风俗之纯厚，岂不难哉？"②

知县成为地方高级官吏中的一员，是宋代地方政治中值得肯定的制度。知县制度起于宋太祖时："命大理正奚屿知馆陶县，监察御史王祐知魏县，杨应梦知永济县，屯田员外郎于继徽知临清县。常参官知县，自屿等始也。"③此后，凡大县和驻兵马县皆实行知县制度，以制约地方州级政权。宋代由京朝官带本职事官赴外任差遣，其优点是转迁之际，可以升陟其"官"而不易其任，有时甚至直接加县令以京朝官衔而知县事，保证了外任官员的治事积极性。④ 宋初的知县制度，以高职低配的方式提高了中央差遣官员的权威性，改变了大县称长小县称令的县官等级布局，保证了县级官员队伍的稳定性和积极性。

宋代将知县一职认定为成为高级官员所必需的政治履历。一般说来，宋朝州县属官中的判司、簿、尉需历三任或二任，每任三年或四年，由举主保荐，循资升为县令或录事参军。再历三二任，有规定的官员推荐，无过犯，方可改京官，差注知县。⑤ 也就是说，宋朝幕职州县官如从判司、簿、尉作起，一般要经历十二至二十四年的职事经历才可能转为京官，成为京官后第

---

① （明）黄淮、杨士奇：《历代名臣奏议》卷一七二"上官均奏"，上海古籍出版社1989年版，第2256页。
② （宋）赵汝愚：《宋朝诸臣奏议》卷二四《上钦宗论风俗由大臣倡导》（余应求），上海古籍出版社1999年版，第241页。
③ （宋）李焘：《续资治通鉴长编》卷四，乾德元年六月庚戌，中华书局2004年版，第96页。
④ 邓小南：《试论北宋前期任官制度的形成》，《北京大学学报》1990年第6期，第42—43页。
⑤ 参苗书梅《宋代官员选任和管理制度》，河南大学出版社1996年版，第162页。

一任必须担任知县一职,称为"须入":"选人磨勘改京朝官,初任须入知县。"① 南宋时亦继承了"初改官人必作县(令)"的"须入"制度。② 宋代京官如果想继续升迁,就必须赴外地任职,用以增加对地方民情的了解,磨砺个人行政能力,县的长官即县令就成了必须经过的关口。南宋时规定不任县令者,不能担任监司及诸司郎官,而且"京官知县并堂除。"③ 县令、知县一职成为宋代士人升任高级职位的重要历练,真正实现了高级官员"不历州县不拟台省"的原则④。知县制度为明清两代沿用,是中国古代县级政治制度史上的重大变化。

宋代州县长官的人选是地方行政是否能顺畅运行的切实关键。两宋时期,皇帝不断令监司荐举部内政绩突出、才学优异或恪守职任的官员,用以增加地方长官的人才库容,以备后期选择任用。宋太宗时,"令诸道转运使察访部内官吏,有履行著闻,政术尤最及文学茂异者,各举二人。"⑤ 宋真宗时诏:"诸路转运使副、劝农使各举幕职、州县官堪京官知县者二人。"⑥ 宋哲宗时"令监司举本路学行优异者各二人。"⑦ 宋徽宗时诏令监司、帅臣各举州县官有治绩最著者,又"诏令监司择县令有治绩者保奏。"⑧ 宋钦宗时令"监司、郡守及路分钤辖已上,举曾经边任或有武勇可以统众出战者,人二员。"⑨ 宋孝宗时"诏监司各举部内知县、县令二、三人。"⑩ 宋理宗时诏监司、帅臣等,

---

① (宋)李焘:《续资治通鉴长编》卷二八〇,熙宁十年二月戊子,中华书局2004年版,第6861页。
② (元)脱脱:《宋史》卷一六七《职官志七》,中华书局1977年版,第3977页。
③ (宋)李心传:《建炎以来系年要录》卷四一,绍兴元年正月辛亥,中华书局1988年版,第756页。
④ (宋)欧阳修、宋祁:《新唐书》卷四五《选举志下》,中华书局1975年版,第1176页。
⑤ (宋)李焘:《续资治通鉴长编》卷二二,太平兴国六年正月丁卯,中华书局2004年版,第489页。
⑥ (宋)李焘:《续资治通鉴长编》卷九六,天禧四年九月六月癸酉,中华书局2004年版,第2215页。
⑦ (元)脱脱:《宋史》卷一八《哲宗纪二》,中华书局1977年版,第351页。
⑧ (元)脱脱:《宋史》卷一九《徽宗纪一》,中华书局1977年版,第415页。
⑨ (元)脱脱:《宋史》卷二三《钦宗纪》,中华书局1977年版,第427页。
⑩ (元)脱脱:《宋史》卷三三《孝宗纪一》,中华书局1977年版,第635页。

第三章 上下与制衡：宋代地方法官群体中的主官与属官

"各举廉吏三人。"①

宋初时，由中央吏部管辖地方高级官员的任用，史称"部注"②："自朝议大夫而下，受常调差遣者，皆归吏部，此中书不可侵也。"③宋太宗于太平兴国六年（981）置京朝官差遣院，主管少卿监以下京朝官的考课与差遣事宜。淳化三年（992）又置磨勘院，负责考课京朝官和幕职州县官。淳化四年（993）将京朝官磨勘院与差遣院合并为审官院，专掌京朝官考核与升迁事宜；将磨勘幕职州县官院改为考课院，负责考核幕职州县官。至道二年（996），又将考课院并入流内铨，由流内铨统一考课幕职州县官。宋真宗时规定："今朝官以数任除知州，簿尉以两任入县令。"④ 宋仁宗天圣时规定："审官院所差知州，自来止三任通判无过，即依次差充。"⑤ 宋神宗元丰时改审官东院为吏部尚书左选，掌常调文职京朝官；改审官西院为吏部尚书右选，负责大部武官选任；改流内铨为吏部侍郎左选，掌初仕者至常调幕职州县官；改三班院为吏部侍郎右选，负责借差、监当至供奉官等，至此宋代中央人事部门基本恢复了唐代的设置，吏部重新执掌了全国重要官员的人事任免权。

宋代中央人事部门不论如何变化，吏部、京朝官差遣院、审官院、流内铨、吏部尚书左选，其工作原则皆是按章办事，没有破格选用官员的权力，因此特别强调以"资考序进"⑥。这种"资序"包含年限、履历、考格、出身、举主、年龄诸多因素，每种因素皆设定了量化指标。因此，吏部选用地方官员，只能循级渐进，宋代称之为"常调"。如知县两任有劳绩者升通判，通判两任后，经举主保荐升知州。"知州军有绩效，或有举荐，名实相符者，

---

① （元）脱脱：《宋史》卷四一《理宗纪一》，中华书局1977年版，第786页。
② （元）脱脱：《宋史》卷一五八《选举志四》，中华书局1977年版，第3713页。
③ （宋）李焘：《续资治通鉴长编》卷三七〇，元祐元年闰二月丁巳，中华书局2004年版，第8965页。
④ （元）脱脱：《宋史》卷三〇六《乐黄目传》，中华书局1977年版，第10112页。
⑤ （清）徐松辑：《宋会要辑稿》职官四七之八，上海古籍出版社2014年版，第4269页。
⑥ （宋）李焘：《续资治通鉴长编》卷一四一，庆历三年五月乙未，中华书局2004年版，第3386页。

特擢升转运使、副、判官或提点刑狱。"①

宋代州级长官是地方行政运行中的关键职位,皇帝亦倍加重视,因此常要求宰相一级官员参与州级长官的铨选,称之为"堂除",这一术语是"都堂奏差者也"的简称②。"都堂"是宰相府的别称,就是由宰相亲自参与地方官员的任命。宋朝立国之初,重要政区的知州、通判和知县"除授皆出中书,不复由吏部"③。后新复州县和沿边州郡亦执行此制度,"新复州县知州、军并堂除选。"④ 此外,"上等知州、通判、在京寺监、宫教、畿内知县之类号为优便者,尽属堂除。"⑤ 可见,北宋中后期,"堂除"成为州级长官任命的惯例。

宋高宗绍兴时,增大了"堂除"的任命范围,"多收吏部员阙,以充堂除之选。凡知、通、佥判、知县、县尉,无非三省除授,其在吏部者,判司丞簿而已。"⑥ 宋孝宗淳熙二年(1175)时,"知州军阙尽归于堂,而吏部更无知州军一阙,以待孤寒资格之人。"⑦ 可见,南宋中后期,州级长官的任命全不通过吏部,而全由宰相所控制。宋人总结说:"堂窠阙皆是重地、要藩,守贰选任不轻。"⑧ "堂除之说,天子托大臣以选择人才,无资格之拘,无关键之限。"⑨

---

① (宋)文彦博:《文彦博集校注》卷二九《奏除改旧制》,中华书局 2016 年版,第 789 页。
② (宋)赵升撰,王瑞来点校:《朝野类要》卷三《堂除》,中华书局 2007 年版,第 68 页。
③ (宋)李焘:《续资治通鉴长编》卷二二,太平兴国六年九月丙午,中华书局 2004 年版,第 500 页。
④ (宋)李焘:《续资治通鉴长编》卷三七九,元祐元年六月戊子,中华书局 2004 年版,第 9196 页。
⑤ (宋)李焘:《续资治通鉴长编》卷四一三,元祐三年八月辛丑,中华书局 2004 年版,第 10046 页。
⑥ (明)黄淮杨士奇:《历代名臣奏议》卷一六九《乞严辟举之科重除授之选奏》(章谊),上海古籍出版社 1989 年版,第 2219 页。
⑦ (宋)韩元吉:《南涧甲乙稿》卷九《集议繁冗虚伪弊事状》,景印文渊阁《四库全书》本,台北:商务印书馆 1983 年版,第 1165 册,第 114 页。
⑧ (宋)韩元吉:《南涧甲乙稿》卷九《集议繁冗虚伪弊事状》,景印文渊阁《四库全书》本,台北:商务印书馆 1983 年版,第 1165 册,第 114 页。
⑨ (宋)黄履翁:《古今源流至论·别集》卷六《堂除》,景印文渊阁《四库全书》本,台北:商务印书馆 1983 年版,第 942 册,第 592 页。

第三章 上下与制衡：宋代地方法官群体中的主官与属官

宋代官员经过"堂除"程序，即说明中央对其个人才干的肯定，而又在州级职位容易做出政绩，仕途前景颇为光明，宋代"士大夫亦以为荣"①。未经"堂除"程序的宋代官员，很可能得不得州级职位，而屈位于县级，"士大夫积资累考，关升知、通，与夫京朝官之任知县者，无执政侍从之援，则唯县丞是任。"② 这又从另一方面促使当时士大夫对"堂除"的追求与渴望。

宋代皇帝对路级官员的选任更为重视，甚至还会特旨除授重要的路级官员。景德四年（1007）地方复置提点刑狱司，真宗认为："河北、陕西，地控边要，尤须得人"，"故亲选授太常博士陈纲、李权、李及。"③ 宋神宗时，吕希道除知澶州，神宗谕："以河徙，欲镇安百姓，执政进拟从官，朕选用卿。"④ 神宗还因"惟河朔重地，遴选监司"，故亲选馆阁校勘丁执礼为河北西路提刑。⑤

宋代皇帝重视路级官员的选任重要表现为增加了"陛辞"礼节。地方高官赴任前受到皇帝召见，官员亦借此辞行："朝廷政事，以民为本。与民亲者，莫如逐路监司，及州长吏。祖宗以来，常重其选，故监司辞见，皆得上殿。而州长吏人数猥多，不可人人延见，则择其州之要重繁剧、与夫沿边守御之地为长吏者，则许上殿。"⑥ 宋真宗任用第一批提刑官就"咸引对于长春殿，遣之。"⑦ 朝辞之际，皇帝多对路级官员加以勉励，宋仁宗时还将当面指

---

① （宋）韩元吉：《南涧甲乙稿》卷九《集议繁冗虚伪弊事状》，景印文渊阁《四库全书》本，台北：商务印书馆1983年版，第1165册，第114页。
② （明）黄淮、杨士奇：《历代名臣奏议》卷一六九"章谊奏"，上海古籍出版社1989年版，第2219页。
③ （宋）李焘：《续资治通鉴长编》卷六六，景德四年七月癸巳，中华书局2004年版，第1477页。
④ （宋）李焘：《续资治通鉴长编》卷三四八，元丰七年八月庚午，中华书局2004年版，第8343页。
⑤ （宋）李焘：《续资治通鉴长编》卷二八四，熙宁十年九月甲戌，中华书局2004年版，第6967页。
⑥ （明）黄淮、杨士奇：《历代名臣奏议》卷一四一《论减罢监司守臣上殿状》（鲁肇），上海古籍出版社1989年版，第1845页。
⑦ （宋）李焘：《续资治通鉴长编》卷六六，景德四年七月癸巳，中华书局2004年版，第1477页。

示之辞记录下来，"令本官各录一本赴任。"① 宋钦宗时任命张纲为两浙提刑，"陛辞之日，上宣谕曰：'朕知卿不阿权贵，操守方严，故授卿此职，切宜为朕爱恤百姓。'"② 南宋时，重要的州级官员亦多得到"陛辞"机会，宋高宗时任命张焘知成都府，陛辞时张焘奏："蜀民困矣，官吏从而诛剥之，去朝廷远，无所赴诉。俟臣至所部，首宣德意，但一路咸沾惠泽。"高宗指示，"岂惟一路，四川恤民事悉委卿。"③ 宋孝宗时，新知静江府李浩朝辞进对，孝宗要求"相度以闻，官吏贪虐、庸懦、不任职，奏来。"④ 泰州知州李东朝辞时，孝宗指示："卿到任，须多买耕牛，劝课农桑。"⑤ 宋光宗时，任命洪迈知绍兴府，光宗指示："浙东民困于和市，卿往，为朕正之。"⑥

"陛辞"制度是皇帝掌控地方治理情况的重要手段，"监司、郡守、走马承受辞见入奏，凡所以为上耳目者"⑦，"非独以通下情，知外事，亦以考察群臣能否情伪，非苟而已"⑧，"一则明示朝廷谨重郡守之意，使之尽心；二则可以揣知其人之贤否与其才之所堪，从而褒黜；三则自外来者可询其所以为政与民情民俗之所安，而下情上通，不至壅蔽"⑨。因此，宋人认为"陛辞"制度是宋朝"祖宗家法"的组成部分："祖宗旧制，诸道帅守、使者辞见之日，

---

① （宋）李焘：《续资治通鉴长编》卷一〇〇，天圣元年五月辛巳，中华书局 2004 年版，第 2323 页。

② （宋）张纲：《华阳集》卷四〇《张公行状》，景印文渊阁《四库全书》本，台北：商务印书馆 1983 年版，第 1131 册，第 245 页。

③ （元）脱脱：《宋史》卷三八二《张焘传》，中华书局 1977 年版，第 11761 页。

④ （元）佚名著，汪圣铎点校：《宋史全文》卷二五，乾道六年六月甲戌，中华书局 2016 年版，第 2089 页。

⑤ （元）佚名著，汪圣铎点校：《宋史全文》卷二五，乾道七年二月戊申，中华书局 2016 年版，第 2110 页。

⑥ （元）脱脱：《宋史》卷三七三《洪迈传》，中华书局 1977 年版，第 11573 页。

⑦ （宋）李焘：《续资治通鉴长编》卷四四八，元祐五年九月丁卯，中华书局 2004 年版，第 10767 页。

⑧ （宋）李焘：《续资治通鉴长编》卷四一〇，元祐三年五月丙午，中华书局 2004 年版，第 9981 页。

⑨ （宋）佚名：《皇宋中兴两朝圣政》卷一二，绍兴二年八月丙申，上海古籍出版社藏宛委别藏影宋抄本。

并召对便殿,非特可以周知利害,亦可观阅人才。"①

总体而言,宋代在选用地方各级官员时都比较慎重,制度规定也相当完备,皇帝也有相当深入地参与,因此宋代地方官员群体大多具有相当高的执政素质。

第二节 宋代地方司法中主官的官际关系

一、监司临部与地方逢迎

宋代路级监司是国家派出的监察地方的机构,宋仁宗曾明确指出:"朕惟天下之重,不可独治,付之郡守、县令而已;郡守、县令之贤与不肖,不可遍知,付之转运使、提点刑狱而已。"② 宋高宗认为:"监司一职,按监一路,寄耳目之任,专刺举之权。"③ 宋代官员总结了监司承担的诸种职能:"国家设提刑、按察之职,察群吏廉秽之状:其治绩尤著者,则必慰荐称举;贪懦不治者,则必体量按劾。别白善恶,悉以上闻。"④ 诸路监司"为耳目之官,提振纲纪。天下官吏有贪墨而不廉者,有违越而无操者,有残毒而害民者,有偷惰而弛职者,一切使之检察其实以闻,朝廷所赖以广聪明于天下而行废黜。"⑤

宋代路级监司的工作方式是出巡州县,遍历辖下,采取流动式的工作方式。宋真宗时诏:"监司之职,刺举为常,颇闻旷官,怠于行部,将何以问民

---

① (元)脱脱:《宋史》卷三四六《陈轩传》,中华书局1977年版,第10985页。
② (宋)佚名:《宋大诏令集》卷一九三《诫励提转诏》,中华书局1962年版,第710页。
③ (清)徐松辑:《宋会要辑稿》职官四五之二一,上海古籍出版社2014年版,第4244页。
④ (宋)包拯著,杨国宜校注:《包拯集校注》卷三《请令审官院以黜陟状定差遣先后》,黄山书社1999年版,第234页。
⑤ (宋)李焘:《续资治通鉴长编》卷四一〇,元祐三年五月己酉,中华书局2004年版,第9988页。

疾苦，察吏否臧？自今诸路转运使，令遍至管内按察。"① 宋哲宗时诏："诸道监司互分州县，每二年巡遍"②，"提举官虽与监司互分巡历，并须本司官二年遍所部州县"③。宋徽宗时规定："诸（路）转运、提点刑狱岁以所部州县量地远近（更）互分定，岁终巡遍，提点刑狱仍二年，提举常平一年一遍。"④ 南宋孝宗时诏："诸路监司今后分上下半年依条巡按，询访民间疾苦，纠察贪堕不职官吏。"⑤ 宋宁宗时诏："监司每岁十月下旬躬诣巡历疏决"，"如属县非监司经由之路，即令监司委官，躬亲分头前去点检、催促"，"如奉行不虔，令御史台觉察弹劾。"⑥

宋代监司按察地方所部，要对观察到的各种地方治理情况作出评价，并将治理不力的地方官员向中央举报："察访利害，提举钱帛粮草，无令积压损恶，及信纵欺隐官物，并淹延刑禁"⑦，"访民间疾苦、纠察贪惰不职官吏"⑧。

宋代监司对地方州县治理情况的评价职责，很容易使监司成为考课州县官员的重要机构。宋太宗淳化年间，转运使就承担了地方州县的考课职能：

> 应诸道转运使自令厘革庶务，平反狱讼，及货财盈羡、飞挽办集、有利于民等事，并令所在州府军监每岁终开析以闻，其尤异之绩者不得申举。

> 应诸道知州、通判及厘务京朝官、录事、判官、县令、簿尉等，内有治行尤异，吏民畏服，居官廉恪，莅事明敏，狱讼无滞，仓库

---

① （宋）李焘：《续资治通鉴长编》卷五五，咸平六年十一月庚寅，中华书局2004年版，第1216页。
② （清）徐松辑：《宋会要辑稿》职官四五之一，上海古籍出版社2014年版，第4233页。
③ （宋）李焘：《续资治通鉴长编》卷五一〇，元符二年五月辛亥，中华书局2004年版，第12136页。
④ （清）徐松辑：《宋会要辑稿》职官四五之一四，上海古籍出版社2014年版，第4240页。
⑤ （清）徐松辑：《宋会要辑稿》职官四五之二七至二八，上海古籍出版社2014年版，第4247页。
⑥ （清）徐松辑：《宋会要辑稿》刑法五之四六至四七，上海古籍出版社2014年版，第8529页。
⑦ （清）徐松辑：《宋会要辑稿》食货四九之七，上海古籍出版社2014年版，第7097页。
⑧ （宋）佚名：《皇宋中兴两朝圣政》卷四七，乾道五年九月丁巳，上海古籍出版社藏宛委别藏影宋抄本。

第三章 上下与制衡：宋代地方法官群体中的主官与属官

盈羡，寇盗剪灭，部内清肃者，本道转运使各以名闻。当召赴阙，亲临问状，增秩懋赏，以旌其能。其有贪猥自私，临莅无取，稽留狂狱，叛离官次，盗贼群起，贿赂公行，并须修状来上，当行贬斥。①

宋仁宗时，权三司使叶清臣提出转运使可从五个方面考课地方官员的政绩：

一、户口之登耗；二、田土之荒辟；三、茶、酒、盐税统比不亏递年租额；四、上供、和籴、和买物不亏年额抛数；五、报应朝臣文字及帐案齐足。②

知谏院陈升也提出监司考课州县官五事，但以荐举贤才为首要任务：

今举其功务有五，一、称荐贤才，各堪其任；二、案劾贪谬，修举政事；三、实户口，增垦田；四、财用充足，民不烦扰；五、兴利除害。仍令岁终具条所施行以闻。③

宋代监司最主要的工作是对州县官员作出行政评价。宋太宗时诏令转运使以三科第考课部内官员："政绩尤异者为上；恪居官次，职务粗治者为中；临事弛慢，所莅无状者为下。"④ 宋仁宗多次下诏令监司考课部内官员："每岁终，定部下知州军一人能否尤著者为优劣。如连二考俱在优劣等，即具以闻，当议特行赏罚。"⑤ 宋真宗继承了太宗时三等划分标准，但内容更为详细：

诸路转运使、副察所部官吏能否，辨为三等：公勤廉干，文武可取，利益于国，惠及于民者为上；干事而无廉誉，清白而无治声

---

① （宋）章如愚：《群书考索》后集卷一五，景印文渊阁《四库全书》本，台北：商务印书馆1983年版，第937册，第203—204页。
② （清）徐松辑：《宋会要辑稿》职官五九之七，上海古籍出版社2014年版，第4640页。
③ （清）徐松辑：《宋会要辑稿》职官五九之七至八，上海古籍出版社2014年版，第4641页。
④ 797 （宋）李焘：《续资治通鉴长编》卷一七，开宝九年十一月庚午，中华书局2004年版，第385—386页。
⑤ （宋）李焘：《续资治通鉴长编》卷一九五，嘉祐六年闰八月丁未，中华书局2004年版，第4720页。

者为次；畏懦而贪，慢公不治，赃状未露，滥声颇彰者为下。①

宋代监司对州县的行政评价共有八条褒贬准则：

其举荐四条：一曰仁惠（谓安民利物，众所畏爱，非疲软不立，曲取人情者）。二曰公直（谓心无适莫，事不吐茹，非内私外公，实佞诈直者）。三曰明敏（谓深察情理，应几办事，非饰诈掠美，利口矜功者）。四曰廉谨（谓安贫守分，动遵法度，非诈清钓名，偷安避事者）。按察四条：一曰苛酷（谓用刑繁苛，残虐逾法者）。二曰狡佞（谓倾险巧诈，危人自安者）。三曰昏懦（谓不晓物情，依阿无守者）。四曰贪纵（谓饕餮无厌，任情不法者）。凡监司州军于所部之内，皆得以此八条举按官吏。②

宋代监司对昏庸无能、年老病弱、怠惰政务、贪赃枉法的州县官员可以请求中央进行处分。宋太宗诏令诸路转运使明察部下官吏，"有罢软不胜任、怠慢不亲事及渎货扰民者，条其事状以闻。"③ 宋仁宗时诏："少卿监以下，年七十不任厘务者，外任令监司、在京委御史台及所属以状闻。"④ 又诏转运使副、提点刑狱至所部百日，如果部下有犯赃者，则"坐失按举之罪"⑤。宋神宗时诏令河北、京东转运提点刑狱司，"察所部知州、通判、都监、监押、巡检、知县、县令不职者以闻。"⑥ 宋高宗命各路监司，"审察县令治状显著、及老懦不职者，上其名以为黜陟"⑦，"监司、郡守常切机察赃吏犯法"⑧。宋孝

---

① （清）徐松辑：《宋会要辑稿》职官五九之六，上海古籍出版社 2014 年版，第 4638 页。
② （清）徐松辑：《宋会要辑稿》选举三〇之六，上海古籍出版社 2014 年版，第 5825 页。
③ （宋）李焘：《续资治通鉴长编》卷二二，太平兴国六年三月癸丑，中华书局 2004 年版，第 490 页。
④ （元）脱脱：《宋史》卷一七〇《职官志十》，中华书局 1977 年版，第 4090 页。
⑤ （宋）李焘：《续资治通鉴长编》卷一二四，宝元二年八月丙寅，中华书局 2004 年版，第 2920 页。
⑥ （宋）李焘：《续资治通鉴长编》卷二二一，熙宁四年三月丙申，中华书局 2004 年版，第 5378—5379 页。
⑦ （元）脱脱：《宋史》卷三〇《高宗纪》，中华书局 1977 年版，第 563 页。
⑧ （元）佚名著，汪圣铎点校：《宋史全文》卷一九，绍兴四年五月丁巳，中华书局 2016 年版，第 1350 页。

宗也诏令监司、帅臣"臧否守令"①。宋宁宗时诏令诸路监司"劾守令之贪残者。"② 宋理宗时诏："监司率半岁具劾去赃吏之数来上，视多寡为殿最，行赏罚。"③

针对监司出巡州县一事，宋代制订了详细的行政纪律。首先，监司无公事不得在地方居住超过三日："监司巡历州县，依条不得过三日。"④《庆元条法事类》中亦规定：监司出巡，"无公事不得住过三日。"⑤ 其次，规定监司出巡时随从人员的数量："除依条合带吏人二名，客司书表一名，当直兵级十五名，不得以承局茶酒等为名，别差人数。"⑥ 第三，监司出巡时严禁参与各类宴请："今后出巡……不许赴州郡筵会。"⑦

宋代监司执掌一路官员的行政监察，当然成为州县官员极力迎合的对象，因此监司出巡的行政纪律多成为纸上具文。北宋时，州县官府就"令官吏、军员、妓乐出城迎送"⑧ 监司官员。南宋时，州县官吏"每遇监司巡按，帅守移替，例皆倾城远出。"⑨ 而"监司帅守者亦辄受而不辞。"⑩ 宋孝宗时监司巡查，"随轿皆有乘马胥吏，稍遇晴热，例使人持黑油伞遮日，多至三五十柄，见者叹骇，谓驾后亦不如此。"⑪ 除迎接场面违反规定之外，州县官们大多还要宴请监司官员。宣和时，"监司、守令皆赴寄居之家酒食，甚者杂以婢妾，深夜方散，交通所部，废弛职事。"⑫

---

① （元）脱脱：《宋史》卷三九《宁宗纪》，中华书局1977年版，第759页。
② （元）脱脱：《宋史》卷三九《宁宗纪》，中华书局1977年版，第752页。
③ （元）脱脱：《宋史》卷四五《理宗纪五》，中华书局1977年版，第876页。
④ （清）徐松辑：《宋会要辑稿》职官四五之二五，上海古籍出版社2014年版，第4246页。
⑤ （宋）谢深甫：《庆元条法事类》卷七《职制门·监司巡历·职制令》，黑龙江人民出版社2002年版，第118页。
⑥ （清）徐松辑：《宋会要辑稿》职官四五之二四，上海古籍出版社2014年版，第4246页。
⑦ （清）徐松辑：《宋会要辑稿》职官四五之一一至一二，上海古籍出版社2014年版，第4239页。
⑧ （清）徐松辑：《宋会要辑稿》刑法二之三四，上海古籍出版社2014年版，第8301页。
⑨ （清）徐松辑：《宋会要辑稿》职官四五之二一，上海古籍出版社2014年版，第4244页。
⑩ （清）徐松辑：《宋会要辑稿》职官四五之二一，上海古籍出版社2014年版，第4244页。
⑪ （清）徐松辑：《宋会要辑稿》刑法二之一二三，上海古籍出版社2014年版，第8351页。
⑫ （清）徐松辑：《宋会要辑稿》刑法二之九二，上海古籍出版社2014年版，第8332页。

宋代监司巡视州县，大多差调众多州县人力。尽管法律规定："诸路监司不得抽取县镇公人充本司吏职，见供职人并放罢，违者以违制论。"① 但事实是监司"赴任替移，例于管下州军差拨厢军接送，厢军不足，则以禁军填之"，而巡视之后还继续占用州县人力，"不发回元差州军，并各拘留在司桩管。谓之签厅兵士，别给口券，所费不赀。或借以般家属，或借以送行李，或借寄居当直，或借亲旧私役。"② 宋孝宗时陈傅良知桂阳军，据其计算：桂阳军共配置禁军与厢军总共三百人，而用于"接送守臣各九十六人，提刑、提举司各四十人，干办公事官二十一人，诸司占破二十人，率每岁用一百七十八人。"③ 由此可见，监司在各地执行公务时，会大量占用辖境内的国家武装力量。

宋代州县官员通过各种方式极力讨好监司官员。宋真宗时孙何为两浙路转运使，因其酷好古文，州县官员"求古碑字磨灭者纸本数厅，钉于馆中"。孙何到达之后，"则读其碑，辨识文字"，往往"至暮，不复省录文案。"④ 元丰时，梓州路转运副使李琮初到任，"令民间寻求遗利，以充修造"，"郡县承迎风旨，多端求索。或于荒闲去处起置屋宇，强民税赁，或于不可耕凿之地，差人种植，或于众人居室之前，增创间架，或于山野镇市间旦集之处，立竹布箪，敛掠钱镪，桩作遗利。"⑤ 宋孝宗时知衡州尤耒，"悉意迎逢监司。"⑥

此外，州县官员为讨好监司官员，常奉献各类经济馈赠，"监司临按，多受馈饷，行部例有折送钱物，数目至多。"⑦ 宋徽宗时，淮南漕臣钟正甫、鲍

---

① （清）徐松辑：《宋会要辑稿》职官四五之一〇，上海古籍出版社 2014 年版，第 4238 页。
② （清）徐松辑：《宋会要辑稿》职官三二至三三，上海古籍出版社 2014 年版，第 3828—3829 页。
③ （宋）陈傅良著，周梦乡点校：《陈傅良文集》卷一九《桂阳军乞画一状》，浙江大学出版社 1999 年版，第 274 页。
④ （宋）司马光：《涑水记闻》卷三《孙何酷好古文》，中华书局 1989 年版，第 49 页。
⑤ （宋）李焘：《续资治通鉴长编》卷三七七，元祐元年五月壬戌，中华书局 2004 年版，第 9158 页。
⑥ （清）徐松辑：《宋会要辑稿》职官七五之九，上海古籍出版社 2014 年版，第 5076 页。
⑦ （清）徐松辑：《宋会要辑稿》职官四五之三一，上海古籍出版社 2014 年版，第 4249 页。

第三章　上下与制衡：宋代地方法官群体中的主官与属官

慎田曾"受所部馈遗"①。宋高宗时监司巡按，"宴会迭送钱，计其月收，过于供给"，"卒伍菲屦之资，胥吏囊橐之贿，一县或逾千缗。"② 宋孝宗时，"扬州一郡，每岁馈遗见于册籍者至二十万缗"，"前后不下数十万。"③ 这类经济馈赠名目繁多："监司岁出巡历，吏卒诛求，所过骚然，有过使钱、有轻赍钱、有递马券食钱，一县之中，凡数百缗，仅能应办，否则睚眦以兴怨，掯撼以生事。"④

宋代监司常在履行职务之时，多"陵驾州郡"⑤，或"苛束官吏"⑥，或"恣情尚气"⑦，"诸路监司往往狭情偏见，每有公事，必使州县先具情节申禀，听候指挥，方得断遣，稍未如意，即再三问难，必快其欲而后已"⑧，"今之为监司者，依势作威。不以激浊扬清为先务，而惟以追逮县吏为威名；不以按发奸赃为己能，而惟以泛受词状为风采"⑨。如果地方官员敢于忤逆，监司官员的人事监察之权就有可能成为挟私报复的工具。如宋高宗绍兴年间，有臣僚反映："近年以来，监司、郡守多缘好恶之私，以更易县令"⑩，后以"亲随数辈，冒名权摄"⑪。地方官员不愿冒险，逢迎监司的政治风气因而久盛不衰。

宋代监司长官因辖地广阔，巡视颇为辛苦，因此常委托下属代履职务：

> 帝之用刑可谓极厚矣，而天下之狱不胜其酷。每岁冬夏，诏提

---

① （清）徐松辑：《宋会要辑稿》职官六八之二三，上海古籍出版社2014年版，第4885页。
② （清）徐松辑：《宋会要辑稿》职官四五之二三，上海古籍出版社2014年版，第4245页。
③ （宋）郑兴裔：《郑忠肃奏议遗集》卷上《请禁传馈疏》，景印文渊阁《四库全书》本，台北：商务印书馆1983年版，第1140册，第198页。
④ （清）徐松辑：《宋会要辑稿》职官四五之三三，上海古籍出版社2014年版，第4251页。
⑤ （清）徐松辑：《宋会要辑稿》职官七三之六四，上海古籍出版社2014年版，第5038页。
⑥ （元）脱脱：《宋史》卷三〇四《刘湜传》，中华书局1977年版，第10075页。
⑦ （宋）李焘：《续资治通鉴长编》卷四一〇，元祐三年五月己酉，中华书局2004年版，第9988页。
⑧ （清）徐松辑：《宋会要辑稿》刑法六之六一，上海古籍出版社2014年版，第8564页。
⑨ （清）徐松辑：《宋会要辑稿》职官四五之四二，上海古籍出版社2014年版，第4255页。
⑩ （清）徐松辑：《宋会要辑稿》职官四八之三六，上海古籍出版社2014年版，第4333页。
⑪ （清）徐松辑：《宋会要辑稿》职官七〇之四六，上海古籍出版社2014年版，第4941页。

刑行郡决囚，提刑惮行，悉委倅贰，倅贰不行，复委幕属。所委之人，类皆肆行威福，以要馈遗。①

因为路级长官的轻视，监司巡视地方往往成为简单过场，例行公事，"殆与一时经过无异，足迹未尝一登狱门，囚徒未尝引问，案牍未尝阅视，非法收禁者未尝根究，赴诉责保者未尝受理。"② 在这种行政流弊之下，宋代的路级司法监察的功效已经大打折扣了。

二、知州与通判的双头政治

自秦汉州县制形成以来，州级长官都是仅设主官一人，另设副职一至二人作为行政助手，称为少尹，凡事须申禀府尹、听其裁决。《旧唐书》记载："魏、晋已下，州府有治中，隋文改为司马，炀帝改为赞理，又为丞，武德改为治中，永徽避高宗名，改为司马，开元初，改为少尹。"③

宋朝沿袭前代之制，知州是州级最高行政、司法官，"掌总理郡政"④，全面管理一州之政事。

宋代沿设少尹一职，但不遍置，亦无实权。宋京城开封府、临安府及陪都河南、应天、大名府等设少尹，为副长官，不常置。宋徽宗时，因蔡京奏，在开封府设"少尹二员，分左右，贰府之政事……少尹在左右司郎官之下、列曹郎官之上。"⑤

在州级主官设置方面，宋代与前代最为不同之处在于普遍设置通判一职。宋代通判全称是"通判某州军州事"，也称州判，其最初的政治地位是与知州同为长官，宋人称通判为"同判""同知州"，即与知州同掌一郡之政："诸州

---

① （元）脱脱：《宋史》卷二〇〇《刑法志》，中华书局 1977 年版，第 4996 页。
② （清）徐松辑：《宋会要辑稿》刑法五之四六，上海古籍出版社 2014 年版，第 8528 页。
③ （后晋）刘昫：《旧唐书》卷四四《职官志二》，中华书局，部 1975 年版，第 1916 页。
④ （元）脱脱：《宋史》卷一六七《职官志七》，中华书局 1977 年版，第 3973 页。
⑤ （元）脱脱：《宋史》卷一六六《职官志六》，中华书局 1977 年版，第 3943 页。

第三章 上下与制衡：宋代地方法官群体中的主官与属官

置通判，统治军、州之政，事得专达，与长吏均礼。"①另外，宋代通判还被称为"倅""倅贰"，"倅"在宋代仅限于对通判的称谓，他官"虽副贰不可用矣"②。"倅贰"，"佐守之职，政无不关。"③宋代既保留少尹之名，作为州级长官副职之名，又在州级新设通判一职，其最初亦作为行政长官，这种特别政治结构的形成是与宋初特殊的政治局势紧密相连的。

宋初的统一战争，不是对过去割据政权的完全摧毁，因而在相当程度上保留了原来的地方行政官员，但又必须安插中央任命的可靠人员，因此创设了通判一职。据闫建飞考证，周世宗取淮南后，淮南州郡保留了南唐所设的通判。宋代周而立，淮南州郡通判同样得以保留。乾德元年（963）四月，宋太祖灭掉荆南和湖南割据政权后，最早设立了通判一职，"宋初惩五代藩镇之弊，乾德初，下湖南，始置诸州通判，命刑部郎中贾玭等充。"④宋代通判是从后周继承而来，由淮南地区推向全国的。⑤乾德二年（964），宋太祖在原后周境内的四十三个府州皆设置了通判。乾德三年（965），北宋灭后蜀，在眉州、梓州等地区设置了通判。开宝四年（971），宋灭南汉，在广州等地设置了通判。开宝八年（975）十一月，宋灭南唐，在江浙等地区设置了通判。"陈洪进纳土"和"吴越归地"后，宋廷又在泉州等地设置了通判。可见，宋代通判最早设置于统一和归附的新领土，其后此制才在全国范围推广。

宋代设置通判一职还有防范武官掌州的政治含义。宋真宗大中祥符六年（1013）正月下诏规定："武臣知州军处或阙通判，望令转运司飞奏以闻，付有司速差，所差官如未到任，仍于京朝官知州、通判有全员处权差。"⑥武臣为知州的州，无论辖区大小一律设置通判一员或者二员，边远地区的州，如

---

① （元）脱脱：《宋史》卷一六六《职官志六》，中华书局1977年版，第3946页。
② （宋）施宿：《嘉泰会稽志》卷三，《宋元方志丛刊》，中华书局1990年版，第6763页。
③ （宋）刘攽：《彭城集》卷二三《承议郎卢讷可通判德顺军制》，景印文渊阁《四库全书》本，台北：商务印书馆1983年版，第1096册，第231页。
④ （宋）马端临：《文献通考》卷六三《职官考十七》，中华书局2011年版，第1899页。
⑤ 闫建飞：《宋代通判渊源补记》，载《宋史研究论丛》第22辑，科学出版社，第2018年版。
⑥ （清）徐松辑：《宋会要辑稿》职官四七之六〇，上海古籍出版社2014年版，第4297页。

施、黔、达州、南平军系武臣知州，"皆合置通判"①。宋代的军、监一般不设置通判，"军、监则有判官而无通判"②，但凡武臣为知军之地，另"边要之地，或户口繁多"③的军、监，也设通判一员。南宋自绍兴年间起，帅府不论大小，皆置通判二员，州、军、监凡武臣为长官者，均设通判一员或二员。

宋代设立通判一职，首要的目的是为了控制地方财政，其次是方便监察地方官吏，所以通判既承担突出的监察职能，亦承担重要的行政职能。宋初，吸取唐末五代时期方镇掌握地方财政收入、势力膨胀后危及中央政权的教训，于乾德二年（964）十二月，采纳丞相赵普的建议，下令每年各州的赋税收入，除支度给用外，凡属钱帛之类"悉辇送京师"④。宋代通判全面参与对州郡财政的管理。一是掌管所辖政区户口版簿，参与征收各种赋税。州县是宋代财政收入的基础，在州、县两级财政中，征收科敷税赋占有重要的地位，名目繁多的税赋都要通过州、县向百姓征取。为了解决官僚地主依仗权势荫庇税户问题，宋代特令通判主管征收官户、形势户的租赋。开宝四年（971），宋太祖"诏诸州府并置形势版簿，令通判专掌其租税。"⑤此后诸州府形势户的租税由通判征收，成为定制。宋徽宗宣和年间，对金战争军费紧张，宋政府增加了酒税、头子钱等二十多种附加税，称经制钱。通判有参与征收经制钱的职能。南宋初年，朝廷又增加各种名目的附加税，称总制钱，与经制钱合称经总制钱。绍兴三年（1133），宋高宗诏令"诸州经、总钱并委通判拘收。"⑥宋孝宗乾道二年（1166），曾令通判和知州共同掌管经总制钱。不久，知州恣意侵用经总制钱。淳熙元年（1174），宋孝宗诏令：经总制钱"委诸路

---

① （清）徐松辑：《宋会要辑稿》职官四七之六八，上海古籍出版社2014年版，第4302页。
② （宋）李焘：《续资治通鉴长编》卷四八，咸平二年二月壬戌，中华书局2004年版，第1048页。
③ （清）徐松辑：《宋会要辑稿》职官四七之一，上海古籍出版社2014年版，第4265页。
④ （宋）李焘：《续资治通鉴长编》卷五，太祖乾德二年十二月辛未，中华书局2004年版，第139页。
⑤ （宋）李焘：《续资治通鉴长编》卷一二，开宝四年正月辛亥，中华书局2004年版，第258页。
⑥ （宋）李心传：《建炎以来系年要录》卷六三，绍兴三年二月甲辰，中华书局1988年版，第1073页。

第三章　上下与制衡：宋代地方法官群体中的主官与属官

州军通判，专一主管。"① 宁宗朝的《庆元条法事类》规定：诸州县镇所收经总制钱物，必须"每季具账，限次季孟月五日以前供申通判厅，本厅限孟月终审复，申提点刑狱司"②，通判不仅审查诸州县经总制钱的账目，还要按时向提点刑狱司申报。二是监督钱谷出纳，参与州郡公使库、军资库、公使酒库等各类仓库的管理。宋初，"诸州置通判，使主钱谷"③，"诸州通判、粮料官至任，并须躬自检阅账籍所列官物，不得但凭主吏管认文状"④，"诸州通判官到任，皆须躬阅账籍所列官物，吏不得以售其奸。主库吏三年一易。市征、地课、盐曲之类，通判官、兵马都监、县令等并亲临之，见月籍供三司，秩满较其殿最，欺隐者置于法。"⑤ 军资库等是宋代"一州税赋民财出纳之所"，从这些仓库支出费用必须由知州和通判共同签署。宋真宗诏令："诸路知州、通判，自今在城仓库则每季检视，在外县者止阅簿籍，不须巡行。"⑥ 宋仁宗天圣时，"诏广州权置通判一员。旧无通判，至是转运司言近以武臣石普知州，本州钱谷刑狱事繁，乃增置。"⑦ 宋徽宗时有官僚言："今天下州府粮料院批勘，而判勾即皆专委通判，盖通判是本州按察官，使之判勾，则其势可以点检粮料院违条妄支官物及诸般差错作弊等事。"⑧ 南宋延续了通判监管仓库制度，"州郡仓库一出一纳，并须先经由太守判单押贴，次呈通判，呈佥厅签押俱毕，然后仓官凭此为照，依数支出。"⑨ 三是在军事行动时，通判负责地方后勤工作。宋仁宗时罢河北、陕西提举使籴粮草官，"令本路转运使、副及

---

① （元）脱脱：《宋史》卷一六七《职官志七》，中华书局1977年版，第3959页。
② （宋）谢深甫：《庆元条法事类》卷三〇《财用门·上供·场务令》，黑龙江人民出版社2002年版，第441页。
③ （元）脱脱：《宋史》卷二五六《赵普传》，中华书局1977年版，第8932页。
④ （宋）李焘：《续资治通鉴长编》卷九，开宝元年五月丁未，中华书局2004年版，第202页。
⑤ （元）脱脱：《宋史》卷一七九《食货下志一》，中华书局1977年版，第4348页。
⑥ （宋）李焘：《续资治通鉴长编》卷八二，真宗大中祥符七年三月庚辰，中华书局2004年版，第1873页。
⑦ （清）徐松辑：《宋会要辑稿》职官四七之六〇至六一，上海古籍出版社2014年版，第4298页。
⑧ （清）徐松辑：《宋会要辑稿》职官五七之五〇，上海古籍出版社2014年版，第4586页。
⑨ （宋）佚名：《名公书判清明集》卷一《官吏门·仓官自擅侵移官米》，中华书局1987年版，第30页。

逐州通判提举。"① 南宋高宗时规定："今后应遣发大兵，所至州县并专责通判充钱粮官，于界首伺候应副支遣，俟人马出州界方得归州。"② 如果没有及时完成国家经济税收任务，知州与通判皆要受责："诸州《夏秋税管额帐》、《刺帐》、《单状》并《纳毕帐》同。违限三十日，吏人杖六十，当职官罚俸一月，通判、知州半月，满六十日，各加一等。"③

宋代设立通判之目的，就是作为皇帝的耳目来监督知州，所以通判也往往被称为"监州"。宋初张咏指出："今之通判，古之监郡，郡政之治，助而成之。……其辑兵、绥民、御侮、致饷，判与守牧相为表里。"④ 史称："自平湖南，诸州皆置通判，既非副贰，又非属官，故多与长吏忿争，常曰：'我监州也，朝廷使我来监汝。'长吏举动必为所制。或者言其太甚，宜稍抑损之。"⑤ 宋太宗初年，知秦州段思恭"擅借官库银造器"，又妄以贡奉为名，"贱市狨毛虎皮为马饰"，为通判王廷范所发降职。⑥ 宋仁宗也曾对御史孙抃说："州郡设通判，本与知州同判一郡之事，知州有不法者，得举奏之。"⑦ 大中祥符五年（1012），因边肃因知镇州时，"以公费钱贸易规利，又遣部吏强市民羊，及买女口"，镇州通判东方庆上报朝廷，边肃被追夺三任。⑧ 宋宁宗时，有臣僚建言省去文臣知州配置的通判一职，宁宗说："郡有倅贰，正如诸军统制之有副也，互相纠察，岂容省去！"⑨ 宋人普遍认可通判承担的监察州郡长官的职能："艺祖有天下，首置诸通判，以朝官以上充，实使之督察方

---

① （宋）李焘：《续资治通鉴长编》卷一二二，宝元元年九月辛酉，中华书局 2004 年版，第 2881 页。
② （清）徐松辑：《宋会要辑稿》职官四七之六六，上海古籍出版社 2014 年版，第 4302 页。
③ （宋）谢深甫：《庆元条法事类》卷四八《赋役门二·职制敕》，黑龙江人民出版社 2002 年版，第 643 页。
④ （宋）李攸：《宋朝事实》卷九《官职》，商务印书馆 1935 年版。
⑤ （宋）李焘：《续资治通鉴长编》卷七，乾德四年十一月癸巳，中华书局 2004 年版，第 181 页。
⑥ （元）脱脱：《宋史》卷二七〇《段思恭传》，中华书局 1977 年版，第 9272 页。
⑦ （宋）孙逢吉：《职官分纪》卷四一《通判军州》，中华书局 1988 年版，第 776 页。
⑧ （清）徐松辑：《宋会要辑稿》职官六四之二二，上海古籍出版社 2014 年版，第 4777 页。
⑨ （清）徐松辑：《宋会要辑稿》职官四七之四八，上海古籍出版社 2014 年版，第 4291 页。

第三章 上下与制衡：宋代地方法官群体中的主官与属官

镇，非复唐上佐比，当时谓之监州。"①

在司法方面，宋代通判有参与审理州郡重大案件的职能。至道元年（995），宋太宗"诏诸处长吏无得擅断，徒、杖刑以下，听与通判官等量罪区分。"② 真宗朝不仅令通判参与本州重大刑狱案件的审理，而且还可以审查邻州的重大刑事案件。大中祥符三年（1010）六月，真宗下诏："诸州大辟罪及五人以上狱具，请邻州通判、幕职官一人，再录问讫决之。"③ 哲宗朝规定："狱讼听断之事可否裁决"，通判"与守臣通签书施行。"④ 南宋时，不仅规定州郡的"狱讼听断之事可否裁决"必须通判"与守臣通签"，而且帅府"徒罪委通判"审⑤。

总之，与汉唐州郡制度相对比，宋代州级最初实行的是双头主官制，通判既非州长官知州的副职，也不是其属官，只是随着宋代政治的稳定，通判渐渐成为知州级的重要行政佐助，"大率避嫌不敢与知州争事"⑥，但其政治角色则一直不是行政副职那样简单。

三、州郡主官掌握属下的行政评价

在宋代地方行政结构中，路级监司为监察机构，而州县为主要行政机构，其中以州统县的垂直结构则是地方行政的主要框架，因此"监司察郡守，郡守察县令"⑦ 的行政模式就成为地方上下级关系的主要方面。

宋制规定，知州与通判负责监察属下及县级官员。宋仁宗景祐初年诏令：

---

① （宋）施宿：《嘉泰会稽志》卷三，载《宋元方志丛刊》，中华书局1990年版，第6762页；（宋）罗浚：《宝庆四明志》卷三，载《宋元方志丛刊》，中华书局1990年版，第5025页。
② （宋）李焘：《续资治通鉴长编》卷三七，至道元年正月戊申，中华书局2004年版，第809页。
③ （宋）李焘：《续资治通鉴长编》卷七三，大中祥符三年六月庚午，中华书局2004年版，第1675页。
④ （清）徐松辑：《宋会要辑稿》职官四七之六二，上海古籍出版社2014年版，第4299页。
⑤ （宋）王栐：《燕翼诒谋录》卷三《州长吏亲决徒罪》，中华书局1981年版，第24页。
⑥ （宋）黎靖德（编）：《朱子语类》卷一〇六《外任·总论作郡》，中华书局1986年版，第2642页。
⑦ （元）脱脱：《宋史》卷四六《度宗纪》，中华书局1977年版，第905页。

"知州、军通判,自今按察所部官,须实状以闻。"① 通判"掌倅贰郡政",其职能包括"所部官有善否及职事修废,得刺举以闻。"②

知州、通判考察县令与属下,自其到任半年就已经开始,"幕职州县官到任半年,令长吏、通判具能否以闻。"③ 其中对县令行政功绩的考课,中央法令有明确的"四善三最"标准:

> 县令罢任委知州、通判考察课绩,以德义有闻,清谨明著,公平可称,恪勤匪懈为四善。以狱讼无冤,催科不扰,税赋无陷失,宣敕条贯,案帐簿书齐整,差役均平为治事之最;农桑垦殖,野无旷土,水利兴修,民赖其用,为劝课之最;屏除奸盗,人获安处,赈恤贫困,不致流移,虽有流移而能招诱复业,为抚养之最。④

结合这个标准中所列举的细化事类,知州对属下县令的行政工作做出分等:"有生齿之最及五事为上,有生齿之最及二事为中,余为下。"⑤ 通判也需巡视属县,"州置通判,佐守而治,巡行属县"⑥,"入则贰政,出则按县"⑦,有权"纠举年老、病患、赃污、不材四色之人,以行澄汰"⑧。

宋朝州级长官对所属属官的能否、廉赃当然有监察之责。宋太祖乾德二年(964)诏:"判官、录事之能否,则委长吏察焉。"⑨ 雍熙二年(985)八月,太宗谓宰相曰:"朕于狱犴之寄,夙夜焦劳,比分遣使臣按巡诸道,盖虑

---

① (宋)李焘:《续资治通鉴长编》卷一二〇,景祐四年十二月壬申,中华书局2004年版,第2840页。
② (清)徐松辑:《宋会要辑稿》职官四七之六二,上海古籍出版社2014年版,第4299页。
③ (宋)李焘:《续资治通鉴长编》卷四七,咸平三年夏四月壬戌,中华书局2004年版,第1013页。
④ (清)徐松辑:《宋会要辑稿》职官五九之一一,上海古籍出版社2014年版,第4644页。
⑤ (宋)谢深甫:《庆元条法事类》卷五《职制门·考课·考课令》,黑龙江人民出版社2002年版,第67页。
⑥ (明)黄淮、杨士奇:《历代名臣奏议》卷一六二"胡寅奏",上海古籍出版社1989年版,第2119页。
⑦ (清)徐松辑:《宋会要辑稿》职官四七之六七,上海古籍出版社2014年版,第4302页。
⑧ (宋)欧阳修:《欧阳修全集》卷一〇六《再论按察官吏状》,中华书局2001年版,第1614页。
⑨ (宋)李焘:《续资治通鉴长编》卷五,乾德二年春正月丁未,中华书局2004年版,第121页。

第三章　上下与制衡：宋代地方法官群体中的主官与属官

或有冤滞耳。因思新及第进士为司理参军，彼于法律固未精习，宜令诸州长吏视其不胜任者，于判司、簿尉中两易之。"①

宋朝制度中也规定知县对其属下有监察之责，"知县专按察簿、尉及县界内官吏。"②但在实际的地方政治中，州级长官对属下官员的行政评价当然更为权威。

宋代州级长官对属下的行政功绩评价，要在朝廷统一雕印下发的历子、印纸上记录，历子、印纸中所记录官员的功绩、过犯会存入官员个人档案，上报中央吏部等铨选机构保存，并成为日后任免的重要依据，所以宋人都认为："考课虽密，而莫重于官给历纸、验考批书。"③

宋代州级长官留下的"考词"几乎都是针对属下幕职州县官的，是当时行政评价与考核的真实记录。

如对县级主官所作考词：

> 乾祐丘令第三考词　京兆县十三，而乾祐尤阻山，其民喜斗，多盗贼。前件官至，不能挠以刑，常观其所上旬禁书，而狱或月二十九日空，三年矣。听于民，无有间言，绩固可嘉矣。④

> 太平令贾昭伟考词　具衔贾昭伟。宰理太平，绵历二考。版图阅户，数及三年，地赋所征，总有二万。国家恩信逮下，凋弊渐苏，而能莅事施劳，在功无过。考课品第，格令分明，善不妄加，词尚摭实。今考依书中上。⑤

> 南陵令孙甚夷考词　具衔孙甚夷。国家克复江南，选择良吏，委之宰字，俾无凋残。孙甚夷邑在南陵，政称宽简。版图计户，流

---

① （宋）李焘：《续资治通鉴长编》卷二六，雍熙二年八月庚辰，中华书局2004年版，第597页。
② （宋）司马光：《温国文正司马公文集》卷五五《乞令监司州县各举按所部官吏白札子》，《四部丛刊初编》本。
③ （元）脱脱：《宋史》卷一五五《选举志》，中华书局1977年版，第3604页。
④ （宋）黄庶：《伐檀集》卷下《乾祐丘令第三考词》，景印文渊阁《四库全书》本，台北：商务印书馆1983年版，第1092册，第802页。
⑤ （宋）田锡：《咸平集》卷三〇《录事参军朱适考词》，巴蜀书社2008年版，第359、364页。

者旋归；舆赋常程，欠者有纳。准《长定格》第二考，且书常考，宜曰中上。①

盱眙周县令第一考词　夫与民亲而其责备者，无若为邑。积日累资之制行，而昏懦贪墨者得以进，故民殃而政弛。朝廷患其然，间下新格，须举乃用。前件官由举得邑，悉力于政，期岁成效，其往孰量哉。其考可书中中。②

通山李令初考词　前件官从仕有年，固廉平之守；字民不扰，得宽猛之中。钩考及期，举明乃绩。③

如对县级属官所作考词：

周主簿考词　县邑，古方百里之国也。主簿且得其人，虽其令不贤，其簿书狱讼亦无有不治。郡府缓急欲择人，而使者必取之，其尤能者或席不得暖。前件官，其人也。④

太平簿张诵考词　具衔张诵。披详考帐，品较政能，市肆无赊苛，见其廉也；宣省无责罚，知其寡过也；擒获正贼，表其有功也。佐理一邑，彰问三善。饰词难下，恐乱否臧；实行可称，信若符玺。依令与格，考书中中。⑤

南陵簿杨光益考词　具衔杨光益。佐理南陵，谙详吏道，郡中诸掾，称举其名。无何司寇阙员，俾之承乏。观其所理，勤恪廉平；召而与言，谨密恭逊。洎来书考，再审厥官，在任无旷遗，莅事能干办。初考获贼，准格不许更书；今考获贼，依令得以称善。据《考课令》四善二十七最中，恪勤匪懈为一善。职事修理，供承强

---

① （宋）田锡：《咸平集》卷三〇《录事参军朱适考词》，巴蜀书社 2008 年版，第 359、364 页。
② （宋）强至：《祠部集》卷三三《盱眙周县令第一考词》，景印文渊阁《四库全书》本，台北：商务印书馆 1983 年版，第 1091 册，第 377 页。
③ （宋）韦骧：《钱塘韦先生集》卷一八《通山李令初考词》，清抄本。
④ （宋）黄庶：《伐檀集》卷下《周主簿考词》，景印文渊阁《四库全书》本，台北：商务印书馆 1983 年版，第 1092 册，第 804 页。
⑤ （宋）田锡：《咸平集》卷三〇《录事参军朱适考词》，巴蜀书社 2008 年版，第 359、364 页。

第三章 上下与制衡：宋代地方法官群体中的主官与属官

济，为监掌之最。一最以上，有一善，为中上。品较诸邑，课绩可称，虽进考有文，而定格难越。俟至终考，旌陟良才，今依书为中中。①

招信马主簿第三考词　夫主簿之于邑，唯才者能究政之是非与令议可否；其次不越勾稽簿书，足以保无过。前件官掾邑三载讫，无败事，秩满而去，弗愧直书。其考可书中中。②

襄城县主簿张尧卿第一考　前件官，久更事任，颇积吏材。迨此期年，亦无官谤。其考可书中中。③

临朐县尉李正辞考词　青之属邑六，而临朐最小。其地介山，寇偷往往囊橐于其间，故常居士几十人以备盗，今其令又用武人。前件官为尉于兹，盗发辄得之，未尝亡一人，非其才邪？其考可书中。④

襄城县尉寇仲闵第二考　前件官，勤于追捕，济以公廉，卒徒服从，器甲犀利。其考可书中中。⑤

刘尉初考词　前件官勤以佐邑，晏然尉民，农桑辟于汙莱，盗贼遁于疆境。始计年课，足明吏材。⑥

如对州级属官所作考词：

录事参军朱适考词具衔朱某。纠辖勤廉，监临办济，检身守法，精意奉公。询于众人，甚有清誉。据《考课令》，明于勘复，稽失无

---

① （宋）田锡：《咸平集》卷三〇《录事参军朱适考词》，巴蜀书社 2008 年版，第 359、364 页。
② （宋）强至：《祠部集》卷三三《招信马主簿第三考词》，景印文渊阁《四库全书》本，台北：商务印书馆 1983 年版，第 1091 册，第 377 页。
③ （宋）刘攽：《彭城集》卷四〇《襄城县主簿张尧卿第一考》，景印文渊阁《四库全书》本，台北：商务印书馆 1983 年版，第 1096 册，第 390 页。
④ （宋）黄庶：《伐檀集》卷下《临朐县尉李正辞考词》，景印文渊阁《四库全书》本，台北：商务印书馆 1983 年版，第 1092 册，第 810 页。
⑤ （宋）刘攽：《彭城集》卷四〇《襄城县尉寇仲闵第二考》，景印文渊阁《四库全书》本，台北：商务印书馆 1983 年版，第 1096 册，第 390 页。
⑥ （宋）韦骧：《钱塘韦先生集》卷一八《刘尉初考词》，清抄本。

隐,为勾检之最。一最以上有一善,或无最而有二善,为中上。朱适明于勘复,稽失无隐之外,有清慎明著之善,考课宜为中上。①

张法曹第三考词　法家大抵多刻少恩以为常。前件官,举进士为掾,日持十二通与他法立刺史前。论人之罪,务以平反为主。于兹三年,其所处者几百人,无有不当,其情才也从可以知。②

司理参军王整第三考　前件官,操心近厚,鞫狱正清。其考可书中中。③

何都曹兼司法考词　前件官居官恪勤,有匪懈之节;用法平允,无敢欺之心。既考以年,宜条其状。④

这类考词书写在统一格式的印纸之上,在年终时统一上报本路监司,再由监司分类上报中央,成为中央人事管理部门任免官吏的重要依据。如宋高宗时为鉴定官员荐举人选履历是否真实,曾下诏比对印纸等档案材料:"诸路帅臣、监司、郡守,今后奏辟官属,并令所举官录白、付身、印纸各委本州通判,取真本复实,结罪保明,缴连申奏。如应参部之人,方行给降付身,以绝伪滥之弊。"⑤

宋代州级长官对下属幕职州县官没有任免权,但是可以在职权范围内调换其工作岗位,称为"对移"。宋太宗雍熙二年(985)下诏规定:"王者任人,各有攸处,苟适其用,则无旷官,近以新及第人为司理参军,恐其初列官常,未通刑法,令州郡长吏,视其不胜任者,于判、司、簿、尉中两易

---

① (宋)田锡:《咸平集》卷三〇《录事参军朱适考词》,巴蜀书社2008年版,第359、364页。
② (宋)黄庶:《伐檀集》卷下《张法曹第三考词》,景印文渊阁《四库全书》本,台北:商务印书馆1983年版,第1092册,第805页。
③ (宋)刘攽:《彭城集》卷四〇《司理参军王整第三考》,景印文渊阁《四库全书》本,台北:商务印书馆1983年版,第1096册,第390页。
④ (宋)韦骧:《钱塘韦先生集》卷一八《何都曹兼司法考词》,清抄本。
⑤ (清)徐松辑:《宋会要辑稿》选举三一之四,上海古籍出版社2014年版,第5841页。

第三章 上下与制衡：宋代地方法官群体中的主官与属官

之。"① 《庆元条法事类》中对"对移"人选的资格要求有详细规定："诸司理、司法参军不而来注替人者，听知州、通判于判司簿尉内选无赃罪、晓刑法人奏举对换。本州无可选者，申发运、转运、提点刑狱司于所部举换。即已注替人而未到者，准此，选官权行对移。"② "诸县有繁简难易，监司察令之能否，（谓非不职者。）随宜对换，仍不理遗阙。"③ 宋宁宗嘉定二年（1209）五月十六日臣僚言："监司有干官，州郡有职官，以供签厅之职。使干官、职官得其人，固自能举职，或非才不能胜任者，则按刺易置之可也。"④ 这实际上可看作是对宋朝州级长官对移失职属下官员权力的概括。《名公书判清明集》中记载了对移州级属官的情况："饶州推官舒济，蔑视官箴，肆为攫挐，如本州抛买金银，则每两自要半钱，鉦销出剩，自袖入宅。提督酒库，科取糯米，受纳受糯米，官税之外，自取百金。以配吏吴杰为腹心，受成其手，交通关节，略无忌惮"，对移鄱阳县东尉。⑤ 赵司理因转移胡化龙之父死事，"一命之事，持身不谨，至为百姓见疾如此，尚可以为狱官乎？改对移宁国李县尉。"⑥ 这两道对移命令是由蔡杭作出的，由于文中明确提到"本州""本府"字样，可知大概是蔡杭知隆兴府时所作。"对移"对属官本人的仕途影响较大，以至于宋仁宗担心"州县秩卑，而长吏多以爱憎捃摭细故文致，使不得自进，朕甚念之。"⑦ 南宋时韩元吉对"对移"之法有所总结，监司的权力大大多于州级长官：

---

① （宋）佚名：《宋大诏令集》卷二〇〇《刑法上·令长吏视司理不胜任者簿尉中两易诏》，中华书局1962年版，第741页。
② （宋）谢深甫：《庆元条法事类》卷八《职制门·对移·荐举令》，黑龙江人民出版社2002年版，第153页。
③ （宋）谢深甫：《庆元条法事类》卷八《职制门·对移·荐举令》，黑龙江人民出版社2002年版，第153页。
④ （清）徐松辑：《宋会要辑稿》职官四八之一四，上海古籍出版社2014年版，第4316页。
⑤ （宋）佚名：《名公书判清明集》卷二《官吏门·对移贪吏》，中华书局1987年版，第55—56页。
⑥ （宋）佚名：《名公书判清明集》卷二《官吏门·对移司理》，中华书局1987年版，第56页。
⑦ （宋）李焘：《续资治通鉴长编》卷一〇五，天圣五年二月庚辰，中华书局2004年版，第2436—2437页。

国家铨选之法，循资任格，虽总于吏部而又设按举对移之法，于外许监司郡守得以详察，以故用吏之权归于上，而察吏之法行于下。祖宗之制，至尽且公，不可易也。在法，州县官有许察其能否难易而随宜对换者，有许其对移而不得移充某官某职者，有许其体量老儒而便令致仕者，有虽许对换而放令离任不妨后人者，有遇其不职未差替人许其奏举以填现阙者，有遇阙无官可权许其选差罢任待阙官者，著令甚明。其责皆在监司，而不专在郡守，惟司理司法，则郡守得事对换。①

南宋时政治败坏，也有州级长官任免下属的情况。宋孝宗淳熙年间，知怀安军宇文绍寅"屡逐所部见任官，而以亲旧充填窠阙，用为腹心，以侵渔百姓。"② 宋光宗绍熙年间，知邵武军赵师造，按奏建宁知县韦潜心不法七项，"其六无实迹，纵容狱司假作干照，肆为欺罔，以应元奏。"③

宋代州级长官对有严重违法行为的属下官吏，也有权进行一定程度的判罚。如王质知寿州时，"郡素号多讼，而邑所部送囚，虽重辟，往往伪窜其名以上。公摘其滥奸，擒邑吏坐鞭而黥之，自是肃然。"④ 吕希道通判扬州时，"大姓汤氏讼阅十二年不决，部刺史檄责，州将患之。公曰：'世岂有不可穷竟事实耶？请不问汤，先治吏。'果得情，鞫吏受财数百千，黥吏，止讼。"⑤

宋代地方行政中，县级官员处于等级结构的底层，承受着上级施以的巨大压力，"为县令者，官卑权轻，法密责重，上下皆得以钤制"，"州负其强以

---

① （宋）韩元吉：《南涧甲乙稿》卷一〇《看详文武格法札子》，景印文渊阁《四库全书》本，台北：商务印书馆1983年版，第1165册，第141页。
② （清）徐松辑：《宋会要辑稿》职官七二之二一，上海古籍出版社2014年版，第4979页。
③ （清）徐松辑：《宋会要辑稿》职官七三之一一，上海古籍出版社2014年版，第5006页。
④ （宋）苏舜钦：《苏舜钦集》卷一六《朝奉大夫尚书度支郎中充天章阁待制知陕州军府事平晋县开国男食邑三百户上护军赐紫金鱼袋王公行状》，沈文倬点校，中华书局上海编辑所1961年版，第246页。
⑤ （宋）范祖禹：《太史范公文集》卷四二《左中散大夫守少府监吕公墓志铭》，载《宋集珍本丛刊》，线装书局2004年版，第24册，第412页。

取威，县忧其弱以求免，其习已久，其俗已成之后，而守正循理以求其得于州，其亦不可以必也。则仕于此者，欲行其志，岂非难也哉？"① "郡守不问一县多寡有无而责之县令。今日移文曰为某事支系省钱若干，不管阙误；明日移文曰为某事支经制钱若干，不管阙误。不禀承者以威命临之，上下便文递相逃责，至县而极矣。"② "上焉有监司、守倅，始则驱之冒法以办事，末则寘之深文以自解。况又有私喜怒于其间，无所分诉。"③ 宋代州县间的上下级关系之优劣，极大影响了县级官员行政的主动性。

第三节 宋代地方司法中属官的职际关系

一、属官与主官间的等级关系

与唐代相比较，宋代地方官府中属官的政治地位要高得多。唐代地方政治中出现藩镇化趋势之后，州县属官的地位下降很多。唐朝地方军镇长官可以像驱使奴役般对待属官。因此，当时出现许多笑谈。如"洛阳县令宋之逊性好唱歌，出为连州参军。刺史陈希古者，庸人也，令之逊教婢歌。每日端笏立于庭中，呦呦而唱，其婢隔窗从而和之，闻者无不大笑。"④ 如果属官违抗长官的意志，往往会遭长官借故陷害："后唐西方邺为宁江军节度使，为政贪虐。判官谭善达每箴其失，邺怒，令左右告善达受人金，下狱拷□，遂杀于狱中。"⑤ 在唐代文学作品中，对唐代州级属官卑微的社会地位与形象有很多描写：

---

① （宋）曾巩：《曾巩集》卷一八《洪州新建县厅壁记》，中华书局 1984 年版，第 295 页。
② （宋）汪藻：《浮溪集》卷一《抚州奏乞罢打造战船等事》，景印文渊阁《四库全书》本，台北：商务印书馆 1983 年版，第 1128 册，第 11 页。
③ （明）黄淮、杨士奇：《历代名臣奏议》卷一四五"王师愈奏"，上海古籍出版社 1989 年版，第 1905 页。
④ （唐）张鷟：《朝野佥载》卷一，中华书局 1979 年版，第 21—22 页。
⑤ （宋）王钦若：《册府元龟》卷九四一《总录部·殃报》，凤凰出版社 2006 年版，第 10909 页。

> 参军与县尉,尘土惊劻勷。一语不中治,笞箠身满疮。①
>
> 畿尉有六道,入御史为佛道,入评事为仙道,入京尉为人道,入畿丞为苦海道,入县令为畜生道。入判司为饿鬼道。②
>
> 数个县尉驴骡聚,数个参军鹅鸭行。③
>
> 判司卑官不堪说,未免棰楚尘埃间。④

因为唐代州县属官社会地位比较低下,往往成为官场被取笑的对象。对于唐人记述是否属实,宋人进行了考证:

> 陈正敏《遁斋闲览》言:杜子美"脱身簿尉中,始与棰楚辞";韩退之"判司卑官不堪说,未免棰楚尘埃间";杜牧之"参军与簿尉,尘土惊劻勷,一语不中治,鞭笞身满疮";谓唐时参军、簿尉,不免受杖。鲍彪谓详考杜、韩所言,捶有罪者也。牧之亦言惊见有罪者如此,非身受杖也。退之《江陵途中》云:"栖身法曹掾,何处事卑陬,何况亲狂狱,敲榜发奸偷。"此岂身受杖者耶?然《太平广记》载李逊决包尉臀杖十下;及《旧唐书·于頔传》:"頔为湖州刺史,改苏州,追憾湖州旧尉,封杖以计强决之";则鲍论亦未当。⑤

在唐末五代的藩镇政治中,地方长官与属官间的职务关系含有浓重的人身依附、人身隶属意味,唐代州县属官地位卑下,遇有过失而受长官刑杖的事例是真实历史。

宋代的州县属官由中央政府统一任命,与长官同属朝廷命官,因此州县属官的社会地位较唐要高得多。宋初时州级长官还存在着暴虐属下的唐末五

---

① (唐)杜牧:《樊川文集》卷一《冬至日寄小侄阿宜诗》,上海古籍出版社2007年版,第9—10页。
② (宋)李昉:《太平广记》卷二五〇,中华书局1961年版,第1982页。
③ (宋)李昉:《太平广记》卷二五五,中华书局1961年版,第1982页。
④ (唐)韩愈著,钱仲联集释:《韩昌黎诗系年集释》卷三《八月十五夜赠张功曹》,上海古籍出版社1984年版,第257页。
⑤ (宋)吴曾:《能改斋漫录》卷四《唐参军簿尉不免杖》,上海古籍出版社1960年版,第72页。又见彭□辑:《墨客挥犀》卷一〇《簿尉有过受笞》,中华书局2002年版,第394页。

第三章 上下与制衡：宋代地方法官群体中的主官与属官

代遗风，太祖开宝八年（975），王嗣宗初授秦州司寇参军，"时侍御史路冲知州事，为政苛急，盗贼群起，嗣宗乘间极言其失。冲大怒，縶嗣宗于狱，又教民之无赖而尝被罪者，讼嗣宗治狱枉滥。"① 随着宋代统治秩序的建立，地方长官对属官没有任免权，更没有人身处置权，长官随意处罚属官是要承担法律责任的，如张颉为广西转运使，尚且"坐捽骂参军沈竦，罢归。"② 宋代州县属官地位的提高，是与其选任制度紧密相关的。宋初在吏部专门设置了管理幕职州县官的机构："太祖设官分职，多袭五代之制，稍损益之。凡入仕，有贡举、奏荫、摄署、流外、从军五等。吏部铨惟注拟州县官、幕职。"③ 宋代幕职州县官部分源于进士科与制科："凡入官，则进士入望州判司、次畿簿尉，《九经》入紧州判司、望县簿尉，《五经》《三礼》《通礼》《三传》《三史》、明法入上州判司、紧县簿尉，学究有出身人入中州判司、上县簿尉，太庙斋郎入中下州判司、中县簿尉，郊社斋郎、试衔无出身人入下州判司、中下县簿尉，诸司入流人入下州判司、下县簿尉。"④ "制科入第三等，与进士第一，除大理评事、签书两使幕职官……制科入第四等，与进士第二、第三，除两使幕职官；代还，改次等京官。制科入第五等，与进士第四、第五，除试衔知县；代还，迁两使职官。"⑤

宋代恢复了科举制之后，州县属官实现了从"牙校"到"士类"的转变："国初承五代杀伐之余，严刑峻法，未能尽革。当时州郡多付之武夫，至有不识字画而以仆从代书判者，至于判司簿尉，往往以牙校为之，故朝廷亦不复以士类待之。至于天下既定，选举益清，前日之刑，寝不复用。故范祖禹著《唐鉴》，以为士自一命以上，刑辱不及，以为本朝美事。"⑥

---

① （宋）李焘：《续资治通鉴长编》卷一六，开宝八年二月戊辰，中华书局 2004 年版，第 336 页。
② （元）脱脱：《宋史》卷三三一《张颉传》，中华书局 1977 年版，第 10668 页。
③ （元）脱脱：《宋史》卷一五八《选举志四》，中华书局 1977 年版，第 3693 页。
④ （元）脱脱：《宋史》卷一五八《选举志四》，中华书局 1977 年版，第 3703 页。
⑤ （元）脱脱：《宋史》卷一五五《选举志一》，中华书局 1977 年版，第 3615 页。
⑥ （宋）汪应辰：《文定集》卷一六《答张侍郎》，景印文渊阁《四库全书》本，台北：商务印书馆 1983 年版，第 1138 册，第 743 页。

因此，宋代州县属官虽沿袭唐代的说法，自嘲为"有尘埃之消"①，"箠楚尘埃，脱迹判司之冗；簿书期会，悉心俗吏之为"②，但与长官意见相左，并无随意尘埃之辱，更不会有性命之忧。如范仲淹中进士之后，为广德军司理参军时，"日抱狱具与太守争是非，守数以盛怒临公，公未尝少挠，归必记其往复辩论之语于屏上。比去，至字无所容。"③另如周惇颐为司理参军时："南安囚，法不当死，转运使欲深治之，君争不胜，投其司理参军告身以去，曰：'如此，尚可仕乎？杀人以媚人，吾不为也！'"④但周惇颐因此也没有什么人身危险。另如李承之调明州司法参军：

> 郡守任情执法，人莫敢忤，承之独毅然力争之。守怒曰："曹掾敢如是邪？"承之曰："事始至，公自为之则已，既下有司，则当循三尺之法矣。"守惮其言。⑤

此外，俞澄中刑法科后，为福建检法时：

> 陈应澄丞相帅三山，治盗过严，一日，驱数十囚欲投诸海。澄白其长曰："朝廷有宪部，而郡国无宪台，可乎？"力争之，因命阅实。遂为区别戮者、黥者各若干。陈始怒而后喜其有守，悉从之。⑥

宋代州县属官地位的提高，还表现在如果与长官意见相左，属官可以不署名而保留个人意见。循吏邵晔的经历就是很好的说明：

> 晔幼嗜学，耻从辟署。太平兴国八年，擢进士第，解褐，授邵阳主簿，改大理评事、知蓬州录事参军。时太子中舍杨全知州，性

---

① （宋）俞德邻：《佩韦斋集》卷一五《上赵宪求易削启（代皇甫司户）》，景印文渊阁《四库全书》本，台北：商务印书馆1983年版，第1189册，第116页。
② （宋）仲并：《浮山集》卷六《代南安军守臣到任谢表》，景印文渊阁《四库全书》本，台北：商务印书馆1983年版，第1137册，第841页。
③ （宋）汪藻：《浮溪集》卷一八《范文正公祠堂记》，景印文渊阁《四库全书》本，台北：商务印书馆1983年版，第1128册，第159页。
④ （宋）蒲宗孟：《濂溪先生墓碣铭》，（明）吕柟《周子抄释》附录，景印文渊阁《四库全书》本，台北：商务印书馆1983年版，第715册。第25页。
⑤ （元）脱脱：《宋史》卷三一〇《李迪传附李承之传》，中华书局1977年版，第10177—10178页。
⑥ （宋）周密：《齐东野语》卷一〇《俞侍郎执法》，中华书局1983年版，第180页。

第三章 上下与制衡：宋代地方法官群体中的主官与属官

悍率蒙昧，部民张道丰等三人被诬为劫盗，悉置于死，狱已具，晔察其枉，不署牍，白全当核其实。全不听，引道丰等抵法，号呼不服，再系狱按验。既而捕获正盗，道丰等遂得释，全坐削籍为民。晔代还引对，太宗谓曰："尔能活吾平民，深可嘉也。"赐钱五万，下诏以全事戒谕天下。授晔光禄寺丞，使广南采访刑狱。①

另如萧之敏调建康府观察推官时，"户部尚书韩仲通以法律进，其居守也御僚吏严甚，无敢可否事。民有刀伤盗桑者，盗投缳死，吏当其主故杀。已具，公抗执不书。"② 宋朝州级属官可以保留个人意见的情形在当时的文学中也有描述，王积为严州观察判官时，夜入冥府，"到官府中，有据案见诘曰：'汝曾为某州幕职乎？'对曰：'然。'曰：'某时某事某人不应坐某罪，汝何得辄断之？'对曰：'此郡守之意。积持之连日，尝入议状争辨，至遭叱怒，讫不能回。公牍始末具存，恨无由取至尔。'王者命左右云云，一卒趋而出，俄顷已持文案来。主者反复阅视，喜曰：'汝果无罪，几误杀汝，今遣汝归。'"③

此外，州级属官行政过程中如对长官的处置不服，还可申请上级论奏："（崔）立中进士第，为果州团练推官，役兵辇官物，道险，乃率众钱，佣舟载归。知州姜从革论如率敛法，当斩三人，立曰：'此非私己，罪杖尔。'从革初不听，卒论奏，诏如立议。"④

宋代地方政治中"州之与县，本同一家，长吏僚属，亦均一体"⑤，而县级行政中主官对属官没有黜陟、处分权力，因此县级属官的地位较之州级属官的地位要高，甚至县令可以长官之名临视属官，有的属官则"睚眦不

---

① （元）脱脱：《宋史》卷四二六《邵晔传》，中华书局1977年版，第12696页。
② （宋）周必大：《文忠集》卷三三《秘阁修撰湖南转运副使萧公之敏墓志铭》，景印文渊阁《四库全书》本，台北：商务印书馆1983年版，第1147册，第365页。
③ （宋）洪迈：《夷坚志》丁志卷一七《王积不饮》，中华书局1981年版，第680—681页。
④ （元）脱脱：《宋史》卷四二六《崔立传》，中华书局1977年版，第12697页。
⑤ （宋）佚名：《名公书判清明集》卷一《官吏门·咨目呈两通判及职曹官》，中华书局1987年版，第3页。

相下。"①

宋代州县属官政治地位较前代有所提高，但仍脱离不了封建官场中上下等级的压迫性力量，"长吏盛气待僚属"②，因而其在行政过程中不可避免要受到来自长官的官场伤害。这种伤害的起因与方式是多种多样的。有的情况是长官个人喜憎而不礼遇属官，"襄阳有一曹掾，不为郡将所礼，屡窘，几殆。一日，掾被召，以诗上郡将而别之，有云：'已觉目光在牛角，未信鞭长及马腹。'郡将虽嘉赏而俞衔之。"③ 欧阳观为道州军州推官，"因运使至，观傲睨不即见；郡守设食，召之不赴，因为所弹奏殆于职务，遂移西渠州。"④ 有的情况是长官故意加害，如宋仁宗时郑平中"为郴州军事推官、监潭州茶场。坐茶恶免官。……君初监茶场，茶实不恶，上官挟他事以罪中之。君不自辩，竭其资以偿，解官而去，无愠色。"⑤ "廖子晦为小官，遭长官以非理对移，殊不能堪。"⑥ 属官面对长官的刁难只能忍气吞声。有的情况是长官嫉贤妒能，如宋真宗时穆修为泰州司理参军时，"负才，与众龃龉，通判忌之，使人诬告其罪"⑦，穆修因而被贬池州。更多情况是与长官意见不合，属官不愿屈从只能解官而去。如赵潚为真州刑曹掾，"与守争狱事，解官去，改衢州推官。"⑧ 赵蕃为辰州司理参军，"与郡守争狱"，虽时人以蕃为直，但仍被罢去官职。⑨ 刘随为永康军判官时，"属县令受赇鬻狱，转运使李士衡托令于随，不从。士衡愤怒，乃奏随苛刻，不堪从政，罢归，不得调。"⑩ 宋孝宗淳熙时平江府守

---

① （宋）胡太初：《昼帘绪论·僚寀篇》，载《宋代官箴书五种》，中华书局2019年版，第168页。
② （元）脱脱：《宋史》卷四二四《洪天锡传》，中华书局1977年版，第12655页。
③ （宋）张邦基：《墨庄漫录》卷八《襄阳曹掾别郡将诗》，中华书局2002年版，第45页。
④ （宋）王明清：《挥麈后录》卷六《欧阳观行状异同》，上海书店出版社2001年版，第123页。
⑤ （宋）欧阳修：《欧阳修全集》卷二八《永州军事判官郑君墓志铭》，中华书局2001年版，第427页。
⑥ （宋）罗大经：《鹤林玉露》甲编卷之四《小官对移》，中华书局1983年版，第72页。
⑦ （元）脱脱：《宋史》卷四四二《穆修传》，中华书局1977年版，第13069页。
⑧ （元）脱脱：《宋史》卷二四七《赵潚传》，中华书局1977年版，第8746页。
⑨ （元）脱脱：《宋史》卷四四五《赵蕃传》，中华书局1977年版，第13146页。
⑩ （元）脱脱：《宋史》卷二九七《刘随传》，中华书局1977年版，第9888页。

第三章　上下与制衡：宋代地方法官群体中的主官与属官

臣何万按、司理曾辉鞫宪司送下公事，禀承浙西提刑勾昌泰私意，"观望失实"，因而被罢。①

在宋代官场等级制度下，下级属官为了避免被贬黜或仕途蹭蹬，求得顺利晋升，而刻意迎合有权决定其仕途沉浮的上级的意愿，阿谀上司、唯命是从是封建官场普通的风气，在司法过程中"视监司、郡守颦笑以为轻重，望其能争衡是非、收平反之效，岂不难哉！"② 但是属官因此要负牵连责任而被追究，甚至卷入封建官场中的权力斗争而成为牺牲者。宋神宗时明州司理参军辛肃因"阿随"知州苗振故入人罪被勒停。③ 南宋时知沅州李景山与通判丁涛交恶，判官巩溇闻之，"遂兴狱连逮数百人"，巩溇三人一起罢职。④ 宋光宗时知邵武军赵师造"奏建宁知县韦潜心不法七项，其六无实迹"，司理参军张令"假作干照"，事情败露后二人皆被降职。⑤ 所以王纲任延安府法曹参军时，有友人以诗相赠："利名场里持清谨，冠盖丛中寝是非。"⑥ 此诗当是属官为官信条的写照。

宋代州县属官为规避官场风险，往往采取隐忍态度，"若长吏偃然自尊，不以情通于下，僚属退然自默。"⑦ 苏轼少年得志，初擢制科即为凤翔府签书判官事，有吏呼"苏贤良"，知府陈希亮怒曰："府判官何贤良也？"杖此吏而不顾，或谒入不得见。故苏轼作《客次假寐》诗："虽无性命忧，且复忍斯须。"又《九日独不预府宴登真兴寺阁》诗："忆弟恨如云不散，望乡心似雨

---

① （清）徐松辑：《宋会要辑稿》职官七二之四五，上海古籍出版社2014年版，第4992页。
② （宋）陈造：《江湖长翁集》卷二八《重狱官札子》，景印文渊阁《四库全书》本，台北：商务印书馆1983年版，第1166册，第360页。
③ （宋）李焘：《续资治通鉴长编》卷二一四，熙宁三年八月辛酉，中华书局2004年版，第5199页。
④ （宋）李心传：《建炎以来系年要录》卷一六八，绍兴二十五年六月壬寅，中华书局1988年版，第2753页。
⑤ （清）徐松辑：《宋会要辑稿》职官七三之一一，上海古籍出版社2014年版，第5006页。
⑥ （宋）王十朋：《王十朋全集》卷二五《赠少保王公墓志》，上海古籍出版社1998年版，第1015页。
⑦ （宋）佚名：《名公书判清明集》卷一《官吏门·咨目呈两通判及职曹官》，中华书局1987年版，第3页。

难开。"其不堪如此。① 被长官误解之时，属官多不敢当面顶撞。陈俊卿为泉州观察推官时，"同僚宴集，恒谢不往。一日，郡中失火，守汪藻走视之，诸掾属方饮某所，俊卿与卒亦假之行，于是例以后至被诘，俊卿唯唯摧谢。已而知其实，问故，俊卿曰：'某不能止同僚之行，又资其仆，安得为无过。时公方盛怒，其忍幸自解，重人之罪乎？'"② 有的属官预感到政治风险后，为防止卷入政治争斗只好称病，如陈瓘签书越州判官时，知州蔡卞"察其贤，每事加礼，而瓘测知其心术，常欲远之，屡引疾求归，章不得上。"③ 在做出政绩时，属官一般不敢居功，而归之于长官：

> 钱若水为同州推官……有富民家小女奴逃亡，不知所之，奴父母讼于州，命录事参军鞫之。录事尝贷钱于富民，不获，乃劾富民父子数人共杀女奴，弃尸水中，遂失其尸。或为元谋，或从而加功，罪皆应死。富民不胜榜楚，自诬服。具上，州官审复，无反异，皆以为得实。若水独疑之，留其狱，数日不决。录事诣若水厅事，诟之曰："若受富民钱，欲出其死罪邪？"若水笑谢曰："今数人当死，岂可不少留熟观其狱词邪？"留之且旬日，知州屡趣之，不得，上下皆怪之。
>
> 若水一旦诣州，屏人言曰："若水所以留其狱者，密使人访求女奴，今得之矣。"知州惊曰："安在？"若水因密使人送女奴于知州所。知州乃垂帘引女奴父母问曰："汝今见汝女，识之乎？"对曰："安有不识也？"因从帘中推出示之，父母泣曰："是也。"乃引富民父子，悉破械纵之。其人号泣不肯去，曰："微使君之赐，则某灭族矣！"知州曰："推官之赐也，非我也。"其人趣诣若水厅事，若水闭

---

① （宋）邵博：《邵氏闻见后录》卷一五，中华书局1983年版，第121页。
② （元）脱脱：《宋史》卷三八三《陈俊卿传》，中华书局1977年版，第11783页。
③ （元）脱脱：《宋史》卷三四五《陈瓘传》，中华书局1977年版，第10961页。

门拒之,曰:"知州自求得之,我何与焉?"①

正由于属官的让功,所以时人评论州郡长官"侵取百吏之治以为己劳"②。宋人总结地方官场经验时,特别提醒同官不可失和:

> 同僚宜和,而不和者,多起于厅吏之间谍,彼此胸中蕴蓄,不曾吐露,至有一发而遽伤和气,不可不察。始至,须明以此相告,语凡有嫌疑,宜悉面白,毋包藏怒心,以中厅吏之奸计,间有凶险不可告语者,宜待之以礼而优容之,使彼潜消其狠戾,足矣。若戛戛焉与之相较于是非之间,则我与彼一等人耳。③

《作邑自箴》中则强调同官之间,如果有意见要及时当面解决:"可询即询之,切无置疑,非意相干,可以理遣。古老云:时下面赤,过后得力。真药石言也。"④ 宋人所言的为官之道是规避官场风险经验的总结。

二、属官对长官不端行为的制衡

宋代地方政治与唐末五代时期藩镇政治最大的不同,是州县长官对属官没有任免权,长官与属官间二者是上下级关系而不再是依附关系、主宾关系。宋朝州县属官都由中央政府统一任命,所以州县属官在政治上都以忠诚朝廷为己任。因此,宋初州县属官也有权告发长官不法之事。太祖建隆元年(960)十月诏:"诸道长贰有异政,参军验实以闻。"⑤ 后又规定:"应诸道州府军监,如转运使、副所置之处,无事端坐,委知州以下密具闻奏。"⑥ 宋代

---

① (宋)司马光撰,邓广铭、张希清点校:《涑水记闻》卷二,中华书局1989年版,第26页。
② (宋)刘攽:《彭城集》卷三二《汝州推官厅记》,景印文渊阁《四库全书》本,台北:商务印书馆1983年版,第1096册,第317页。
③ (宋)陈襄:《州县提纲》卷一《同僚贵和》,载《宋代官箴书五种》,中华书局2019年版,第101页。
④ (宋)李元弼:《作邑自箴》卷一《处事》,载《宋代官箴书五种》,中华书局2019年版,第12页。
⑤ (元)脱脱:《宋史》卷一《太祖纪》,中华书局1977年版,第7页。
⑥ (清)徐松辑:《宋会要辑稿》食货四九之七,上海古籍出版社2014年版,第7097页。

对幕职州县官上书言事也持鼓励态度，太宗雍熙元年（984）五月诏："天下幕职、州县官，或知民俗利害、政令否臧，并许于本州附传置以闻。所言可采，必行旌赏，若无所取，亦不加罪。"① 这些法令是宋朝州县属官能限制长官权力的基本依据。乾德元年（963），"德州刺史何隐擅发省仓给军士，判官郭象飞表上言，按验得实，乃责隐为亳州别驾，擢象权知德州。"② 开宝七年（974），延州通判胡德冲弃市，"坐隐没官钱一百八十万，为录事参军段从革所发故也。"③

宋朝州县属官反制长官司法权表现在两个方面：一是对长官亲审制的事实性限制；二是如果长官判决有不妥或失误，属官有权争驳，这是对长官终审权的限制。南宋胡太初描述县级司法时讲："在法：鞫勘必长官亲临。今也令多惮烦，率令狱吏自行审问，但视成款金署，便为一定，甚至有狱囚不得一见知县之面者。不知吏逼求贿赂，视多寡为曲直，非法拷打，何罪不招。"④ 宋代州级也常有长官惮于狱讼繁重而委权于属吏的情况，"诸州大狱，长吏不亲决，胥吏旁缘为奸，逮捕证佐，滋蔓逾年，而狱未具"⑤，甚至在河南府也有"前此多大臣居守，委事掾幕"⑥ 的情况。高宗绍兴时刑部员外郎张峄说："郡县长吏间有连日不出公厅，文书讼牒多令胥吏传押，因缘请托，无所不至，乡民留滞，动经旬月，至有辨讼终事而不识长官面者。"⑦ 此外，宋朝地方长官任期较短，这对地方行政影响很大，"监司、郡守更易频数，虽使绝人之才居之，号令未及信于民，而已报除代矣。"⑧ 南宋周必大言："择人以守郡

---

① （宋）李焘：《续资治通鉴长编》卷二五，雍熙元年五月壬辰，中华书局2004年版，第581页。
② （宋）李焘：《续资治通鉴长编》卷四，乾德元年冬十月己卯朔，中华书局2004年版，第106页。
③ （宋）李焘：《续资治通鉴长编》卷一五，开宝七年二月乙巳，中华书局2004年版，第318页。
④ （宋）胡太初：《昼帘绪论·治狱篇》，载《宋代官箴书五种》，中华书局2019年版，第176—177页。
⑤ （元）脱脱：《宋史》卷一九九《刑法志一》，中华书局1977年版，第4968页。
⑥ （元）脱脱：《宋史》卷三三一《李中师传》，中华书局1977年版，第10645页。
⑦ （清）徐松辑：《宋会要辑稿》职官四七之三〇，上海古籍出版社2014年版，第4282页。
⑧ （宋）李心传：《建炎以来系年要录》卷九五，绍兴五年十一月庚午，中华书局1988年版，第1567页。

第三章 上下与制衡：宋代地方法官群体中的主官与属官

国,而守数易,是责实之方未尽。诸州长吏,倏来忽去,婺州四年易守者五,平江四年易守者四,甚至秀州一年而四易守,吏奸何由可察,民瘼何由苏?"①官不久任与惮于烦繁,造成了长官对属官、属吏的依赖,可以说属官是宋代州县司法的主体力量。

宋代州县属官在审判过程中,如对案件实情或刑名适用有不同见解,可以与长官争辩。因为宋代州级实行鞫谳分司等制度,有很多属官与长官争辩的事例。如李承之,进士及第授明州司法参军,"郡守任情纵法,人莫敢辩,承之独毅然不从。守怒曰：'掾敢如是耶'承之曰：'是在公,自断可也,若在有司,当循三尺法。'守惮其言。"②杨时为处州司法时,"烛理精明,晓习法令,有疑狱,众所不决者,皆立断。与郡将议事,守正不倾。"③石公弼为卫州参军时,因罪名适用与知州意见相左：

> 淇水监牧马逸,食人稻,为田主所伤。时牧法至密,郡守韩宗哲欲坐以重辟。公弼当此人无罪,宗哲曰："人伤官马,奈何无罪?"公弼曰："禽兽食人食,主者安得不御,御之岂能无伤?使上林虎豹绝槛害人,可无杀乎?今但当惩圉者,民不可罪。"宗哲怒,以属吏。既而使者来虑囚,如公弼议。④

宋代州级司理参军因其职务关系而与上级长官争辩的几率更大一些。如王平为许州司理参军时：

> 里中女乘驴单行,盗杀诸田间,褫其衣而去。驴逸,田旁家收系之。吏捕得驴,指为杀女子者,讯之四旬。田旁家认收系其驴,实不杀女子。保衡意疑甚,以状白府。州将老吏,素强子,不之听,趣令具狱。保衡持益坚,老守怒曰："掾懦耶?"保衡曰："坐懦而

---

① (元)脱脱：《宋史》卷三九一《周必大传》,中华书局1977年版,第11967页。
② (元)脱脱：《宋史》卷三一〇《李迪附李承之传》,中华书局1977年版,第10177—10178页。
③ (元)富大用：《古今事文类聚·遗集》卷一五《路官部遗》,景印文渊阁《四库全书》本,台北：商务印书馆1983年版,第929册,第629页。
④ (元)脱脱：《宋史》卷三四八《石公弼传》,中华书局1977年版,第11030页。

奏，不过一免耳。与其阿旨以杀无辜，又陷公于不义，校其轻重，孰为愈邪？"州将因不能夺。后数日，河南移逃卒至许，劾之，乃实杀女子者。①

另如北宋名臣范仲淹任广德军司理参军时，"日报具狱与太守争是非。"②孙沔为赵州司理参军时，"盗发属县，为捕者所迫，乃弃其刀并所盗赃于民家。后即其家得会饮者十六人，适如其数，捕系县狱，掠使服罪，法皆当死。以其狱上，沔疑其枉而留讯之。州将怒，然终不敢决。未几，得真盗，州将反喜，谓沔曰：微子，吾得自脱耶！"③周敦颐任南安军司理时，"有囚法不当死，转运使王逵欲深治之。逵，酷悍吏也，众莫敢争，敦颐独与之辨，不听，乃委手版归，将弃官去……逵悟，囚得免。"④北宋末年，黄葆光任齐州司理，到任后"阅狱囚枝蔓者，一夕遣数百人，通判以为疑，视牍，无不当者。"⑤再如李彤任万州司理参军时，有"棰人之脉"者，提点刑狱视之，欲以骨折论，李彤检验了伤处反驳道："折则上下不相属，今举其上，而下不少曲，非折明矣。"⑥司理参军能公正司法，确实在一定程度上起到"争衡是非，收平反之效。"⑦

宋代州级录事参军与长官争辩司法时甚至可以在聚录其签时拒绝签署，如邵晔为蓬州录事参军，"时太子中舍杨全知州，性悍率蒙昧，部民张道丰等

---

① （宋）吴曾：《能改斋漫录》卷一二《微司理几误杀人》，上海古籍出版社 1960 年版，第 369 页；王明清：《挥麈后录》卷六《王平为司理》，上海书店出版社 2001 年版，第 117 页。
② （宋）汪藻：《浮溪集》卷一八《范文正公祠堂记》，景印文渊阁《四库全书》本，台北：商务印书馆 1983 年版，第 1128 册，第 159 页。
③ （宋）郑克著，杨奉琨校注：《折狱龟鉴校释》卷一《释冤·辛祥》附，复旦大学出版社 1988 年版，第 59 页。
④ （元）脱脱：《宋史》卷四二七《周敦颐传》，中华书局 1977 年版，第 12711 页。
⑤ （宋）罗愿：《新安志》卷七《黄侍郎》，载《宋元方志丛刊》，中华书局 1990 年版，第 8 册，第 10 页。
⑥ （宋）吕陶：《净德集》卷二五《李太博墓志铭》，景印文渊阁《四库全书》本，台北：商务印书馆 1983 年版，第 1098 册，第 203 页。
⑦ （宋）陈造：《江湖长翁集》卷二八《重狱官札子》，景印文渊阁《四库全书》本，台北：商务印书馆 1983 年版，第 1166 册，第 360 页。

第三章　上下与制衡：宋代地方法官群体中的主官与属官

三人被诬为劫盗，悉置于死，狱已具，晔察其枉，不署牍。"①

此外，宋真宗时下诏规定如州级长官犯有公罪，录事与司理参军可以问讯："知州、通判、都监公罪，并就本州差无干碍官取勘。其统属官长吏量公私赃罪轻重，于州院司理院及差职员取勘。"② 这也是属官对长官职权制衡的表现。

宋代属官对长官的错误决断可以提出意见，在长官有非法行为时也可以揭发检举，但是在利害关系复杂的官场中，属官作为下级更多只有唯命是从，因此长官独掌大权往往是宋代普遍的官场景象。如范纯仁在齐州时所历之事："有西司理院，系囚常满，皆屠贩盗窃而督偿者。纯仁曰：'此何不保外使输纳邪？'通判曰：'此释之，复縻，官司往往待其以疾毙于狱中，是与民除害尔。'"③ 向子谭改真州司录事，权知开封府咸平县，"豪民马氏倚荫犯法，狱具上，府尹盛章方以圄空觊赏，却不受。公直以闻，诏许自论决。章大怒，劾公以修学市木不如其直，请御宝特勒停。"④《夷坚志》中所记载袁州之狱中，知州作为地方司法行政第一负责人，因循私情而导致冤狱，袁州黄姓司理参军自述亲历曰：

> 吾官于此时，宜春尉遣弓手三人买鸡豚于村墅，阅四十日不归。三人之妻诉于郡，郡守与尉有旧好，令尉自为计。尉绐白府曰："部内有盗起，已得其根株窟穴所在。遣三人者往侦，恐其徒泄此谋，姑以买物为名。久而不还，是殆毙于贼手，愿合诸邑求盗吏卒共捕之。"守然其言。尉自将以往，留山间两月，无以复命，适村民四辈耕于野，貌蠢甚，使从吏持钱二万，招之与语，曰："三弓手为盗所杀，尉来逐捕，久不获，不得归。倩汝四人诈为盗以应命，他日案

---

① （元）脱脱：《宋史》卷四二六《邵晔传》，中华书局1977年版，第12696页。
② （清）徐松辑：《宋会要辑稿》刑法三之五七，上海古籍出版社2014年版，第8423页。
③ （元）脱脱：《宋史》卷三一四《范纯仁传》，中华书局1977年版，第10285—10286页。
④ （宋）汪应辰：《文定集》卷二一《徽猷阁直学右大中大夫向公墓志铭》，景印文渊阁《四库全书》本，台北：商务印书馆1983年版，第1138册，第790页。

成,名为处斩,实不过受杖十数,即释汝。汝曹贫若此,今各得五千钱以与妻孥,且无性命之忧,何不可者?汝若至有司,如问汝杀人,但应曰有之,则饱食坐狱,计日脱归矣。"四人许之,遂执缚诣县。会县令阙,司户摄其事。劾囚,服实如尉言。送府,吾适主治之,无异词,乃具狱上宪台。得报皆斩,既择日赴市矣。吾视四人者皆无凶状,意其或否,屏狱吏以情诘之,皆曰不冤。吾又摘语之曰:"汝等果尔,明日当斩首。身首一分,不可复续矣。"囚相顾泣下,曰:"初以为死且复生,归家得钱用,不知果死也。"始具言其故。吾大惊,悉挺其缚。尉已伺知之,密白守曰:"狱掾受囚赂,导之上变。"明日吾入府白事,守盛怒,叱使下曰:"君治狱已竟,上诸外台阅实矣。乃受贿赂,妄欲改变邪?"吾曰:"既得其冤,安敢不为辨?"守无可奈何,移狱于录曹,又移于县,不能决。法当复申宪台,别置狱。守曰:"如是,则一郡失入之罪众矣。安有已论决而复变者?"悉取移狱辞焚之。但以付理院,使如初款。吾引义固争,累十数日不得直,遂谒告。郡守令司户尝摄邑者代吾事。临欲杀囚,守复悔曰:"若黄司理不书狱,异时必讼我于朝矣。"令同官相劝谕曰:"囚必死,君虽固执,亦无益。今强为书名于牍尾,人人知事出郡将,君何罪焉?"吾黾勉书押,四人遂死。①

陈耿在永定军为司理参军时,人有杀死于路者,不知凶手,被害人之子疑怨家所为,到官控诉,官府因此逮捕此人,此人虽呼冤枉,但无以自明。陈耿认为此人不是真凶,请求知州捕贼。知州怒曰:"司理侮法耶,何敢为死罪解脱?"命令"他掾与司理杂治囚,笞掠数百千,囚不胜痛,诬服。具狱待报,君犹守之,不听,人皆为君惧"。第二年,博野县捕得真杀人者,举郡大

---

① (宋)洪迈:《夷坚志》乙志卷六《袁州狱》,中华书局1981年版,第229—230页。

惊。① 南宋时，张琯为潭州右司理参军，"民有诉一冤死而十年不见理者，诉于提点刑狱马公大同。马公以属公，公阅其狱，皆谓震死，公独得其死状，实以斗殴，非震也。公曰：'罪固有所归。然岁月久，屡更赦令，当从末减。'马公强果自信，下吏莫敢与争，公独不为屈。"②

在宋代县级行政中，也往往形成长官一人独掌大权的局面。宋制规定县级应集体办公："县丞、簿、尉日赴长官厅议事，及签书文檄。"③ 但在实际的地方政治中，集体办公常常成为形式："所谓过厅者，不过茶汤相揖而退。其于县之财赋狱讼，知县既不谋之佐官，佐官亦不请于知县，大率一出于知县一人、十数胥吏之手而已。"④

在长官独揽权力的形势下，宋代州县属官的行政主动性只能大大降低，反过来又加剧了长官独裁的行政局面。宋孝宗时"州县狱多取决于太守，狱官不循三尺，专以上官私喜怒为轻重。"⑤ 这种主官与属官关系的异化，导致了司法腐败的全面盛行。

---

① （宋）刘敞：《公是集》卷五三《朝散大夫殿中丞知汝州叶县骑都尉陈君墓志铭》，景印文渊阁《四库全书》本，台北：商务印书馆1983年版，第1195册，第881页。
② （宋）陆游：《渭南文集》卷三八《朝奉大夫直秘阁张公墓志铭》，载《宋集珍本丛刊》，线装书局2004年版，第47册，第324页。
③ （清）徐松辑：《宋会要辑稿》职官四八之五三，上海古籍出版社2014年版，第4351页。
④ （宋）朱熹：《朱熹集》卷一〇〇《州县官牒》，四川教育出版社1996年版，第5093页。
⑤ （清）徐松辑：《宋会要辑稿》刑法三之八五，上海古籍出版社2014年版，第8439页。

第四章　强弱与贵贱：宋代地方法吏群体的利益介入

第一节　宋代法吏成为地方司法的必要辅助

一、吏胥成为宋代地方施政的必需辅助

自秦代建立中国第一个封建君主集权王朝开始，郡县制度和封建官僚体系就成为历代王朝统治的重要基础。宋代政治家也是这样认为："天子者，天下之人牧，治之不能遍也，于是命州县之官，分土而治其民。"①

但是由于自古以来，历代王朝都统治着广大区域，为了分土治民，划分了数目可观的州县组织。北宋初共设府、州、军、监139个，仁宗初，设州级政府322个，神宗熙宁八年（1075）减为287个，元丰三年（1080）时有14府、242州、37军、4监。徽宗政和时，共有府19、州243、军50、监3，宣和四年（1122）有府38、州243、军52、监4，南宋约190个。② 宋全盛时，约设1234个县级组织。

---

① （宋）陈襄：《州县提纲·吴澄州县提纲序》，载《宋代官箴书五种》，中华书局2019年版，第95页。
② 周振鹤：《中华文化通志·地方行政制度志》，上海人民出版社1998年版，第115页；白钢主编，朱瑞熙著：《中国政治制度通史·宋代卷》，人民出版社1996年版，第282—283页。两书中统计数字不同。

第四章　强弱与贵贱：宋代地方法吏群体的利益介入

即使如此，宋代各个州县治下都有众多户口。宋代州级组织分为雄、望、紧、上、中、中下、下州七个等级，凡4万户以上者为上州，2万户以上者为中州，不满2万户者为下州。宋代将县分为赤、畿、望、紧、上、中、中下、下八个等级，京师所治之县为赤县，4000户以上称望县，3000户以上称紧县，2000户以上称上县，1000户以上称中县，不满1000户为中下县，500户称下县。后取消中下县，将不满1000户以下都列为下县。

宋代州县的官员设置却比较简省。宋代县级行政官员主要有四员：令（知县）、丞、主簿、尉。但只在大县才配备齐全，小县不设县丞，甚至更小的县只设主簿或县尉。宋代州级行政官员主要有："知州、通判、判官、掌书记、推官、支使、录事参军、司户参军、司法参军、司理参军、知州府事各一员……边要之地或户口繁多，亦置通判，以京朝官充，判官各一人以京朝官及选人充，司户、司法、司理参军并同。诸州军小事简，不备置，非繁剧，而不领县务者，量减官属。"①

可见，相对于统治的人口与地域，宋代州县行政组织中人员编制都是小规模的，但其行政职能却是不断扩大或加重，二者呈反比例发展趋势，这种趋势使州县行政总处于紧运行状态。

宋代州县官所承担的职能可以从其考核体系中体现出来。宋代州县官考课的内容，延续了唐代的行政评价标准，主要考察地方长官在任期间承办的刑狱、赋税、农桑、水利等事务，可以概括成"四善三最"：

> 考守令以善最，德义有闻，清慎明著，公平可称，恪勤匪懈，为四善。狱讼无冤，催科不扰，为治事之最；农桑垦殖，水利兴修，为劝课之最；屏除奸盗，人获安处，赈恤困穷，不致流移，为抚养之最。②

宋徽宗时，开始行用"四善四最"的考课条目，"四善"标准基本没有变

---

① （清）徐松辑：《宋会要辑稿》职官四七之一至二，上海古籍出版社2014年版，第4265页。
② （清）徐松辑：《宋会要辑稿》职官一〇之二〇，上海古籍出版社2014年版，第3290页。

化，主要讲德、廉、公、勤，南宋时沿用。南宋殿中侍御史周秘记载："国家岁以十五事考校监司，以四善四最法（考）校守令。"① 绍兴二年（1132）臣僚上言："守令之治，其略有七：一曰宣诏令，二曰厚风俗，三曰劝农桑，四曰平狱讼，五曰理财赋，六曰兴学校，七曰实户口。"②《庆元条法事类》所载"知州、县令四善四最"标准为：

一善德义有闻。

二善清谨明著。

三善公平可称。

四善恪勤匪懈。

一生齿之最：民籍增益，进丁入老，批注收落，不失其实。

二治事之最：狱讼无冤，催科不扰。

三劝课之最：农桑垦殖，水利兴修。

四养葬之最：屏除奸盗，人获安居，赈恤困穷，不致流移；难有流移而能招诱复业，城野遗骸无不掩葬。③

比较北宋和南宋对地方长官的评价体系，最明显的变化就是由"三最"发展为"四最"，其中增加的"生齿之最"，主要指促进人口增长，户籍管理有序；而"养葬之最"反映了战乱时代的特殊要求。

但以具体的行政事务而言，宋代地方官承担的职能可能更为广泛。宋代知州的法定职责是："掌总理郡政……岁时劝课农桑，旌别孝悌，其赋役、钱谷、狱讼之事，兵民之政皆总焉。凡法令条制，悉意奉行，以率所属。有赦宥则以时宣读，而班告于治境。举行祀典，察郡吏德。"④ 宋代县级官员职掌更为细化："县令掌总治民政、劝课农桑、平决狱讼，有德泽禁令，则宣布于

---

① （清）徐松辑：《宋会要辑稿》职官五九之一九，上海古籍出版社2014年版，第4652页。
② （元）脱脱：《宋史》卷一六〇《选举志六》，中华书局1977年版，第3763页。
③ （宋）谢深甫：《庆元条法事类》卷五《职制门·考课格·监司考较事件》，黑龙江人民出版社2002年版，第69—70页。
④ （元）脱脱：《宋史》卷一六七《职官志七》，中华书局1977年版，第3973页。

第四章　强弱与贵贱：宋代地方法吏群体的利益介入

治境。凡户口、赋役、钱谷、赈给之事皆掌之。以时造户版及催理二税。有水、旱则受灾伤之诉，以分数蠲免；民以水旱流亡，则抚存安集之，无使失业；有孝悌及行义闻于乡闾者，具事实申于州，激劝以励风俗。若京朝幕官则为知县事，有戍兵则兼兵马都监或监押。"① 其中很多内容仅是简要概括，而铺展开来，每项行政事务又有相当繁杂的内容，如农业管理方面，徽宗政和二年（1112），县令"功课农桑"的行政指标就细化为十二条，为敦本业、兴地利、戒游手、谨时候、诫苟简、厚蓄积、备水旱、戒宰牛、置农器、广栽植、恤佃户、无妄讼。并要求县令在境内"亲诣田畴，劝谕勤惰，以为力田之倡"②。

另外，在南宋时，由于战争对人口和农业的破坏，赋税征收成为地方重要的行政难题。绍兴年间南宋政府下诏行监司、守臣行考课之法，对地方的考课片面突出了征收赋税的指标："命以户口增否别立守令课，分上、中、下三等，每等分三甲置籍。守倅考县令，监司考知州，考功其会已成，较其优劣而赏罚之。五年，立县令四课：曰纠正税籍，团结民兵，劝课农桑，劝勉孝悌。"③ 孝宗隆兴元年（1163）下令对湖南、北路之守令考核其能否增辟田畴，二年又下令对淮南、川陕、京西边郡守令，考核其安辑流亡、劝课农桑之绩。④ 乾道七年（1171）确定了按户口升降而赏罚的政策："诸县户口，各有版簿，欲并老幼丁壮，无问男女，根括记簿，帅臣、监司总其实数，明谕州县，自今以始，至于来岁，赈济毕事之日，按籍比较户口登耗。若某县措置有方，户口仍旧，即审实保奏，优加迁擢；若某县所行乖戾，户口减少，则按劾以闻，重行黜责。"⑤ 宋宁宗嘉定二年（1209）诏："劾守令之贪残

---

① （清）徐松辑：《宋会要辑稿》职官四八之二九，上海古籍出版社2014年版，第4326页。
② （清）徐松辑：《宋会要辑稿》职官四八之三一，上海古籍出版社2014年版，第4329页。
③ （元）脱脱：《宋史》卷一六〇《选举志六》，中华书局1977年版，第3763页。
④ （元）脱脱：《宋史》卷一六〇《选举志六》，中华书局1977年版，第3764页。
⑤ （清）徐松辑：《宋会要辑稿》食货一二之七，上海古籍出版社2014年版，第6233页。

者……守令以户口多寡为殿最。"① 南宋时宋代官场普遍认为县官难当，最主要原因就是赋税难办，"今之邑莫难于办赋"②，"自南渡后……邑计类窘，束士莫敢为；祖宗承平时，见仕者已不愿宰邑，其所来久矣，非特今日也。"③ "江东一道为县四十有三，而号为难治者，居其太半……为令者朝夕惴恐，惟财赋不办是忧。"④

正是因为宋代地方政府承担了广泛行政职能，而钱谷与狱讼事务尤为繁忙，吏胥就必然成为辅助官员施政的重要力量。但是国家配置的胥吏的数量还是相当有限的，宋朝建立之初，曾于建隆四年（963）下诏对州县官吏的胥吏配备进行限额："张官置吏，国有旧章，过限役人，律存明禁，如闻近日颇紊规程，宜示新条，合令遵守，自今应天下州县所置当直杂职、手力、厅子等，每县不满千户以上，令三十人，主簿十五人；四千户及五千户，令三十五人，主簿十七人；六千户以上，令四十人，主簿二十人；八千户及万户以上，令五十人，主簿二十人。每州不满五千户，录事参军二十人，司户、司法各三人；万户以上，录事参军三十人，司户、司法各四人；三万户以上，录事参军三十五人，司户、司法各五人；五万户以上，录事参军四十人，司户司法各五人。"⑤ 宋初尚未设立司理参军等官，宋神宗熙宁八年（1075）又下诏再定州县官当直胥吏："诏诸州法司、当直司、司理院、推司、州院专差勘事司吏，委提举司相度，随宜立定人数。法司毋过三人，当直推勘司毋过

---

① （元）脱脱：《宋史》卷三九《宁宗本纪》，中华书局1977年版，第752页。
② （宋）方大琮：《铁庵集》卷二一《与林沙宰书》，景印文渊阁《四库全书》本，台北：商务印书馆1983年版，第1178册，第248页。
③ （宋）岳珂：《愧郯录》卷九《作邑之制》，景印文渊阁《四库全书》本，台北：商务印书馆1983年版，第865册，第152页。
④ （宋）真德秀：《西山文集》卷一二《荐本路十知县政绩状》，上海：商务印书馆1937年版，第210页。
⑤ （宋）佚名：《宋大诏令集》卷一九〇《州县官吏当直人诏》，中华书局1962年版，第695页。

第四章 强弱与贵贱：宋代地方法吏群体的利益介入

四人。"① 南宋初年，临安府左右司理、府院三狱，杖直、狱子"每院止许置一十二人。"② 宋孝宗乾道七年（1171），也规定临安府所管左右司理院府院三狱"每处止许置杖直、狱子一十二名。"③《庆元条法事类》中规定当值吏卒为："亲民资序人充签判幕职官，五人。"④ 宋代路级机构所需胥吏，多从地方差充。如宋代路级提点刑狱掌四方之狱，其下吏人多从州县差充："诸提点刑狱司检法官，所置吏人，愿以军典充者，于本路州指差。"⑤ 提刑司还配置一些临时杂役，提刑官可配有"通引客司三人，书表司一名，茶酒帐设司厨子、后槽一十人"。检法官配备茶酒帐设司、厨子、后槽五人。⑥ 而转运司配置有勾押官、前行、后行等胥吏。这些杂职也由地方解决。

因为宋代地方官府承担广泛的行政职能，而又有差充胥吏的权力，因而地方普遍在中央划定的人员编制外额外配置属吏，以弥补地方行政人手不足的问题。这就造成两个问题：一是"法外置吏"，"州县往往擅自增添人数，额外收补，充手分、贴司、乡书手，并存着私名贴写之类"⑦，这成为宋代地方行政的突出现象；二是地方胥吏名号繁杂，因为既要辅助不同的行政事务，而又由各地自行决定其名号。

北宋仁宗时，"法外置吏"就已经颇具规模。欧阳修曾指出河东路的辽州、潞州各县"每县曹司、弓手、手力、解子之类，各近百人。"⑧ 宋真宗咸平时，"减省天下冗吏"，"三司总括诸路，计省十九万五千八百二人。"宋英

---

① （宋）李焘：《续资治通鉴长编》卷二六五，熙宁八年秋七月辛亥朔，中华书局2004年版，第6493页。
② （元）脱脱：《宋史》卷二〇〇《刑法志二》，中华书局1977年版，第4994页。
③ （清）徐松辑：《宋会要辑稿》职官四七之七四，上海古籍出版社2014年版，第4307页。
④ （宋）谢深甫：《庆元条法事类》卷一一《职制门·差破当直·吏卒格》，黑龙江人民出版社2002年版，第202页。
⑤ （宋）谢深甫：《庆元条法事类》卷五二《公吏门·差补·吏卒令》，黑龙江人民出版社2002年版，第731页。
⑥ （宋）谢深甫：《庆元条法事类》卷一〇《职制门·吏卒接送·吏卒格》，黑龙江人民出版社2002年版，第188—189页。
⑦ （清）徐松辑：《宋会要辑稿》职官四八之一〇一，上海古籍出版社2014年版，第4376页。
⑧ （宋）欧阳修：《欧阳修全集》卷一一六《相度并县奏状》，中华书局2001年版，第1774页。

宗"治平之前，天下户口一千二百七十余万，而旧法役人五十三万六千余人。"宋神宗"元丰之后，户口一千八百三十五万九千有奇"，"而新定役人止于四十二万九千余人。"① 南宋时，额外置吏往往数倍甚至十倍于定额。宋高宗时，臣僚言："胥吏之弊，则有守阙、收补之名，实同正额；皂隶之弊，则有承引、追呼之扰，号曰家人。"② 绍兴二十六年（1156）御史中丞汤鹏举奏请："今之州县胥徒最冗，为民之害最甚。且如既有正额，又添守阙；既有习学，又收私名。创立事端则谓之专行，分受优轻则谓之兼案，率置一局则三四人共之，贴司又不可胜计。比年以来，朝廷屡行告戒，赦文累有约束，或减省吏额，或禁止冒役，丁宁备至。率皆巧作名目，或云见行理雪而所属公文未下，乞先次权案；或云已经赦宥而叙复合得元名，乞先次收补。于案牍公移则避罪而不系书，于监司巡案则匿名而暂逃避。凡此之类，未易概举。缘此，州县本无事也，以人吏众多纷张而生事；居民本无讼也，以人吏奸猾教唆而兴讼。追呼逮捕，文移骚然，第见吏日益富，民日益贫。"③ 南宋时两浙东路"一路人吏共四千二百六十一人，减罢二千一百九十三人。"④ 但州县吏额虽减，"他路率仿此，然今州县吏额虽减，而私名往往十倍于正数。"⑤

正是因为不是国家统一编制，因此宋代地方据其职责各赋私名，因而名目繁多。北宋时，东、西、南、北四京"府院置孔目、勾押司、开拆官、行首、杂事、前行，其余州府使院置都孔目官、都勾押官各一人，又节度、观察（州）有孔目、勾押、勾复、押司官、前后行之名。"⑥ 但是开封府又有衙

---

① （宋）李焘：《续资治通鉴长编》卷四四二，元祐五年五月壬申，中华书局2004年版，第10634页。
② （清）徐松辑：《宋会要辑稿》食货七〇之三〇，上海古籍出版社2014年版，第8116页。
③ （清）徐松辑：《宋会要辑稿》职官四八之一〇二，上海古籍出版社2014年版，第4377页。
④ （清）徐松辑：《宋会要辑稿》职官四八之一〇二，上海古籍出版社2014年版，第4377页。
⑤ （宋）李心传：《建炎以来朝野杂记》甲集卷一二《官制三》，中华书局2000年版，第251页。
⑥ （清）徐松辑：《宋会要辑稿》职官四七之二，上海古籍出版社2014年版，第4265页。

前、支计官、勾覆官、接押官等职。① 南宋时，临安府置吏："点检文字、都孔目官、副孔目官、节度孔目官、观察孔目官各一名，磨勘司主押官、正开拆官、副开拆官各一人，下名开拆官二名，押司官八人，前、后行，守（手）分二十一人，贴司三十人。"② 但在台州，其胥吏名称又有不同，"自都孔目官至粮料、押司官，凡十阶，谓之职级，其次曰前行，曰后行，又其次曰贴司"，还有造帐司、祗候典、散从官、院虞候、杂职、斗子、掐子、秤子、拣子、库子、拦头等。③ 福州的县役人还有解子、仓斗子等名目。常熟县役人还有引事、厅子、书司、栅子、直司、脚力、僧直司等名目。④ 苗书梅先生认为县级公人是指专干某项公务的人员，诸如拦头、库子、掐子、秤子、斗子、拣子、节级、所由、狱子、酒务及仓库的专副或专匠等。⑤

宋代地方吏胥名目繁多，宋人大体分公人和吏人两大类，统称"公吏"："诸称公人者，谓衙前、专副、库、称、掐子、杖直、狱子、兵级之类。称吏人者，谓职级至贴司，行案、不行案人并同。称公吏者，谓公人、吏人。"⑥ 朱熹认为公人"各管逐项职事"，吏人"掌文书简牍"，胥徒为"弓手节级奔走之属。"⑦ 但总体而言，宋代县级胥吏中，押司、录事较为重要；而在州级胥吏中，所掌职务分有客司（掌招待宾客）、通引官（掌接引传达）、书表司（掌书写文件）、法司（掌司法事务）、攒司、帐司（掌攒造帐册）、开拆司（掌收发文件）等等，以孔目官、衙前较为重要。

---

① （元）脱脱：《宋史》卷一六六《职官志六》，中华书局1977年版，第3942页；（元）脱脱：《宋史》卷一六九《职官志九》，中华书局1977年版，第4044页。

② （元）脱脱：《宋史》卷一六六《职官志》，中华书局1977年版，第3944页。

③ （宋）陈耆卿：《嘉定赤城志》卷一七《吏役门》，载《宋元方志丛刊》，中华书局1990年版，第7415—7418页。

④ （宋）梁克家：《淳熙三山志》卷一三、一四，载《宋元方志丛刊》，中华书局1990年版，第7888—7896页。

⑤ 苗书梅：《宋代县级公吏制度试论》，《文史哲》2003年第1期。

⑥ （宋）谢深甫：《庆元条法事类》卷五二《公吏门·发解年满都知兵马使状·旁照法》，黑龙江人民出版社2002年版，第737页。

⑦ （宋）黎靖德（编）：《朱子语类》卷八四《礼一·论修礼书》，中华书局1986年版，第2189页。

宋代胥吏因为数量庞大的存在，已经形成一个新社会阶层。据王曾瑜先生估计："当时吏部四选官员若以三万四千计，则吏户数约为官户数的十多倍。"① 因此，有学者认为，宋代"在中国胥吏制度史上是一个非常重要的时期，不仅吏制完善，吏员集团正以一个相对独立的社会政治群体出现于历史舞台之上。"② 胥吏成为新的政治阶层，对宋代地方政治必然会产生深刻的影响。

二、宋代地方法吏承担的诸种职能

宋代狱讼与催科是两项主要职能，这其中胥吏都起到重要的辅助作用。其中在催科赋税事务中，宋代官员常将种种负面现象归结于吏人，但也从侧面反映了胥吏在其中不可或缺的作用。

地方钱粮赋税，"名数皆在簿也。"③ 宋真宗年间有大臣上奏认为："诸州版籍止委吏人，失于勘验，移易税赋，多不均等。"④ 但如果无胥吏参与管理，则更可能使各项数目陷于混乱，因为对长官而言，"赋财文书，凡目既多，往往不暇详究。"⑤ 而胥吏生于本土，熟悉情况，"税赋弊源皆在乡胥之胸中"⑥，"赋税之旧籍散亡，省记出于临时，而县官不能复实，费出多于平日，而贪吏并缘为奸。"⑦ 如彭子复在担任婺州金华县主簿之初发现，该县"簿籍多废

---

① 王曾瑜：《宋朝阶级结构》，中华书局2010年版，第266页。
② 参见赵世瑜《吏与中国传统社会》第五章《宋：胥吏集团的膨胀》，浙江人民出版社1994年版，第100页。
③ （宋）欧阳守道：《巽斋文集》卷一五《雩都县重修主簿厅记》，景印文渊阁《四库全书》本，台北：商务印书馆1983年版，第1183册，第628页。
④ （宋）李焘：《续资治通鉴长编》卷九六，真宗天禧四年八月，中华书局2004年版，第2214页。
⑤ （宋）陈襄：《州县提纲》卷四《搜求渗漏》，载《宋代官箴书五种》，中华书局2019年版，第146页。
⑥ （宋）佚名：《名公书判清明集》卷一一《人品门·去把握县权之吏》，中华书局1987年版，第427页。
⑦ （宋）张守：《毗陵集》卷七《措置江西善后札子》，景印文渊阁《四库全书》本，台北：商务印书馆1983年版，第1127册，第744页。

绝",只能搜求"四膝帐,校其差谬,类为数百册藏焉。"① 南宋赋税更难追究,胥吏更是成为官民交怨的对象。宁宗嘉定八年(1215),右正言兼侍讲倪千里言:"版曹岁买绵绢于诸郡,不以时估定价,率以官价抑民。倅厅督诸县,诸县责牙侩,纷纷追扰,民胥怨咨。"② 但是胥吏下乡收税,常常依仗权势四处扰民,这些吏人"散出乡村,乘威怙势,恐喝良善,小邀酒食,大索货财,秋取稻禾,夏求丝麦,稍不如意,鞭棰随之。民之畏怖,甚于盗贼。而郡守县令,不知禁戢。"③ "纵吏下乡"成为当时重要的社会问题。

宋代地方司法运行过程中,法吏承担多项职能,在承上启下的行政事务流转中其辅助作用更为凸显。

1. 负责审查受理诉状

宋代地方官府设置"开拆司"④ 一职,主要负责审查原告的诉状是否符合规定,这一职务主要由公吏充当。首先,看来者是否有原先资格,"年七十以上不得论讼"⑤,老疾及妇女告论词诉不受理,"投状人不许作两名,如作两名者,开拆司并不许收受"⑥。其次,看诉讼内容,如系诬告,或所诉小事,或事不关己且无法取证之事,不能受理。⑦ 其三,所投诉状"皆须注明年月,指陈事实,不得称疑。违者笞五十。官司受而为理者,减所告罪一等。"⑧ 黄震知抚州时所作《词诉约束》中对诉状格式及内容要求甚详:"不经书铺不受,

---

① (宋)叶适:《叶适集》卷一五《彭子复墓志铭》,中华书局1961年版,第273页。
② (清)徐松辑:《宋会要辑稿》刑法二之一四〇,上海古籍出版社2014年版,第8368页。
③ (宋)王之望:《汉滨集》卷五《荆门军替回论禁约公人下乡奏议》,景印文渊阁《四库全书》本,台北:商务印书馆1983年版,第1139册,第721页。
④ 宋代地方设有"开拆司",参见黎靖德(编)《朱子语类》卷一一二《论官》,中华书局1986年版,第2726页;(宋)佚名《名公书判清明集》卷一一《人品门·办公吏摊亲随受赂》,中华书局1987年版,第429页;《名公书判清明集》卷一四《惩恶门·一状两名》,中华书局1987年版,第525页。
⑤ (清)徐松辑:《宋会要辑稿》刑法三之一〇,上海古籍出版社2014年版,第8397页。
⑥ (宋)佚名:《名公书判清明集》卷一四《惩恶门·一状两名》,中华书局1987年版,第525页。
⑦ 郭东旭:《宋代法制研究》,河北大学出版社2000年版,第555—557页。
⑧ (宋)窦仪:《宋刑统》卷二四《斗讼·犯罪陈首》,法律出版社1999年版,第426页。

状无保识不受,状过二百字不受,一状诉两事不受,事不干己不受,告讦不受,经县未及月不受,年月姓名不的实不受,披纸枷布枷、自毁咆哮、故为张皇不受,非单独无子孙孤孀、辄以妇女出名不受。"① 诉状内有"上命及与民作主之类"②者不予受理。因为有这些限制,所以宋代民众多由书铺代写诉状,至南宋除"官人、进士、僧道、公人听亲书状,自余民户并各就书铺写状投陈"③,这样规范的诉状才会为政府受理。一般来讲,开拆司吏人必须受理符合规定的诉状,特殊情况可以请示,"公事入县门,门子不得阻节。或有酒醉并心恙之人及持棒杖之类投衙,即不得放入,先来报复,不得缚打。"④如果受理不当,当值开拆司吏人要受责罚,如黄榦为县令时,曾有部分士人"招呼十余人列状告罪","又为人告不可恕之罪",他认为"若是真有见识士人岂肯排立公庭",于是下令"今后有士人辄入县庭为人告罪者,先勘断门子及本案人吏。"⑤当然在受理诉状之际,开拆司吏人可以给原告提供一些建议。如长溪县有老妇人,其两子出海打渔,多日未归。老妇人疑仇家加害,就去县衙控告某人因仇而害其儿,开拆司吏人认为缺少证据不能受理:"海有风波,岂知其不水死乎?且虽果为仇所杀,若尸不得,则于法不可理。"⑥ 另如余杭县押录何某"兼领开拆之职,每遇受讼牒日,且先坐于门,一一取阅之,有挟诈奸欺者,以忠言反复劝晓之,曰:'公门不可容易入,所陈既失实,空自贻悔,何益焉?'听其言而去者甚众。"⑦

---

① (宋)黄震:《黄震全集·黄氏日抄》卷七八《词诉约束》,浙江大学出版社2013年版,第2214页。
② (清)徐松辑:《宋会要辑稿》刑法三之二二,上海古籍出版社2014年版,第8404页。
③ (宋)朱熹:《朱熹集》卷一〇〇《公移·约束榜》,四川教育出版社1996年版,第5112页。
④ (宋)李元弼:《作邑自箴》卷五《规矩》,载《宋代官箴书五种》,中华书局2019年版,第32页。
⑤ (宋)黄榦:《勉斋集》卷三三《为人告罪》,景印文渊阁《四库全书》本,台北:商务印书馆1983年版,第1168册,第371页。
⑥ (宋)欧阳修:《欧阳修全集》卷二七《蔡君山墓志铭》,中华书局2001年版,第417页。
⑦ (宋)潜说友:《咸淳临安志》卷九三《纪遗》,载《宋元方志丛刊》,中华书局1990年版,第4207页。

2. 传讯被告、证人及参与刑讯

追摄被告人及相关证人也是地方审判中重要的前提，是地方审判前必须开展的工作："理断公讼，必二竞俱至，卷证齐备。"① 依照法律，民众有无条件出庭接受质询的义务："人户词诉，官司追逮，虽曲直未可知，自当应时出官供对。"② 有的被告不愿出庭，或有犯罪人反抗，都必须使用强力，因而多有胥吏借势乞取："州县公人受文引追逮，多带不逞，用铁环、杵索殴缚，乞取钱物。"③ "秦州人马简，本农家子，因割粟田间，有奸人窃取其遗穗，为所殴，至折足而死。里胥执赴府。"④ 宋朝州级政府还规定了追索证人、案卷的期限："词状、帖、牒下外诸县者，索案除程一日，追人除程两日。五人以上，去县百里以上者，除程三日。案官酌定日限，案吏朱批某月某日限满。申展者，都厅先次类聚呈押。一日者不展，两日者许一展，三日者许再展。再展而不到者，都厅指定帖某巡尉差人追呼，呈押行下。"⑤

宋代地方审讯中也涉及对证人的传讯，这一工作也多由胥吏完成。这些证人，称为干系人，有时是偶然场合的陌生人，如洪适讲：凡"事发之处，或在邸店，或在道路，一时偶与相逢之人，见其斗殴死伤，便为证左，相随入狱。"⑥ 刘克庄亦讲："凡大辟之罪，高下轻重，决于证人之口。向使争打之时，有一行路之人在傍知见，必能实供。"⑦ 这些证人随时可能走散，因而需要及时传到官府，完成作证义务才可自由。

---

① （宋）陈襄：《州县提纲》卷二《详阅案牍》，载《宋代官箴书五种》，中华书局2019年版，第113页。
② （宋）黄幹：《勉斋集》卷三三《龚仪久追不出》，景印文渊阁《四库全书》本，台北：商务印书馆1983年版，第1168册，第379页。
③ （清）徐松辑：《宋会要辑稿》刑法二之五五，上海古籍出版社2014年版，第8313页。
④ （宋）洪迈：《夷坚甲志》卷一三《马简冤报》，中华书局1981年版，第116页。
⑤ （宋）朱熹：《朱熹集》卷一〇〇《公移·约束榜》，四川教育出版社1996年版，第5119页。
⑥ （宋）洪适：《盘洲文集》卷四一《乞勿系大狱干证人札子》，景印文渊阁《四库全书》本，台北：商务印书馆1983年版，第1158册，第519页。
⑦ （宋）刘克庄著，辛更儒校注：《刘克庄集笺校》卷一九二《饶州州院推勘朱超等为趣死程七五事》，中华书局2011年版，第7521—7525页。

追索的被告，因未经审判，其身份还是犯罪嫌疑人，其与相关干系人，在长官审判之前，会被暂时管制人身自由，宋代称为"门留"。但在这期间，都有可能遭受相关胥吏的非法虐待。"寻常被追到官人，往往只是干证牵连，及系被诉究对，本自有理人，非必皆有所犯。纵使有犯，亦或出于诖误。纵非诖误，亦止有本罪。见吏卒如见牛阿旁，或捆或踢，或叱或唾，神魂已飞，继以百端苦楚，多方乞觅，如所谓到头，押下，直栏，监保，出门入户兜弛、行杖，无所不有，最是门留、锁押及私监冻饿，动有性命之忧。"①

宋代地方审判过程中，刑讯自始至终都是存在的，《作邑自箴》中记载了县级审讯中刑讯的使用，"安排下小杖子，喝下所拷数目"，"累经绷拷，未肯招承者，但昼夜不得令睡"，"吊起一足，直身令立，已自难受。"②

南宋时刑讯犯人的情况十分普遍，至有州府公庭厅前绷吊犯人，"大官大府，一入其间，当使之有雍容闲雅气象。今左右囚系，有似囹圄。"③ 有时因为犯罪嫌疑人不吐实情，行刑胥吏还要加大刑罚力度：

> 比年以来，吏务酷虐，浸乖仁恕之意。凡讯囚合用荆子，一次不得过三十，共不得过二百，此法意也。今州县不用荆子而用藤条，或用双荆，合而为一，或鞭股鞭足至三五百，刑罚冤滥，莫此为甚，愿戒有司，申严行下，凡守令与掌行刑狱之官，并令依法制大小杖，当官封押，乃得行用，不得增添、换易、过数讯囚，恣为惨酷。④

正是因为胥吏成为地方司法使用暴力中不可缺少的辅助，所以这也是宋代胥吏在司法腐败中成为重要主导因素的历史条件。

---

① （宋）佚名：《名公书判清明集》卷一《官吏门·禁约吏卒毒虐平人》，中华书局1987年版，第36—37页。
② （宋）李元弼：《作邑自箴》卷三《处事》，载《宋代官箴书五种》，中华书局2019年版，第22页。
③ （宋）彭龟年：《止堂集》卷一一《论州府公庭治囚失体书》，景印文渊阁《四库全书》本，台北：商务印书馆1983年版，第1155册，第869页。
④ （宋）马端临：《文献通考》卷一六七《刑考六》，中华书局2011年版，第5016页。

3. 辅助刑事案件的检验侦查

宋代地方胥吏，以仵作人为首，是辅助侦破地方刑事案件的重要辅助力量。宋朝检验制度的完善体现在验尸记载的逐渐规范化，北宋初年时尸检笔录沿用后周时的《四缝尸首验状》①，后发展为《验尸格目》②，《检验正背人形图》已十分完善。③ 现将《庆元条法事类》中记载的《验尸·杂式》附录如下：④

初验尸格目

某路提点刑狱司，照每副排定字号，发付某字号。

某州或县于年月日时，据状乞检尸首，本案人吏承行，于日时差赍牒官初检。本官廨舍至泊尸地头，计里，人吏姓名押批，本案官某官姓名押。

初检官具位姓名

某时承受，将带仵作人、人吏于日时到地头，集耆、甲、保正、副及已死人亲，（原注：如是亲兄，即填云亲兄；如是堂兄，即填云堂兄之类。）初检到已死人痕损数内致命因依，的系要害致命身死分明，各于验状亲签，于当日时差赍初检单状，保明申某处，仍于当时对众入字号递，具状缴连《格目》，申本司照会。人吏姓名押批，初检官职位姓名押。

右本司措置在前，仰州县照应《格目》先行实填三本，付初检官，候验讫实填，并验状仰初检官以一本发赴州县，一本给付血属，（原注：如无血属，即将所余《格目》一本缴回。）一本具日时字号状入急递，经申发赴本司。如点检得申缴违时，计程迟滞，勘验不

---

① 王云海：《宋代司法制度》，河南大学出版社1992年版，第223页。
② （清）徐松辑：《宋会要辑稿》刑法六之五，上海古籍出版社2014年版，第8533页。
③ （清）徐松辑：《宋会要辑稿》刑法六之七，上海古籍出版社2014年版，第8534页。
④ （宋）谢深甫：《庆元条法事类》卷七五《刑狱门·验尸·杂式》，黑龙江人民出版社2002年版，第801—802页。

实,仵作行人、公吏、耆、保等辄有情弊及乞受搔扰,并仰诸色人除程限三日,赴司陈告。出限更不受理。(原注:妄有陈诉,亦当勘断施行。)如所告得实,即支赏钱一百贯文。其官员定当按治,吏人等送狱根勘,依法决配,的不容恕,各仰知委。年月日给。

  仵作人耆甲

  保正、副、人吏

  已死人亲行凶人

  初检官职位姓名押

  某官某路提点刑狱公事姓押

检验过程中检验官司要"于损伤去处,依样朱红书画横斜曲直,仍仰检验之时,唱喝伤痕,令众人同共观看所画图本,众无异词,然后著押。"[①] 在这种司法检验的场合中,仵作人等胥吏的工作是必不可少的。

此外,地方官府中的吏人常受长官指派作为案件侦破的调查人员,深入民间了解详情,如向敏中为洛阳长官时曾侦破"僧人夜间求宿案":

> 有僧暮过村舍求宿,主人不许。求寝于门外车箱中,许之。是夜,有盗入其家,携一妇人并囊衣,逾墙出。僧不寐,适见之。自念不为主人所纳,而强求宿,明日必以此事疑我,而执诣县矣。因亡去。夜走荒草中,忽坠眢井。而逾墙妇人已为人所杀,尸在井中,血污僧衣。主人踪迹,捕获送官。不堪掠治,遂自诬,云:"与妇人奸,诱以俱亡。恐败露,因杀之,投尸井中。不觉失脚,亦坠于井。赃与刀在井旁,不知何人持去。"狱成,皆以为然。敏中独以赃、仗不获,疑之。诘问数四,僧但云:"前生负此人命,无可言者。"固问之,乃以实对。于是密遣吏访其贼,食于村店,有妪闻其自府中来,不知其吏也,问曰:"僧某狱如何?"吏绐之曰:"昨日已笞死于

---

① (清)徐松辑:《宋会要辑稿》刑法六之七,上海古籍出版社2014年版,第8534页。

市矣。"妪叹息曰:"今若获贼,如何?"吏曰:"府已误决此狱,虽获贼,不敢问也。"妪曰:"然则言之无害。彼妇人,乃此村少年某甲所杀也。"吏问:"其人安在?"妪指示其舍。吏往捕,并获其赃,僧始得释。一府咸以为神。①

在这个案件中,府吏的调查走访是侦破案件的重要原因。

4. 胥吏在监狱管理和司法执行中的职能

宋代监狱是关押罪犯或强迫罪犯服劳役的场所,有专门吏人参与管理。"诸狱皆厚铺席荐,夏月置浆水,其囚每月一沐"②,"长吏督狱掾,五日一检视,洒扫狱户,洗涤枷械。"③ "诸狱皆置气楼、凉窗,设浆饮,荐席,罪人以时沐浴,食物常令温暖。遇寒量支柴炭,贫者假以衣物。其枷杻,暑月五日一濯。"④ "旬日必出于狱庭之下,一一点姓名……令狱吏洁其牢匣,然后复入。"⑤ 这些事务性工作当然大多由狱吏完成。狱吏往往借此职能勒索百姓,"系司门者传入,往往所求不满意,辄故为留滞,致令饮食不时,饥饿成疾。"⑥ 有的狱吏不履行职务,常有渎职行为,"甚至终夜酷绷囚于匣,至死而狱吏醉卧不知者。又有白日病囚至重,旁无人守,已死而狱吏始知者。"⑦

宋代的胥吏在司法判决时也起着重要的辅助作用。

宣判之际,胥吏负责向犯罪人讲解判决内容并宣读公示,"长贰点无干碍

---

① (宋)郑克著,杨奉琨校注:《折狱龟鉴校释》卷二《释冤下·向敏中》,复旦大学出版社1988年版,第104—105页。
② (宋)窦仪:《宋刑统》卷二九《断狱·囚应请给医药衣食》,法律出版社1999年版,第535页。
③ (元)脱脱:《宋史》卷一九九《刑法一》,中华书局1977年版,第4968页。
④ (宋)李焘:《续资治通鉴长编》卷四八五,绍圣四年夏四月丁亥,中华书局2004年版,第11520页。
⑤ (宋)陈襄:《州县提纲》卷三《遇旬点囚》,载《宋代官箴书五种》,中华书局2019年版,第138页。
⑥ (宋)陈襄:《州县提纲》卷三《检察囚食》,载《宋代官箴书五种》,中华书局2019年版,第138页。
⑦ (宋)陈襄:《州县提纲》卷三《狱吏择老练人》,载《宋代官箴书五种》,中华书局2019年版,第136页。

吏人，先附囚口，责状一通，复视狱案，果无差殊；然后亦点无干碍吏人依句宣读，务要详明，令囚通晓，庶几伏辜者无憾，冤枉者获伸。"①

胥吏是笞杖刑的主要执行者。宋太祖定"折杖法"，"悉易以决，为流、徒、杖、笞之法，名存实改"。②将五刑的流、徒、杖、笞四种刑名，分别按照各自不同罪等，以常刑杖折合决罚。宋徽宗又更定笞法，规定："自今并以小杖行决，笞十为五，二十为七，三十为八，四十为十五，五十为二十，不以大杖比折，永为定制。"③因此宋代司法判决中，笞杖是重要刑罚方式，其执行者无疑以司法胥吏为主。

宋代实行刺配法，凡"坐特贷者，方决杖、黥面、配远州牢城"④，"黥为墨，配即流，杖乃鞭，三者始萃于一夫之身。"⑤《水浒传》对发配程序和黥面的情况也有详细描述：

> 就此日，府尹回来升厅，叫林冲除了长枷，断了二十脊杖，唤个文笔匠刺了面颊，量地方远近，该配沧州牢城。当厅打一面七斤半团头铁叶护身枷钉了，贴上封皮，押了一道牒文，差两个防送公人监押前去。⑥

《水浒传》中的"防护公人"正是宋代司法胥吏的一种。

宋代死刑执行中，胥吏也是重要参与者。《庆元条法事类》规定："诸决大辟皆于市，遣他官同所堪官吏监决，量差人护送。"⑦大量胥吏是保护死刑顺利执行的重要力量，"决囚于市，若已困于缧绁棰楚者，则篮舁以行。纵可

---

① （宋）马端临：《文献通考》卷一六七《刑考六》，中华书局2011年版，第5017页。
② （宋）马端临：《文献通考》卷一六八《刑考七》，中华书局2011年版，第5042页。
③ （宋）马端临：《文献通考》卷一六七《刑考六》，中华书局2011年版，第5008页。
④ （宋）马端临：《文献通考》卷一六八《刑考七》，中华书局2011年版，第5043页。
⑤ （宋）马端临：《文献通考》卷一六八《刑考七》，中华书局2011年版，第5043页。
⑥ （元）施耐庵、罗贯中：《水浒传》第八回《林教头刺配沧州道　鲁智深大闹野猪林》，人民文学出版社1997年版，第113页。
⑦ （宋）谢深甫：《庆元条法事类》卷七三《刑狱门·决遣·断狱令》，黑龙江人民出版社2002年版，第745页。

第四章 强弱与贵贱：宋代地方法吏群体的利益介入

步履，必窒塞口耳，又以纸钱厚蒙其首，军巡、狱子百十其群，前后遮拥，间以铁锤击枷，传呼鼓噪，声不暂止。"①《水浒传》中描写执行死刑的场面，也描写了胥吏在其中的作用：

> 次日，蔡九知府升厅，便叫当案孔目来分付道："快教叠了文案，把这宋江、戴宗的供状招款粘连了。一面写下犯由牌，教来日押赴市曹，斩首施行。"
>
> 刽子叫起"恶杀都来"，将宋江和戴宗前推后拥，押到市曹十字路口，团团枪棒围住。②

宋代地方司法中胥吏作用的上升，是因为随着司法事务的剧增，而宋代地方官员的设置却相当简省。宋代县级亲民官不过令丞簿尉等四五位，小县只有一两位，而县吏则有数十人到一二百人不等，额外公人的情形十分普遍。③县级"没有官员身份的专职司法人员，只有吏人。"④宋代州级行政，除知州、通判之外，也仅有属官七八员，却常常要负责管理4万至2万的人户，胥吏的辅助已经必不可少。甚至出现胥吏不法，却因找不到时替代者而只能纵容，"法固甚重，然官劾吏窜，则亡失者不复可得。"⑤

宋代胥吏群体成为地方行政正常运转的重要构件，而其承担的职能又呈现相当的专业化倾向，可以说中国古代的地方行政在宋代出现明显的时代特点，那就是其施政者除了国家认可的官员集团，还有潜在的胥吏集团成为重要的辅助力量，二者如一车之下的两翼之轮，共同保证了地方行政的顺畅运行，从此古代中国地方政治中，出现了一明一暗的两个官僚集团。

---

① （宋）李焘：《续资治通鉴长编》卷三七六，元祐元年四月辛亥，中华书局2004年版，第9119页。
② （元）施耐庵、罗贯中：《水浒传》第四〇回《梁山泊好汉劫法场 白龙庙英雄小聚义》，人民文学出版社1997年版，第531、532页。
③ 张正印：《宋代司法中的"吏强官弱"现象及其影响》，《法学评论》2007年第5期。
④ 王云海：《宋代司法制度》，河南大学出版社1992年版，第52页。
⑤ （宋）楼钥著，顾大朋点校：《楼钥集》卷八九《皇伯祖太师崇宪靖王行状》，浙江古籍出版社2010年版，第1581页。

第二节 宋代地方政治中的"官易吏难"现象

"驭邦之大,莫大于建官"①,宋代形成比较典型的官僚统治,官和吏都成为重要的行政集团,但是其政治处境,却可以概括成"官易吏难",在演义小说《水浒传》中对宋代官吏的政治处境曾有这样的总结:

> 原来故宋时,为官容易,做吏最难。为甚的为官容易?皆因那时朝廷奸臣当道,谗佞专权,非亲不用,非财不取。为甚做吏最难?那时做押司的,但犯罪责,轻则刺配远恶军州,重则抄扎家产,结果了残生性命……又恐连累父母,教爹娘告了忤逆,出了籍册,各户另居,官给执凭公文存照,不相来往。②

考察宋代官与吏的实际处境,这种说法有相当的合理性的。

一、经济待遇之别

宋太祖夺取政权后,逐渐形成了在经济上优礼文人的政治传统,太祖认为:"俸禄鲜薄,未可责以廉。"③ 正是因为认为可以增俸可以养廉,所以厚待士大夫一开始就成为宋代祖宗家法的传统内容。

宋太宗就曾多次增加官员的俸禄实钱。太宗初年,曾规定本官月俸都给三分之二的实物,剩余则给现钱。雍熙四年(987),又规定不再扣除二分俸钱,将全部的俸钱全额发放。

宋真宗大中祥符五年(1012)颁布《定百官俸诏》,第一次大幅度增加中高级文武职官的俸钱,但文臣中幕职州县官的俸禄没有增加。

---

① (宋)蔡襄:《蔡襄集》卷九《进龥庢箴状》,上海古籍出版社1996年版,第161页。
② (元)施耐庵、罗贯中:《水浒传》第二二回《阎婆大闹郓城县 朱仝义释宋公明》,人民文学出版社1997年版,第283页。
③ (宋)李焘:《续资治通鉴长编》卷一一,太祖开宝三年七月壬子,中华书局2004年版,第247页。

第四章 强弱与贵贱：宋代地方法吏群体的利益介入

嘉祐二年（1057），为了"使其足以养廉耻，而离于贪鄙之行"①，宋仁宗制订《嘉祐禄令》，开始增加地方官员的俸禄，东京开封府畿县五千户以上知县，升朝官每月俸料二十贯，京官十八贯；三千户以上知县，升朝官十八贯，京官十五贯。各路一万户以上县令二十贯。②《嘉祐禄令》确立了以现钱为主，辅之以衣物、禄粟等实物及职田的俸禄支付方式。

宋神宗熙宁四年（1071），有幕职州县官因俸料低下而发牢骚："妻儿尚未厌糟糠，僮仆岂免遭饥冻？赎典赎解不曾休，吃酒吃肉何曾梦？"③ 宋朝廷因而增加幕职州县官每月俸禄：县令、录事参军原为十贯、十二贯，米麦三石者，增至十五贯、米麦四石；司理参军、司法参军和司户参军，主簿、县尉，原为七贯、八贯、十贯和米麦二石者，增至十二贯和米麦三石。④ 宋徽宗大观元年（1107），因职钱也属于"添支"，"其名重复"，而且厚薄不均，改为"贴职钱"。

南宋时也曾一度增加地方官员的俸禄，如高宗绍兴三年（1133）增无职田选人、亲民小使臣茶汤钱十千。⑤ 此后又增加内外官添支料钱、添支米，职事官厨食钱。⑥ 经过多次调整，南宋中后期的官俸已达到宋初的"七八倍"："予谓今之仕宦，虽主簿、尉，盖或七八倍于此。"⑦

总体来讲，宋代地方官员的薪俸还是较为优厚的，宋人自称："中兴百年，虽非复升平之旧入，然国朝之待旧臣甚厚，养吏甚优，此士大夫自一命以上，皆乐于为用，盖以有养其身而固其心也。"⑧ 清代赵翼评价宋代俸禄制

---

① （宋）王安石：《王文公文集》卷一《上皇帝万言书》，上海人民出版社 1974 年版，第 4 页。
② （元）脱脱：《宋史》卷一七一《职官志十一》，中华书局 1977 年版，第 4101—4109 页。
③ （宋）江少虞：《宋朝事实类苑》卷六三《谈谐戏谑》，上海古籍出版社 1981 年版，第 838 页。
④ （元）脱脱：《宋史》卷一七一《职官志十一》，中华书局 1977 年版，第 4121 页。
⑤ （宋）李心传：《建炎以来系年要录》卷六七，绍兴三年七月庚午，中华书局 1988 年版，第 1131 页。
⑥ （元）脱脱：《宋史》卷一七二《职官十二》，中华书局 1977 年版，第 4134 页。
⑦ （宋）洪迈：《容斋四笔》卷七《小官受俸》，中国世界语出版社 1995 年版，第 456 页。
⑧ （宋）谢维新：《古今合璧事类备要·后集》卷六《俸禄》，景印文渊阁《四库全书》本，台北：商务印书馆 1983 年，第 939 册，第 596 页。

度:"入仕者不复以身家为虑,各自勉其治行,观于真、仁、英诸朝,名臣辈出,吏治循良,及有事之秋,犹多慷慨报国。绍兴之支撑半壁,德祐之毕命疆场,历代以来,捐躯殉国者,惟宋末独多,虽无救于败亡,要不可谓非养士之报也","恩逮于百官者惟恐其不足"。①

与宋代官员所得到的经济待遇相比,宋代地方胥吏的经济待遇则要糟糕得多。

北宋前期地方公吏的来源是差、募兼行,主要是从乡村和坊郭民户中招募和轮差,形式多样,"有乡户差充者,有投名者,有乡差、投名杂用者。"② 熙宁之后,基本上是募役,州县役改为全部投名,即民众自愿投状到官府充当胥吏。熙宁三年(1070),始制天下吏禄,以绝请托之弊。至熙宁八年(1075),中央岁支"三十七万一千五百三十三贯一百七十八"③,但京师旧有禄者及天下吏禄,皆不在此数,因而只是中央高级胥吏的待遇得到了改善。后王安石推行仓法,又称重禄法:"内自政府百司,外及监司、诸州胥吏皆赋以禄,谓之仓法。京师岁增吏禄四十一万三千四百余缗,监司、诸州六十八万九千八百余缗。"④ 这场变革中,路、州、县各级地方胥吏得到近70万缗的吏禄总额,和以前相比算是相当优厚了。具体分配标准为:"诸州法司、当直司、司理院推司、州院专差勘事司吏","月给食料钱虽多,毋过十二千","法司习学""食料钱毋过五千。"⑤ "诸州县常平、农田、水利、差役并分为两案……每案三人,县毋过二人,月给食钱毋过七千,州毋过十千"⑥,"不论

---

① (清)赵翼:《廿二史札记》卷二五《宋制禄之厚》,中华书局1984年版,第534页。
② (宋)刘挚著,裴汝诚、陈晓平点校:《忠肃集》卷五《论役法疏》,中华书局2002年版,第99页。
③ (宋)沈括:《梦溪笔谈》卷一二《官政二》,延边人民出版社2000年版,第181页。
④ (宋)李焘:《续资治通鉴长编》卷二四八,熙宁六年十二月壬申,中华书局2004年版,第6052页。
⑤ (宋)李焘:《续资治通鉴长编》卷二六五,熙宁八年六月己酉,中华书局2004年版,第6493页。
⑥ (宋)李焘:《续资治通鉴长编》卷二四九,熙宁七年正月癸亥,中华书局2004年版,第6072—6073页。

第四章 强弱与贵贱：宋代地方法吏群体的利益介入

大小、轻重之别，多者至七八千，州县常平两案或至六千，多者至八千。"①而当时下县的县级主簿、县尉，其俸禄就是七八千，地方吏胥与县级属官的工资水平持平。

重禄法为南宋政府所沿袭，"中兴南渡之后，俸禄之制，参用嘉祐、元丰、政和之旧，少所增损"②，宋孝宗乾道六年（1170）重禄法的情况为："户部勘当州县人吏合给重禄者，不以兼、权，并于行案日即便帮支。"绍熙元年（1190），宋朝廷下令各县设置"刑案推吏"一职，推行重禄法，但各地往往不予实施，为此绍熙四年（1193）朝廷下令，"如故不受请及所属不与帮支，各从例受制书而违杖一百。其不受请人，仍勒停，别差人承替"③，"诸重禄公人因职事受乞财物者，徒一年，一百文，徒一年半，一百文加一等，一贯流二千里，一贯加一等。"④

宋代推行重禄法之后，不是全部地方胥吏皆能享领政府俸禄。一是因为重禄法主要针对对象是中央及地方高级胥吏，二是地方存在严重的"法外置吏"，这些吏人不仅不能从政府领取补助，还以主要劳役形式在政府工作。因此，宋代吏胥分有无禄和无禄两种。无禄吏胥"官无一钱一粟请给及之"⑤，"县之有吏，非台郡家比。台郡之吏，有名额、有廪给。名额视年劳而递升，廪给视名额而差等……县吏则不然，其来也，无名额之限；其役也，无廪给之资。"⑥ 在宋代地方政治的实际运行中，尽管有政策规定，但关于支付胥吏俸禄的条文常难以执行，地方政府常常克扣。徽宗崇宁时，臣僚上奏："常平

---

① （宋）李焘：《续资治通鉴长编》卷三二四，元丰五年三月乙酉，中华书局2004年版，第7798页。
② （宋）马端临：《文献通考》卷六五《职官考十九》，中华书局2011年版，第1966页。
③ （宋）谢深甫：《庆元条法事类》卷五二《公吏门·差补敕令格申明·随敕申明》，黑龙江人民出版社2002年版，第733页。
④ （宋）谢深甫：《庆元条法事类》卷五二《公吏门·差补敕令格申明·旁照法》，黑龙江人民出版社2002年版，第734页。
⑤ （元）胡知柔：《象台首末》卷二《嘉定甲申正月二十二日轮对第一札·贴黄》，景印文渊阁《四库全书》本，台北：商务印书馆1983年，第447册，第24页。
⑥ （宋）胡太初：《昼帘绪论·御吏篇》，载《宋代官箴书五种》，中华书局2019年版，第171页。

库子、揩子不支雇钱，则是公然听其取乞。"①《州县提纲》中也说，"县有弓手、手力，役于公家，悉藉月给以为衣食。县家常赋不办，往往越数月不给。彼之仰事俯育、丧葬嫁娶，迫乎其身。"② 南宋时期，随着战乱的加剧，政府财政捉襟见肘，更是难以全面支付胥吏俸禄。宋光宗时，"县行案人吏承勘公事行重禄，往往计会所属，不即帮支，及有已帮支去处，亦不支请，遇有罪犯，避免罪名。"③

可以说，宋代地方胥吏经济收入的低下，很难依靠正当收入维持其家庭生活，"一人奉公，百指待哺"④，因此常要依靠受贿生活，"且思如何可以取钱，又思如何可以欺罔官员，实无心推究人枉直"⑤，"上自公府省寺、诸路监司、州县、乡村、仓场、库务之吏，词讼追呼、租税徭役、出纳会计，凡有毫厘之事关其手者，非赂遗则不行"⑥，"府吏胥徒之属，居无廪禄，进无荣望，皆以啗民为生者"⑦，"天下吏人素无常禄，唯以受赇为生，往往致富者"⑧。朱熹也曾说："狱者人命所系，故推吏赋禄厚，而受赇辄以重法论。至狱卒阴操木索笞棰轻重之权，惨虐尤甚，而今以无禄故为奸利者，得从轻坐，甚亡谓。"⑨

宋代待遇"士大夫甚厚，皆前代所无"⑩，而胥吏虽是重要的行政辅助力

---

① （清）徐松辑：《宋会要辑稿》食货一四之一四，上海古籍出版社 2014 年版，第 7262 页。
② （宋）陈襄：《州县提纲》卷二《月给雇金》，载《宋代官箴书五种》，中华书局 2019 年版，第 132 页。
③ （宋）谢深甫：《庆元条法事类》卷五二《公吏门·差补敕令格申明·随敕申明》，黑龙江人民出版社 2002 年版，第 733 页。
④ （宋）胡太初：《昼帘绪论·御吏篇》，载《宋代官箴书五种》，中华书局 2019 年版，第 171 页。
⑤ （宋）李焘：《续资治通鉴长编》卷二三三，熙宁五年五月乙巳条，中华书局 2004 年版，第 5666 页。
⑥ （宋）李焘：《续资治通鉴长编》卷一九六，嘉祐七年五月丁未，中华书局 2004 年版，第 4759 页。
⑦ （宋）李焘：《续资治通鉴长编》卷一九六，嘉祐七年五月丁未，中华书局 2004 年版，第 4759 页。
⑧ （宋）沈括：《梦溪笔谈》卷一二《官政二》，延边人民出版社 2000 年版，第 181 页。
⑨ （宋）朱熹：《朱熹集》卷九二《岳州史君郭公墓碣铭》，四川教育出版社 1996 年版，第 4672 页。
⑩ （宋）王栐：《燕翼诒谋录》卷五《臣僚赐谥》，中华书局 1981 年版，第 46 页。

量,却难以保证其经济待遇,这种官员与胥吏在经济地位的处境,极大地影响了宋代地方行政的种种态势,并开始形成具有时代特色的困境与难题。

二、行政责罚有别

中国古代官场之中,最常见的职务犯罪就是贪赃犯罪,对比因贪污腐败而可能受到处罚的严厉程度,可以看出宋代地方官与吏政治地位的高下处境。

宋朝初期,统治者认为"郡县吏承五季之习,黩货厉民,故尤严贪墨之罪。"① 太祖开宝元年(968)时,把官吏贪赃与常赦不原的"十恶"重罪并列:"十恶、杀人、官吏受赃者不原。"② 而且规定:"诸职官以赃致罪者,虽会赦不得叙,永为定制。"③

宋太祖确定以文臣治国的方针之后,认为文官即使有所贪腐,也不会造成严重社会后果,宋太祖曾对赵普说:"五代方镇残虐,民受其祸,朕今选儒臣干事者百余,分治大藩,纵皆贪浊,亦未及武臣一人也。"④ 因此,在开宝六年(973),就有了"特赦诸官吏奸赃"⑤的赦令。开宝七年(974)四月,殿中侍御史刘光辅坐知楚州时受赇;开宝九年(976)十二月,秘书丞安璘坐知道州受赇枉法,皆坐受贿赃当死,而仅被处以"杖脊,除籍为民"的处分。⑥ 宋太祖时,对于官员犯罪,还多以刺配远恶州军牢城取代死刑,"命官犯罪当配隶者,多于外州编管,或隶牙校。其坐死特贷者,多决杖黥面,配远州牢城,经恩量移,即免军籍。"⑦

---

① (元)脱脱:《宋史》卷一五三《刑法志二》,中华书局1977年版,第4985页。
② (元)脱脱:《宋史》卷二《太祖纪二》,中华书局1977年版,第28页。
③ (元)脱脱:《宋史》卷一《太宗纪》,中华书局1977年版,第59页。
④ (宋)李焘:《续资治通鉴长编》卷一三,开宝五年十二月乙卯,中华书局2004年版,第293页。
⑤ (元)脱脱:《宋史》卷三《太祖纪三》,中华书局1977年版,第40页。
⑥ (宋)李焘:《续资治通鉴长编》卷一五,太祖开宝七年四月癸卯,中华书局2004年版,第318页;《续资治通鉴长编》卷一七,太祖开宝九年十二月己未,中华书局2004年版,第387页。
⑦ (宋)李焘:《续资治通鉴长编》卷八,乾德五年二月癸酉,中华书局2004年版,第189—190页。

宋太宗延续了太祖对待腐败官员的政策方针，太宗曾对宰相吕蒙正说："幸门如鼠穴，何可塞之！但去其甚者，斯可矣。"① 淳化五年（994）赦令："先犯赃罪配隶禁锢者放还。"②

北宋对官吏犯赃罪强调"宽仁为治"，"立法之制严而用法之情恕"③，因而相关立法由严而宽，刑罚由重而轻。虽然在政治宣传中多言严惩贪吏，但实际执行时却多出现"打折"的情况，这是宋代以宽治吏的源头。

宋真宗亦多次申严重惩贪赃之法，但在实际执法中，贪官"罪至极法，率多贷死"④。宋仁宗朝，进一步放宽了对贪官的惩罚，编管开始成为贪赃枉法罪的最高刑，"凡命官犯重罪，当配隶，则于外州编管。"⑤ 编管是两宋的新的刑种，即编录名籍，不文面而流，到指定地区予以管制居住，限制活动范围和人身自由。受编管人员需定期向当地官府报到，即"月赴长吏厅呈验"⑥。天圣八年（1030）十一月六日，监翰林司阁门副使郭承祐，坐监主自盗，依法合实极典，而仁宗特诏贷命，"免决刺，除名，配岳州衙前编管。"⑦ 景祐四年（1037）四月二十七日，真定府路总管夏守恩，因枉法赃合处死，最后也是"特贷命，除名，配连州编管。"⑧ 庆历四年（1044）八月，"司勋郎中张可久责授保信节度副使，坐前为淮南转运使，贩私盐万余斤在部中也"，后配远州编管。⑨ 包拯曾批评这种情况："今天下郡县至广，官吏至众，而赃污谪发，无日无之。洎具案来上，或横贷以全其生，或推恩以除其衅，虽有重律，

---

① （宋）李焘：《续资治通鉴长编》卷三五，淳化五年二月乙酉，中华书局2004年版，第774页。
② （元）脱脱：《宋史》卷五《太宗纪二》，中华书局1977年版，第95页。
③ （元）脱脱：《宋史》卷一九九《刑法志序》，中华书局1977年版，第4961—4962页。
④ （元）脱脱：《宋史》卷二〇一《刑法志三》，中华书局1977年版，第5019页。
⑤ （元）脱脱：《宋史》卷二〇一《刑法志三》，中华书局1977年版，第5017页。
⑥ （宋）李心传：《建炎以来系年要录》卷一六四，绍兴二十三年四月辛巳，中华书局2013年版，第2683页。
⑦ （清）徐松辑：《宋会要辑稿》刑法六之一二，上海古籍出版社2014年版，第8537页。
⑧ （清）徐松辑：《宋会要辑稿》刑法六之一五，上海古籍出版社2014年版，第8538页。
⑨ （宋）李焘：《续资治通鉴长编》卷一五一，仁宗庆历四年八月戊申，中华书局2004年版，第3687页。

第四章　强弱与贵贱：宋代地方法吏群体的利益介入

仅同空文，贪猥之徒，殊无畏惮。"①

宋徽宗认为品官犯罪判刑，若于常人无异，"将使人有轻吾爵禄之心"，主张不得重刑捶拷品官，以称"钦恤之意"。②

南宋初，有官员建议"申严真决赃吏法"，宋高宗随即反对："何至尔耶？但断遣之足矣。贪吏害民，杂用刑威，有不得已，然岂忍置缙绅于死地邪？"③南宋高宗时，有"王权贷命，除名、勒停、琼州编管。"④ 李心传记载：

> 淳熙五年，上既申保任京官连坐之罚，十年夏，又诏："自今自盗枉法，赃罪致死者，籍其资，仍决配不以秩位之高下，形势之轻重，朕将一概施行。"……然亦未尝有决刺者。庆元元年，倪正父为吏部侍郎，建言："请自今以贪墨闻者，虽未欲送狱根勘，亦合差官究实惩治。庶几大赃治而小赃惩。"其后亦不克举行。⑤

宋宁宗时，腐败官员还可得到赦免，"国家赃吏之罚，固亦不轻，责罚未几，遇赦复叙，故态复作"⑥，"赃吏之罚，小则不过罢黜，甚则只从镌降，未几受引赦原，率复如故。"⑦ 因而出现了"赂相浊乱，贪焰烁天，奸尹贪婪，聚敛成市"⑧ 的局面。

宋人总结本朝治理官员职务犯罪的特点："前代多深于用刑，大者诛戮，小者远窜。唯本朝用法最轻，臣下有罪，止于罢黜，此宽仁之法也。"⑨

---

① （宋）包拯著，杨国宜校注：《包拯集校注》卷三《乞不用赃吏》，黄山书社1999年版，第230页。
② （元）脱脱：《宋史》卷一九九《刑法志一》，中华书局1977年版，第4981页。
③ （元）脱脱：《宋史》卷二〇〇《刑法志一》，中华书局1977年版，第4991—4992页。
④ （宋）徐梦莘：《三朝北盟会编》卷二四〇，绍兴三十一年十一月十八日丙戌，上海古籍出版社1987年版，第1723页。
⑤ （宋）李心传：《建炎以来朝野杂记》甲集卷六《建炎至嘉泰申严赃吏之禁》，第147页；（宋）李心传撰，徐规点校：《建炎以来朝野杂记·甲集卷六 朝事二·168 建炎至嘉泰申严赃吏之禁》，中华书局2000年版，第148页。
⑥ （清）徐松辑：《宋会要辑稿》职官七五之四〇，上海古籍出版社2014年版，第5094页。
⑦ （清）徐松辑：《宋会要辑稿》职官七五之四一至四二，上海古籍出版社2014年版，第5095页。
⑧ （明）黄淮、杨士奇：《历代名臣奏议》卷六二"牟子才奏"，上海古籍出版社1989年版，第864页。
⑨ （宋）周辉：《清波杂志校注》卷一《祖宗家法》，中华书局1994年版，第16页。

宋代地方官员职务犯罪可以轻判，而如果未有大错，则可在官场上平流进取。宋代进士制度与唐代不同，唐代进士只是取得任官资格，还须经吏部进行身、言、书、貌的测试，政府认为其有治民能力，才能正式获得官职。但在宋代，一经取录，进士便可为官，所以宋代冗官问题突出，真宗时全国官吏不过万余人，但因"恩宠过溢，赐予不节"，至英宗时，竟增至两万四千多人，而宗室吏员，也有一万五千人，同宋初比，"州县不广于前，而官五倍于旧。"① 可以说宋代进士的录取数额大幅增加，做官的机会也成倍增多。而进入官僚集团之后，其升迁也颇为容易，"朝廷考课之法，由在职无过以上皆被迁擢"②，"奉法守职、积劳岁月而无过者，皆有进秩之资。"③ 根据宋代磨勘制度，文官三年一迁，而武官则要五年一迁。这种风气，难以区分能吏与庸吏，范仲淹曾直言仁宗，认为"今文资三年一迁，武职五年一迁，谓之磨勘。不限内外，不问劳逸，贤不肖并进"，因而地方官"虽愚暗鄙猥，人莫齿之，而三年一迁，坐至卿监丞郎者，历历皆是，谁肯为陛下兴公家之利，救生民之病，去政事之弊，葺纪纲之坏哉?"④ 庆历三年（1043），谏官欧阳修言："此等之人布在州县，并无黜陟。因循积弊，官滥者多，使天下州县不治者十有八九。"⑤ 嘉祐二年（1057），知谏院陈旭也言，地方官"选用不精，又责任无法，考课不立，其间非暗滞罢懦，则陵肆刻薄，十常八九"，"下之疾苦不得上闻，而重其愁叹憔悴也。"⑥ 所以很多地方官员"大抵能饰厨传，

---

① （元）脱脱：《宋史》卷二八四《宋祁传》，中华书局1977年版，第9594页。
② （宋）韩维：《南阳集》卷一六《外制·职方员外郎通判饶州王奭可屯田郎中差遣如故》，景印文渊《阁四库全书》本，台北：商务印书馆1983年，第1101册，第652页。
③ （宋）欧阳修：《欧阳修全集》卷八〇《大理寺丞王陶转殿中丞大理寺丞郭佑贤王正已并转太子中舍制并磨勘改官》，中华书局2001年版，第1162页。
④ （清）范能濬编集，薛正兴校点：《范仲淹全集·范文正公政府奏议》卷上《答手诏条陈十事》，凤凰出版社2004年版，第474页。
⑤ （宋）李焘：《续资治通鉴长编》卷一四一，庆历三年五月戊寅，中华书局2004年版，第3374页。
⑥ （宋）李焘：《续资治通鉴长编》卷一八六，嘉祐二年七月辛卯，中华书局2004年版，第4484页。

即为称职。官满之日,往往擢为监司。"① 南宋时,仍然大量存在这种平庸者也可进职的情况,宁宗时,有果、阆州守臣"逃遁而进职",有知遂宁李炜父子"足迹不至边庭而受赏。"② 理宗时,侍御史郑寀上疏再次言及此弊端,"比年以来,旧章寝废。外而诸阃,不问勋劳之有无,而爵秩皆得以例迁;内而侍从,不问才业之优劣,而职位皆可以例进。"③

宋代官员录取机率大,犯罪惩罚轻,无错升迁快,因而清人赵翼评价宋代的职官制度时说:"恩逮于百官者惟恐其不足。"④

对比宋代官与吏在职务过失中的政治待遇,可以说明二者的社会地位有天壤之别。王夫之将这种贪腐现象总结为:"严下吏之贪而不问上官,法益峻,贪益甚,政益乱。"⑤

"吏与官同为宋朝政权机构的办事人员,却存在着相当严格的身份性差别。"⑥ 宋代地方胥吏没有太多出路,赵升说:"内外百司吏职及诸州、监司吏人皆有年劳补官法,俗谓出职是也。免铨试,径注差遣。"⑦ 可知宋代只有中央、路级和州级吏人才有出职入仕之可能,而县级吏人基本没有出职入仕的可能。宋代地方胥吏,其主要出路在于在本系统内升迁,即从乡役升格为州、县役,从州役升格为中央机构吏胥。宋太宗诏,"御史台四推主推四人,书吏八人,自今于京东、京西、淮南、河北四路选差","指定州府,委知州、通判拣选廉干,有行止,能书札者,孔目、勾押官补主推,使、州院前行补书吏,给口券,押速(送)赴台,试验收补。主推四年无遗阙,与(三班)奉职。书吏三年满,转主推,更二年,亦与奉职。如无主推阙,即候满四年,

---

① (宋)司马光著,王根林点校:《司马光奏议》卷八《论因差遣遗例除监司札子》,山西人民出版社1986年版,第83页。
② (元)脱脱:《宋史》卷四〇八《吴昌裔传》,中华书局1977年版,第12303页。
③ (元)脱脱:《宋史》四二〇《郑寀传》,中华书局1977年版,第12570页。
④ (清)赵翼:《廿二史札记》卷二五《宋制禄之厚》,中华书局1984年版,第534页。
⑤ (清)王夫之:《读通鉴论》卷二八《五代上》,中华书局1975年版,第2364页。
⑥ 王曾瑜:《宋朝阶级结构》,中华书局2010年版,第239页。
⑦ (宋)赵升编,王瑞来点校:《朝野类要》卷三《年劳》,中华书局2007年版,第66页。

与（三班）借职。若只愿今（令）州安排者，主推与都押衙，书吏与孔目官"①。宋神宗时，也规定"发运、转运、提点刑狱、提举司、州县吏及衙前不犯徒若赃罪，能通法律，听三岁一试断案"，"补御史台主推、书吏，以次补审刑院纠察、司书、令史。"② 尽管存在这种州级公吏通过考试，升补中央司法部门为吏的升迁之路，但对于广大地方胥吏来说，这种升迁机率极为渺茫，因为中央从地方抽调胥吏只数十人，而神宗时新定役人止"四十二万九千余人"③，并且还不是每年都有这种选调出职的机会，所以宋代官与吏事实上隔绝为两个集团，地方胥吏事实上成为固定而卑下的一个行政阶层。唐朝尚有牛仙客、田神功等由吏胥升宰相或高官，而宋时绝无类似的事例。相反，自北宋到南宋，对吏胥出职的官位限制愈来愈严。④

宋代地方胥吏常常受到士大夫们的鄙视，"所谓乡亭之职，至困至贱，贪官污吏非理征求，极意凌蔑"⑤，认为这些公吏"久充胥徒，习奸成性"⑥，"州县胥吏，小人之尤也。主持官中文书，日务舛恶，以变乱大人之聪明，行威福于州县。"⑦ 所以，南宋吕本中主张为官者"与郡僚如家人，待群吏如奴仆。"⑧ 有的官员称公吏为饿狼，"防吏如防饿狼。"⑨ 有的官员称胥吏为卑贱如犬彘，有的官员称公吏"是乌合不根，鼠窃狗盗辈。"⑩

---

① （清）徐松辑：《宋会要辑稿》职官五五之三，上海古籍出版社2014年版，第4498页。
② （宋）李焘：《续资治通鉴长编》卷二六四，熙宁八年五月乙亥，中华书局2004年版，第6466页。
③ （清）徐松辑：《宋会要辑稿》食货一三之三四，上海古籍出版社2014年版，第6262页。
④ 王曾瑜：《宋朝阶级结构》，中华书局2010年版，第267页。
⑤ （宋）马端临：《文献通考》卷一三《职役考二》，中华书局2011年版，第382页。
⑥ （宋）佚名：《名公书判清明集》卷一一《人品门·责县严追》，中华书局1987年版，第420页。
⑦ （宋）陈襄：《古灵集》卷一四《与福建运使安度支书》，景印文渊阁《四库全书》本，台北：商务印书馆1983年版，第1093册，第614页。
⑧ （宋）吕本中：《官箴》，载《宋代官箴书五种》，中华书局2019年版，第75页。
⑨ （宋）魏了翁：《鹤山先生大全文集》卷八二《故秘书丞兵部郎官潼州府路转运判官张公墓志铭》，《宋集珍本丛刊》，线装书局2004年版，第77册，第501页。
⑩ （宋）佚名：《名公书判清明集》卷一一《人品门·黠吏为公私之蠹者合行徒配以警其余》，中华书局1987年版，第434页。

第四章　强弱与贵贱：宋代地方法吏群体的利益介入

宋代官员对下属胥吏有管理权，因此常对吏人的日常活动进行限制，"吏人不得辄出县衙门，如有事故，请暂假。不经宿者，取复，请牌子。具事目执付门子放出，仰门子即时前来报复。如判得假状，即执付主假故簿人吏，书在假日时，官员押讫，方得前去"；"诸色公人男女家人之类，不得入县衙门。若送饮食之类，许暂到司房便出"；"典押诸色公人等被差，或随官员出外，归县并须画时公参，不得托故，因循在外"；"诸色公人敢带酒容及将酒入县衙门，并当从重科断。"①

宋代官员对下属胥吏还有惩罚权，有的提出官员"自置手簿"，将公吏的一些违规行为登记其上，"记公人小可罪愆，累犯酌情行遣，遍谕前日过失，其有以功补过者，分明说谕。"② 而一旦胥吏犯错，官员有权施以笞杖，如宋真宗时，"胡顺之为浮梁县令"，将州教练使（衙前）"杖之二十，教练使不服，曰：'我职员也，有罪当受杖于州'。顺之笑曰：'教练使久为职员，殊不知法，杖罪不送州邪。'卒杖之。"③ 莱州莱县主簿暂行令事时，"缚故吏唐权，条其宿恶上于州，杖其脊而遣之。县之奸豪皆敛色屏气，指权相戒不可犯公法。"④ 王岩叟知定州安喜县，"有法吏罢居乡里，导人为讼，岩叟捕挞于市，众皆竦然。"⑤《名公书判清明集》记载官员对吏人的处置为："帖请解推吏赴司，受杖一百，聊示薄责"，"李发、张福助之为虐，亦难轻贷，各勘杖一百。"⑥ 有的长官对犯罪的公吏随意违法用刑，"决挞之类动以百计。"⑦ 临海

---

① （宋）李元弼：《作邑自箴》卷五《规矩》，中华书局2019年版，第31、35、36页。
② （宋）李元弼：《作邑自箴》卷一《处事》，中华书局2019年版，第11页。
③ （宋）司马光：《涑水记闻》卷六，中华书局1989年版，第110页。
④ （宋）欧阳修：《欧阳修全集》卷二八《江宁府句容县令赠尚书兵部员外郎王公代恕墓志铭》，中华书局2001年版，第425页。
⑤ （元）脱脱：《宋史》卷三四二《王岩叟传》，中华书局1977年版，第10891页。
⑥ （宋）佚名：《名公书判清明集》卷一一《人品门·罪恶贯盈》，中华书局1987年版，第411页；卷一一《人品门·十虎害民》，中华书局1987年版，第413页。
⑦ （宋）佚名：《名公书判清明集》卷一《官吏门·约束州县属官不许违法用刑》，中华书局1987年版，第36页。

211

县丞曹格"捶挞胥吏。"① 长官如果认为胥吏犯罪性质严重，还可重判，如提刑官宋慈就将犯"受所监临财物罪"②的府吏扶如雷处以绞刑，将伙同他人贪污军械武器的胡杰给予"重决脊杖二十，编管全州"的处罚，并将胡杰的帮凶郑俊"重决脊杖二十，刺配海外州军，椎所郴州土牢。"③

因此，宋代地方行政出现各类事故时，胥吏常常成为责任追究的第一对象。如果泄漏机密，"诸发运、监司、经略、安抚、总管、铃辖司人吏漏泄本司公事，杖八十，重害者，加二等。"④ 如果档案散乱，"诸架阁库文书，所掌官吏散失者，杖一百"⑤，"诸公人亡失见行公案、帐籍、簿历等及应架阁文书"，"县吏人杖八十。"⑥ 如果未能完成各项收敛，"诸州县理欠，各以所管月日每季通计，一万贯以上，催纳不及四分"，"吏人杖六十，职级减二等"；"诸不应销破请给，并欠负合剋纳，而粮料院漏上簿或失剋者，吏人杖一百"；"诸纳毕他处官物，不于次帐收附者，元纳专典及州吏人杖七十。"⑦ 如果监押囚犯意外死亡，"应诸州军巡司院所禁罪人，一岁在狱病死及二人，五县以上州岁死三人，开封府司、军巡岁死七人，推吏、狱卒皆杖六十，增一人则加一等，罪止杖一百。"⑧ 高宗绍兴五年（1135）又定岁终比较计分断罪法：即禁囚每十人死一人者计一分，"诸囚在禁病死，（因捶考过伤及疾病不治，责出十日内死而事理轻者同。）岁终通计所禁人数，死及一分，狱子杖一百，吏

---

① （宋）朱熹：《朱熹集》卷一八《按唐仲友第三状》，四川教育出版社 1996 年版，第 738 页。
② （宋）佚名：《名公书判清明集》卷二《官吏门·巡检因究实取乞》，中华书局 1987 年版，第 54 页。
③ （宋）佚名：《名公书判清明集》卷一一《都吏辅助贪守罪恶滔天》，中华书局 1987 年版，第 428 页。
④ （宋）谢深甫：《庆元条法事类》卷八《职制门·漏泄传报·职制敕》，黑龙江人民出版社 2002 年版，第 145 页。
⑤ （宋）谢深甫：《庆元条法事类》卷一七《文书门·架阁·职制敕》，黑龙江人民出版社 2002 年版，第 356 页。
⑥ （宋）谢深甫：《庆元条法事类》卷一七《文书门·毁失·杂敕》，黑龙江人民出版社 2002 年版，第 367 页。
⑦ （宋）谢深甫：《庆元条法事类》卷三二《财用门·理欠·厩车敕》，黑龙江人民出版社 2002 年版，第 509—510 页。
⑧ （元）脱脱：《宋史》卷二〇一《刑法志三》，中华书局 1977 年版，第 5021 页。

第四章 强弱与贵贱：宋代地方法吏群体的利益介入

人减一等，当职官又减一等，每一分递加一等，罪只徒一年半，仍不以去官赦降原减。"① 除了肉体刑罚，地方长官也可对吏人降级使用，"诸州推司、法司吏人，因本司事，受财入己，罪不至勒停者，降一资。"② 地方长官也可进行经济惩罚，"公吏有过，则令罚直。"③

宋代地方官员在制度之内，可以惩罚属吏；在制度之外，还多有盘剥属吏之举。地方官员可以"率吏出钱创置公用器物"④，地方长官"令人吏代支钱买乳柑，不支还"⑤，"为县官者，同僚平时相聚，固有效郡例，厚为折俎，用妓乐、倡优，费率不下二三十缗者。夫郡有公帑，于法当用，县家无合用钱，不过勒吏辈均备耳。"⑥"至于盗用官钱、官酒，苦刻牙人、铺户，恣纵市买，以至县官筵会之费，尽科配于公吏。"⑦《昼帘绪论》记载官盘剥吏的名目更为详细：

> 县官日用，则欲其买办灯烛柴薪之属；县官生辰，则欲其置备星香图彩之类；士夫经从，假寓馆舍，则轮次排办；台郡文移，专人追逮，则哀金遣发。其他贪黩之令，诛求科罚，何可胜纪！⑧

正是因为当时存在较严重的地方官员剥削属吏的情况，所以当时有里巷谚语云："丞、簿食乡司，县尉食弓手。"⑨

---

① （宋）谢深甫：《庆元条法事类》卷七四《刑狱门·病囚·断狱敕》，黑龙江人民出版社2002年版，第765页。
② （宋）谢深甫：《庆元条法事类》卷七三《刑狱门·出入罪·断狱敕》，黑龙江人民出版社2002年版，第753页。
③ （宋）胡太初：《昼帘绪论·理财篇》，载《宋代官箴书五种》，中华书局2019年版，第185页。
④ （清）徐松辑：《宋会要辑稿》刑法二之二五，上海古籍出版社2014年版，第8296页。
⑤ （清）徐松辑：《宋会要辑稿》刑法六之二八，上海古籍出版社2014年版，第8546页。
⑥ （宋）陈襄：《州县提纲》卷一《燕会宜简》，载《宋代官箴书五种》，中华书局2019年版，第103页。
⑦ （清）徐松辑：《宋会要辑稿》刑法二之一五三，上海古籍出版社2014年版，第8381页。
⑧ （宋）胡太初：《昼帘绪论·御吏篇》，载《宋代官箴书五种》，中华书局2019年版，第171页。
⑨ （宋）真德秀：《西山先生真文忠公文集》卷六《申尚书省乞将本司措置俸给颁行诸路》，上海商务印书馆1937年版，第102页。

宋代地方官员与胥吏,在经济待遇和行政责任方面都有巨大不同,其所产生的"官易吏难"现象,其根本原因在于"官贵吏贱"的社会结构。

第三节 宋代地方政治中的"吏强官弱"现象

宋代地方政治中,胥吏处于相当弱势的地位,其经济地位和政治处境与官相比都有明显差距。但是,在宋代地方政治中,尤其自北宋后期开始,从皇帝到士大夫,又出现了重视"吏强官弱"的呼声。宋代有的地方公吏"首占县权,自号立地知县"[1],"妄自夸大以骄人,往往事亡巨细,俱辐凑之,甚至其门如市,而目为立地官人"[2],"以敏给济奸,以狡险济恶,贪狠如虎狼,前政提刑受其笼络,威行九州,凌犯纲常,至敢与提刑握手耳语,人皆呼为小提刑。"[3] 因此,宋朝官场社会号称"公人世界,其来久矣,而尤炽于今日。"[4] 宋徽宗也认为出现了这样的问题:"吏强官弱,非痛惩之,则法令在其股掌间矣。"[5] 宋高宗说:"诸路宪臣,或不得人,则吏强官弱,民无所诉。"[6] "吏强官弱,官不足以制吏"[7],成为宋代地方政治的新特点。

一、宋代地方官员选任制度的弊端

宋王朝建立之初,就立足于避免唐末五代地方割据的历史教训,"立国定

---

[1] (宋)佚名:《名公书判清明集》卷一一《人品门·违法害民》,中华书局1987年版,第412页。
[2] (宋)陈襄:《州县提纲》卷一《防吏弄权》,载《宋代官箴书五种》,中华书局2019年版,第100页。
[3] (宋)佚名:《名公书判清明集》卷一一《人品门·籍配》,中华书局1987年版,第415页。
[4] (宋)陆九渊著,钟哲点校:《陆九渊集》卷五《与徐子宜》,中华书局1980年版,第68页。
[5] (宋)李之仪:《姑溪居士后集》卷一九《胡叔微行状》,载《宋集珍本丛刊》,线装书局2004年版,第27册,第202页。
[6] (清)徐松辑:《宋会要辑稿》刑法四之八九,上海古籍出版社2014年版,第8497页。
[7] (宋)李心传:《建炎以来系年要录》卷六〇,绍兴二年十一月庚午,中华书局1988年版,第1034页。

制，维持人心，期于永存而不可动者，皆以惩创五季而矫唐末之失策为言"①，因此特别强调地方官吏由皇帝直接任免，并用文臣知州事，除边郡外，州官人选，概用文人。为防止州郡长官长期统辖一方，尾大不掉，制定了三年一换的办法，"列郡……以京官权知，三年一易"②，自此使知州等地方官定期轮换，不许久任。

宋代还规定，地方官员主政地区必须避开家乡原籍，幕职州县官要回避本州，知州、通判则要回避本路。太宗太平兴国七年（982）十二月诏："应见任文武官悉具乡贯、历职、年纪，著籍以闻，或贡举之日解荐于别州，即须兼叙本坐乡贯，或不实者，许令纠告，当置其罪。自今入官者皆如之，委有司阅视。内有西蜀、岭表、荆湖、江、浙之人，不得为本道知州、通判、转运使及诸事任。"③ "今州县小吏或滥跻仕版，不欲去里闾，远亲戚，则又求仕乡邦，夤缘请托。乞今后州县人吏缘劳绩入官者，不许任本州县差遣。"④ 宋徽宗时还补充了这一法令，强调地方官员任职回避私人产业所在地："河南、京兆府、郓、苏州有产业者，虽非本贯，亦不注亲民。"⑤ 政和三年（1113）又规定："今后监司不许任本贯或产业所在路分。"⑥ 此外，宋代还规定地方官员不得于长期居住地任官，徽宗时规定："不得差在本贯及有产业并见寄居、旧曾寄居处。"⑦ 南宋时寄居官人数增多，宋高宗时规定居住七年以上必须回避为官："命官田产所在州，或寄居及七年，并不许注拟差遣。"⑧ 宋孝宗时规定："寄居不必及七十，有田产不必及三等，凡有田产及寄居州县，

---

① （宋）叶适：《叶适集》卷一二《法度总论二》，中华书局1961年版，第789页。
② （元）脱脱：《宋史》卷四三六《陈亮传》，中华书局1977年版，第12933页。
③ （宋）李焘：《续资治通鉴长编》卷二三，太平兴国七年戊寅，中华书局2004年版，第531页。
④ （清）徐松辑：《宋会要辑稿》刑法二之八二，上海古籍出版社2014年版，第8327页。
⑤ （清）徐松辑：《宋会要辑稿》职官四八之三一，上海古籍出版社2014年版，第4329页。
⑥ （清）徐松辑：《宋会要辑稿》职官四五之九，上海古籍出版社2014年版，第4237页。
⑦ （清）徐松辑：《宋会要辑稿》职官四八之三二，上海古籍出版社2014年版，第4330页。
⑧ （宋）李心传：《建炎以来系年要录》卷一七五，绍兴二十六年十月丙子，中华书局1988年版，第2882页。

并不可注授差遣。"①

宋代这种选任地方官员的方法,最大限度防止了地方割据势力的形成,有其积极一面,另一方面地方官员更替频繁,赴任之后,对地方情况没有充分时间了解,因而很难在短时间内做出政绩。"郡守治一州,监司总一路,其风俗之厚薄,吏胥之欺诈,薄书诉讼之繁多,非一朝一夕所能省察也。借使材术过人,亦必迟之岁月,然后可以措手。今乃不待席暖,数见换易,前官视事日浅,未究设施,而后官已至,端绪复乱,人怀苟且,迄无成功"②,"监司、守臣,席未及暖,已辄更易。不惟迎送劳费,而官吏、军民于政教、狱讼亦莫知所适从"③,"监司、郡守往往数易,或到任未满一年,或才三两月,辄代去。……人怀苟且,迄无成功。"④南宋周必大亦言:"择人以守郡国而守数易,是责实之方未尽。诸州长吏倏来忽去,婺州四年易守者五,平江四年易守者四,甚至秀州一年而四易守,吏奸何由可察,民瘼何由苏?"⑤

因此宋代有官员呼吁地方官员能够久任一地:

> 郡邑无久远安固之备,其患不可胜言。送往迎来,徒劳徒费。居官不为长久之计,贪墨以为待阙之资。虽间有贤者,方谙物情利病,又已将代而治归装。守御无素备,寇至辄溃。民知其不久于位,不服从其教令。奸顽好讼,俟新更诉,幸新至,未谙情伪,姑肆其欺,扰害善良,无有已时。使久任则不敢矣。官司数易苟且,图书散亡,本末无考,吏弊滋蠹,民病滋深。怨积于中,安保他日无一

---

① (清)徐松辑:《宋会要辑稿》职官八之四二,上海古籍出版社2014年版,第3256页。
② (宋)张纲:《华阳集》卷一四《乞久任札子》,景印文渊阁《四库全书》本,台北:商务印书馆1983年版,第1131册,第85页。
③ (宋)李心传:《建炎以来系年要录》卷一七七,绍兴二十七年七月庚午,中华书局1988年版,第2926页。
④ (宋)张纲:《华阳集》卷一四《乞久任札子》,景印文渊阁《四库全书》本,台北:商务印书馆1983年版,第1156册,第861页。
⑤ (元)脱脱:《宋史》卷三九一《周必大传》,中华书局1977年版,第11967页。

第四章 强弱与贵贱：宋代地方法吏群体的利益介入

夫大呼，同声相应？祸有不可言者。是故当今治务，择贤久任为急。①

但在宋代"事为之防，曲为之制"②的历史环境中，是不能为中央所允许的。

宋代地方胥吏却是长期依附于乡土，拥有较多的社会人际资源，"东南习俗儇狡，因缘为吏，而又家世相资，在官者何以制之。"③ 因而，宋代地方官员在行政中，常常受制于下：

> 官人者，异乡之人；吏人者，本乡之人。官人年满者三考，成资者两考，吏人则长子孙于其间。官人视事，则左右前后皆吏人也，故官人为吏所欺，为吏所卖，亦其势然也。吏人自食而办公事，且乐为之、争为之者，利在焉故也。故吏人之无良心，无公心，亦势使之然也。官人常欲知其实，吏人常不欲官人之知事实，故官人欲知事实甚难。官人问事于吏，吏效其说，必非其实，然必为实形。欲为实形，亦必稍假于实。盖不为实形，不能取信。官人或自能得事实，吏必多方以乱之。纵不能尽乱之，亦必稍乱之。盖官人纯得事实，非吏人之利也。故官人能得事实为难，纯以事实行之为尤难。④

叶适也描述宋代官员在行政中，不得不依赖于胥吏的情况："夫以官听吏，疲懦之名，人情之所避也，然而不免焉。何也？国家以法为本，以例为要。其官虽贵也，其人虽贤也，然而非法无决也，非例无行也。骤而问之，不若吏之素也；暂而居之，不若吏之久也；知其一不知其二，不若吏之悉也；故不得不举而归之吏。官举而归之吏，则朝廷之纲目，其在吏也何疑！夫先

---

① （宋）杨简：《慈湖遗书》卷一六《论治务》，景印文渊阁《四库全书》本，台北：商务印书馆1983年版，第1156册，第85页。
② （宋）李焘：《续资治通鉴长编》卷一七，开宝九年冬十月乙卯，中华书局2004年版，第382页。
③ （宋）李之仪：《姑溪居士后集》卷一九《胡叔微行状》，载《宋集珍本丛刊》，线装书局2004年版，第27册，第202页。
④ （宋）陆九渊：《陆九渊集》卷八《与赵推书》，中华书局1980年版，第112页。

人而后法，则人用；先法而后人，则人废；不任人而任法，则官失职而吏得志矣。"①

宋代地方官员由于不熟悉管辖地域的风土人情，而且地方官员多由刚刚通过科举入仕的文人担任，还缺少缺少社会阅历，到地方处理民政时，其所掌握的知识常难以处理实际事务，"能为诗赋，及其已任，则所学非所用"②，"虽十事九律之有证，括尽人情，然千变万态之无穷，并缘吏手"③，地方胥吏则有充分的乡土资源，因而拥有了地方社会关系的优势，这都是地方官不可久任制度带来的另一方面，是可以理解的。但是，作为经过科举录取的士大夫，其优势是具有较高的文化素质，对中央的政策把握和法令运用有更高的理解能力，这应该是官优于吏的知识优势，但是宋代却不尽然，常常是胥吏对法令的熟悉程度超过官员，这是宋代"吏强官弱"现象形成的重要原因。

宋代的统治强调"以法为本"，"汉，任人者也；唐，人法并行也；本朝，任法者也"④，但是宋代法律形式复杂（有敕、令、格、式、例、申明、看详等），条文繁密，浩如烟海。天圣四年（1026）有司奏言："编敕自大中祥符七年至今复增及六千七百八十三条，请加删定。"⑤ 韩琦又言："天下见行编敕，自庆历四年以后，距今十五年，续降四千三百余件，前后多抵牾，请加删定。"⑥ 司马光札子曰："勘会近岁法令尤为繁多，凡法贵简要，令贵必行，则官吏易为检详，咸知畏避。近据中书、门下后省修成尚书六曹条贯，共计三千六百九十四册，寺监在外；又据编修诸司敕式所申，修到敕令格式一千

---

① （宋）叶适：《叶适集》卷一《上孝宗皇帝札子》，中华书局1961年版，第834—835页。
② （宋）李焘：《续资治通鉴长编》卷二二一，熙宁四年三月癸卯，中华书局2004年版。
③ （宋）方大琮：《宋宝章阁直学士忠惠铁庵方公文集》卷九《回孙司法启》，转引自《全宋文》卷七三六八，上海辞书出版社2006年版，第321册，第118页。
④ （宋）陈亮：《陈亮集》卷一一《人法》，中华书局1987年版，第124页。
⑤ （宋）李焘：《续资治通鉴长编》卷一〇四，天圣四年九月壬申，中华书局2004年版，第2423页。
⑥ （宋）李焘：《续资治通鉴长编》卷一八六，嘉祐二年八月丁未，中华书局2004年版，第4487页。

第四章 强弱与贵贱：宋代地方法吏群体的利益介入

余卷册。虽有官吏强力勤敏者，恐不能遍观而详览，况于备记而必行之？其间条目苛密，抵牾难行者不可胜数。"① 高宗朝大理少卿元衮言："律令繁多，非明察详审而熟于宪章者未免有失，故四方请谳比疑谬误者十常二三，举此验彼则得自论决者，概可知矣。"② 此外，宋代法令还有变易频繁的特点，宋代立法，往往"一人唱之即行，一人沮之即止"③，"远不过一二岁，近或期月而已。甚者朝行而夕改，亦有前诏未颁而后令黜除者。"④ 如"熙宁改治平，元丰改熙宁，元祐改熙丰，绍圣改元祐"⑤，如此前后冲改，互相抵牾，岁月积久，即使是精明之士，穷日之力，亦耳目不能周，思虑不能照，书尾不能暇，失去了"制而用之谓之法"⑥ 的实际意义，"弄法者得行其意，奉法者不知所从"⑦。在复杂变乱的法律条文面前，调动频繁的地方官反而难于精熟法律和地方档案，"赋财文书，凡目既多，往往不暇详究。"⑧ 但是胥吏在长期服役过程中，有的世代相袭从事同一性质的工作，逐渐熟悉了地方政务运行中的实际知识，"夫吏胥之人，少而习法律，长而习狱讼"⑨，"胥吏行文书，治刑狱、钱谷"⑩，从而建立起某种知识优势，"缘官不知法，致吏得以欺"，

---

① （宋）李焘：《续资治通鉴长编》卷三八五，元祐元年八月丁酉，中华书局 2004 年版，第 9380 页。
② （元）佚名著，汪圣铎点校：《宋史全文》卷一八下，绍兴三年五月戊午，中华书局 2016 年版，第 1316 页。
③ （宋）张方平：《乐全集》卷六《立政之本在信命令》，景印文渊阁《四库全书》本，台北：商务印书馆 1983 年版，第 1104 册，第 55 页。
④ （宋）刘安世《尽言集》卷一《论命令数易》，景印文渊阁《四库全书》本，台北：商务印书馆 1983 年版，第 427 册，第 189 页。
⑤ （宋）佚名：《群书会元截江纲》卷一九《皇朝事实》，景印文渊阁《四库全书》本，台北：商务印书馆 1983 年版，第 934 册，第 256 页。
⑥ （宋）吕大临：《蓝田吕氏遗著辑校·易章句·系辞上》，中华书局 1993 年版，第 181 页。
⑦ （清）徐松辑：《宋会要辑稿》刑法一之五五，上海古籍出版社 2014 年版，第 8268 页。
⑧ （宋）陈襄：《州县提纲》卷四《搜求渗漏》，载《宋代官箴书五种》，中华书局 2019 年版，第 146 页。
⑨ （宋）苏洵著，曾枣庄注释：《嘉祐集笺注》卷四《衡论·广士》，上海古籍出版社 1993 年版，第 106 页。
⑩ （宋）秦观著，徐培均注释：《淮海集笺注》卷一七《盗贼下》，上海古籍出版社 1994 年版，第 650 页。

"用法之际，官不暇遍阅，吏因得以容奸"①，"所谓吏强官弱者，非吏挠权之罪，官不知法之罪也。明乎法，则曲直轻重在我而已，吏岂得而欺乎。"②"吏明习法令，挟以为奸。"③ 正如叶适所言："公卿大臣之位，其人不足以居之，俛首刮席，条令宪法多所不谙，而寄命于吏，此固然也。然虽使得其人而居之，如昔之所谓伊尹傅说之俦而已，夫区区条令宪法仍为不晓，而与是吏人共事终亦不可"④，"何谓'吏胥之害'？从古患之，非直一日也。而今为甚者。盖自崇宁极于宣和，士大夫之职业，虽皮肤蹇浅者亦不复修治，而专从事于奔走进取，其簿书期会，一切惟吏胥之听。而吏人根固窟穴，权势熏炙，滥恩横赐、自占优比。渡江之后，文字散逸，旧法往例，尽用省记，轻重予夺，惟意所出。其最骄横者，三省枢密院，吏部七司户刑，若他曹外路从而效视，又其常情耳。故今世号为'公人世界'，又以为'官无封建而吏有封建者'，皆指实而言也。"⑤ 朱熹的言论也说明了这个道理："（今做官人）那个不说道：先着驭吏。少间无有不拱手听命于吏者。这只是自家不见得道理，事来都区处不下，吏人弄得惯熟，却见得高于他，只得委任之。"⑥

马端临总结了自汉代以来官与吏的政治地位区分愈来愈严的历史演变，同时也涉及两个集团在知识掌握方面的分野："元、成以来，至东汉之初，流品渐分，儒渐鄙吏"，"后世儒与吏判为二途，儒自许以雅，而诋吏为俗，于是以剸繁治剧者为不足以语道。吏自许以通，而诮儒为迂，于是以通经博古为不足以适时。而上之人又不能立兼收并蓄之法，过有抑扬轻重之意，于是

---

① （元）脱脱：《宋史》卷一九九《刑法志一》，中华书局1977年版，第4966页。
② （宋）李心传：《建炎以来系年要录》卷八九，绍兴五年五月乙未，中华书局1988年版，第1486页。
③ （宋）杨时：《龟山集》卷三〇《吴子正墓志铭》，景印文渊阁《四库全书》本，台北：商务印书馆1983年版，第1125册，第390页。
④ （宋）叶适：《叶适集》卷一四《吏胥》，中华书局1961年版，第808页。
⑤ （宋）叶适：《叶适集》卷一四《吏胥》，中华书局1961年版，第808页。
⑥ （宋）黎靖德：《朱子语类》卷一一二《论官》，中华书局1986年版，第2735页。

拘谫不通者一归之儒，放荡无耻者一归之吏，而二途皆不足以得人矣。"①

二、宋代地方官难于躬亲施政

宋代地方长官必须亲自处理司法事务，称为"长官亲临制"。太平兴国六年（981），太宗下诏曰："诸州大狱，长吏不亲决，胥吏旁缘为奸，逮捕证左，滋蔓逾年而狱未具。自今长吏每五日一虑囚，情得者即决之。"② 自此，宋代地方司法形成传统，"在法，鞫狱必长官亲临。"③ 地方如不亲自审判案件则要承担责任，"州县官不亲听囚而使吏鞫讯者，徒二年。"④

宋代这个关于地方长官必须躬亲听讼的规定，就是为了防止胥吏擅情枉法，从而保证国家司法权的统一。这一制度，确实能够有效防止司法权的旁落，宋朝地方官员如精明强干，而又勤于政务，"狴必躬临之，端默以听，使自吐露囚情，炯烛罔失毫末。猾吏仅行文，案手胶拳，莫敢舞越。"⑤ 仁宗皇祐年间衢州江山知县赵师旦"断治出己，当于民心，而吏不能得民一钱。"⑥ 嘉祐年间进士出身的蔡承禧在治理零都县时"事无细大，皆自详处，胥吏畏缩，无所措手。"⑦ 南宋时吴懿德知广东新会县时，"县无正官久，弊端如毛，民狃于讼，吏黩于货贿，且濒海盗多，弗可制。君自力，不辟寒暑，事亡细巨必亲，凡罢行，眡理当否。"⑧ 赣县知县叶安仁"日惟退食少休，两造至庭，

---

① （宋）马端临：《文献通考》卷三五《吏道》，中华书局2011年版，第1025、1022—1023页。
② （宋）李焘：《续资治通鉴长编》卷二二，太平兴国六年三月乙未，中华书局2004年版，第491页。
③ （宋）胡太初：《昼帘绪论·治狱篇》，载《宋代官箴书五种》，中华书局2019年版，第176页。
④ （宋）马端临：《文献通考》卷一六七《刑考六》，中华书局2011年版，第5011页。
⑤ （宋）钱时：《慈湖遗书》附录《宝谟阁学士正奉大夫慈湖先生行状》，景印文渊阁《四库全书》本，台北：商务印书馆1983年版，第1156册，第923页。
⑥ （宋）王安石：《王文公文集》卷九四《赠光禄少卿赵君墓志铭》，上海人民出版社1974年版，第972页。
⑦ （宋）苏颂：《苏魏公文集》卷五六《承议郎集贤校理蔡公墓志铭》，中华书局1988年版，第854页。
⑧ （宋）真德秀：《西山真文忠公文集》卷四五《统判广州吴君墓志铭》，上海商务印书馆1937年版，第817页。

一见即决,亡所宿淹者,吏以故不得邀赇请。"① 戴伯度为主簿时,"夜漏未尽而起,旦即坐曹,簿书钩校,不遗纤微。早吏莫不苦其勤,惮其严,而心敬服焉。"② 真德秀将地方官亲自审理司法案件作为重要的行政经验总结:

> 请知县以民命为念,凡不当送狱公事,勿轻收禁,推问供责,一一亲临,饭食处时时检察,严戢胥吏,毋令擅自拷掠,变乱情节。至于大辟,死生所关,岂无纤毫或至枉滥,明有国宪,幽有鬼神,切宜究心,勿或少忽。③

但在宋代地方司法的实际运转中,因为政务实在繁忙,长官亲审制常难以常态维系。高宗时刘一止反映当时县级司法事务相当繁重:

> 今所谓县令者,且朝受牒诉,暮夜省按牍。牒诉之多,或至数百,少者不下数十。案牍之繁,堆几溢格。其间名为强敏者,随事剖决,不至滞淹,已不可多得。傥复责其余力,足办狱事,讯鞫得情,吏不敢欺,民不被害,诚恐百人之中未必有一也。④

地方官员往往"困于簿书、期会、讼狱、赋敛之间"⑤,"郡县长吏间有连日不出公厅,文书讼牒,多令胥吏传押,因缘请托,无所不至。乡民留滞,动经旬月。至有辨讼终事而不识长官面者。"⑥ 朱熹说宋代地方官员以惰政为止讼之道:"当官者,大小上下,以不见吏民,不治事为得策。曲直在前,只不理会,庶几民自不来,以此为止讼之道。民有冤抑,无处伸诉,只得忍遏。便有讼者,半年周岁,不见消息,不得了决,民亦只得休和,

---

① (宋)真德秀:《西山真文忠公文集》卷四四《叶安仁墓志铭》,上海商务印书馆 1937 年版,第 796 页。
② (宋)楼钥著,顾大朋点校:《楼钥集》卷一一三《戴伯度墓志铭》,浙江古籍出版社 2010 年版,第 1948 页。
③ (宋)佚名:《名公书判清明集》卷一《官吏门·劝谕事件于后》,中华书局 1987 年版,第 11 页。
④ (宋)刘一止:《苕溪集》卷一二《乞令县丞兼治狱事》,载《宋集珍本丛刊》,线装书局 2004 年版,第 34 册,第 186 页下。
⑤ (宋)潜说友:《咸淳临安志》卷五四,载《宋元方志丛刊》,中华书局 1990 年版,第 3833 页。
⑥ (清)徐松辑:《宋会要辑稿》职官四七之三○,上海古籍出版社 2014 年版,第 4282 页。

第四章 强弱与贵贱：宋代地方法吏群体的利益介入

居官者遂以为无讼之可听。风俗如此，可畏！可畏！"① 因此，纵使有"益国裕民之心"的宋代士人也在感叹"弊之难去者多在簿书名数之间。"② 南宋时一些县官将工作精力大多放在催科赋税上，自然减少了对司法事务的处理。"当今县邑之政出于苟且，为令者惟知以官钱为急"③，"以崇阳一县言之，又有甚可虑者……暴客啸呼出没于其间，白昼操戈杀人，掠取财物，县之官吏非特熟视而不敢，谁何且惴惴然不能……今一旦窘于赋役，且散而他之，则道途乡落不能无枹鼓之警也。"④ "至于民之休戚礼病，则一切视为不急之务。虽一旦之讼，有积十数岁而不决者，问其故，则曰：'方治财赋，奚暇他事？'"⑤

宋代很多士大夫到地方任职，也未必深怀报效国家之志，常常优先考虑个人生活享受：

> 士大夫从禄四方者，将拟于吏曹，必先询诸人言："某州之与某州禄孰厚？廪孰丰？食之珍者孰多？酒之美者孰胜？"于二者必择其尤而处焉。幸而皆适其欲矣，则又问曰："讼孰为繁？孰为简？亭馆燕游之地，丝竹声乐之娱孰为最？"夫禄脾而居安，味腴而食酱，民无健讼可以自暇，饮有吹弹可以自娱，是数者固人之所大欲存焉，在所当问也。独不闻其言曰："吾将居是邦也，大夫之贤者有几？士之仁者有几？风流之可尚，词采之可观者有几？吾将偕而与之游焉。"则其所问岂不贤于是数者哉？⑥

---

① （宋）黎靖德（编）：《朱子语类》卷一〇八《论治道》，中华书局1986年版，第2678页。
② （宋）陆九渊：《陆九渊集》卷五《与赵子直》，中华书局1980年版，第69页。
③ （宋）佚名：《皇宋中兴两朝圣政》卷四九《县令以办钱为急务》，上海古籍出版社影印藏宛委别藏影宋抄本。
④ （宋）王炎：《双溪类稿》卷一九《上林鄂州》，景印文渊阁《四库全书》本，台北：商务印书馆1983年版，第1155册，第647页。
⑤ （明）黄淮、杨士奇：《历代名臣奏议》卷一〇八《乞告戒监司郡守求裕民之术疏》（赵汝愚），上海古籍出版社1989年版，第1455页。
⑥ （宋）周紫芝：《太仓稊米集》卷五二《别子刘子序》，景印文渊阁《四库全书》本，台北：商务印书馆1983年版，第1141册，第371页。

这些地方官对"世有勤于吏事者,反以鄙俗目之,而诗酒游宴,则谓之风流娴雅"①,"今之居官者,或以酣咏遨游为高,以勤强谨恪为俗"②,沉溺于"声色饮燕不急之务","则精力必减,意气必昏,肢体必倦,虽欲勤于政而力不逮,故事必废弛,而吏得以乘间为欺。"③ 由于"擢用之际,未精其选"④,"不善为令,则造端散乱,当后而先,当先而后,所敛之数无定期,所拨之物无常准,县必不治,事亦随阙。"⑤ 更甚者则"耽于酒色"⑥,"日日宴饮,必至达旦。命妓淫狎,靡所不至"⑦,"终日昏醉,万事不理,至递当职书,语误不可读。"⑧ 因此,宋代地方官员中也多有庸官在位,仅以吏治尚好的宋孝宗时为例,知吉州蓝师稷"昏缪不职,民讼不理,财赋失陷。"⑨ 知汀州吕大猷"昏耄,权归掾吏,狱讼淹延。"⑩ 宁宗庆元年间,江西提举常平赵谧"性识不敏,才具非长,剖决无能,书判多误。"⑪ 权知南康军陈如晦"昏缪不振,蠹弊益甚,郡事悉委亲戚,词状尽付吏手。"⑫ 嘉定年间,莆田县地方官沈纺"词诉不晓,字画多误。"⑬ 临安府城北右厢公事汪之纲"罢吏教之断决,馆客代其书判。"⑭

---

① (宋)佚名:《名公书判清明集》卷一《官吏门·咨目呈两通判及职曹官》,中华书局1987年版,第2页。
② (宋)佚名:《名公书判清明集》卷一《官吏门·谕州县官僚》,中华书局1987年版,第7页。
③ (宋)陈襄:《州县提纲》卷一《专勤》,载《宋代官箴书五种》,中华书局2019年版,第98页。
④ (宋)包拯著,杨国宜校注:《包拯集校注》卷一《论县令轻授》,黄山书社1999年版,第7页。
⑤ (宋)员兴宗:《九华集》卷七《议节财疏》,景印文渊阁《四库全书》本,台北:商务印书馆1983年版,第1158册,第49页。
⑥ (清)徐松辑:《宋会要辑稿》职官七四之三,上海古籍出版社2014年版,第5042页。
⑦ (宋)佚名:《名公书判清明集》卷二《官吏门·知县淫秽贪酷且与对移》,中华书局1987年版,第42页。
⑧ (宋)佚名:《名公书判清明集》卷二《官吏门·汰去贪庸之官》,中华书局1987年版,第40页。
⑨ (清)徐松辑:《宋会要辑稿》职官七二之二六,上海古籍出版社2014年版,第4982页。
⑩ (清)徐松辑:《宋会要辑稿》职官七二之三五,上海古籍出版社2014年版,第4987页。
⑪ (清)徐松辑:《宋会要辑稿》职官七三之六一,上海古籍出版社2014年版,第5036页。
⑫ (清)徐松辑:《宋会要辑稿》职官七四之一至二,上海古籍出版社2014年版,第5041页。
⑬ (清)徐松辑:《宋会要辑稿》职官七三之四六,上海古籍出版社2014年版,第5027页。
⑭ (清)徐松辑:《宋会要辑稿》职官七三之五三,上海古籍出版社2014年版,第5031页。

第四章　强弱与贵贱：宋代地方法吏群体的利益介入

由于地方政务确实繁重，致使长官亲临制难以执行，因而胥吏成为事实上的主要审判者，如胡太初所说："在法：鞫勘必长官亲临，今也令多惮烦，率令狱吏自行审问，但视成款佥署，便为一定，甚至有狱囚不得一见知县之面者。不知吏逼求贿赂，视多寡为曲直，非法拷打，何罪不招。"① "郡县长吏间有连日不出公厅，文书讼牒，多令胥吏传押……至有辨讼终事而不识长官面者。"② 地方长官不再执行亲审制，"而今也，民视令不啻如天之远，如神明之可畏。衔冤茹苦，无由得入令尹之门，幸而获至其前，则吏卒禁诃、笞扑交错，畏懦者已神销气沮矣。"③ 朱熹疾呼重视此种现象，"当官者，大小上下，以不见吏民，不治事为得策，曲直在前，只不理会。庶几民自不来，以此为止讼道。民有冤抑，无处伸诉，只得忍遏。便有讼者，半年周岁不见消息，不得了决，民亦只得休和，居官者遂以为无讼之可听风俗如此，可畏！可畏！"④ 宋代长官不躬亲审判而将词讼委于胥吏，必然会导致司法不公：

  吏辈责供，多不足凭。盖彼受贿，所责多不以所吐，往往必欲扶同牵合，变乱曲直。山谷愚民，目不识字，吏示读不实，若凭所供辄断，而不面诘之，则贫弱之民无辜而受罪矣。凡吏呈所供，必面审其实。如言与供同，始判入案，或言与供异，须勒再责。若供不当厅，而令其下司，则豪强之人、教唆之徒，公然据司案而坐，指挥叱咤，变乱情节，善良之人有冤无告矣。⑤

宋代地方庸缪之官，如不执行长官亲审制，司法事务就必然完全依赖于吏人，司法腐败也在所难免，"今守令多昏而听吏，多怀私而徇利。词讼一是一非，

---

① （宋）胡太初：《昼帘绪论·治狱篇》，载《宋代官箴书五种》，中华书局2019年版，第176—177页。
② （清）徐松辑：《宋会要辑稿》职官四七之三〇，上海古籍出版社2014年版，第4282页。
③ （宋）胡太初：《昼帘绪论·临民篇》，载《宋代官箴书五种》，中华书局2019年版，第164页。
④ （宋）黎靖德（编）：《朱子语类》卷一〇八《论治道》，中华书局1986年版，第2686页。
⑤ （宋）陈襄：《州县提纲》卷二《面审所供》，载《宋代官箴书五种》，中华书局2019年版，第112页。

反是为非，反非为是，使（民）饮恨含冤，无所告诉"①，"不明不公者，则唯吏是从"②，"官司不以狱事为意，每遇重辟名件，一切受成吏手"③，"不理民事，罕见吏民，凡有词讼，吏先得金，然后呈判，高下曲直，惟吏是从"④，"大辟刑名公事，件件不理，但有纵吏受赇，贪声载路"⑤。由于"凡决民讼，皆付吏手"⑥，"其势不得不付之胥吏矣"⑦，"黠胥舞知玩上，文移钳纸尾以进"⑧，所以宋代地方政治中"吏强官弱"现象的出现就是必然的结果。

第四节　宋代地方政治中的漏洞化司法腐败

宋代地方司法的模式既有官员之间的制衡结构，又充满了吏强官弱的行政格局，这就使宋代地方的司法腐败呈现了新的历史特点。从腐败动机方面来讲，宋代官员因为待遇相对优厚，在税收财政方面有较多的生财之道，在司法中又有相当多的掣肘因素，因而司法腐败欲望相对较低，官员惰政多于贪政；而地方胥吏集中于官府之中，因为没有稳定、充裕的经济来源，又缺少政治出路，因而有较强的腐败意愿，甚至可以成为司法腐败的"急先锋"。另一方面，宋代地方官员俸禄优厚，但是地方下层官员却生活却颇为艰难：

> 窃见今时州县小官，往往皆待数年之次，其间又有不惮二三千

---

① （明）黄淮、杨士奇：《历代名臣奏议》卷六〇"杨简奏"，上海古籍出版社1989年版，第831页。

② （宋）陈襄：《州县提纲》卷二《示不由吏》，载《宋代官箴书五种》，中华书局2019年版，第126页。

③ （宋）佚名：《名公书判清明集》——《人品门·治推吏不照例襄袚》，中华书局1987年版，第426页。

④ （宋）佚名：《名公书判清明集》卷二《官吏门·知县淫秽贪酷且与对移》，中华书局1987年版，第42页。

⑤ （宋）佚名：《名公书判清明集》卷二《官吏门·缪令》，中华书局1987年版，第59页。

⑥ （清）徐松辑：《宋会要辑稿》职官七四之三，上海古籍出版社2014年版，第5042页。

⑦ （宋）陈襄：《州县提纲》卷一《事无积滞》，载《宋代官箴书五种》，中华书局2019年版，第105页。

⑧ （宋）杨时：《龟山集》卷三三《莫中奉墓志铭》，景印文渊阁《四库全书》本，台北：商务印书馆1983年版，第1125册，第412页。

第四章　强弱与贵贱：宋代地方法吏群体的利益介入

里之遥，奉亲挚累，以希寸禄者，及其到官，为长吏者，或乃不恤，每月合得钱米，多是拖积，不肯放行，致使小官或任满不能到部，或死亡不得归乡，甚至家口流落，妻女不能自保。①

这些地方低级官员俸禄较低，"万里为五斗计"②，"其间有本实廉谨之士，或幼累无托，或丘园无归，止藉禄养，以济朝夕"③，因而也存在较强的腐败意愿。由于宋代司法中充斥着制衡关系，所以低级官员和司法胥吏都可能获得秩序性权力。不同力量利用不同的环节权力都有制造司法腐败的可能，因此宋代地方就形成了导致司法腐败的诸种漏洞。

一、狱讼扩大

司法腐败的本质就是政府行政人员利用狱讼中的利害关系，从而产生请托之举，从而获得实质利益。因此具有腐败意愿的官吏愿意看到的不是天下清明，而是狱讼接连，从而使其手中权力产生最大化的寻租效果。南宋吴雨严治理饶州，力行决狱，饶州两狱出现狱空情况，本是官员造福一方的善举，但"推吏等人，非其所乐闻，只愿狱户充斥，可以骗乞。反怒当职不合疏决，使狴犴一清。"④ 宋人称司法腐败为"州县官吏以狱为市"⑤，"鬻狱受赇"⑥，"奸吏有市法之门"⑦，所以司法腐败的重要表现为在贪官污吏作用下的狱讼扩大化。

---

① （宋）真德秀：《西山先生真文忠公文集》卷六《申尚书省乞将本司措置俸给颁行诸路》，上海商务印书馆1937年版，第101页。
② （宋）晁补之：《鸡肋集》卷六六《夔州录事参军江君墓志铭》，景印文渊阁《四库全书》本，台北：商务印书馆1983年版，第1118册，第971页。
③ （宋）李焘：《续资治通鉴长编》卷四五，咸平二年十一月壬午，中华书局2004年版，第968页。
④ （宋）佚名：《名公书判清明集》卷一一《人品门·治推吏不照例襄被》，中华书局1987年版，第426页。
⑤ （清）徐松辑：《宋会要辑稿》刑法五之四六，上海古籍出版社2014年版，第8528页。
⑥ （清）徐松辑：《宋会要辑稿》职官七四之四五，上海古籍出版社2014年版，第5066页。
⑦ （明）黄淮、杨士奇：《历代名臣奏议》卷二一〇《议刑书状》（夏竦），上海古籍出版社1989年版，第2776页。

227

宋代地方有的地市人口众多，狱讼案件自然数量庞大，自然司法腐败的市场也颇具规模，如"杭为浙右都会，民俗繁夥，多斗讼，狂犴往往充斥，而吏皆大奸宿赃，舞文市狱，无所顾忌。"① 临安府"每日词讼，十有七八并判送二厢，逐厢公吏，徇情曲法，非理追人，并不系公行遣送下。"②

大多地方狱讼的数量难以与京城相比，地方腐败官吏为饱诛求，会想方设法扩大狱讼，"一味根连株逮，以致岁月淹延，狱户充斥。"③ 赵阜为漳州录事参军，"左翼军捕海寇送郡，狱将贪功，吏纳贿，援不分首从法，君争曰：'此可施之山贼，鲸浸中遭掠，逃生无所，有足矜者。'吏犹谓驱率未行。"④ 虔州"尝有恶少，驱民为盗，捕者利其金，诬以真盗，悉论死。"⑤ 邓柔中时为广州士曹掾时，"广濒海多盗，捕赏优于他路，而邀功之人借宠大吏，傅致其罪，理官例畏缩，鲜敢发其奸者。"⑥ 湖南盗贼，"多起于下户穷愁，抱冤无所伸。此事自州县而至本司，将及一年，狱官则为其奇玩钓饵，推吏则为其厚赂沉迷。"⑦ 南宋有巡检"恃强生事，渔夺细民"，"每遇有状，不顾事理之是非，不察情辞之真伪，动辄受理，差寨兵三两辈下乡追扰。健卒所至，鸡犬一空。"⑧ 南宋时大理寺正孙敏修说："州县胥吏因缘推究强、窃盗罪人，而教令虚通赃物，追逮无辜，因而受贿。"⑨ 有的不法之徒更是与州县猾吏相勾

---

① （宋）葛胜仲：《丹阳集》卷二四《宋左宣奉大夫显谟阁待制致仕赠特进谥文康葛公行状》，景印文渊阁《四库全书》本，台北：商务印书馆1983年版，第1127册，第657页。
② （宋）马端临：《文献通考》卷六三《职官考十七》，中华书局2011年版，第1893页。
③ （宋）佚名：《名公书判清明集》卷一一《人品门·治推吏不照例襄被》，中华书局1987年版，第426页。
④ （宋）刘克庄著，辛更儒校注：《刘克庄集笺校》卷一五五《赵教授墓志铭》，中华书局2011年版，第6107页。
⑤ （宋）上官均：《尚书都官员外郎高君墓志铭》，载民国《重修邵武县志》卷六，转引自《全宋文》卷二〇三六，上海辞书出版社2006年版，第93册，第342页。
⑥ （宋）刘才邵：《檆溪居士集》卷一二《邓司理墓志铭》，景印文渊阁《四库全书》本，台北：商务印书馆1983年版，第1130册，第570页。
⑦ （宋）佚名：《名公书判清明集》卷一二《惩恶门·与贪令捃摭乡里私事用配军为爪牙丰殖归己》，中华书局1987年版，第464页。
⑧ （宋）佚名：《名公书判清明集》卷一三《惩恶门·骗乞》，中华书局1987年版，第517—518页。
⑨ （清）徐松辑：《宋会要辑稿》刑法三之八二，上海古籍出版社2014年版，第8437页。

第四章　强弱与贵贱：宋代地方法吏群体的利益介入

结，竭力挑起诉讼，而后趁机收受贿赂，"哗徒张梦高，乃吏人金眉之子，冒姓张氏，承吏奸之故习，专以哗讦欺诈为生。始则招诱诸县投词人户，停泊在家，撰造公事。中则行赇公吏，请嘱官员，或打话倡楼，或过度茶肆，一罅可入，百计经营，白昼攫金，略无忌惮。及其后也，有重财，有厚力，出入州郡，颐指胥徒，少不如意，即唆使无赖，上经台部，威成势立，莫敢谁何。乘时邀求，吞并产业，无辜破家，不可胜数。……民户止是小争，则装架词语，唆令越诉。官司止是索案，则与贿嘱并人申解。如兄弟止是争闹，则教作分产诬论。官司方行追究，则与之入状和对，颠倒反复，尽出其手。未得钱，则嗾之使论，既得，则尼之使止。"①"吉州安福县主簿、权县事赵必蕠亦贪非一，尝与寄居扬州赵司户及前抚州赵司户相朋为奸，每断锁一人，取钱五十贯，金状一纸，每收钱一贯，其苟贱如此。"②

为了能扩大狱讼，贪官污吏还会想办法把狱讼案件扩大，把审理过程延长。一是要牵连他人。"州府推勘刑狱，多于禁人本状之外根勘他罪"③，《名公书判清明集》记载了胥吏虐民的惨象："诸郡狱案……寻常被追到官人，往往只是干证牵连"④，"泛滥追呼"，使犯罪人"一夫被追，举室皇扰，有持引之需，有出官之费。"⑤ "近时蠹弊益甚，一人犯法，连逮数十人，多至百余人。狱官漫不知省，胥辈终日峻鞭朴，责赇谢，夜则群饮倡优之家，而瘐死者梯墙曳出之。其家里饭食之，已四日，犹未知其死。"⑥ "县人高大被劫戕

---

① （宋）佚名：《名公书判清明集》卷一三《惩恶门·撰造公事》，中华书局1987年版，第482—483页。
② （宋）黄震：《黄震全集·黄氏日抄》卷七六《又岁终劾官状》，浙江大学出版社2013年版，第2284页。
③ （清）徐松辑：《宋会要辑稿》刑法三之四九，上海古籍出版社2014年版，第8418页。
④ （宋）佚名：《名公书判清明集》卷一《官吏门·禁约吏卒毒虐平人》，中华书局1987年版，第36页。
⑤ （宋）佚名：《名公书判清明集》卷一《官吏门·咨目呈两通判及职曹官》，中华书局1987年版，第2页。
⑥ （宋）孙觌：《鸿庆居士文集》卷一二《与苏季文书（二）》，景印文渊阁《四库全书》本，台北：商务印书馆1983年版，第1135册，第127页。

死，其夕李方、陈一家亦被盗。巡尉捕未获，高大家人疑贺大、谭世绩等实杀高大。县尉何爕收辞所连逮上县，并以陈一、李方事鞫之，煅炼成狱。贺大知不免，以陈九、张七雅有猜恨，枝辞入之。世绩等具以踪迹自明，狱司不为追。会君阅成案，洞见其冤，移狱安仁，遂直其事，活无辜九人。至安仁卢七三杀人狱，以痕伤在左，款辞在右，及前后异词为断。"① 二是故意制造案情翻异。"州县鞫狱，推吏受赃，往往指教罪人翻异，移司别勘，累岁不决，使干连无辜之人枉被刑禁"②，"傅致深文，审录引断，随即翻异，追逮干连，经涉岁月。"③ 宋高宗时赵鼎说："故杀人者，断在必刑……臣窃见比年在外刑狱，例常淹延，考其奏案，原其情犯，有法当论死，初无可疑者，奈何吏缘为奸，以狱为市，意在纵释，以故久而不决……如以建康府婺州论之，建康百姓王绂等六人，始因失牛，仍报私怨，共杀死一十三人，狱具，得旨处以凌迟、处斩二等，后因审问乃辄翻异，今逾一年。婺州豪民厉景忻，昨缘贼发，差充隘首搜山，因捉到孔真，疑其为贼，其人两次声冤，景忻不问来历，亲斩首级，昨体究诣实，后来勘鞫，两经翻异，今逾二年。绂等杀人命为至众，景忻杀平人以希赏，二狱久不决，皆欲迁延免死。"④

因为被告和犯人成为司法官吏的生财之路，为了实现狱讼扩大化，当然会在缉捕嫌疑人时使用强力。北宋后期，"州县公人受文引追逮，多带不逞，用铁环、杵索，殴缚乞取钱物。"⑤ 巡尉将无辜平民"铁料拘锁，拷打无全肤，以为骗乞之资，一番得钱，视为利源。"⑥ 南宋吏人追呼被告之时，"出入间

---

① （宋）薛季宣：《浪语集》卷三三《薛徽言行状》，景印文渊阁《四库全书》本，台北：商务印书馆 1983 年版，第 1159 册，第 532—533 页。
② （清）徐松辑：《宋会要辑稿》刑法三之八四，上海古籍出版社 2014 年版，第 8438 页。
③ （清）徐松辑：《宋会要辑稿》刑法三之八七，上海古籍出版社 2014 年版，第 8442 页。
④ （宋）李心传：《建炎以来系年要录》卷八〇，绍兴四年九月己巳，中华书局 1988 年版，第 1315 页。
⑤ （清）徐松辑：《宋会要辑稿》刑法二之五五，上海古籍出版社 2014 年版，第 8313 页。
⑥ （宋）佚名：《名公书判清明集》卷一《官吏门·禁戢摊盐监租差专人之扰》，中华书局 1987 年版，第 35 页。

里,既无忌惮,罪无轻重,理无曲直,例遭侵铄。每见狱卒追呼,必持绳索,挟锁械,携杖箠,以示威力,用求贿赂。且以一夫犯刑,干证之人多或数十,少或三四,一概被毒,无得免者。又以入狱之后,捶楚为戒,无敢告诉。故其追呼扰民之患,尤非其他走吏之比。"① 这些公人无赖不逞之徒,"散出乡村,乘威怙势,恐喝良善,小邀酒食,大索货财,秋取稻禾,夏求丝麦,稍不如意,鞭紮随之。民之畏怖,甚于盗贼。而郡守县令,不知禁戢。"② 南宋胡颖说,"巡、尉下乡,一行吏卒动是三五十人,逐日食用何所从来,不过取之于百姓而已。所过之处,鸡犬皆空,无异盗贼,况有出于鸡犬之外者乎?"③ "乡村小民,畏吏如虎,纵吏下乡,纵虎出柙也。"④ 各种胥吏下乡追呼骚扰,成为宋代地方法治中的重要弊端。

二、刑罚毒虐

宋代地方下层官吏,常常是刑讯犯人的主要执行者,为了能在法令规定时间内结绝案件,州县官常常违法用刑,"吏务速了,强加拷讯,逼令招认"⑤,"盖狱官多非其人,吏卒常司其权。平民一柢于狱,唯狱吏之所为,棰楚之下,何求不得。"⑥ 宋仁宗天圣时陇州就发生了一件被诬告人屈打成招案件:"陇安县民庞仁义诬马文千、高文密等五人为劫盗,元亨即逮系文千等,仁义且教其妻妾认所盗赃。既而文密掠死狱中,余遂诬服。"⑦ 后罪人家属诉

---

① (明)黄淮、杨士奇:《历代名臣奏议》卷二一七《推司不得与法司议事札子》(周林),上海古籍出版社1989年版,第2850页。
② (宋)王之望:《汉滨集》卷五《荆门军替回论禁约公人下乡奏议》,景印文渊阁《四库全书》本,台北:商务印书馆1983年版,第1139册,第721页。
③ (宋)佚名:《名公书判清明集》卷一《官吏门·责罚巡尉下乡》,中华书局1987年版,第28页。
④ (宋)佚名:《名公书判清明集》卷一《官吏门·咨目呈两通判及职曹官》,中华书局1987年版,第3页。
⑤ (宋)胡太初:《昼帘绪论·治狱篇》,载《宋代官箴书五种》,中华书局2019年版,第178页。
⑥ (宋)陆九渊:《陆九渊集》卷八《与赵推书》,中华书局1980年版,第111页。
⑦ (宋)李焘:《续资治通鉴长编》卷一一〇,天圣九年夏四月戊寅,中华书局2004年版,第2556页。

于州，权领州事者不为理会，马文千等抵死。后秦州乃捕得真盗，因而军事判官李谨言、推官李廓、司理参军严九龄、陇安县尉董元亨都被除名，配广州衙前。徽宗重和元年（1118）二月，河北西路提点刑狱虞奕言："州县虐吏，辄借杖为溜筒，用铁钳项，以竹实沙而贯之，非理惨酷。"① 高宗时大理寺丞郭唐卿亦指出："远方州县，狱具多不如式。"② 南宋时，"判官厅每每违法用刑，决挞之类动以百计，照得在法笞杖自有定数，笞至五十而止，实决十下，杖至一百而止，实决二十下，未尝有累及百数者。惟军中用重典，则有法外之行，然必是其罪合减死一等，始有决小杖一百者，亦岂可常也。今州县属者非军将，吏卒所犯非军令，不应辄行军法，以作淫虐。此皆由郡政不纲之故。"③

为了迅速取得官吏想要的口供，有的"狱吏惨刻，动以缧绁捶楚为能"④，因而痛下手段。所以宋代有官员说："州县之间，害民者莫甚于科罚，虐民者莫甚于惨酷"⑤，"刑者，不获已而用，人之体肤，即己之体肤也，何忍以惨酷加之乎！今为吏者，好以喜怒用刑，甚者或以关节用刑，殊不思刑者，国之典，以代天纠罪，岂官吏逞忿行私者乎！"⑥ 有的官吏受贿后，在审讯拷掠时威逼恐吓，迫使原告撤诉，韩亿知洋州时，土豪李甲诬其兄子为他姓，尽夺其奁橐之蓄，嫂历诉于官，甲辄赂吏使掠服之。⑦ 吴势卿在《禁约吏卒毒虐平人》的判词对吏卒虐待囚犯及百姓有详细描述：

---

① （宋）马端临：《文献通考》卷一六七《刑考六》，中华书局2011年版，第5009页。
② （宋）李心传：《建炎以来系年要录》卷一六三，绍兴二十二年八月戊子，中华书局1988年版，第2666页。
③ （宋）佚名：《名公书判清明集》卷一《官吏门·约束州县属官不许违法用刑》，中华书局1987年版，第36页。
④ （明）黄淮、杨士奇：《历代名臣奏议》卷二一七《推司不得与法司议事札子》（周林），上海古籍出版社1989年版，第2850页。
⑤ （清）徐松辑：《宋会要辑稿》刑法二之一二九，上海古籍出版社2014年版，第8357页。
⑥ （宋）佚名：《名公书判清明集》卷一《官吏门·咨目呈两通判及职曹官》，中华书局1987年版，第2页。
⑦ （宋）魏泰：《东轩笔录》卷一一，中华书局1983年版，第128页。

第四章　强弱与贵贱：宋代地方法吏群体的利益介入

近阅诸郡狱案，有因追证取乞不满而杀人者，有因押下争讨支俵而杀人者，有讨断杖兜驼钱而杀人者，又有因追捕妄捉平人吊打致死者。呜呼！斯民何辜，而罹此吏卒之毒。且寻常备追到官人，往往只是干证牵连，及系被诉究对本自有理人，非必皆有所犯。纵使有犯，亦或出于讹误。纵非讹误，亦止有本罪。见吏卒如见牛阿旁，或捆或踢，或叱或唾，神魂已飞，继以百端苦楚，多方乞觅，如所谓到头，押下，直拦，监保，出门入户兜驼、行杖，无所不有，最是门留锁押及私监冻饿，动有性命之尤。为官人者何尝觉察，直待因此杀人。民之受害，偶未至死，而不能伸诉者何限，况又饿杀、冻杀及困苦疾疫而杀，官司又以无痕伤，而俾得漏网，苟有仁心者，宁不为之痛心疾首。①

至南宋理宗朝，地方司法中用刑残酷已经花样频出，狱吏"擅置刑具，非法残民，或断薪为杖，掊击手足，名曰'掉柴'；或木索并施，夹两胫，名曰'夹帮'；或缠绳于首，加以木楔，名曰'脑箍'；或反缚跪地，短竖坚木，交辫两股，令狱卒跳跃于上，谓之'超棍'，痛深骨髓，几于殒命"，致使"天下之狱不胜其酷。"② 因此，因审问口供而拷掠惨毒导致犯罪嫌疑人死亡的事件时有发生，宋光宗绍熙元年（1190），"处州何强因骂人力何念四，别无殴击实状，忽逃而之他，有何闰胜者于溪淤内寻得一不识名尸首，遂诬告何强，以为殴杀其仆，检验委有致命痕伤，而仆之父亦妄行识认，官司禁勘，逼勒虚招，何强竟死于狱，后何念四生存复还。"③ 而犯人被屈打丧命后，州吏又会百般遮盖，窜易伪造"囚籍印篆"④，如"秀州狱死无罪人……吏畏恐

---

① （宋）佚名：《名公书判清明集》卷一《官吏门·禁约吏卒毒虐平人》，中华书局 1987 年版，第 36—37 页。
② （元）脱脱：《宋史》卷二〇〇《刑法志二》，中华书局 1977 年版，第 4996 页。
③ （清）徐松辑：《宋会要辑稿》刑法一之五七，上海古籍出版社 2014 年版，第 8269 页。
④ （元）脱脱：《宋史》卷三二四《张奎传》，中华书局 1977 年版，第 10491 页。

聚谋，伪为死者服罪款。"①

总而言之，"枷栲追求只为金"②，利益金钱正是宋代地方司法中刑罚滥用的最主要诱因。

三、狱政腐败

监狱作为限制罪犯人身自由的场所，因与外界相互隔绝，因而成为司法腐败猖獗的主要场所。

有的腐败狱吏在见官之前的临时拘留之际，就苛刻对待犯人，以求贿赂："罪无轻重，悉皆送狱，狱无大小，悉皆稽留。或以追索未齐而不问，或以供款未圆而不呈，或以书拟未当而不判。狱官视以为常，而不顾其迟，狱吏留以为利，而惟恐其速。"③ 此外，"两造在庭，有押到而未供者，有已供而未呈者，未免押出召保，圉卒殴打乞觅，辄于委巷之中，僦客邸，为关留之所，名曰窠里。得钱则听其责保而去，无钱则执缚拘系，鱼贯蚁聚，臭秽薰蒸，隆暑严寒，备极其苦。"④

有的官吏故意拉长犯人禁系在狱的时间，"州县一时弹压盗贼奸暴，罪不至配者，故拘锁之，俾之省愆，或一月、两月，或一季、半年，虽永锁者亦有期限，有口食。"⑤

有的不法胥吏将干连人收押，不上禁历。"公事到官，付之吏手，不问曲直，将干连无辜之人，一例收禁，狱犴常满，不上禁历，号为寄收。乞取厌疏，旋行疏放。"⑥ "州县小吏，喜怒自私，驱无罪之人，不白长吏，而系于

---

① （元）脱脱：《宋史》卷二九七《段少连传》，中华书局1977年版，第9897页。
② （宋）洪迈：《夷坚志》补志卷一二《保和真人》，中华书局1981年版，第1662页。
③ （元）脱脱：《宋史》卷二〇一《刑法志三》，中华书局1977年版，第5015页。
④ （清）徐松辑：《宋会要辑稿》刑法二之一四五，上海古籍出版社2014年版，第8373页。
⑤ （元）脱脱：《宋史》卷二〇〇《刑法志二》，中华书局1977年版，第4997页。
⑥ （清）徐松辑：《宋会要辑稿》刑法六之七一，上海古籍出版社2014年版，第8569页。

第四章 强弱与贵贱：宋代地方法吏群体的利益介入

狱，谓之寄禁。"①

有的官吏对囚犯阴谋加害，"欲致之死地，往往先以病闻，及其已死，县匿之，不以申州；州匿之，不以申监司，上下相蒙。"② 甚至"提刑巡历，责寄厢保，及监司出境，而囚系如初。"③ "州县残忍，拘锁者竟无限日，不支口食，淹滞囚系，死而后矣。"④

有的官吏则是在犯人关押之时走漏消息，宋仁宗诏书中说："每诸县捕送正贼，多被贼人亲党用倖于司理院等处作弊漏洩，故出贼人。"⑤ 另如江宁府签书判官张偓佺违法入狱，"权签书判官潘令先夜入右司理院，取去见勘偓佺案，及带偓佺旧厅公人并见禁罪人亲戚，赴右司理院并净牢狱，窃虞诱胁，变乱情实。"⑥ 另州吏黄德"挟州幕之势"，因张焱所诉打缚曲抑骗取一事收禁入狱，送下司理院根勘，而"狱官阴纵之出外，辄令其逾狱墙，往来扬扬，在市饮酒，未尝坐狱"，"狱墙反为狱官、推吏受赃纵囚之路，可为寒心。"⑦ "有赂者，可使狱吏传状稿，通信息。而无赂者，必被其害。"⑧

如果"狱吏得囚赂，或夜纵其自便"⑨，有的狱吏收受贿赂而"放其自便，日间因以饮水为名，将水湮壁，浸喫泥湿，夜深则钻壁逾墙，倏然而遁。"⑩

有的腐败官吏还有胆量在法定监狱之外，私设临时拘押罪犯的场所。北

---

① （宋）李心传：《建炎以来系年要录》卷一六三，绍兴二十二年十二月乙丑，中华书局1988年版，第2674页。
② （宋）张纲：《华阳集》卷一四《论狱囚瘐死札子》，景印文渊阁《四库全书》本，台北：商务印书馆1983年版，第1131册，第85页。
③ （清）徐松辑：《宋会要辑稿》刑法五之四六，上海古籍出版社2014年版，第8528页。
④ （元）脱脱：《宋史》卷二〇〇《刑法志二》，中华书局1977年版，第4997页。
⑤ （清）徐松辑：《宋会要辑稿》兵一一之一〇，上海古籍出版社2014年版，第8822页。
⑥ （宋）李焘：《续资治通鉴长编》卷二九四，元丰元年十一月辛未，中华书局2004年版，第7161页。
⑦ （宋）佚名：《名公书判清明集》卷一一《人品门·罪恶贯盈》，中华书局1987年版，第410页。
⑧ （宋）胡太初：《昼帘绪论·治狱篇》，载《宋代官箴书五种》，中华书局2019年版，第176页。
⑨ （宋）陈襄：《州县提纲》卷三《狱壁必固》，载《宋代官箴书五种》，中华书局2019年版，第139页。
⑩ （宋）胡太初：《昼帘绪论·治狱篇》，载《宋代官箴书五种》，中华书局2019年版，第177页。

宋时州县有"辄置柜房收禁罪人，乞取钱物，害及无辜"的情况，这种收禁往往"近则数月，远则一年，守贰不能察，监司不以闻，衔冤之民，无所告诉。"① 南宋时临安府，"多私置禁房，收系罪人，一面追呼骚扰，非理锻炼，动经旬日……规图厚赏，致无辜之人枉被刑禁。"② 这种私刑场所往往与形势之家相勾结，"临安府前有人户私置牢房，与公人通同作弊，专一锁闭理对知在公事之人，号曰关留店。每夜不下一二十人，虽无脚匣，亦有门锁。"③

四、变更案情

宋代地方司法腐败中，贪官污吏还常常利用法律知识和掌握档案文书的机会，变更案情，致使官方判决出现司法不公。

在越诉之时，如"以财力买嘱官吏"，可以"欲反坐词人以罪名"提起诉讼。④

在司法检验之时，可以掩盖真相，"方今州县之官，视检验一事，不肯亲临，往往多以事辞免，率委之巡检，盖缘巡检武人，其间多出军武，致有不识字书者，奸胥猾吏因得其便，往往是非曲直，颠倒狗情。"⑤ 豪强有力之家杀人之后，为了变易情节，或嘱托官司，或贿承勘胥吏，"多以知证通说未明为由，以乘差官体究，而所差官亦止是一到地头，呼集邻社保甲询问供折而已，然因此得变易情节，出入人罪。又况豪右之家，所居乡村宗族，姻亲佃客之属常居其半，宛转为奸，符合供证，致使失实。"⑥

有的官吏在审讯犯人时拷掠恐吓，威逼犯人做出假供，"置人图圄，而付

---

① （清）徐松辑：《宋会要辑稿》刑法二之九一，上海古籍出版社2014年版，第8332页。
② （清）徐松辑：《宋会要辑稿》刑法六之六五，上海古籍出版社2014年版，第8565页。
③ （清）徐松辑：《宋会要辑稿》刑法二之一一八，上海古籍出版社2014年版，第8346页。
④ （宋）刘克庄著，辛更儒校注：《刘克庄集笺校》卷一九三《饶州州院申勘南康卫军前都吏樊铨冒受爵命事》，中华书局2011年版，第7537页。
⑤ （清）徐松辑：《宋会要辑稿》刑法六之四，上海古籍出版社2014年版，第49页。
⑥ （宋）刘一止：《苕溪集》卷一二《论断罪囚》，载《宋集珍本丛刊》，线装书局2004年版，第34册。

第四章 强弱与贵贱：宋代地方法吏群体的利益介入

推鞫于吏手，往往写成草子，令其依样供写，及勒令立批出外索钱，稍不听从，辄加捶楚，哀号惨毒，呼天莫闻。"①

有的猾吏则会变易诉状中的情节。永州有土豪张巨泗，"多聚溪峒人及亡命，椎埋为奸，交结监司、郡、县吏人，相为表里。"陈正同时为邵州知州，令衡州军事判官李椿奉檄鞫狱，"有告巨泗行盗者，未尝与告者辩对，未尝逮同徒，亟追证，则告者无其人，同徒者旋毙于路矣。细阅其牍，窜易殆尽，偶得一证，所诬以为同徒者，是夕，在他州有佐验，竟直之。"②

在检法拟判时也可上下其手。"检法官倚文生事"，"万一案牍出入不当法意，必摘闻上。"③南宋孝宗乾道九年（1173）五月二十六日，两浙东路提点刑狱公事郑兴裔上言说："今之勘官往往出入情罪，上下其手。或捶楚锻炼，文致其罪；或衷私容情，阴与脱免。"④另如邹涛"倚恃多赀，妄兴词诉"，"买嘱法司，辄引尊长卑幼通同之条，欲先监陈安国钱毕日，方给还陈安节产业。"⑤

在书写正式判决书时，有"狱官法外饰润虚词"⑥，故意错判。有的贪官污吏则在宣判时大做手脚，"吏辈……往往必欲扶同牵合，变乱曲直。山谷愚民，目不识字，吏示读不实。"⑦有的即使宣判，也不出给断由，"比年以来，州县或有不肯出给断由之处，盖其听讼之际，不能公平，所以隐而不给。"⑧

---

① （宋）佚名：《名公书判清明集》卷一《官吏门·劝谕事件于后》，中华书局 1987 年版，第 11 页。
② （宋）李心传：《建炎以来系年要录》卷一八〇，绍兴二十八年冬十月壬辰，中华书局 1988 年版，第 2989 页。
③ （宋）李昭玘：《乐静先生李公文集》卷二九《吴彦律墓志铭》，载《宋集珍本丛刊》，线装书局 2004 年版，第 27 册，第 751 页。
④ （清）徐松辑：《宋会要辑稿》刑法四之八四，上海古籍出版社 2014 年版，第 8491 页。
⑤ （宋）黄榦：《勉斋集》卷二九《申临江军为邹司户违法典买田产事》，景印文渊阁《四库全书》本，台北：商务印书馆 1983 年版，第 1168 册，第 325 页。
⑥ （宋）蔡襄：《蔡襄集》卷二五《奏为故崇信军节度副使尹洙为泾原路经略时借支官钱回易公用别无玷污已因此死于贬所臣以西事十年在边任事甚久今家贫无依伏乞朝举牵复旧秩与一子官庶使沈冤荷圣泽事状》，上海古籍出版社 1996 年版，第 428 页。
⑦ （宋）陈襄：《州县提纲》卷二《面审所供》，载《宋代官箴书五种》，中华书局 2019 年版，第 112 页。
⑧ （清）徐松辑：《宋会要辑稿》刑法三之三七，上海古籍出版社 2014 年版，第 8412 页。

有的则借助翻异别勘程序肆行不法，如赵司理"转移"胡化龙之父身死事，令其"无以自伸。"① 由于官吏相缘为奸，致使一些案情并不复杂的案件也不能结案："诸州狱讼，有罪状显著而不能决者，皆奸猾玩法，而胥吏因之为利。"② "今之治狱者多不然，或任其喜怒，或私受嘱托，或付之狱吏，或观望风旨，锻炼以成狱者，所在有之。"③

因为宋朝地方法吏多年协从司法审判工作，熟悉审判流程，而下层司法官员也掌握法律条文，因此在编造冤狱情节及引用条文都有颇有水准："丽法之轻重，只在一二字出入之间，狱辞数百纸，一读岂能尽察？狱吏包藏于中，法司为之抉出，比至提刑司，则首鼠之计已行矣"④，因而上级官府也难以识别其中真伪，"文案既上，从而察之，不能复有所见矣。盖其词情皆由于吏卒之所成练。前书所谓奏当之成，虽使皋陶听之，犹以为死有余辜者，谓此也。"⑤

由于宋代地方司法存在严重的漏洞化腐败，所以宋人评价当时的地方司法，"贿赂公行，关节交市"⑥，"今者，天下刑狱，皆为舞文巧诋之吏衣食于其间，欲望道途无冤民，刑狱措诸地，未可见也。"⑦

当然，宋代地方司法中也存在较多的主官腐败，如宋孝宗时，知临安府胡与可"凡有争讼，非贿不行"⑧，知赣州陈天麟"政以贿成，罪以货免"⑨，

---

① （宋）佚名：《名公书判清明集》卷二《官吏门·对移司理》，中华书局1987年版，第56页。
② （宋）李心传：《建炎以来系年要录》卷一八一，绍兴二十九年正月甲申，中华书局1988年版，第3000页。
③ （明）黄淮、杨士奇：《历代名臣奏议》卷二一七"李椿奏"，上海古籍出版社1989年版，第2854页。
④ （宋）孙觌：《南兰陵孙尚书大全文集》卷四〇《与通判郑寺丞帖》，载《宋集珍本丛刊》，线装书局2004年版，第35册，第572页。
⑤ （宋）陆九渊：《陆九渊集》卷八《与赵推书》，中华书局1980年版，第111页。
⑥ （宋）叶适：《叶适集》卷一《上孝宗皇帝札子》，中华书局1961年版，第834页。
⑦ （宋）陈襄：《古灵集》卷一四《与福建运使安度支书》，景印文渊阁《四库全书》本，台北：商务印书馆1983年版，第1093册，第615页。
⑧ （清）徐松辑：《宋会要辑稿》职官七二之一四，上海古籍出版社2014年版，第4975页。
⑨ （清）徐松辑：《宋会要辑稿》职官七二之一六，上海古籍出版社2014年版，第4976页。

第四章 强弱与贵贱：宋代地方法吏群体的利益介入

知潮州朱江"纳赂鬻狱"①，宋宁宗时，知江阴军的苏十能"狱以贿命"②，知吉州郑寅"政由内出，讼之黑白，以贿变迁"③。这种情况下，由于长官统领地方一切，自然会引发地方全面性的司法腐败。这是中国古代专制制度和人治社会的特点，是任何朝代都难以避免的。但于宋代而言，除长官外，尚难打通各个环节，掌握单一秩序还不足以影响判决结果，因而在社会稳定时，也较难形成全局性司法黑暗。

---

① （清）徐松辑：《宋会要辑稿》职官七二之二四，上海古籍出版社2014年版，第4980页。
② （清）徐松辑：《宋会要辑稿》职官七四之三六，上海古籍出版社2014年版，第5062页。
③ （清）徐松辑：《宋会要辑稿》职官七五之一九，上海古籍出版社2014年版，第5082页。

第五章　好利与忍讼：宋代地方民众法律求助的路径选择

中国古代民众决定提起诉讼、走向告状之路后，其能选择的路径有两种：一是走官方途径，即身赴官府正式提请诉讼，地方官员在法庭之上对原告和被告双方进行问讯审理，再依据国家法令及社会伦理精神进行是非判断，最终由官方正式宣布判决结果。另一条途径是通过乡党宗族途径，即通过具有一定社会权威的个体或团体进行是非判断，主要借助人情世故和人伦道理进行说教，乡党宗族途径一般缺少强制执行性。

在宋代，普通民众求助法律的途径也是官方和乡党宗族两条，官方途径的特点是：舆论引导是否定态度，而制度规定却提供充分条件保障；而乡党宗族途径的特点则是：不具有充分的教令权来满足广泛的诉讼要求。

第一节　宋代地方民众的法律求助路径

一、借助宗族途径

（一）宋代家族的主体形式

唐宋时期，中国古代社会经历了重大变化，其中变化之一即为中国自战国时代地主阶级登上历史舞台之后，又从世袭门阀地主社会转向了庶族地主

第五章 好利与忍讼：宋代地方民众法律求助的路径选择

社会，这个过程在宋初已经基本完成。与唐代相比，宋代社会结构呈现了明显的不同面貌。

自唐末以来，士族地主的势力渐渐衰落，其在政治上的表现是难以世袭各种特权，进入五代后这一趋势更为明显，"五十年间，天下五代而实八姓"，"自古未之有"，"君君臣臣父父子子之道乖，而宗庙、朝廷、人鬼皆失其序。"① 因此，后人称为"礼废乐坏"，而这种政治乱局，对传统士族影响最大，"氏族之乱，莫甚于五代之时"②，士族内部的血缘关系也难以维系了，"世道衰，人伦坏，而亲疏之理反其常。干戈起于骨肉，异类合为父子。"③ 因此，谱牒作为记载、辨别士族血缘关系的文化载体，从此失去了"以绳天下"、"贵有常尊，贱有等威"④ 的神圣性，"由贱而贵者，耻言其先；由贫而富者，不录其祖，而谱遂大废。"⑤ 宋人总结，"盖自唐衰，谱牒废绝，士大夫不讲，而世人不载。"⑥

至宋代，延续自祖上的宗族关系已经十分散乱，"士夫习礼者专于举业，用莫究宗法为何如，祢已祔则不复飨其祖，祭有嫡而诸子并立庙，父在已析居异籍，亲未尽已如路人，或语及宗法则皓首诸父不肯陪礼于少年嫡侄之侧，而华发庶侄亦耻屈节于妙龄父叔之前。"⑦ 有的"亲属相犯，问以服纪年月，皆言不知。"⑧ 整个社会，"不复以世族为事"，"宗法不立……谱牒又废……

---

① （宋）欧阳修：《新五代史》卷一六《唐废帝家人传第四》，中华书局1974年版，第385页。
② （清）顾炎武：《日知录集释》卷二三《通谱》，上海古籍出版社2006年版，第1294页。
③ （宋）欧阳修：《新五代史》卷三六《义儿传》，中华书局1974年版，第385页。
④ （宋）华震：《云溪居士集》卷一八《法禁论》，景印文渊阁《四库全书》本，台北：商务印书馆1983年版，第1119册，第457页。
⑤ （宋）苏洵著，曾枣庄注释：《嘉祐集笺注》卷一四《谱例》，上海古籍出版社1993年版，第371页。
⑥ （宋）苏洵著，曾枣庄注释：《嘉祐集笺注》卷一四《谱例》，上海古籍出版社1993年版，第371页。
⑦ （宋）陈淳：《北溪大全集》卷九《宗会楼记》，景印文渊阁《四库全书》本，台北：商务印书馆1983年版，第1168册，第571页。
⑧ （宋）郑至道：《琴堂谕俗编》卷上《正丧服》，景印文渊阁《四库全书》本，台北：商务印书馆1983年版，第865册，第237页。

241

骨肉无统，虽至亲，恩亦薄"①，"今天下所以不重宗族者，有族而无宗也。有族而无宗，则族不可合，族不可合，则虽欲亲之而无由也，族人而不相亲，则忘其祖也。"②

宋代社会"士庶天隔"的门第等级观念已经被社会废弃，民众普遍接受"贫不必不富，贱不必不贵"③的社会现象，国家选任官员和民众选择婚姻皆不再看重家族出身，"取士不问家世，婚姻不问阀阅"④，明代史学家胡应麟指出："五代以还，不崇门阀。"⑤ 在社会交往中，宋人"所交不限士庶"⑥，婚姻"贵人物相当"，否则可能终生不幸："男女议亲，不可贪其阀阅之高，资产之厚。苟人物不相当，则子女终身抱恨。况又不和，而生他事者乎！"⑦

唐宋以来，门阀士族的衰落在经济上的表现是庄园经济逐渐瓦解，而地主经济居于主导地位，并成为庶族地主崛起的经济基础。在宋代建国时，地主经济自南向北，已遍及全国。与这种经济关系为对应，以血缘关系为纽带形成的个体小家庭聚族而居成为宋代主要的家族组织形式，"今天下之民，莫不割其室庐，计其桑柘，殊井爨坟墓"⑧，聚族而居者"千无二三焉。"⑨

宋代这种以个体小家庭为主的家族形式，其在生产和生活中必然表现为分散性，又很容易受到小农经济脆弱性的影响。宋代自然灾害频密，据统计，宋代319年间发生灾害达874次，其中水灾193次，旱灾183次，而唐代289

---

① （宋）张载：《张载集》卷四《宗法》，中华书局1978年版，第258—259页。
② （宋）苏轼：《苏轼文集》卷八《安万民策》，中华书局1986年版，第257页。
③ （宋）刘跂：《学易集》卷六《马氏园亭记》，景印文渊阁《四库全书》本，台北：商务印书馆1983年版，第1121册，第589页。
④ （宋）郑樵：《通志》卷二五《氏族略·氏族序》，中华书局1995年版，第1页。
⑤ （明）胡应麟：《少室山房笔丛》卷二三《华阳博议下》，景印文渊阁《四库全书》本，台北：商务印书馆1983年版，第886册，第409页。
⑥ （宋）朱熹：《朱熹集》卷七四《增损吕氏乡约》，四川教育出版社1996年版，第3905页。
⑦ （宋）袁采：《袁氏世范》卷上《议亲贵人物相当》，天津古籍出版社1995年版，第48页。
⑧ （宋）李清臣：《厚俗策》，《全宋文》卷一七一六，上海辞书出版社2006年版，第79册，第20页。
⑨ （宋）李清臣：《厚俗策》，《全宋文》卷一七一六，上海辞书出版社2006年版，第79册，第20页。

第五章 好利与忍讼：宋代地方民众法律求助的路径选择

年总共发生自然灾害493次。① 而且宋的版图比唐要小，人地矛盾比唐突出。宋代"不立田制""不抑兼并"，豪强兼并、官司诉讼增多，而终宋一代，内忧外患，兵乱不断，小农经济具有的风险性决定百姓对紧密的宗族关系有着强烈的向往。同时，没有紧密的宗族关系，也会使社会成员缺少凝聚力，"日以争讼来至于庭，其间多违理逆德，不孝不悌，凌犯宗族，结怨邻里。以至婚姻之际，多事苟合，殊无恩义；五服之亲，问以服纪，全然不知"②，"惟其不知以祖先为念，于是尔我始则相视为路人，后则相疾为寇仇。"③

故此，宋代一些士大夫提出恢复宗族制的主张，力图加强宗族组织的社会力量。如张载讲："管摄天下人心，收宗族，厚风俗，使人不忘本，须是明谱系世族与立宗子之法。"④ 苏轼则说："臣欲复古之小宗，以收天下不相亲属之心。"⑤ 范仲淹等人则置义庄，以恢复宗族互相周给之义，为给宗族活动建立经济基础，还建置了族产。宋仁宗皇祐元年（1049），范仲淹"于其里中买负郭常稔之田千亩，号曰义田，以养济群族。族之人，日有食，岁有衣，嫁娶凶葬皆有赡。"⑥ 大多宗族难以形成如此大规模的族产，仅置办了祭田，用以担负祭祀祖先的经济费用。有些宗族还创置了义宅或义仓，收恤"贫不能自存"者⑦，在灾荒年份贷粮以助族人。

为了重建宗族组织，宋代又兴起了私人编修宗族谱牒的活动。宋仁宗时，欧阳修以"欧阳氏自得姓以来，子孙众多，而谱随亲疏，宜有详略"，为"图

---

① 孟昭华：《中国灾荒史记》，中国社会出版社1999年版，第312页。
② （宋）陈耆卿：《嘉定赤城志》卷三七《天台令郑至道谕俗七篇》，载《宋元方志丛刊》，中华书局1990年版，第7574页。
③ （宋）佚名：《名公书判清明集》卷一〇《人伦门·兄弟侵夺之争教之以和睦》，中华书局1987年版，第369页。
④ （宋）张载：《张载集》卷四《宗法》，中华书局1978年版，第258页。
⑤ （宋）苏轼：《苏轼文集》卷八《别安万民策》，中华书局1986年版，第256页。
⑥ （清）范能浚编集、薛正兴校点：《范仲淹全集·褒贤集》卷三钱公辅《义田记》，凤凰出版社2004年版，第978页。
⑦ （宋）家铉翁：《则堂集》卷二《积庆堂记》，景印文渊阁《四库全书》本，台北：商务印书馆1983年版，第1189册，第302页。

其世次，传于族人，又志于其石以待。自八祖以来，迁徙、婚嫁、官封、名谥与其行事，则具于谱"，编成《欧阳氏族谱》，成为新的宗族世系表。① 苏洵也有感于宗族内部关系太过薄弱，同宗之情缺少情感纽带，"喜不庆，忧不吊，即涂人也"，因此问询先人，"由今而上得五世，由五世而上得一世"②，编写《苏氏族谱》。欧阳修和苏洵成为宋代编修族谱的先驱，此后许多士大夫各自重新编修族谱，形成了宋代"私谱盛行"的局面。经过士大夫的努力，以"敬宗收族"为突出特点的宗族制度便出现在宋代历史舞台上了。③

比较唐宋两代宗族的存在形态，可以说宋代正处于旧有士族宗族瓦解、新的庶族宗族形成的转折时期，而宗族关系也由疏淡转变为紧密，其对经济生活已经具有相当的影响。但是当社会民众发生人际与经济关系的矛盾激化，甚至上升为诉讼形式出现时，宗族组织还未形成强大的影响力，这极大影响了社会民众对诉讼路径的选择。

（二）宋代家法族规教令权的薄弱

中国古代农业社会极其重视血缘关系，因此有家族传统。同时家族聚族共居的生活方式也形成"尊老"的社会传统，因此在古代社会中乡间权威既有宗族组织，也有德高望重的耆老，两者都可能对乡间晚辈具有一定的教令权。

宋代民间也活跃着一些民间耆老，对民众的诉讼也起到民间调解作用。宋仁宗年间，临安富春临江乡有"孙长者"，"性宽厚，言忱行笃，信于其乡"，"邻里有讼不之官，皆云当见孙长者，至则为陈事理，白其所以枉直之

---

① （宋）欧阳修：《欧阳修全集》卷七四《欧阳氏谱图序》，中华书局2001年版，第1073、1068页。
② （宋）苏洵著，曾枣庄注释：《嘉祐集笺注》卷一四《谱例》、《苏氏族谱》，上海古籍出版社1993年版，第373、372页。
③ 王善军：《宋代宗族和宗族制度研究》，河北教育出版社2000年版。

状，人人服而去，以是县令之厅经岁不识临江人面。"① 吉州安福县有王长者，"性笃厚，每一言一行，乡人取以为法，族里有争，率有直焉，得一言无不悦服者。"② 衡阳县有胡晏，"性资孝友，乡里慕之，有争讼不到公庭，多往质焉。"③ 永嘉有陈敦化，"乡间信服其谊，争讼多不之官府，得公一言即时解散。"④ 南宋有李子高，"喜犇人之急，里有争，往往和解之，使不致狱讼。"⑤ 长沙有隐士谭章，"邻里之讼，有不能决者，不之官府而之君，人尊仰之甚于父兄。"⑥

宋代这些民间耆老式人物之所以能调解民间诉讼，是与其个人的威望紧密相关的，但是这些事例仅是零星存在，其所影响的地域也相当有限，而其处理的争讼也往往是民间细故，因此这类乡间权威的教令权是相当有限的，难以成为社会普遍现象。

宋代的宗族组织内部重视长幼尊卑关系，已经具有相当强的教令权，其标志就在于经过士大夫的集体努力，属于庶族地主的家法族规已经开始形成。

宋代家法族规教令权的主要行使方式是族内长者聚众议事。宋大中祥符时，会稽县有裘氏宗族，"族人虽异居，同在一村中，世推一人为长，有事取决，则坐于听事。"⑦《邹氏家乘》规定："凡子孙有为不矩者，许通族人等撼实不矩之事，告于宗长，会其父母，明正其罪。"⑧

---

① （宋）潜说友：《咸淳临安志》卷六五《人物六》，载《宋元方志丛刊》，中华书局1990年版，第3948页。
② （宋）王炎午：《吾汶藁》卷九《先父槐坡居士先母刘氏孺人事状》，景印文渊阁《四库全书》本，台北：商务印书馆1983年版，第1189册，第619页。
③ （明）杨珮：《嘉靖衡州府志》卷六《人物》，《天一阁藏明代方志选刊》，上海古籍书店1963影印本，第59册。
④ （宋）薛季宣：《浪语集》卷三四《陈益之父》，景印文渊阁《四库全书》本，台北：商务印书馆1983年版，第1159册，第560页。
⑤ （宋）李觏：《李觏集》卷三一《李子高墓表》，中华书局2011年版，第358页。
⑥ （宋）汪藻：《浮溪集》卷二八《谭章墓志铭》，景印文渊阁《四库全书》本，台北：商务印书馆1983年版，第1128册，第282页。
⑦ （宋）王栐：《燕翼诒谋录》卷五，中华书局1981年版，第48页。
⑧ （宋）邹梒：《锡山邹氏家乘凡例》，载费成康《中国的家法族规》，上海社会科学院出版社1998年版，第259页。

宋代家法族规的教令权没有过多的强制色彩，多限于言词训诫或经济处罚。司马光《居家杂仪》中规定宗族成员必须重视长幼关系："有不识尊卑长幼者，则严诃禁之"①，"其有斗争者，主父、主母闻之，即诃禁之。不止，即杖之。理曲者杖多。一止一不止，独杖不止者"②，"其专务欺诈、背公、循私，屡为盗窃、开权犯上者，逐之。"③ 范氏《义庄规矩》规定："诸房闻有不肖子弟因犯私罪听赎者，罚本名月米一年，再犯者除籍，永不支米。除籍之后，长恶不悛，为宗族乡党善良之害者，诸房具申文正位，当斟酌情况，控告官府，乞与移乡，以为子弟玷辱门户者之戒。"④ "其专务欺诈、背公、循私，屡为盗窃、开权犯上者，逐之。"⑤

宋代仅有部分家规中存在初级肉体惩罚。赵州裘氏宗族的规约中"有竹箄亦世相授矣，族长欲挞有罪者，则用之。"⑥ 江州陈氏家法最具强制力，其家族内特设刑杖厅，专门处罚违法子弟，"立刑杖厅一所，凡弟侄有过，必加刑责"⑦，"不遵家法，不从家长令，妄作是非，逐诸赌博、斗争伤损者，各决杖十五下，剥落衣装，归役一年，改则复之。"⑧

宋代家法族规的教令权相当薄弱，对违反族规者还要借助政府力量进行惩戒。如苏州范氏义庄有《义庄规矩》，但"诸房子弟有不遵规矩之人，州县

---

① （宋）司马光：《居家杂仪》，载费成康《中国的家法族规》，上海社会科学院出版社1998年版，第255页。
② （宋）司马光《居家杂仪》，载费成康《中国的家法族规》，上海社会科学院出版社1998年版，第255页。
③ （宋）司马光《居家杂仪》，载费成康《中国的家法族规》，上海社会科学院出版社1998年版，第255页。
④ （清）范能濬编集，薛正兴校点：《范仲淹全集》，《义庄规矩》，凤凰出版社2004年版，第918页。
⑤ （宋）司马光《居家杂仪》，载费成康《中国的家法族规》，上海社会科学院出版社1998年版，第255页。
⑥ （宋）王栐：《燕翼诒谋录》卷五，中华书局1981年版，第48页。
⑦ （宋）陈崇：《江州陈氏义门家法》，载费成康《中国的家法族规》，上海社会科学院出版社1998年版，第243页。
⑧ （宋）陈崇：《江州陈氏义门家法》，载费成康《中国的家法族规》，上海社会科学院出版社1998年版，第243页。

既无敕条，本家难为伸理，五七年间，渐至废坏，遂使子孙饥寒无依"，因此范纯仁还要求"朝廷特降指挥下苏州，应系诸房子弟，有违犯规矩之人，许令官司受理。"① 范氏《义庄续定规矩》对屡违反家规不改者，"控告官府，乞于移乡"②，"诸位辄取外姓以为己子，冒请月米者，勿给。许诸位觉察报义庄，义庄不为受理，许诸位径申文正位公议，移文平江府理断。"③ 抚州陆氏家规规定不肖子"度不可容，则告于官，屏之远方。"④《邹氏家乘》规定："凡祖宗坟木荫庇风水，如有子孙私自斫伐己用者，许诸族中子姓，公同告于宗长，获实拿送有司治罪，以警将来。"⑤

宋代家法族规教令权的薄弱还体现在无法处理大量族内诉讼。两宋时期都有大量的族内纠纷案件上诉于州县政府。元祐年间，浙江百姓"多逆人理，不知族属，苟有忿怨，不能自胜，则执持棒杖，恣相殴击，岂择族长也?"⑥ 南宋时至有"兄弟天伦，古人谓之手足，言其本同一体也，今乃有唇舌细故而致争，锥刀小利而兴讼，长不恤幼，卑或陵尊。"⑦ "或虽有祖宗财产，不因于众，别自殖立私产，其同宗之人，必求分析，至于经州、经县、经所在官府累十数年，各自破荡而后已。"⑧

宋代以个体小家庭聚族而居的家族的形成，及其家法族规的制订，可以

---

① （清）范能濬编集，薛正兴校点：《范仲淹全集》，《义庄规矩》，南京：凤凰出版社2004年版，第917页。
② （清）范能濬编集，薛正兴校点：《范仲淹全集》，《义庄规矩》，南京：凤凰出版社2004年版，第918页。
③ （清）范能濬编集，薛正兴校点：《范仲淹全集》，《义庄规矩》，南京：凤凰出版社2004年版，第917页。
④ （宋）罗大经著，王瑞来点校：《鹤林玉露》丙编卷五《陆氏义门》，中华书局1983年版，第324页。
⑤ （宋）邹栩：《锡山邹氏家乘凡例》，载费成康《中国的家法族规》附录，上海社会科学院出版社1998年版，第259页。
⑥ （宋）陈耆卿：《嘉定赤城志》卷三七《天台令郑至道谕俗七篇》，载《宋元方志丛刊》，中华书局1990年版，第7576页。
⑦ （宋）真德秀：《西山真文公文集》卷四〇《潭州谕俗文》，上海商务印书馆1937年版，第705页。
⑧ （宋）袁采：《袁氏世范》卷上《分析财产贵公当》，天津古籍出版社1995年版，第22页。

标志着宋代开始形成族权,① 但是这时的族权还没有形成强大的制约族众的力量,众多家族还没有形成成文的家法族规,少数制订的族规还处于较为简略状态,因而宗族组织不能成为宋代民间社会大量人身与财产诉讼的主要解决者。

二、借助官府途径

在制度层面,宋代政府制订了诸多措施来维护诉讼程序的运行,诉讼人的切身利益能够比较有效地得到保障。

(一) 长官躬亲审案

宋代确立了长官诉讼亲审制度,这是中国法制史的重大进步。宋代以前,地方长官是否亲临狱讼没有硬性规定,唐末五代时多由州县佐官或牙校进行审判,常以军法代替国法,"小问罪之轻重,理之是非,但云有犯,即处极刑,枉滥之家,莫敢上诉,军吏因之为奸,嫁祸胁人,不可胜数。"② 宋代吸取五代弊政的教训,开始正式规定地方长官要亲自审理案件,宋仁宗乾兴元年(1022)十一月诏:"纠察在京刑狱并诸路转运使副,提点刑狱及州县长吏,凡勘断公案,并须躬亲阅实,无令枉滥淹延。"③ 天圣二年(1024)规定:"诸路州军自今常留县令管勾簿书、催督税赋及理婚田词讼,不得差出勾当小可公事。"④ 又规定:"在法,鞫狱必长官亲临。"⑤ 宋徽宗宣和二年(1120)进一步规定:"州县官不亲听囚而使吏鞫讯者,徒二年。"⑥ 宋代长官躬亲狱讼的制度,能够最大限度地体现司法的权威性,防止司法腐败的发生,"邑有令

---

① 朱瑞熙:《宋代社会研究》,中州书画社1983年版,第114页。
② (清) 赵翼:《廿二史札记》卷二二《五代滥刑》,中华书局1984年版,第478—479页。
③ (宋) 李焘:《续资治通鉴长编》卷九九,乾兴元年十一月戊寅,中华书局2004年版,第2303页。
④ (清) 徐松辑:《宋会要辑稿》职官四八之二七,上海古籍出版社2014年版,第4324页。
⑤ (宋) 胡太初:《昼帘绪论·治狱篇》,载《宋代官箴书五种》,中华书局2019年版,第176页。
⑥ (宋) 马端临:《文献通考》卷一六七《刑考六》,中华书局2011年版,第5011页。

在堂，吏不能秋毫欺也"①，因而诉讼民众能够认可地方司法的公正性。

(二) 法律重视证据

宋代官府在审理诉讼时，十分重视证据的作用。而宋代政府对民间财产管理的深入，使民事证据的种类明显增多了，民事诉讼中的官府图册、税籍丁籍、各类契约、遗嘱、定婚帖、证人证言、书铺鉴定都有法定效力。宋代土地买卖中，"皆为合同契，钱、业主各取其一"②，但契约应由官府加盖红印，否则买卖契约无效。宋代政府只有过税离业后才会加盖红印，即在税契时要"勘验元业税租、免役钱，纽定应割税租分数，令均平取推，收状入案，当日于部内对注开收。"③经过官府认可的田宅买卖称为红契，未经官方认可的称为白契，被认为是"私立草契，领钱交业"④，在发生财产纠纷时不受法律保护。宋代地方长官常从户籍税收档案中发现民事纠纷的线索，如：

> 大观间，有曾谔朝议者，知越州诸暨县，四明富民，初唯一子，后通其仆之妻，又生一子而收养之。年十六，富民亡，子与母谋，以还其仆。后数年，所生母与嫡母皆死，乃归持服，且讼分财，累年不决。监司委谔推治，历讯不能屈，因索本邑户版，验其丁齿，而富民尝以幼子注籍，遂许其分，此亦以籍为证者也。⑤

宋人评价本朝民事证据制度，"交易有争，官司定夺，止凭契约"⑥，"大凡官厅财物勾加之讼，考察虚实，则凭文书，剖判曲直，则依条法。舍此而

---

① （宋）汪藻：《浮溪集》卷二五《朝请大夫直秘阁致仕吴君墓志铭》，景印文渊阁《四库全书》本，台北：商务印书馆1983年版，第1128册，第237页。
② （宋）佚名：《名公书判清明集》卷五《户婚门·典卖园屋既无契据难以取赎》，中华书局1987年版，第149页。
③ （清）徐松辑：《宋会要辑稿》食货六一之六二，上海古籍出版社2014年版，第7469页。
④ （清）徐松辑：《宋会要辑稿》食货六一之六四，上海古籍出版社2014年版，第7471页。
⑤ （宋）郑克著，杨奉琨校注：《折狱龟鉴校释》卷六《察慝·王曾》，复旦大学出版社1988年版，第328页。
⑥ （宋）佚名：《名公书判清明集》卷五《户婚门·物业垂尽卖人故作交加》，中华书局1987年版，第153页。

臆决焉,则难乎片言折狱矣"①,"争田之讼,税籍可以为证;分财之讼,丁籍可以为证。虽隐慝而健讼者,亦耸惧而屈服矣。"② 可见书证在宋朝民事诉讼中的重要作用。

宋代刑事诉讼中,更为重视证言与证据的收集。郑克强调:"察其情状,犹涉疑似,验其物色,遂见端的,于是掩取,理无不得也。"③ 认为物证的效力要胜于人证,"证以人,或容伪焉,故前后令莫能决;证以物,必得实焉,故盗者始服其罪。"④ 胡太初讲:"监系最不可泛及,拷讯最不可妄加,而臆度之见,最不可恃以为是也……谚曰:'捉贼须捉赃,捉奸须捉双。'此虽俚言,极为有道。"⑤ 韩亿知洋州,曾审李四诬嫂案:"州豪李甲,兄死,迫嫂使嫁,因诬其子为他姓,以专其赀。嫂诉于官,甲辄赂吏,掠服之,积十余年,诉不已。亿视旧牍未尝引乳医为证,召甲出乳医示之,甲亡以为辞,冤遂辨。"⑥ 张奕曾权洪州观察推官,有盗纵火焚人庐舍,三年后抓获一嫌疑人,因不堪刑讯而诬服。供称"始以瓦盎藏火至其家,又以慧竹燃而焚之",埋于某处。狱吏依言前去寻找,果得瓦盎和扫帚。照理可以结案了,但张奕发现有不合常理之处:"盗亡三年,而所瘗之盎竹视之犹新,此殆非实耳。"于是再穷治之,终得冤情。⑦

---

① (宋)佚名:《名公书判清明集》卷九《户婚门·质库利息与私债不同》,中华书局1987年版,第336页。
② (宋)郑克著,杨奉琨校注:《折狱龟鉴校释》卷六《证慝·王曾》,复旦大学出版社1988年版,第328页。
③ (宋)郑克著,杨奉琨校注:《折狱龟鉴校释》卷五《惩恶·黄昌》,复旦大学出版社1988年版,第267页。
④ (宋)郑克著,杨奉琨校注:《折狱龟鉴校释》卷六《证慝·顾宪之》,复旦大学出版社1988年版,第324页。
⑤ (宋)胡太初:《昼帘绪论·治狱篇》,载《宋代官箴书五种》,中华书局2019年版,第179页。
⑥ (元)脱脱:《宋史》卷三一五《韩亿传》,中华书局1977年版,第10297页。
⑦ (宋)苏颂:《苏魏公文集》卷五八《朝奉郎太常博士张君墓志铭》,中华书局1988年版,第892页。

第五章　好利与忍讼：宋代地方民众法律求助的路径选择

（三）断讼引用法条

宋承唐律，规定法官判决必须明确引用法条，"诸断罪皆须具引律、令、格、式正文，违者笞三十。"① 宋代地方还专设有司法参军职掌"议法断刑"②，其所检用国家法令必须受到尊重，"一府之所是莫能胜法曹之所非，一府之所非莫能胜法曹之所是。"③ 在县级政府里，检用法令的工作大多由县丞完成。

宋代地方担负检法职能的官员，要按律、令、敕、例的顺序一一列出所适用的法条。《宋刑统》引后唐长兴二年（931）八月的敕条规定："今后凡有刑狱，宜据所犯罪名，须具引律、令、格、式，逐色有无正文，然后检详后敕，须是名目条件同，即以后敕定罪。后敕内无正条，即以格文定罪。格内又无正条，即以律文定罪。律、格及后敕内并无正条，即比附定刑，亦先自后敕为比，事实无疑，方得定罪。"④ 后"神宗以律不足以周事情，凡律所不载者一断以敕"⑤，敕正式取得律的优先地位。徽宗崇宁时规定："引例破法及择用优例者，徒三年。"⑥ 光宗绍熙元年（1190）正月重申："明示中外，其有法者，止当从法，"如引例破法"主典违制科罪，长吏免所居官。"⑦ 同时谳司援法定罪有驳正责任。如仁宗景祐三年（1036），知蕲州王蒙正故入林宗言死罪，被责降洪州别驾，"司法参军胡揆不驳公案，罚铜五斤。"⑧

---

① （宋）窦仪：《宋刑统》卷三〇《断狱·断罪具引律令格式》，法律出版社1999年版，第549页。
② （宋）马端临：《文献通考》卷六三《职官考一七》，中华书局2011年版，第1907页。
③ （宋）刘宰：《漫塘集》卷二二《真州司法厅壁记》，景印文渊阁《四库全书》本，台北：商务印书馆1983年版，第1170册，第593页。
④ （宋）窦仪：《宋刑统》卷三〇《断狱·断罪具引律令格式》，法律出版社1999年版，第551页。
⑤ （元）脱脱：《宋史》卷一九九《刑法志一》，中华书局1977年版，第4963页。
⑥ （清）徐松辑：《宋会要辑稿》刑法一之二一，上海古籍出版社2014年版，第8234页。
⑦ （清）徐松辑：《宋会要辑稿》职官七九之六，上海古籍出版社2014年版，第5228页。
⑧ （清）徐松辑：《宋会要辑稿》刑法四之七三，上海古籍出版社2014年版，第8485页。

陈傅良知桂阳军时曾将国法当中涉及邻里关系的法令择出榜示：

邻里。《敕》："诸讦告之罪，若于法不应告之人，虽系厢耆邻保，亦不得告。"《敕》："诸事不干己，辄告论者，杖一百。其所告之事，各不得受理。"《律》："诸邻里被强盗及杀人，告而不救助者，杖一百；闻而不救助者，减一等。力势不能赴救者，速告附近官司；若不告者，亦以不救助论。其官司不即救助者，徒一年。窃盗者各减二等。"①

可见是先敕后律的顺序。南宋理宗绍定元年（1228）平江府学田被盗耕案，府法司所检适用法律条文则是先律后敕，再次令、格：

律：诸盗耕种公私田者，一亩以下笞三十，五亩加一等；过杖一百，十亩加一等，罪止徒一年半。荒田减一等，强者各加一等，苗子归官主。（原注：下条苗子准此）

律：诸妄讼公私田，若盗贸卖者，一亩以下笞五十，五亩加一等。过杖一百，十亩加一等，罪止徒二年。

敕：诸盗耕种及贸易官田（原注：泥田、沙田、逃田、退复田同官荒田，虽不籍系亦是）各论如律。冒占官宅者，计所赁坐赃论，罪止杖一百（原注：盗耕种官荒田、沙田罪止准此），并许人告。

令：诸盗耕种及贸易官田（原注：泥田、沙田、逃田、退复田同）若冒占官宅，欺隐税租赁支者，并追理，积年虽多至十年止（原注：贫乏不能全纳者每升理二分），自首者免，虽应召人佃赁仍给首者。

格：诸色人告获盗耕种及贸易官田者（原注：泥田、沙田、逃田、退复田同）准价给五分。

---

① （宋）陈傅良著，周梦乡点校：《陈傅良文集》卷四四《桂阳军告谕百姓榜文》，浙江大学出版社1999年版，第560页。

第五章　好利与忍讼：宋代地方民众法律求助的路径选择

令：诸应各尝而无应受之人者，理没官。①

对宋代民众而言，可以由此知道对错所在，因此大大增加了官方判决的权威性。

（四）人给判语一本

南宋还建立了断由制度，近似判决书的文书副本，包括案件的缘由、诉讼请求、争议的事实和理由、判决依据的法律条文等项内容。绍兴二十二年（1152）宋廷规定："今后所讼，如婚田差役之类，曾经结绝，官司须具情与法叙述定夺因依，谓之断由，人给一本。厥有翻异，仰缴所结断由于状首，不然不受理。使官司得以参照批判，不失轻重。"② 断由主要作为结案的凭证和向上诉讼的依据，如有官员不肯出具断由，政府会依法追究责任。宋孝宗乾道七年法令规定："今后遇有理断，并仰出给断由。如违，官吏取旨行遣。"③ 宋光宗绍熙元年（1190），臣僚奏言："比年以来，州县或有不肯出给断由之处，盖其听讼之际不能公平，所以隐而不给。其被冤之人或经上司陈理，则上司以谓无断由而不肯受理。如此则不能伸其理，上不为雪其冤，则下民抑郁之情皆无所而诉也。"④ 因此规定："自今后，人户应有争讼结绝，仰当厅出给断由，付两争人收执，以为将来凭据。如元官司不肯出给断由，许令人户经诣上司陈理。其上司即不得以无断由不为受理，仍就状判索元处断由，如元官司不肯缴纳，即是显有情弊，自合追上承行人吏，重行断决。"⑤ 这些断由，还要加盖政府官印以使其具有权威性："田产之讼，官司考之契要，质之邻证，一时剖判既已明白，无理者心服无词，有理者监系日久，一

---

① 《江苏通志稿·江苏金石记》目一五《给复学田公牒记一》，载《宋代石刻文献全编》第二册，北京图书馆出版社2003年版，第339页。
② （宋）李心传：《建炎以来系年要录》卷一六三，绍兴二十二年五月辛丑，中华书局1988年版，第2658页。
③ （清）徐松辑：《宋会要辑稿》刑法三之三四，上海古籍出版社2014年版，第8410页。
④ （清）徐松辑：《宋会要辑稿》刑法三之三七，上海古籍出版社2014年版，第8412页。
⑤ （清）徐松辑：《宋会要辑稿》刑法三之三七，上海古籍出版社2014年版，第8412所页。

得判辄归，未必丐给断凭，元案张缝，率不用印，数年之后，前官既去，无理者或嘱元主案吏拆换，或赂贴吏窃去，兼主案吏若罢、若死，辄隐匿，诈言不存，彼乃依前饰词妄争，有理者须执前判，无所考据，则前判皆为虚设矣。凡事判案，须即用官印印缝，仍候给断凭讫始放。"① 宋宁宗庆元三年（1197）三月，规定民事案件"限三日内即与出给断由。如过限不给，许人户陈诉"②。

南宋时诸多判例可以看出断由制度在现实生活中是得到执行的。《名公书判清明集》《挟仇妄诉欺凌孤寡》判曰："合给断由付陈兴老收执，以为永远之照。"③《以累经结断明白六事诬罔脱判昏赖田业》判："陈铁虽经运司番诉，而未有明证，宜谯运使皆依赵知县所断，给据断由，与黄清仲为业也。"④"陈安节论陈安国盗卖田地"一案中判决为："仍备本县所断曾金紫三户判语及今所判给断由，付两家收执。"⑤"聂士元论陈希点占学租"一案的判决为："钞书给还聂士元收掌，并前已给公据、管业札子两封附案，再给断由，付聂士元收执。"⑥

断由这一"各人给判语一本"⑦的制度，能够起到"上以见听讼者之不苟简，下以使讼者之有所据"⑧的效果。

---

① （宋）陈襄：《州县提纲》卷二《案牍用印》，载《宋代官箴书五种》，中华书局2019年版，第124页。
② （清）徐松辑：《宋会要辑稿》刑法三之三七至三八，上海古籍出版社2014年版，第8412页。
③ （宋）佚名：《名公书判清明集》卷一三《惩恶门·挟仇妄诉欺凌孤寡》，中华书局1987年版，第505页。
④ （宋）佚名：《名公书判清明集》卷一三《惩恶门·以累经结断明白六事诬罔脱判昏赖田业》，中华书局1987年版，第509页。
⑤ （宋）黄榦：《勉斋集》卷三三《陈安节论陈安国盗卖田地事》，景印文渊阁《四库全书》本，台北：商务印书馆1983年版，第1168册，第376页。
⑥ （宋）黄榦：《勉斋集》卷三三《聂士元论陈希点占学租》，景印文渊阁《四库全书》本，台北：商务印书馆1983年版，第1168册，第378页。
⑦ （宋）佚名：《名公书判清明集》卷一〇《人伦门·乡邻之争劝以和睦》，中华书局1987年版，第394页。
⑧ （清）徐松辑：《宋会要辑稿》刑法三之三七，上海古籍出版社2014年版，第8412页。

第五章 好利与忍讼：宋代地方民众法律求助的路径选择

（五）大开越诉之门

宋初规定百姓不许越诉，乾德二年（964）诏："不得蓦越陈状，违者先科越诉之罪，却送本属州县，据所诉依理区分。"① 后来为抑止司法腐败、强化监司监督职能，北宋徽宗朝，越诉限制逐步被打破，尤其是到南宋时还制订了专门的越诉法。②

宋真宗时，关于上诉程序及上诉条件有详细规定，并规定州县在州县府衙当厅悬挂，咸平六年（1003）十一月十七日诏：

> 应论诉公事，不得蓦越，须先经本县勘问，该徒罪以上送本州，杖罪以下在县断遣。如不当，即经州论理。本州勘鞫，若县断不当，返送杖罪，并勘官吏情罪，依条施行。若本州区分不当，既经转运司陈状，专委官员，或躬亲往彼取勘，尽理施行，情理重者，备录申奏，仍于邻路差官鞫问断遣。若实有不当，干系官吏一处勘讫，结案申转运使。流罪以下，先次决放，死罪及命官具按闻奏，如转运使收接文状，拖延避事，不切定夺，致诣阙陈论，差官制勘，显有不当，即并勘转运司官吏。如公然妄兴论诉，玷渎官员，该徒罪以上者，逐处决讫，禁奏取裁。其越诉状，官司不得与理。若论县许经州，论州经转运使，或论长吏及转运使、在京臣僚并言机密事，并许诣鼓司、登闻院进状。若夹带合经州县、转运论诉事件，不得收接。若所进状内称已经官司断遣不平者，即别取事状，与所进状一处进内（纳），其代写状人不得增加词理，仍于状后著名，违者勘罪。州县录此诏当厅悬挂，常切遵禀。③

---

① （宋）佚名：《宋大诏令集》卷一九八《禁约上·禁越诉诏》，中华书局1962年版，第729页。
② 郭东旭：《论南宋的越诉法》，《河北大学学报》1988年第3期；郭东旭：《宋代法制研究》，河北大学出版社2000年版，第596—609页。
③ （清）徐松辑：《宋会要辑稿》刑法三之一二，上海古籍出版社2014年版，第8398页。

这一上诉程序的简化表述为："人户讼诉，在法，先经所属，次本州，次转运司，次提点刑狱司，次尚书本部，次御史台，次尚书省"。①

越诉规定是对务限法的补充。自唐以来，凡民事案件的审理就有"务限"的规定，即民事诉讼只能在农闲时节才可受理。宋代沿袭了这一规定，《宋刑统》规定："所有论竞田宅、婚姻、债负之类，取十月一日以后，许官司受理，至正月三十日住接词状，三月三十日以前断遣须毕……但不干田农人户者，所在官司随时受理断遣，不拘上件月日之限。"② 民事诉讼只有在每年的十月一日到次年正月三十日之间，官府必须在三月三十日前处理完毕。每年二月初一日开始入务，即进入农忙季节，直到九月三十日为止，属于务限期间，为了不违农时，不废农事，限内州县官府停止受理有关田宅、婚姻、债负、地租等争讼案件。但是民事诉讼中的被告人很容易利用务限法拖延诉讼，"当务开之时，则迁延月日，百端推托，或谓寻则契书未得，或谓家长出外未归，及至民户有词，则又计嘱案司，申展文引，逐限推托，更不出官，辗转数月，已入务限矣，遂使典田之家终无赎回之日。"③ 有的富民迁延时日，使贫民下户赎田之钱，"耗费于兴讼之际，纵是得理，而亦无钱可以交业矣。"④ 因此，南宋大理寺卿李洪专门上奏："务限之法，大要欲民不违农时，故凡入务而诉婚田之事者，州县勿得受理。然虑富强之家乘时恣横，豪夺贫弱，于是又为之制，使交相侵夺者受理不拘务限。比年以来，州县之官务为苟且，往往借令文为说，入务之后，一切不问，遂使平民横被豪夺者无所伸诉。欲望明饬州县，应婚田之讼，有下户为豪强侵夺者，不得以务限为拘，如违，许人户越诉。从之。"⑤ 放开越诉限制，实际上一定程度弥补了"务限法"的

---

① （清）徐松辑：《宋会要辑稿》刑法三之三一，上海古籍出版社2014年版，第8408页。
② （宋）窦仪：《宋刑统》卷一三《户婚·婚田入务》，法律出版社1999年版，第233页。
③ （宋）佚名：《名公书判清明集》卷八《户婚门·典主迁延入务》，中华书局1987年版，第317页。
④ （宋）佚名：《名公书判清明集》卷八《户婚门·典主迁延入务》，中华书局1987年版，第317页。
⑤ （清）徐松辑：《宋会要辑稿》刑法三之四八，上海古籍出版社2014年版，第8418页。

缺陷。

越诉也是对渎职官员的监督与约束。如天禧二年（1018），"开封解榜出，有廖复者被黜，率众诣鼓院诉有司不公。朝廷差钱惟演等重考，取已落者七十余人，复亦预荐，时号还魂秀才。前发解官皆谪外郡监当。"① 南宋时，某县令"到任以来，略无善政，大辟刑名公事，件件不理，但有纵吏受赇，贪声载路"，还强迫民众诉讼时"必须官纸，必买两券，受词必须传押，亦须定价……甚至有宣教纸墨钱，县主坯粉钱"②，引起民众公愤，数十人将其诉于监司。地方官可以不怕百姓，但一定会惧怕上级，因此越诉制度值得肯定。

对比宋代民众诉讼可以选择的两条路径：宗族方面教令权薄弱，乡间权威资源不足，而官府方面则有多种制度保障诉讼人的权益，司法可信性与权威性大大增强。因而对宋代普通民众而言，其诉讼欲求自然会比较多的转向国家政权解决的途径。

第二节　宋代地方民众的法律借助态度

一、宋代民众法律身份的平等趋向

宋代民众各个阶层，出现了法律上的身份平等化趋势，因而普遍具有了民事主体资格。

唐代实行均田制时，自耕农是农业阶级的主体。随着均田制的瓦解和土地兼并的发展，失去耕地的自耕农往往"依托强豪，以为私属，贷其种食，赁其田庐。"③ 在强豪之家贷赁生活的农民，未经主人允许不得随意移徙，亦不能自主参加民事活动。宋代主体经济形式是租佃关系，通过契约关系事先

---

① （宋）方勺：《泊宅编》卷上，中华书局1983年版，第73页。
② （宋）佚名：《名公书判清明集》卷二《官吏门·缪令》，中华书局1987年版，第59页。
③ （清）董浩：《全唐文》卷四六五《均节赋税恤百姓六条》，中华书局1983年版，第4759页。

确定双方权利与义务,"明立要契,举借粮种,及时种莳,俟收成,依契约分,无致争讼。"① 租佃关系通过"承税为主"② 的形式对封建国家履行臣民义务。开宝四年（971）宋太祖下诏,通检全国丁口,将主户、牛客、小客一并抄入版籍。③ 其中"客"指"课户","乡野有不占田之民,借人之牛,受人之土,庸而耕者,谓之客户。"④ 农民履行两方面义务后,再生产时有离主换佃的人身自由权,"一失抚存,明年必去而之他"⑤。宋仁宗天圣五年（1027）,诏江淮、两浙、荆湖、福建、广南州军取消"旧条"对客户起移的限制,"自今后客户起移,更不取主人凭由,须每田收田毕日,商量去住,各取稳便,即不得非时衷私起移。如是主人非理拦占,许经县论详。"⑥ 民间田地交易时,禁止地主随田典卖佃客,"凡典卖田宅,听其从条离业,不许就租以充客户,虽非就租,亦无得以业人充役使;凡借钱物者,止凭文约交还,不许抑勒以为地客;凡为客户身故,而其妻原改嫁者,听其自便;凡客户之女,听其自行聘嫁。庶使深山穷谷之民,得安生理,不至为强有力者之所侵欺。"⑦ 因此,宋人评价这种租佃关系"非存上下之势"⑧,"虽天子之贵,而保民如保赤子,况主户之于客户,皆齐民乎"⑨,表明佃户摆脱了唐代地主私属的历史地位,实现了民事权利的相对平等化。

唐代奴婢实为贱民,"奴婢、部曲,身系于主"⑩,"奴婢贱人,律比畜

---

① （清）徐松辑：《宋会要辑稿》食货六三之一六二,上海古籍出版社 2014 年版,第 7697 页。
② （清）徐松辑：《宋会要辑稿》食货六一之五八,上海古籍出版社 2014 年版,第 7465 页。
③ （清）徐松辑：《宋会要辑稿》食货一二之一,上海古籍出版社 2014 年版,第 6229 页。
④ （宋）石介：《徂徕石先生文集》卷八《录微者言》,中华书局 1984 年版,第 87 页。
⑤ （清）徐松辑：《宋会要辑稿》食货一三之二一,上海古籍出版社 2014 年版,第 6255 页。
⑥ （清）徐松辑：《宋会要辑稿》食货一之二四,上海古籍出版社 2014 年版,第 5954 页。
⑦ （清）徐松辑：《宋会要辑稿》食货六九之六八,上海古籍出版社 2014 年版,第 8083 页。
⑧ （宋）江少虞：《宋朝事实类苑》卷一五《顾问奏对》,上海古籍出版社 1981 年版,第 184 页。
⑨ （宋）胡宏：《胡宏集》卷二《与刘信叔书》,中华书局 1987 年版,第 119 页。
⑩ （唐）长孙无忌：《唐律疏议》卷一七《贼盗·亲属为人杀私和》,法律出版社 1998 年版,第 362 页。

第五章 好利与忍讼：宋代地方民众法律求助的路径选择

产"①，存在强烈的人身依附关系。宋朝称奴婢为人力、女使，是"贫无所养，而有男女佣佣于人"的良家子女②，宋真宗曾讲："今之僮使，本佣雇良民。"③ 奴婢与主人之间是雇佣关系，雇契中明确雇期和雇值，受雇期间与主人仍有传统的主仆名分，雇契期满主仆名分即不复存在。宋朝法律严禁强雇和掠贩良人为婢仆，违者"杖一百，人放逐便，钱物不追，情重者奏裁。"④ 如超出契约规定而役使人力、女使，"其雇主并引领牙保人，并依律不应为从杖八十科罪。钱不追，人还主，仍许被雇之家陈首。"⑤ 雇主之家不能长久雇佣不放，北宋时规定，"自今人家佣赁，当明设要契，及五年"⑥；南宋时规定，"雇人为婢，限止十年，其限内转雇者，年限价钱各应通计。"⑦ 宋代雇主不能私自处罚奴婢，宋哲宗时规定："佃客犯主，加凡人一等；主犯之，杖以下勿论，徒以上减凡人一等……因殴致死者，不刺面，配邻州。"⑧ 宋真宗时还规定："有盗主财者，五贯以上杖脊、黥面、配牢城，十贯以上奏裁，而勿得私黥之。"⑨

在宋代盛行的契约关系中，佃客、雇工、人力、女使不再是主家私属，而是国家"编户齐民"⑩，因而都享有民事权利主体资格。

---

① （唐）长孙无忌：《唐律疏议》卷六《名例·官户部曲官私奴婢有犯》，法律出版社1998年版，第143页。
② （宋）蔡襄：《蔡襄集》卷二三《乞戒厉安抚使书》，上海古籍出版社1996年版，第395页。
③ （宋）李焘：《续资治通鉴长编》卷五四，咸平六年夏四月庚午，中华书局2004年版，第1189页。
④ （宋）谢深甫：《庆元条法事类》卷八〇《杂门·出举债负·杂敕》，黑龙江人民出版社2002年版，第902页。
⑤ （清）徐松辑：《宋会要辑稿》刑法二之一五五，上海古籍出版社2014年版，第8384页。
⑥ （宋）马端临：《文献通考》卷一一《户口考二》，中华书局2011年版，第319页。
⑦ （宋）罗愿：《罗鄂州小集》卷五《鄂州到任五事劄子》，景印文渊阁《四库全书》本，台北：商务印书馆1983年版，第1142册，第510页。
⑧ （宋）李焘：《续资治通鉴长编》卷四四五，元祐五年秋七月乙亥，中华书局2004年版，第10716页。
⑨ （宋）李焘：《续资治通鉴长编》卷五四，咸平六年夏四月庚午，中华书局2004年版，第1189页。
⑩ （宋）江少虞：《宋朝事实类苑》卷一五《顾问奏对》，上海古籍出版社1981年版，第184页。

宋代商人的社会地位大大提高了，成为"能为国致财者"①。宋代保护行商的财产，"所在不得苛留行旅赍装"，"无得发箧搜索"②，"诸州不得挟持搜索，以求所齎之物"③。宋高宗时诏："应客旅般贩米斛，并从便往来，其经由官司如敢非理骚扰阻节，许客人经尚书省越诉。"④ 地方不得非法收税，"诸私置税场，邀阻商旅者，徒一年，所收税钱，坐赃论，仍许越诉。"⑤ "客旅与诸色人将带会子经过场务，不得收纳税钱，亦不得别作名目骚扰。如违，许客旅越诉。"⑥ 商人与政府交易，政府应及时支付货币，"如不即支给，及公吏令干人邀阻减剋乞觅，许客人越诉。犯人从徒二年科断。"⑦

总之，宋代租佃制及商品经济的发展，社会成员之间更多表现为契约关系，社会各个职业与阶层的民众能够享有较为平等的经济权利，因此在法律身份方面成为了较为平等的民事主体。

二、宋代民众利益观念的兴发

中国传统儒家正统思想"重义轻利"，"君子喻于义，小人喻于利"⑧，认为王者之道不需讲利，"王何必曰利，亦有仁义而已矣。"⑨ 但是随着私有经济的发展，宋代民众自下而上形成了新的社会风气与舆论观念。

在地主经济中，土地是各阶层赖以生存的最重要的生产资料，但不抑兼并，

---

① （宋）李焘：《续资治通鉴长编》卷二六二，熙宁八年夏四月丙寅，中华书局 2004 年版，第 6390 页。
② （宋）马端临：《文献通考》卷一四《征榷考一》，中华书局 2011 年版，第 401 页。
③ （清）徐松辑：《宋会要辑稿》食货一七之一三，上海古籍出版社 2014 年版，第 6351 页。
④ （清）徐松辑：《宋会要辑稿》刑法二之一〇二，上海古籍出版社 2014 年版，第 8337 页。
⑤ （宋）谢深甫：《庆元条法事类》卷三六《库务门·商税·厩库敕》，黑龙江人民出版社 2002 年版，第 548 页。
⑥ （宋）谢深甫：《庆元条法事类》卷三六《库务门·商税·申明·诈伪》，黑龙江人民出版社 2002 年版，第 554 页。
⑦ （宋）谢深甫：《庆元条法事类》卷三〇《财用门·诸路转运等司稽考上供钱物簿·申明·厩库》，黑龙江人民出版社 2002 年版，第 448 页。
⑧ （宋）朱熹：《四书章句集注·论语集注》卷二《里仁》，中华书局 1983 年版，第 73 页。
⑨ （宋）朱熹：《四书章句集注·孟子集注》卷一《梁惠王章句上》，中华书局 1983 年版，第 201 页。

第五章　好利与忍讼：宋代地方民众法律求助的路径选择

土地所有权的流动性增加,"千年田换八百主"①,"贫富无定势,田宅无定主,有钱则买,无钱则卖"②,"庄田置后频移主"③,因此田产成为时人追求的主要目标。地主可以"公然号为田主矣"④,而佃农有权"徙乡易主"⑤,"或丁口蕃多,衣食有余,稍能买田宅三五亩,出立户名,便欲脱离主户而去。"⑥ 在土地买卖中,政府也成为平等的交易方,"自汉至唐,犹如授田之制……至于今,授田之制亡矣,民自以私相贸易,而官反为之司契券而取其直。而民又有于法不得占田者,谓之户绝而没官。其出以与民者,谓之官自卖田,其价与私买等,或反贵之。"⑦ 因此宋人普遍视土地为社会生存的第一要务,"人生不可无田……有田方为福,概福字从田、从衣"⑧,"果置的一两好庄及第宅,免于茫然,此最良图"⑨,"私家变金银为田产,乃是长久万全之策"⑩。

宋代商业经济已经颇为发达,各个行业都努力赚取利益,"凡人情莫不欲富,至于农人商贾百士之家,莫不尽夜营度,以求其利。"⑪ 大小商贩日夜经营,"夜市直至三更尽,才五更又复开张。"⑫ 雇农在秋收后还会进入城市寻找佣工机会,"秋成之时,百逋丛身,解偿之余,储积无几,往往负贩佣工以谋朝夕之赢者,比比皆是也。"⑬ 宋代士大夫说:"古有四民:曰士、曰农、曰

---

① 邓广铭笺注:《稼轩词编年笺注》卷三《最高楼》,上海古籍出版社1978年版,第279页。
② (宋) 袁采:《袁氏世范》卷下《富家置产当存仁心》,天津古籍出版社1995年版,第163页。
③ (宋) 刘克庄著,辛更儒校注:《刘克庄集笺校》卷一《故宅》诗,中华书局2011年版,第54页。
④ (清) 顾炎武:《日知录》卷一〇《苏松两府田赋之重》,上海古籍出版社1985年版。
⑤ (宋) 王之道:《相山集》卷二二《乞止取佃客札子》,景印文渊阁《四库全书》本,台北:商务印书馆1983年版,第1132册,第691页。
⑥ (宋) 胡宏:《胡宏集》卷二《与刘信叔书五首》,中华书局1987年版,第119页。
⑦ (宋) 叶适:《叶适集》卷二《民事上》,中华书局1961年版,第652页。
⑧ (宋) 周辉:《清波杂志》卷一一《常产》,中华书局1994年版,第369页。
⑨ (宋) 吴曾:《能改斋漫录》卷一二《晏元献节俭》,上海古籍出版社1960年版,第366页。
⑩ (宋) 李焘:《续资治通鉴长编》卷三七四,元祐元年四月癸巳,中华书局2004年版,第9074页。
⑪ (宋) 吕祖谦:《宋文鉴》卷一〇八《福州五戒》,中华书局1992年版,第1504页。
⑫ (宋) 孟元老:《东京梦华录》卷三,中国商业出版社1982年版,第22页。
⑬ (宋) 王柏:《鲁斋集》卷七《社仓利害书》,景印文渊阁《四库全书》本,台北:商务印书馆1983年版,第1186册,第113页。

工、曰商。士勤于学业，则可以取爵禄；农勤于田亩，则可以聚稼穑；工勤于技巧，则可以易衣食；商勤于贸易，则可以积财货，此四者皆百姓之本业。"①

在这种社会风气下，宋代士大夫提出应当尊重民众追求私利的观点。李觏最先提出经济富国的观点："愚窃观儒者之论，鲜不贵义而贱利，其言非道德教化则不出诸口矣。然《洪范》八政，一曰食，二曰货。……是故圣贤之君，经济之士，必先富其国矣。"② 苏洵认为治理国家既要讲义，也要讲利，"义利、利义相为用，而天下运诸掌矣。"③ 王安石认为义利两者之间是辩证关系，义可致利，利可成义，"利者，义之和。义固所为利也。"④ 南宋时事功学派的学说更加主张以利引导社会治理，陈亮说："功到成处，便是有德；事到济处，便是有理。"⑤ 叶适认为："既无功利，则道义者乃无用之虚语耳"⑥，"古之人未有不善理财，而为圣君贤臣者也。"⑦ 陈亮还认为尊重各个职业人群的经济利益，会使整个社会联为一体，从而实现有序发展："古者官民一家也，农商一事也。上下相恤，有无相通。民病则求之官，国病则资诸民。商籍农而立，农赖商而行，求以相补，而非求以相病。"⑧ 叶适也说："夫四民交致其用，而后治化兴，抑末厚本，非正论也"。⑨

在宋代义利观剧烈转变的风气下，士大夫阶层也开始追求财富，北宋蔡襄最早总结了这种变化，宋初"仕宦之人粗有节行者，皆以营利为耻，虽有

---

① （宋）陈耆卿：《嘉定赤城志》卷三七《天台令郑至道谕俗七篇》，载《宋元方志丛刊》，中华书局1990年版，第7578页。

② （宋）李觏：《李觏集》卷一六《富国策》，中华书局2011年版，第133页。

③ （宋）苏洵著，曾枣庄注释：《嘉祐集笺注》卷九《利者义之和论》，上海古籍出版社1993年版，第277页。

④ （宋）李焘：《续资治通鉴长编》卷二一七，熙宁四月春正月壬辰，中华书局2004年版，第5321页。

⑤ （宋）陈亮：《陈亮集》卷二九《致陈同甫书》，中华书局1987年版，第393页。

⑥ （宋）叶适：《习学记言序目》卷二三《汉书》，中华书局1977年版，第324页。

⑦ （宋）叶适：《叶适集》卷二《进卷·财计上》，中华书局1961年版，第658页。

⑧ （宋）陈亮：《陈亮集》卷一二《四弊》，中华书局1987年版，第140页。

⑨ （宋）叶适：《习学记言序目》卷一九《史记一》，中华书局1977年版，第273页。

第五章 好利与忍讼：宋代地方民众法律求助的路径选择

逐锥刀之资者，莫不避人而为之，犹知耻也"，三十年后，"今乃不然，纡朱怀金，专为商旅之业者有之。兴贩禁物，茶、盐、香草之类，动以舟车，楸迁往来，日取富足……贪人日富而居有田宅，岁时有丰厚之享，而清廉刻苦之士，妻孥饥寒，自非坚节之士，莫不慕之。贪人非独不知羞耻，而又自号材能。世人耳目既熟，不以为怪。"①

宋代士大夫也开始踊跃参与"争利"，或多购田产，"宦游而归，鲜不买田。"② 或积极经营商业，"起而牟利，贾贩江湖，干托郡邑，商算盈缩，秤较毫厘，匿关市之征，逐舟车之动，以规什一之得，进则王官，退则为市人，进则冕笏而治事，号为民师，退则妄觊苟获。"③ 许多士大夫"口谈道义，身为沽贩"④，甚至婚姻之中也掺入利益考量，"今世俗之贪鄙者，将娶妇，先问嫁资之厚薄；将嫁女，先问聘财之多少，至于立契约云某物若干，某物若干，以求售其女者。亦有既嫁而复欺绐负约者，是乃驵侩卖婢鬻奴之法，岂得谓之士大夫婚姻哉？其舅姑既被欺绐，则残虐其妇以摅其忿。"⑤

宋代皇帝十分了解钱财在国家治理中的作用，宋太祖认为："好官亦不过多得钱尔。"⑥ 宋神宗认为："政事之先，理财为急。"⑦ 并降诏"言财利可采录施行者甄赏"，"内外臣僚有知财用利害者，详其事状闻奏。其诸色人亦许具事理置制三司条例司陈状，在外者随所属州军投状，徼申条例司。如所言财利有可采录施行者，当量其事之大小而甄赏之。"⑧ 宋高宗曾言："邦计匮

---

① （宋）蔡襄：《蔡襄集》卷二二《废贪赃》，上海古籍出版社1996年版，第380页。
② （宋）袁燮：《絜斋集》卷一六《筠溪李公家传》，景印文渊阁《四库全书》本，台北：商务印书馆1983年版，第1157册，第224页。
③ （宋）吕祖谦：《宋文鉴》卷一〇六《议官》，中华书局1992年版，第1497页。
④ （宋）司马光：《涑水记闻》卷一〇，中华书局1989年版，第199页。
⑤ （宋）丁昇之，柳建钰校注：《婚礼新编校注》卷一一，上海古籍出版社2017年版，第335—336页。
⑥ （元）脱脱：《宋史》卷二五八《曹彬传》，中华书局1977年版，第8980页。
⑦ （元）脱脱：《宋史》卷一八六《食货志》，中华书局1977年版，第4558页。
⑧ （宋）佚名：《宋大诏令集》卷一八四《财利下》，中华书局1962年版。

乏，苟有一毫可以节省，亦当行之"①，"朝廷拓地，譬如私家买田，倘无所获，徒费钱本，得之何用？"②

此外，因为追求个体小家庭的利益引起宗族内部与邻里之间财产纠纷的情况，在宋代已经相当严重，"所谓舅姑、伯叔、妯娌皆假合，强为之称呼，非自然天属"③，"生虽同胞，情同胡越，居虽同室，迹犹路人，以致计分毫之利而弃绝至恩，信妻子之言而结为死怨"④ 的家内矛盾屡屡出现，"有亲在而别籍异财，亲老而供养多阙，亲疾而救疗弗力，亲没而安厝弗时"⑤，致使"亲兄弟子侄隔屋连墙，至死不相往来；有无子而不肯以犹子为后，有多子而不以于亲兄弟者；有不恤兄弟之贫，养亲必欲如一，宁弃亲而不顾者；有不恤兄弟之贫，葬亲必欲均费，宁留丧而不葬者。"⑥ 这类亲属与乡邻间财产之争多讼至官府，"父子兄弟，不相孝友，乡党邻里，不相存恤，其心汲汲惟争财竞利为事，以至身冒刑宪，鞭笞流血而不知止"⑦，"小人为气所使，惟利是趋，所争之田不满一亩，互争之讼不止数年，遂使兄弟之义大有所伤而不顾。"⑧ 宋代士大夫不禁感叹："同气之亲，何忍为此？"⑨

正是因为宋代社会各个阶层都不以言利为耻，认同"利胜于义"⑩，"人

---

① （宋）李心传：《建炎以来系年要录》卷九五，绍兴五年十一月壬午，中华书局1988年版，第1571页。
② （宋）李心传：《建炎以来系年要录》卷一〇三，绍兴六年秋七月己卯，中华书局1988年版，第1682页。
③ （宋）袁采：《袁氏世范》卷上《妇人之言寡恩义》，天津古籍出版社1995年版，第31页。
④ （宋）陈耆卿：《嘉定赤城志》卷三七《天台令郑至道谕俗七篇》，载《宋元方志丛刊》，中华书局1990年版，第7册，第7360页。
⑤ （宋）真德秀：《西山先生真文忠公文集》卷四〇《潭州谕俗文》，上海商务印书馆1937年版，第705页。
⑥ （宋）袁采：《袁氏世范》卷上《妇人之言寡恩义》，天津古籍出版社1995年版，第31页。
⑦ （宋）陈耆卿：《嘉定赤城志》卷三七《仙居令陈密学襄劝学文》，载《宋元方志丛刊》，中华书局1990年版，第7572页。
⑧ （宋）佚名：《名公书判清明集》卷六《户婚门·兄弟争业》，中华书局1987年版，第174页。
⑨ （宋）真德秀：《真西山先生集》卷四〇《潭州谕俗文》，上海商务印书馆1937年版，第374页。
⑩ （宋）邵伯温：《邵氏闻见录》卷一二，中华书局1983年版，第134页。

第五章　好利与忍讼：宋代地方民众法律求助的路径选择

趋利而不知义"① 成为社会风气，因此"有钱可使鬼，无钱鬼揶揄"② 这样的俗语才会在宋代产生。

三、宋代民众的好讼之风

随着市场经济的发展，宋代民众私有权观念进一步深化，民间财产争讼大量增多，各个阶层都可能卷入诉讼之中："骨肉亲知以之而构怨稔畔，公卿大夫以之而败名丧节，劳商远贾以之而捐躯殒命，市井交易以之而斗殴戮辱。"③ 因此，史学家认为宋人好讼，考诸史实记载，殆非虚言。现以《全宋文》为主要线索，考察宋代士大夫笔下民风好讼的具体情况：

史料记载	文献出处
庐陵之民，古称多讼，加以亩籍违制，乱狱滋丰。	徐铉：《故唐大理司直鄂州汉阳令赠卫尉少卿樊公神道碑》，《全宋文》卷三四，第2册，第361页。
川峡之民好讼，皆称被本州抑屈，又阙官抽差。	崔迈：《乞川峡民讼依原敕行遣奏》，《全宋文》卷六二，第4册，第16页。
袁之于江南，中郡也。地接湖湘，俗杂吴楚，壤沃而利厚，人繁而讼多。	杨大雅：《新建郡小厅记》，《全宋文》卷二一一，第10册，第328页。
时曹民多讼，屡构大狱。至道元年，以公知曹州，不数月，辞斗咸息。	张景：《故如京使金紫光禄大夫检校司空知沧州军州事兵马钤辖兼御史大夫上柱国河东县开国伯食邑九百户柳公行状》，《全宋文》卷二七一，第13册，第358页。
（淮西郡）部中十邑，素多盗与讼，号为难治。	范仲淹：《尚书度支郎中充天章阁待制知陕州军府事王公墓志铭》，《全宋文》卷三八九，第19册，第48页。

---

① （元）脱脱：《宋史》卷四二八《李侗传》，中华书局1977年版，第12748页。
② （宋）陈与义：《简斋集》卷二《书怀示友》，景印文渊阁《四库全书》本，台北：商务印书馆1983年版，第1129册，第672页。
③ （宋）李之彦：《东谷随笔·钱》，（元）陶宗仪：《说郛》卷七三下，景印文渊阁《四库全书》本，台北：商务印书馆1983年版，第880册，第152页。

续表

史料记载	文献出处
宰蜀之江源县，人繁地狭，积多田讼。	范仲淹：《太常少卿直昭文馆知广州军州事贾公墓志铭》，《全宋文》卷三八九，第19册，第52页。
黄岩大邑，民数万户，讼争盈庭。	范仲淹：《太子中舍致仕范府君墓志铭》，《全宋文》卷三九〇，第19册，第72页。
夏口带江，民俗喜讼。	胡宿：《陈藻可秘书丞梁谷可左赞善大夫制》，《全宋文》卷四三八，第21册，第150页。
（邵武县）民喜讼，吏诋欺前后宰守，经常系者，不减一二百。	胡宿：《太傅致仕邓国公张公行状》，《全宋文》卷四六七，第22册，第213页。
（永新县）俗固好讼，而当官者复侵渔之，公一皆痛刮其弊，民戴之如父母焉。	余靖：《宋故大理寺丞知梅州王君墓碣铭》，《全宋文》卷五七四，第27册，第136页。
虔于江西号难治，民喜讼，或伪作冤状，悲愤叫呼，似若可信者，非久于政，莫能辨。	尹洙：《故两浙转运使朝奉郎尚书司封员外郎护军赐紫金鱼袋韩公墓志铭》，《全宋文》卷五九〇，第28册，第107页。
夷陵虽小县，然争讼甚多，而田契不明。	欧阳修：《与尹师鲁第二书》，《全宋文》卷六九八，第33册，第87页。
醴陵、太和皆大邑，民喜斗讼，往往因事中吏以法，吏多不免。	欧阳修：《陇城县令赠太常博士吕君墓志铭》，《全宋文》卷七五一，第35册，第307页。
其尤甚曰歙州，民习律令，性喜讼。	欧阳修：《尚书职方郎中分司南京欧阳公墓志铭》，《全宋文》卷七五八，第36册，第14页。
（吉州庐陵县）邑多盗，民好讼，号难理。	张方平：《朝散大夫右谏议大夫知相州军州同群牧事上柱国赐紫金鱼袋赵郡李公墓志铭》，《全宋文》卷八二六，第38册，第275页。
知虔州赣县。邑多讼事，号难理，府君待以诚恕，狱市以清。	张方平：《朝散大夫秘书丞上骑都尉杜陵韦府君墓志铭》，《全宋文》卷八二七，第38册，第291页。
耀民气豪喜讼，号难治。始至，系囚满狱。	韩琦：《故尚书工部侍郎致仕赠工部尚书崔公行状》，《全宋文》卷八五五，第40册，第62页。

第五章 好利与忍讼：宋代地方民众法律求助的路径选择

续表

史料记载	文献出处
虔民轻狡好讼，至有害己子而诬人者，吏稍不审辨，率多枉误。	韩琦：《三兄司封行状》，《全宋文》卷八五五，第 40 册，第 56 页。
（寿州）郡素号多讼，而邑所部送囚，虽重辟，往往伪窜其名以上。	苏舜钦：《朝奉大夫尚书度支郎中充天章阁待制知陕州军府事平晋县开国男食邑三百户上护军赐紫金鱼袋王公行状》，《全宋文》卷八七九，第 41 册，第 100 页。
抚民素好讼，君下车三日，牒诉数百。	祖无择：《颍川陈君神道碑铭》，《全宋文》卷九三六，第 43 册，第 335 页。
其在武宁，民喜讼而易刑，为令者多严法以止之，犹不能胜。	蔡襄：《尚书屯田员外郎通判润州刘君墓碣》，《全宋文》卷一〇二〇，第 47 册，第 240 页。
建之建安讼日数十百。	蔡襄：《光禄少卿方公神道碑》，《全宋文》卷一〇二〇，第 47 册，第 229 页。
潭之长沙，其县喜讼难治，君视其繁，为简其术，如无一事。	蔡襄：《尚书礼部侍郎郑君墓志铭》，《全宋文》卷一〇二三，第 47 册，第 283 页。
郴，湖南小邑，民吏杂扰，牒诉日日堆几案。	文同：《秘书丞陈君墓志铭》，《全宋文》卷一一〇九，第 51 册，第 180 页。
习诈而夸，著流风于在昔；多盗与讼，号难治于当今。	曾巩：《齐州谢到任表》，《全宋文》卷一二三八，第 57 册，第 122 页。
庐陵人喜斗讼，械系常充县庭。	曾巩：《太子宾客致仕陈公神道碑铭》，《全宋文》卷一二六五，第 58 册，第 199 页。
韶居南方，虽小州，然狱讼最多，号难治。	曾巩：《尚书都官员外郎王公墓志铭》，《全宋文》卷一二六八，第 58 册，第 243 页。
其为虔州，州近盐，多盗与讼。	曾巩：《光禄少卿晁公墓志铭》，《全宋文》卷一二七〇，第 58 册，第 276 页。
绩溪在深山中，民好讼多事，而无学者。	刘敞：《王开府行状》，《全宋文》卷一二九五，第 59 册，第 386 页。

续表

史料记载	文献出处
就移道州江华县。楚俗喜讼,虽健令决之尽理,犹耻不胜,则又赴诉于州、于使者。前后相望,弊浸不革。	苏颂:《秘书丞赠太师刘君神道碑》,《全宋文》卷一三四四,第62册,第61页。
南丰在江西最为大邑。编户数万,多豪右著姓,讼争既繁,胥吏操其柄,前后令罕能胜之者。	苏颂:《朝奉大夫提点广西刑狱公事胡公墓志铭》,《全宋文》卷一三五〇,第62册,第143页。
(南丰县)俗喜讼,令始至,豪猾辄构事入县,察令能否。公至,即得其妄,穷而徙之,由此无敢犯法。	王安石:《尚书度支员外郎郭公墓志铭》,《全宋文》卷一四一五,第65册,第176页。
东阳地完户殷,民狡喜讼。每更一新令,则必构虚怀牒,坌入于庭下,以探令之能否。彼计苟行,则将接迹而来矣。	强至:《上提刑司封书》,《全宋文》卷一四四二,第66册,第303页。
长沙民最喜讼,号难治。	郑獬:《先公行实》,《全宋文》卷一四八〇,第68册,第174页。
惟虔暨舒,皆今名郡,好讼之称,被于俗谚。	刘攽:《两浙提刑张询可知越州知濠州林颜可知虔州唐坰可知舒州制》,《全宋文》卷一四八九,第68册,第326页。
知濠州定远县。县素多讼,吏积习为奸,号难治。公以简处剧,以严济恕,纲开条举,乃至无事。	吕陶:《尚书屯田郎中致仕常公墓志铭》,《全宋文》卷一六一三,第74册,第102页。
浮梁邑剧讼多,吏贪令弱。	杨杰:《故朝散郎致仕朱君墓志铭》,《全宋文》卷一六四五,第75册,第268页。
南陵素号多讼,田制不明,君至,先为治版图,正经界,吏畏民服,图圄为空。	杨杰:《故朝奉郎守殿中丞梅君墓志铭》,《全宋文》卷一六四六,第75册,第277页。

第五章 好利与忍讼：宋代地方民众法律求助的路径选择

续表

史料记载	文献出处
迁为庆州业乐寨主。寨人多羌胡，狎吏喜讼，有罪常迁文申之，使入羊马自解。	沈括：《同提点广南东路刑狱公事文思副使兼御史大夫赵君墓志铭》，《全宋文》卷一六九四，第78册，第16页。
虔十邑，绵地千里，民狡善讼，文案如山。	杜纯：《宋故太常少卿石公墓志铭》，《全宋文》卷一七二二，第79册，第151页。
万载于袁为小邑，而户口栉比，人亦喜讼。	韦骧：《万载学记》，《全宋文》卷一七七九，第82册，第48页。
改知齐州，齐视东郡，户繁讼夥。	盛次仲：《宋故司勋郎中知兖州军州事致仕李公墓志铭》，《全宋文》卷一八三二，第84册，第222页。
闽中诸县，多至十万户，坚忍喜讼，号难治，邵武其尤者。	陈师道：《后山谈丛》卷五，中华书局2007年版，第70页。
持词而求诉者，肩相摩乎其门。	苏轼：《策别课百官》，《全宋文》卷一九五八，第90册，第216页。
公得虔州，地远而民好讼，人谓公不乐。	苏轼：《赵清献公神道碑》，《全宋文》卷一九九三，第92册，第22页。
宁化俗嚣喜讼，椎埋为事。	上官均：《尚书都官员外郎高君墓志铭》，《全宋文》卷二〇三六，第93册，第343页。
江西地薄民贫，崄而好讼。	苏辙：《吴革江西运判告词》，《全宋文》卷二〇四〇，第94册，第25页。
荆湖之南，地远而多崄，民悍而喜讼，狂狱之寄，侧于予衷。	苏辙：《张绶湖南提刑告词》，《全宋文》卷二〇四一，第94册，第54页。
海之大州，乃七闽之都会。土疆差广，齿籍至繁，民业不丰，里俗喜讼，廛肆杂四方之俗，航海皆异国之商。	郑侠：《代太守谢泉州到任表》，《全宋文》卷二一七〇，第99册，第270—271页。
江东之民，号为多讼，其因簿书不正，税亩不明者，十常八九。	孔武仲：《代上执政书》，《全宋文》卷二一九〇，第100册，第252页。

269

续表

史料记载	文献出处
南安地阻隘,其民贫多讼,学者不满百人。	彭汝励:《南安军学记》,《全宋文》卷二二〇一,第101册,第83页。
江西之俗,士大夫多秀而文,其细民险而健,以终讼为能。	黄庭坚:《江西道院赋》,《全宋文》卷二二七八,第104册,第233页。
会昌民健讼,善匿情成狱,户婚事多久不决。	黄庭坚:《叔父给事行状》,《全宋文》卷二三三三,第108册,第25页。
维此庐陵,险而健讼。	黄庭坚:《祭姚大夫文》,《全宋文》卷二三三九,第108册,第156页。
改知夏县,县素号多讼,君待以至诚,反复教喻,不逆不亿,不行小惠,讼者往往扣头自引。	吕大临:《张御史行状》,《全宋文》卷二三八七,第110册,第187页。
再知渠州邻山县,俗很健讼。	李降:《梁子中墓志铭》,《全宋文》卷二五二六,第117册,第216页。
歙俗喜讼,善持吏长短,吏稍绳以法,辄得罪去。	秦观:《鲜于子俊行状》,《全宋文》卷二五八七,第120册,第155页。
(处州)俗犷悍,喜讼斗,吏明习法令,挟以为奸,故狱事视他郡为难治。	杨时:《吴子正墓志铭》,《全宋文》卷二六九五,第125册,第43页。
彭泽县频江,俗穷陋喜讼,尚鬼而信巫。	杨时:《李子约墓志铭》,《全宋文》卷二六九六,第125册,第48页。
(虔州)为江西剧郡,俗健讼。	杨时:《章端叔墓志铭》,《全宋文》卷二六九九,第125册,第91页。
登(州)濒海,有鱼盐之利,俗豪举喜讼,小有争,至破产取胜而不悔。	晁补之:《尚书司封员外郎胡公墓志铭》,《全宋文》卷二七四四,第127册,第120页。
浮梁俗好讼,令王越石懦,系者满狱,诉庭下者日百数。	晁补之:《夔州录事参军江君墓誌铭》,《全宋文》卷二七四四,第127册,第111页。

第五章 好利与忍讼：宋代地方民众法律求助的路径选择

续表

史料记载	文献出处
（沂州）东武士豪喜构场屋讼。	晁补之：《奉议郎致仕崔君墓志铭》，《全宋文》卷二七四五，第127册，第139页。
江南俗喜讼，而慎多豪右，率以财陵其里人而屈之，少忤，则使其党殴藉，或摘其阴事于官，无不至。	晁补之：《右通直郎杨君墓志铭》，《全宋文》卷二七四六，第127册，第150页。
（莱州）民性愎戾而好讼斗。	《宋史》卷八五《地理志一》，第2112页。
（高密县）俗尚嚣讼。	《宋史》卷三九九《仇悆传》，第12124页。
鼓、藁号剧县，人喜讼而嚣，为令者率多以罪去。	赵鼎臣：《韩至之墓志铭》，《全宋文》卷二九八四，第138册，第266页。
平阳……俗好讼，凡争尺寸地赇贿常不赀，甚者至破产无以生。	许景衡：《邓南夫墓表》，《全宋文》卷三〇九九，第144册，第111页。
瓯宁负郭，当道路之衡，民剽悍健讼，最于一路。	刘一止：《宋故左朝散郎通判安肃军林君墓志铭》，《全宋文》卷三二八一，第152册，第291页。
婺源令阙，州以属君。县居山谷间，民喜讼，凡令至皆谢病去。	汪藻：《左朝奉郎知处州江君墓志铭》，《全宋文》卷三三九一，第157册，第350页。
（巴陵）县介湖湘，俗习文法，喜斗。公初至，讼坌入。	汪藻：《徽猷阁直学士左宣奉大夫致仕赠特进显谟阁直学士蒋公墓志铭》，《全宋文》卷三三九三，第157册，第369页。
任滨州渤海县。县濒海，人素喜讼，号为难治。	汪藻：《宋通直郎通判洺州杨公墓志铭》，《全宋文》卷三三九七，第157册，第432页。
江西之俗健而喜讼，号为珥笔之民。	周紫芝：《妙香寮记》，《全宋文》卷三五二九，第162册，第287页。
贫多讼，宰邑者率以罪去。	周紫芝：《钱随州墓志铭》，《全宋文》卷三五三一，第162册，第318页。
永嘉弊如鼠穴，皆起于胥吏之扰民。……而奸黠健讼之辈又颇因此时而出没。	郑刚中：《与章尚书》，《全宋文》卷三九〇〇，第178册，第175页。

271

续表

史料记载	文献出处
永嘉民顽喜讼,弊如鼠穴。	郑刚中:《与何倅(二)》,《全宋文》卷三九〇〇,第 178 册,第 174 页。
虔民健讼,诸邑犴狱充斥。	黄彦平:《先大夫述》,《全宋文》卷三九七七,第 181 册,第 313 页。
闽有八州,而福为大府,负郭之邑鼎立焉。候官处三者中,跨疆接境,户口星散,最号多事。听览贵审,而决遣未竟,辄越诉矣,其好讼如此。且喜请求于形势家,名曰关节。	张元幹:《代洪仲本上徐漕书》,《全宋文》卷四〇〇五,第 182 册,第 401 页。
伏审命移江介……乡党健讼。	苏籀:《迎婺守周侍郎启》,《全宋文》卷四〇二六,第 183 册,第 326 页。
天下之可耻者,莫大于为盗,而好讼其次焉。赣在江西为大郡,山泽细民乃甘心于天下之可耻者,独何欤?余尝考其所以然矣,见利而忘义,则盗心生;好胜而无礼,则争心起。	张九成:《重建赣州学记》,《全宋文》卷四〇四二,第 184 册,第 155 页。
筠、袁俗险而健讼,有珥笔之号。	徐升:《万载重修县记》,《全宋文》卷四〇九一,第 186 册,第 175 页。
知歙州休宁县。歙地多岩崄,其民狠愎健讼,岁断大辟以百计,在江东号最难治,而休宁尤甚,故谚称"镬汤滚处",铨曹选注,无愿往者,摄官岁久,弊滋甚,益不可为。	章倧:《宋左宣奉大夫显谟阁待制致仕赠特进谥文康葛公行状》,《全宋文》卷四〇九二,第 186 册,第 186 页。
萍乡……令数易,吏狃于奸,民弗服教。嚚者善讼,以诬官长为能事;悍者悖公,以拒徭役不入租赋为得计。	江淮:《新建萍乡县治记》,《全宋文》卷四〇九三,第 186 册,第 213 页。

第五章 好利与忍讼：宋代地方民众法律求助的路径选择

续表

史料记载	文献出处
江右之民，名为健讼，残破之后，讼益大张。	胡铨：《与吉守吕殿撰书》，《全宋文》卷四三〇七，第195册，第162页。
士风虽美，而民俗尚有可病者。盖其好争喜讼，不论理之曲直，但以己为是，期于必胜而后已。其所竞之利或甚微，虽至于倾资竭产而无悔。又好持人长短，以告讦为务，此民俗愚冥，尚未悛化。	黄拱：《仙居重修县学记》，《全宋文》卷四三九五，第199册，第53页。
此乐成之小邑，有同临海之近州，吏苟非贤，人亦好讼。	王十朋：《答乐清徐令森》，《全宋文》卷四六二五，第208册，第315—316页。
徙知嘉州，嘉远王都，吏横而肆，讼谍纷委，率出入其手。	王十朋：《何提刑墓志铭》，《全宋文》卷四六三八，第209册，第170页。
崇安、建阳最为冲要，民顽吏猾，前后知县持身不谨，驭下无术，少有终任不致诉讼。……崇安县事王齐舆……禁制盗贼，摧抑健讼。	韩元吉：《荐崇安建阳两知县状》，《全宋文》卷四七八五，第215册，第341页。
杭为剧郡，多讼诉，岸圄往往充斥，吏习为舞文市狱。	周麟之：《葛文康公神道碑》，《全宋文》卷四八二四，第217册，第261页。
广西去朝廷远且濒海，有珍产之饶，吏不肃而民好讼。	宋似孙：《宋故户部郎中总领湖广江西京西财赋彭公行状》，《全宋文》卷四八六二，第219册，第200页。
德兴壮县，俗喜负气，健斗而终讼。	陆游：《朝奉大夫石公墓志铭》，《全宋文》卷四九五〇，第223册，第227页。
改知徽州……讼析产不平者纷然。	周必大：《丞相洪文惠公适神道碑》，《全宋文》卷五一八四，第233册，第14页。
江东一路讼牒，徽为尤剧。	杨万里：《荐举王自中曾集徐元德政绩同安抚司奏状》，《全宋文》卷五二九三，第237册，第125页。

273

续表

史料记载	文献出处
再转南康军星子县令,地濒江,田病水,故多讼。	杨万里:《宋故太保大观文左丞相魏国公赠太师谥文忠京公墓志铭》,《全宋文》卷五三六七,第240册,第168页。
闽素号健讼难治。	朱熹:《少师保信军节度使魏国公致仕赠太保张公行状下之上》,《全宋文》卷五六六四,第252册,第233页。
建宁当孔道,部使者多寄治,民健讼,为郡者日不暇给。	朱熹:《朝奉大夫直秘阁主管建宁府武夷山冲佑观傅公行状》,《全宋文》卷五六七一,第252册,第355页。
兴化素号难治,前守听讼或继以烛,事犹有不决者。	朱熹:《朝奉大夫直秘阁主管建宁府武夷山冲佑观傅公行状》,《全宋文》卷五六七一,第252册,第352页。
在武陵,遇民以宽,吏有罪则立治之不少贷,然亦不求其过也。县境田多荒,冒耕者众,其健者与吏为一,侵渔诉讼,展转不止。	朱熹:《朝奉刘公墓表》,《全宋文》卷五六七七,第253册,第57页。
出知兴化军,莆俗险健多讼。	朱熹:《直显谟阁潘公墓志铭》,《全宋文》卷五六八五,第253册,第181页。
岭海之间,民夷杂居,强悍成俗,喜斗健讼。	张孝祥:《上宪使小简》,《全宋文》卷五七〇〇,第254册,第68页。
闽人喜讼。	薛季宣:《故通判临江军事王公墓志铭》,《全宋文》卷五七九六,第258册,第60页。
(湖湘)贪吏并缘而为奸,良民沦胥而好讼。	舒璘:《通宋漕启》,《全宋文》卷五八五二,第260册,第172页。
移建宁府,俗尤劲悍,动辄杀人……郡苦多讼,盖有专以把持讹诉为业者。家已致饶,凿空造事,吏因为奸,日不暇给。	楼钥:《华文阁直学士奉政大夫致仕赠金紫光禄大夫陈公行状》,《全宋文》卷五九八一,第265册,第198页。

第五章　好利与忍讼：宋代地方民众法律求助的路径选择

续表

史料记载	文献出处
恩州……豪族动辄疑阻，牒诉累兴。	楼钥：《侍御史左朝请大夫直秘阁致仕王公行状》，《全宋文》卷五九八二，第 265 册，第 208 页。
洋本佳郡，近岁有健讼者。	楼钥：《文华阁待制杨公行状》，《全宋文》卷五九八三，265 册，第 223 页。
知武进县，讼牒填委。	楼钥：《知婺州赵公墓志铭》，《全宋文》卷五九九六，第 266 册，第 53 页。
君本以锺离事简而往，而讼牒纷委，不减内地。	楼钥：《知钟离县姜君墓志铭》，《全宋文》卷六〇〇二，第 266 册，第 131 页。
臣照对湖南治郡，莫难于永……民俗强悍，动多嚣讼。	陈傅良：《湖南提举刺列郡太守状》，《全宋文》卷六〇二六，第 267 册，第 217 页。
江乡素号健讼，有珥笔之风，锁吭贯足者无日无之。	蔡戡：《朝奉郎提点江南东路刑狱赵公墓志铭》，《全宋文》卷六二五九，第 276 册，第 332 页。
改知徽州……郡多讼分产不平者，公究其端，以官印关书吏倍有邀索，民宁匿关而惮费，以故成讼。公下令，许民持关立庭下，不以蚤莫，即时呼吏印给之，无毫发费，旧讼顿息。	许及之：《宋尚书右仆射观文殿学士正议大夫赠特进洪公行状》，《全宋文》卷六三五七，第 280 册，第 313 页。
宣之属邑可数，唯旌焉累政不纲……健讼辈肆持控之戈矛，揽纳户为奸欺之囊橐。	李廷忠：《上庙堂启》，《全宋文》卷六四五五，284 册，第 291 页。
吉俗号珥笔，讼牒纷委。	谈钥：《宋故通议大夫守尚书工部侍郎致仕休宁县开国男食邑三百户赠宣奉大夫朱公晞颜行状》，《全宋文》卷六四六二，284 册，第 419 页。
湖外俗简朴畏事，而平江喜讼善逃，与江、浙路器县比，其土风所从来久矣。	叶适：《平江县王文正公祠堂记》，《全宋文》卷六四九四，第 286 册，第 100 页。

275

续表

史料记载	文献出处
公在常……滞案如山。	叶适：《运使直阁郎中王公墓志铭》，《全宋文》卷六五〇三，第286册，第236页。
移江西转运判官。楚多讼，吏积厌苦。	叶适：《中奉大夫直龙图阁司农卿林公墓志铭》，《全宋文》卷六五〇六，第286册，第286页。
临川风俗，素号健讼，豪民猾吏，动辄生事，以害善良。	黄幹：《申江西提刑司辞差知节干劄子》，《全宋文》卷六五二七，第287册，第332页。
江西之俗固号健讼，然亦未闻有老黠妇人如此之健讼者。	黄幹：《崇真观女道士论掘坟判》，《全宋文》卷六五三四，第287册，第464页。
浙河之东，大江之右，其士大夫矗矗然从事于文矣，而其民移利喜讼，习俗未迁。详刑之司，其责为重。	蔡幼学：《孙昭先浙东提刑李洪江西提刑制》，《全宋文》卷六五七一，第289册，第159页。
乐安喜讼而尚斗。	卫泾：《故中大夫提举武夷山冲佑观祥符县开国男赵公墓志铭》，《全宋文》卷六六四〇，第292册，第60页。
零陵令阙，摄事年余……好讼之徒，不得骋其辩。	曹彦约：《朝奉郎致仕晏子中墓志铭》，《全宋文》卷六六七〇，第293册，第137页。
当职素闻风俗不美，放哗健讼，未敢以为信。然再入邑境，便有寄官员、士人、上户范文、吴钘等六十七人，纠率乡民五百余人，植朱杆长枪一条，揭白旗于其上，遮道陈词。	史弥坚：《禁戢部民举杨知县德政判》，《全宋文》卷六七〇〇，第294册，第231页。
新安、桐襚之区，其俗尚斗而好讼。	程珌：《代贺苏提刑》，《全宋文》卷六七八三，第297册，第357页。
大江之南，黟歙之间，有郡焉曰新安。……其民则尚气，好斗好讼。	释居简：《祭汪给事文》，《全宋文》卷六七九六，第298册，第184页。

第五章 好利与忍讼：宋代地方民众法律求助的路径选择

续表

史料记载	文献出处
湟州为郡，僻在一隅，介荆湘下流，与峒夷杂处。化理弛缺，习俗浇讹，或健讼以作孽，或德色而诈语者有之，或斗狠以射利，或相挺而为乱者有之。	楼镐：《请旌张道真奏》，《全宋文》卷六八七九，第301册，第311页。
盖以庐陵，素称剧郡，蛮獠接境而弄兵时警，奸黠喜讼而珥笔风生。	许应龙：《代贺庐陵守启》，《全宋文》卷六九二六，第303册，第314页。
至于好斗喜讼，尚多有之，则官司何能不秖之以猛！是尔民必欲官司相绳以法，而追逮之际，不能不废业也。	陈宓：《安溪县劝农文》，《全宋文》卷六九五四，第304册，第376页。
（剑州）至于闾里之间，斗狠嚣讼之习，乖争悖戾之风。	陈宓：《南剑州劝农文》，《全宋文》卷六九五四，第304册，第377页。
建昌一县，所管地界最阔，民亦喜讼，不与优免蠲与减。	陈宓：《与朱寺丞在札》，《全宋文》卷六九六〇，第305册，第78页。
太守莅政，今已逾年……尔民好讼成风，累月弥年，困苦不悔，至兄弟宗族之间交相倾陷，亦习为常。	郑性之：《劝农文》，《全宋文》卷六九七七，第306册，第29页。
知绍兴之山阴。邑号多讼，异时于省于部于御史者靡有虚日，吏巽懦，无能孰何。	魏了翁：《知南剑州洪公秘墓志铭》，《全宋文》卷七一一三，第311册，第111页。
调利州绵谷县尉，邑多讼。	魏了翁：《故知辰州大夫张君墓志铭》，《全宋文》卷七一二八，第311册，第359页。
福建常平……滞讼如山。	真德秀：《显谟阁学士致仕赠龙图阁学士开府袁公行状》，《全宋文》卷七一八八，第314册，第35页。
其知饶州，州民多喜讼。	真德秀：《少保成国赵正惠公墓志铭》，《全宋文》卷七一九四，第314册，第153页。

续表

史料记载	文献出处
建昌为江左最剧邑,赋繁讼夥。	真德秀:《赵邵武墓志铭》,《全宋文》卷七一九四,第314册,第149页。
广之新会……县无正官久,弊端如毛,民狃于讼,吏黩于货贿,且濒海盗多弗可制。	真德秀:《通判广州吴君墓志铭》,《全宋文》卷七一九五,第314册,第165页。
知沙县,二税铢寸以上州输,邑计仰盐而已,牒诉尤繁。	刘克庄:《惠州弟墓志铭》,《全宋文》卷七六三一,第331册,第340页。
知广州南海县……主客户杂居,讼健而刑繁。	刘克庄:《叶寺丞墓志铭》,《全宋文》卷七六四二,第332册,第110页。
户者多贫,为富室者多讼。	吴潜:《奏论计亩官会一贯有九害》,《全宋文》卷七七六七,第337册,第129页。
(袁州)太守入境之初,犹未交印,纷然遮道,谕遣复前,已厌其为喜讼矣。	方岳:《惩教讼判》,《全宋文》卷七八八三,第341册,第372页。
湖湘之民率多好讼,邵阳虽僻且陋,而珥笔之风亦不少。	胡颖:《侵用已检校财产论如擅支朝廷封桩物法判》,《全宋文》卷七九一八,第343册,第114页。
同室之斗,阋墙之争,几无虚日。	胡颖:《兄弟能相推逊特示褒赏判》,《全宋文》卷七九二〇,第343册,第129页。
此邦风俗,大率愚而好讼。	胡颖:《妄诉者断罪枷项令众候犯人替判》,《全宋文》卷七九二二,第343册,第159页。
此邦士诡民顽,奸谤喜讼。	高斯得:《宁国府劝农文》,《全宋文》卷七九四七,第344册,第155页。
(信州)郡号多讼。	刘黼:《左朝奉郎知处州江君墓志铭》,《全宋文》卷八一五七,352册,第411页。

第五章 好利与忍讼：宋代地方民众法律求助的路径选择

南宋时期，因为"人繁地狭，积多田讼"①，民间诉讼更是大量发生，这从地方官的记载中可以看出。南宋绍兴年间，洪适知徽州，"郡多讼分产不平者。"② 浙东温州平阳县，"土广人稠，词讼极多，每引放，不下六七百纸。"③ 刘德礼知临州，"视事之初，鲐筒一日五百纸。"④ 斛僖知丰城县时，每日讼牒也有四百纸，从清晨就开始处理讼牒，经常听讼至废寝忘食："日四百纸，君卯出辰毕。"⑤ 黄榦知临川县，两月之内"披阅讼牒几数千纸。"⑥ 胡颖任知州，所见"同室之斗，阋墙之争，几无虚日。"⑦ 其中人口聚居的地区，民间诉讼的数量更多，"两浙今号封畿……受诉牒日数千纸"⑧，"湖南地土衍沃，民喜讼产"⑨，"江浙尺寸之土，人所必争"⑩，扬州"人户交易、田土、投买契书，及争讼界至，无日无之。"⑪ 南宋《名公书判清明集》中所载全部475件案例中，户婚门187件，人伦门43件案例，基本上都是财产争讼。

由于宋代民间争讼的增多，民间学习法律的热情也高涨起来。如歙州"民习律令，性喜讼，家家自为簿书，凡闻人之阴私毫发，坐起语言，日时皆

---

① （清）范能浚编集，薛正兴校点：《范仲淹全集》卷一四《太常少卿直昭文馆知广州军州事贾公墓志铭》，凤凰出版社2004年版，第301页。
② （宋）洪适：《盘洲文集》附录《宋尚书右仆射观文殿学士正议大夫赠特进洪公行状》，景印文渊阁《四库全书》本，台北：商务印书馆1983年版，第1158册，第793页。
③ （宋）舒璘：《舒文靖集》卷上《答乔世用》，景印文渊阁《四库全书》本，台北：商务印书馆1983年版，第1157册，第527页。
④ （宋）杨万里著，辛更儒校注：《杨万里集笺校》卷一一九《奉议郎临川知县刘君行状》，中华书局2007年版，第4566页。
⑤ （宋）杨万里著，辛更儒校注：《杨万里集笺校》卷一三二《宋故朝请郎贺州斛使君墓铭》，中华书局2007年版，第5109页。
⑥ （宋）黄榦：《勉斋集》卷三四《临川劝谕文》，景印文渊阁《四库全书》本，台北：商务印书馆1983年版，第1168册，第394页。
⑦ （宋）佚名：《名公书判清明集》卷一〇《人伦门·兄弟能相推逊特示褒赏》，中华书局1987年版，第368页。
⑧ （宋）朱熹：《朱熹集》卷九八《朝奉大夫直秘阁主管建宁府武夷山冲佑观傅公行状》，四川教育出版社1996年版，第5019页。
⑨ （元）脱脱：《宋史》卷三〇七《魏廷式传》，中华书局1977年版，第10125页。
⑩ （清）徐松辑：《宋会要辑稿》食货六一之五四，上海古籍出版社2014年版，第7462页。
⑪ （清）徐松辑：《宋会要辑稿》食货六三之一四七，上海古籍出版社2014年版，第7689页。

记之，有讼则取以证。其视入狴牢就桎梏，犹冠带偃簪，恬如也。"① 南剑州、建州、虔州等地百姓，"好传律为词，若不可破"②，"江西州县百姓好讼，教儿童之书有如《四言杂字》之类，皆词诉语"③。在学法的热潮中，还出现专业的法律教材："世传江西人好讼，有一书名《邓思贤》，皆讼牒法也。其始则教以侮文；侮不可得，则欺诬以取之；欺诬不可得，则求其罪以劫之。盖思贤，人名也。人传其术，遂以名书。村校中往往以授生徒。"④ 南宋时，江西的虔、吉等州，"专有家教习词讼，积久成风"，又有"编户之内，学讼成风；乡校之中，校律为业。"⑤ 民间还出现了专门教人词讼的机构"业嘴社"："江西人好讼，是以有簪笔之讥，往往有开讼学以教人者，如金科之法，出甲乙对答及哗讦之语。盖专门于此，从之者常数百人，此亦可怪。又闻括之松杨有所谓业嘴社者，亦专以辩捷给利口为能，如昔日张槐应，亦社中之铮铮者焉。"⑥ 这些现象的出现，是宋代以前的历史中所未有的，民风好讼正是这一现象产生的社会基础。

第三节 宋代地方民众的法律观念流向

宋代地方民众形成"好讼"之风，既说明宋代地方社会中诸种经济矛盾与生活摩擦的增多，也说明宋代地方民众作为弱者在处理矛盾纠纷时选择了政府主导的法律途径。但是在法律规定与现实生活中总是存在较大的落差，

---

① （宋）欧阳修：《欧阳修全集》卷六二《尚书职方郎中分司南京欧阳公墓志铭》，中华书局2001年版，第907页。
② （宋）罗愿：《新安志》卷七《王提刑》，载《宋元方志丛刊》，中华书局1990年版，第7695页。
③ （清）徐松辑：《宋会要辑稿》刑法三之二六，上海古籍出版社2014年版，第8406页。
④ （元）陶宗仪：《南村辍耕录》卷一五《邓思贤》，中华书局1959年版，第188页。
⑤ （明）正德《袁州府志》卷一三《新建郡小厅记》，天一阁藏明代方志选刊，上海古籍书店1963年版，第37册。
⑥ （宋）周密著，吴企明点校：《癸辛杂识续集上》，中华书局1988年版，第159—160页。

第五章　好利与忍讼：宋代地方民众法律求助的路径选择

地方民众缺少权势来保证政府规定的诉讼判决途径的正常展开，法律途径在各种社会关系的作用下出现变形甚至异化，这必然会影响民众对法律途径的选择，而司法腐败的重度发展会从根本上改变了民众对法律的认可程度。

一、"哗徒"谋利化引起的路径偏离

宋代民风好讼，百姓希望学习法律以维护自己利益，但是宋廷对民间习法却持禁止态度。宋哲宗元祐元年（1086）四月，刑部提出对"聚集生徒教授辞讼文书"者采用"编配法及告获赏格。"① 至南宋处罚更为严厉，"聚集生徒，教辞讼文书，杖一百，许人告，再犯者，不以赦前后，邻州编管。从学者，各杖八十。"② "因私习经断而复行其术者，还依私习之法。"③

因为诉讼的胜败与百姓切身利益关系密切，所以普通民众都希望在身赴官府之前问询乡间权威，如镇州有赵学究"多智计，邻民有争讼者，多诣以决曲直"④；井研有青阳简，"好读律，能通法意，乡邻讼者多决于君。"⑤ "乡人之讼，其权皆在听信安停人。以为有理则争，以为无理则止。"⑥

宋代民间缺少读律知法的权威人物，而地方民众又普遍缺少官府诉讼的经验，甚至有的百姓"生居山野，入城市而骇，入官府而怵，其理虽同，其心战惕"⑦，因而宋代地方社会中出现了助讼之人，这是由宋代民风好讼而催

---

① （宋）李焘：《续资治通鉴长编》卷三七四，元祐元年夏四月癸巳，中华书局2004年版，第9076页。
② （清）徐松辑：《宋会要辑稿》刑法三之二六，上海古籍出版社2014年版，第8406页。
③ （宋）谢深甫：《庆元条法事类》卷一七《文书门·私有禁书·职制敕》，黑龙江人民出版社2002年版，第376页。
④ （宋）王铚：《默记》卷上，中华书局1981年版，第1页。
⑤ （宋）黄庭坚：《山谷别集》卷九《青阳希古墓铭》，景印文渊阁《四库全书》本，台北：商务印书馆1983年版，第1113册，第623页。
⑥ （宋）陈襄：《州县提纲》卷二《戒谕停保人》，载《宋代官箴书五种》，中华书局2019年版，第122页。
⑦ （宋）陈襄：《州县提纲》卷二《通愚民之情》，载《宋代官箴书五种》，中华书局2019年版，第114页。

生的"导人为讼"的新职业①,"不知何时有此一等教讼之辈,不事生业,专为嚣嚣,遂使脑后插笔之谣,例受其谤"②,但是这个群体的出现是有其历史进步性的。

宋代助讼之人称为讼师,比较精通法律条文与政府规则,善于与官府打交道,"朝夕出入官府,词熟而语顺,虽谆谆独辩,庭下走吏莫敢谁何"③。这类人主要分为两种,一是"皆缘坊郭乡村破落无赖,粗晓文墨,自称士人。"④二是为罢役吏人,如北宋定州安喜县有法吏罢官回乡即以此为业,⑤ 因为熟悉司法程序,"出入案分,教新进以舞文,把持官司,诱愚民以健讼。"⑥

宋代新产生的讼师职业,具有先天的谋利性:"多有无图之辈,并得替公人之类,或规求财物,或夸逞凶狡,教唆良民,论不干己事,或借词写状,烦乱公私。"⑦ "小民未有讼意,则诱之使讼;未知赇嘱,则胁使行赇。置局招引,威成势立,七邑之民,靡然趋之。"⑧ "乡井有一等教唆之徒,哗然生事,而官司亦不胜其扰矣。"⑨

宋代的讼师"好讼之人",为了谋利常不顾事实是非,多"撰装词类,夹带虚实"⑩,"及至根究,大半虚妄……辄行教唆,意欲骚扰乡民,因而乞

---

① (元)脱脱:《宋史》卷三四二《王岩叟传》,中华书局1977年版,第10891页。
② (宋)方岳:《惩教讼判》,《全宋文》卷七八八三,上海辞书出版社2006年版,第341册,第372页。
③ (宋)佚名:《名公书判清明集》卷一二《教唆与吏为市》,中华书局1987年版,第476页。
④ (宋)黄榦:《勉斋集》卷三三《徐锵教唆徐莘哥妄诉刘少六》,景印文渊阁《四库全书》本,台北:商务印书馆1983年版,第1168册,第374页。
⑤ (元)脱脱:《宋史》卷三四二《王岩叟传》,中华书局1977年版,第10891页。
⑥ (宋)佚名:《名公书判清明集》卷一一《人品门·应经徒配及罢役人合尽行逐去》,中华书局1987年版,第424页。
⑦ (宋)李元弼:《作邑自箴》卷六《劝谕民庶牓》,载《宋代官箴书五种》,中华书局2019年版,第38页。
⑧ (宋)佚名:《名公书判清明集》卷一二《惩恶门·教唆与吏为市》,中华书局1987年版,第476页。
⑨ (宋)佚名:《名公书判清明集》卷六《户婚门·以卖为抵当而取赎》,中华书局1987年版,第169页。
⑩ (宋)真德秀:《西山先生真文忠公文集》卷四〇《潭州谕俗文》,上海:商务印书馆1937年版,第707页。

第五章　好利与忍讼：宋代地方民众法律求助的路径选择

取钱物"①。"凡遇引问，两争应答之辞与状款异，此必有教唆把持之人也。"②讼师甚至颠倒黑白，由本应是被告者先至官府诉讼：

> 今日州县之讼，未必皆不得其平者也。良民以讼为耻，顽民以讼为喜。夫以讼为耻，藉有不得其平，非至惨烈，有茹苦不言者矣。不幸而至于讼，有未几而中辍者矣。顽民幸其然也，故常以强笼弱，以富撼贫。既侵夺之，惧其直于官也，则先粉泽其辞，以自媒于讼。故今天下之不直者，多为词主，而直者起应之尔。夫其乐竞好争，如嗜饮食，而又能高赀以？胥吏，强辞以謷官曹，未及书判，则已欲预持其长短，而曰"不胜不止"矣。所较者不数缗，而其求胜之心，虽竭产不靳，稍不如意，则凿空越诉，不遗余力。故官吏闻风畏之，往往舍容黑白，而天下多不决之讼。由是喜讼者日炽矣。喜讼者日炽，则天下之不得其平者日广矣。③

为了谋利，讼师还常将无理之讼扩大化，或"锥刀必争，引条指例而自陈，讦私发隐而相报。致有讼一起而百夫系狱，辞两疑而连岁不决"④，或夸大事实，"大抵江西健讼成风，斫一坟木以发冢诉；男女争竞则以强奸诉；指道旁病死之人为被杀；指夜半穿梭之人为强盗。如此之类，不一而足。"⑤

如果败诉，讼师还可能指使当事人不断越诉。宋仁宗庆历年间，权御史中丞高若讷上言："近年以来，犯罪之人，已经断遣，却来诉雪者多。"⑥ "健讼之民，一不得气，诋郡刺史，讪诉官长长短，视远者常得其影，类多见听，

---

① （宋）黄榦：《勉斋集》卷三三《徐锵教唆徐莘哥妄诉刘少六》，景印文渊阁《四库全书》本，台北：商务印书馆1983年版，第1168册，第374页。
② （宋）胡太初：《昼帘绪论·听讼篇》，载《宋代官箴书五种》，中华书局2019年版，第174页。
③ （宋）陈耆卿：《奏请罪健讼疏》，载《全宋文》卷七三一一，上海辞书出版社2006年版，第319册，第11页。
④ （明）正德《袁州府志》卷一三《新建郡小厅记》，天一阁藏明代方志选刊，上海古籍书店1963年版，第37册。
⑤ （宋）黄榦：《勉斋集》卷四《复江西漕杨通老》，景印文渊阁《四库全书》本，台北：商务印书馆1983年版，第1168册，第70页。
⑥ （清）徐松辑：《宋会要辑稿》刑法三之一八，上海古籍出版社2014年版，第8401页。

追逮证佐。"① "州县之间，顽民健讼，不顾三尺，稍不得志，以折角为耻，妄经翻诉，必欲侥幸一胜，则经州、经诸司、经台部。技穷则又敢轻易妄经朝省，无时肯止。"② "素狃于讼，少不得志，则遍走诸台。"③ "比来遐方多有健讼之人，欺绐良民，舞玩文法，州县遭宪未结绝，则申冤于部、于台、于省。官司眩于偏词，必与之移送重定；外方往往观望，为之变易曲直。"④ 正是因为这个原因，南宋时才出现"断由"制度。

宋代有的教唆兴讼人员是民间流氓，其目的就是谋诈财物。据《齐东野语·莫氏别室子》中记载：

> 吴兴富翁莫氏者，暮年忽有婢作娠。翁惧其妪妒，且以年迈惭其子妇若孙，亟遣嫁之。已而得男，翁时岁给钱米缯絮不绝。其夫以鬻粉羹为业，子稍长，诒羹于市。且十余岁。莫翁告殂，里巷群不逞遂指为奇货，悉造婢家唁之。婢方哭，则谓之曰："汝富贵至矣，何以哭为？"问其说，乃曰："汝之子，莫氏也。其家田园屋业，汝子皆有分，盍归取之，不听，则讼之可也。"其夫妇皆曰："吾固知之，奈贫无资何？"曰："我辈当贷汝。"即为作数百千文约，且曰："我为汝经营，事济则归我。"然实无一钱，止为作衰服被其子，使往，且戒曰："汝至灵帏，则大恸且拜，拜讫可亟出。人问汝，谨勿应，我辈当伺汝于屋左某家，即当告官可也。"⑤

此事因莫氏家长子及时认亲，没有给这些民间"群小"的机会。

宋代部分不法讼师更是与州县猾吏相勾结，竭力挑起诉讼，而后趁机收

---

① （宋）黄庭坚：《山谷集》卷一九《与运判朱朝奉书》，景印文渊阁《四库全书》本，台北：商务印书馆 1983 年版，第 1113 册，第 186 页。
② （清）徐松辑：《宋会要辑稿》刑法二之一三七，上海古籍出版社 2014 年版，第 8365 页。
③ （宋）真德秀：《西山先生真文忠公文集》卷四五《朝请郎通判平江府事包君墓志铭》，上海商务印书馆 1937 年版，第 816 页。
④ （宋）林大鼐：《言户婚官司当具断由奏》，载《全宋文》卷四三八一，上海辞书出版社 2006 年版，第 198 册，第 205 页。
⑤ （宋）周密：《齐东野语》卷二〇《莫氏别室子》，中华书局 1983 年版，第 365—366 页。

第五章　好利与忍讼：宋代地方民众法律求助的路径选择

受贿赂，"哗徒张梦高，乃吏人金眉之子，冒姓张氏，承吏奸之故习，专以哗讦欺诈为生。始则招诱诸县投词人户，停泊在家，撰造公事。中则行赇公吏，请嘱官员，或打话倡楼，或过度茶肆，一罅可入，百计经营，白昼攫金，略无忌惮。及其后也，有重财，有厚力，出入州郡，颐指胥徒，少不如意，即唆使无赖，上经台部。威成势立，莫敢谁何。乘时邀求，吞并产业，无辜破家，不可胜数。……民户止是小争，则装架词语，唆令越诉。官司止是索案，则与贿嘱并人申解。如兄弟止是争闹，则教作分产诬论。官司方行追究，则与之入状和对，颠倒反复，尽出其手。未得钱，则嗾之使论，既得，则尼之使止。"①

宋代讼师为了谋利，常常排斥当地其他人进入这个职业。南宋豪民唐黑八与蒋黑念二，"两人同把握二水一县民讼权柄，过恶如山，怨嗟盈路。"②"西安词讼所以多者，皆是把持人操执讼柄，使讼者欲去不得去，欲休不得休。有钱则弄之股掌之间，无钱则挥之门墙之外。事一入手，量其家之所有而破用，必使至于坏尽而后已。民失其业，官受其弊，皆把持之人实为之也。"③朱熹讲，龙岩县民"至有甚者，则又轻侮官司，公肆咆哮，把持告讦，无所不至。"④

宋代地方官对这些唆使诉讼者多予惩戒，县令王岩叟曾将唆讼者"捕挞于市"⑤；洪州新建县"俗健讼，好持吏短长"，郭附特意将鸷兽陈尸于公庭宣告："有悖不率教如此兽者，皆杀之。"在其任内"无一人敢犯。"⑥黄幹也

---

① （宋）佚名：《名公书判清明集》卷一三《惩恶门·撰造公事》，中华书局1987年版，第482—483页。
② （宋）佚名：《名公书判清明集》卷一四《惩恶门·把持公事欺骗良民过恶山积》，中华书局1987年版，第525页。
③ （宋）佚名：《名公书判清明集》卷一二《惩恶门·专事把持欺公冒法》，中华书局1987年版，第474页。
④ （宋）朱熹：《朱熹集》卷一○○《龙岩县劝谕榜》，四川教育出版社1996年版，第5109页。
⑤ （元）脱脱：《宋史》卷三四二《王岩叟传》，中华书局1977年版，第10891页。
⑥ （宋）范成大：《吴郡志》卷二六《人物》，载《宋元方志丛刊》，中华书局1990年版，第891页。

对健讼者"痛赐惩治,以为豪猾健讼者之戒。"①

可见,宋代讼师将助讼作为谋生职业后,极大影响了宋代法律解决诉讼途径的制度化运行。

二、"豪横"勾结化引起的路径偏离

宋代由于消灭了门阀世族,因此在地方也没有世袭豪强,只有或因经济而富于一方者,或因时有亲戚家族为官于当朝,前者有钱,后者有势,其中为富不仁者,宋人称之为"豪横"。这个群体,有"以渔猎善良致富,武断行于一方,胁人财,骗人田,欺人孤,凌人寡,而又健于公讼,巧于鬻狱"②,因而成为地方财富力量。还有的为"一等豪民","作奸犯科,州县不敢谁何","其声价非特可与州郡相胜负,抑可与监司相胜负矣。可以脱罪,可以行奸",不仅"视监司如无",亦"视台部为可玩侮",至有"官弱民强"之谓也。③ 总体而言,这类一等多与政府高官有紧密关系,并不普遍,而"豪横"在宋代地方社会则有相当数量的存在。

由于这些"豪横"在政治地位上与普遍百姓是平等的"编户齐民",法律规定不在人身上奴役佃农奴婢等下层人民,这些"豪横"就利用财富手段拉拢贪官污吏来达到个人目的,这种豪民与官吏的勾结成为宋代地方司法中的一大痼疾。

宋代豪强违犯法律成为被告之后,往往通过勾结官府,收买证人,来颠倒事实是非。宋真宗时洋州豪民李甲"兄死,迫嫂使嫁,因诬其子为他姓而专其赀,嫂屡诉官,甲辄赂吏掠服之,积十余年,诉不已。"④ 又洪州"大姓

---

① (宋)黄榦:《勉斋集》卷三三《谢文学诉嫂黎氏立继》,景印文渊阁《四库全书》本,台北:商务印书馆1983年版,第1168册,第382页。
② (宋)佚名:《名公书判清明集》卷一二《惩恶门·为恶贯盈》,中华书局1987年版,第456页。
③ (宋)佚名:《名公书判清明集》卷一二《惩恶门·豪民越经台部控扼监司》,中华书局1987年版,第458—459页。
④ (宋)李焘:《续资治通鉴长编》卷七四,大中祥符三年八月甲子,中华书局2004年版,第1685页。

第五章　好利与忍讼：宋代地方民众法律求助的路径选择

胡氏子杀人，以厚赀雇老贫者代死，举郡为之覆藏。狱且成。"① 宋仁宗时，开封府"豪宗大姓犯法者，尝请托于府僚，有与故尝往还者，亦阴为之地。"② 又李兑知邓州，"富人榜仆死，系颈投井中而以缢为解"，李兑疑问："既赴井，复自缢，有是理乎？"果然是吏人受赇教之言辞。③ 阆州大姓雍子良，"屡杀人，挟财与势得不死。"④ 扬州"吏受财数百千"，"大姓汤氏讼阅十二年不决。"⑤ 华州郑县"有妇蔺讼夺人田者，家多金钱，市党买吏，合为奸谩，十年不决。"⑥ 宋英宗时，长安大姓范伟"积产数巨万"，"出入公卿间，持府县短长，数犯法，至徒流，辄以赎去。长安人皆知伟罔冒，畏伟不敢言。吏受赇者，辄为伟蔽匿。"⑦ 江西南丰"编户数万，多豪右著姓，讼争既繁，胥吏操其柄，前后令罕能胜之者。"⑧ 宋神宗时，繁昌县"有大姓杀人，州县不能正其罪。"⑨ 又鄂州崇阳县大姓，"与人妻谋而杀其夫，州受赇出之。"⑩ 宋徽宗时，有大臣子孙在家乡与"胥吏辈并缘为奸，民讼在庭，以曲为直，挠法营私，莫此为甚。"⑪ 房州竹山县"多巨姓强家，连地千顷，其间桀黠者，往往雄张一乡，负多资，视为吏者若易与，每轻犯法，自国朝以来，无闻令

---

① （宋）蔡襄：《蔡襄集》卷三七《尚书屯田员外郎赠光禄卿刘公墓碣》，上海古籍出版社1996年版，第681页。
② （宋）范纯仁：《范忠宣公文集》卷一七《太中大夫充集英殿修撰张公（景宪）行状》，载《宋集珍本丛刊》，线装书局2004年版，第15册，第502页。
③ （元）脱脱：《宋史》卷三三三《李兑传》，中华书局1977年版，第10697页。
④ （元）脱脱：《宋史》卷四五六《朱寿昌传》，中华书局1977年版，第13404页。
⑤ （宋）范祖禹：《太史范公文集》卷四二《左中散大夫守少府监吕公墓志铭》，载《宋集珍本丛刊》，线装书局2004年版，第24册，第412页。
⑥ （元）脱脱：《宋史》卷二九八《司马旦传》，中华书局1977年版，第9905页。
⑦ （宋）刘攽：《彭城集》卷三五《故朝散大夫给事中集贤院学士权判南京留司御史台刘公行状》，景印文渊阁《四库全书》本，台北：商务印书馆1983年版，第1096册，第351页。
⑧ （宋）苏颂：《苏魏公文集》卷六〇《朝奉大夫提点广西刑狱公事胡公墓志铭》，中华书局1988年版，第916页。
⑨ （宋）曾巩：《曾巩集》卷四二《尚书都官员外陈君墓志铭》，中华书局1984年版，第569页。
⑩ （宋）吕祖谦：《宋文鉴》卷一四一《葛源墓志铭》，中华书局1992年版，第1978页。
⑪ （清）徐松辑：《宋会要辑稿》刑法二之八四，上海古籍出版社2014年版，第8328页。

焉。"① 渠州"人以吏职相高，富豪大姓皆占吏职，为婚姻民讼与事至庭，为吏所乱，不得伸。"② 宋高宗时，广西"大姓侵渔州县，小民讼狱失平。"③ 豪强的权力甚至超越了地方官府。永州有土豪张巨泗，"多聚溪峒人及亡命，椎埋为奸，交结监司、郡、县吏人，相为表里。"④ 南宋豪强齐千五"家富而横，力足以变移狱情。"⑤ "合州富商杀叔之妾，计嘱官吏，更不经县结勘，径自本州"，勾结知州黄子持"曲意诬蔑，以死者为无冤。"⑥ 袁州富民易国梁"杀害平人"，皆由知州丘何"纵弛所至。"⑦ "危教授诉熊祥"一案中，教授危某贪图乡民熊祥家山林陂塘，"多方迫胁"，熊祥"已少从其欲"，但危某继续蚕食不已。后通过贿赂和"棰楚诬服"，令三个人诬告"熊祥之家实尝停盗"。后被棰之人伤重而死，死者之子因以报官，"诉其父之死乃为危教授之子所殴"，危教授者复诉于州，以为熊祥实教死者之子，使之妄诉，必欲追治熊祥。州郡官吏畏其财势，"牒巡、尉两司围熊氏之屋，如捕大盗，一族数家，尽室逃窜，室庐器用，鸡羊狗彘，百十年家业，扫荡无余。"⑧ 这个案子因豪民与官府的勾结，一度变乱了事实真相。顺昌豪民官八七嫂母子，"积年凶恶，恣为不法，贻毒一县平民，及外州商旅。前后官府月吏素与交结，往往将词人科罪，含冤白死者不一。"⑨ 因而，南宋有臣僚总结这种现象："强宗大

---

① （宋）张嵲：《紫微集》卷三一《岁寒堂记》，景印文渊阁《四库全书》本，台北：商务印书馆1983年版，第1131册，第616页。
② （宋）毕仲游：《西台集》卷一三《朝议大夫贾公墓志铭》，景印文渊阁《四库全书》本，台北：商务印书馆1983年版，第1122册，第167页。
③ （宋）胡寅：《斐然集》卷一四《韩璜广西提刑》，景印文渊阁《四库全书》本，台北：商务印书馆1983年版，第1137册，第457页。
④ （宋）李心传：《建炎以来系年要录》卷一八〇，绍兴二十八年冬十月壬辰，中华书局1988年版，第2989页。
⑤ （宋）佚名：《名公书判清明集》卷一二《惩恶门·豪横》，中华书局1987年版，第458页。
⑥ （清）徐松辑：《宋会要辑稿》职官七四之四一，上海古籍出版社2014年版，第5066页。
⑦ （清）徐松辑：《宋会要辑稿》职官七四之一四，上海古籍出版社2014年版，第5049页。
⑧ （宋）黄榦：《勉斋集》卷二八《申安抚司辨危教授诉熊祥事》，景印文渊阁《四库全书》本，台北：商务印书馆1983年版，第1168册，第289—290页。
⑨ （宋）佚名：《名公书判清明集》卷一二《惩恶门·母子不法同恶相济》，中华书局1987年版，第471页。

第五章　好利与忍讼：宋代地方民众法律求助的路径选择

姓武断尤甚，以小利而渔夺细民，以强词而妄兴狱讼，持厚赂以变事理之曲直，持越诉以格州县之追呼，大率把持官吏，欺压善良。"①

宋代豪强与官吏勾结在交纳赋税时大做手脚，"自数十年来，诸邑令宰，多非其人，产钱失陷而不知考复，版籍散乱而不知整顿，钞书积压而未尝勾销，奸吏豪民，相为欺隐，于是常赋之入大亏，而预借之弊始出，二三大县，大抵皆然。"② 更为严重的是还有豪强与官吏勾结，违法私置牢狱，将非法拘禁百姓作为生财之道。北宋宣和时，"近岁诸路州军公吏人违条顾觅私身，发放文字及勾追百姓，或谓之家人，擅置绳镰，以威力取乞钱物，为害遍于四方。监司、守令坐视，漫不省察。"③ 南宋时有臣僚言："临安府前有人户私置牢房，与公人通同作弊，专一锁闭理对知在公事之人，号曰'关留店'，每夜不下一二十人，虽无脚匣，亦有门锁。"④ 南宋豪民唐梓，"交结公吏，计会允役，私置狱具，纵横乡落。"⑤ 嘉泰时形势之家"违法私置狱具，僻截隐僻屋宇，或因一时喜怒，或因争讼财产之类，辄将贫弱无辜之人，关锁饥饿，任情搥拷，以致死于非命，虽偶不死，亦成残废之疾，被苦之家不敢伸诉，深为可悯。"⑥

即使这些为非作恶的豪横被政府绳之以法，仍有逃脱惩罚的可能。南宋百姓控诉豪强陈瑛，"自州县而至本司，将及一年，狱官则为其奇玩钓饵，推吏则为其厚赂沉迷，越历两官，托延百计，及其终也，反将词人两手两脚缚烂终死定论"。后为官府拘捕，陈瑛"身罹宪纲，犹运通神之力，厚赂狱吏，

---

① （清）徐松辑：《宋会要辑稿》刑法三之四二，上海古籍出版社 2014 年版，第 8414 页。
② （宋）真德秀：《西山真文忠公文集》卷一七《申南安知县梁三聘札》，上海：商务印书馆 1937 年版，第 275 页。
③ （清）徐松辑：《宋会要辑稿》刑法二之八二，上海古籍出版社 2014 年版，第 8327 页。
④ （清）徐松辑：《宋会要辑稿》刑法二之一一八，上海古籍出版社 2014 年版，第 8346 页。
⑤ （宋）佚名：《名公书判清明集》卷一四《惩恶门·把持公事欺骗良民过恶山积》，中华书局 1987 年版，第 525 页。
⑥ （清）徐松辑：《宋会要辑稿》刑法二之一三三，上海古籍出版社 2014 年版，第 8362 页。

拷缚词人,逼令退款,则其横行闾里,吞噬乡民,其毒岂特如蛇蝮而已哉!"①又有"豪民一罹大辟,倾其家赀,请求附会,作疑狱奏,多得减死,倖侥已甚。使到配所,居作如法,不许还乡,犹云可也,又复计嘱防送,中途纵逸,公私通知,恬不为怪。"②

由于宋代豪民与地方官府大肆勾结,法律反而可能成为豪民欺压善良的工具,豪民不仅可以在犯法时免受惩罚,还可以利用司法从中渔利,这种现象极大地损害了司法的公正性,民众对官府的认同感也会大大降低。

三、民众权衡化与诉讼态度的主流

《周易》讲:"讼,终凶","讼不可长。"③ 中国古代社会传统观念都认为诉讼不吉,容易给当事人带来祸殃。宋代士大夫为了息讼,对诉讼的危害进行了深入解释。一是人身之辱,"毋喜斗,毋健讼,圣经有言:一朝之忿,亡其身以及其亲。"④ 周必大也说:"毋事惰游,以妨本业,毋兴斗讼,以致污莱。"⑤ 二是小利不值相争,"事若细微,不必相挠,于尔无益,于我徒劳。违法犯刑,最不可作,旧来有过,务许自新,教而不从,刑斯无赦。"⑥ "毫末之争,动经岁月,赢粮弃业,跋涉道途,城市淹留,官府伺侍,走卒斥辱、猾吏诛求,奸狱拘囚,垂楚业毒,何以堪忍。"⑦ 南宋建阳县一民妇为十五硕田

---

① (宋)佚名:《名公书判清明集》卷一二《惩恶门·与贪令捃摭乡里私事用配军为爪牙丰殖归己》,中华书局1987年版,第463—464页。
② (清)徐松辑:《宋会要辑稿》刑法四之六一,上海古籍出版社2014年版,第8479页。
③ (宋)朱熹:《周易本义》卷一《上经·讼》,中华书局2009年版,第60页。
④ (宋)真德秀:《西山先生真文忠公文集》卷四〇《福州谕俗文》,上海:商务印书馆1937年版,第715—716页。
⑤ (宋)周必大:《文忠集》卷三七《潭州劝农文》,景印文渊阁《四库全书》本,台北:商务印书馆1983年版,第1147册,第403页。
⑥ (宋)真德秀:《西山先生真文忠公文集》卷七《再守泉州劝谕文》,上海:商务印书馆1937年版,第711页。
⑦ (宋)黄榦:《勉斋集》卷三四《临川劝谕文》,景印文渊阁《四库全书》本,台北:商务印书馆1983年版,第1168册,第394页。

第五章 好利与忍讼：宋代地方民众法律求助的路径选择

产与前夫的养子纷争不已，法官就认为"一十五硕之微，于续食何补?"① 三是人际关系的损失，因为财产争讼，"重伤亲谊"②，兄弟姊妹"相视如路人"③，"兄弟启交争之患，父子有相怨之家"④，"一到讼庭，终身仇敌，更相报复，无有休期，坏产破家，多由于此。"⑤ 兴讼还不可避免地造成当事人在熟人社会的孤立：

> 词讼之兴，初非美事，荒废本业，破坏家财，胥吏诛求，卒徒斥辱，道途奔走，狴狱拘囚。与宗族讼，则伤宗族之恩；与乡党讼，则损乡党之谊。幸而获胜，所损已多；不幸而输，虽悔何及。⑥

黄震讲："讼乃破家严身之本，骨肉变为冤仇，邻里化为仇敌，贻祸无穷，虽胜亦负，不祥莫大焉。但世俗惑于一时血气不忿，苦不自觉耳。"⑦ 宋代很多士大夫都认为兴起诉讼是没有长远眼光的影响一生安宁之举：

> 今世之人，识此道理者甚少，只争眼前强弱，不计长远厉害，才有些小言语，便去要打官司，不以乡曲为念。且道打官司有甚得便宜处，使了盘缠，费了本业，公人面前赔了下情，着了钱物，官人厅下受了惊吓，吃了打捆，而或输或赢，又在官员笔下，何可必也。便做赢了一番，冤冤相报，何时是了。人生在世，如何保得一生无横逆之事，若是平日有人情在乡里，他自众共相与遮盖，大事也成小事，既是与相邻仇隙，他便来寻针觅线，掀风作浪，小事也

---

① （宋）佚名：《名公书判清明集》卷八《户婚门·诸户绝而立继者官司不应没入其业入学》，中华书局1987年版，第258页。
② （宋）佚名：《名公书判清明集》卷六《户婚门·争山》，中华书局1987年版，第198页。
③ （宋）佚名：《名公书判清明集》卷六《户婚门·舅甥争》，中华书局1987年版，第191页。
④ （宋）李焘：《续资治通鉴长编》卷三九七，哲宗元祐二年三月辛巳，中华书局2004年版，第9682页。
⑤ （宋）真德秀：《西山先生真文忠公文集》卷七《再守泉州劝谕文》，上海商务印书馆1937年版，第711页。
⑥ （宋）佚名：《名公书判清明集》卷四《户婚门·妄诉田业》，中华书局1987年版，第123页。
⑦ （宋）黄震：《黄震全集·黄氏日抄》卷七八《词诉约束》，浙江大学出版社2013年版，第2214页。

成大事矣。如此，则是今日之胜，乃为他日之大不胜也。①

宋代法官从多个角度劝人息讼，详细解说诉讼当中及事后所要承担巨大的心理与物质上的损失，可谓谆谆善导，但是宋代地方社会还是出现好讼之风，这说明宋代民众选择诉讼之路已经权衡了利害，考虑了后果，对官府选择了认可态度，因而最终选择了用法律来维护个人利益。

宋代民众赴官府陈告，期望着能按法律规定的路径而展开审判，从而维护个人利益，但是好讼哗徒与豪横之家更擅长利用制度，这种司法路径的偏离自然会影响民众的热情，尽管还会选择司法解决之路径，但会持更为慎重的态度。

好讼哗徒与豪横之家比普通民众更善于利用司法手段。哗徒借助民间兴讼进行谋利：

> 大凡市井小民、乡村百姓，本无好讼之心。皆是奸猾之徒教唆所至，幸而胜，则利归己，不幸而负，则害归他人。故兴讼者胜亦负，负亦负；故教唆者胜固胜，负亦胜。此愚民之所重困，官府之所以多事，而教唆公事之人，所以常得志也。②

而"奸豪居乡则残虐细民，在公则劫持胥吏，讼至有司，胥吏奉承其意，惟恐或忤，以至以曲为直，以是为非，长官不明不公者，则惟吏是从。间有公且明者，一切自出己见。彼之讼不胜，辄以胥役受赂，妄诉吏者多矣！"③ 甚至"豪强之家论诉邻里，官司不问是非，便与行遣"④，豪民与"胥吏辈并缘为奸，民讼在庭，以曲为直，挠法营私，莫此为甚"⑤，"豪强有力之家，杀人

---

① （宋）佚名：《名公书判清明集》卷一〇《人伦门·乡邻之争劝以和睦》，中华书局 1987 年版，第 394 页。
② （宋）佚名：《名公书判清明集》卷一二《惩恶门·责决配状》，中华书局 1987 年版，第 476 页。
③ （宋）陈襄：《州县提纲》卷二《示不由吏》，载《宋代官箴书五种》，中华书局 2019 年版，第 126 页。
④ （宋）胡太初：《昼帘绪论·用刑篇》，载《宋代官箴书五种》，中华书局 2019 年版，第 191 页。
⑤ （清）徐松辑：《宋会要辑稿》刑法二之八四，上海古籍出版社 2014 年版，第 8328 页。

公事，意在变易情节，嘱托官司，或赂承勘胥吏。"①

因此，宋代出现一些诉讼经久难断、屡断屡诉的案件，这种诉讼之累是普通民众难以承受的。天台有五乌头者"惟利是趋，所争之田不满一亩，互争之讼不止数年"②，"中产之民，以析户交讼三纪矣。"③ 又有"讼田，十年不能决"④，"有地讼，更数令不决。"⑤ 有的案件则成为贿赂竞赛："顾俗好讼，凡争尺寸地，赇贿常不赀，甚者至破产无以生"⑥，或有"争数尺地"而不惜"捐万金"者。⑦ 有的民众为了胜讼，采用非法手段，如福建百姓为了争讼之胜，"多自毒死以诬仇家，官司莫能辨。"⑧ 而江南东路某些百姓"专以亲属之病者及废疾者诬赖报怨，以为骗胁之资。"⑨ 而这些手段是普通民众难以采用的。在一些案件中，普通民众常处于无奈的地位：某乡豪强行霸占一乡民的田地，乡民诉诸县衙，乡豪纳贿公吏，判决无罪，乡民无奈，只能长叹"我不复争，但愿天开眼。"⑩

宋代士大夫劝导民众应慎重诉讼，"使官司公明可恃尚不当为，况官行关节，吏取货贿，或官司虽无心，而其人天资暗弱，为吏所使，亦何所不至？"⑪

---

① （宋）刘一止：《苕溪集》卷一二《论断罪囚》，载《宋集珍本丛刊》，线装书局2004年版，第34册，第186页下。
② （宋）佚名：《名公书判清明集》卷六《户婚门·兄弟争业》，中华书局1987年版，第174页。
③ （宋）楼钥著，顾大朋点校：《楼钥集》卷一一二《朝请大夫史君墓志铭》，杭州：浙江古籍出版社2010年版，第1933页。
④ （宋）文同：《丹渊集》卷三九《太子中舍王君墓志铭》，景印文渊阁《四库全书》本，台北：商务印书馆1983年版，第1096册，第790页。
⑤ （宋）秦观著，徐培均注释：《淮海集笺注》卷三三《葛宣德墓铭》，上海古籍出版社1994年版，第1087页。
⑥ （宋）许景衡：《横塘集》卷二〇《邓南夫墓志铭》，景印文渊阁《四库全书》本，台北：商务印书馆1983年版，第1127册，第347页。
⑦ （明）谢肇淛：《五杂俎》卷四《地部》，中华书局上海编辑所1959年版，第154页。
⑧ （元）脱脱：《宋史》卷三〇二《吴及传》，中华书局1977年版，第10022页。
⑨ （宋）佚名：《名公书判清明集》卷一三《惩恶门·以死事诬赖》，中华书局1987年版，第508页。
⑩ （宋）洪迈：《夷坚志·夷坚三志辛》卷六《操执中》，中华书局1981年版，第1432页。
⑪ （宋）陆游：《陆游全集校注·杂著·放翁家训》，浙江教育出版社2011年版，第13册，第115页。

"或有小忿,宜各深思,更且委曲调和,未可容易论诉。盖得理亦须伤财废业,况无理不免坐罪遭刑,终必有凶,切当痛戒。"①"居乡,不得已而后与人争,又大不得已而后与人讼。彼稍服其不然则已之。不必费用财物,交结胥吏,求以快意,穷治其仇……仇者不服更相诉讼,所费财物,十数倍于其所直……大抵人之所讼,互有短长。各言其长而掩其短。有司不明,则牵连不决,或决而不尽其情。胥吏得以受赇而弄法,蔽者之所以破家也。"②

"忍"是慎重对待诉讼的最重要方式,成为当时士大夫与民众较为一致的认识。士大夫的目的在于劝民息讼,而普通民众的"忍"则是多种方式利益权衡的结果。

士大夫认为生活中睚眦必报必然使邻里关系逐渐恶化:"被人少有所击触则必忿,被人少有所侵凌则必争,不能忍也,则詈人而人亦詈之,殴人而人亦殴之,讼人而人亦讼之,相怨相仇"③。因而要提倡邻里间的忍让:"于其欲争之初,则且忍之,果所侵有利害,徐以理恳问之,不从而后,徐讼之于官可也。若蒙官司见直,行之稍峻,亦当委曲,以全邻里之义,如此则不伤财,不劳神,身心安宁,人亦信服,此人世中安乐法也。"④"出入相友守望相助疾病相扶持则百姓亲睦。"⑤ 所以"莫犯刑责,得忍且忍;莫要斗殴,得休且休;莫生词讼,入孝出悌;上和下睦,此便是谨身"。⑥"当今之世得忍姑且忍,求直未必直。"⑦ 有的士大夫从世俗经验来劝导,"人生在世,如何保得一生无横

---

① (宋)朱熹:《朱熹集》卷一〇〇《劝谕榜》,四川教育出版社1996年版,第4621页。
② (宋)袁采:《袁氏世范》卷中《讼不可长》,天津古籍出版社1995年版,第111页。
③ (宋)陈耆卿:《嘉定赤城志》卷三七《临海令彭仲刚续谕俗五篇》,载《宋元方志丛刊》,中华书局1990年版,第7579—7580页。
④ (宋)陈耆卿:《嘉定赤城志》卷三七《天台令郑至道谕俗七篇》,载《宋元方志丛刊》,中华书局1990年版,第7576页。
⑤ (宋)佚名:《名公书判清明集》卷一〇《人伦门·兄弟侵夺之争教之以和睦》,中华书局1987年版,第370页。
⑥ (宋)真德秀:《西山先生真文忠公文集》卷四〇《再守泉州劝农文》,上海:商务印书馆1937年版,第720页。
⑦ (宋)李之彦:《东谷所见》,大象出版社2018年版,第八编,第四册,第17页。

第五章　好利与忍讼：宋代地方民众法律求助的路径选择

逆之事，若是平日有人情在乡里，他自众共相与遮盖，大事也成小事"①，"田夫所入最为艰，终岁辛勤不得闲。劝尔小争须隐忍，破家只在片时间。"② 宋代士大夫还总结谚语劝戒百姓应当忍讼，"争先好胜灾偏速，退步饶人福自来"③，"忍事敌灾星"④，"冤冤相报，何时是了？"⑤ "何如忍须臾，事过心如水。"⑥

宋代的家族法规中也常宣扬人隐忍无争的处世之道。"人言'居家久和者，本于能忍。'"⑦ "人能忍事，易以习熟，终至于人以非理相加，不可忍者，亦处之如常。不能忍事，亦易以习熟，终至于睚眦之怨，深不足较者，亦至交詈争讼，期于取胜而后已，不知其所失甚多。人能有定见，不为客气所使，则身心岂不大安宁！"⑧ "人生世间……自幼至少，至壮，至老，如意之事常少，不如意之事常多。……故谓之缺陷世界，以人生世间无足心满意者。能达此理而顺受之，则可少安。"⑨

宋代民众遇到的路径偏离很可能向司法腐败转化，这会从根本上改变了普通民众对政府权威和法律正义的认知，从而好讼之风自然消退，而畏讼成为民间选择诉讼路径的主流心态。这种司法腐败常常是哗徒、豪民、污吏、贪官或各取所需，或组合勾结，"有本县人吏，有豪强上户，有教唆把持健讼

---

① （宋）佚名：《名公书判清明集》卷一〇《人伦门·乡邻之争劝以和睦》，中华书局1987年版，第394页。
② （宋）陈宓：《复斋先生龙图陈公文集》卷四《安溪劝农诗·右劝息讼》，载《宋集珍本丛刊》，线装书局2004年版，第73册，第396页。
③ （宋）真德秀：《西山先生真文忠公文集》卷一《长沙劝耕》，上海商务印书馆1937年版，第15页。
④ （宋）陆游：《陆游全集校注·老学庵笔记》卷四，浙江教育出版社2011年版，第11册，第326页。
⑤ （宋）佚名：《名公书判清明集》卷一〇《人伦门·乡邻之争劝以和睦》，中华书局1987年版，第394页。
⑥ （宋）真德秀：《西山先生真文忠公文集》卷四〇《泉州劝农文》，上海商务印书馆1937年版，第717页。
⑦ （宋）袁采：《袁氏世范》卷上《人贵能处忍》，天津古籍出版社1995年版，第7页。
⑧ （宋）袁采：《袁氏世范》卷中《人能忍事则无争心》，天津古籍出版社1995年版，第74页。
⑨ （宋）袁采：《袁氏世范》卷中《忧患顺受则少安》，天津古籍出版社1995年版，第64页。

之猾民，相为表里，又皆欲遂其私"①，"视民为俎豆"②，从而编织出种种黑暗之幕：

> 为权要声援者，因县官之见知，遂假此以恐吓齐民，或以私忿未决，债息未偿，辄将小民拘送县狱。县官方承奉之不暇，乃俾老胥猾吏锻链追考。有一人抵罪，或至一户荡产，甚者根连逮捕，以决权门之狱，虽其事可以立谈判者，亦必拘囚月余，如此则小民被虐者若何而申诉？③

> 自初入境，讼牒纷如……遍取而观，因知疾苦。撰造词理，诬害善良，发摘阴私，欺骗财物。白词追扰，妄状牵连，凡此等词，十居四五。此州风俗，本自淳庞，祇缘哗徒，教唆煽惑。黠胥猾吏，并缘为奸，逮系诛求，椎肌剥髓。含冤负屈，宁免互调，展转相攻，遂成健讼。④

> 郡县之吏，不能自立，观望揣摩，惟强是畏。豪右虽犯重辟，官吏贪者黠者则公与之为市。廉者、懦者则又自营曰：得无反为所害乎。凡嫁祸平人诬罪僮奴者，皆有司为之道地也。⑤

> 今日图圄、供答不出于民情可否，一听于吏手，往往吏自撰情款一本，令囚人依本书之，更不可增损一字。真情无所赴诉，呼天神不闻，号地祇不听，痛哉痛哉！夫狱讼所以平曲直，雪冤枉也。今有财者胜，无财者负；有援者伸，无援者屈；豪强得志，贫弱

---

① （宋）王师愈：《论作邑之难疏》，《全宋文》卷四八八九，上海辞书出版社2006年版，第220册，第324页。

② （宋）黄庭坚：《山谷集》卷一八《吉州西峰院三秀亭记》，景印文渊阁《四库全书》本，台北：商务印书馆1983年版，第1113册，第173页。

③ （清）徐松辑：《宋会要辑稿》刑法五之四三至四四，上海古籍出版社2014年版，第8527页。

④ （宋）许应龙：《东涧集》卷一三《到任劝谕文》，景印文渊阁《四库全书》本，台北：商务印书馆1983年版，第1176册，第550页。

⑤ （宋）陆游：《渭南文集》卷四《上殿札子》，载《宋集珍本丛刊》，线装书局2004年版，第47册，第432页。

第五章 好利与忍讼：宋代地方民众法律求助的路径选择

衔冤。①

（州县之间）罢役胥吏徒与夫武断乡曲、顽赖无业之人，交相表里，窥伺善良。始则搜剔疑似，钤制恐胁，诈取财物；继以巧饰虚词，公形诉牒。州县类多不察，与之受理，根连株逮，锻链非辜。加以贪劾之吏利其资财，抄估籍没，肆其惨毒。间有得直者，固已家破产亡。②

在"讼氓满庭闹如市，吏牍围坐高于城"③的环境之下，普通民众对司法路径的选择必然改变，甚至既不选择官府，也未选择宗族，反而选择了地方黑恶势力。南宋时，有地方豪强"把持县官，劫制胥吏，颐指气使，莫敢不从。以故阖邑之人，凡有争讼，无不并走其门，争纳贿赂，以求其庇己"，豪民"之所右，官吏右之；所左，官吏左之。"④豪强王东充隅总，"两都之狱讼遂专决于私家矣"，"停藏捕逃，胁持官司，邀索钱物"，无所不为。民周七十二师杀两人后逃走，巡、尉追捕数月后，得其踪迹于王东家，王东"重索贿金，必满所欲而后出之。"⑤顺昌豪民官氏豪横势盛，"三十年间，民知有官氏之强，而不知有官府，乡民有争，不敢闻公，必听命其家。"⑥

宋代地方不良势力相互勾结向深度和广度发展，地方司法腐败就会不可避免地形成。而在司法黑暗的情况下，诉讼就可能给当事人带来灭顶之灾，因此宋代家规中对此特别强调："费事败家，敝精劳思，最在于此。"⑦"居家

---

① （宋）李之彦：《东谷所见》，大象出版社 2018 年版，第八编，第四册，第 17 页。
② （清）徐松辑：《宋会要辑稿》刑法三之三九，上海古籍出版社 2014 年版，第 8413 页。
③ （宋）陆游：《陆游全集校注·剑南诗稿》卷一八《秋怀》，浙江教育出版社 2011 年版，第 3 册，第 180 页。
④ （宋）佚名：《名公书判清明集》卷一二《惩恶门·士人教唆词讼把持县官》，中华书局 1987 年版，第 477—478 页。
⑤ （宋）佚名：《名公书判清明集》卷一二《惩恶门·不纳租赋擅作威福停藏逋逃胁持官司》，中华书局 1987 年版，第 470—471 页。
⑥ （宋）佚名：《名公书判清明集》卷一二《惩恶门·母子不法同恶相济》，中华书局 1987 年版，第 471 页。
⑦ 《义门陈氏大同宗谱》卷四《义门家训》，上海图书馆藏民国木活字本。（据戴建国先生考证，此《义门家训》为唐陈崇初立，后经宋陈氏家族修改。）

之病有七：曰笑，曰游，曰饮食，曰土木，曰争讼，曰玩好，曰惰慢。有一于此，皆能破家。"①"诉讼一事，最当谨始。使官司公明可恃，尚不当为，况官行关节，吏取货贿或官司虽无心而其人天资暗弱，为吏所使，亦何所不至？"②"夫讼者，程刁顽以求胜，非盛德也。破家亡身实始于此。凡我子孙于纤芥小忿，务宜含忍。"③

综观宋代民众法律观念的演变，始则因民众因好利驱使而走向好讼之路，法律成为弱者维护利益的工具，"上执之（法律）可以御下，下执之可以犯上也"④。随着好讼哗徒与地方豪横势力的钻营，司法路径出现偏离，不公平因素回归，普通民众已经难以应对这种灰色地带，因而忍讼成为主流的司法选择。随着司法腐败局面的严重，彻底改变了宋代民众的好讼观念，畏讼又成为民众法律意识的主流，从而与中国封建社会民众的传统法律意识一致起来。

---

① （宋）陆九韶：《居家制用》，载赵忠心编《中国家训名篇》，湖北教育出版社1997年版，第167—168页。
② （宋）陆游：《陆游全集校注·杂著·放翁家训》，浙江教育出版社2011年版，第13册，第115页。
③ 《义门陈氏大同宗谱》卷四《义门家训》，上海图书馆藏民国木活字本。
④ （明）正德《袁州府志》卷一三《新建郡小厅记》，《天一阁明代方志选刊》，上海古籍书店1936年版。

第六章　情法与理性：宋代地方法官群体的法律思想

宋代借鉴唐末五代的历史教训，建立起以文官政治为主体的政治结构。政治结构是指一定社会的政治上层建筑及其结合方式，中国古代的政治结构自秦汉以后都呈"金字塔"状：最顶点是君主，并围绕着君主制订一系列皇帝制度；中间层则是职官阶层，构成政府组织的主体；其最下层则是数量众多的胥吏阶层，构成政府组织的基础。在秦朝之后，历代政治结构变动最大的是中间阶层，秦汉时期这个中间层为军功贵族，魏晋之时的中间层为门阀世族，隋唐王朝的中间层以关陇集团及高门大族为主。自唐代中期以来，这个中间层逐渐演变为军人为主，在唐朝藩镇割据时期，这个中间层既有门阀士族形成的职官阶层，也有藩镇地区新形成的军人武功集团，"天子顾力不能制，则忍耻舍垢，因而抚之。"① 在五代时期，主流的政治结构完全演变为君主与军人集团的结合，当时割据将领所言"天子宁有种邪？兵强马壮者为之"②，就说明了当时军人对新的政治结构的认识。

宋朝承五代余绪，通过降低军人地位，大力使用文臣，建立起新的政治结构。赵匡胤建立政权之后，首先从军人的地位来改变政治结构。建隆二年（961）七月，演出"杯酒释兵权"一幕：

---

① （宋）欧阳修、宋祁：《新唐书》卷五〇《兵志》，中华书局1975年版，第1329页。
② （宋）欧阳修：《新五代史》卷五一《安重荣传》，中华书局1974年版，第583页。

> 上因晚朝，与故人石守信、王审琦等饮酒。酒酣，上屏左右谓曰："我非尔曹之力不得至此，念尔之德无有穷已。然为天子亦大艰难，殊不若为节度使之乐，吾今终夕未尝敢安枕而卧也……人生如白驹之过隙，所谓好富贵者，不过欲多积金银，厚自娱乐，使子孙无贫乏耳。汝曹何不释去兵权，择便好田宅市之，为子孙立永久之业；多置歌儿舞女，日饮酒相欢，以终其天年。君臣之间，两无猜嫌，上下相安，不亦善乎？"明日，皆称疾，请解军权。上许之，皆以散官就第，所以慰抚赐赉之甚厚，与结婚姻。更置易制者，使主亲军。①

高怀德、王审琦、张令铎、罗彦瑰分别出为归德、忠正、镇宁、彰德军节度使。石守信之侍卫亲军都指挥使初尚保留，出为天平军节度使，翌年空名也被解除，后来侍卫马军司、侍卫步军司和殿前司统称"三衙""三帅"，统帅全国兵力，使藩镇之兵和厢军等一概成为天子之兵。宋太宗继位不久，令所有州直隶中央，"天下节镇无复领支郡者矣。"② 经过两代君主的努力，宋王朝从根本上限制了军人武夫的倚世之本，使其在新的政治结构中再没有重要的位置了，避免了五代以来"兵权所在，则随以兴；兵权所去，则随以亡"③ 的政治兴衰覆辙。

与此同步，宋朝从建国之初就选择了中下层知识分子作为新政治结构的主要成分。开宝八年（975）宋太祖赵匡胤复试合格举人说："向者登科名级，多为势家所取，致塞孤寒之路，甚无谓也。今朕躬亲临试，以可否进退，尽革畴昔之弊矣。"④ 为制止唐代科举中利用门生、考官之间的关系形成的政治

---

① （宋）司马光：《涑水记闻》卷一，中华书局1989年版，第11—12页。
② （宋）李焘：《续资治通鉴长编》卷一八，太平兴国二年八月戊辰，中华书局2004年版，第411页。
③ （宋）范浚：《香溪集》卷八《五代论》，景印文渊阁《四库全书》本，台北：商务印书馆1983年版，第1140册，第71页。
④ （宋）李焘：《续资治通鉴长编》卷一六，开宝八年二月戊辰，中华书局2004年版，第128页。

第六章　情法与理性：宋代地方法官群体的法律思想

力量，962年赵匡胤又下诏，"禁（新进士）谢恩于私门"①，"不得呼春官为恩门、师门，亦不得自称门生。"② 开宝六年（973）实行殿试，考生们从此成为了"天子门生"，成为构建新的政治结构的中坚力量。赵匡胤公开宣称"宰相须用读书人"③，任命文官治理地方："五代方镇残虐，民受其祸。朕令选儒臣干事者百余，分治大藩，纵皆贪浊，亦未及武臣一人也。"④ 自此形成一代王朝的政治传统，宋太宗又完全继承了宋太祖的衣钵，"自太宗崇奖儒学，骤擢高科，至辅弼者多矣。"⑤ 太平兴国二年（977）状元吕蒙正，太平兴国八年（983）任参知政事，端平元年（988）即任宰相。从中进士到作宰相仅不足十一年。与他同年中进士第的张齐贤，太平兴国八年即任同签书枢密院事，进入执政大臣行列，淳化二年（991）任宰相。从中进士到作宰相，仅十四年。景德二年（1005）状元李迪，天禧元年（1017）任参知政事，天禧四年（1020）任宰相。从中进士到任宰相，共十五年。王曾咸平五年（1002）中进士第，大中祥符九年（1016）任参知政事，乾兴元年（1022）任宰相。从中进士到任宰相，共20年。北宋宰相共71人，其中64人为出身进士。北宋中叶以后，文官士大夫充斥政坛，所谓"今世用人，大率以文词进。大臣，文士也；近侍之臣，文士也；钱谷之司，文士也；边防大帅，文士也；天下转运使，文士也；知州郡，文士也。虽有武臣，盖仅有也。故于文士，观其所长，随其材而任之，使其所能，则不能者止。"⑥ 故宋人诗云："满朝朱紫贵，尽是读书人。"⑦ 元人评价宋朝重用文士时说："自古创业垂统之君，即其一时之好尚，而一代之规模，可以豫知矣。艺祖革命，首用文吏而夺武臣之权，

---

① （宋）曾巩：《曾巩集》卷四九《贡举》，中华书局1984年版，第658页。
② （清）徐松辑：《宋会要辑稿》选举三之二，上海古籍出版社2014年版，第5285页。
③ （宋）李焘：《续资治通鉴长编》卷七，乾德四年五月乙亥，中华书局2004年版，第171页。
④ （宋）李焘：《续资治通鉴长编》卷一三，开宝五年末，中华书局2004年版，第293页。
⑤ （宋）欧阳修：《欧阳修全集》卷一二六《归田录》，中华书局2001年版，第1924页。
⑥ （宋）蔡襄：《蔡襄集》卷二二《任材》，上海古籍出版社1996年版，第384页。
⑦ （宋）张端义：《贵耳集》卷下，载《全宋笔记》，大象出版社2013年版，第六编，第十册，第356页。

宋之尚文，端本乎此。太宗、真宗其在藩邸，已有好学之名，作其即位，弥文日增。自时厥后，子孙相承。上之为人君者，无不典学；下之为人臣者，自宰相以至令录，无不擢科。海内文士，彬彬辈出焉。"①

"大批饱受儒家经史教育的知识型文官充实到各级官府，使宋朝官僚队伍的构成发生了前所未有的变化，并使宋朝政治完全摆脱了世族门阀的影响，完成了中国古代由贵族政治向文官政治的转变。"② 在中国历史的演进中，宋代第一个建立起来典型的文官政治，知识分子群体成为地方法官的主要成分，这必然会使宋代法官的司法模式产生新的历史变化。

第一节　宋代地方官的知识信仰与施政方式

一、对民生苦乐的深入体会

宋代政治生活中，士大夫阶层成为赵宋王朝的主体政治力量，这个群体与下层民众存在相当多的联系，因而其在法律思想上也形成了新的时代特色。

据统计，宋代士大夫在《宋史》中有传的人为 1953 人，其中布衣入仕者占 55.12%。③ 因此，宋代有相当数量的士大夫，"本自贫窭，身致富厚，本自寒素，身致通显"④，因而能够了解民间疾苦，倾听下层劳动者的呼声，充满了相当深厚的家国情怀，提倡"以天下为己任"，"先天下之忧而忧，后天下之乐而乐"⑤，"为天地究心，为生民立道，为往圣继绝学，为万世开太平"⑥，从而使宋代士大夫呈现出不同的时代精神风貌。

---

① （元）脱脱：《宋史》卷四三九《文苑传·序》，中华书局 1977 年版，第 12997 页。
② 苗书梅：《宋代官员选任和管理制度》，河南大学出版社 1996 年版，第 36 页。
③ 陈植锷：《北宋文化史述论》，中国社会科学出版社 1992 年版，第 66 页。
④ （宋）袁采：《袁氏世范》卷中《处富贵不宜骄傲》，天津古籍出版社 1995 年版，第 59 页。
⑤ （清）范能濬编集，薛正兴校点：《范仲淹全集》卷八《岳阳楼记》，凤凰出版社 2004 年版，第 169 页。
⑥ （清）黄宗羲：《宋元学案》卷一七《横渠学案上》，中华书局 1986 年版，第 664 页。

第六章 情法与理性：宋代地方法官群体的法律思想

宋朝士大夫阶层又多是科举考试的成功者，儒家伦理的规范体系已经内化为他们性格的一部分，儒家观念自然成为其法律思想的基础。

儒家文化强调为民请命，有的宋代地方法官能够立足百姓利益而灵活处理政务："凡岁饥，强民相率持杖劫人仓廪，法应弃市，每具狱上闻，辄贷其死。真宗时，蔡州民三百一十八人有罪，皆当死。知州张荣、推官江嗣宗议取为首者杖脊，余悉论杖罪。帝下诏褒之。"① 许元迁镇东军节度推官、知润州丹阳县，"县有练湖，决水一寸，为漕渠②一尺，故法：盗决湖者，罪比杀人。会岁大旱，公请借湖水溉民田，不待报，决之。州守遣吏按问，公曰：'便民，罪令可也。'竟不能诘"，由是溉民田万余顷，岁乃大丰。③ 另王代恕为颍州司法参军时，州民药氏为盗，后逢赦免罪，"出入里闾，操弓矢"，成为乡间一害，有朱姓平民，募客二人谋杀之，按律当处死刑。王谋认为："为法所以辅善而禁恶也，今杀良民为恶盗报仇，岂法意邪？"因此列状为之辩护，最终"朱氏得减死。"④

宋代士大夫对传统民本思想都有很好的继承。朱熹倡导"天下之务，莫大于恤民。"⑤ 真德秀认为："天与民并言，而终独归之于民者，民心即天心也，能保小民则能保天命矣"⑥，"德者，本也；财者，末也。外本内末，争民施夺，是故财聚则民散，财散则民聚。自古迄今未有人心失而财可恃者，亦未有不恤其民而可以丰财者。圣贤之言，炳若星日，万世不能易也"⑦，人君

---

① （元）脱脱：《宋史》卷二〇〇《刑法志二》，中华书局 1977 年版，第 4987 页。
② 宋时练湖乃两浙运河的水源。
③ （宋）欧阳修：《欧阳修全集》卷三二《尚书工部郎中充天章阁待制许公墓志铭》，中华书局 2001 年版，第 476 页。
④ （宋）欧阳修：《欧阳修全集》卷二八《江宁府句容县令赠尚书兵部员外郎王公代恕墓志铭》，中华书局 2001 年版，第 426 页。
⑤ （元）脱脱：《宋史》卷四二九《朱熹传》，中华书局 1977 年版，第 12753 页。
⑥ （宋）真德秀：《大学衍义》，福建教育出版社 2005 年版，第 281 页。
⑦ （宋）真德秀：《西山先生真文忠公文集》卷五"故事（癸酉八月二十七日进）"，上海商务印书馆 1937 年版，第 80 页。

应该"轻赋敛而不尽其财,省徭役而不尽其力。"① 真德秀劝谕同僚务要"抚民以仁":

> 为政者,当体天地生万物之心,与父母保赤子之心,有一毫之惨刻,非仁也,有一毫之忿疾,亦非仁也。②

> 先儒有云:一命之士,苟存心于爱物,于人必有所济。且以簿、尉言之,簿勤于勾稽,使人无重叠追催之害,尉勤于警捕,使人无穿窬攻劫之扰,则其所济亦岂少哉!等而上之,其位愈高,系民之休戚者愈大。发一残忍心,斯民立遭荼毒之害,发一掊克心,斯民立被诛剥之殃。盍亦反己而思之,针芒刺手,茨棘伤足,举体凛然,谓之痛楚,刑威之惨,百倍于此,其可以喜怒施之乎?虎豹在前,坑阱在后,号呼求救,惟恐不免,狱犴之苦,何异于此,其可使无辜者坐之乎?己欲安居,则不当扰民之居也,欲丰财,则不当朘民之财也。故曰:己所不欲,勿施于人。其在圣门,名之曰恕。强勉而行,可以致仁。矧当斯民憔悴之时,抚摩爱育,尤不可缓。故愿同僚各以哀矜恻怛为心,而以残忍、掊克为戒,则此邦之人其有瘳乎!③

刘克庄认为官员治理地方当以抚字为念,对百姓应施以仁政,尤其反对州县官吏下乡催科,"止宜劝谕输纳。"④

黄榦认为:"立国之命在于百姓……今乃虚耗贫困一至于此,是岂不可深可悯者乎?"⑤ 他以"木"和"水"比作百姓说:"木以穴蠹,穴深则木何以

---

① (宋)真德秀:《大学衍义》,福建教育出版社2005年版,第282页。
② (宋)佚名:《名公书判清明集》卷一《官吏门·咨目呈两通判及职曹官》,中华书局1987年版,第2页。
③ (宋)佚名:《名公书判清明集》卷一《官吏门·谕州县官僚》,中华书局1987年版,第6页。
④ (宋)刘克庄著,辛更儒校注:《刘克庄集笺校》卷一九二《贵池县申吕孝纯诉池口丘都巡催科事》,中华书局2011年版,第7508页。
⑤ (宋)黄榦:《勉斋集》卷六《右门拟与两浙陈运判》,景印文渊阁《四库全书》本,台北:商务印书馆1983年版,第1168册,第73页。

第六章　情法与理性：宋代地方法官群体的法律思想

由生；水以源长，源竭则水何由出？"① 黄榦认为对横行乡间的豪强要加强监管："窃谓为政之道，抑强扶弱，不宜有偏；安富恤贫，要当两尽。至于形势侵渔乡民，毒害狠鸷，如虎狼蝮蝎，荡人家产，以霸乡间，则字民之官，亦不忍安坐而不恤。"②

袁采认为地主应该善待佃客："国家以农为重，盖以衣食之源在此。然人家耕种，出于佃人之力，可不以佃人为重！遇其有生育、婚嫁、营造、死亡，当厚周之。耕耘之际，有所假贷，少收其息。水旱之年，察其所亏，早为除减，不可有非理之需，不可有非时之役。不可令子弟及干人私有所扰。不可因其仇者告语增其岁入之租。不可强其称贷，使厚供息。不可见其自有田园，辄起贪图之意。视之爱之，不啻如骨肉，则我衣食之源，悉藉其力，俯仰可以无愧怍矣。"③

这种民本思想表现在司法方面，一是疑罪从轻，"罪之疑则从轻，功之疑则从重，忠厚之至也。有罪而杀，国之常典，然有可以杀可以无杀者，与其杀之而滥及无辜，宁孤宥之而有亏常典。"④ 二是用刑要慎，"刑者不获已而用。人之体肤，即己之体肤也，何忍以惨酷加之乎？今为吏者，好以喜怒用刑，甚者或以关节用刑，殊不思刑者国之典，所以代天纠罪，岂官吏逞忿行私者乎？不可不戒！"⑤ 如刘克庄讲："当职尝为狱官，每以情求情，不以箠楚求情。"⑥ 三是恤刑悯囚，宋太祖时曾专门下诏对罪犯的基本生活条件做出明确的规定："两京诸州，令长吏督狱掾，五日一检视，洒扫狱户，洗涤杻械。

---

① （宋）黄榦：《勉斋集》卷二三《通两浙赵漕启》，景印文渊阁《四库全书》本，台北：商务印书馆1983年版，第1168册，第244页。
② （宋）黄榦：《勉斋集》卷二七《申安抚司辨危教授诉熊祥事》，景印文渊阁《四库全书》本，台北：商务印书馆1983年版，第1168册，第289页。
③ （宋）袁采：《袁氏世范》卷下《存恤佃客》，天津古籍出版社1995年版，第150页。
④ （宋）真德秀：《大学衍义》，福建教育出版社2005年版，第269页。
⑤ （宋）佚名：《名公书判清明集》卷一《官吏门·咨目呈两通判及职曹官》，中华书局1987年版，第2页。
⑥ （宋）刘克庄著，辛更儒校注：《刘克庄集笺校》卷一九二《饶州州院推勘朱超等为踢死程七五事》，中华书局2011年版，第7522页。

305

贫不能自存者给饮食，病者给医药。轻系即时决遣，勿淹滞。自是，每仲夏申饬官吏，岁以为常。"① 陈襄对善待囚犯有详细的经验总结，认为官员应承担狱囚死亡的责任，"囚之所犯自有常宪，死于非法，长官不得不任其咎。"对病因要及时医治，"重囚有病，须别牢，选医医治，仍追其家属看待，或有患疮者，亦须别牢，时其濯洗"②，"或闻有呻吟之声，必须翌旦亟命医诊视……饮食不时，病势寝加，必责其令寝于床，选良医医治，日以加减闻。仍责主案吏时时检视饮食。"③ 对囚粮供应及时供应，"官须日给米二升以为饮食，重囚则差人入狱监给，轻囚则引出对面给，庶免减克"，应该保持监狱环境卫生，"当春则深其狱之四围沟渠，蠲其秽污，俾水道流通，地无卑湿，而又时时洒扫，使之洁净。严冬则糊其窗牖，给之袄褥，庶令温暖。盛暑则通其窗牖，间日濯荡，由是疾病无自而生。"④ 地方主管囚犯的官员也多有善待罪犯者，华峙为广州录事参军，"囚方在系，日躬视其饮食沐浴之事，使悉如所欲。一旦遇赦，出囚于州门之外，其肤发充泽，殆非囹圄中人也，见者感叹。"⑤ 周枢为太平州狱掾时，"疏理系囚，时具药饵，三年无瘐死者。"⑥ 谢谔为吉州录事参军时，"瘐死者旧瘗以鞂，往往暴骨。公白郡，取船官弃材以棺敛之。"⑦ 郭杭为石泉理掾，"日以审克为训，有重辟辄不乐，五日一私

---

① （元）脱脱：《宋史》卷一九九《刑法志一》，中华书局 1977 年版，第 4968 页。
② （宋）陈襄：《州县提纲》卷三《病囚别牢》，载《宋代官箴书五种》，中华书局 2019 年版，第 138 页。
③ （宋）陈襄：《州县提纲》卷三《病囚责出》，载《宋代官箴书五种》，中华书局 2019 年版，第 137 页。
④ （宋）陈襄：《州县提纲》卷三《革囚病之源》，载《宋代官箴书五种》，中华书局 2019 年版，第 134 页。
⑤ （宋）邹浩：《道乡先生邹忠公文集》卷四〇《故登州防御推官华君行状》，载《宋集珍本丛刊》，线装书局 2004 年版，第 31 册，第 307 页。
⑥ （宋）周必大：《文忠集》卷六二《中散大夫赐紫金鱼袋周公枢神道碑》，景印文渊阁《四库全书》本，台北：商务印书馆 1983 年版，第 1147 册，第 653 页。
⑦ （宋）杨万里著，辛更儒校注：《杨万里集笺校》卷一二一《故工部尚书焕章阁直学士朝议大夫赠通议大夫谢公神道碑》，中华书局 2007 年版，第 4689 页。

第六章 情法与理性：宋代地方法官群体的法律思想

饭之。"①

这些民本、恤刑的思想，与宋代以前各代政治精英的思想是一致的，而对宋代士大夫而言，其可贵之处在于在这种传统的思想上，又对普通民众的私人利益表现出了相当大程度的理解与支持，从而提高了传统儒家民本思想的境界。这表现在哲学思想上，就是两宋士大夫一反传统儒家"重义轻利"的义利观，提出了义利并重的主张。

北宋李觏最先提出应该公开承认"利欲"的正当存在：

> 利可言乎？曰：人非利不生，曷为不可言？欲可言乎？曰：欲者人之情，曷为不可言？言而不以礼，是贪与淫，罪矣。不贪不淫而曰不可言，无乃贼人之生，反人之情？世俗之不喜儒以此。孟子谓'何必曰利'，激也，焉有仁义而不利者乎？②

李觏进而认为古人已经言利，并且认为是国富的前提："愚窃观儒者之论，鲜不贪义而贱利，其言非道德教化则不出诸口矣。然《洪范》八政，一曰食，二曰货……是故圣贤之君，经济之士，必先富其国矣。"③苏洵说："君子耻言利，亦耻言夫徒利而已"，"义利、利义相为用，而天下运诸掌矣。"④王安石更对传统义利进行了新的解释："利者，义之和。义固所为利也。"⑤认为"利"和"义"是相统一的，前者是后者的目的，后者是前者的手段。可以说，宋代士大夫的功利观已经从重道德性命转为重视实用利世，"功到成处，便是有德，事到济处，便是有理。"⑥

---

① （宋）魏了翁：《鹤山集》卷七〇《郭君杭墓志铭》，载《宋集珍本丛刊》，线装书局2004年版，第77册，第375页。
② （宋）李觏：《李觏集》卷二九《原文》，中华书局2011年版，第326页。
③ （宋）李觏：《李觏集》卷一六《富国策》，中华书局2011年版，第133页。
④ （宋）苏洵著，曾枣庄注释：《嘉祐集笺注》卷九《利者义之和论》，上海古籍出版社1993年版，第277、278页。
⑤ （宋）李焘：《续资治通鉴长编》卷二一九，熙宁四年春正月壬辰，中华书局2004年版，第5321页。
⑥ （宋）陈亮：《陈亮集》卷二九《答陈同甫》，中华书局1987年版，第393页。

随着义利观的转变，宋代相当多的士大夫重视商业，敢于言财。范仲淹在《四民诗》中为商人鸣不平："吾商则何罪，君子耻为邻！"① 邓绾认为商人促进了国家经济的运行："行商坐贾，通货殖财，四民之益也。"② 王安石的理财言论最为突出："聚天下之人，不可以无财"③，"政事所以理财，理财乃所谓义也"④，"取天下之财以供天下之费。"⑤ 在士大夫的言论促动之下，北宋中期时政府官员对商业的认识已经完全转变，此前以经商营利为耻，"今乃不然，专为商旅之业者，兴贩禁物茶盐、香草之类"，"贪人非独不知羞耻，而又自号材能，世人耳目既熟，不以为怪。"⑥

南宋时陈亮进一步发挥了功利思想，认为商业与农业是互补的关系："古者官民一家也，农商一事上下相恤，有无相通。民病则求之官，官病则资诸民。商籍农而立，农赖商而行，求以相补，而非以相病。"⑦ 叶适公开批判传统的"重本抑末"论："夫四民交致其用而后治化兴，抑末厚本，非正论也"，"至于烝进髦士，则古人盖曰无类，虽工商不敢绝也。"⑧ 陈耆卿认为商业有益于国家："古有四民，曰士，曰农，曰工，曰商。士勤于学业，则可以取爵禄；农勤于田亩，则可以聚稼穑；工勤于技艺，则可以易衣食；商勤于贸易，则可以积财货。此四者，皆百姓之本业。自生民以来，未有能易之者也。"⑨ 黄震则提出四民平等："国家四民，士、农、工、商"，虽然传唤有所次序，

---

① （清）范能浚编集，薛正兴校点：《范仲淹全集》卷二《四民诗·商》，凤凰出版社 2004 年版，第 28 页。
② （宋）王偁：《东都事略》卷九八《邓绾传》，齐鲁书社 2000 年版，第 838 页。
③ （宋）王安石：《王文公文集》卷三一《乞制置三司条制》，上海人民出版社 1974 年版，第 364 页。
④ （宋）王安石：《王文公文集》卷八《答曾公立书》，上海人民出版社 1974 年版，第 98 页。
⑤ （宋）王安石：《王文公文集》卷一《上皇帝万言书》，上海人民出版社 1974 年版，第 9 页。
⑥ （宋）蔡襄：《蔡襄集》卷二二《废贪赃》，上海古籍出版社 1996 年版，第 380 页。
⑦ （宋）陈亮：《陈亮集》卷一二《四弊》，中华书局 1987 年版，第 140 页。
⑧ （宋）叶适：《习学记言序目》卷一九《史记一》，第 273 页；卷一二《国语·齐语》，中华书局 1977 年版，第 167 页。
⑨ （宋）陈耆卿：《嘉定赤城志》卷三七《风俗》，载《宋元方志丛刊》，中华书局 1990 年版，第 7364 页。

第六章 情法与理性：宋代地方法官群体的法律思想

"同是一等齐民。"①

宋代士大夫对普通民众私人利益的理解，在司法中表现为关心民间疾苦，重视利益纠纷，认为刑事案件固然是"国祚修短系焉"的大事，同时亦不把民事诉讼视为"民间细故"，"此其有关于朝廷上下之纪纲，未可以细故视之。"② 甚至强调"治道，民事为急"③，相当重视维护百姓的民事权利。

宋代士大夫对普通民众利益的尊重，在处理百姓之间诉讼纠纷时，地方官则对"情"的理解赋予新时代的特征。宋之前传统儒家认为："何谓人情？喜、怒、哀、惧、爱、恶、欲，七者弗学而能。"④ 人情即人之常情，是人之性的主要组成部分，但与法律的关系没有论述。宋代士大夫则将人情与法律二者的关系进行了新的说明，认为一定之法适应千变万化的实际情况是困难的："人情万端，法制一定。夫以一定之法而制万端之情，欲轻重得宜，古今无易，不其难哉……亦虑乎执定制而失人情也。"⑤ 所以说宋代士大夫主张："善识法者，原情以定罪，因罪以用法，不随事而为轻重，则无适而不得其平矣。"⑥ 宋代士大夫在法律诉讼处理中将"情"的因素提到新的高度，认为法令应该以人情为出发点：

夫法令之必本人情，犹政事之必因风俗也。为政而不因风俗，不足言善政；为法而不本人情，不可谓良法。⑦

---

① （宋）黄震：《黄震全集·黄氏日抄》卷七八《词诉约束》《又晓谕假手代笔榜》，浙江大学出版社2013年版，第2214、2197页。
② （宋）佚名：《名公书判清明集》卷一二《惩恶门·豪民越经台部控扼监司》，中华书局1987年版，第459页。
③ （宋）李心传：《建炎以来系年要录》卷一五九，绍兴十九年夏四月己未，中华书局1988年版，第2581页。
④ （汉）郑玄著，（唐）孔颖达疏：《礼记正义》卷二二《礼运》，中华书局1980年影印本，第1422页。
⑤ （宋）韩琦：《安阳集》卷二七《进嘉祐编敕表》，景印文渊阁《四库全书》本，台北：商务印书馆1983年版，第1089册，第370页。
⑥ （宋）刘才邵：《檆溪居士集》卷一〇《论汉张释之奏犯跸当罚金》，景印文渊阁《四库全书》本，台北：商务印书馆1983年版，第1130册，第550页。
⑦ （宋）真德秀：《西山先生真文忠公文集》卷三《直前奏札》，上海商务印书馆1937年版，第42页。

而且自君至民，其人情是相似的，而无关地位的差异："物本天，人本祖，君民之分虽异，其情一也……同君民为一家，合上下为一心。"①

宋代士大夫在审判中充分重视情的因素，"当官处事，务合人情"②，"参以人情"③，"命官设属，宜常参用儒者，俾三尺之外，得傅以经谊，本之人情。"④ 士大夫在审判时对商人的辛苦给予了相当理解："大凡求利，莫难于商贾，莫易于牙侩。奔走于道途之间，蒙犯风波之险，此商贾之难也，而牙侩则安坐而取之；数倍之本，趋锥刀之利，或计算不至，或时日不对，则亏折本柄者常八九，此又商股之所难也。"⑤ 曹彬知徐州，有吏犯罪，逾年始杖之。人皆不晓其意。彬曰："吾闻此人新娶妇，若杖之，彼其舅姑必以妇为不利而恶之，朝夕笞骂。使不能自存。吾故缓其事，而法亦不赦也。"⑥ 贾易为常州司法参军，"自以儒者不闲法令，岁议狱，唯求合于人情，曰：'人情所在，法亦在焉。'讫去，郡中称平。"⑦ 绍兴时期，有"郡卒之妻有失礼于其姑者，卒怒甚，殴之致毙"，按律此妇应流于海岛，泣诉于邓司理曰："罪固当尔，但老母病，无兄弟供朝夕，幸有以哀怜之。"邓司理为作百余言启其事："卒之所犯徒，以母故，今得远徙，母无以养，稽之人情，有可矜者，愿加详谳。"后得到知州的支持，终赖以免远流。⑧ 舒邦佐为衡州录事参军，"有宗室子击娼优于邸舍而误入主人之室，破其寝帐什器，厢官白于郡，以白昼持杖

---

① （宋）刘克庄著，辛更儒校注：《刘克庄集笺校》卷八四《商书讲义·盘庚中》，中华书局2011年版，第3666—3667页。
② （宋）吕本中：《官箴》，载《宋代官箴书五种》，中华书局2019年版，第79页。
③ （宋）佚名：《名公书判清明集》卷七《户婚门·不可以一人而为两家之后别行选立》，中华书局1987年版，第208页。
④ （宋）真德秀：《西山先生真文忠公文集》卷三《直前奏札》，上海商务印书馆1937年版，第43页。
⑤ （宋）佚名：《名公书判清明集》卷一一《人品门·治牙侩父子欺瞒之罪》，中华书局1987年版，第409页。
⑥ （宋）司马光：《涑水记闻》卷二，中华书局1989年版，第31页。
⑦ （元）脱脱：《宋史》卷三五五《贾易传》，中华书局1977年版，第11173页。
⑧ （宋）刘才邵：《檆溪居士集》卷一二《邓司理墓志铭》，景印文渊阁《四库全书》本，台北：商务印书馆1983年版，第1130册，第570页。

之罪罪之。守怒,将闻于朝,公言其情本出过误,且无赃可证,竟从宽典。"①

宋代士大夫因为能够体会民众之情,故对一些传统的儒家观念提出新的见解。如在处理家庭内部父子关系时,特别强调个人性格的影响:"盖人之性,或宽缓,或褊急,或刚暴,或柔懦,或严重,或轻薄,或持检,或放纵,或喜闲静,或喜纷挐,或所见者小,或所见者大,所禀自是不同",因此为父母者应该"通情于子弟,而不责子弟之同于己",为子弟者"不望父兄为己之听",这样在"处事之际,必相和协,无乖争之患。"② 在出现矛盾时,家庭成员都应反躬省思,为人父者要反思:"吾今日为人父,盖前日为人之子矣。凡吾前日事亲之道,每事尽善,则为子者得于见闻,不待教诏而知效。倘吾前日事亲之道有所未善,将以责其子,得不有愧于心!"为人子者也要反思:"吾今日为人之子,则他日亦当为他人之父。今吾父之抚育我者如此,畀付我者如此,亦云厚矣。"③ 宋代士大夫也认可分家析产的合理性:

> 兄弟义居,固世之美事。然其间有一人早亡,诸父与子侄其爱稍疏,其心未必均齐。为长而欺瞒其幼者有之,为幼而悖瞒其长者有之。顾见义居而交争者,其相疾有甚于路人。前日之美事,乃甚不美矣。故兄弟当分,宜早有所定。兄弟相爱,虽异居异财,亦不害为孝义。一有交争,则孝义何在?④

在男女婚姻方面,宋代士大夫认为应多讲"恩义","闺门之内,以恩掩义"⑤,否则就会"男女之家,视娶妻如买鸡豚,为妇人者,视夫家如过

---

① (宋)李大异:《舒邦佐墓志铭》,载《全宋文》卷六二七一,上海辞书出版社2006年版,第277册,第134页。
② (宋)袁采:《袁氏世范》卷上《性不可以强合》,天津古籍出版社1995年版,第1页。
③ (宋)袁采:《袁氏世范》卷上《人必贵于反思》,天津古籍出版社1995年版,第3页。
④ (宋)袁采:《袁氏世范》卷上《兄弟贵相爱》,天津古籍出版社1995年版,第26页。
⑤ (宋)刘克庄著,辛更儒校注:《刘克庄集笺校》卷一九二《饶州宗子若璩诉立嗣事》,中华书局2011年版,第7515页。

传舍"①，"偶然而合，忽尔而离，淫奔诱略之风，久而愈炽。"② 因此，在民间婚姻诉讼中，宋代士大夫认为"官司不当以法废恩"③，常常支持女性的正当要求。唐州比阳富人王八郎，"因与一倡绸缪，每归家必不悦"，后"携倡来，寓近巷客馆"，因而夫妻反目，其妻"执夫袂，走诣县"，县令判其"离而中分其资产"。王某欲要幼女，其妻则说："夫无状，弃妇嬖倡，此女若随之，必流落矣。"县令因而判女于母。④ 宋代民妇阿贺在夫亡之后，"内而宗族亲戚，外而乡党邻里，不能相与扶持，而乃群起而侵凌之，或抢夺其财物，或占去其田产，或抑勒其改嫁，磨牙摇毒，不夺不厌"，因而阿贺诉于官府，法官胡颖谴责了欺辱孤寡的宗族乡党，"点追紧要人申解，照条施行"，维护了阿贺的权益。⑤ 另如阿张为朱四之妻，因朱四"疾愚，欲相弃背"，阿张又诉朱四之父对她不轨，因而兴讼，胡颖在判词中斥责了阿张，判杖阿张八十，但认为"已失夫妇之义"，不宜强合而听离。⑥

　　正由于宋代士大夫对普通民众个人利益的尊重，使中国传统的民本思想在宋代得以提升。宋代士大夫继而在司法领域将人情与法律的关系进行了新的论述，这种新的法律思想要素的引进，必然会改变宋代地方官审理民间争讼的施政模式。

二、对教化民众传统的发扬

　　中国古典儒家思想用"名"作为政治哲学的出发点，围绕着"礼"建立

---

① （宋）陈耆卿：《嘉定赤城志》卷三七《天台令郑至道谕俗七篇》，载《宋元方志丛刊》，中华书局1990年版，第7361页。
② （宋）陈耆卿：《嘉定赤城志》卷三七《天台令郑至道谕俗七篇》，载《宋元方志丛刊》，中华书局1990年版，第7361页。
③ （宋）佚名：《名公书判清明集》卷一〇《人伦门·兄侵凌其弟》，中华书局1987年版，第374页。
④ （宋）洪迈：《夷坚丙志》卷一四《王八郎》，中华书局1981年版，第484页。
⑤ （宋）佚名：《名公书判清明集》卷一四《惩恶门·合谋欺凌孤寡》，中华书局1987年版，第527—528页。
⑥ （宋）佚名：《名公书判清明集》卷一〇《人伦门·妻背夫悖舅断罪听离》，中华书局1987年版，第379页。

第六章 情法与理性：宋代地方法官群体的法律思想

起家国一体的统治秩序，"名不正，则言不顺；言不顺，则事不成，事不成，则礼乐不兴；礼乐不兴，则刑罚不中；刑罚不中，则民无所措手足。"① 名正言顺、礼乐有序，确实非常有助于维护社会稳定，"人人亲其亲，长其长，而天下平。"② "中国古代法律的主要特征表现在家族主义和阶级概念上。二者是儒家意识形态的核心，和中国社会的基础，也是中国法律所着重维护的制度和社会秩序。"③

孔子将德、礼、政、刑的社会效果作了比较，"导之以政，齐之以刑，民免而无耻；导之以德，齐之以礼，有耻且格。"④ 因此，汉唐政治家认为德礼是优于法刑的统治工具，"德主刑辅"成为中国古代法律的主要特色，直到"唐律一准乎礼"⑤，"德礼为政教之本，刑罚为政教之末。"⑥ 法律与礼的关系是"道"与"器"的关系，"刑"集中体现了法律的惩罚功能，目的是"胜残去杀"⑦，居于不利己而用之的次要地位。

"风俗之变，法制随之。"⑧ 宋代社会"人情漓靡，机事横生，已难使之无讼"⑨，因此宋代法官群体将"情"的因素提升，讲求尊重个体利益。但是这又很容易造成众多民众只从个人利益出发，而不考虑家族甚至社会的后果，从而难免严重冲击家国一统的政治秩序。宋人认为教化不足是今不如古的地方：

> 今之天下，土地广而人民众，兵寇不作，咸于安渔樵耕之业，

---

① （宋）朱熹：《四书章句集注·论语集注》卷七《子路第十三》，中华书局1983年版，第142页。
② （宋）朱熹：《四书章句集注·孟子集注》卷七《离娄章句上》，中华书局1983年版，第281页。
③ 瞿同祖：《中国法律与中国社会》，中华书局2003年版。
④ （宋）朱熹：《四书章句集注·论语集注》卷一《为政第二》，中华书局1983年版，第54页。
⑤ （清）永瑢：《钦定四库全书总目》卷八二《政书类·唐律疏议》，中华书局1965年影印本。
⑥ （唐）长孙无忌：《唐律疏议》卷一《名例律》，法律出版社1998年版，第3页。
⑦ （宋）朱熹：《四书章句集注·论语集注》卷七《子路第十三》，中华书局1983年版，第144页。
⑧ （元）脱脱：《宋史》卷三三八《苏轼传》，中华书局1977年版，第10803页。
⑨ （宋）胡太初：《昼帘绪论·听讼篇》，载《宋代官箴书五种》，中华书局2019年版，第173页。

其盛可与古治侔矣。所愧于古者，风俗之不厚也……风俗之大端，孝悌而已矣。民之忘孝悌而溺于薄恶，考之于古，未有甚于今者也。①

因此宋代士大夫的解决方法是将"礼"上升为"理"，从而将个人利益置于更庞大而深刻的逻辑世界中，并更新了传统的劝解息讼的手段与言辞，增加感化与说理因素，从而在情理之间求得合适之处达到社会和谐的统治目的。

宋代士大夫将社会人伦关系上升为天理。北宋二程提出法律是天理的体现："万物皆只是一个天理，己何与焉？至如言'天讨有罪，五刑五用哉！天命有德，五服五章哉！'此都只是天理自然当如此。"② 因此，宋代士大夫认为维护人间的法律秩序就是维护天理，朱熹认为："凡听五刑之讼，必原父子之亲，立君臣之义以权之。盖必如此，然后轻重之序可得而论，浅深之量可得而测"，"凡有诉讼，必先论其尊卑、上下、长幼、亲疏之分，而后听其曲直之辞。"③ "门人有与人交讼者"，朱熹要求弟子求理抑欲："欲之甚，则昏蔽而忘义理；求之极，则争夺而至怨仇。"④ 真德秀上书宋理宗，认为："三纲五常，扶持宇宙之栋干，奠安生民之柱石。晋废三纲而刘、石之变兴，唐废三纲而安禄山之难作。我朝立国，先正名分。"⑤ 又认为"父子相隐，天理人情之至也。"⑥ 袁采也讲："子之于父，弟之于兄，犹卒伍之于将帅，胥吏之于官曹，奴婢之于雇主，不可相视如朋辈，事事欲论曲直。若父兄言行之失，显然不可掩，子弟止可和言几谏。若以曲理而加之，子弟尤当顺受，而不当辩。

---

① （宋）李清臣：《厚俗策》，载《全宋文》卷一七一六，上海辞书出版社2006年版，第79册，第18—19页。
② （宋）程颢、程颐：《二程集》，中华书局1981年版，第30页。
③ （宋）朱熹：《朱熹集》卷一四《延和奏札一》，四川教育出版社1996年版，第533页。
④ （宋）黎靖德（编）：《朱子语类》卷一二一《训门人九》，中华书局1986年版，第2946页。
⑤ （元）脱脱：《宋史》卷四三七《真德秀传》，中华书局1977年版，第12961页。
⑥ （宋）真德秀：《西山读书记》卷一一《父子》，景印文渊阁《四库全书》本，台北：商务印书馆1983年版，第705册，第327页。

为父兄者又当自省。"① 南宋的理学家们自觉地在听事断案时维护上下卑尊的等级秩序，认为"本职以明刑弼教为先，名分尤所当急"②，"听讼之际，尤当以正名分，厚风俗为主。"③

总之，宋代士大夫认为教化为关系国之盛衰的"元气"所在，"圣人上承天之意，下为民之主，其要在安利之。而能安利之之要不在于它，在乎正风俗而已。故风俗之变，迁染民志，关之盛衰，不可不慎也"④，"国之长短，如人之寿夭，人之寿夭在元气，国之长短在风俗"⑤，"国家之所以存亡者，在道德之浅深，不在乎强与弱；历数之所以长短者，在风俗之薄厚，不在乎富与贫"⑥，"风俗，国之元气也。元气枵然，则身随之；风俗既坏，则国从之"⑦，"惟国家元气，全在风俗"⑧，"教化者，朝廷之先务；廉耻者，士人之美节；风俗者，天下之大事。"⑨ 而法律的功能则是辅助性的，在于"明道而立教"⑩，"古者法疏而犯者寡，后世法密而犯者众，此其故何哉？盖古者学校之设，教化之行，人知廉逊，耻于为非，井地之均，衣食之足……后世则不然，井地破而谷禄不平，学校废而习俗不美，法立而奸生，令下而诈起，虽刑辟日报而不为沮止，此其所以不古若也……毋亦教化，其救世之大务欤？谨毋

---

① （宋）袁采：《袁氏世范》卷上《父兄不可辩曲直》，天津古籍出版社1995年版，第6页。
② （宋）佚名：《名公书判清明集》卷一〇《人伦门·恃富凌族长》，中华书局1987年版，第392页。
③ （宋）佚名：《名公书判清明集》卷一《官吏门·咨目呈两通判及职曹官》，中华书局1987年版，第2页。
④ （宋）王安石：《王文公文集》卷三二《风俗》，上海人民出版社1974年版，第380页。
⑤ （宋）苏轼：《苏轼文集》卷五一《上神宗皇帝书》，中华书局1986年版，第737页。
⑥ （元）脱脱：《宋史》卷三三八《苏轼传》，中华书局1977年版，第10806页。
⑦ （宋）袁燮：《絜斋集》卷二《正俗篇》，景印文渊阁《四库全书》本，台北：商务印书馆1983年版，第1157册，第24页。
⑧ （宋）楼钥著，顾大朋点校：《楼钥集》卷二四《论风俗纪纲》，浙江古籍出版社2010年版，第460页。
⑨ （宋）罗从彦：《豫章文集》卷一一，景印文渊阁《四库全书》本，台北：商务印书馆1983年版，第1135页，第746页。
⑩ （宋）黄榦：《勉斋集》卷七《上江西运使书》，景印文渊阁《四库全书》本，台北：商务印书馆1983年版，第1168册，第75页。

曰：'但求详于法而已矣。'"① "古之以刑法者存其本，故民过者鲜也。后之以刑法者存其末，故民过者多也。曰：'何谓本末乎'？曰：'政教者，其本也；刑法者，其末也。'"②

宋代士大夫为地方官时，都认为"治小邑与治天下虽异，皆不可以不尚礼乐教化"③，"儒者在本朝则美政，在下位则美俗"④，因而采取了多种方式来教化地方百姓，并充分揉入"情"的要素。

宋代官员教化地方的载体之一是政府榜文，地方长官初赴地方后多发布公文榜于交通要道，以供往来民众阅读体会。宋代地方官发布的榜文中多有文理优秀者，常为后继官员奉为楷模。北宋陈襄所写的《劝俗文》就颇为经典，赵景纬在任职台州期间"以化民成俗为先务"，"取陈述古（襄）《谕俗文》书示诸邑，且自为之说，使其民更相告谕、讽诵、服行，期无失坠。"⑤ 南宋时朱熹将此文又改编成《揭示古灵先生劝谕文》进行刊布：

> 古灵先生陈公劝谕：为吾民者，父义，（能正其家。）兄友，（能养其弟。）弟敬，（能敬其兄。）子孝，（能事父母。）夫妇有恩，（贫穷相守为恩。若弃妻不养，夫丧改嫁，皆是无恩也。）男女有别，（男有妇，女有夫，分别不乱。）子弟有学，（能知礼义廉耻。）乡间有礼，（岁时寒暄，皆以恩意，往来燕饮，序老少坐立拜起。）贫穷患难，亲戚相救，（借贷财谷。）昏姻死丧，邻保相助，无堕农桑，无作盗贼，无学赌博，无好争讼，无以恶凌善，无以富吞贫，行者逊路，（少避长，贱避贵，轻避重，去避来。）耕者逊畔，（地有畔，

---

① （宋）谢维新：《古今合璧事类备要外集》卷一七《刑法门·刑法总论》，景印文渊阁《四库全书》本，台北：商务印书馆1983年，第939册，第533页。
② （宋）释契嵩：《镡津集》卷五《刑法》，景印文渊阁《四库全书》本，台北：商务印书馆1983年版，第1091册，第449页。
③ （宋）刘克庄著，辛更儒校注：《刘克庄集笺校》卷八四《论语讲义》，中华书局2011年版，第3675页。
④ （战国）荀况：《荀子简释》第八篇《儒效》，中华书局1983年版，第81页。
⑤ （元）脱脱：《宋史》卷四二五《赵景纬传》，中华书局1977年版，第12673页。

第六章 情法与理性：宋代地方法官群体的法律思想

不相争夺。）斑白者不负戴于道路，（子弟负重执役，不令老者担擎。）则为礼义之俗矣。

以上同保之人，今仰互相劝戒，孝顺父母，恭敬长上，和睦宗姻，周恤邻里，各依本分，各修本业，莫作奸盗，莫纵饮博，莫相斗打，莫相论诉，莫相侵夺，莫相瞒昧，爱身忍事，畏惧王法。保内如有孝子顺孙、义夫节妇事迹显著，即仰具申，当依条旌赏。其不率教者，亦仰申举，依法究治。自余禁约事件，仍已别作施行，各宜遵守，毋至违犯。①

朱熹在地方为官时，也特别注意对民众的教化，如在漳州就先后发布了《劝谕榜》《龙岩县劝谕榜》《劝农文》《漳州晓谕词讼榜》。其中《劝谕榜》全文为：

今具节次施行劝谕事目如后：

一、劝谕保伍互相劝戒事件：仰同保人互相劝戒，孝顺父母，恭敬长上，和睦宗姻，周恤邻里，各依本分，各修本业，莫作奸盗，莫纵饮博，莫相斗打，莫相论诉，孝子顺孙、义夫节妇事迹显著，即仰具申，当依条格旌赏。其不率教者，亦仰申举，依法究治。

一、禁约保伍互相纠察事件：常切停水防火，常切觉察盗贼，常切禁止斗争。不得贩卖私盐，不得宰杀耕牛，不得赌博财物，不得传习魔教。保内之人互相觉察，知而不纠，并行坐罪。

劝谕士民，当知此身本出于父母，而兄弟同出于父母，是以父母兄弟天性之恩至深至重。而人之所以爱亲敬长者，皆生于本心之自然，不是强为，无有穷尽。今乃有人不孝不弟，于父母则辄违教命，敢阙供承；于兄弟则轻肆忿争，忍相拒绝，逆天悖理，良可叹伤。宜亟自新，毋速大戾。

---

① （宋）朱熹：《朱熹集》卷一〇〇《揭示古灵先生劝谕文》，四川教育出版社1996年版，第5099页。

一、劝谕士民，当知夫妇婚姻，人伦之首，媒妁聘问，礼律甚严。而此邦之俗有所谓管顾者，则本非妻妾，而公然同室。有所谓逃叛者，则不待媒娉，而潜相奔诱。犯礼违法，莫甚于斯。宜亟自新，毋陷刑辟。

一、劝谕士民，乡党族姻，所宜亲睦。或有小忿，宜各深思，更且委曲调和，未可容易论诉。盖得理亦须伤财废业，况无理不免坐罪遭刑，终必有凶，切当痛戒。

一、劝谕官户，既称仕宦之家，即与凡民有异。尤当安分循理，务在克己利人。又况乡邻无非亲旧，岂可恃强凌弱，以富吞贫？盛衰循环，所宜深念。

一、劝谕遭丧之家，及时安葬，不得停丧在家及商寄寺院。其有日前停寄棺柩灰函，并限一月安葬。切不须斋僧供佛，广设威仪，但只随家丰俭，早令亡人入土。如违，依条科杖一百。官员不得注官，士人不得应举。乡里亲知来相？送，但可协力资助，不当责其供备饮食。

一、劝谕男女，不得以修道为名，私创庵宇。若有如此之人，各仰及时婚嫁。

一、约束寺院，民间不得以礼佛传经为名，聚集男女，昼夜混杂。

一、约束城市乡村，不得以禳灾祈福为名，敛掠钱物，装弄傀儡。

前件劝谕，只愿民间各识道理，自做好人。自知不犯，有司刑宪无缘相及。切须遵守，用保平和。如不听从，尚敢干犯，国有明法，吏不敢私。宜各深思，无贻后悔。

陈宓《劝俗文》为：

古人以孝为本，故事亲终身而不敢怠，奉祀数世而不敢忽。故

第六章 情法与理性：宋代地方法官群体的法律思想

亲生也唯知养亲，亲没也惟知祀亲。其生也，不敢厚自奉而汲汲以亲欢为心；其没也，不敢自恣而汲汲以宗庙为事。后世不爱其亲而忧也。人故待宾之意常存，而养亲友薄；事祖祢之礼常简略，而事非其鬼常孝敬。不揆诸礼，可不谓大惑耶！①

陈傅良知桂阳军，到任之初，为使民间通晓日常生活中的法律规定，特将相关法条分类检出，广为榜示：

父子。《律》："子孙违犯教令及供养有阙者，徒二年。"《敕》："子孙违犯教令及供养有阙，情重者邻州，凶恶者千里，并编管。"《敕》："诸生子孙而弃之者，徒二年；杀者，徒三年。收生人共犯，虽为从杀者，与同罪。弃者徒二年半，并许人告。若地分及邻保知而不告，杀者徒一年，弃者减一等。"

夫妇。《律》："诸妻无七出及义绝之状而出之者，徒一年半。虽犯七出，有三不去而去之者，杖一百，追还。若犯恶疾及奸者，不用此律。"

房族。《律》："诸同居若大功以上亲及外祖父母、外孙，若孙之妇、夫之兄弟及兄弟妻，有罪相为隐；部曲奴婢为主隐，皆勿论。即漏露其事，及擿语消息，亦不坐。其小功以下相隐，减凡人三等。若犯谋叛以上者，不用此律。"《律》："诸告周亲尊长、外祖父母、夫之祖父母，虽得实，徒。其告重者，减所告罪一等；即诬告，重者加所诬罪三等。告大功尊长，各减一等；小功、缌麻，减二等。诬告，重者各加所诬罪一等。即非相容隐，被告者论如律。其相侵犯，自理诉者，听。"

邻里。《敕》："诸讦告之罪，若于法不应告之人，虽系厢耆邻保，亦不得告。"《敕》："诸事不干己，辄告论者，杖一百。其所告

---

① （宋）陈宓：《复斋先生龙图陈公文集》卷二〇《劝俗文》，载《宋集珍本丛刊》，线装书局2004年版，第73册，第634页。

之事，各不得受理。"《律》："诸邻里被强盗及杀人，告而不救助者，杖一百；闻而不救助者，减一等。力势不能赴救者，速告附近官司；若不告者，亦以不救助论。其官司不即救助者，徒一年。窃盗者各减二等。"

窝藏、柜头、诱略。《敕》："知人犯罪而藏匿，过致资给，令得隐避者，不须事发被追藏，依匿罪人法。其知情停止人犯徒以上罪者，准此。"《律》："知情藏匿罪人，若过致资给令得隐避者，各减罪人罪一等。"《律》："诸博戏赌财物者，各杖一百。（举博为例，余戏皆是。）赃重者，各依己分准盗论。（输者亦依己分，为从坐。）其停止主人及□力若和合者，各如之。"《敕》："诸开柜坊，停止赌博财物者，邻州编管。于出军营内停止者，配本城。并许人告，厢耆巡察看营一宿，提举人失觉察者，杖八十。"《律》："诸略人、略卖人（不和为略，十岁以下，虽和亦同略法。）为奴婢者，绞；为部曲者，流三千里；为妻妾子孙者，徒三年。（因而杀伤人者，依强盗法。）和诱者，各减一等。"《敕》："诸略若和诱人，因而取财及雇卖或得财者，计入己之赃。（在一名处频犯人不倍。）略人者，以不持仗强盗论，一贯皆配千里，妇人五百里编管。因而奸者，依强奸法。和诱者，以不持仗窃盗论，五贯配五百里，妇人邻州编管。其知情引领牙保若藏匿被略诱者，各依藏匿犯人法。"[①]

在以上所引法令条文中，大概可以分为处理家庭关系、邻里关系、陌生人关系三类，其所引法令中"敕"的比重最大，反映宋朝"以敕代律"殆非虚言。

真德秀《泉州劝谕文》中说："第一勿好饮，好饮多召累，颠冥触罪罟，太半缘酣醉；二则勿好博，好博为身祟，但观盗窃徒，多起摴蒲戏；三则勿

[①] （宋）陈傅良著，周梦乡点校：《陈傅良文集》卷四四《桂阳军告谕百姓榜文》，浙江大学出版社1999年版，第559—561页。

第六章　情法与理性：宋代地方法官群体的法律思想

好斗，逊顺人所贵，忘身及其亲，每每因忿恚，何如忍须臾，事过心如水。四则勿好讼，终凶圣所戒。小则糜赀财，大则遭缧系。何如退跬步，终身免颠踬。"①

《再守泉州劝谕文》中则说：

> 凡为人子，孝敬是先，其次友爱，协和兄弟，人非父母，岂有此身，父母生儿，多少艰辛，妊娠将免，九死一生，哺乳三年，饮母膏血，挟持保抱，日望长成，如惜金珠，如护性命，慈乌反哺，犹知报恩，人而不孝，鸟雀不若。……家家孝友，人人雍和，息事省争，安分循理，得已且已，莫妄兴词。一到讼庭，终身仇敌，更相报复，无有休期。坏产破家，多由于此……市场经营，虽图利息，亦维睹是，莫太亏瞒。秤斗称量，各务公当，大入小出，天理不容，湿米水肉，尤为人害。放债收息，量取为宜，分数太多，贫者受苦。举债营运，如约早还，莫待到官，然后偿纳。饮酒无节，少不生灾；赌博不戒，多至为盗。游手浮浪，久必困穷，勤谨服业，终是得力。②

宋代士大夫对民众谆谆教诲："兄弟之爱，同气连枝，古来取喻，名为手足。无兄弟如无四肢，痛痒相关，实同一体。长当抚幼，弟当敬兄，或值急难，尤须救助。"③

黄榦《临川劝谕文》劝诫百姓不宜争讼：

> 士农工贾，各务本业，起居出入，常存道心；孝顺父母，友爱兄弟，亲戚乡党，交相和睦；利则思义，忿则思难。既无争竞，亦

---

① （宋）真德秀：《西山先生真文忠公文集》卷四○《泉州劝农文》，上海商务印书馆1937年版，第717页。
② （宋）真德秀：《西山先生真文忠公文集》卷四○《再守泉州劝谕文》，上海商务印书馆1937年版，第710—711页。
③ （宋）真德秀：《西山先生真文忠公文集》卷四○《再守泉州劝谕文》，上海商务印书馆1937年版，第710页。

无祸殃;既无妒忌,自无怨恨。心平气和,身安家足,其可乐哉!①

宋代官员教化地方的载体之二是俗语,其文体较政府榜文更为简短,但文学性更强。北宋江西吉州太和知县戚纶作谕民诗:"文契多欺岁月深,便将疆界渐相侵。官中验出虚兼实,枷锁鞭笞痛不禁。"② 蔡襄任职于福州和泉州时,作《福州五戒文》劝导百姓,"贫富之家多于父母异财、兄弟分养,乃至纤悉无有不校。及其亡也,破产卖宅,以为酒肴,以劳亲知,施与浮图,以求冥福。"③"娶妇何谓?欲以传嗣,岂为财也!观今之俗,娶其妻不顾门户,直求资财,随其贫富,未有婚姻之家不为怨怒。"④ 又劝导百姓有病求医,不可信奉巫觋之言,"久之,闽人大便。"⑤ 这类俗语有很多是便于传诵的诗歌形式,如"蜗牛角上争何事?石火光中寄此身。随富随贫且欢喜,不开口笑是痴人"⑥;"积善来百祥,是名作因果"⑦;"忿气如烈火,利欲如铦锋。终朝常戚戚,是名阿鼻狱"⑧;"健讼翻成产祸胎,带刀却是杀身媒"⑨;"当路莫栽荆棘树,他时免挂子孙衣。"⑩ 戴复古写词告诫百姓要从人生流逝的角度看待争讼:

> 蜗角争多少。是英雄、割据乾坤,到头休了。一片泥涂荒草地,尽是鱼龙故道。新堤上,风涛难保。沧海桑田何时变,怕桑田,未变人先老。休为此,生烦恼。

---

① (宋)黄榦:《勉斋集》卷三七《临川劝谕文》,景印文渊阁《四库全书》本,台北:商务印书馆1983年版,第1168册,第395页。
② (宋)文莹:《玉壶清话》卷四,中华书局1984年版,第35页。
③ (宋)蔡襄:《蔡襄集》卷三四《福州五戒文》,上海古籍出版社1996年版,第618页。
④ (宋)蔡襄:《蔡襄集》卷三四《福州五戒文》,上海古籍出版社1996年版,第618页。
⑤ (宋)蔡襄:《蔡襄集》附录二《端明殿学士蔡公墓志铭》,上海古籍出版社1996年版,第936页。
⑥ (宋)罗大经:《鹤林玉露》丙编卷三《乐天对酒诗》,中华书局1983年版,第287页。
⑦ (宋)岳珂:《桯史》卷八《解褐偈》,中华书局点校本1981年版,第92页。
⑧ (宋)王辟之:《渑水燕谈录》卷三《奇节》,中华书局1981年版,第31页。
⑨ (宋)真德秀:《西山先生真文忠公文集》卷一《长沙劝耕》,上海商务印书馆1937年版,第15页。
⑩ (宋)史温:《钓矶立谈》,载《全宋笔记》,大象出版社2003年版,第一编,第4册,第243页。

第六章 情法与理性：宋代地方法官群体的法律思想

讼庭不许频频到。这官坊、翻来覆去，有何分晓。无诤人中为第一，长讼元非吉兆。但有恨，平章不早。尊酒唤回和气在，看从来，兄弟依然好。把前事，付一笑。①

南宋陈耆卿在编写地方志时，收入多篇这类俗语，有郑至道和彭仲刚的《谕俗文》，陈襄的《劝学文》《劝俗文》，还有《李守谦戒事魔十诗》《和郑阆中仙居诗十一首》《萧守振示邦人诗》《熊守克劝农十首》。② 真德秀专门创作《长沙劝耕》诗：

是州皆有劝农文，父老听来似不闻。只为空言难感动，须将实意写殷勤。

使君元起自锄犁，田野辛勤事总知。要为尔民除十害，肯容苛政夺三时。

已看三白兆年丰，更喜春来雨泽通。从昔楚邦农事早，好将人力副天工。

田里工夫着得勤，翻锄须熟粪须均。插秧更要当时节，趁取阳和三月春。

闻说陂塘处处多，并工修筑莫蹉跎。十分积取盈堤水，六月骄阳奈汝何。

田家拼取一春忙，男力畜畲女课桑。陇上黄云机上雪，暂时辛苦乐时长。

鞠育当知父母恩，弟兄更合识卑尊。孝心尽处通天地，善行多时福子孙。

千金难买是乡邻，恩意相欢即至亲。年若少时宜敬老，家才足

---

① （宋）戴复古：《贺新郎》，载唐圭璋编《全宋词》，中华书局1999年版，第2966页。
② （宋）陈耆卿：《嘉定赤城志》卷三七《风土门》，载《宋元方志丛刊》，中华书局1990年版，第7356—7366页。

后合怜贫。①

宋代官员教化地方的载体之三是利用乡约和宣扬果报思想。北宋时陕西蓝田吕大忠兄弟创作了《蓝田吕氏乡约》,"凡乡之约四,一曰德业相劝,二曰过失相规,三曰礼俗相交,四曰患难相恤":

> 德业相劝:德谓见善必行,闻过必改,能治其身,能治其家,能事父兄,能教子弟,能御僮仆,能肃政教,能事长上,能睦亲故,能择交游,能守廉介,能广施惠,能受寄托,能救患难,能导人为善,能规人过失,能为人谋事,能为众集事,能解斗争,能决是非,能兴利除害,能居官举职。业谓居家则事父兄,教子弟,待妻妾;在外则事长上,接朋友,教后生,御僮仆。至于读书治田,营家济物,畏法令,谨租赋,好礼乐、射御、书数之类,皆可为之。非此之类,皆为无益。
>
> 过失相规:过失谓犯义之过六,犯约之过四,不修之过五。犯义之过,一曰酗博斗讼,二曰行止逾违,三曰行不恭逊,四曰言不忠信,五曰造言诬毁,六曰营私太甚……犯约之过,一曰德业不相劝,二曰过失不相规,三曰礼俗不相成,四曰患难不相恤。不修之过,一曰交非其人,二曰游戏怠惰,三曰动作无仪,四曰临事不恪,五曰用度不节。
>
> 礼俗相交:礼俗之交,一曰尊幼辈行,二曰造请拜揖,三曰请召送迎,四曰庆吊赠遗……
>
> 患难相恤:患难之事七,一曰水火,二曰盗贼,三曰疾病,四曰死丧,五曰孤弱,六曰诬枉,七曰贫乏。②

---

① (宋)真德秀:《西山先生真文忠公文集》卷一《长沙劝耕》,上海商务印书馆1937年版,第14—15页。

② (宋)吕大临:《蓝田吕氏遗著辑校·吕氏乡约乡仪》,中华书局1993年版,第566页。

第六章 情法与理性：宋代地方法官群体的法律思想

后朱熹将此乡约进行了改编。①

袁采在《袁世世范》中劝导民众不可"因父祖之遗资而坐享肥浓，因父祖之保任而驯致通显"②，尤要和睦乡邻：

> 有士大夫平时多以官势残虐邻里，一日为仇人刃其家，火其屋宅。邻里更相戒曰："若救火，火熄之后，非惟无功，彼更讼我以为盗取他家财物，则狱讼未知了期！若不救火，不过杖一百而已。"邻里甘受杖而坐视其大厦为煨烬，生生之具无遗。此其平时暴虐之效也。③

宋代官僚士大夫也常利用因果报应理论教育民众，彭刚仲在县令任上发布的布告中说："人之所以能安身立家，长育子孙者，不可但恃其智力而已，必积行阴德，而后为天地之所祐，为鬼神之所福，则其身康强，其家昌盛，其子孙逢吉。苟惟矜恃智力，多行不义，不祐于天地，不福于鬼神，未有不祸败而覆亡也……凡事之有负于心，而有害于人者，皆不忍为；凡事之有便于人，有利于众者，皆所乐为也。宁可输人便宜，不可讨人便宜，苟能如是，岂不为天地所祐，鬼神所福哉？"④ 陈元靓讲："如见他人为不善，常称意者，不须多羡，此乃天所弃，待其恶深而殄灭之不在其身，必在其子孙者矣。"⑤ 袁采作《袁氏世范》，其中专有《小人作恶必天诛》《暴吏害民必天诛》《善恶报应必天诛》《善恶报应难穷诘》诸篇，其中说小人作恶多端，"逮其稔恶之深，天诛之加，则其子孙自然为其父祖破坏，以与乡人复仇也"，"大抵作恶而幸免于罪者，必于他时无故而受其报。所谓'天网恢恢，疏而不漏'也"，凡官吏、奸民，冒占官产，请托公事，残害乡民，"如此之官吏，如此

---

① （宋）朱熹：《朱熹集》卷七四《增损吕氏乡约》，四川教育出版社1996年版，第3903—3912页。
② （宋）袁采：《袁氏世范》卷中《处富贵不宜骄傲》，天津古籍出版社1995年版，第59页。
③ （宋）袁采：《袁氏世范》卷下《睦邻里以防不虞》，天津古籍出版社1995年版，第124页。
④ （宋）陈耆卿：《嘉定赤城志》卷三七《临海令彭仲刚续谕俗五篇》，载《宋元方志丛刊》，中华书局1990年版，第7580—7581页。
⑤ （宋）陈元靓：《事类广记》乙集卷上，中华书局1999年版，第30页。

325

之奸民，假以岁月，纵免人祸，必自为天所诛也"。可见其中因果善恶报应思想的浓厚。

第二节 宋代地方官的法官角色专业化

一、法令成为皇帝与士大夫共治天下的工具选择

宋太祖于开国之初，针对五代时期"州郡掌狱吏不明习律令，守牧多武人，率恣意用法"①的情况，开始重用文人掌管地方行政，宋人总结了这种选任官员原则的转变："我朝以儒立国，故命宰相读书，用儒臣典狱，以文臣知州，卒成一代文明之治。"②由此形成推崇文官的"祖宗家法"："艺祖造宋，首崇经术，加重儒生，列圣相承，后先一揆，感召之至，七八十年间，豪杰并出。"③由此文臣成为宋朝历代皇帝治理天下的最重要依托，所以文彦博公开认为皇帝与文臣共同治理天下：

上曰："更张法制，于士大夫诚多不悦，然于百姓何所不便？"

彦博曰："为与士大夫治天下，非与百姓治天下也。"④

宋代皇帝重用文人执掌司法，就必然以法令作为国家治理的重要工具。中国古代皇帝中，宋代皇帝"懂法律和尊重法律的，比中国任何其他的朝代都多。"⑤南宋后期，张端义总结历代治政特点而言："古今治天下各有所尚：唐虞尚德。夏尚功。商尚老。周尚亲。秦尚刑名，西汉尚材谋，东汉尚节义，

---

① （宋）李焘：《续资治通鉴长编》卷二，建隆二年五月戊寅，中华书局2004年版，第46页。
② （宋）吕中：《宋大事记讲义》卷三《太祖·幸太学》，景印文渊阁《四库全书》本，台北：商务印书馆1983年版，第686册，第210页。
③ （宋）魏了翁：《鹤山先生大全文集》卷三八《成都府府学三先生祠堂记》，载《宋集珍本丛刊》，线装书局2004年版，第77册，第123页。
④ （宋）李焘：《续资治通鉴长编》卷二二一，熙宁四年三月戊子，中华书局2004年版，第5370页。
⑤ 徐道邻：《宋律中的审判制度》，《徐道邻法政文集》，清华大学出版社2017年版，第207页。

第六章 情法与理性：宋代地方法官群体的法律思想

魏尚辞章，晋尚清谈，周、隋尚族望，唐尚制度、文华，本朝尚法令、议论。"①

宋代历代皇帝都有重视法律的言论。宋太祖说："王者禁人为非，莫先法令。"②宋太宗要求臣下学习法律之书："法律之书，甚资政理，人臣若不知法，举动是过，苟能读之，益人知识。"③宋仁宗说："自古帝王理天下，未有不以法制为首务。法制立，然后万事有经，而治道可必。"④宋神宗则说："法出于道，人能体道，则立法足以尽事。"⑤"自是天下官吏皆争诵律令，于是不为无益。"⑥南宋孝宗"究心庶狱，每岁临轩虑囚，率先数日令有司进款案披阅，然后决遣。法司更定律令，必亲为订正。丞相赵雄上《淳熙条法事类》，帝读之收骡马、舟船、契书税，曰：'恐后世有算及舟车之讥'。《户令》'户绝之家，许给其家三千贯，及二万贯者取旨'。帝曰：'其家不幸而绝，及二万贯则取之，是有心利其财也。'又《捕亡律》：'公人不获盗者，罚金。'帝曰：'罚金而不加罪，是使之受财纵盗也。'又'监司、知州无额上供者赏。'帝曰：'上供既无额，是白取于民也，可赏以诱之乎？'并令削去之。其明审如此。"⑦

宋代皇帝重视法律的治理作用，因此十分重视对地方司法官吏法律素质的培养与考核。雍熙三年（986），宋太宗下诏："夫刑法者，理国之准绳，御世之衔勒。重轻无失，则四时之风雨弗迷。出入有差，则北人之手足何措。念食禄居中官之士，皆亲民决狱之人。苟金科有昧于详明，则丹笔岂为于裁

---

① （宋）张端义：《贵耳集》卷中，《全宋笔记》，大象出版社2013年版，第六编，第十册，第329页。
② （宋）佚名：《宋大诏令集》卷二〇〇《改窃盗赃计钱诏》，中华书局1962年版，第739页。
③ （宋）李攸：《宋朝事实》卷一六，商务印书馆1935年版。
④ （宋）李焘：《续资治通鉴长编》卷一四三，庆历三年九月，中华书局2004年版，第3455页。
⑤ （元）脱脱：《宋史》卷一九九《刑法志一》，中华书局1977年版，第4964页。
⑥ （宋）李焘：《续资治通鉴长编》卷三八六，元祐元年八月辛亥，中华书局2004年版，第9400页。
⑦ （元）脱脱：《宋史》卷二〇〇《刑法志二》，中华书局1977年版，第4993—4994页。

处。用表哀矜之意，宜行激劝之文。"① 因此发布了《令幕职州县官习读法书、知通幕职州县官秩满试法书诏》："应朝臣、京官及幕职、州县官等，今后并须习读法书，庶资从政之方，以副恤刑之意，其知州、通判及幕职、州县官等，秩满至京，当令于法书内试问。如全不知者，量加殿罚。"② 端拱二年（989）又下诏："京朝官有明于律令格式者，许上书自陈，当加试问，以补刑部、大理寺官属，三岁迁其秩。"③ 太宗还发布《令中外臣僚读律诏》曰："律令之文，咸究轻重之理，实生民之警戒，乃有位之准绳。苟昧钦详，曷明政理？中外臣僚，宜令公事之外，常读律书，务在研精，究其条约。"④ 宋真宗时大中祥符六年（1013）诏："自今应京朝、幕职、州县官乞试断案者，委考试官等就库密拣公案，亲自封记，候试时于中更选合要道数，依元敕精加考试，不得仍前令库胥检签，致有漏泄。其所试断案，须是引用格敕分明，方始定断合得何罪，勿使卤莽。"⑤ 宋仁宗景祐三年（1036）规定："自今应试律断案选人，律义通外，更须断案一道通或二道粗通，方与注优便官。"⑥ 当时"天下争诵律令。"⑦ 宋神宗熙宁八年（1075）练亨甫上奏："先时官吏，多不晓习刑法，决狱治讼，唯胥吏为听，所以令于入仕之初，试律令、大义、断案，入等然后注官。此诚良法，然其间独不令三人就试，于义未安。切缘进士第一名及第便入上州签判，第二、第三名便入两使职官，通与一州之事，比之判司簿尉事任不侔，于晓习刑法，岂所宜缓？兼前日官吏有讲习刑名，众皆指为俗吏。虽昨来试中法官恩例甚厚，而初应者少。今若独优高科之人，不令就试，则人以不试法为荣，以试法为辱，滋失劝诱士人学法之意。欲乞

---

① （清）徐松辑：《宋会要辑稿》选举一三之一一，上海古籍出版社2014年版，第5520页。
② （宋）佚名：《宋大诏令集》卷二〇〇《刑法上·令幕职州县官习读法书知通幕职州县官秩满试法书诏》，中华书局1962年版，第742页。
③ （宋）李焘：《续资治通鉴长编》卷三〇，端拱二年九月戊子，中华书局2004年版，第687页。
④ （宋）佚名：《宋大诏令集》卷二〇〇《令中外臣僚读律诏》，中华书局1962年版，第742页。
⑤ （宋）李焘：《续资治通鉴长编》卷八〇，大中祥符六年六月，中华书局2004年版，第1832页。
⑥ （清）徐松辑：《宋会要辑稿》选举一三之一一，上海古籍出版社2014年版，第5521页。
⑦ （宋）马端临：《文献通考》卷三八《选举考一一》，中华书局2011年版，第1113页。

第六章　情法与理性：宋代地方法官群体的法律思想

今后进士及第，自第一名已下并令试律令、大义并断案。所贵编入《圣政》，使后世无以复议。"① 宋神宗因此特别颁诏："今后进士及第自第一名以下，并试律令、大义、断案，据等第注官。"② 宋神宗时还实行新科明法，考试内容内容专于法令，不必兼经："新科明法中者，吏部即注司法，叙名在及第进士之上。"③ 因为新科明法超过了进士科的地位，所以成为当时最荣耀的一科，士大夫因而兴起学习法律的新潮，"务从朝廷之意而改应新科者，十有七八。"④ 宋神宗为培养专门法律人才，于熙宁六年（1073）在国子监设立律学，"置教授四员"，授刑名之学，"命官、举人并许入学"⑤，"相度入律学，命官公试律义、断案，考中第一人，乞许依吏部试法与注官。"⑥ 宋哲宗时规定："看详律学之设，盖欲居官者知为政之方。其未出官及未有官人，且当专意经术，并令入太学，乃学古入官之义。今立法，到吏部人方许入律学。"⑦ 至于举人，"须得命官二人保任，先入学听读而后试补。"⑧

在宋朝皇帝重视法律的带动之下，宋代士大夫群体对以法治国也有相当深刻的认识。宋代士大夫普遍重视学法，通法晓律、争言法令成为一种时尚。⑨ 宋初宰相赵普说："刑赏者，天下之刑赏，非陛下之刑赏也，岂得以喜怒专之。"⑩ 王禹偁说："予自幼服儒教，味经术，尝不喜法家者流，少恩而深刻。洎擢第入官，决断民讼，又会诏下，为吏者皆明法令，考绩之日用是为

---

① （清）徐松辑：《宋会要辑稿》选举一三之一八，上海古籍出版社 2014 年版，第 5524—5525 页。
② （清）徐松辑：《宋会要辑稿》选举二之一一，上海古籍出版社 2014 年版，第 5270 页。
③ （元）脱脱：《宋史》卷一一五《选举一》，上海古籍出版社 2014 年版，第 3620 页。
④ （清）徐松辑：《宋会要辑稿》选举一四之三，上海古籍出版社 2014 年版，第 5532 页。
⑤ （宋）李焘：《续资治通鉴长编》卷二四四，熙宁六年夏四月乙亥，中华书局 2004 年版，第 5931 页。
⑥ （宋）李焘：《续资治通鉴长编》卷三三四，元丰六年夏四月壬戌，中华书局 2004 年版，第 8050 页。
⑦ （宋）程颢、程颐：《二程集》卷七《三学看详文》，中华书局 1981 年版，第 562 页。
⑧ （元）脱脱：《宋史》卷一五七《选举志三》，中华书局 1977 年版，第 3673 页。
⑨ 张晋藩：《中国法制通史·宋代卷》前言，法律出版社 1999 年版。
⑩ （宋）司马光：《涑水记闻》卷一，中华书局 1989 年版，第 10 页。

329

殿最，乃留意焉。"① 欧阳修总结历史经验时认为："自古乱亡之国，必先坏其法制，而后乱从之，此势之然也，五代之际是已。"② 李觏认为："法者，天子所与天下共也。"③ 张方平说："赏苟在功，不以疏近而殊赏；罚诚有罪，不以尊卑而异罚。"④ 蔡襄说："夫法者，天下大公之本也。"⑤ 刘挚亦说："夫法者，天下之至公也。"⑥ 富弼说："自古帝王理天下，未有不以法制为首务。法制立，然后万事有经，而治道可必。"⑦ 彭汝砺说："异时士人未尝知法律也，及陛下以法令进之，而无不言法令。"⑧ 王安石亦讲："盖君子之为政，立善法于天下，则天下治，立善法于一国，则一国治，如其不能立法，而欲人人悦之，则曰亦不足矣。"⑨ 司马光也认为："王者所以治天下，惟在法令"⑩，并主张用"严刑峻法以除盗贼。"⑪ 南宋时叶适指出："人不平而法至平，人有私而法无私，人有存亡而法常在"⑫，"天下以法为治久矣"⑬，"人主之所恃者法也，故不任己而任法，以法御天下。"⑭ 陈亮提出："汉，任人者也；唐，人法并行也；本朝，任法者也"，"本朝以儒道治天下，以格律守天下，而天下

---

① （宋）王禹偁：《小畜集》卷一五《用刑论》，景印文渊阁《四库全书》本，台北：商务印书馆1983年版，第1086册，第139页。

② （宋）司马光：《资治通鉴》卷二八八，中华书局1956年版，第9413页。

③ （宋）李觏：《李觏集》卷一〇《刑禁第四》，中华书局1981年版，第99页。

④ （宋）张方平：《乐全集》卷六《恩贷之罚》，景印文渊阁《四库全书》本，台北：商务印书馆1983年版，第1104册，第60页。

⑤ （明）杨士奇：《历代名臣奏议》卷二一八"蔡襄奏"，上海古籍出版社1989年版，第2866页。

⑥ （宋）刘挚著，裴汝诚、陈晓平点校：《忠肃集》卷六《乞修敕令疏》，中华书局2002年，第126页。

⑦ （宋）李焘：《续资治通鉴长编》卷一四三，庆历三年十一月丙戌，中华书局2004年版，第3455页。

⑧ （明）黄淮、杨士奇：《历代名臣奏议》卷一一六"彭汝砺奏"，上海古籍出版社1989年版，第1540页。

⑨ （宋）王安石：《王文公文集》卷二六《周公》，上海人民出版社1974年版，第302页。

⑩ （宋）《司马光奏议》卷三三《乞不贷故门杀札子》，山西人民出版社1986年版，第363页。

⑪ （宋）《司马光奏议》卷一六《除盗札子》，山西人民出版社1986年版，第172页。

⑫ （宋）叶适：《叶适集》卷一四《新书》，中华书局1961年版，第807页。

⑬ （宋）叶适：《叶适集》卷一四《新书》，中华书局1961年版，第806页。

⑭ （宋）叶适：《叶适集》卷一《君德一》，中华书局1961年版，第633页。

第六章 情法与理性：宋代地方法官群体的法律思想

之人，知经义之为常程，科举为之正路，法不得自议其私，人不得自用其智，而二百年之太平，繇此而出也"，"举天下一听于法，而贤智不得以展布四体，奸宄亦不得以自肆其所欲为。"①"君制其权，谓之赏罚，人受其报，谓之劝惩。……天下以其欲恶而听之人君，人君乃以其喜怒之私而制天下，则是以刑赏为吾所自有，纵横颠倒，而天下皆莫吾违。"②朱熹认为"法者，天下之大公"，又说"法者，先王之制，与天下公共为之；士者受法于先王，非可为一人而私之"③，并将法与道、理、礼相提并论："道字、理字、礼字、法字，实理字，日月寒暑，往来屈伸之常理，事物当然之理"④，提出赏罚要"以严为本，而以宽济之"⑤，"深于用法，而果于杀人"⑥，"公法行于上，私义伸于下也，以直报怨，当赏则赏之，当罚则罚之，当生则生之，当死则死之，怨无与焉。……赏罚出于朝廷之公，岂可以己意行乎其间"⑦，朱熹主张精选治狱之官："是故欲清庶狱之源者，莫若遴选州县治狱之官。今县之狱委于令，其选固已精矣，而未必皆得人，其弊未易革也"⑧；"大抵立法必有弊，未有无弊之法，其要只在得人。若是个人，则法虽不善，亦占分数多了。若非其人，则有善法，亦何益于事？"⑨杨万里也说："法存则国安，法亡则国危。"⑩

宋代君臣在以法治国方面达成了高度共识，因而宋代立法有了充足发展，并建立起相当完备的法律体系。苏洵说："今之法，纤悉妄备，不执于一，左

---

① （宋）陈亮：《陈亮集》卷一《戊申再上孝宗皇帝书》，中华书局1987年版，第20页。
② （宋）陈亮：《陈亮集》卷四《问答下》，中华书局1987年版，第42页。
③ （宋）朱熹：《朱熹集》卷七三《杂著》，四川教育出版社1996年版，第3822页。
④ （宋）朱熹：《朱熹集》卷四八《答吕子约》，四川教育出版社1996年版，第2349—2350页。
⑤ （宋）黎靖德编：《朱子语类》卷一〇八《论治道》，中华书局1986年版，第2689页。
⑥ （宋）朱熹：《朱熹集》卷一四《延和奏札一》，四川教育出版社1996年版，第533页。
⑦ （宋）黎靖德（编）：《朱子语类》卷四四《论语》，中华书局1986年版，第1136页。
⑧ （明）黄淮、杨士奇：《历代名臣奏议》卷二一七"朱熹奏"，上海古籍出版社1989年版，第2853页。
⑨ （宋）黎靖德：《朱子语类》卷一〇八《论治道》，中华书局1986年版，第2678页。
⑩ （宋）杨万里著，辛更儒校注：《杨万里集笺校》卷六二《上寿皇乞留张栻黜韩玉书》，中华书局2007年版，第2655页。

右前后，四顾而不可逃。是以轻重其罪，出入其情，皆可以求之法。"① 王安石指出："今朝廷法严令具，无所不有。"② 还有臣僚认为："吾祖宗之治天下也，事无大小，一听于法"③，以至于达到了"细者愈细，密者愈密，摇手举足，辄有法禁"④ 的程度。叶适在谈及孝宗淳熙新法时说："今内外上下，一事之小，一罪之微，皆先有法以待之。"⑤ 因而，有学者认为："法律在业已成为士大夫的必备知识和为官的基本素质后，律学失去了其存在的意义。律学的消亡并不是'士大夫始鲜知律'的原因，而是'士大夫知律'之结果。通经术、明吏事、晓法律的宋代士大夫也使'士大夫政治'也由此达到了一个新的境界。"⑥

二、地方官作为法官角色职业自律精神的增强

在宋代之前，政治家关于法官个人操守的主要标准是："公生明，偏生暗。""公平"是司法的最高追求，公平是实现司法正义的前提，因此成为中国官员亲民施政的主要准则。但是在复杂纷乱的社会现实中，如何更好地履行官员职能，进而实现"公平"的施政目标必然需要更深入的论述。

宋代士大夫对"公平"的理念极为重视。陈襄在《州县提纲》中认为"公正"是修身的根本，"事惟公平可以服人心"，"平心定气，因是非而论曲直，则事不失之偏，而人心得其平矣。"⑦ 朱熹说："若有公心，做得来也精彩，便若小官，人也望风畏服"，若无公心"便是宰相，做来做去也只得个没

---

① （宋）苏洵著，曾枣庄注释：《嘉祐集笺注》卷五《衡论·申法》，上海古籍出版社1993年版，第115页。
② （宋）王安石：《王文公文集》卷一《上皇帝万言书》，上海人民出版社1974年版，第1页。
③ （宋）叶适：《叶适集》卷三《官法上》，中华书局1961年版，第666页。
④ （宋）叶适：《叶适集》卷一二《法度总论二》，中华书局1961年版，第789页。
⑤ （宋）叶适：《叶适集》卷四《实谋》，中华书局1961年版，第767页。
⑥ 叶炜：《论魏晋至宋律学的兴衰及其社会政治原因》，《史学月刊》2006年第5期，第43页。
⑦ （宋）陈襄：《州县提纲》卷一《平心》，载《宋代官箴书五种》，中华书局2019年版，第98页。

第六章 情法与理性：宋代地方法官群体的法律思想

下梢。"①

在司法实践中，宋代士大夫群体对"公生明"的传统理论进行了拓展。如真德秀的言论：

> 传曰：公生明。私意一萌，则是非易位，欲事之当理，不可得也。②

> 公事在官，是非有理，轻重有法，不可以己私而拂公理，亦不可弃公法以徇人情。诸葛公有言：吾心有秤，不能为人作轻重。此有位之士所当视以为法也。然人之情每以私胜公者，盖徇货贿则不能公，任喜怒则不能公，党亲戚，畏豪强，顾祸福，计利害，则皆不能公。殊不思是非之不可易者，天理也，轻重之不可逾者，国法也。以是为非，以非为是，则逆乎天理矣！以轻为重，以重为轻，则违乎国法矣！居官临民，而逆天理，违国法，于心安乎？雷霆鬼神之诛，金科玉条之禁，其可忽乎？故愿同僚以公心持公道，而不汩于私情，不挠于私请，庶几枉直适宜，而无冤抑不平之叹。③

真德秀认为"狱者民之大命，岂可小有私曲？"④ 通过论述公、私关系，加入了天理、国法、人情的因素，因而在新的高度上对"公生明"理论加入了时代理解。

"公生明"理论本质是政治价值目标，但缺少相关实现手段的论述。宋代士大夫对这个问题进行了时代性总结，提出法官实现司法公正的自律途径。

胡太初《昼帘绪论》中提出两条自律途径："莅官之要，曰廉与勤。"⑤

---

① （宋）黎靖德：《朱子语类》卷一一二《论官》，中华书局1986年版，第2735页。
② （宋）佚名：《名公书判清明集》卷一《官吏门·咨目呈两通判及职曹官》，中华书局1987年版，第2页。
③ （宋）佚名：《名公书判清明集》卷一《官吏门·谕州县官僚》，中华书局1987年版，第2页。
④ （宋）佚名：《名公书判清明集》卷一《官吏门·咨目呈两通判及职曹官》，中华书局1987年版，第2页。
⑤ （宋）胡太初：《昼帘绪论·尽己篇》，载《宋代官箴书五种》，中华书局2019年版，第161页。

李元弼《作邑自箴》中提出为官之法："谦、和、廉、谨、勤，然不出此五字。"① 南宋吕本中在《官箴》一书中提出为政三德："当官之法，惟有三事：曰清；曰慎；曰勤。知此三事者，可以保禄位，可以远耻辱，可以得上之知，可以得下之援。"进而认为："此天下之要言，当官处事之大法，用力简而见功多。"② 后世对"清、慎、勤"为官之法评价很高，清人认为"其言千古不可易"，"数百年后尚蒙圣天子采择其说，训示百官，则所言中理可知矣。"③

宋代士大夫将"清、慎、勤"作为实现"公生明"的途径，具有相当强的操作性，因而对后世产生了深远影响。

（一）清

司法官员保持自身的清廉，才能保证其在司法判决中的中立地位，宋代士大夫提出著名的理论："公罪不可无，私罪不可有。"④ 其中的私罪首要的方面就是贪墨之罪，"吏不廉，法不平"⑤，宋代士大夫对清廉对官员政治生命的影响有相当深入的认识，"县有一州之体，而视民最亲，故廉、勤一毫或亏，其害于政也甚烈"⑥，"一陷贪墨，终身不可洗濯。故可饥、可寒、可杀、可戮，独不可一毫妄取。苟有一毫妄取，虽有奇才异能，终不能以善其后。故为官者，当以廉为先。"⑦ "身不正则吏奸肆，治不勤则事失序，当取而不取，

---

① （宋）李元弼：《作邑自箴》卷一《正己》，载《宋代官箴书五种》，中华书局2019年版，第7页。
② （宋）吕本中：《官箴》，载《宋代官箴书五种》，中华书局2019年版，第75页。
③ （清）永瑢：《四库全书总目·史部·职官类》，中华书局1965年影印本。
④ （宋）吕本中：《官箴》，载《宋代官箴书五种》，中华书局2019年版，第80页。
⑤ （明）正德《袁州府志》卷六七《新建郡小厅记》，《天一阁明代方志选刊》，上海古籍书店，1936年版。
⑥ （宋）胡太初：《昼帘绪论·尽己篇》，载《宋代官箴书五种》，中华书局2019年版，第161页。
⑦ （宋）陈襄：《州县提纲》卷一《洁己》，载《宋代官箴书五种》，中华书局2019年版，第97页。

第六章 情法与理性：宋代地方法官群体的法律思想

不当取而征焉。此之不察，一取成于吏。"① "仕宦之法，清廉为最。"②

宋代尤其是县级长官，一到地方上任就陷入多重人际关系中："大抵县令，一县令耳，而又有百县令焉。豪民则县令也，游士则县令也，里居之士大夫则又县令也。有请谒者焉，有强御者焉，有不输租者焉，徇之则无县，不徇则无令。"③ 因而尤其要注意洁身自好。

吕本中在《官箴》中记叙前人事迹，以警省官员不可贪墨：

> 后生少年，乍到官守，多为猾吏所饵，不自省察所得毫末。而一任之间，不复敢举动，大抵作官嗜利，所得甚少，而吏人所盗不赀矣。以此被重谴，良可惜也。
>
> 故人龚节亨彦承，尝为予言："后生当官，其使令人无乞丐钱物处，即此职事可为；有乞丐钱物处，则此职事不可为。"盖言有乞丐钱物处，人多陷主人以利，或致嫌疑也。
>
> 范侍良育作库务官，随人箱笼，只置厅上，以防疑谤。凡若此类，皆守臣所宜详知也。④

《州县提纲》中对官员如何保持清廉有多个角度的论述：

> 《节用养廉》：仕宦有俸给之薄者，所得不偿所用。赀产优厚，犹有可诿。若资产微薄，悉籍俸给，而乃用度不节，日用、饮食、衣服、奴婢之奉，使欲一一如意，重之以嫁娶之交迫，必至窘乏。夫平昔奢侈之人，一旦窘乏，必不能堪，窥窃之心，由是而起。猾吏弥缝其意，又从而饵之，一旦事露，失位辱身，追悔莫及。故欲养廉，莫若量其所入，节其所用，虽粗衣粝食，节澹度日，然俯仰

---

① （宋）周必大：《文忠集》卷一九《题吉水宰陈臧孙邑计录》，景印文渊阁《四库全书》本，台北：商务印书馆1983年版，第1147册，第199页。
② （宋）刘清之：《戒子通录》卷六《贾文元戒子孙》，景印文渊阁《四库全书》本，台北：商务印书馆1983年版，第703册，第70页。
③ （宋）杨万里著，辛更儒校注：《杨万里集笺校》卷六五《与任希纯运使宝文书》，中华书局2007年版，第2775页。
④ （宋）吕本中：《官箴》，载《宋代官箴书五种》，中华书局2019年版，第77、80、76页。

无愧,居之而安,履之而顺,其心休休,岂不乐哉!①

《燕会宜简》:为县官者,同僚平时相聚,固有效郡例,厚为折俎,用妓乐倡优,费率不下二三十缗者。夫郡有公帑,于法当用。县家无合用钱,不过勒吏辈均备耳。夫吏之所出,皆民膏脂。以民之膏脂,而奉吾之欢笑,于心宁亡愧?兼彼或匮乏,典衣质襦,以脱捶楚。吾虽欢笑于上,而彼乃蹙额于下。况郡有郡将,如家有严君,子弟不敢狎,县家同僚,彼此如兄弟,用妓之数,必至于亵,终招谤议。故县官于公退休沐之暇,宜以清俸为文字饮,不妨因而商榷职事,物虽不足,而情有余矣。②

《防闲子弟》:凡在官守,汩于词讼,窘于财赋,困于朱墨,往往于闺门之内,类不暇察,至有子弟受之人赂而不知者。盖子弟不能皆贤,或为吏辈诱以小利,至累及终身。昔王元规为河清县,军民歌咏,以"民吏不识知县儿"为第一奇。盖子弟当绝见客,勿出中门;仍严戒吏辈,不得与之交通,又时时密察之,庶几亡弊。不然,则祸起萧墙矣。③

《戒亲戚贩鬻》:士大夫闲居时,亲戚追陪,情意稠密。至赴官后,多私贩货物,假名匿税,远至官所以求售。居官者以人情不可却,或馆之廯舍,或送之寺观,以其货物分之人吏,责之牙侩,而欲取数倍之利。甚则纵其交通关节,以济其行。一旦起讼,咎将谁归?要当戒之于未至之先,或有为贫而来者,宜待之以礼,遗之以

---

① (宋)陈襄:《州县提纲》卷一《节用养廉》,载《宋代官箴书五种》,中华书局2019年版,第99页。

② (宋)陈襄:《州县提纲》卷一《燕会宜简》,载《宋代官箴书五种》,中华书局2019年版,第103页。

③ (宋)陈襄:《州县提纲》卷一《防闲子弟》,载《宋代官箴书五种》,中华书局2019年版,第101页。

第六章 情法与理性：宋代地方法官群体的法律思想

清俸，亟遣之归，毋令留滞。①

《四不宜带》：亲随、仆，若医、卜，若僧、道，四者俱不宜带。夫彼之随来，其意必有所觊。人见其亲密，往往有掣肘事，多婉转嘱之。彼固自知其不敢言，然意在罔利，不得不设辞以相诳。或侥倖偶中，则人必以为真此辈通关节；不中，则取赂至讼，在我无以自明矣。况亲随、仆，置之于中门之内，则往来之亡禁，妾婢之交杂，诚为难防；置之于外，则入酒肆，游妓馆，交通吏民，靡所不至。诚不若不带之为善。②

《廉则财赋给》：有一邑之土地，斯有一邑之常赋；有一州之土地，斯有一州之常赋。或至匮乏者，多起于守宰之不廉。盖守宰廉，则吏为欺弊，犹有忌惮。守宰不廉，则已盗其一，吏盗其十，上下相蒙，恣为欺隐，其终未有不至匮乏者。故理财当以廉为先，又时时检核渗漏，无有不给。③

真德秀劝谕同僚"律己以廉"：

名士大夫者，万分廉洁，止是小善，一点贪污，便为大恶，不廉之吏，如蒙不洁，虽有他美，莫能自赎，故此以为四事之首。④

泉之为州，蛮貊聚焉，犀珠宝货，见者兴羡，而豪民巨室有所讼诉，志在求胜，不吝挥金，苟非好修自爱之士，未有不为污染者。不思廉者，士之美节，污者，士之丑行。士而不廉，犹女之不洁，不洁之女，虽功容绝人，不足自赎，不廉之士，纵有他美，何足道

---

① （宋）陈襄：《州县提纲》卷一《戒亲戚贩鬻》，载《宋代官箴书五种》，中华书局2019年版，第102页。
② （宋）陈襄：《州县提纲》卷一《四不宜带》，载《宋代官箴书五种》，中华书局2019年版，第106页。
③ （宋）陈襄：《州县提纲》卷四《廉则财赋给》，载《宋代官箴书五种》，中华书局2019年版，第143页。
④ （宋）佚名：《名公书判清明集》卷一《官吏门·咨目呈两通判及职曹官》，中华书局1987年版，第2页。

哉！昔人有怀四知之畏而却暮夜之金者，盖隐微之际，最为显著，圣贤之教，谨独是先。故愿同僚力修冰檗之规，各励玉雪之操，使士民起敬，称为廉吏，可珍可贵。①

宋代官箴中对"清"的论述中，还特别劝诫官员勿为虚名所累：

> 有实必有名，虚誉暴集，则毁言随至矣。居官有欲沽虚誉而觊美职者，民本安静，必欲兴事改作，以祈上官之知；奸猾当治，必欲曲法庇护，以悦小人之意。以至修饰厨传，厚赂过客，甚则为矫激不情之事。外欲钓君子之名，而内实市辈之不若。此心一起，则朝夕之所以经营扰扰者，无非为名。其实亡一毫实利及下。非唯名不可得，且适足为识者之讥。岂知官职固自有分，讵可以沽名得？是是非非，久而自定，要当尽其在我，而民被实惠，足矣。②

"法制者，道德之显尔；道德者，法制之隐尔。"③法官道德水平是与司法清浊直接联系的。宋代官箴从不营私家，不言货利、不阿亲戚、不讲排场、不乱交往、不求虚名等方面论述了官员达到"清廉"的修养途径，是深刻而充实的。

（二）慎

地方官员在承担法官角色时，只有保证中立才能公正判决，因而要求保持心平气和，否则极易因个人情绪而处事不当。宋代士大夫对法官情绪自制的重要性多有教诲：

> 《官箴》：当官者，先以暴怒为戒。事有不可，当详处之，必无不中。若先暴怒，只能自害，岂能害人？前辈尝言："凡事只怕待。"

---

① （宋）佚名：《名公书判清明集》卷一《官吏门·谕州县官僚》，中华书局1987年版，第5—6页。

② （宋）陈襄：《州县提纲》卷一《勿求虚誉》，载《宋代官箴书五种》，中华书局2019年版，第100页。

③ （宋）胡宏：《胡宏集·知言·修身》，中华书局1987年版，第6页。

第六章 情法与理性：宋代地方法官群体的法律思想

待者，详处之谓也。盖详处之，则思虑自出，人不能中伤也。①

《州县提纲·怒不可迁》：今日为官者，事之不如人意，十常八九。或公家事偶拂其意，或闺门之内方有私忿，怒见颜面，临事乘势，将亡辜人决挞，以泄怒气，是迁怒也。故当怒时，必持之以宽，忿怒既消，心平气和矣。②

《州县提纲·盛怒必忍》：人有咆哮非礼，大拂乎吾意者，须且置之囹圄，优游和缓，处之以法。若一时乘其暴怒，而痛加捶楚，必求快意而后止，则恐至过伤，悔之亡及。③

《作邑自箴·正己》：乘酒、方怒，皆不宜书断，并决拷罪人。④

宋代官箴中总结了"一我醉，二彼醉，三羸瘠"的"三不行刑"原则："我醉而行刑，则易至过误，傍观必以为使酒；彼醉而行刑，则醉中忿怒，不知守分，或无理过甚，则事干刑宪，难于施行。羸疾者多因监系日久，饮食不时，仅存皮骨，若遽加刑，必有毙于杖下者。须资以饮食，俟其稍苏，然后杖之。其他如夜不行刑，病不行刑，有法令在。"⑤

官员在审判司法案件时，只有明察细节，才能正确判断诉讼性质，从而得出公正判决。"听讼务在详审，用法必求宽恕，追呼决讯不可不慎。"⑥ 黄榦特别强调在审理诉讼中要仔细慎重："夫仁人君子之遇事，如权衡然. 盖亦平其心，而非有所轻重于其间也。然毫厘之际，有所未察，则亦容有不得其平

---

① （宋）吕本中：《官箴》，载《宋代官箴书五种》，中华书局2019年版，第77页。
② （宋）陈襄：《州县提纲》卷一《怒不可迁》，载《宋代官箴书五种》，中华书局2019年版，第107页。
③ （宋）陈襄：《州县提纲》卷一《盛怒必忍》，载《宋代官箴书五种》，中华书局2019年版，第108页。
④ （宋）李元弼：《作邑自箴》卷一《正己》，载《宋代官箴书五种》，中华书局2019年版，第8页。
⑤ （宋）陈襄：《州县提纲》卷一《三不行刑》，载《宋代官箴书五种》，中华书局2019年版，第106—107页。
⑥ （宋）刘清之：《戒子通录》卷六《贾文元戒子孙》，景印文渊阁《四库全书》本，台北：商务印书馆1983年版，第703册，第70页。

者……举措之间,不可不审也。如此,此榦之所以日夜思念而不容自默也。"①

宋代士大夫强调司法中要"慎",因为有些司法案件情节复杂,需要深入思考才能得出真相:"讼有实有虚,听之不审,则实者反虚,虚者反实矣,其可苟哉?"②"讼者之状,大率自掩其过,而归咎于人,甚至凿空撰造,以欺有司"③,"盖情有似是而非,似非而是者,苟其辞未伏,不可不审也"④,"百种奸伪,不如一实;反复变诈,不如慎始;防人疑众,不如自慎。"⑤

要做到"慎"开判决,就须深入思考,因此宋代士大夫反复强调静心思考的重要性:"官司凡施设一事情,休戚系焉,必考之于法,揆之于心,了无所疑,然后施行。有疑必反复致思,思之不得,谋于同僚,否则宁缓以处之,无为轻举,以贻后悔。"⑥"尝见前辈作州县或狱官,每一公事难决者,必沉思静虑累日,忽然若有得者,则是非判矣。"⑦"凡事有涉疑似者,虽其辞已伏,亦须察之以缓,或终于疑罪,须当从轻。"⑧

(三) 勤

宋代地方官员大多要承担繁重的行政事务,勤于政事是施政地方的首要前提,宋代士大夫认为"勤"是治州县第一策,真德秀劝谕同僚"莅事以勤",不宜太过追求个人享受:

---

① (宋)黄榦:《勉斋集》卷七《上江西运使书》,景印文渊阁《四库全书》本,台北:商务印书馆1983年版,第1168册,第75页。
② (宋)佚名:《名公书判清明集》卷一《官吏门·咨目呈两通判及职曹官》,中华书局1987年版,第2页。
③ (宋)陈襄:《州县提纲》卷二《判状勿凭偏词》,载《宋代官箴书五种》,中华书局2019年版,第110页。
④ (宋)陈襄:《州县提纲》卷三《疑似必察》,载《宋代官箴书五种》,中华书局2019年版,第134页。
⑤ (宋)吕本中:《官箴》,载《宋代官箴书五种》,中华书局2019年版,第79页。
⑥ (宋)陈襄:《州县提纲》卷一《疑事贵思》,载《宋代官箴书五种》,中华书局2019年版,第108页。
⑦ (宋)吕本中:《官箴》,载《宋代官箴书五种》,中华书局2019年版,第77页。
⑧ (宋)陈襄:《州县提纲》卷三《疑似必察》,载《宋代官箴书五种》,中华书局2019年版,第135页。

第六章 情法与理性：宋代地方法官群体的法律思想

> 当官者一日不勤，下必有受其弊者。古之圣贤犹且日昃不食，坐以待旦，况其余乎？今之世有勤于吏事者，反以鄙俗目之，而诗酒游宴，则谓之风流娴雅，此政之所以多疵，民之所以受害也，不可不审。①

> 民生在勤，勤则不匮，则为民者不可以不勤；业精于勤，荒于嬉，则为士者不可以不勤。况为命吏，所受者朝廷之爵位，所享者下民之膏脂，一或不勤，则职业隳弛，岂不上孤朝寄，而下负民望乎？今之居官者，或以酣咏遨游为高，以勤强谨恪为俗，此前世衰弊之风也。盛明之时，岂宜有此。陶威公有言：大禹圣者，犹惜寸阴，至于众人，当惜分阴。故宾佐有以蒲博废事者，则取而投之于江。今愿同僚共体此意，职思其忧，非休澣毋聚饮，非节序毋出游，朝夕孜孜，惟民事是力，庶几政平讼理，田里得安其生。②

《州县提纲》甚至提出地方官员要生活简朴，才能勤于政事：

> 今日自一命以上，孰不知作邑之难？既知其难，要当专心致志，朝夕以思，自邑事外，一毫不可经意，如声色饮燕不急之务，宜一切屏去。盖人之精力有限，溺于声色燕饮，则精力必减，意气必昏，肢体必倦，虽欲勤于政而力不逮，故事必废弛，而吏得以乘间为欺。昔刘元明政为天下第一，问其故，则不过曰："日食一升饭，不饮酒，为作县第一策。"诚哉是言。③

地方官员只有时间上的保证才能勤于政事，因而宋代士大夫反复阐明应鸡鸣听政：

> 《昼帘绪论·尽己篇》：莅官之要，曰廉与勤……故其要莫若清

---

① （宋）佚名：《名公书判清明集》卷一《官吏门·咨目呈两通判及职曹官》，中华书局1987年版，第2页。
② （宋）佚名：《名公书判清明集》卷一《官吏门·谕州县官僚》，中华书局1987年版，第7页。
③ （宋）陈襄：《州县提纲》卷一《专勤》，载《宋代官箴书五种》，中华书局2019年版，第98页。

341

心，心既清则鸡鸣听政，所谓一日之事在寅也；家务尽屏，所谓公尔忘私也。勿以酒色自困，勿以荒乐自戕也。今日有某事当决，某牒当报，财赋某色当办，禁系某人当释，时时察之，汲汲行之，毋谓姑俟来日，则事无不理，而此心亦宁矣。①

《州县提纲·晨起贵早》：被底放衙，昔者尝以为戒。凡当繁剧，要须遇鸡鸣即起，行之有常，则凡事日未昊俱办，而一日优游闲暇矣。倦于起早，或遇宾客过从，往来迎送，夺其日力，则一日之事俱不办。一日之事不办，则明日之事益多。况凌晨神气清爽，心无昏乱，故早起亦为官第一策。昔鲁文伯母言：卿大夫一日勤事之节，曰"朝考其职"。然则古人亦审此久矣。②

地方官员勤于政事，就能避免事务积压，从而成就善政：

《州县提纲·事无积滞》：公事随日而生，前者未决，后者继至，则所积日多，坐视废弛，其势不得不付之胥吏矣。凡文书之呈押，与讼事之可判决者，要当随日区遣，无致因循。行之有准，则政有条理，事无留滞，终于简静矣。③

《州县提纲·情勿壅蔽》：受状当有定日，否则门禁稍严，或被劫夺，急投追捕；或因垂命，急欲责词；或被重伤，急欲验视，多阻于阍人，而情不得达。兼有倦于出厅者，吏雁鹜行，终日抱成案伺于阶前，幸其一出，纷拿呈押。或复惮其繁冗，往往漫不加省，不过随其手摘，挽首书字而已，民何赖焉？公厅衩袒非宜，宜于公厅之侧，辟一室通内外，听讼于斯，饮食于斯，读书染翰于斯。严

---

① （宋）胡太初：《昼帘绪论·尽己篇》，载《宋代官箴书五种》，中华书局2019年版，第161—162页。

② （宋）陈襄：《州县提纲》卷一《晨起贵早》，载《宋代官箴书五种》，中华书局2019年版，第105页。

③ （宋）陈襄：《州县提纲》卷一《事无积滞》，载《宋代官箴书五种》，中华书局2019年版，第105页。

戒阍人，俾民吏凡有警者，非时皆许直造，则情无壅蔽，事无稽滞。

若昼居于内，俾吏民欲见其面而不可得者，诚当官之大戒。①

宋代士大夫认为，勤政是君子的品德，而小人必然会惰政，"小人之性，专务苟且。明日有事，今日得休且休。当官者，不可徇其私意，忽而不治。"②地方官员如能勤政，必能改变民风教化："禁奸吏必止其邪心，不徒革面。为政必以风化德礼为先，风化必以至诚为本。民讼既简，每日可着一时功夫，详与理会，因训导之使趋于善，且以风动左右，不无益也。"③

第三节　宋代地方官司法思想的理性化趋势

一、注重行政事务之细节

宋代"取才唯进士，诸科为最广"④，由于科举制多以"词赋取士"，因此宋代新任官员初履职务，多不具备行政经验。宋代士大夫认识到"文学止于润身，政事可以及物"⑤，文化知识要向行政能力转变，"通古今，习礼法，天文人事，政教更张，然后施之职事"⑥，因此宋代地方官员对待行政实务的态度实现了历史性转变。吴澄《州县提纲·序》提出"用心者布满天下州县"⑦的愿望。

为了让统治一方的官员尽快具备行政能力，"治一县者，须一县事皆在胸

---

① （宋）陈襄：《州县提纲》卷一《情勿壅蔽》，载《宋代官箴书五种》，中华书局2019年版，第105—106页。
② （宋）吕本中：《官箴》，载《宋代官箴书五种》，中华书局2019年版，第76页。
③ （宋）刘清之：《戒子通录》卷六《胡文定》，景印文渊阁《四库全书》本，台北：商务印书馆1983年版，第703册，第73页。
④ （元）脱脱：《宋史》卷一五五《选举志一》，中华书局1977年版，第3611页。
⑤ （宋）吴曾：《能改斋漫录》卷一三《欧阳公多谈吏事》，上海古籍出版社1960年版，第393页。
⑥ （宋）王安石：《王文公文集》卷三二《用材》，上海人民出版社1974年版，第374页。
⑦ （宋）陈襄：《州县提纲·吴澄州县提纲序》，载《宋代官箴书五种》，中华书局2019年版，第95页。

次；治一州者，须一州事皆在胸次"①，因此宋代出现了多种官箴来传授行政经验，以使地方行政有规可循，从而整体提高了官员群体的执政能力。

宋代士大夫通过将行政事务要点化、程式化和经验化的总结，提高了行政事务的可操作性。

（一）要点化

宋代有的地方官员在实际行政中能够及时总结经验，南宋吕本中"尝为泰州狱掾"，与其友颜岐讨论治狱次第，"每一事写一幅相戒。如夏月取罪人，早间在西廊，晚间在东廊，以辟日色之类；又如狱中遣人勾追之类，必使之毕此事，不可更别遣人，恐其受赂已足，不肯毕事也"②，因而将行政事务的要点进行了总结。如吕惠卿作《县法》，"为法令、词讼、刑狱、簿历、造簿、给纳、灾伤、劝课、教化，凡十门。"③《州县提纲》托名北宋神宗时陈襄著，实为南宋佚名官员撰于绍兴末年，其书论述州县莅民之方，卷一有《洁己》《平心》等28目；卷二有《判状勿凭偏词》《判状勿多追人》等47目；卷三有《捕到人勿讯》《疑似必察》等24目；卷四有《廉则赋给》《关并诡户》等17目。《州县提纲》以分目为体例，就是为了方便官员提醒本人，"盖州县事繁，易至遗忘。留意者晓卧多不安枕，当反复致思：今日有某讼事，当若何判决；上司有某限期，当若何报闻；禁系有何人当释，财赋有何色当解。晨出，则择要紧者，记录于牌，置之坐隅，起处以对。仍掌以厅吏，随毕随销，暮则呈其所记未毕者，录于次日。当公退无事，又时时警省，则政事无废弛，限期无违戾，禁系无冤民，赋财无稽缓，而公家事办矣。"④ 此外，有

---

① （宋）陈襄：《州县提纲》卷一《时加警察》，载《宋代官箴书五种》，中华书局2019年版，第104页。
② （宋）吕本中：《官箴》，载《宋代官箴书五种》，中华书局2019年版，第76页。
③ （宋）吕祖谦：《宋文鉴》卷九〇《县法序》，中华书局1992年版，第1278页。
④ （宋）陈襄：《州县提纲》卷一《时加警察》，载《宋代官箴书五种》，中华书局2019年版，第104页。

的官员履职之初,就将境内事务写成"子细须知册子。"①

《州县提纲》中《判状详月日》条讲:"览状必详其发端月日,盖事有要紧者,必即诉于公,经数月而后始入词者,必非要紧,须诘其因何稽缓。"②《案牍用印》条讲:"凡事判案须即用官印印缝,仍候给断凭讫,始放。"③《修举火政》条讲:"治舍及狱,须于天井之四隅,各置一大器贮水,又于其侧,备不测取水之器。市民团五家为甲,每家贮水之器,各置于门,救火之器分置,必预备立四隅。"④《禁擅入仓》条讲:"诸仓受纳,止可容斗子及输纳之户,其无干预人,悉令出仓,无使在内指仓斗等为由,阳为乞觅,阴为偷盗。"⑤《判状勿多追人》条讲:"大辟劫盗之属,缓则逸去,势须悉追;余如婚田、斗殴之讼,择追紧切者足矣,妇女非紧切勿追。"⑥《详阅案牍》条:"理断公讼,必二竞俱至,卷证齐备,详阅案牍,是非曲直,了然于胸次,然后剖决。"⑦《听讼无枝蔓》条讲:"听讼不宜枝蔓,枝蔓则一事生数事,曲直混淆,追逮必繁,监系必久。吏固以为喜,而民乃以为病矣。"⑧《不测入狱》条讲:"狱官不常诣狱,非惟狱吏自恣,将无辜人苦楚,且出外酣饮,传寄消息。或聚众吏在狱博戏,往来如逆旅,甚至重囚窜逸而不知。须不测诣狱,

---

① (宋)李元弼:《作邑自箴》卷一《处事》,载《宋代官箴书五种》,中华书局2019年版,第10页。
② (宋)陈襄:《州县提纲》卷二《判状详月日》,载《宋代官箴书五种》,中华书局2019年版,第123—124页。
③ (宋)陈襄:《州县提纲》卷二《案牍用印》,载《宋代官箴书五种》,中华书局2019年版,第124页。
④ (宋)陈襄:《州县提纲》卷二《修举火政》,载《宋代官箴书五种》,中华书局2019年版,第127页。
⑤ (宋)陈襄:《州县提纲》卷四《禁擅入仓》,载《宋代官箴书五种》,中华书局2019年版,第149页。
⑥ (宋)陈襄:《州县提纲》卷二《判状勿多追人》,载《宋代官箴书五种》,中华书局2019年版,第111页。
⑦ (宋)陈襄:《州县提纲》卷二《详阅案牍》,载《宋代官箴书五种》,中华书局2019年版,第113页。
⑧ (宋)陈襄:《州县提纲》卷二《听讼无枝蔓》,载《宋代官箴书五种》,中华书局2019年版,第118页。

索牌点视，庶有忌惮。"①

《作邑自箴·处事》中，对犯人管理事务有细致的提示："狱具并大小杖称量如法，用火印，仍令秤子自书姓名于其上，以金漆漆定。不能书则吏代之，止令花押。（火印用讫，封锁库中。）"②"狱中不可置圊厕，止用木桶，早晚打并，多是于出粪所在走失罪人"③，"长枷于左闪末凿窍，可容三指，每夜禁囚上匣了，通以长铁索贯之，多以响铃系索上"④。"凡绷吊罪人，直上大绳，谓之'定命绳'。罪人取力，全在此绳，须是多用好麻打造，稍磨擦动，即易去。"⑤《昼帘绪论·治狱篇》讲："一曰禁系必审，二曰鞫视必亲，三曰墙壁必完，四曰饥寒必究，五曰疾病必察，六曰疑似必辨，七曰出入必防。"⑥"狱吏得囚赂，或夜纵其自便。重囚无路窜脱，或因饮水时积渐，以水噀壁，浸渍泥湿，夜深则揭泥穴壁而出，狱吏莫知者，尝有是事矣。故重囚夜卧，无令近壁，兼四壁须令板夹，仍坚其墙围，有坏即整。"⑦对财政事务，则提示分类结绝："难结转簿书，往往因循拖下，须逐案置版子，具簿历名件，开说日结、旬结、月结、季结、半年结之类，请押字以金漆漆过。每日签押，先置书案上，押讫勾点了，即洗去勾点墨，自然不敢拖空。"⑧对地方治安，

---

① （宋）陈襄：《州县提纲》卷三《不测入狱》，载《宋代官箴书五种》，中华书局2019年版，第137页。
② （宋）李元弼：《作邑自箴》卷一《处事》，载《宋代官箴书五种》，中华书局2019年版，第10页。
③ （宋）李元弼：《作邑自箴》卷二《处事》，载《宋代官箴书五种》，中华书局2019年版，第16页。
④ （宋）李元弼：《作邑自箴》卷二《处事》，载《宋代官箴书五种》，中华书局2019年版，第16页。
⑤ （宋）李元弼：《作邑自箴》卷四《处事》，载《宋代官箴书五种》，中华书局2019年版，第24页。
⑥ （宋）胡太初：《昼帘绪论·治狱篇》，载《宋代官箴书五种》，中华书局2019年版，第176页。
⑦ （宋）陈襄：《州县提纲》卷三《狱壁必固》，载《宋代官箴书五种》，中华书局2019年版，第139页。
⑧ （宋）李元弼：《作邑自箴》卷一《处事》，载《宋代官箴书五种》，中华书局2019年版，第11页。

第六章 情法与理性：宋代地方法官群体的法律思想

甚至详细到"塞空窑，疏墓林，警寇之一端也。"①

（二）程式化

李元弼《作邑自箴》"得一百三十余说，从而著成规矩；述以劝戒，又几百有余事。"为了"置之几案，可以矜式"②，因此收录了很多可为程式的规矩，如《劝谕民庶榜》《状式》《榜耆壮》《榜客店户》《写状钞书铺户约束》《夏秋税起催先出此榜》《牙人付身牌约束》《公人家状式》《书市买牌》《驿舍亭馆马铺咨白小版牌》等。其中记载的《状式》为：

状式

某乡、某村、耆长某人耆分，第几等人户，姓某，见住处至县衙几里（如系客户即去系某人客户），所论人系某乡村居住，至县衙几里。

右某，年若干，在身有无疾荫（妇人即云有无娘孕及有无疾荫），今为某事，伏乞县司，施行，谨状。

年　月　日，姓某押状。③

《作邑自箴》中《榜客店户》为：

知县约束客店户如后：

一、逐店常切洒扫头房三两处，并新净荐席之类，祗候官员、秀才安下。

一、官员、秀才到店安下，不得喧闹无礼。

一、客旅安泊多日，颇涉疑虑，及非理使钱、不着次第或行止不明之人，仰密来告官，或就近报知捕盗官员。

---

① （宋）李元弼：《作邑自箴》卷二《处事》，载《宋代官箴书五种》，中华书局2019年版，第13页。
② （宋）李元弼：《作邑自箴·序》，载《宋代官箴书五种》，中华书局2019年版，第5页。
③ （宋）李元弼：《作邑自箴》卷六《劝谕民庶榜》，载《宋代官箴书五种》，中华书局2019年版，第41页。

一、客旅不安，不得起遣，仰立便告报耆壮，唤就近医人看理，限当日内，具病状申县照会，如或耆壮于道路间抬舁病人，于店中安泊，亦须如法照顾。

一、客旅出卖物色，仰子细说谕，止可令系籍有牌子牙人交易。若或不曾说谕商旅，只令不系有牌子牙人交易，以致脱漏钱物及拖延稽滞，其店户当行严断。

一、说谕客旅，凡出卖系税行货，仰先赴务印税讫，方得出卖，以防无图之辈，恐吓钱物，况本务饶润所纳税钱。

一、说谕客旅，不得信凭牙人说作，高抬价钱，赊卖物色前去，拖坠不还，不若减价，见钱交易。如是久例赊买者，须立壮保分明邀约。①

为了方便政务决策，宋代地方长官还制作各种图表，对各种信息进行量化：

勒乡司供出村分地形高平低下，仍画图子三本，厅所、燕息之处，各张一本，内一本连所供文状，入架阁库。图子以色牌子别之（谓高以朱，平以肉红，低以青，平以黄，下以碧，仍各乡计逐色数目挂之）以防水旱，易于检视。检旱以低为先，涝以高为先。②

迩吏初至，虽有图经，粗知大概耳。视事之后，必令详画地图，以载邑井都保之广狭，人民之居止，道途之远近，山林田亩之多寡高下，各以其图来上。然后合诸乡邑所画，总为一大图，置之坐隅。故身据厅事之上，而所治之内人民、地里、山林、川泽俱在目前，凡有争讼，有赋役，有水旱，有追逮，皆可以一览而见矣。昔吕惠

---

① （宋）李元弼：《作邑自箴》卷七《榜客店户》，载《宋代官箴书五种》，中华书局2019年版，第45—46页。
② （宋）李元弼：《作邑自箴》卷一《处事》，载《宋代官箴书五种》，中华书局2019年版，第10页。

第六章 情法与理性：宋代地方法官群体的法律思想

卿虽不足言，观其以居常按视县图，究知乡村地形高下，为治县法，盖亦有所见也。①

取责逐耆长所管乡分图子，阔狭地里，村分四至，开说某村有某寺观、庙宇、古迹、亭馆、酒坊、河渡、巡铺、屋舍、客店等若干，及耆长、壮丁居止，各要至县的确地里，委无漏落，诣实结罪状连申，置簿抄上。内寺、观、庙、亭、馆倒塌，酒坊、客店开闭，仰即时申举，以凭于簿内批凿。寺庙等依旧兴修，坊店复有人开赁，亦仰申报。②

视事之初，须计一岁所入之数与所出之数，有无亏赢，有亏则公勤措画。常赋月解，须画为图轴，置之坐右，朝夕以对。已解者随即朱销，故色色财赋，举目可见，必不至于懵然不知，违戾限期矣。③

民户有乐输，有抵顽，有逃绝，总一都内造册一扇，于中立一二人催理。且甲户力厚，则嘱吏以乐输，则详载其名于册，故催理易办。其不乐输及抵顽之户，别立其名，无使弱者受害，苦乐不均。须勒吏先以一都内所有逃移绝户，均为二册，各立号，仍别书于栏，令甲户至官，随意拈之，庶绝私嘱之弊。④

将行政事务进行程式化，将田土、赋税、账簿统计成图表，地方长官可以对辖区内各项信息一目了然，有章可循，各项工作自然容易开展。

---

① （宋）陈襄：《州县提纲》卷二《详画地图》，载《宋代官箴书五种》，中华书局2019年版，第126—127页。
② （宋）李元弼：《作邑自箴》卷三《处事》，载《宋代官箴书五种》，中华书局2019年版，第22页。
③ （宋）陈襄：《州县提纲》卷四《画月解图》，载《宋代官箴书五种》，中华书局2019年版，第143页。
④ （宋）陈襄：《州县提纲》卷四《户长拈号给册》，载《宋代官箴书五种》，中华书局2019年版，第148页。

(三) 经验化

宋代士大夫在执政地方时,还要处理复杂的官场关系,有识之士总结了为官处事的经验,以供后来者借鉴。胡太初《昼帘绪论》是其中比较的代表,其内容皆源自"所新见所习闻者",共十五篇:《尽己篇》《临民篇》《事上篇》《寮寀篇》《御吏篇》《听讼篇》《治狱篇》《催科篇》《理财篇》《差役篇》《赈恤篇》《用刑篇》《期限篇》《势利篇》《远嫌篇》。这些篇目从各个角度系统总结了为官之道。

宋代地方官员如何处理与上级长官的关系,《事上篇》有深入总结:

> 令领一邑,太守察之,诸监司察之,所以防污虐、戒旷败也。公正自饬,廉谨自将,固令所当持循。职事攸关,尤合加察。转漕司惟财赋耳,县道赋入自有定数,率是输之郡家,本自无甚干涉。其他户婚词诉,吾惟决之以公,奚惧焉?常平茶盐司,惟廪役与盐课尔,不产盐、不系衔处,于盐无预。若齐民之差役,公吏之叙役,与夫常平、义仓之敛散,吾无偏私,无侵移,又奚惧焉?

> 惟提点刑狱司,则视诸司为独重,何则?刑狱,民命所系,苟有过误,厥咎匪轻。杀伤多委同官验视,安知其无或疏卤乎?罪囚淹禁,动经岁月,安保其无或疾病乎?结解公事,惟凭供款,又安信其果无翻异乎?有一于兹,便罹宪网。故惟在我者,无往不谨不审,而又得部使者察其忠实,宽其鞭驱,庶乎可以免厥咎也。

> 其次本州则视宪司为尤重,何则?州、县一家也。令之视守,犹子弟之于父兄也。情苟不通,事无可集,若财赋,若狱讼,若日生事务,无一不与相关。而县之最被害者,莫若不时专人。每专人一来,陵蔑名分,擒摔吏贴,大者数百千,小者百余千,方得其去。又其次,二税专差吏拘催,酒税专差吏监督。日食之供需,公事之恳告,令无不听命惟谨。甚而擅兴威福,辖养娼妓,需觅器用,哀

第六章 情法与理性：宋代地方法官群体的法律思想

取钱物，无所不有。

令谒郡之始，便当明禀史君：某职事不敢不勉，而县家苟有不逮，亦乞加体恤之仁。仍乞给紫袋历二道，络绎往来，彼此咸慎书之，庶几事情无有不达，而文移之督促可省也。如经两月，事不办集，然后甘受专人之扰，慢令之罚。若税赋亏日额，酒税亏月额者，率十之四五，却乞遣吏监督，不然告宽辔勒，容竭其长。夫州家亦欲集事尔，差专人，差公吏，岂其得已？令若恃其相容，遂至弛怠，公事不集，财赋不登，亦奚咎夫郡之督促哉？

虽然，奉法循理，尽瘁效职，监司郡守之难事，犹可也。惟是台幕郡僚，或捧檄经从，或移书请托，宾饯稍有不至，奉承稍有不虔，贤明仁厚之人，固能推诚相亮。否则情好易暌，间隙易启。始于职事相关之际，捃摭横生，甚而使长会聚之时，讥逸肆入，盖有阴中其毒而获戾者多矣。故令之待台幕郡僚者，宁过于勤，毋失之怠；宁过于恭，毋失之简；宁过于委曲，毋失之率意而径行。此亦可以杜无妄之灾矣。①

《州县提纲》特别提醒地方为官同僚不可失和：

同僚宜和，而不和者，多起于厅吏之间谍。彼此胸中蕴蓄，不曾吐露，至有一发而遽伤和气，不可不察。始至，须明以此相告，语凡有嫌疑，宜悉面白，毋包藏怒心，以中厅吏之奸计，间有凶险不可告语者，宜待之以礼而优容之，使彼潜消其狠戾，足矣！若戛戛焉与之相较于是非之间，则我与彼一等人耳。②

宋代地方政府中，胥吏已经是个重要群体，如何处理新形势下的官吏关

---

① （宋）胡太初：《昼帘绪论·事上篇》，载《宋代官箴书五种》，中华书局2019年版，第165—166页。
② （宋）陈襄：《州县提纲》卷一《同僚贵和》，载《宋代官箴书五种》，中华书局2019年版，第101页。

系,《御吏篇》则有深入总结:

> 为令之计者,亦不过曰廉以率之耳。其身正,不令而行。常堂供需、生辰献寿等,一切罢去,我既不科求于吏,吏纵未知悛改,在我责之,可无愧辞。然后弄权者必惩,犯法者必斥。
>
> 至有稍能任事之人,令或倚以为用。彼辄妄自夸说,谓事无小大,是非曲直,率由于我,汝乞我金若干,我令汝事必胜,已而果然。甚至驾说于本官,以为巧取之地。吏之溪壑未饱,而令之恶声已彰矣。间有县令精强者,一切不肯任吏,吏则广说道理,曲为游扬,使令不容不从其言。此术又不行,则必于令启处之间,自与侪伍私相评议,使其语阴入于令之耳。令不之察,谓其无心之言,从而信之,而不知已堕其计中矣。吏之奸诡万状,最不可不深防密察。
>
> 故欲吏之不受赂,断无可行之策,但使事事清明,人无观望,知吏之不必嘱,贿之不可行,已为政之善矣。①

吕本中则认为:"前辈尝言,吏人不怕严,只怕读。盖当官者详读公案,则情伪自见,不待严明也。"②

通过宋代官箴对官场各类关系的总结,可以避免各类不必要的人际冲突,从而能够保证地方行政的顺畅运行,这是宋代以前的政治家缺少论述的,说明了宋代地方官员对地方政府运行的认识是相当深切的。

二、断案用法的科学精神

宋代确立了地方长官亲审制度:"州县长吏,凡勘断公案,并须躬亲阅实,无令枉滥淹延"。③ 在这一规定的促使下,宋代地方长官处理了大量的司

---

① (宋)胡太初:《昼帘绪论·御吏篇》,载《宋代官箴书五种》,中华书局2019年版,第171—172页。
② (宋)吕本中:《官箴》,载《宋代官箴书五种》,中华书局2019年版,第77页。
③ (宋)李焘:《续资治通鉴长编》卷九九,乾兴元年十一月戊寅,中华书局2004年版,第2303页。

第六章　情法与理性：宋代地方法官群体的法律思想

法案件，出现《折狱龟鉴》（又名《决狱龟鉴》）、《棠阴比事》和《洗冤集录》等书，这些书的作者都有担任过地方法官的工作经历。据杨奉琨先生考证，《折狱龟鉴》刊印于南宋初年，作者郑克南宋初曾以迪功郎任建康府上元县尉，后以承直郎任湖南提刑司干官。① 《棠阴比事》作者桂万荣自序中称为"建康狂曹"②，后知常德府。《洗冤集录》作者宋慈历任江西信丰县主簿、福建长汀知县、邵武军通判摄郡事、南剑州通判、赣州知州、提点广东、湖南刑狱等职，也长期在州县工作。③ 这些著作充分总结了宋代地方法官的司法经验。

元代杜震在《疑狱集·序》中说："大抵鞫狱之吏，不患其处事之不当，每患其用心之不公，不患其用心之不公，每患其立见之不明。苟其仁足以守，明足以烛，刚足以断狱，无余憾矣。"④ 宋代地方官员在司法时，是以"明足以烛""刚足以断狱"为重要目标追求的。

（一）宋代地方法官对犯罪心理与人情世态的细致辨析

中国古代传统司法中，以"五听"之法审判："以五声听狱讼，求民情：一曰辞听，二曰色听，三曰气听，四曰耳听，五曰目听。"⑤

"五听"之法局限于对人表情与神态的观察，宋代士大夫发展了这一理论。王安石特别重视言辞的因素，五声之中"辞"是最基本的，其他四种都是因其而得："五声以辞为先，色、气、耳、目次之。"⑥ 南宋郑克则认为：

---

① 杨奉琨：《疑狱集、折狱龟鉴校释》前言，复旦大学出版社 1988 年版。
② （宋）桂万荣：《棠阴比事》自序，见（明）吴讷《棠阴比事补编》，《丛书集成新编》第 27 册，台北：新文丰出版公司 1985 年版，第 226 页。
③ （宋）宋慈著，杨奉琨校注：《洗冤集录译》附录，群众出版社 1980 年版。
④ （五代）和凝、（宋）和蒙著，杨奉琨校注：《疑狱集校释》序，复旦大学出版社 1988 年版，第 44 页。
⑤ （清）阮元校刻：《十三经注疏·周礼注疏·秋官·小司寇》，中华书局 2009 年版，第 1887 页。
⑥ 鲁嵩岳：《慎刑宪点评》，法律出版社 1988 年版，第 184 页。

"察狱之术有三：曰色，曰辞，曰情。"①《折狱龟鉴》中分为《严明》《鞫情》《辩诬》《证慝》《钩慝》《核奸》《议罪》《察盗》《察奸》《释冤》等二十门，其中"鞫情之术"内容为："或先以其色察之，或先以其辞察之，非负冤被诬审矣，乃检事验物而曲折讯之，未有不得其情者也"②，"鞫情之术，有正有谲……术苟精焉，情必得矣，恃考掠者，乃无术也"③。宋代士大夫强调"辞""情"，其实质是开始注重司法审判中犯罪者行动与叙事的逻辑性，从而发展了传统的"五听"之法。

张咏知江宁府时，"有僧陈牒出凭，咏据案熟视久之，判送司理院勘杀人贼。翌日，群官聚听，不晓其故，咏乃召问：'为僧几年？'对曰：'七年。'又问：'何故额有系巾痕？'即惶怖服罪。盖一民与僧同行，于道中杀之，取其祠部戒牒，自披剃为僧也"④。孙沔知杭州时，"有丐者，左臂无一手，右臂唯两指，盗细民镮，相竞至庭。丐者举臂泣曰：'细民诬我！无指之人，岂能盗镮？'沔即然之，叱细民出，抚劳丐者，因与其镮。始弗敢受，再三安慰。丐者不知其计也，以指撮镮，徐以臂举，戴于首而去。沔追还，断其指，令于市。"⑤

向敏中为洛阳长官时曾通过民间走访侦破"僧人夜间求宿案"：

> 有僧暮过村舍求宿，主人不许。求寝于门外车箱中，许之。是夜，有盗入其家，携一妇人并囊衣，逾墙出。僧不寐，适见之。自念不为主人所纳，而强求宿，明日必以此事疑我，而执诣县矣。因

---

① （宋）郑克著，杨奉琨校注：《折狱龟鉴校释》卷一《释冤上·辛祥》，复旦大学出版社1988年版，第104—105页。
② （宋）郑克著，杨奉琨校注：《折狱龟鉴校释》卷三《鞫情·胡质》，复旦大学出版社1988年版，第174页。
③ （宋）郑克著，杨奉琨校注：《折狱龟鉴校释》卷三《鞫情·陈枢》，复旦大学出版社1988年版，第182页。
④ （宋）郑克著，杨奉琨校注：《折狱龟鉴校释》卷七《察贼·张咏》，复旦大学出版社1988年版，第373页。
⑤ （宋）郑克著，杨奉琨校注：《折狱龟鉴校释》卷五《惩恶·孙沔》，复旦大学出版社1988年版，第254页。

第六章 情法与理性：宋代地方法官群体的法律思想

亡去。夜走荒草中，忽坠眢井。而逾墙妇人已为人所杀，尸在井中，血污僧衣。主人踪迹，捕获送官。不堪掠治，遂自诬，云："与妇人奸，诱以俱亡。恐败露，因杀之，投尸井中。不觉失脚，亦坠于井。赃与刀在井旁，不知何人持去。"狱成，皆以为然。敏中独以赃、仗不获，疑之。诘问数四，僧但云："前生负此人命，无可言者。"固问之，乃以实对。于是密遣吏访其贼，食于村店，有妪闻其自府中来，不知其吏也，问曰："僧某狱如何？"吏绐之曰："昨日已笞死于市矣。"妪叹息曰："今若获贼，如何？"吏曰："府已误决此狱，虽获贼，不敢问也。"妪曰："然则言之无害。彼妇人，乃此村少年某甲所杀也。"吏问："其人安在？"妪指示其舍。吏往捕，并获其赃，僧始得释。一府咸以为神。①

王利通判沧州时，有"三卒至都下，二人者共害一卒，取其赍装，反以卒逃状闻。利疑其奸，密遣吏自郡至都，以物色求之，得其实，二人即服罪。"②

欧阳晔知端州桂阳监时，"桂阳民有争舟而相殴至死者，狱久不决。公自临其狱，出囚坐庭中，去其桎梏，而饮食之，食讫，悉劳而还于狱，独留一人于庭。留者色动惶顾，公曰：'杀人者汝也。'囚不知所以然。公曰：'吾视食者皆以右手持匕，而汝独以左，今死者伤在右肋，此汝杀之明也。'囚即涕泣曰：'我杀也，不敢以累他人。'"③

郭申锡为晋陵县尉时，有民诉其弟为人所杀，申锡察其"色惧而哭不哀"，怀疑他就是杀人凶手，经鞫讯，果然如此。④"人之于其亲爱也，始病则

---

① （宋）郑克著，杨奉琨校注：《折狱龟鉴校释》卷二《释冤下·向敏中》，复旦大学出版社1988年版，第104—105页。
② （宋）郑克著，杨奉琨校注：《折狱龟鉴校释》卷六《核奸·王利》，复旦大学出版社1988年版，第295—296页。
③ （宋）欧阳修：《欧阳修全集》卷二七《尚书都官员外郎欧阳公墓志铭》，中华书局2001年版，第423页。
④ （元）脱脱：《宋史》卷三三〇《郭申锡传》，中华书局1977年版，第10620页。

355

忧，临死则惧，已死则哀。"① 民有哭色但无哀意，可知其情有诈，郭申锡据此断案。

张文规为英州司理参军时，"真阳县民张五数辈盗牛，里人胡达、朱圭、张运、张周孙等率保伍追捕之。群盗散走，独张五拒抗不去，达杀之而取其资。盗不得志，反以被劫告于县。县令吴邈欲邀功，尽取达、圭以下十二人送狱，劾以强盗杀人，锻炼备至，皆自诬服。圭、运二人瘐死。既上府，事下司理院。文规察囚辞色，疑不实。一问得其情，又获盗牛党以证，狱具。胡达以手杀人杖脊，余人但等第杖臀而已，圭、运乃无罪。"②

李南公知长沙县时，有寡妇携儿改嫁，七年后前夫族人来认回儿子。妇人称孩子不是其族子，双方诉于官。问孩子年龄，族人称九岁，而妇称七岁。又问孩子何时换齿，妇人称去年。南公遂曰："男八岁而龀，尚何争？"李南公根据男孩八岁才换齿的常识断定妇人所言为虚，因而命儿归族。③

常珪为凤州司理参军，号称详明，能治狱，"河池远乡酒家杀人，无左验，诬其旁近下贫小民为杀人者。县吏受赂，掠笞数千百，不服，乃背引其两足，攫发与手交缚于柱上，布坚豆于地，使膝之，昼夜不释。囚不胜痛，诬服。至州以为实杀人者，下之狱。而君为狱官，独意其非是，听辞观色，徐导之使言，囚不敢变。乃更反复验问，熟喻之使言，囚亦不敢而涕下。君既微得其情，乃逮捕告者别治之。告者果自言无赖杀人，囚非杀人者。狱既治，河池县令李抚辰惧得罪，移书州将与君辨，州将疑之，虽部使者亦疑，不敢决。君日抱其狱，分别其冤状，执不为疑者三月，遂竟杀告者而出其囚。"④

信州贵溪闻人氏二子争遗产案中，长子邦荣，次子邦华诉于有司，邦华

---

① （清）王先慎：《韩非子集解·难三》，中华书局1998年版，第377页。
② （宋）洪迈：《夷坚志》乙志卷四《张文规》，中华书局1981年版，第211页。
③ （元）脱脱：《宋史》卷三五五《李南公传》，中华书局1977年版，第11190页。
④ （宋）毕仲游：《西台集》卷一二《常承议墓志铭》，景印文渊阁《四库全书》本，台北：商务印书馆1983年版，第1122册，第162页。

买生砒霜置羹中,赂门卒传与邦荣,邦荣食后呕吐,遍身肿赤,还家后半日死。邦荣子廉夫,虽知父被毒,而无证佐,只能隐忍殡葬。一年以后,邦华入理院对状。廉夫一仆献计,别携一人,俱到食店,买面四碗,各食其一,余下一碗,"细切砒于中",邦华食后而死,宛如兄状。司理参军王昌祖深疑焉,曰:"昨者一健汉,原无病,何故遽至是?"使狱卒到鬻面处调查,"言有三人来,一着皂背子,两白衣。亟遣呼逮,已窜矣!"郡发卒追之,于贵溪之西十里捕到犯罪人廉夫。①

仁宗朝有为京西转运使者,一日见监窑官,问:"日所烧柴凡几灶?"曰:"十八九灶。"曰:"吾所见者十一灶,何也?"窑官愕然。"盖转运使者,晨起望窑中所出烟几道知之。其尽心如此。"② 这些都是宋代地方官员在施政时善于思索求证的表现。

(二) 宋代地方法官对证据的取得、认定与合理运用

宋代地方法官在判决案件时,十分注重人证和物证的采集。"理断公讼,必二竞俱至,卷证齐备,详阅案牍。是非曲直,了然于胸次,然后剖决。盖人之所见有偏,若惮案牍之繁,倦于详览,遽执偏见,自以为得其情而辄剖决者,其过误多矣。"③ "斗殴必追证,不可凭一人之词;争界必会实,而会不可尽信耆邻之说。盖富者有赂,则可以非为是;贫者无赂,则可以是为非。专凭证会,则凡贫弱者皆无理矣。斗殴之讼,必察其人之强弱,情之是否;争界之讼,须令详画地形,考之契要。反复参究,必得其实,然后可决。"④ "凡据证折狱者,不唯责问知见辞款,又当检勘其事,推验其物,以为证也,

---

① (宋) 洪迈:《夷坚志》志补卷五《闻人邦华》,中华书局 1981 年版,第 1592—1593 页。
② (宋) 吕本中:《官箴》,载《宋代官箴书五种》,中华书局 2019 年版,第 77 页。
③ (宋) 陈襄:《州县提纲》卷二《详阅案牍》,载《宋代官箴书五种》,中华书局 2019 年版,第 113 页。
④ (宋) 陈襄:《州县提纲》卷二《证会不足凭》,载《宋代官箴书五种》,中华书局 2019 年版,第 118 页。

则验伤者宜尽心焉。"①

宋代地方法官在运用证据方面，在民事方面突出体现在对书证的运用方面；在刑事方面则突出体现在检验的制度化方面。

宋代地方法官通过对书证的辨别与认定，可以确定民间争讼中的所有权的归属。"观之讼牒固可概见，往往父子相残，兄弟相贼，夫妇相弃，亲戚相仇。较锱铢之财而兴讼，至历数载；因纤芥之忿而交诉，殆遍诸司。虚造事端，伪立契券，欺诬良善，渎紊公私，泯泯棼棼，何所不有。"②《名公书判清明集》中《伪将已死人生前契包占》一案中：黄明之、李日益争夺破塘下东山边之田，司法官先索出黄明之契，又索到李日益契，并针对契约的内容、纸张等进行分析，"以契书考之，以供状参之"，"别纸花字亦绝不同"，"投印方新"，最后认定黄明之之契为伪契。③在沈邦正要求赎回其祖田一案中，法官明确表示"若曰祖产，必有砧基簿或分书可照，若曰果是其祖出典，必有合同典契可虑"，要求沈邦正出示证据，"但沈邦政既无片纸干照"，法官因此认为"其说略无根据"，于是未与支持其诉讼请求。④有的地方法官还常将书证与其他证据作一比较，以此来辨别真伪：

> 郎简侍郎尝知窦州，有县吏死，子幼，赘婿伪为券收其田。后子长，屡诉不得直，因诉于朝。下简劾治，简以旧案示之曰："此尔妇翁书耶？"曰："然"。又取伪券示之，弗类也。⑤

有的法官则通过鉴定时间日月文字与印鉴的图像关系来确定真伪：

---

① （宋）郑克著，杨奉琨校注：《折狱龟鉴校释》卷六《证慝·李处厚》，复旦大学出版社1988年版，第332页。
② （宋）高斯得：《耻堂存稿》卷五《谕俗文》，景印文渊阁《四库全书》本，台北：商务印书馆1983年版，第1182册，第87页。
③ （宋）佚名：《名公书判清明集》卷九《户婚门·伪将已死人生前契包占》，中华书局1987年版，第306—307页。
④ （宋）佚名：《名公书判清明集》卷九《户婚门·过二十年业主死者不得受理》，中华书局1987年版，第313—314页。
⑤ （宋）郑克著，杨奉琨校注：《折狱龟鉴校释》卷六《核奸·李行简附朗简窦州一事》，复旦大学出版社1988年版，第303页。

第六章 情法与理性：宋代地方法官群体的法律思想

永新土豪龙聿者，尝诱同里少年周整饮博，以奸胜整千缗，准其上腴田以偿直。初犹代耕输谷，岁久遂割占其田。整母方知博事，讼于县，则母契存焉。于州、于使者，至挝登闻鼓，皆不能直。公至，母又以告，公视契，一言以辨其伪。聿具伏，归整田。或问公，以何见其伪？曰："始视契，日月在母氏印上，是必得母他牒尾印以续伪契。"问之，果然，一县惊叹，以为神明。①

"陈安节论陈安国盗卖田地"案中官府比照了二陈兄弟的笔迹："契上'節'字皆从草头，其偏傍则皆从耳字。陈安国状上节字亦如此写。陈安节状上则皆从竹头。"② 南宋一宗"蓄养罢吏配军夺人之产"案中，对犯罪嫌疑人的任官告身进行鉴定而发现破绽："殴死人力，犹须见证追会，旁夺田产，亦要干照索齐。至如假官一节，索到告身批书，皆是揩洗书填，难掩踪迹，唤取前项书铺辨验，造伪晓然。"③

邓柔中为司湖州兵曹事时，有"建康道士张守真素狡狯，诬告华藏院隐没户绝物产，院尝被火，无券约可证"，因此长时不决，后有旨邻路委官复实，邓柔中因此参与此案审理，"檄所属县，俾阅架阁故事，于其中得华藏累年所输租籍"，最后以此作为判决证据。④

皇甫鉴为并州录事参军，"曲阳县民兄弟讼者，兄告其弟非同父，不分与田产，弟不能自明，县邑久不决，府使君治之。君使人按视其父母葬，告曰：'彼虽无石铭，棺椁外当有题志者。'于是验之，果悉书其子孙名字，而其弟

---

① （宋）苏颂：《苏魏公文集》卷五二《太子少保元章简公神道碑》，中华书局1988年版，第786页。
② （宋）黄榦：《勉斋集》卷三三《陈安节论陈安国盗卖田地事》，景印文渊阁《四库全书》本，台北：商务印书馆1983年版，第1168册，第375页。
③ （宋）佚名：《名公书判清明集》卷一二《惩恶门·结托州县蓄养罢吏配军夺人之产罪恶贯盈》，中华书局1987年版，第465页。
④ （宋）刘才邵：《槜溪居士集》卷一二《邓司理墓志铭》，景印文渊阁《四库全书》本，台北：商务印书馆1983年版，第1130册，第570页。

在焉，讼者于是首服"。①

郑骧为临江军录事参军，"有僧惠果诉范模者曰：'模善为骗，吾携疏乞钱，而模使其徒黄文昌致吾空寺中，伪出姓名，谬多题施，因数取钱物酒食以相报设，今巨费矣。'然无左验，有司疑之。君令益取纸，杂问模他事；徐视其答，则有与题施之字同者数十。鞫之，果模与文昌谋，改笔易书以诈之也。遂伏罪"。②

李椿调宁国军节度推官，"豪民执伪券夺陈氏田，陈父子毙于狱，妻又将毙，辩其伪，取田归陈氏"。③

宋代刑事审判中，要求轻则验伤，重则验尸，凡是杀伤公事及非理死亡案件，必须对现场、物品、痕迹、尸体等进行实地检验，因而促进了检验制度的发展。宋代对犯罪现场的检验已经相当细致，北宋时有"俯仰左右四人状"④，《洗冤集录》称为"四缝尸首"，后发展为《验尸格目》⑤《检验正背人形图》⑥。要求对尸体的全身部位，按前后左右从上而下的顺序，进行详细地检验喝报：

> 正头面（即仰面）：有无髻子、发长（若干）、顶心、卤门、发际、额、两眉、两眼（或开或闭，如闭，擘开验眼睛全与不全）、鼻（两鼻孔）、口（或开或闭）、齿、舌（如自缢舌有无抵齿）、颏、喉、胸、两乳（妇人两奶膀）、心、腹、脐、小肚、玉茎、阴囊（次后捻肾子全与不全，妇人言产门、女子言阴门）、两脚大腿、膝、两

---

① （宋）刘攽：《彭城集》卷三八《故朝散大夫尚书虞部郎中致仕上骑都尉皇甫君墓志铭》，景印文渊阁《四库全书》本，台北：商务印书馆1983年版，第1096册，第371页。
② （宋）叶适：《叶适集》卷一五《郑仲酉墓志铭》，中华书局1961年版，第271页。
③ （宋）杨万里著，辛更儒校注：《杨万里集笺校》卷一一六《李侍郎传》，中华书局2007年版，第4450页。
④ （宋）晁补之：《鸡肋集》卷六五《奉议郎高君墓志铭》，景印文渊阁《四库全书》本，台北：商务印书馆1983年版，第1118册，第960页。
⑤ （清）徐松辑：《宋会要辑稿》刑法六之五，上海古籍出版社2014年版，第8533页。
⑥ （清）徐松辑：《宋会要辑稿》刑法六之七，上海古籍出版社2014年版，第8534页。

脚胁韧、两脚胫、两脚面、十指爪。

翻身：脑后、乘枕、项、两胛、背脊、腰、两臀瓣（有无杖疤）、谷道、后腿、两曲瞅、两腿肚、两脚跟、两脚板。

左侧：左顶下、脑角、太阳穴、耳、面脸、颈、肩膊、肘、腕、臀、手、五指爪（全与不全或拳与不拳）、曲腋、胁肋、胯、外腿、外膝、外胁韧、脚踝。

右侧：亦如之。①

除了上述内容外，验状还须写清楚尸体原置何处，如何安放，四至到哪，着装，身上有无纹身灸瘢，是否残疾等。

宋代地方命案的检验官主要是县尉与司理参军，司理是法定的州检验官："杀伤公事，在县委尉，在州委司理参军，如阙正官，差以次官，画时部领一行人躬亲检验，委的要害致命去处；或的是病死之人，只仰命官一员画时检验。若是非理致命及有他故，即检验毕，画时申州，差官复检诣实，方可给与殡埋，其远处县分，先委本县尉检验毕，取邻近相去一程以下县分内，牒请令尉或主簿；一程以上，只关报本县令、佐复检，独员处亦取邻州县最近者。复检诣实，即给尸首殡埋，申报所隶州府，不得推延。"② 黄兑为县尉，"每遇检尸，虽盛暑亦先饮少酒，捉鼻亲视，人命至重，不可避少臭秽，使人横死无所申诉也。"③

《庆元条法事类》中记载了《验尸·杂式》，《初验尸格目》前文已经引用，《复验尸格目》为：④

某路提点刑狱司，照每副排定字号，发付某字号。

某州或县于年月日时，据状乞验尸首，已差官初检讫，月日时

---

① 高随捷、祝林森：《洗冤集录译注》卷二《验尸》，上海古籍出版社2008年版，第43页。
② （清）徐松辑：《宋会要辑稿》刑法六之一，上海古籍出版社2014年版，第8531页。
③ （宋）吕本中：《官箴》，载《宋代官箴书五种》，中华书局2019年版，第76页。
④ （宋）谢深甫：《庆元条法事类》卷七五《刑狱门·验尸·杂式》，黑龙江人民出版社2002年版，第801—802页。

差赍牒官复检。本官廨舍至泊尸地头，计里，人吏姓名押批，本案官某官姓名押。

　　复检官具位姓名

　　某时承受，将带仵作人、人吏于日时到地头，集耆、甲、保正、副及已死人亲，（原注：如是亲兄，即填云亲兄；如是堂兄，即填云堂兄之类。）复检到已死人痕损数内致命因依，的系要害致命身死分明，各于验状亲签毕，其尸即时责付血属，买棺木埋瘗。若其家贫乏或无主之家，即合勒行凶人陪备，或其人委又无力可出，即且令耆、保应钱买用，州县依价给还，并不得烧化。如违今来约束，依前烧化，日后致有词诉，其复检官与保正、耆、甲、仵作行人吏必有情弊，定当根究施行。仍于当日时差赍复验单状，保明申某处，仍于当时对众入字号递，具状缴连《格目》，申本司照会。人吏姓名押批，复检官职位姓名押。

　　右本司措置在前，仰州县照应《格目》先行实填三本，付复检官，候验讫实填，并验状仰复检官以一本发赴州县，一本给付血属，（原注：如无血属，即将所余《格目》一本缴回。）一本具日时字号状入急递，经申发赴本司。如点检得申缴违时，计程迟滞，勘验不实，仵作行人、公吏、耆保等辄有情弊及乞受搔扰，并仰诸色人除程限三日，赴司陈告。出限更不受理。（原注：妄有陈诉，亦当勘断施行。）如所告得实，即支赏钱一百贯文。其官员定当按治，吏人等送狱根勘，依法决配，的不容恕，各仰知委。年月日给。

　　仵作人耆、甲

　　保正、副、人吏

　　已死人亲行凶人

　　复检官职位姓名押

　　某官某路提点刑狱公事姓押

第六章　情法与理性：宋代地方法官群体的法律思想

检验的过程中检验官司要"于损伤去处，依样朱红书画横斜曲直，仍仰检验之时，唱喝伤痕，令众人同共观看所画图本，众无异词，然后着押"①。检复格目写成三本，"一申所属州县，一付被害之家，一申本司照会。"②

宋代司法中的证据制度，尤其是法医学的成就，在中国历史中是一个发展的高峰。

（三）宋代地方法官对法律刑名的掌握相当成熟

宋朝地方法官群体法律素质的提高，直接反映在司法判决中对刑名适用的把握更为准确。

王质知庐州时，因盗贼张雄定罪一事与大理寺产生争论：

> 巨盗张雄杀其党，并所赍而遁，逻者获之，公以法诛之。牒下大理，法官引近诏盗杀其徒者原之，雄不当死，吏当坐罪。公曰："法所以戢奸，而断实原情，今雄本罪当死，而又杀人以取赍，既非自首而捕得之，盗无悛恶之状，法无破奸之术。"疏三上，不省。公曰："吾不胜法吏矣！"③

北宋年间，陈奉古为贝州通判，"有卒执盗者，其母欲前取盗，卒拒不与，仆之地，明日死。以卒属吏，论为弃市。奉古议曰：'主盗有亡失法。今人取之，法当得捍。捍而死，乃以斗论，是守者不得主盗也。残一不辜，而剽夺生事，法非是。'因以闻。报至，杖卒。人称服之。"④

"祖宗时，有陕民值凶荒，母妻之别地受佣，民居家耕种自给，逾月一往省母。外日省母少，俟其妻出让其夫曰：'我与尔母在此，乃不为意，略不相

---

① （清）徐松辑：《宋会要辑稿》刑法六之七，上海古籍出版社 2014 年版，第 8534 页。
② （清）徐松辑：《宋会要辑稿》刑法六之五，上海古籍出版社 2014 年版，第 8533 页。
③ （宋）苏舜钦：《苏舜钦集》卷一六《朝奉大夫尚书度支郎中充天章阁待制知陕州军府事平晋县开国男食邑三百户上护军赐紫金鱼袋王公行状》，沈文倬点校，中华书局上海编辑所 1961 年版，第 236—237 页。
④ （宋）郑克著，杨奉琨校注：《折狱龟鉴校释》卷四《议罪·陈奉古》，复旦大学出版社 1988 年版，第 214 页。

顾乎？'民与妻相诟责不已，民曰：'尔拙于为生，受佣于人，乃复怨我。'妻曰：'谁不为佣耶？'民意妻讥其母，怒以犁柄击妻，一中而死。事至有司，当位者皆以故杀十恶论。案成。一明法者折之曰：'其妻既受人佣，义当暂绝。若以十恶故杀论民，或与其妻奸，将以夫妻论乎？以平人论乎？'众皆晓服，遂定以斗杀情理轻奏闻，折之者被褒赏焉。"①

江少虞记载邢州和寿州两例案件，反映了在刑名适用时，经过争论使定性更为科学：

> 近岁邢、寿两郡，各断一狱，用法皆误，为刑曹所驳。寿州有人杀妻之父母昆弟数口，州司以不道缘坐妻子，刑曹驳曰："殴妻之父母，即是义绝，况其谋杀，不当复坐其妻"。邢州有盗杀一家，其夫妇即时死，惟一子明日而死，其家财产户绝，法给出嫁亲女。刑曹驳曰："其家父母死时其子尚生时，产乃子物，出嫁亲女乃出嫁娣妹，不合有分。"②

宋仁宗朝张洞为涟水军判官，后再调颍州推官期间，"民刘甲者，强弟柳使鞭其妇，既而投杖，夫妇相持而泣。甲怒，逼柳使再鞭之，妇以无罪死。吏当夫极法，知州欧阳修欲从之。洞曰：'律以教令者为首，夫为从，且非其意，不当死。'众不听，洞即称疾不出，不得已谳于朝，果如洞言，修甚重之。"③

赵抃为武安军节度推官，人有赦前伪造印，更赦而用者，法吏当以死。抃曰："赦前不用，赦后不造，不当死。"奏谳上报而使之保全生命。④

陈希亮开封府司录事，有青州男子赵宇，上言"元昊必反"，被责为文学参军，福州安置。第二年，元昊果然反叛。赵宇上书辩白，"所部不受，亡至

---

① （宋）范公偁：《过庭录·明法者论命案》，中华书局2002年版，第341—342页。
② （宋）江少虞：《宋朝事实类苑》卷二二《断狱》，上海古籍出版社1981年版，第258页。
③ （元）脱脱：《宋史》卷二九九《张洞传》，中华书局1977年版，第9932—9933页。
④ （元）脱脱：《宋史》卷三一六《赵抃传》，中华书局1977年版，第10321页。

第六章 情法与理性：宋代地方法官群体的法律思想

京师"，被劾以"在官无故亡"罪。陈希亮奏："乞以宇所上封事付有司，即其言验，不当加责。"赵宇因此无罪释放。①

杨汲为赵州司法参军，州民曹浔者，兄遇之不善，兄子亦加侮焉。浔持刀逐兄子，兄挟之以走，浔曰："兄勿避，自为侄尔。"既就吏，兄子云："叔欲给吾父，止而杀之。"吏当浔谋杀兄，汲曰："浔呼兄使勿避，何谓谋。若以意为狱，民无所措手足矣。"州用其言，谳上，浔得不死。②

李仕衡权领狱掾，"咸阳县有民杀人，具辞以送府，父子五人皆伏加功之坐。公告于尹曰：'尝试辨之，盖杀人者一，余四人掩其骸尔，安可尽辟乎？'尹复之，卒从公议，即谓公曰：'是四人者，非子之明，则冤于地下矣。'"③

王田为签书凤翔节度判官，"乡民有得遗财于道者，遇捕卒拒不伏擒，府尹周式曰：'此正谓盗而后强者。'将置于重辟。公独以阑遗无强取法，拒捕又不以仗，故执不敢断。式曰：'吾为吏固先于若，岂不晓法？尔有异识，何不以状来使吾按治耶？'公即上议状，式意为解，止决杖而释之。"④

李逢为归州司理参军，"商人有撑舟夜泛以避关征者，津吏弯弓警之，误中辄死，群欲以故杀论。君持论不可，乃请于朝，卒从轻罪。"⑤

魏通为广安军判官，"门卒杀犯关者，或当之死，独争宜不死。比闻于朝，果不死，人以为平。"⑥

宋国宝为台州司理参军，"有告坑户疑其匿官白金者，不实，法应杖，吏

---

① （宋）郑克著，杨奉琨校注：《折狱龟鉴校释》卷四《议罪·陈希亮》，复旦大学出版社1988年版，第220页。
② （元）脱脱：《宋史》卷三五五《杨汲传》，中华书局1977年版，第11187页。
③ （清）范能浚编集，薛正兴校点：《范仲淹全集》卷一三《宋故同州观察使李公神道碑铭》，凤凰出版社2004年版，第269页。
④ （宋）苏颂：《苏魏公文集》卷五六《太常少卿致仕王公墓志铭》，中华书局1988年版，第857页。
⑤ （宋）吕陶：《净德集》卷二五《著作佐郎李府君墓志铭》，景印文渊阁《四库全书》本，台北：商务印书馆1983年版，第1098册，第201页。
⑥ （宋）晁补之：《鸡肋集》卷六五《通直郎充德清军使兼知澶州清丰县事魏君墓志铭》，景印文渊阁《四库全书》本，台北：商务印书馆1983年版，第1118册，第958页。

365

受赇，欲置之流。君曰：在法告不称疑，虽不治可也，而反坐之耶？固争之，压之势，竟不为变。"①

吴圣与调舒州司理参军，"年少，人或易之，有市医砭人死，系月余莫能决，公一见曰：'此非律所谓误不如方者耶！'老吏相顾大惊"。②

刘伯任为汀州录参，"部民有群讼于有司者，有司以其朋聚挺乱，将悉致之死。公抱牍争议于庭甚力。"③

刘安世为岳州司户参军，兼摄录事参军时，"有野夫为佣保于大姓者，父病，谒主归省，主人不可，野夫径去。主人以盗告官，狱具如章。先生争之曰：'野夫以孝而刑，谓此邦之人何？'岳民叫舞称贺。"④

祝檩调临安府录事参军，"有刘捨儿者，聚群恶少，日酣饮，为狂不逊语，逻者以闻，下府属吏，法当悉坐诛。公谓以醉饱语言杀人，非盛世事，请坐其首，余以讹误决遣。府尹惧不敢从，公径以白御史晁公武。晁是之，亟以公语告上，诏止僇其首一人，余皆从公请。"⑤

陈幾道调汀州司理参军，"宁化军有盗六人，持畲刀夜刈人禾，田主逐之，五人逸去，其一独留且杀主人。邑官全获，以为六人皆强盗也，狱具，将就诛。君曰：'持刀窃禾，志不在杀也。畏主人而去者，与独留而杀主人者异矣，安可无首从以用刑邪？'初虽议论异同，卒如君议。"⑥

---

① （宋）刘安节：《刘左史文集》卷二《宋国宝墓志铭》，载《宋集珍本丛刊》，线装书局2004年版，第31册，第473页。
② （宋）汪藻：《浮溪集》卷二六《左中大夫致仕吴公墓志铭》，景印文渊阁《四库全书》本，台北：商务印书馆1983年版，第1128册，第239页。
③ （宋）林之奇：《拙斋文集》卷一八《故刘郎中伯任墓志铭》，载《宋集珍本丛刊》，线装书局2004年版，第44册，第736页。
④ （宋）杨万里著，辛更儒校注：《杨万里集笺校》卷一一八《朝奉刘先生行状》，中华书局2007年版，第4488页。
⑤ （宋）真德秀：《西山先生真文忠公文集》卷四三《祝删定墓志铭》，上海：商务印书馆1937年版，第780页。
⑥ （宋）杨杰：《无为集》卷一四《故温州录事参军陈君墓志铭》，景印文渊阁《四库全书》本，台北：商务印书馆1983年版，第1099册，第764页。

第六章 情法与理性：宋代地方法官群体的法律思想

在宋代以前的传统儒家观点中，其法律思想仅包含"礼"与"法"两个因素，二者的关系为德主刑辅、德本刑末、隆礼薄法，这也成为政治家治理社会的指导思想。但随着私有权的深化和社会关系的复杂，宋代士大夫在司法实践中将法律思想发展为"情""理""法"三个因素，从而完成中国法律思想史上的重大进步。可以理解为古代之"礼"在宋代发展成"情""理"两大部分，既有礼俗秩序的内容，也有对个体利益的适当重视，更是充满了科学精神的渗透。而古代之"法"在宋代也发展出两个内涵，一是指法令条文，二是指树立的中国传统法官的理性人格标准。实际上，宋代"情理法"审判思想实现了四个维度的进步，使司法过程中言情、说理而又讲法，从而改造了旧的司法思想模式，发展出新的理论体系，拓展了儒学作为官方哲学的合理性，保障了封建王朝统治的生命力。

宋代"情理法"综合的法律思想，在解决当时各种社会矛盾与纠纷中起到比较良好的社会效果。

在刑事案件方面，宋代出现《折狱龟鉴》《棠阴比事》和《洗冤集录》三部著名的司法侦查著作，审判风格更为客观，"苟有情理有可疑者，虽赃证符合，亦未宜剧决……盖赃或非真，证或非实，唯以情理察之，然后不致枉滥，可不鉴哉，可不谨哉！"① 宋代是中国古代刑事侦查科学大发展的阶段，《洗冤集录》被认为是中国乃至世界上最早的一部法医学专著，其司法检验成就不仅为元、明、清所继承，还产生了世界范围的影响。

就民事案件而言，宋代地方法官遵循着先教后罚原则，"奉职循理，亦可以为治"②，在天理思想指导下，通过说理与言情，解决人际纠纷。胡太初说："有兄弟讼财，亲族互讼者，必曲加讽谕，以启其愧耻之心，以弥其乖争之

---

① （宋）郑克著，杨奉琨校注：《折狱龟鉴校释》卷二《鞫情·高防》，复旦大学出版社1988年版，第102页。
② （汉）司马迁：《史记》卷一一九《循吏列传》，中华书局1959年版，第3099页。

习,听其和允,勿事研穷,则民俗归厚矣。"① 宋代士大夫成为真正的地方父母官,余景瞻为延平知县,"野人有讼","呼案前儿女语之"。② 张洽为袁州司理参军,"会狱有兄弟争财者,洽谕之曰:'讼于官,只为胥吏之地,且冒法以求胜,孰与各守分以全手足之爱乎?'辞气恳切,讼者感悟"。③ 真德秀也父子喻官民关系:"太守之于尔民,犹父兄之于子弟。为父兄者,只欲子弟之无过;为太守者,亦只欲尔民之无犯。"④ 在案件审理过程中,对当事人同时进行法律解释和道德劝谕:

> 大凡蔽讼,一是必有一非,胜者悦而负者必不乐。愚民懵无知识,一时为人鼓诱,自谓有理,故来求诉。若令自据法理断遣,而不加晓谕,岂能服负者之心哉?故莫若呼理曲者来前,明加开说,使之自知亏理,宛转求和,或求和不从,彼受曲亦无辞矣!⑤

宋代审判民事案件的风格是先教化后法断:

> 当职昨在任日,遇亲戚骨肉之讼,多是面加开谕,往往幡然而改,各从和会而去。如卑幼诉分产不平,固当以法断,亦须先谕尊长,自行从公均分。或坚执不从,然后当官监析。其有分产已平,而妄生词说者,却当以犯分诬罔坐之。今请知、佐每听讼,常以正名分,厚风俗为先。⑥

胡颖主张针对不同的人际关系要有不同的道德说教:"每遇听讼,于父子之间,则劝以孝慈,于兄弟之间,则劝以爱友,于亲戚、族党、邻里之间,则

---

① (宋)胡太初:《昼帘绪论·临民篇》,载《宋代官箴书五种》,中华书局2019年版,第163页。
② (宋)叶适:《叶适集》卷一〇《龟山杨先生祠堂记》,中华书局1961年版,第161页。
③ (元)脱脱:《宋史》卷四三〇《张洽传》,中华书局1977年版,第12786页。
④ (宋)真德秀:《西山先生真文忠公文集》卷四〇《潭州谕俗文》,上海:商务印书馆1937年版,第707页。
⑤ (宋)胡太初:《昼帘绪论·听讼篇》,载《宋代官箴书五种》,中华书局2019年版,第175页。
⑥ (宋)佚名:《名公书判清明集》卷一《官吏门·劝谕事件于后》,中华书局1987年版,第10页。

第六章　情法与理性：宋代地方法官群体的法律思想

劝以睦姻任恤。委曲开譬，至再至三，不敢少有一毫忿疾于顽之意。"①

宋代士大夫通过"情理法"的综合考量，突出了"中和"与"省心"的特色。中和就是不简单按照法令规定进行是非判断，而是从从家族和个人的长远生活出发，兼顾各方利益，当事人各方亦都须退让，从而维系矛盾之后家庭的正常生活。宋真宗时，"有民家子与姊婿讼家财。婿言妻父临终，此子才三岁，故见命掌货产；且有遗书，令异日以十之三与子，余七与婿"，知州张咏审理时则将遗产判决三分与婿，七分与子，"人皆服其明断"。②郑克评论此案说："悉夺与儿，此之谓法理，三分与婿，此之谓人情"，认为张咏能够谨持法理，深察人情，号为严明，谓之明断。③吕陶为铜梁令，"民庞氏姊妹三人冒隐幼弟田，弟壮，诉官不得直，贫至庸奴于人。及是又诉，陶一问，三人服罪。弟泣拜，愿以田半作佛事以报。陶晓之曰：'三姊皆汝同气，方汝幼时，适为汝主之尔；不然，尽为他人所欺。与其捐半供佛，曷若遗姊，复为兄弟，顾不美乎？'弟又拜听命。"④吕陶的判决也是从家庭长远维系出发，不追究冒占田产之错，而又劝解将供奉佛事之田产转赠姊妹，从而能够长久维系家族亲情关系。黄榦知新淦县，陈氏在其夫徐孟彝逝世之后，受其家兄鼓动，将子女四人留于徐家，携妆奁回归本家，徐孟彝之母到官争讼。黄榦认为陈氏为"不义之举"：

> 妇人谓嫁曰"归"，是以得嫁为得所归也。莫重于夫，莫尊于姑，莫亲于子，一齐而不可变，岂可以生死易其心哉？……不幸而夫死，必当体其夫之意，事其姑终身焉。假使无子，犹不可归，况有女三人，有男一人，携之以归其父之家犹不可，况弃之而去。既

---

① （宋）佚名：《名公书判清明集》卷一〇《人伦门·母讼其子而终有爱子之心不欲遽断其罪》，中华书局 1987 年版，第 363 页。
② （元）脱脱：《宋史》卷二九三《张咏传》，中华书局 1977 年版，第 9802 页。
③ （宋）郑克著，杨奉琨校注：《折狱龟鉴校释》卷八《严明·何武》，复旦大学出版社 1988 年版，第 386 页。
④ （元）脱脱：《宋史》卷三四六《吕陶传》，中华书局 1977 年版，第 10977—10978 页。

不以身奉其姑，而反以其子累其姑，此岂复有人道乎？①

黄榦判决陈氏归徐家，又考虑其家庭孩子的生计，"仍监将两项田听从徐氏收管获利"，对陈氏之兄则杖刑六十，警告其不可再生事端。对这类民间争讼，宋代地方官皆以劝和为首要手段，"乡曲邻里，务要和睦。才自和睦，则有无可以相通，缓急可以相助，疾病可以相扶持，彼此皆受其利。"② 宋代的民事案件常常以"修以和议"的方式得到解决。③ 宋代处理民事案件的原则中，当事人能否"省心"，即能否躬亲自省也成为处罚时重要的考虑因素。张解元、张运干兄弟为墓田而争讼，黄榦认为："当职身为县令，于小民之愚顽者，则当推究情实，断之以法；于士大夫，则当以义理劝勉，不敢以愚民相待。"因而要求他们"深思同气之义与门户之重"，"取和对状"，而没有用法判断是非。④ 胡颖在审理一起赎田之讼中，被告李边"欲昏赖典主"，依法本应"合勘杖一百"，但李边"状首自称前学生，意其或是士类，遂欲免断。"⑤ 豪横胡大发"称是士人，习诗赋"，其罪"本合徒断"，地方长官当厅引试，成"讼终凶诗"一首："天与水违讼，分明万象重。始焉微不审，终也遂成凶。有事须求直，无瑕不可攻。昏迷弗知返，悔吝乃相从。中吉当能悟，大贤何不容。圣行使无讼，今日幸遭逢。"虽是粗通，但因而"免勘断，重究竹箄二十。"⑥ 另如吴敏中，"照条合是徒配，以系士人"，当厅引试，亦以"文理粗通，姑与免受大杖，改决竹箄二十。"⑦ 再如刘涛"搂揽关节"，"把持县

---

① （宋）黄榦：《勉斋集》卷三三《徐家论陈家取去媳妇及田产》，景印文渊阁《四库全书》本，台北：商务印书馆1983年版，第1168册，第380页。
② （宋）佚名：《名公书判清明集》卷一〇《人伦门·乡邻之争劝以和睦》，中华书局1987年版，第393页。
③ （宋）佚名：《名公书判清明集》卷一〇《人伦门·兄弟争财》，中华书局1987年版，第375页。
④ （宋）黄榦：《勉斋集》卷三三《张运属兄弟互诉墓田》，景印文渊阁《四库全书》本，台北：商务印书馆1983年版，第1168册，第368页。
⑤ （宋）佚名：《名公书判清明集》卷九《户婚门·典买田业合照当来交易或见钱或钱会中半收赎》，中华书局1987年版，第311—312页。
⑥ （宋）佚名：《名公书判清明集》卷一一《人品门·引试》，中华书局1987年版，第402—404页。
⑦ （宋）佚名：《名公书判清明集》卷一一《人品门·引试》，中华书局1987年版，第404页。

第六章　情法与理性：宋代地方法官群体的法律思想

官，劫制胥吏"，"专以教唆词讼为生业"，"本合科断"，但"念其职在学校，不欲使之裸肤受杖，姑从挞记，以示教刑。"① 这类案件中，地方长官认为被告因为有一定的文化知识，能够自我反省，因而都做出了轻判的决定，期望被告能痛改前非。朱熹认为民众不能自省定会引起风俗衰落："其余词状，亦有只是一时争竞些少钱米田宅，以致互相诬赖，结成仇雠，遂失邻里之欢，且亏廉耻之节。甚则忘骨肉之恩，又甚则犯尊卑之分。细民如此，已足伤嗟。间有自称进士学生、宦族子弟，而其所诉亦不免此。此邦之俗旧称醇厚，一旦下衰至于如此，长民者安得不任其责？又何忍一切徒以柱后惠文为事，而不深求所以感发其善心者哉？"② 宋代士大夫突出追求"中和"与"省心"，其目的就是建立"家家孝友，人人雍和，息事省争，安分循理"③ 的太平社会。

对于情、理、法三者的关系，宋代士大夫有相当深入的认识。真德秀认为："公事在官，是非有理，轻重有法，不可以己私而拂公理，亦不可甄公法以狥人情。"④ "是非之不可易者，天理也，轻重之不可逾者，国法也。以是为非，以非为是，则逆乎天理矣！以轻为重，以重为轻，则违乎国法矣！居官临民，而逆天理，违国法，于心安乎？雷霆鬼神之诛，金科玉条之禁，其可忽乎？"⑤ "上之所为，一与理合，即不待教令而自乎；上之所为，一与理悖，则虽加刑戮而不服。"⑥ 范应铃也讲："祖宗立法，参之情理，无不曲尽。倘拂乎情，违乎理，不可以为法于后世矣。……守令亲民，动当执法，舍法而参

---

① （宋）佚名：《名公书判清明集》卷一二《惩恶门·士人教唆词讼把持县官》，中华书局1987年版，第477—478页。
② （宋）朱熹：《朱熹集》卷一〇〇《漳州晓谕词讼榜》，四川教育出版社1996年版，第5094页。
③ （宋）真德秀：《政经·劝谕文》，景印文渊阁《四库全书》本，台北：商务印书馆1983年版，第706册，第459页。
④ （宋）佚名：《名公书判清明集》卷一《官吏门·谕州县官僚》，中华书局1987年版，第6页。
⑤ （宋）佚名：《名公书判清明集》卷一《官吏门·谕州县官僚》，中华书局1987年版，第6页。
⑥ （宋）真德秀：《西山先生真文忠公文集》卷四《奏札》，上海商务印书馆1937年版，第66页。

用己意，民何所凭？……然断天下之讼，尽于舍法而用礼。"① 胡颖认为："殊不知法意、人情，实同一体，循人情而违法意，不可也，守法意而拂人情，亦不可也。权衡于二者之间，使上不违于法意，下不拂于人情，则通行而无弊矣。"② 可见，宋代地方官听讼时，注意法意与情理的有序结合，从而极大增加了判决意见的现实可行性。

马克斯·韦伯说，"法律的发展不仅受经济条件及权力结构的影响，而且在世界上各个传统形成的历史过程中，'法律名流'作为该传统中法律文化的维系者，其活动及有意识的创造也将直接导致不同类型的法律模式的出现。"③ 士大夫作为新的法官主体，就是宋代的法律名流，群体知识化的提高带来新的"情理法"审判模式，使中华法系思想提升到新的历史高度。

---

① （宋）佚名：《名公书判清明集》卷一二《惩恶门·因奸射射》，中华书局1987年版，第448—449页。
② （宋）佚名：《名公书判清明集》卷九《户婚门·典买田业合照当来交易或见钱或钱会中半收赎》，中华书局1987年版，第311页。
③ ［德］马克斯·韦伯著：《儒教与道教》，王容芬译，商务印书馆，1995年版，第174页。

第七章 短安与长治：宋代地方司法结构的制度张力与实施效能[①]

"司法结构"是法律作为阶级社会的上层建筑及统治工具的组成体系及其关系格局的概括。司法结构作为统治的体系与格局，最主要的内容是其中所包含的制度框架。但是制度框架如果没有人的因素只能是静态的，只有经过政策驱动与人员执行才能产生实际效能。地方司法结构的政策驱动力是国家制订的地方管理政策，通过地方官吏队伍进行社会实施，而其产生的综合社会后果就是在社会历史现实中产生的社会治理效能。

第一节 宋代地方治理体系的时代进步

一、军事力量部署中的上强下弱态势

（一）"内外相制"的军队布防格局

军队是阶级统治的重要工具，对外担负着维护国防安全、对内担负着维护社会治安的双项职能。军队的布局是关系国家安全和地方治安的重大战略问题，宋初统治集团根据立国形势而确定了军事力量的布防格局。宋太宗认

[①] 本章与郑迎光先生合作完成。

为："国家若无外忧，必有内患。外忧不过边事，皆可预防。惟奸邪无状，若为内患，深可惧也！帝王用心，常须谨此。"① 宋仁宗时欧阳修亦说："夷狄者，皮肤之患，尚可治；盗贼者，腹心之疾，深可忧。"② 韩琦认为："四夷内窥中国，必观衅而后动，故外忧之起，必始内患。"③

在这一先防内患、后防外忧思想的指导下，宋太祖开国伊始就确定了"内外相制"④ 的政策，增加京师的军队驻扎："艺祖养兵止二十二万，京师十万余，诸道十万余。使京师之兵足以制诸道，则无外乱；合诸道之兵足以当京师，则无内变。内外相制，无偏重之患"⑤，"京城之内，有亲卫诸兵，而京城之外，诸营列峙相望，此京城内外相制之兵也；府畿之营云屯数十万众，其将、副视三路者，以虞京城与天下之兵，此府畿内外之制也。非特此也，凡天下之兵，皆内外相制也"⑥，"京师本古之陈留郡，天下四通八达之地……四向无险阻之形，藩篱之固，逼近强敌……国朝太祖皇帝深虑安危之计，始削诸节度之权，屯兵于内，连营畿甸。"⑦ 包拯在上奏中又说："所谓京师者，天下之本也，强本者，畿兵耳，本固且强，繇中制外，则天下何患焉？"⑧

王曾瑜先生对北宋禁军的分布以宋仁宗时为定点作了详细统计，列表如下：⑨

---

① （宋）李焘：《续资治通鉴长编》卷三二，淳化二年八月丁亥，中华书局2004年版，第719页。
② （宋）李焘：《续资治通鉴长编》卷一四一，庆历三年六月癸丑，中华书局2004年版，第3388页。
③ （宋）赵汝愚：《宋朝诸臣奏议》卷一三一《上仁宗论外忧始于内患》（韩琦），上海古籍出版社1999年版，第1446页。
④ 王曾瑜：《宋代兵制初探》，中华书局1983年版，第33页。
⑤ （宋）李焘：《续资治通鉴长编》卷三二七，元丰五年六月壬申，中华书局2004年版，第7883页。
⑥ （宋）朱弁：《曲洧旧闻》卷九《艺祖养兵二十万》，中华书局1985年版，第213页。
⑦ （宋）张方平：《乐全集》卷二一《论京师卫兵事》，景印文渊阁《四库全书》本，台北：商务印书馆1983年版，第1104册，第200页。
⑧ （宋）包拯著，杨国宜校注：《包拯集校注》卷二《请留禁军不差出招置土兵》，黄山书社1999年版，第111页。
⑨ 王曾瑜：《宋代兵制初探》，中华书局1983年版，第34—54页，程民生先生作了简化，参朱绍侯主编《中国古代治安制度史》，河南大学出版社1994年版，第476页。

第七章 短安与长治：宋代地方司法结构的制度张力与实施效能

地区	驻军指挥（营）数
开封京城	476
开封诸县	208
京　东	140
京　西	165
河　北	254
河　东	160
陕　西	329
淮　南	58
江　南	31
两　浙	18
荆　湖	61
福　建	10
广　西	8
四　川	9

从北宋禁军的分布来看，禁兵主要集中于北方，至宋仁宗"庆历三年，因王伦、张海等狂贼数十人，更于江、湖、淮、浙、福建诸路又添宣毅一百二十四指挥"①。就北方而言，开封府界驻禁兵六百八十四指挥，京东、京西、河北、河东和陕西驻禁兵一千零四十八指挥。这是因为对西夏战争的需要发生的变化。即使如此，开封的兵力依然比北方任何一路强得多，显示其重内轻外、重京师轻地方的特点。

南宋时期，由于北方沦陷，兵力部署发生大变化，但基本格局没有改变。

---

① （宋）张方平：《乐全集》卷一八《对手诏一道》，景印文渊阁《四库全书》本，台北：商务印书馆1983年版，第1104册，第145页。

现将南宋孝宗时主力部队兵力部署列表如下:①

地区	驻军人数
临安一带	99000
建康	69000
京口江池鄂等	116000
江陵襄阳等地	39000
四川	97000

南宋主力部队这种大半驻守在长江沿线的布局,是由宋金对抗局势决定的。在内地,仍然是重兵守卫都城,而地方守备虚弱。

宋代军队布防格局维护了社会的基本稳定,宋人认为:"太祖皇帝惩唐末五代之乱,始为军制,联营厚禄,以收才武之士;宿重兵于京师,以消四方不轨之气,番休互迁,使不得久而生变,故百余年天下无事,虽汉唐盛时,不可以为比。"②

(二) 地方武器管理的加强

宋代在地方也设置生产武器的作坊,称"作院"或"都作院",尽管州郡作院在规模、技术条件等方面都不及京师作坊,但每年为宋王朝提供了大量武器装备。宋太祖时,诸州作院"岁造弓、弩、箭、剑、甲、兜、鍪、甲叶、箭镞等凡六百二十余万"③,以后产量渐有提高,在宋神宗熙宁以前,每年州郡上供京师的弓弩甲胄"以千万数"④。就单个作院而言,产量也不少。如元

---

① 转引自程民生先生的统计,见朱绍侯主编《中国古代治安制度史》,河南大学出版社 1994 年版,第 477 页。
② (宋) 李焘:《续资治通鉴长编》卷三〇一,元丰二年十一月癸巳,中华书局 2004 年版,第 7324 页。
③ (宋) 曾巩:《曾巩集》卷四九《兵器》,中华书局 1984 年版,第 656 页。
④ (元) 脱脱:《宋史》卷一九七《兵志》,中华书局 1977 年版,第 4913 页。

第七章 短安与长治：宋代地方司法结构的制度张力与实施效能

丰五年"相州都作院造防城箭三十三万（支）。"① 这说明北宋时州郡作院的生产能力是不低的。② 宋代地方还有专门贮藏兵器的武库，称为"甲仗库"，如相州甲仗库、广州甲仗库、镇江府甲仗库、严州甲仗库、湖州甲仗库等。有的地方也称为"武藏"或"军器库"。宋代州郡兵器库的任务主要是负责收贮诸作院打造或朝廷分配的各种兵器，以供当地驻军或乡兵作战和教阅之用。

宋代加强了对地方武器的管理，对中央配发给各地的武器装备，由沿途各地方协同押送，以确保安全。宋神宗元丰元年（1078）八月军器监提出："已装发鄜延路器甲，乞下京西路转运司指挥，所历官司，及巡检、县尉、巡铺、使臣等，随地分交割，运置出界。委知州提领，监司觉察，如违，并奏劾。其诸路所起发军器，亦乞依此。"③ 对地方武器的发放和使用制订严格规定，只有在值勤、训练、出征时才发放，事情完毕即刀枪入库。《宋刑统》中明确规定：

> 诸请受军器事讫，停留不输者，十日杖六十，十日加一等，百日徒一年；过百日不送者，减私有罪二等。其弃毁者，准盗论。
>
> 【议曰】："请受军器"，谓矟、甲、槊、弩、弓、箭之类。征戍事讫，停留不输者，十日杖六十，十日加一等，百日徒一年。"过百日不送者，减私有罪二等"，《擅兴律》"私有甲一领，流"上减二等，徒二年半之类。其有或弃或毁者，"准盗论"，各依《贼盗律》："盗甲弩者，流二千里；禁兵器，徒二年。"如此之类，并准盗法。④

宋代对地方武器装备的点检和管理，主要由路级的转运司和提点刑狱司负责。在宋仁宗时就降诏陕西、河东，"其城垒、器甲，逐季令转运、提点刑

---

① （宋）李焘：《续资治通鉴长编》卷三二七，元丰五年六月丁巳，中华书局2004年版，第7873页。
② 史继刚：《宋代军用物资保障研究》，西南财经大学出版社2000版，第166—171页。
③ （宋）李焘：《续资治通鉴长编》卷二九一，元丰元年八月癸丑，中华书局2004年版，第7118—7119页。
④ （宋）窦仪：《宋刑统》卷二七《杂律·停留军器不输》，法律出版社1999年版，第502页。

377

狱按视之。"① 宋神宗时为改善武器的质量,实行军器监法,诸路提刑司负责对各地都作院军器制造的监督。宋哲宗元祐四年（1089）,经户部侍郎苏辙奏请,诸路都作院皆归之转运司,上隶户部。② 但提刑司仍保留着点检、封桩诸路兵器的职权。元祐七年,朝廷又诏令提刑司每季选官点检本州军队兵器,"使安置如法,暴磨以时,应修者别修。"③ 元符元年（1098）,朝廷再申:"应出战及守城器具除见管外,有急阙之物,仰计会提刑司,依累降指挥疾速添修了当。"④《庆元条法事类》中也规定:"诸都作院、作院军器,提点刑狱司提举点检。（内都作院,每岁遍行巡按）"⑤, "诸将下军须什物,转运、提点刑狱司岁一点检"⑥,可见,对于地方上兵器的制造和储存情况,一直是由提刑司负责点检、按察,这对保证武器制作的质量和武器的有效管理是项有利的措施。⑦

宋代官府对民间兵器也有严密的管理政策。古代刀剑、弓箭等武器既易于制作,也便于携带,渔猎商旅之人,多以此作为工具或防身之器。宋代统治者为维护社会治安,预防利用武器杀伤人命,更为防止武装造反,在宋朝立国之初,就严禁民间私造、私藏兵器。在《宋史·兵志》中多有记载:宋太祖开宝三年（970）诏:"京都士庶之家,不得私蓄兵器。军士素能自备技击之器者,寄掌本军之司;俟出征,则陈牒以请。品官准法听得置随身器械。"宋太宗淳化二年（991）:"申明不得私蓄兵器之禁。"宋仁宗景祐二年

---

① （清）徐松辑:《宋会要辑稿》兵二七之三五,上海古籍出版社2014年版,第9201页。
② （宋）李焘:《续资治通鉴长编》卷四二二,元祐四年二月己巳,中华书局2004年版,第10226页。
③ （宋）李焘:《续资治通鉴长编》卷四七一,元祐七年三月辛丑,中华书局2004年版,第11253页。
④ （宋）李焘:《续资治通鉴长编》卷五〇〇,元符元年七月辛亥,中华书局2004年版,第11904页。
⑤ （宋）谢深甫:《庆元条法事类》卷四《职制门·职掌·职制令》,黑龙江人民出版社2002年版,第29页。
⑥ （宋）谢深甫:《庆元条法事类》卷七《职制门·监司巡历·职制令》,黑龙江人民出版社2002年版,第119页。
⑦ 王晓龙:《宋代提点刑狱司制度研究》,人民出版社2008年版,第331页。

第七章 短安与长治：宋代地方司法结构的制度张力与实施效能

（1035），因岭南为盗者多持博刀，故降诏："广南民家毋得置博刀，犯者并锻人并以私有禁兵律论。"庆历八年（1048）再次降诏："士庶之家，所藏兵器，非法所许者，限一月送官。敢匿，听人告捕。"嘉祐七年（1062），诏江西制置贼盗司，"在所有私造兵甲匠并籍姓名，若再犯者，并妻子徙淮南。"① 宋徽宗宣和七年（1125）正月二十四日诏："民间私置博刀及炉户辄造，并依私有禁兵器法，见者限一月赴官首纳，限外罪赏依本法，仍令诸路提刑司行下所属州县。"② 由此可见，宋代对私造、私藏兵器一直是严格禁止的。

宋代乡兵、弓手负担着维护地方治安的任务，但宋官府曾一度不准弓手私自配置武器，否则依法查处。如宋真宗大中祥符年间，"复州有弓手置弓刀，以捕寇者，本州以私置衣甲器械坐其罪，皆杖脊，配隶本城。"③ 但弓手如果没有武器，就难以承担缉捕盗贼的任务，对维护社会治安是极为不利的。因此，大中祥符九年（1016）四月诏："三京及诸转运司，除川陕州军外，并据所管县分弓手，每五人借弩一枝。其弓箭、枪剑令各自置办，以簿拘管，递相交割，委令尉常切教阅。"④

宋朝政府为防止民众习武妨碍社会治安稳定，明令禁止民间私习武艺。如宋真宗大中祥符年间，"河北诸州军民户惰弃农业，学禁术、枪剑、桃棒之技者，自今委诸县令佐常切觉察，违者论如法。"⑤ 天禧四年（1020）"诏访闻忻、代州民，秋后结朋角觚，谓之野场，有杀伤者，自今悉禁绝之。"⑥ 宋徽宗政和五年（1115）四月大臣上奏："江南盗贼间作，盖起于乡间愚民无知，习学枪梃弓刀，艺之精者从而教之。一旦纠率，惟听指呼，习以成风。乞诏有司，责邻保禁止，示之厚赏，敢为首者加以重刑，庶免摇扰。"⑦《庆元

---

① （元）脱脱：《宋史》卷一九七《兵志》，中华书局 1977 年版，第 4909—4912 页。
② （清）徐松辑：《宋会要辑稿》刑法二之九二，上海古籍出版社 2014 年版，第 8332 页。
③ （清）徐松辑：《宋会要辑稿》职官四八之六二，上海古籍出版社 2014 年版，第 4355 页。
④ （清）徐松辑：《宋会要辑稿》职官四八之六二，上海古籍出版社 2014 年版，第 4355 页。
⑤ （清）徐松辑：《宋会要辑稿》刑法二之一○，上海古籍出版社 2014 年版，第 8286—8287 页。
⑥ （清）徐松辑：《宋会要辑稿》刑法二之一四，上海古籍出版社 2014 年版，第 8290 页。
⑦ （清）徐松辑：《宋会要辑稿》刑法二之六四，上海古籍出版社 2014 年版，第 8318 页。

条法事类》中亦规定凡结集社众练习武艺者，教师、为首之人徒二年："诸结集社众阅习武艺者，（杆棒、炼锤之属亦是。）教愿及为首人徒二年，余各杖一百，许人告。"① 宋代对民间的群众性结社、集会，凡涉嫌有碍治安者，皆严加禁止。据《庆元条法事类》中规定，僧道以外的人不准结集经社，不准聚众布道，违者杖一百。即使聚众竞渡之类的活动，也要处一年徒刑。可见其治安防范之严。

宋代军事力量的布防具有突出的自上而下、层层递减的特点，这是宋代中央政府掌控地方治理的基础。

二、地方治安官员的专职化趋向

宋代"守内虚外"的政策对地方治理有很大影响，由于地方军事力量薄弱，难以应付重大的突发事件。曾巩讲："宋兴，既敛兵于内，盗贼辄发，而州郡无武备，急则吏走匿而自存……故盗起辄转劫数百千里，非天子自出兵，往往不能格。"② 包拯也指出："四方藩郡，兵伍绝少，多者不逾数百辈。"③ 宋代因此突出了巡检、县尉等官员的治安职能，成为专职于地方治理的武装力量，可以说是中国历史上专职警察的前身。

（一）宋代巡检、县尉的治安职能

宋代为维护地方治安，构建了双轨制的专职治安系统，一是属于地方的县尉系统，这种制度延续前代；二是巡检系统，这是宋代开始设立的专职治安的军事力量。"盖前代无巡检，今剧县巡检至四五人，小县亦一二人。"④ 两

---

① （宋）谢深甫：《庆元条法事类》卷八〇《杂门·杂犯·杂敕》，黑龙江人民出版社2002年版，第924页。
② （宋）曾巩：《曾巩集》卷四九《贼盗》，中华书局1984年版，第674页。
③ （宋）包拯著，杨国宜校注：《包拯集校注》卷一《请速除京东盗贼》，黄山书社1999年版，第87页。
④ （宋）赵与时：《宾退录》卷三，上海古籍出版社1983年版，第36页。

第七章 短安与长治：宋代地方司法结构的制度张力与实施效能

者往往并称"巡、尉"，皆为地方专职治安的武装力量，"国家设巡检县尉，所以佐郡邑制奸盗也。"①

宋太祖于建隆三年（962）颁布了《置县尉诏》，对县尉的设置及其职权作了详细的规定：

> 盗贼斗讼，其狱实繁，逮捕多在于乡间，听决合行于令佐。顷因兵革，遂委镇员，渐属理平，合还旧制。宜令诸道州府，今后应乡间盗贼斗讼公事，仍旧却属县司，委令尉勾当。……如有盗贼，仰县尉躬亲部领收捉送本县。若是群贼，仰尽时申本属州府及捉贼使臣。②

对此事李焘记载为："每县复置县尉一员，在主簿之下，俸禄与主簿同。凡盗贼、斗讼，先委镇将者，诏县令及尉复领其事。自万户至千户，各置弓手有差。"③ 可见，宋初设置县尉之始，每县只设置一员，宋仁宗至和二年（1055），在开封、祥符两县增设为两员。北宋后期至南宋时期，一些大县也设置两员县尉。凡设两员县尉的县，一般是一员驻县城，另一员驻某个镇或市。如宋徽宗时，大名府元城县"见管弓手一百五人，分在东、西县尉下，主管捕盗。"④

两宋时期，县尉一职有时任用文臣，有时改用武将，有时文武参用。宋哲宗元祐时苏辙建议县尉用文人："捕盗之术，要在先得弓手之情，次获乡村之助。耳目即广，网罗先具，稍知方略，易以成功。旧用选人，虽未能一一如此，而颇知畏法，则必爱人；使之出入民间，于势为便，不必亲习骑射，

---

① （宋）佚名：《宋大诏令集》卷一七八《巡检县尉俸给现钱诏》，中华书局1962年版，第642页。
② （宋）佚名：《宋大诏令集》卷一六〇《置县尉诏》，中华书局1962年版，第604页。
③ （宋）李焘：《续资治通鉴长编》卷三，太祖建隆三年十二月癸巳，中华书局2004年版，第76页。
④ （清）徐松辑：《宋会要辑稿》职官四八之六七，上海古籍出版社2014年版，第4359页。

躬自格斗，然后能获贼也。"①

宋神宗熙宁四年（1071）部分重法地分"以武臣为县尉"②，此后因武尉多骚扰百姓，内地县尉"并差选人。"③ 南宋时亦多以文臣为县尉。

宋初很少设置负责维持内地地方治安的巡检，多称巡检使、都巡检使或都大提举诸州兵甲巡检贼盗公事等。宋仁宗时地方盗贼增多，开始在县中增设巡检。庆历三年（1043）"置开封府诸县巡检各一员，又分东、西二路置提举捉贼各一员"④。为维护京师地区的安全，开封府所辖州县设巡检官远较其他地方多。宋代还提高了巡检所辖武装力量的素质，宋仁宗时范仲淹指出："诸道巡检所统之卒，皆本城役徒，殊非武士。使之禁暴，十不当一。"⑤ 这对社会治安的维护十分不利。宋神宗时，臣僚上奏认为，"今国家设捕盗之吏，有巡检，有县尉。然较其所获，县尉常密，巡检常疏，非巡检则愚，县尉则智，盖弓手乡户之人，与屯驻客军异耳"⑥，"巡、尉职皆捕盗，而县尉所获常多，巡检常少，盖尉司弓手皆土人，耳目谙习，巡检下乃攒杂客军，又不许差出缉捉"，主张"招置土军。"⑦ 从此，各地逐渐招募士兵，并参用禁兵和厢兵。元丰三年（1080）七月，福建路提点刑狱阎孝直上奏："巡检下兵级皆杂撮诸指挥厢、禁军或屯驻客军，其间多西北人，与本地分不相谙熟。差到年岁，稍能辩认道路、山川、人物，又迫移替。至于海道，亦不惯习。使之相敌，终无必胜之理。请于逐处令招置士兵，以一半招收新人，一半许厢、禁军旧人投换。"宋廷接受臣僚建议，开始创设土兵。如福建路，除四员都巡

---

① （宋）李焘：《续资治通鉴长编》卷三八五，元祐元年八月癸巳，中华书局2004年版，第9374—9375页。
② （宋）马端临：《文献通考》卷一六七《刑考六》，中华书局2011年版，第5000页。
③ （清）徐松辑：《宋会要辑稿》职官四八之六六，上海古籍出版社2014年版，第4358页。
④ （清）徐松辑：《宋会要辑稿》兵一一之一九，上海古籍出版社2014年版，第8827页。
⑤ （清）范能濬编集，薛正兴校点：《范仲淹全集》卷九《上执政书》，凤凰出版社2004年版，第269页。
⑥ （宋）苏辙：《苏辙集》卷三五《制置三司条例司论事状》，中华书局1990年版，第609页。
⑦ （宋）罗浚：《宝庆四明志》卷七《土军》，载《宋元方志丛刊》，中华书局1990年版，第5072页。

第七章 短安与长治：宋代地方司法结构的制度张力与实施效能

检管辖下的八百人"依旧轮差厢、禁军外"，其余二十八员巡检管辖下的三千零五十人，"一概招募土兵。"① 由此可知，福建路的巡检兵力已变为土兵为主了。

宋代巡检的辖区还有由大逐渐变小、数量不断增多的趋势，显示出巡察越来越严密的趋势，以宋光宗时的江西路赣州来看，就设立十二个巡检寨：②

巡检寨名	士兵人数
赣县磨刀巡检寨	60
赣州南安军都巡检寨	120
安远、信丰、龙南三县巡检寨	60
宁都县青唐巡检寨	60
宁都县投杀寨	40
宁都县巡检寨	60
宁都、石城、雩都三县巡检寨	70
会昌湘乡巡检寨	60
会昌、瑞金两县巡检寨	70
瑞金县苟脚巡检寨	60
石城县捉杀寨	40

由此看来，仅赣州巡检兵就达 760 人之多，犬牙交错，控扼各地。宁都一县就设有四个巡检寨（含捉杀寨）负责维护治安。据《宝庆四明志》载，宋理宗时的浙东路庆元府有九个巡检司寨：鄞县"浙东寨，额一百二十人，今七十七人"；鄞县"大嵩寨，额二百人，今一百七十六人"；慈溪县"鸣鹤寨，额九十人，今七十三人"；奉化县"公塘寨，额九十人，今六十八人"；奉化县"鲒琦寨，额五十人，今五十七人"；定海县"管界寨，额一百二十

---

① （宋）梁克家：《淳熙三山志》卷一九《兵防类》，载《宋元方志丛刊》，中华书局1990年版，第7938页。
② （清）徐松辑：《宋会要辑稿》兵三之三二至三三，上海古籍出版社2014年版，第8674页。

人,今一百十七人";定海县"海内寨,额二百四十人,今一百五十人";昌国县"三姑寨,额六百二十人,今五百四十人";象山县"岱山寨,额一百二十人,今一百五人。"在庆元府六个县中都有巡检司,但各寨土兵不满员的状况比较普遍。其他地方志记载的情况与赣州和庆元府基本相似,一个巡检司寨管辖的土兵数量约有几十人到一百几十人。①

宋代创建的军事性质的专职治安的"巡检"系统,形成了覆盖全国的专责治安网。这是宋代治安体制上的重大更新。这一变化使宋代警治专门化、专责化了,在中国古代治安史上是一个体制性进步。

(二) 地方治安巡逻制度的日常化

中国古代文献中,"巡""逻"二字常分开使用,巡,指往来观察;逻,指巡察,二者含义接近。巡逻是维护社会治安的基础性工作,宋代县尉与巡检之所以是中国警察史上专职化的重要开端,其中一个重要原因是巡逻工作成为宋代巡尉工作的重要内容。

宋代地方巡尉的巡逻区域分工亦在不断变化。北宋初,县尉负责"乡间盗贼斗讼公事"②,乡村自然成为县尉的主要巡逻地域;而城市的治安则由各地驻军维持,宋初巡检的管辖范围很不确定,有的巡检使因管辖范围而不可能执行巡逻任务,如宋太宗时,田钦祚任银、夏、绥、宥都巡检使,曹克明为温、台等七州都巡检使,魏震为卢、寿等八州巡检,马知节为益州都钤辖加益、汉九州都巡检使。③

宋神宗时巡检设置增多,分担了原来县尉的部分巡逻任务,因而对巡逻区域作了分工,元丰四年(1081)规定:"其见今巡检、县尉下长上、番上保

---

① 王曾瑜:《宋朝兵制初探》,中华书局1983年版,第82—85页;朱绍侯:《中国古代治安制度史》,河南大学出版社1994年版,第479—480页。
② (宋)佚名:《宋大诏令集》卷一六〇《置县尉诏》,中华书局1962年版,第604页。
③ 苗书梅:《宋代巡检初探》,《中国史研究》1989年第3期,第42页。

第七章 短安与长治：宋代地方司法结构的制度张力与实施效能

甲并罢，并诸县尉惟主捕县城及草市内贼盗，乡村地分并责巡检管勾，其余职事皆仍旧。"① 县尉由原来只管乡村改为只管城市治安，这是县尉职权的一个重大变化。② 元丰五年（1082）提举河北路保甲司针对河北沿边地区的实际情况又提出："诸县尉通管县事外，惟主捕县城及草市内贼盗，乡村并责巡检管勾，缘边把截控扼巡检兵级并依旧。其定州望都、曲阳、北平、唐县，祁州蒲阴，保州保塞，广信军遂城，安肃军安肃，顺安军高阳，永宁军博野，沧州清池，霸州文安、大成，莫州任邱，雄州归信、容城，逼近边界，旧以使臣为尉，其职与内地不同，乡村盗贼恐难一例专责巡检。欲并令尉依旧条，惟不干预教阅。"③ 对县尉和巡检分工的这一变化，时人概括为："县尉但主城市以里，其乡村盗贼悉委巡检。"④ 这一城乡分管治安的体制一直沿用至南宋后期，巡检仍是"止在城外巡警乡村盗窃，及承受追会事件而已。"⑤ 但也有分片管理治安的情况，如宋宁宗时婺州东阳县设东、西两县尉，"两尉共管九乡，巡检管五乡。"⑥

宋政府为保障地方巡逻工作的切实执行，还采取了很多措施：令各乡在交通要报处设粉壁；州政府发给乡村保正、副一份印历，县尉每到一地，即在粉壁和印历上亲自书写月日、职位、姓名。全县巡逻完毕，县尉将抄录的印历和自身携带的本身历加盖印章，签字划押。主管官员则每一季度例行检查一次，以考核其勤惰。宋徽宗宣和三年（1121）五月二十四日臣僚亦讲："比者睦寇，谋非一日，乃巡尉不警察之过。乞立法，应捕盗官常切觉察境

---

① （宋）李焘：《续资治通鉴长编》卷三一一，元丰四年春正月丁酉，中华书局 2004 年版，第 7536 页。
② 陈振：《论宋代的县尉》，载《宋史研究论文集》1982 年会刊，浙江人民出版社 1984 年版，第 310 页。
③ （宋）李焘：《续资治通鉴长编》卷三二四，元丰五年三月己酉，中华书局 2004 年版，第 7810—7811 页。
④ （宋）李焘：《续资治通鉴长编》卷三五五，元丰八年四月庚寅，中华书局 2004 年版，第 8495 页。
⑤ （清）徐松辑：《宋会要辑稿》方域一九之四一，上海古籍出版社 2014 年版，第 9672 页。
⑥ （清）徐松辑：《宋会要辑稿》职官四八之八二，上海古籍出版社 2014 年版，第 4366 页。

内，月听十日在廨舍，郡给印纸，批书宿之所，乡分置粉牌记月日，长吏检察其山川险阻可为贼巢穴处，委官相视，申所属奏闻。"① 《庆元条法事类》延续了这种规定：

> 诸巡检、县尉应出巡而不出，若限内不遍，或令人代书粉壁并历及代之者，各徒一年。若赴州县禀议职事，回任违限者，杖一百。

> 诸乡村巡检、县尉每月遍诣巡捕，（地界阔远处所，巡、尉更互分巡。）于要会处置粉壁，州给印历，付保正、副掌之，巡、尉所至，就粉壁及取历亲书到彼月日、职位、姓名、书字，仍与本身历对行抄转，主管官逐季点检。若有职事合赴县禀议，除程限两日回任。②

有关宋代地方治安力量的巡逻情况，在《夷坚志》中亦有反映，从中可以了解宋代巡逻制度对防治社会犯罪的广泛覆盖性：

> 吕安老尚书少时入蔡州学，同舍生七八人黄昏潜出游，中夕乃还。忽骤雨倾注，而无雨具。是时学制崇严，又未尝谒告，不敢外宿。旋于酒家假单布衾，以竹揭其四角，负之而趋。将及学墙东，望巡逻者持火炬传呼而来，大恐，相距二十余步，未敢前，逻卒忽反走，不复回顾，于是得俞墙而入。终昔惴惴，以为必彰露，且获谴屏斥矣。③

> 隆庆府新建县屠者信生，居城外。尝有外间女子过门，呼与语，诱至后舍，刺杀之，刎其首，夜举尸投江中。而以锯悄糁颈血，纳诸竹畚，旦持入城。盖素与某家有仇，将置其门，为诬污计。既而不果，复携归，首已臭。乃伺隙处，抛于道侧。适一小儿在傍，认

---

① （清）徐松辑：《宋会要辑稿》兵一二之二六，上海古籍出版社2014年版，第8847页。
② （宋）谢深甫：《庆元条法事类》卷七《职制门·巡尉出巡·职制敕》，黑龙江人民出版社2002年版，第133页。
③ （宋）洪迈：《夷坚志》丙志卷第一三《蔡州禳灾》，中华书局1981年版，第480页。

第七章 短安与长治：宋代地方司法结构的制度张力与实施效能

为人首，亦不敢明言。逻巡者见之，白于官府，命三排岸究缉。①

绍熙五年五月，秉义郎靖州东路巡检宋正国任满，顾桃源县船户客舟东归，次汉阳白湖，一家十二口，皆为盗所害。惨毒冤痛之状，闻者伤惋弗平，往来者多知之，莫敢言。……吴兴俞子清少卿澄来为府卒，才至即云："盗所居在吾境，奈何容其漏纲不问！"②

由宋代地方巡逻力量的实际运行中看，由于城市中巡警力量频繁出现，对犯罪还是起到了震慑作用。

三、地方治理中民众参与度的深化趋势

（一）保甲制度的治安职能

宋代地方治理中，设立民间保甲，成为动员民众参与社会治安的重要措施。宋真宗时，陈靖奏请"置五保以检察奸盗，籍游惰之民以供役作。"③ 宋仁宗时，吴育在蔡州"设伍保法，以检制盗贼。"④ 夏竦在任州官时，"于闾里立伍保之法，至盗贼不敢发。"⑤ 燕度在知陈留县时亦"行保伍法以察盗。"⑥ 汝州襄城县尉孙永因"修保伍相司之法，而宿奸侨寇为之屏远。"⑦ 陈良器知曹州时，"亡命之尤凶强者七十余人，公集重购，得之几尽。又修律令五家为保之法，故盗往往逃去之它境。"⑧ 程颢在泽州晋城，"度乡村远近为伍保，使之力役相助，患难相恤，而奸伪无所容。"⑨ 蔡挺知博州时，因"严保

---

① （宋）洪迈：《夷坚志》庚卷《新建信屠》，中华书局1981年版，第1147页。
② （宋）洪迈：《夷坚志》三志辛卷《桃源凶盗》，中华书局1981年版，第1451页。
③ （元）脱脱：《宋史》卷四二六《陈靖传》，中华书局1977年版，第12693页。
④ （元）脱脱：《宋史》卷二九一《吴育传》，中华书局1977年版，第9730页。
⑤ （元）脱脱：《宋史》卷二八三《夏竦传》，中华书局1977年版，第9576页。
⑥ （元）脱脱：《宋史》卷二九八《燕度传》，中华书局1977年版，第9911页。
⑦ （宋）苏颂：《苏魏公文集》卷五三《资政殿学士通议大夫孙公神道碑铭》，中华书局1988年版，第799页。
⑧ （宋）王安石：《王文公文集》卷八四《司农卿分司南京陈公神道碑》，上海人民出版社1974年版，第903页。
⑨ （元）脱脱：《宋史》卷四二七《程灏传》，中华书局1977年版，第12714页。

伍，得居停奸盗者数人。"① 而开封乡户也"各以远近团为保甲。"② 吕南公曾指出："夫联邻伍为保甲，以检责奸偷，讥诃逋逃，此熙宁以前，县大夫间亦行之，而民间晓此其熟矣。"③

宋神宗熙宁三年（1070）十二月九日颁布的畿县保甲条制，则是宋代保甲制度的集大成者：

> 凡十家为一保，选主户有心力者一人为保长，五十家为一大保，选主户最有心力及物力最高者一人为大保长，十大保为一都保，选主户最有行止，心力材勇为众所伏，及物力最高者二人为都、副保正。凡选一家两丁以上一人，通主客为之，谓之保丁，但二丁以上皆充。单丁、老幼、病患、女户等，不以多少，并令就近附保。两丁以上，更有余人身力少壮者，并令附保。内材勇为众所伏及物力最高者，充逐保保丁。除禁兵器不得置外，其余弓箭并许从便自置，习学武艺。
>
> 每一大保逐夜轮差五人，于保分内往来巡警，遇有贼盗，画时声鼓告报。大保长以下同保人户，即时前去救应追捕。如贼入别保，即递相击鼓，应接袭逐。每捕捉到盗贼，除《编敕》已有赏格外，如告捉到窃盗徒以上，每名支赏钱三千；杖以上，支一千，以犯事人家财充。如委实贫阙，无可追理，即取保矜放。
>
> 同保内有犯，除强窃盗、杀人、谋杀、放火、强奸、略人、传习妖教、造畜蛊毒，知而不告，并依律伍保法科罪。其余事不干己者，除依律许诸色人陈告外，皆不得论告。若知情不知情，并不科罪。其《编敕》内邻保合坐罪者，并依旧条。其居停强盗三人以上，

---

① （元）脱脱：《宋史》卷三二八《蔡挺传》，中华书局 1977 年版，第 10575 页。

② （宋）李焘：《续资治通鉴长编》卷二一八，熙宁三年十二月乙丑，中华书局 2004 年版，第 5298 页。

③ （宋）吕南公：《灌园集》卷一四《与张户曹论处置保甲法》，景印文渊阁《四库全书》本，台北：商务印书馆 1983 年版，第 1123 册，第 142 页。

第七章 短安与长治：宋代地方司法结构的制度张力与实施效能

经三日，同保内邻人虽不知情，亦科不觉察之罪。

保内如有人户逃移死绝，即仰具状申县。如同保人户不及五户，即听并入别保。其有外来人户入保居止者，亦便仰申县，收入保甲。本保内户数虽足，且令附保收系，候及十户，即却令别为一保。若一保内有外来行止不明之人，须觉察收捕送官。

逐保各置牌拘管人户及保丁姓名，如有申报本县文字，并令保长轮差保丁赍送。①

熙宁五年（1072）七月，又允许主户保丁志愿参加各地巡检司的巡逻，诏令称："主户保丁愿上番于巡检司者，十日一更，疾故者次番代之，月给口粮、薪菜钱，分番巡警，每五十人输大保长二、都副保正一统领之。"② 元丰二年（1079），曾巩知亳州时，根据保甲法对保甲巡察盗贼提出了更为详尽的建议：

本处素来无赖之人，须以胜名申官，官为籍记。系籍之人，凡有出入并须告知本保。若保内舍止外来浮浪行止不明之人，犯人严断，同保不纠，科不言上之罪；保内有本处素来无赖之人，同保不以姓名申官，及系籍之人，出入不告本保，本保不纠，亦并科不言上之罪，犯人严断。所贵有所关防，可以暗消盗贼。况自来州县，亦往往有禁绝舍止浮浪及籍记恶人之处，可以断得盗贼，别无扰烦，兼保甲条，诸保内有外来人，如行止显有不明，即收领送官。诸保内贼盗，画时集本保追捕，如入别保，即递相击鼓，接应袭逐，并置铺屋及鼓，仍轮保丁巡宿。如此，则保伍之内，既不得容止恶人，巡宿之法又备，如有贼发，则合力追捕，措置无所不尽。③

从保甲制的规定内容来看，宋代保甲制担负着多种治安职能。其一是户

---

① （清）徐松辑：《宋会要辑稿》兵二之五，上海古籍出版社2014年版，第8623—8624页。
② （宋）李焘：《续资治通鉴长编》卷二三五，熙宁五年秋七月壬午，中华书局2004年版，第5699页。
③ （宋）曾巩：《曾巩集》卷三二《申明保甲巡警盗贼札子》，中华书局1984年版，第471页。

籍管理，要求各保置牌，登录各户和保丁的姓名，保内如有人户逃移、死亡户绝，并令具状申报县衙。其二是文书传递职能，如有申报本县的文书，由保长轮差保西解送。其三是巡逻职能，要求每一大保，逐夜轮差五人，在本保界至内往来巡警；遇有贼盗，限时击鼓，报告大保长以上头领，同保人户立即救应追捕。如贼盗逃入别保，即递相击鼓，应接袭逐。捕获曲盗，酌情给赏。其四是保甲人户对规定的犯罪有举告的义务，尤其是犯强窃盗、杀人放火、强奸杀人、传习妖教等涉及刑事案件、威胁到皇权统治的秘密宗教犯罪，一家有"奸"，其余九家必须举告，否则要受到连带处罚，并规定"居停强盗三人以上，经三日，同保内邻人虽不知情，亦科不觉察之罪"①，即不知情也要受到惩罚，以此强制保甲人户高度警惕，负起纠察犯罪的责任。其五是流动人口管理职能，如有外来人户迁入本保居住，须申报县衙，收入保甲。如一保内有外来行踪不明的人，必须觉察，收捕送官。

保甲法的产生起初是针对"寇盗充斥，劫掠公行"的情况而采取的一种防范犯罪的措施，想通过保甲制来"觉察奸伪，止绝寇盗"②，达到"纤悉具备，奇邪寇盗，何所容迹"③的目的。保甲法的实施也确实发挥了这样的作用，如宋仁宗时江西吉水县由于实行保甲法，使"劫贼不敢入其县界。"④ 吴育在知蔡州时施行保甲法，亦收到"民便安之，盗贼为息"的效果。⑤ 许幾在知郓州时，梁山泊多盗，于是许幾"籍十人为保"，使其监督、揭发盗贼，盗贼"辄穷治，无脱者。"⑥ 宋高宗绍兴年间，民间屡有人放火，犯人"多是避

---

① （清）徐松辑：《宋会要辑稿》兵二之六，上海古籍出版社 2014 年版，第 8624 页。
② （宋）李焘：《续资治通鉴长编》卷二一八，熙宁三年十二月乙丑，中华书局 2004 年版，第 5298 页。
③ （元）脱脱：《宋史》卷一九二《兵六》，中华书局 1977 年版，第 4788 页。
④ （宋）欧阳修：《欧阳修全集》卷一〇二《论捕贼赏罚札子》，中华书局 2001 年版，第 1565 页。
⑤ （宋）欧阳修：《欧阳修全集》卷三三《资政殿大学士尚书左丞赠吏部尚书正肃吴公墓志铭》，中华书局 2001 年版，第 488 页。
⑥ （元）脱脱：《宋史》卷三五三《许幾传》，中华书局 1977 年版，第 11150 页。

第七章 短安与长治：宋代地方司法结构的制度张力与实施效能

罪走闪，根捉不获"，因此下令"每五家结为一保，互相觉察。逃亡军人及奸细盗贼停藏之家，仰同保人赴官陈告，特与免罪。仍今后人户有遗火去处，本保人先次收捉正犯人赴府，如正犯人走失，其同保人并一例科罪。"① 从而加强了对民间纵火案的监控。绍兴五年（1135）为禁止民间私铸铜器，令"五家结为一保，自相觉察。"② 宋孝宗淳熙五年（1178）九月，令"沿江船户五家结为一甲，如有透漏奸细、盗贼及违禁之物，甲内人一等科罪。仍立赏钱二百贯，许告。如甲内人能自首，获与免罪，亦支赏钱。"③ 宋理宗淳祐十二年（1252），"盗起玉山"，孙子秀立伍保之法，很快便擒获"盗贼"四十八人，使"玉山寇已平。"④ 保甲法在镇压"盗贼"中亦发挥了重要作用，因此宋宁宗时虞刚简评价保甲法："察奸不敢容奸，此诚成周乡井之制，实万世经久之利也。"⑤

北宋末年至南宋时期依旧实行保甲法，但趋向军事化，即由"渐习其为兵"，变成一种类似民兵的准军事组织，但仍担负着多种治安职能。如福建忠义社在北宋时称作"福建保伍"，"乡村自相团结，而立豪户为首领，所以备盗贼也。"⑥ 北方弓箭社"自相推择家资武艺众所服者为社头、社副、录事，谓之头目。私立赏罚，严于官府，分番巡逻，铺屋相望，若透漏北贼及本土强盗不获，其当番人皆有重罚。"⑦ "湖南乡社者，旧有之，领于乡之豪酋。或曰弹压，或曰缉捕。大者所统数百家，小者二三百。自长沙以及连、道、英、韶，而郴、桂、宜章尤盛。"⑧ 宋高宗建炎四年（1130），出于抗金需要，命在

---

① （清）徐松辑：《宋会要辑稿》刑法二之一〇九至一一〇，上海古籍出版社 2014 年版，第 8341—8342 页。
② （清）徐松辑：《宋会要辑稿》刑法二之一四八，上海古籍出版社 2014 年版，第 8376 页。
③ （清）徐松辑：《宋会要辑稿》刑法二之一二〇，上海古籍出版社 2014 年版，第 8348 页。
④ （元）佚名著，汪圣铎点校：《宋史全文》卷三四《宋理宗四》，中华书局 2016 年版，第 2814 页。
⑤ （清）徐松辑：《宋会要辑稿》兵二之四八至四九，上海古籍出版社 2014 年版，第 8650 页。
⑥ （宋）李心传：《建炎以来朝野杂记甲集》卷一八《福建保伍》，中华书局 2000 年版，第 419 页。
⑦ （元）脱脱：《宋史》卷一九〇《兵志》，中华书局 1977 年版，第 4726 页。
⑧ （宋）李心传：《建炎以来朝野杂记甲集》卷一八《湖南乡社》，中华书局 2000 年版，第 417 页。

东南沿海各州拥有海船的民户和曾做水手之人，暂行籍定，五家为保。宋孝宗淳熙五年（1178），又令沿长江船户每五家结为一甲，互相担保，如有金兵奸细、盗贼和违禁物品者，甲内人户一并连坐。二是保甲系统趋于多样化。各地多将每五家编排为一保或一甲的，"每五家结为一甲，内选一名为甲头。五甲结为一保，内选一名为保长。五保结为一队"，也有以十家编为一小甲，一百家为一大保，"十家为一小甲，一百家为一大保，置大甲头一名。周而复始，每夜一小甲，巡视甲内人户。"①

朱熹对保甲利弊的评价，代表了当时官僚集团对此制度认识："契勘保甲之法，什伍其民，使之守护里闾，觉察奸盗，诚古今不易之良法也。然既许其蓄藏兵仗，备置金鼓，则其节制阶级似亦不可不严。"②

（二）民众告奖制度

宋代制订了严密的举告制度，提高举告奖励，引导民众积极向官府检举、揭发犯罪，这是宋代民众参与到地方治理的另一重要方式。自宋代建国，历代皇帝就不停发布各类举告法令，其中自宋真宗以后，关于举报地方社会中的违法与犯罪的法律明显增多，并对地方治理产生相当重要的影响。

宋真宗景德元年（1004），对民间藏有天象器物、谶纬禁书而逾期不交者，政府出赏钱十万募人举告。③ 景德三年（1006）二月，"武昌县民闻人若拙遣其甥韩宁伐登闻鼓，告永兴民李琬结党三十余人，谋杀官吏据城叛。诏度支判官李应机、阁门祗候侍其旭乘传按问，并其党皆伏诛。"④ 大中祥符九年（1016）六月诏书："应盗官物并杂以他物，及故为侥幸沉溺舟船者，如有

---

① （清）徐松辑：《宋会要辑稿》兵二之四三，上海古籍出版社2014年版，第8647页。
② （宋）朱熹：《朱熹集》卷二〇《乞禁保甲擅关集札子》，四川教育出版社1996年版，第831页。
③ （宋）李焘：《续资治通鉴长编》卷五六，景德元年正月辛丑，中华书局2004年版，第1226页。
④ （宋）李焘：《续资治通鉴长编》卷六二，景德三年二月癸未，中华书局2004年版，第1387页。

第七章 短安与长治：宋代地方司法结构的制度张力与实施效能

人告获，每一船给赏钱三十千，二船四十千，三船以上五十千。"① 天禧二年（1018）闰四月三日，"自京西、泗州沿汴两岸，有盗杀伤行人及沿河邸店、官私舟中潜害旅寓之人，弃尸河流，没其衣服财货"，"令开封府、京东西、淮南转运司督沿河地分巡检、催纲巡河使臣、捕盗官吏，旦夕巡察，如有旷慢，重置其罪，仍许同舟、邻保、诸色人及同谋知情者首告，释罪旌赏，知而不告，并案如法。"② 乾兴元年（1022）十一月诏："应典卖田产影占徭役者，听人告，以所隐田三之一予之。"③

宋仁宗天圣五年（1027）二月指挥：民间典卖田宅等违限不曾经官投税的白契，"与限百日，悉赴商税务陈首，如无虚伪，即与免罪，只纳本分抽贯税钱。限满不首，许人告论。"④ 天圣六年（1028），开封府一妇女举告其夫张怀信放火盗窃，宋仁宗诏"怀信杖脊刺配广南牢城。"⑤ 景祐元年（1034）五月乙酉诏："举人被囚，而狱吏苛酷非疾致死者，提点刑狱官按察之，募告者赏钱十万，公人迁一资。"⑥ 同年闰六月戊午诏，"天下有能告杀人者，赏钱五万。"⑦ 景祐二年（1035）八月下诏："有能告群盗劫杀人者，十人以上赏钱十万，不及十人，计数给之。"⑧ 景祐三年（1036）八月五日，"应诸路、州、府、军、监等，今后如有委实强劫、凶恶杀人，结连徒伴十人以上，累行打劫，伤害人命，收捕未获者，即官中出卖钱，一百贯文，许人告捉。"⑨ 庆历

---

① （清）徐松辑：《宋会要辑稿》食货四六之五，上海古籍出版社2014年版，第7033页。
② （清）徐松辑：《宋会要辑稿》兵一一之八至九，上海古籍出版社2014年版，第8821页。
③ （宋）李焘：《续资治通鉴长编》卷九九，乾兴元年十一月乙卯，中华书局2004年版，第2305页。
④ （清）徐松辑：《宋会要辑稿》食货六一之五八，上海古籍出版社2014年版，第7465页。
⑤ （宋）李焘：《续资治通鉴长编》卷一〇六，天圣六年七月辛酉，中华书局2004年版，第2477页。
⑥ （宋）李焘：《续资治通鉴长编》卷一一四，景祐元年五月乙酉，中华书局2004年版，第2677页。
⑦ （宋）李焘：《续资治通鉴长编》卷一一四，景祐元年闰六月戊午，中华书局2004年版，第2681页。
⑧ （宋）李焘：《续资治通鉴长编》卷一一七，景祐二年八月丙辰，中华书局2004年版，第2749页。
⑨ （清）徐松辑：《宋会要辑稿》兵一一之一五，上海古籍出版社2014年版，第8825页。

二年（1042）春正月诏："河北教阅义勇指挥，令番休于家，其惰游不业农者，听其家长告官，重行科责。"① 庆历八年（1048），因民间告发，深州知州王鼎成功处置庞旦谋反一事：

> 王则之以贝州反，深州卒庞旦，与其徒谋以元日杀军校，劫库兵应之。前一日，有告者，知州王鼎夜出檄遣军校摄事外邑，而阴为之备。翼日，会僚吏，置酒如常，叛党愕不敢动。鼎刺得实，徐捕首谋十八人送狱，狱具，俟转运使至审决。未至，军中恟恟，谋劫囚，鼎谓寮吏曰："吾不以累诸君。"独命取囚桀骜者数人斩于市，众恐失色，一都帖然。转运使至，囚未决者尚半，讯之，皆伏诛。②

三月，张握女婿杨俊举告齐州禁兵马达、张青与张握等"欲以众叛，屠城应（王）则。"③ 宋仁宗至和二年（1055），"以博州民蒋宪为三班奉职、京西安抚司指使，赐袍笏。宪告获剧贼刘唐五人，特录之。"④

宋英宗治平三年（1066）七月诏："沿边居民三家至五家合为一保，不得容匿奸细及亡背之人，如敢隐藏或同谋该诱，过致资给，并听保中捕告……保内知情不告，减罪人罪一等，配千里外牢城。"⑤

宋神宗熙宁三年（1070）诏："给纳常平钱谷官司公人受赃，虽已降依敛掠、乞取差点人夫钱物条约，虑未知惧，自今杖罪编管邻州，徒以上刺配本州牢城。许人告，杖罪赏钱五十千，徒罪百千。"⑥ 熙宁四年（1071）四月，

---

① （宋）李焘：《续资治通鉴长编》卷一三五，庆历二年四月戊子，中华书局2004年版，第3237页。
② （宋）李焘：《续资治通鉴长编》卷一六二，庆历八年闰正月辛丑，中华书局2004年版，第3906页。
③ （宋）李焘：《续资治通鉴长编》卷一六三，庆历八年三月丙辰，中华书局2004年版，第3935页。
④ （宋）李焘：《续资治通鉴长编》卷一八〇，至和二年秋七月丁卯，中华书局2004年版，第4357页。
⑤ （清）徐松辑：《宋会要辑稿》兵二八之一至二，上海古籍出版社2014年版，第9209页。
⑥ （宋）李焘：《续资治通鉴长编》卷二一七，熙宁三年十一月辛亥，中华书局2004年版，第5282页。

第七章 短安与长治：宋代地方司法结构的制度张力与实施效能

"泾州就粮蕃落兵士安吉为右班殿直，赐绢百匹，钱百千，与陕西监当差遣。吉告本营党仙等谋叛，伏诛，故赏之。"① 熙宁五年（1072）六月，"成都府、利州路走马承受潘孝和言：屯驻雄威兵乐升、王庆告神勇兵杨进等谋夺县尉甲为乱，钤辖司断配进等沙门岛及广南，乞特迁升一资。诏凤翔府斩进首送成都府，令众余配沙门岛；升与下班殿侍，仍赐钱三百千，王庆二百千。"② 熙宁七年（1074），"赐凤翔百姓赵怀懿钱三百千，怀懿有女嫁何氏，女归，言夫之弟巨源谋反，怀懿以其事告官。"③

熙宁八年（1075），沂州民朱唐向彭城县举告余姚县主簿李逢有逆谋，"谤讟朝政，或有指斥之语及妄说休咎。"此案又引发李士宁案，李士宁"蓬州人，自言学道，多诡数，善为巧发奇中，目不识书而能口占作诗。颇有才思，而词理迂诞，有类谶语，专以妖妄惑人。周游四方，及京师，公卿、贵人多重之。"④ 权御史中丞邓绾就两案建议："李逢、赵世居等起意皆因挟图谶袄妄书以相摇惑，伏详编敕，谶书之禁，虽坐流三千里，然非因事冒罥，无由发觉。所以法令徒设，人不知畏，士庶之家亦或收藏传说，不以为怪。乞下诸路晓告：收传图谶文书者立烧毁，或首纳入官，官为焚弃，过两月许人告，重赏之，犯人处死。"⑤ 熙宁九年（1076）十一月，河北东路提点刑狱司上书，认为本路"捉贼赏钱，每年定额二千余贯"，支用不足，神宗下诏，如捉贼赏钱定额不足，即时在本路封桩茶税钱内支取。⑥ 元丰五年（1082）八

---

① （宋）李焘：《续资治通鉴长编》卷二二二，熙宁四年四月辛巳，中华书局 2004 年版，第 5412 页。
② （宋）李焘：《续资治通鉴长编》卷二三四，熙宁五年六月癸酉，中华书局 2004 年版，第 5687 页。
③ （宋）李焘：《续资治通鉴长编》卷二五三，熙宁七年五月癸亥，中华书局 2004 年版，第 6200 页。
④ （宋）李焘：《续资治通鉴长编》卷二六四，熙宁八年五月丁丑，中华书局 2004 年版，第 6470 页。
⑤ （宋）李焘：《续资治通鉴长编》卷二六二，熙宁八年四月庚辰，中华书局 2004 年版，第 6403 页。
⑥ （清）徐松辑：《宋会要辑稿》兵一二之二至三，上海古籍出版社 2014 年版，第 8834 页。

月,永兴军等路提点刑狱司言:"本路十八州军,多未获强劫贼盗,即无立定年额捉贼赏钱增给,欲乞以四千缗为额。"① 此请获得神宗准许。

宋哲宗元祐七年(1092)九月诏令:"夜聚晓散,传习妖教者,欲令州县以断罪告赏全条于要会处晓示。监司每季举行。"② 元符元年(1098)二月诏令:"急脚马递铺兵级并五人为一保,如犯盗,及杀人、强奸、略人、放火、发冢,或弃尸水中,若博赌财物、藏匿犯盗之人,或盗匿、弃毁、私拆递角,同保人及本辖节级知而不告者,各减犯人罪一等,不知情者减三等。又沿汴无主死尸,地分官司避申报而弃尸河中者,许人告,赏钱五贯文。"③

宋徽宗宣和元年(1119)诏:"访闻沧、清、恩州界,日近累有夜聚晓散公事,从来条约甚明,深虑愚人易惑,因而滋长,害及良民,仰本路提点刑狱司检会条贯申明行下,令逐州、县、镇粉壁晓示,重立告赏。"④ 大观二年(1108)十二月二十日诏:"给降空名度牒各一百道,付淮南东西、两浙路提点刑狱司封桩,专充今后捉贼赏钱,仍不许别行支用。"⑤ 方腊起事后,有余某结连一千二百人,欲在衢州开化县与遂安县相邻处"相率继起",因其父向官府举告,余某被擒获。⑥

宋高宗建炎元年(1127)九月诏,鼓励举告"撰造言语,妄倡事端,意在扇惑军民"者,告者,有官人转五官,白身人补保义郎。⑦ 同年十一月,"湖州军士有谋作乱者,为其徒沈宾所告,捕斩之。"⑧ 宋高宗建炎二年

---

① (清)徐松辑:《宋会要辑稿》兵一二之九,上海古籍出版社2014年版,第8838页。
② (宋)李焘:《续资治通鉴长编》卷四七七,元祐七年九月丙午,中华书局2004年版,第11375页。
③ (宋)李焘:《续资治通鉴长编》卷四九四,元符元年二月丁亥,中华书局2004年版,第11747页。
④ (清)徐松辑:《宋会要辑稿》刑法二之七四,上海古籍出版社2014年版,第8323页。
⑤ (清)徐松辑:《宋会要辑稿》兵一二之一七,上海古籍出版社2014年版,第8842页。
⑥ (宋)叶梦得:《石林奏议》卷一《奏截留福建枪杖手第二状》,陆氏丽宋楼本。
⑦ (宋)李心传:《建炎以来系年要录》卷九,建炎元年九月癸丑,中华书局1988年版,第224页。
⑧ (宋)李心传:《建炎以来系年要录》卷一〇,建炎元年十一月辛亥,中华书局1988年版,第245页。

第七章　短安与长治：宋代地方司法结构的制度张力与实施效能

(1128)，湖南人王靖之"出入钟相之门"，有人猜测其必会谋反，因向鼎、沣路兵马都钤辖唐龙图陈报。① 绍兴二年（1132），"泉州花郑贵等谋作乱，为贾人汤易所告，捕斩之。"② 绍兴四年（1134），"吉州厢军曾方等谋为变，牢城卒项胜告获之。"③ 同年十一月，"建州禁卒江胜与其徒谋劫库兵以叛，为军士叶荣所告，守臣江少虞捕斩之。"④ 绍兴十年（1140）四月诏令，"新复州军官员到行在，整会差遣之类，如所属胥吏非理阻抑，乞觅一钱以上，取与并过渡人并一等计赃，重行科罪，不以赦降原免，许告，赏钱五百贯。"⑤ 绍兴十五年（1145），"邵武军威果营卒谋作乱，欲以夜半纵火，焚谯门，杀郡守。左朝请大夫赵子昇卒陈昇告之，捕同谋者，皆斩，授升承信郎。"⑥ 绍兴十五年（1145）四月诏令："人户典卖田宅，投税请契，已降指挥宽立信限，通计不得过一百八十日。如违限，许人告首，将业没官。"⑦

宋孝宗隆兴二年（1164）正月诏："民间典卖田宅等违限，不曾经官投税白契，限一季经官自陈，止纳正税，与免入罪。如违限不首，许人告，依匿税条法断罪。"⑧ 乾道九年（1173）正月诏："自今降指挥到日，出榜立限一月，自行陈首，与免罪赏。自投状日，限一季送纳税钱，如限满不首，许元典卖及诸色人陈告，其物产以一半给告人充赏，余一半没官。"⑨ 淳熙十二年（1185）十一月二十二日敕州县，"以权势亲戚过往干托，辄于乡村差借人夫，

---

① （宋）岳珂撰，王曾瑜点校：《鄂国金佗稡编续编校注》卷二五《鼎沣逸民叙述杨么事迹一》，中华书局 1989 年版，第 1564 页。
② （宋）李心传：《建炎以来系年要录》卷五二，绍兴二年三月壬子，中华书局 1988 年版，第 921 页。
③ （宋）李心传：《建炎以来系年要录》卷八二，绍兴四年十一月壬子，中华书局 1988 年版，第 1346 页。
④ （宋）李心传：《建炎以来系年要录》卷八二，绍兴四年十一月甲子，中华书局 1988 年版，第 1352 页。
⑤ （清）徐松辑：《宋会要辑稿》刑法二之一五〇，上海古籍出版社 2014 年版，第 8378 页。
⑥ （宋）李心传：《建炎以来系年要录》卷一五四，绍兴十五年闰十一月丁卯，中华书局 1988 年版，第 2498 页。
⑦ （清）徐松辑：《宋会要辑稿》食货三五之八，上海古籍出版社 2014 年版，第 6757 页。
⑧ （清）徐松辑：《宋会要辑稿》食货七〇之一四五，上海古籍出版社 2014 年版，第 8186 页。
⑨ （清）徐松辑：《宋会要辑稿》食货七〇之一五一，上海古籍出版社 2014 年版，第 8189 页。

显属违法",要监司常切觉察,并许人户越诉。① 淳熙年间,有盗贼刘花五,聚党剽掠,"官司名捕,累载弗获",后经人举告行踪去处,官府捕得刘花五党徒十余人。②

宋代鼓励民众告举犯罪,其内涵大为增加,既有谋反、谋叛等危害政权统治的严重犯罪,亦有举告纵火、杀人等社会危害性强的犯罪,亦有官吏贪污腐败的职务犯罪,因此苏轼讲:"故非盗及强奸不得捕告……而今之法揭赏以求人过者,十常八九。"③ 宋代鼓励民众举报罪犯,对地方治理起到一定效果,宋仁宗庆历六年(1046)张方平讲军贼叛乱:"无日不有,大则谋欲杀官吏、劫仓库,小则谋欲劫民户,入山林,多至三五十,少亦一二十数,以告赏之利重,故有谋辄被告发。"④ 因此,张方平认为应鼓励民众告举:"若县乡有强恶贼徒,不时收送,即州郡遣职员将校,监督巡检、县尉捕逐,而又设赏购之科,召人告捕,故贼可败获。"⑤ 宋代地方官员通过鼓励民众举报可疑人员,建立起相当严密的监控网络。《作邑自箴》布告民众:"镇市、乡村有行止不明、无图运作过之人,并开柜坊沽卖私酒之家,仰地分干当人或邻保密来告官。若或隐情,因事彰露,被别保人户告发,其邻保及干当人的不容恕。"⑥ 对客店中的行止不明之人,人们要"密来告官"或"就近报知捕盗官员。"⑦ 这种民众监督网络的建成,对维护社会治安,稳定社会秩序,都提供了重要保障。

---

① (清)徐松辑:《宋会要辑稿》刑法二之一二三,上海古籍出版社 2014 年版,第 8351 页。
② (宋)岳珂:《桯史》卷五《部胥增损文书》,中华书局 1981 年版,第 52 页。
③ (宋)苏轼:《苏轼文集》卷四八《上韩丞相论灾伤手实书》,中华书局 1986 年版,第 1396 页。
④ (宋)李焘:《续资治通鉴长编》卷一五九,庆历六年十月甲戌,中华书局 2004 年版,第 3849 页。
⑤ (宋)张方平:《乐全集》卷二七《请详定盗贼条法事》,景印文渊阁《四库全书》本,台北:商务印书馆 1983 年版,第 1104 册,第 283 页。
⑥ (宋)李元弼:《作邑自箴》卷六《劝谕民庶榜》,载《宋代官箴书五种》,中华书局 2019 年版,第 39—40 页。
⑦ (宋)李元弼:《作邑自箴》卷七《榜客店户》,载《宋代官箴书五种》,中华书局 2019 年版,第 45 页。

第七章　短安与长治：宋代地方司法结构的制度张力与实施效能

第二节　宋代地方治理的特别预防政策

一、宋代消减犯罪的士兵募招制度

（一）荒年募兵制度

宋朝灾年招募流民、饥民当兵，是一项传统的国策。宋太祖讲："可以利百代者，唯养兵也。方凶年饥岁，有叛民而无叛兵；不幸乐岁而变生，则有叛兵而无叛民。"① 因此，自北宋初，"或募土人就所在团立，或取营伍子弟听从本军，或募饥民以补本城，或以有罪配隶给役，取之虽非一途，而伉健者迁禁卫，短弱者为厢军。"②

宋代有不少灾年招兵的记录。如宋真宗时，潭州发生饥荒，官府"募兵置籍，强梁亡赖者悉拘于军"③，"得万人。"④ 宋仁宗庆历八年（1048）河北水灾，富弼主持招募灾民充厢军者"万余人。"⑤ 方偕在温州发生饥荒时"籍为军者七千人。"⑥ 南宋绍兴六年（1136）高宗下诏将西北流离失所的人"招填禁军缺额。"⑦ 宋孝宗乾道七年（1171），"江西、湖南旱歉"，亦令"各且募千人。"⑧ 宋理宗时的武胜军，即是"招收沿淮失业壮丁"五千人组成的。⑨

---

① （宋）晁说之：《景迂生集》卷一《元符三年应诏封事》，景印文渊阁《四库全书》本，台北：商务印书馆1983年版，第1118册，第16页。
② （元）脱脱：《宋史》卷一九三《兵志》，中华书局1977年版，第4799页。
③ （宋）王禹偁：《小畜集》卷一七《潭州岳麓山书院记》，景印文渊阁《四库全书》本，台北：商务印书馆1983年版，第1086册，第164页。
④ （宋）李焘：《续资治通鉴长编》卷四七，咸平三年四月己未，中华书局2004年版，第1012页。
⑤ （宋）李焘：《续资治通鉴长编》卷一六六，皇祐元年二月辛未，中华书局2004年版，第3985页。
⑥ （元）脱脱：《宋史》卷三〇四《方偕传》，中华书局1977年版，第10069页。
⑦ （宋）熊克：《中兴小纪》，台北：文海出版社1980年版。
⑧ （宋）佚名：《皇宋中兴两朝圣政》卷五〇，九月壬申朔，上海古籍出版社藏宛委别藏影宋抄本。
⑨ （元）脱脱：《宋史》卷四三《理宗纪》，中华书局1977年版，第830页。

饥年招兵，可以暂时取得"盗贼衰息"①之效，但从长远看来，增加养兵费用，只能激化阶级矛盾，而会逐步加深宋朝的统治危机。②

宋人对"荒年募兵"制评价很高，北宋欧阳修说，灾年流民如"不收为兵，则恐为盗"，"吏招人多者有赏，而民方穷时，争投之，故一经凶荒，则所留在南亩者，惟老弱也。"③ 宋哲宗元符三年（1100）晁说之评价养兵制度："行之至今百四十有一年矣，天下有泰山之安，而无一日飞尘之警。"④ 南宋吴儆的《论募兵》中也说，"饥岁莫急于防民之盗，而防盗莫先于募民为兵。盖饥困之民不能为盗而或至于相率而蚁聚者，必有以倡之。闾里之间，桀黠强悍之人不事生业，而其智与力足以为暴者，皆盗之倡也。因其饥困之际，重其衣食之资，募以为兵，则其势宜乐从。桀黠强悍之人既已衣食于县官，而驯制之，则饥民虽欲为盗，谁与倡之？是上可以足兵之用，下可以去民之盗，一举而两得之。"⑤ 可见，时人对灾年招募灾民为兵的做法是肯定的。

宋代还将无赖不逞之徒招募进军队。对此宋人有一段追述："前世为乱者，皆无赖不逞之人。艺祖平定天下，悉招聚四方不逞之人以为兵，连营以居之，什伍相制，节以军法，厚禄其长，使自爱重，付以生杀，寓威于阶级之间，使不得动。无赖不逞之人既聚而为兵，有以制之，无敢为非，因取其力以卫养良民，各安田里。"⑥ 宋仁宗时，韩琦曾对这一制度评价说："养兵虽非古，然亦自有利处，既收拾强悍无赖者，养之以为兵，良民虽税敛良厚，而终身保骨肉相聚之乐，父子、兄弟、夫妇免生离死刑之苦。"⑦ 马端临总结

---

① （元）脱脱：《宋史》卷二九二《王洙传》，中华书局1977年版，第9815页。
② 王曾瑜：《宋代兵制初探》，中华书局1983年版，第208页。
③ （宋）欧阳修：《欧阳修全集》卷六〇《原弊》，中华书局2001年版，第871页。
④ （宋）晁说之：《景迂生集》卷一《元符三年应诏封事》，景印文渊阁《四库全书》本，台北：商务印书馆1983年版，第1118册，第16页。
⑤ （宋）吴儆：《吴文肃公文集》卷二《论募兵》，载《宋集珍本丛刊》，线装书局2004年版，第24册，第607—608页。
⑥ （宋）李焘：《续资治通鉴长编》卷三二七，元丰五年六月壬申，中华书局2004年版，第7883页。
⑦ （宋）罗大经：《鹤林玉露》卷四，中华书局1983年版，第180页。

宋代的历史特点:"天下失职、犷悍之徒,悉收籍之。"①

宋朝募兵制对地方社会治安产生了重大影响,宋人曾说过:"与人为害者,募之入军,则乡间静谧。"② 韩琦也说:"养兵虽非古,然积习已久,势不可废;非但不可废,然自有利民处不少。古者发百姓戍边无虚岁,父子兄弟夫妇长有生死别离之忧。论者但云不如汉唐调兵于民,独不见杜甫眭中《石壕吏》一首,读之殆可悲泣。调兵之害乃至此。今收拾一切强悍无赖游手之徒,养之以为官兵,绝其出没闾巷、啸聚作过、扰民之患,良民虽税赋颇重,亦已久而安之,乐输无甚苦也,而得终身保其骨肉相聚之乐。此岂非其所愿哉?"③ 宋宁宗时,平江府常有海盗和无赖恶少扰乱治安,知府沈作宾利用已被招安为使臣的海盗招诱其党徒数千人,编入军队,号称义士;又招募恶少数千为兵,号称壮士;按官军的待遇和器械装备他们,"于是海道不警,井市无哗。"④ 杨万里认为:"今夫一乡之中有所谓良民者,有所谓黠民者。耕而食,织而衣,循循以为谨厚,默默以为忠信,犯之有所不敢校,而辱之有所不敢怒,此良民也;不耕而求饱,不织而求温,平居博弈饮酒以肆其不逞,而有急则椎埋剽夺以快其意,此黠民也。夫良民者,诱之以为非,固有所不敢,而强之以战斗之事,则亦没世而不能。黠民者,放之则其窃发有所不可制,而收之以为兵则其为用亦不少。今欲?其为用而不少者,而强其没世而不能者,无乃交病也欤?且,此驾驭奸雄之至术也。"⑤

(二)"招安"举措

宋代对地方民众的反抗斗争,一直采取了分化瓦解的政策,即在军事镇

---

① (宋)马端临:《文献通考》卷一五二《兵考四》,中华书局2011年版,第4555页。
② (宋)李焘:《续资治通鉴长编》卷四一,至道三年七月丙寅,中华书局2004年版,第871页。
③ (宋)沈作吉:《寓简》卷五,大象出版社2008年版,《全宋笔记》第四编、第五册,第45页。
④ (元)脱脱:《宋史》卷三九〇《沈作宾传》,中华书局1977年版,第11962页。
⑤ (宋)杨万里著,辛更儒校注:《杨万里集笺校》卷八八《论兵上》,中华书局2007年版,第3489—3490页。

压的同时，亦采用"招安"手段。所谓"招安"，即指招抚、招降，劝使归顺而言。宋代是中国历史上实行"招安"政策比较频繁的时期。《宋史》中记载众多的"招安"事件：

时间	事件	出处
雍熙中	数寇边境，掠取民口、畜产。诏书招安。	《宋史》卷四九五《蛮夷传》，第14205页。
淳化中	李顺叛蜀，（杨）琼往夔、峡擒贼招安。	《宋史》卷二八〇《杨琼传》，第9501页。
景德四年（1007）	曹利用等言招安贼党，其馈贼食物者，请追捕减死论，诏释不问。	《宋史》卷七《真宗本纪》，第135页。
大中祥符元年（1008）	泸州言江安县夷人杀伤内属户，害巡检任赛，既不自安，遂为乱。诏遣阁门祗候侍其旭乘传招抚。旭至，蛮人首罪，杀牲为誓。未几，复叛。	《宋史》卷四九六《蛮夷传》，第14226页。
庆历三年（1043）	贼闻（杨）畋至，皆恐畏，逾岭南遁。又诏往韶、连等州招安之。	《宋史》卷三〇〇《杨畋传》，第9964页。
庆历五年（1045）	唐和等既败官军，杀将吏，聚众益自疑，恐浸为边患，愿以诏书招安，就补溪峒首领。	《宋史》卷四九三《蛮夷传》，第14184页。
庆历七年（1047）	诏贝州有能引致官兵获贼者，授诸卫上将军。甲寅，遣内侍以敕榜招安贝贼。	《宋史》卷一一《仁宗本纪》，第224页。
嘉祐元年（1056）	诏湖北招安彭仕羲。	《宋史》卷一二《仁宗本纪》，第240页。
元丰四年（1081）	诏沈括："奏以军前士卒逃亡，溃散在路，本非得已，须当急且招安。"	《宋史》卷一九三《兵志》，第4811页。
宣和三年（1121）	甲戌，降诏招抚方腊。	《宋史》卷二二《徽宗本纪》，第407页。
宣和间	叛卒戚方破镇江，犯广德，守仓皇遣招安，无敢往者。	《宋史》卷四五三《朱嗣孟传》，第13334页。
宣和七年（1125）	京东转运副使李孝昌言招安群盗张万仙等五万余人，诏补官犒赐有差。	《宋史》卷二二《徽宗本纪》，第415页。

第七章　短安与长治：宋代地方司法结构的制度张力与实施效能

续表

时间	事件	出处
靖康元年（1126）	剧贼李昱拥十万众奔至城中，知其有备，阳受元帅府招安而去。	《宋史》卷四四八《吕由诚传》，第13204页。
靖康中	桃源剧盗伍俊既招安，复谋叛。	《宋史》卷三八〇《薛弼传》，第11722页。
建炎三年（1129）	刘光世招安苗傅将韩隽。	《宋史》卷二五《高宗本纪》，第466页。
建炎三年（1129）	潭州禁卒作乱，谋窜不果，向子谖随招安之。	《宋史》卷二五《高宗本纪》，第469页。
建炎四年（1130）	杨勍受刘光世招安，寻复叛去，迫泉州。	《宋史》卷二六《高宗本纪》，第480页。
绍兴元年（1131）	禁州郡统兵官擅招安乱军盗贼。	《宋史》卷二六《高宗本纪》，第486页。
绍兴二年（1132）	江西副总管杨惟忠以杨勍虽就招安，复谋作乱，诱诛之。	《宋史》卷二七《高宗本纪》，第495页。
绍兴二年（1132）	上谓辅臣曰："邵青、单德忠、李捧三盗，招安至临安日久，卿等其极拣汰。"	《宋史》卷一九四《兵志》，第4838页。
绍兴中	广东贼曾衮本军士也，已受招复叛。	《宋史》卷四四九《易青传》，第13226页。
绍兴中	（辛次膺）单车趋茶陵，擒贼骁将戮之，募贼党毛义、龙麟等，赏榜谕以朝廷抽回大将，务欲招安，宜亟降，待以不死。龙渊、李朝相继降。	《宋史》卷三八三《辛次膺传》，第11802页。
乾道元年（1165）	命广东提刑司招安李金余党。	《宋史》卷三三《孝宗本纪》，第633页。
嘉定中	时盗罗世传、李元砺、李新等相继窃发……时江西言欲招安李元砺。	《宋史》卷四一〇《曹彦约传》，第12341页。
淳祐元年（1241）	立信献策招安庆剧贼胡兴、刘文亮等。	《宋史》卷四一六《汪立信传》，第12473页。

尽管这是不完全的统计，但也能说明一些问题。其一，说明宋代自始至终几乎都实行过"招安"政策，也说明宋代确实是中国历史上实行"招安"政策比较多的王朝，南宋尤甚，所以建炎后俚语云："仕途捷径无过贼，上将奇谋只是招。"又云："欲得官，杀人放火受招安；欲得富，赶着行在卖酒醋。"①

宋代招抚盗贼后大多充用厢军。宋太宗时，江、淮发运使杨允恭，捕贩盐贼三十九人送阙下，上悉贷之，因顾左右曰："此等越逸江湖，习性已久，固不能工作矣，可团为一军，以备舟楫之役，号曰平河。"② 宋仁宗朝，沈遘知杭州时，凡"小民有犯法，情稍不善者，不问法轻重，辄刺为兵。"③ 张方平在宋英宗时言："太祖皇帝制折杖法，免天下徒，初置壮城、牢城，备诸役使，谓之厢军。后乃展转增创军额，今遂与禁军数目几等。"④ 罪犯始终是宋代厢军主要的兵源。壮城、牢城等军号，即是专为厢军中服役刑徒设置的。⑤ 宋徽宗宣和七年（1125），金兵压境，朝廷遂"招集逃亡军人及招刺诸处游手人充军。"⑥ 南宋时也规定："应犯强盗，合配远方之人，并配隶屯驻大军交管。"当时"诸路每岁所配罪人，无虑数千人，其间往往多是强盗"，"盖民之敢为盗者，皆桀黠无赖有勇力之人，配隶诸军，正得其所。"⑦ 宋孝宗时，严州"城中恶少群扰市"，知州萧燧"密籍姓名，涅补军额"，以防患于未然。⑧ 宋宁宗嘉定十七年（1224）范井请创马军三千，"招游手之强壮者及籍牢城重

---

① （宋）庄绰：《鸡肋编》卷中，中华书局1983年版，第67页。
② （宋）李焘：《续资治通鉴长编》卷四〇，至道二年八月，中华书局2004年版，第850页。
③ （元）脱脱：《宋史》卷三三一《沈遘传》，中华书局1977年版，第10652页。
④ （宋）李焘：《续资治通鉴长编》卷二〇九，治平四年闰三月丙午，中华书局2004年版，第5089页。
⑤ 淮建利：《论宋代的壮城军兵》，《中国史研究》2007年第1期。
⑥ （宋）徐梦莘：《三朝北盟会编》卷二二，宣和七年三月，上海古籍出版社1987年版，第159页。
⑦ （宋）吴儆：《吴文肃公文集》卷二《论配隶当屯驻大军》，载《宋集珍本丛刊》，线装书局2004年版，第24册，第607页。
⑧ （元）脱脱：《宋史》卷三八五《萧燧传》，中华书局1977年版，第11841页。

第七章 短安与长治：宋代地方司法结构的制度张力与实施效能

役人充之。"①

宋代招抚盗贼或罪犯判刑后，也有部分编入禁军。②另如龙猛军"十三指挥皆募强盗以充"③，北面缘边骑捷六指挥亦是募缘界河为盗者，"因募置此军。"④宋神宗时批付中书："保甲浮浪无家之人，不得令习武艺。"王安石曰："武艺绝伦又累作凶慝，若不与收拾，恐生厉阶。"神宗曰："可收拾作龙猛之类。"⑤宋神宗时规定："降配禁军营杂役卒，在京可轮月刺配，先殿前，次马军，次步军司，周而复始。"⑥宋高宗绍兴三十二年（1162），以"强盗并持杖劫盗贷命流配之人……元勘州军从长贰择健壮堪充军者，先次刺填龙猛或龙骑指挥。"⑦宋孝宗淳熙八年（1181）诏"自今强盗贷命人，并配隶广东摧锋军、福建左翼军、湖北神劲军、湖南、江西、江东安抚司亲兵，成都府飞山军、雄边军，及诸路州郡系将、不系将禁军重役。"⑧

宋廷之所以将罪犯充军，一是欲通过苦役惩罚来消磨他们的意志。宋仁宗时的一道诏令指出："念无良之人，向缘不师于教，故隶之军以苦其形体，移之乡以劳其心志，使知罪戾，以图改为。"⑨亦因为"犯强盗者，皆是积恶亡命之徒，深虑州郡不能拘制"，故将其刺配为兵，以军法治之。二是希望借助这些人的力量，来帮助维持社会治安。据《东都事略》记载：在宋江寇京

---

① （元）脱脱：《宋史》卷四一七《赵葵传》，中华书局1977年版，第12505页。
② 王曾瑜：《宋代兵制初探》，中华书局1983年版，第208页。
③ （宋）李焘：《续资治通鉴长编》卷六七，景德四年十月甲午，中华书局2004年版，第1495页。
④ （宋）李焘：《续资治通鉴长编》卷六八，大中祥符元年二月辛丑，中华书局2004年版，第1525页。
⑤ （宋）李焘：《续资治通鉴长编》卷二三三，熙宁五年五月丙戌，中华书局2004年版，第5650页。
⑥ （宋）李焘：《续资治通鉴长编》卷三三四，元丰六年三月辛丑，中华书局2004年版，第8041页；（宋）李焘：《续资治通鉴长编》卷三三五，元丰六年五月丁亥，中华书局2004年版，第8066页。
⑦ （清）徐松辑：《宋会要辑稿》刑法四之五〇，上海古籍出版社2014年版，第8473页。
⑧ （清）徐松辑：《宋会要辑稿》刑法四之五五，上海古籍出版社2014年版，第8476页。
⑨ （宋）佚名：《宋大诏令集》卷二一六《裕享赦后拣贷杂犯刺面配军诏》，中华书局1962年版，第823页。

东时,侯蒙上书陈制贼计曰:"宋江以三十六人横行河朔、京东,官军数万无敢抗者,其材必过人,不若赦过招降,使讨方腊以自赎,或足以平东南之乱。"① 宋代受招叛兵多成为军队战斗力量,往往是"并令首领参讫,量补官资,悉赴军前效用"②,而受招安的盗贼则更是多用以并灭本伙盗贼,凡受招安者,使其"专以缉捕为职。其间雄骜有声者,往往皆出群盗。"③

宋代对实行"招安"政策有不少议论,李纲对招安之弊说得尤为透彻,他在《论盗》中讲:

> 世之危乱、民之失业与夫兵之溃散者,多聚而为盗贼,诛之则不可胜诛,而力有所不给,惟因而招纳之以为我用。其力有五:以弭内乱,一也;以御外敌,二也;善良胁从者可散而归田亩,三也;强猾勇敢者可藉以备行阵,四也;以盗贼攻寇仇,胜则享其功,败则不足惜,五也。昔者,光武用绿林下江铜马诸军,而致中兴;曹操用黄巾而破绍术;太宗起于晋阳,取关中以定海内,亦多招徕群盗而用之,然自非推赤心以置其腹中,恩足以结其心,威足以詟其气,使遵我之纪律,而听我之驱策。则用盗有五难:已尝放肆而欲收其愤戾之心,一难也;已尝虏掠而欲窒其贪婪之志,二难也;易置将帅则怀疑,三难也;畀之部曲则易叛,四难也;恩过则骄,威胜则怨,而反以为患,五难也。惟善驾驭者,恩威得所,宽猛得中,内得其心,外得其力,使之视杀敌如杀人,取敌资如虏掠,虽易将帅而不疑,虽畀部曲而不叛,与正军相为表里而无骄怨之患,则其难也将转而为易。昔者光武、太宗、曹操尝从事于斯术矣。④

---

① (宋)王称:《东都事略》卷一〇三《侯蒙传》,齐鲁书社2000年版,第886页。
② (宋)李心传:《建炎以来系年要录》卷九一,绍兴五年七月乙未,中华书局1988年版,第1525页。
③ (宋)周密:《武林旧事》卷六《游手》,中国商业出版社1982年版,第122页。
④ (宋)李纲:《梁溪集》卷一五〇《论盗》,景印文渊阁《四库全书》本,台北:商务印书馆1983年版。

第七章 短安与长治：宋代地方司法结构的制度张力与实施效能

宋代在内忧外患的形势下比较多的采取了"招安"政策，是意图使宋朝统治区域内阶级矛盾服从民族矛盾。尽管"招安"政策有利有弊，但是"招安"政策本质上是统治者对民众斗争的让步，随着后世中央君主专制的加强，"招安"政策就很少采用了。

二、宋代社会治理的"三重"之法

(一)"重法地"和"重法人"之法

"重法地"之法和"重法人"之法是宋代独创的加强地方治安的特别法，此法对宋代的社会治安产生了重大影响。宋代的"重法地"之法始于宋仁宗嘉祐六年的"窝藏重法"：

> 自嘉祐六年，始命开封府诸县盗贼囊橐之家立重法，后稍及曹、濮、澶、滑等州。熙宁中，诸郡或请行者，朝廷从之，因著为令。至元丰，更定其法，于是河北、京东、淮南、福建等路用重法郡县，浸益广矣。凡劫盗罪当死者，籍其家赀以赏告人，妻子编置千里，遇赦若灾伤减等者，配远恶处，罪当徒、流者，配岭表。流罪会降者，配三千里，籍其家赀之半为赏，妻子递降等有差。应编配者，虽会赦，不移不释。囊橐之家，劫盗死罪，情重者斩，余皆配远恶处，籍其家赀之半为赏。盗罪当徒、流者，配五百里，籍其家赀三之一为赏。窃盗三犯杖，配五百里或邻州。虽非重法之地，而囊橐重法之人，并以重法论。其知县、捕盗官皆用举者，或以武臣为县尉。盗发十人以上者，限内捕不获半，劫罪取旨。若复杀官吏，及累杀三人，焚舍屋百间，或群行于州县之内，劫掠于江海船筏之中，虽非重法之地，亦以重法论。①

---

① （宋）李焘：《续资治通鉴长编》卷六八，元丰七年三月乙巳，中华书局2004年版，第1525页。

这段记载，概括了宋代"重法地之法"的全貌，同时又提出了"重法人之法"。苏轼在《去奸民篇》中说："（以往）天下有三患，有内大臣之变，有外诸侯之变，有匹夫群起之祸"的说法已不符合现实，"今者，内无权臣，外无强诸侯，其可忧者，奸民也。"对此他提出"其无良者，不必待其自入于刑，而间则命使出按郡县……皆诛无赦。"① 即对奸民无须受常法的限制。知开封府包拯亦指出："京东素是出强贼处，不可不即时诛灭，若令结成群党，藏伏山林，则为害不细"，"应有盗贼，不以多少，远近，并须捕捉净尽，"建议宋仁宗要"重行朝典。"② 庆历三年（1043）谏官欧阳修也建议"朝廷讲求御盗之术，峻行责下之法。"③ 上述意见都集中反映了统治阶级要求摆脱常法约束，加重惩治"贼盗"的意图。宋仁宗在这一背景下，为维护京师的治安，对治安政策作了调整，确定了以镇压农民武装反抗为主的统治方针，首先制订了京畿地区《窝藏重法》。

宋代"重法地"之法自初创之后，对犯罪者的处罚在不断的加重，从宋英宗治平三年（1066）四月制订盗贼重法来看，已有进一步发展："开封府长垣、考城、东明县并曹、濮、澶、滑州诸县获强劫罪死者，以分所当得家产给告人，本房骨肉送千里外州军编管，即遇赦降，与知人欲告、案问欲举、自首、灾伤减等，并配沙门岛。罪至徒者，刺配广南远恶州军牢城，以家产之半赏告人，本房骨肉送五百里外州军编管，编管者遇赦毋还。五服内告首者，具案奏获贼该酬赏者，不用灾伤降等。"④ 说明抢劫罪当处死者，本房骨肉流放编制于千里外州军；犯罪应处徒刑者，刺配广南边远和气候恶劣州军牢城，以家产之半赏告人，本房骨肉送五百里外州军流放编制，遇有赦令也不得还乡；凡盗窃行为发生于重法地之外及立法之前，而在捕获时则在重法

---

① （宋）苏轼：《苏轼全集》卷四七《策别十二》，中华书局1986年版，第265页。
② （宋）包拯著，杨国宜校注：《包拯集校注》，黄山书社1999年版，第89页。
③ （宋）李焘：《续资治通鉴长编》卷一四二，庆历三年八月辛亥，中华书局2004年版，第3419页。
④ （清）徐松辑：《宋会要辑稿》兵一一之二六至二七，上海古籍出版社2014年版，第8831页。

第七章 短安与长治：宋代地方司法结构的制度张力与实施效能

地之内，犯者则依重法处置。

宋神宗时亦制订了《贼盗重法》："（熙宁四年）正月丁未，诏开封府东明、考城、长垣县、京西滑州、淮南宿州、河北澶州、京东应天府、淮、齐、徐、济、单、兖、郓、沂、淮阳军，别立贼盗重法。"而《宋史·刑法志》亦载："熙宁四年，立盗贼重法。凡盗罪当死者，籍其家赀以赏告人，妻子编置千里；遇赦若灾伤减等者，配远恶地。罪当徒、流者，配岭表；流罪会降者，配三千里，籍其家赀之半为赏，妻子递降等有差。应编配者，虽会赦，不移不释。凡囊橐之家，劫盗死罪，情重者斩，余皆配远恶地，籍其家赀之半为赏。盗罪当徒、流者，配五百里，籍其家赀三之一为赏。窃盗三犯，杖配五百里或邻州。虽非重法之地，而囊橐重法之人，以重法论。"①

至宋哲宗元祐二年（1087）对重法地之法又进一步作了补充，除对犯强盗、窃盗者严厉打击外，对窝藏、庇护者及罪犯家属皆采取了更严厉的处罚措施：

1. 受贼所散财物，或虽未受财而为贼应和、呼应、提供方便的人，罪轻不至编配者，"量度轻重远近等第编配。"

2. 知情而受强盗死罪赃者，依持仗窃盗法惩治；如为罪犯典卖、藏买赃物者，减二等，罪至徒者，"皆配五百里。"

3. 强盗结集作案，如验实为死罪，即抄没其家产，作赏资以赏擒获强盗者。

4. 强盗案发能自首或自杀者，免抄没家产。

5. 强、窃盗犯人断罪后，于犯人家门钉牌，书写所犯罪名。犯人家口迁徙者，则随所迁徙处钉牌。徒罪以上强、窃盗犯人能告获徒、流罪窃盗二人，或强盗一人，杖罪强、窃盗犯人能告获徒、流罪窃盗一人，皆免钉牌。

6. 强盗已杀人、强奸、或原犯强盗贷死之人，或持杖强盗三人以上共犯，

---

① （元）脱脱：《宋史》卷一五二《刑法志》，中华书局1977年版，第4978页。

虽自首,"并不在减等之例"。①

在推行重法地之法的初期,重法只适用于京畿地区,至宋英宗治平三年(1066)的重法包括开封府长垣、考城、东明县,京东路曹州、濮州,河北路澶州和京西路滑州等地。② 宋神宗熙宁时期的重法地,又扩大到开封府白马、胙城、韦城;京东路应天府,齐、徐、济、单、兖、郓、沂州,淮阳军;河北路博州、棣州、亳州,邢州的钜鹿,洺州的鸡泽、平恩、肥乡县;淮南路宿州、寿州、濠州、泗州,以及福建路南剑州、汀州、建州、邵武军等。至宋哲宗元祐初年又增河北路沧州,邢州的平乡,以及京东路广济军为重法地。至元祐四年(1089),全国已有十七个路为重法统治区。

宋代在推行重法地的同时还有重法人之法。即无论在何时、何地发生的结伙抢劫、杀人放火犯罪都以重法地之法进行惩罚。③ 这一罪名的创立,进一步扩大了重法的适用范围。

"重法地""重法人"之法的创立,使宋代的刑法发生了明显的变化。一是同样的犯罪因犯罪地区不同而同罪异罚,对犯罪人是明显的加重。二是重法既连坐"本房骨肉",又"籍其家货以赏告人",实际上是使无罪者为有罪者承担法律责任,显然是惩罚的扩大化。对此范祖禹批评说:"重法之地,独为匪民,一人犯罪,连及妻孥,没其家产,便同反逆。先王制刑,必使民得以自新,不闻别异州城,偏行峻令,恐非圣世所宜为也。"④

宋代"重法地""重法人"之法,是在特定地区维护社会治安的特别法律。但是,宋代实行的"重法地""重法人"之法并没有达到预期目的,反而

---

① (宋)李焘:《续资治通鉴长编》卷三九八,元祐二年四月戊戌,中华书局2004年版,第9710—9711页。
② (清)徐松辑:《宋会要辑稿》兵一一之二六至二七,上海古籍出版社2014年版,第8831页。
③ (宋)李焘:《续资治通鉴长编》卷三四四,元丰七年三月乙巳条载:三人以上结伙抢劫,以及盗窃之外,"复杀官吏,及累杀三人,焚舍屋百间,或群行于州县之内,劫掠于江海船筏之中"等,均属重法人。中华书局2004年版,第8255页。
④ (宋)李焘:《续资治通鉴长编》卷四七八,元祐七年十月丙子,中华书局2004年版,第11390页。

第七章 短安与长治：宋代地方司法结构的制度张力与实施效能

盗贼之势愈来愈大。因此在宋徽宗大观元年（1107）宣布"罢重法"。至此，宣告了北宋重法统治的破产。①

（二）犯罪惩处的重典化

宋初太祖针对"世属乱离"的社会状况，主张"纠之以猛"②，特别主张对"贼盗"等严重犯罪给予严惩。宋太宗继位后则认为："外忧不过边事，皆可预防，惟奸邪无状，若为内患，深为可惧也。"③ 在这种思想指导下，宋廷对犯罪的惩罚走向了重典化，这一变化趋势突出表现在法外用刑的多样化。

宋太宗时"沣州民诉贼不实，刺史赵彦韬手杀之，剖其心肝。"④ 淳化时在寿春县"巡检使生钉一贼，而于集众之际。"⑤ 仁宗时钱惟济苛忍，所至牵蔓满狱，"凡重囚弃市，或令人断手足、探肝胆，加备诸毒，用以威众，观者莫不色动"，"在定州，有妇人视其夫前妻之子不仁，至烧铜钱以灼臂，惟济取其所生儿置雪中，械母使视儿死，其惨如此。"⑥ 蒲宗孟知郓州，"郓介梁山泺，素多盗，宗孟痛治之，虽小偷微罪，亦断其足筋，盗虽为衰止，而所杀亦不可胜计矣。"⑦ 孙沔知并州时，"官庭列大梃，或以暴怒击诉事者，尝剔取盗足后筋，断之。"⑧ 对此早在真宗年间，钱易就已指出："近代以来……造恶逆者，或有非常之罪者，（官吏）不从法司所断，皆支解脔割，断截手足，坐

---

① （宋）蔡绦：《铁围山丛谈》卷一，中华书局1983年版，第19页。
② （宋）佚名：《宋大诏令集》卷二〇〇《刑法上·改窃盗赃计钱诏》，中华书局1962年版，第739页。
③ （宋）李焘：《续资治通鉴长编》卷三二，淳化二年八月丁亥，中华书局2004年版，第719页。
④ （宋）李焘：《续资治通鉴长编》卷一九，太平兴国三年十月庚午，中华书局2004年版，第435页。
⑤ （宋）赵汝愚：《宋朝诸臣奏议》卷九九《上真宗乞除非法之刑》（钱易），上海古籍出版社1999年版，第1062页。
⑥ （宋）李焘：《续资治通鉴长编》卷一一一，明道元年四月戊午，中华书局2004年版，第2580页。
⑦ （元）脱脱：《宋史》卷三二八《蒲宗孟传》，中华书局1977年版，第10571—10572页。
⑧ （元）脱脱：《宋史》卷二八八《孙沔传》，中华书局1977年版，第9690页。

钉立钉，悬背烙筋，及诸杂受刑者，身具白骨而口眼之具犹动，四体分落而呻痛之声未息，置之阛阓，以图示众。四方之外，长吏残暴，更加增造，取心活剥，所不忍言。"① 张舜民《画墁录》载："元丰中，河中人刘勃自南京军巡官代还，自言一任断绞刑二百六十有奇，斩刑六十余，钉剐二十七，此一院之数也。"② 刘勃在南京应天府军巡院任官仅三年就处死三百五十余人。③ 这个数字真实地反映了宋代重法实施情况。

"凌迟"在宋代的应用是重典治盗贼的突出表现。宋初为纠五代弊政本来禁止用凌迟刑，宋太祖时颁行的《宋刑统》中，规定重罪应使用斩或绞，没有凌迟刑名。宋真宗大中祥符四年（1011），内侍杨守珍在京东捕贼时，令造木驴、钉架各二，上请凌迟贼人，遭到真宗的禁止，并降诏："自今遣使出外捕贼，不得制造凌迟盗贼之具。"④ 至宋仁宗天圣九年（1031），针对荆湖地区杀人祭鬼始诏："自今首谋若加功者，凌迟斩之。"⑤ 这是宋朝首次准许使用凌迟刑。其后凌迟刑时有人使用，如熙宁八年（1075），"沂州民朱唐告前余姚主簿李逢谋反……逢辞连宗室秀州团练使世居、医官刘育、河中府观察推官徐革……狱具，赐世居死，李逢、刘育及徐革并凌迟处死。"⑥ 所以马端临讲："凌迟之法，昭陵（宋仁宗陵号）以前，虽凶强杀人之盗，亦未尝轻用，自诏狱既兴，而以口语狂悖者，皆丽此刑矣。"⑦《宋史》记载："凌迟者，先断其肢体，乃抉其吭，当时之极法也。"⑧ 陆游记载："五季多故，以常法为不足，

---

① （宋）赵汝愚：《宋朝诸臣奏议》卷九九《上真宗乞除非法之刑》（钱易），上海古籍出版社1999年版，第1061页。
② （宋）张舜民：《画墁录》，景印文渊阁《四库全书》本，台北：商务印书馆1983年版，第1037册，第159页。
③ 按宋制，南京应天府有左、右军巡院，加上府司，共有三个刑狱机构。（元）脱脱：《宋史》卷二〇一《刑法志》："官司之狱……外则三京府司、左右军巡院。"中华书局1977年版，第5021页。
④ （清）徐松辑：《宋会要辑稿》兵一一之六，上海古籍出版社2014年版，第8820页。
⑤ （宋）李焘：《续资治通鉴长编》卷一一〇，天圣九年四月壬子，中华书局2004年版，第2558页。
⑥ （元）脱脱：《宋史》卷二〇〇《刑法志一》，中华书局1977年版，第4998页。
⑦ （宋）马端临：《文献通考》卷一六六《刑考五》，中华书局2011年版，第5001页。
⑧ （元）脱脱：《宋史》卷二〇〇《刑法志一》，中华书局1977年版，第4973页。

第七章　短安与长治：宋代地方司法结构的制度张力与实施效能

于是始于法外特置凌迟一条。肌肉已尽而气息未绝，肝心联络而视听犹存。"①

宋代对盗贼罪的重典化，还表现在量刑标准上，如《唐律疏议·贼盗律》中规定："诸强盗，不得财徒二年，一尺徒三年，二匹加一等，十匹及伤人者，绞，杀人者，斩。其持仗者，虽不得财，流三千里；五匹，绞；伤人者，斩。"②而《宋刑统》中准周显德五年七月七日敕条规定："今后应持杖行劫，不问有赃、无赃，并处死。其同行劫贼内，有不持杖者，亦与同罪。"③ 二者相比，唐律以是否携带器械、得赃多少作为处罚标准，不持杖、不得赃者仅处二年徒刑；持杖而不得赃者，流放三千里。而《宋刑统》中规定：凡持杖行劫者，不论是否得到赃物，一律处死，同伙内即使不持杖者亦处死，宋律的处罚显然重于唐代。

在对窃盗罪的惩处方面，唐律规定："诸窃盗，不得财笞五十；一尺杖六十，一匹加一等；五匹徒一年，五匹加一等，五十匹加役流。"如果"有于一家频盗及一时而盗数家者，并累而倍论。"④ 而《宋刑统》中则准唐建中三年（782）三月二十四日敕节文，"自今以后，捉获窃盗，赃满三匹以上者，并集众决杀"，又准建隆三年（962）二月十一日敕节文规定："起今后犯窃盗，赃满五贯文足陌，处死。"⑤ 唐律对窃盗罪处罚的最高标准是加役流，而宋代则赃满三匹就要处死，显然对窃盗犯罪的处罚也加重了。

宋代对"妖书妖言罪"的惩处也发生了变化。唐律中规定："诸造妖书及妖言者，绞。传用以惑众者，亦如之。"⑥ 如果传播范围不足三人，则流三千里，其言理无害于时政者杖一百。《宋刑统》中的规定则更具有针对性，其引

---

① （宋）陆游：《渭南文集》卷五《条对状》，载《宋集珍本丛刊》，线装书局2004年版，第47册，第89页。
② （唐）长孙无忌：《唐律疏议》卷一九《贼盗·强盗》，法律出版社1998年版，第387页。
③ （宋）窦仪：《宋刑统》卷一九《贼盗·强盗窃盗》，法律出版社1999年版，第343页。
④ （唐）长孙无忌：《唐律疏议》卷一九《贼盗·窃盗》，法律出版社1998年版，第388页。
⑤ （宋）窦仪：《宋刑统》卷一九《贼盗·强盗窃盗》，法律出版社1999年版，第345页。
⑥ （唐）长孙无忌：《唐律疏议》卷一八《贼盗·造妖书妖言》，法律出版社1998年版，第373页。

后唐天成二年敕规定:"或僧俗不辨,或男女混居,合党连群,夜聚明散,托宣传于法会,潜恣纵于淫风,若不去除,实为弊恶。……有此色之人,便仰收捉勘寻,据关连徒党,并决重杖处死。"又引周显德五年敕:"今后捉获此色人,其头首及徒党中豪强者,并决杀,余者减等科罪。"① 可见,宋代对妖教罪选择了最重的处罚。

宋代对犯罪惩处的重典化亦体现在刑名的变化上。宋初为缓和社会矛盾,稳定社会秩序,采取了"临下以简,必务哀矜"的方针②,宋太祖时为表示轻刑之意,设立了折杖法,以减轻对犯罪的处罚,使"流罪得免远徒,徒罪得免役年,笞杖得减决数。而省刑之意,遂冠百王。"③ 这是宋代宽猛相济政策的突出表现。但折杖法在执行过程中,其弊端也逐步突显出来,据《宋史·刑法志》中载:"徒、流折杖之法,禁纲加密,良民偶有抵冒,致伤肌体,为终身之辱;愚顽之徒,虽一时创痛,而终无愧耻。"④ 因此,宋太祖又立"刺配"之法,凡"坐特贷者,方决杖、黥面、配远州牢城。"⑤ 刺配法作为宽恕死罪的代用刑,虽三刑并用,但仍然不失生刑之意。正如张方平所说:"黥为墨,配即流,杖乃鞭,三者始萃于一夫之身,盖其制将以宥死罪,合三为一,犹为生刑,端未为过。"⑥ 即凡合刺配者,均要先杖脊、后黥面,再发配到边远地区或指定场所强制劳役或军役。随着刺配刑的应用范围逐渐扩大,刺配诏敕也日渐增多,至南宋时已达570余条,多达十余万人。"配法既多,犯者日众,黥配之人,所至充斥。"⑦ 宋代刺配法由于法条太繁,用刑亦重,行用广泛,为害甚大。本欲以此昭示仁政,却给社会带来更大的灾难。

明人邱浚在评价宋代刺配法时讲:"宋人于今五刑之外,又为刺配之法,

---

① (宋)窦仪:《宋刑统》卷一八《贼盗·造妖书妖言》,法律出版社1999年版,第330页。
② (元)脱脱:《宋史》卷一九九《刑法志一》,中华书局1977年版,第4967页。
③ (宋)马端临:《文献通考》卷一六八《刑考七》,中华书局2011年版,第5043页。
④ (元)脱脱:《宋史》卷二〇一《刑法志三》,中华书局1977年版,第5008页。
⑤ (宋)马端临:《文献通考》卷一六八《刑考七》,中华书局2011年版,第5043页。
⑥ (宋)马端临:《文献通考》卷一六八《刑考七》,中华书局2011年版,第5043页。
⑦ (元)脱脱:《宋史》卷二〇一《刑法志三》,中华书局1977年版,第5020页。

第七章 短安与长治：宋代地方司法结构的制度张力与实施效能

岂非所谓六刑乎？聚罪废无聊之人于牢城之中，使之合群以构怨，其愤愤不平之心，无所于泄心中之意。虽欲自新，而面上之文已不可去；其亡去为盗，挺起为乱，又何怪哉"，"宋江以三十六人，横行河朔，迄不能制之，是皆刺配之徒，在而有以为之耳目也"，"宋人承五代为刺配之法，既杖其脊，又配其人，而且刺其面，是一人之身，一事之犯，而兼受三刑也。宋人以忠厚立国，其后子孙受祸最惨，意者以其刑法太过，杖人以脊，刺人之面，皆汉唐所无者欤！故其末世子孙，生有系累之苦，死者遭暴露之祸。后世用刑者，宜以为戒。"①

宋代官府对罪犯的惩处有一个从轻刑到重刑的过程，其刑罚的残酷程度在"治乱世用重典"的理念指导下，很大程度上承继了五代遗风，因而常为后世所诟病。

三、宋廷对交通节点控制的加强

宋代出现众多"浮浪奸伪之人"②，这些人"匿里舍而称逃亡，弃耕农而事游惰"③，因而成为危害地方治安的主要人群。在手工业生产中，"每一家须役工匠四五十人至三二十人者，此人皆是他州别县浮浪无根着之徒，抵罪逋逃，变易名姓，尽来就此佣身赁力。平居无事，则俯伏低折与主人营作，一不如意，则递相扇诱，群党哗噪，算索工直，偃蹇求去。聚墟落，入镇市，饮博奸盗，靡所不至，已复又投一处，习以为业。"④ 有的游民团伙则有一定的"黑社会"性质，如耀州"有豪姓李甲者，结客数十人，号'没命社'，或不如意，则推一人以死斗，数年为乡人患，莫敢发之。"⑤ 另如北宋时，"断

---

① 鲁嵩岳：《慎刑宪点评》，法律出版社1988年版，第161—162页。
② （元）脱脱：《宋史》卷一七七《食货志上》，中华书局1977年版，第4302页。
③ （元）脱脱：《宋史》卷一七三《食货志上》，中华书局1977年版，第4160页。
④ （宋）文同：《丹渊集》卷三四《奏为乞差京朝官知井研县事》，景印文渊阁《四库全书》本，台北：商务印书馆1983年版，第1096册，第758页。
⑤ （宋）郑克著，杨奉琨校注：《折狱龟鉴校释》卷五《惩恶·薛颜》，复旦大学出版社1988年版，第248—249页。

415

臂僧智悟集乡里凶黠者为童行，总千余人，凌殴平民，恣为不道。"① 有的地方捕获盗贼"一火之中，全是僧徒。"② 有些游惰之人，"百十为群，互相党庇，遇有乡民鬻物于市，才不经由其手，则群起而攻之，众手捶打，名曰'社家拳'。"③ 为了加强对流民的控制，宋代加强了交通结点的管理。

（一）宋代地方关津管理的不断完善

城门是日常治安管理的重要关卡，宋代城门的开关基本上沿袭唐制。《宋刑统·越州县镇戍城及官府廨垣》条规定：

> 州、镇、关、戍城及武库等门，应闭，忘误不下键；若应开，毁管键而开者，各杖八十；错下键及不由钥而开者，杖六十。余门各减二等。若擅开闭者，各加越罪二等。即城主无故开闭者，与越罪同；未得开闭者，各减已开闭一等。余条未得开闭，准此。④

《宋刑统·关禁律》还规定行人不由门而入关津者，皆为私度罪：

> 诸私度关者，徒一年。越度者，加一等。（不由门为越。）已至越所而未度者，减五等。（谓已到官司应禁约之处。余条未度准此。）
>
> 【议曰】：水陆等关，两处各有门禁，行人来往皆有公文。谓驿使验符券，传送据递牒，军防、丁夫有总历，自余各请过所而度。若无公文，私从关门过，合徒一年。"越度者"，谓关不由门，津不由济而度者，徒一年半。⑤

宋代在执行关津规定过程中，根据情况的变化和臣僚的建请，对关津检

---

① （宋）李焘：《续资治通鉴长编》卷九一，天禧二年二月辛巳，中华书局2004年版，第2101页。
② （清）徐松辑：《宋会要辑稿》道释一之二六，上海古籍出版社2014年版，第9986页。
③ （宋）佚名：《名公书判清明集》卷一四《惩恶门·因争贩鱼而致斗殴》，中华书局1987年版，第529页。
④ （宋）窦仪：《宋刑统》卷八《卫禁·越州县镇戍城及官府廨垣》，法律出版社1999年版，第151页。
⑤ （宋）窦仪：《宋刑统》卷八《卫禁·越州县镇戍城及官府廨垣》，法律出版社1999年版，第153页。

第七章 短安与长治：宋代地方司法结构的制度张力与实施效能

查的内容也在不断的细化。如宋神宗熙宁七年（1074）正月一日诏："诸关门并黄河桥渡，常切辨察奸诈及禁物，军人、公人经过，取索公文、券历验认，即官员涉疑虑者，亦许取索文字看验。其夜过州、县、镇、寨并关门、桥渡者，如已锁门，唯军期及事干急速，即随处那官审问，听开。"① 宋徽宗政和元年（1111）四月臣僚上言关防之禁时讲："昔年经由汜水、潼关，机察甚严，既抄录官员职位，又取券牒逐一检认军兵。今缘干关陕，所至关津未有过而问者。昔者以关禁之严，戍兵无逃窜之路；今则相携而去，略无留碍，故诸兵卒皆动归心。伏望申严关防之禁，汜水、潼关两处关津，咸阳、河中、陕府三处浮桥，检察之法，并遵元丰旧制。仍责委提刑司及知、通点检，违慢之人按劾。庶几不生戍卒逃窜之心，又可断绝奸细度越之弊。"② 南宋高宗绍兴元年六月臣僚又言："迩者溃兵数百，不知所从，直入禹迹寺安泊，阖城震骇，关禁不严，未有如此，变生不测，何难之有。乞戒饬越州，及选差使臣、甲士，于诸门严行机察。"高宗诏令："越州相度，将紧要门关添差兵级作二十人，闲慢处十五人，仍选精强使臣总辖，机察奸细，军人验认券引，官员亲书职位、姓名、出入缘故，即不许乘时沮遏商旅，应赴行在军马，令城外屯泊，监官申取朝廷指挥，放入诸门。其禹迹寺军兵经由门关使臣，并特冲替。"③ 从这些记载中可以看出，宋代军人、公人出入关津时，皆须查验"公文""券历"，官员出入关津要登记其职位；如有嫌疑，则要检查"其夜守州、县、镇、塞并关、门、桥渡"等来往所经各地的路线。并且每经过一地，都要由当地官吏在所携券历上留下凭证。

宋代四川等地入关另有特殊措施。四川因远离京师，既临边防，又四境险固，是历史上容易形成割据政权的地方，因此对出入四川的人员，关卡稽察甚严。如剑州剑门是北方入川的主要关卡，专有军队把守，并设驻泊司

---

① （清）徐松辑：《宋会要辑稿》方域一二之四，上海古籍出版社2014年版，第9912页。
② （清）徐松辑：《宋会要辑稿》方域一二之五至六，上海古籍出版社2014年版，第9513页。
③ （清）徐松辑：《宋会要辑稿》方域一二之六，上海古籍出版社2014年版，第9513页。

管理:

> (宋仁宗天圣) 六年 (1028) 九月, 上封者言: "西川往来商旅, 有公凭者则由剑门经过, 无者并自阆州往来。盖自利州入阆州由葭萌寨, 并有私路入川。乞令葭萌寨依剑州置关, 委本寨使臣验认公凭, 放令往来。"从之。

> (宋仁宗天圣) 七年 (1029) 闰二月又诏剑门驻泊司: "自今后文武官、使臣、幕职州县官等, 将带人口、器械出入川峡, 并仰取索元给枢密院公凭照验, 如无夹带异同, 仰于公凭内书凿经过年月日时, 即付本人, 方许放过。不得因此邀难住滞, 如有冒名夹带者, 具职位、姓名以闻。"①。

宋仁宗景祐二年 (1035) 进一步规定, 凡官吏入川者, 陆行至剑门关, 水行至江陵府, 其令所司参验公据, 每月上枢密院。② 往来剑门关的商旅, 也须持有地方官府签发的公凭, 所以许多没有公凭的人便绕道由阆州私道出入。因此, 又在自利州入阆州的私路关口葭萌寨按剑门关例置关, 由本寨使臣验认公凭, 方准许往来, 从而控制了出入四川的私道。

南宋初, 因战乱动荡, 朝廷降诏重申入川之令: "自来入川峡之人, 依法经官司投状, 给公凭听行。今多事之际, 尤宜机密。若诈冒入川杖一百, 已度关者加一等。所犯重者从重。侯事息日, 即依常法。"③ 在非常时期, 入川关卡管制更加严格。④

(二) 宋廷对地方邸店管理的不断加强

宋代商品经济的发展, 商品流通和交换的活跃, 民间邸店业有较大发展,

---

① (清) 徐松辑:《宋会要辑稿》方域一二之三, 上海古籍出版社 2014 年版, 第 9512 页。
② (宋) 李焘:《续资治通鉴长编》卷一一六, 景祐二年五月乙酉, 中华书局 2004 年版, 第 2730 页。
③ (清) 徐松辑:《宋会要辑稿》刑法二之一〇二, 上海古籍出版社 2014 年版, 第 8337 页。
④ 朱绍侯:《中国古代治安制度史》, 河南大学出版社 1994 年版, 第 502—503 页。

第七章　短安与长治：宋代地方司法结构的制度张力与实施效能

在城市和乡镇，皆有邸店的存在，人口密集地区，则"途中邸店颇多。"①

宋代地方旅馆多为当地居民开设，规模有大有小，多能守法经营。但也有相当部分的经营者背景复杂，有的经营者是流民，如"韩洙者，洺州人，流离南来，寓家信州弋阳县大郴村。独往县东二十里，地名荆山，开酒肆及客店。"② 有的经营者则是犯罪还俗的僧人，据彭乘记载："荆南有僧，好慢行，每以二侍者扶掖，瞑目徐步，数息方一举足。府官吏洎坊村小民富室，无不仰戴，但目为慢行和尚。一夕，上元放灯，有捕到逾垣奸本军妇女者，乃慢行和尚也。于是，杖背还俗。既而开客邸于市，其行步如风。"③ 又有的经营者本身就是打家劫舍的强盗，如青州"离城三十里间，开旅邸，每崐遇客携囊橐独宿，多杀之，投尸于白沙河下，前后不知若干人。"④

这类具有黑店性质的旅馆在宋代并不少见，在店中图财害命的刑事案件时有发生：

> 浦城永丰境上村民作旅店，有严州客人赍丝绢一担来就房安泊。留数日，主妇性淫荡，挑与奸通。既而告其夫云："此客所将货物不少，而单独出路，可图也。"夫即醉以酒，中夜持刃斫之。客大叫救人，声彻于邻。彼处居者甚少，仅有一邻叟奔而至。妇走立于门，以右手遮拒使勿入，左手持客丝一把与之，叟喜而去，客遂死。⑤

> 赵彦珍自鄱阳往江西，至建昌境，暮投民居，庭户极迫窄，埃尘不扫。主人乃屠者……（后来知情者告知）："彼屠寻常多杀害行旅，伺客熟睡，则从高以矛椹其腹，死则推陷穴中，吞略衣装，续刳肉为脯，售于墟落。"知赵必有备，乃得全生。⑥

---

① （宋）周必大：《文忠集》卷一六五《归庐陵日记》，景印文渊阁《四库全书》本，台北：商务印书馆1983年版，第1148册，第783页。
② （宋）洪迈：洪迈：《夷坚丁志》卷七《荆山客》，中华书局1981年版，第596页。
③ （宋）彭乘（辑）：《续墨客挥犀》卷七《慢行和尚》，中华书局2002年版，第490页。
④ （宋）洪迈：《夷坚志》甲志卷第七《金刚灵验》，中华书局1981年版，第67页。
⑤ （宋）洪迈：《夷坚志》乙志卷第三《浦城道店蝇》，中华书局1981年版，第204页。
⑥ （宋）洪迈：《夷坚志》三志辛卷第三《建昌道店》，中华书局1981年版，第1403—1404页。

> 乐平永丰乡民胡廿四，开旅店于大梅岭。……胡先于后圃傍树根掘深窖，续入房，以巾缚客口，倒曳置窖中，生埋之，筑土平其上，略无知者。自是来宿者多惊魇不安。①

有的强盗流窜各地作案，他们以旅舍作为流窜歇息和寻找作案目标的落脚点，如：

> 张齐贤为布衣时，倜傥有大度，孤贫落魄，常舍道上逆旅。有群盗十余人，会食于逆旅之间，居人皆惶恐窜匿；齐贤径前揖之，曰："贱子贫困，欲就诸大夫求一醉饱，可乎？"盗喜曰："秀才乃肯自屈，何不可者？顾吾辈粗疏，恐为秀才笑耳。"即延之坐。②

宋代有的私营旅店主勾结盗贼，一起谋害旅客性命、抢劫财物，如：

> 浙西人刘承节，自赣州税官回赴调，寓家于赣，但与一子一仆乘马而东。至信之贵溪，午驻逆旅，逢数贾客，摧广香同坐，相与问从所来，欲买客香，取视殊不佳。刘曰："吾所赍虽不富，胜此物多矣。"出箧发示之，中蓄银可百两，客密窥见。会日暮，皆留宿。诸人乃盗也，夜久，操杖入刘室。刘本从军，有胁力，挥刀断其一臂，众惧而散走。主人盖同谋者，绐曰："彼不得志，必别邀尝侣来，不可安寝，不若未晓启涂以避之。"刘不疑其诈，促仆起，不谋具食即去。至高岗下，与盗遇，虽与拒斗，而寡不敌众，并子仆死焉。适一邮卒过，亦杀之，投尸坎中，分所获而遁。③

宋代有的地方旅店则是盗贼躲藏之所。如九江有两贼盗得周教授家财物后分途而逃，一盗出蛇岗山，夜渴甚，登木取道旁梅，被蛇伤其指，负伤逃至侯溪，则指几如股矣，卧旅邸中。盗出囊珠请主人持以求质，因而暴露

---

① （宋）洪迈：《夷坚志》三志辛卷《胡廿四父子》，中华书局1981年版，第1428—1429页。
② （宋）司马光：《涑水记闻》卷七《张齐贤不拘小节》，中华书局1989年版，第132—133页。
③ （宋）洪迈：《夷坚志》支甲卷卷第三《刘承节马》，中华书局1981年版，第729页。

第七章　短安与长治：宋代地方司法结构的制度张力与实施效能

被捕。①

由于宋代旅店中不断发生犯罪活动，地方官府为强化地方治安，加强预防和打击犯罪，强化了地方旅店管理。不仅将重要法令在关津道店张贴，如宋光宗绍熙五年（1194）九月十四日明堂赦："访闻湖广等处州县杀人祭鬼及略卖人口，并贫乏下户往往生子不举……见行条法镂板于乡村道店、关津渡口晓谕。"② 而且还规定："店舍内有官员、秀才、商旅宿泊，严切指挥，邻保夜间巡喝，不管稍有疎虞"；"客旅安泊多日，颇涉疑虑及非理使钱，不着次第，或行止不明之人，仰密来告官或就近报知捕盗官员。"③ 在这一方面《水浒传》中记述的济州北门外安乐村的一个王家小客店的情况，颇能说明宋代对旅店管理的重视：

> 为是官司行下文书来，着落本村，但凡开客店的，须要置立文簿，一面上用勘合印信；每夜有客商来歇宿，须要问他："那里来？何处去？姓甚名谁？做甚买卖？"都要抄写在簿子上。官司查照时，每月一次，去里正处报名。④

随着社会人口流动性的增加，旅店管理的重要性就突出起来，宋代可以说形成了中国历史上最早的旅客登记制度，对后世地方治理皆为成功之借鉴。

第三节　宋代地方治理中"短安长治"模式的形成

一、宋代地方政治中"短安"特点的形成

宋王朝吸收了唐朝覆亡的历史教训，建立起以分权体制为最大特色的地

---

① （宋）岳珂：《桯史》卷四《九江二盗》，中华书局1981年版，第42页。
② （清）徐松辑：《宋会要辑稿》刑法二之一二六，上海古籍出版社2014年版，第8354页。
③ （宋）李元弼：《作邑自箴》卷七《榜耆壮》《榜客店户》，载《宋代官箴书五种》，中华书局2019年版，第45页。
④ （元）施耐庵、罗贯中：《水浒传》第十八回《美髯公智稳插翅虎　宋公明私放晁天王》，人民文学出版社1997年版，第223页。

宋代地方法治问题研究

方行政体制。①

唐玄宗天宝十四年（755），身兼范阳、平卢和河东三镇节度使的安禄山伙同部将史思明起兵反唐，八年后才被平定，史称"安史之乱"。在平叛过程中，唐王朝采取以方镇制方镇的策略，在内地遍设方镇，其长官为节度使，"既有其土地，又有其人民，又有其甲兵，又有其财赋"②，唐后期因此出现了大面积的集权式地方体制。"藩镇割据"这种集权式地方体制直接导致了唐朝的灭亡，在中原一带相继出现了后梁、后唐、后晋、后汉、后周五个王朝，五十三年间更换八姓十四君，频繁的战乱给当时的人民造成了巨大的灾难。

宋太祖用十三年时间，吞并荆湘、攻占后蜀、消灭南汉、攻克南唐、吴越归属，基本上结束了五代十国分裂割据的局面。宋太祖采纳了赵普提出的"稍夺其权，制其钱谷，收其精兵"的政策③，从而开始了建立分权式地方行政体制的政治实践。宋朝分权式地方行政体制的形成，涵盖了军事、财政、司法层面，正如朱熹所总结的："本朝鉴五代藩镇之弊，遂尽夺藩镇之权，兵也收了，财也收了，赏罚刑政一切收了。"④

宋初为惩五代"兵骄则逐将，帅强则叛上"的兴亡之弊⑤，将全国"兵骁勇者，籍其名送都下，以补禁旅之阙"⑥，各地仅余承担劳役的厢军。宋太祖为了加强对地方财权的控制，置转运使与通判专门负责地方财政，规定各路州县收来的租赋，各州县留下少量应付日常开支外，一律由转运使转运京

---

① 余蔚称为分离制，见《完整制与分离制：宋代地方行政权力的转移》，《历史研究》2005 年第 4 期。
② （宋）欧阳修、宋祁：《新唐书》卷五〇《兵志》，中华书局 1975 年版，第 1328 页。
③ （宋）李焘：《续资治通鉴长编》卷二，建隆二年秋七月戊辰，中华书局 2004 年版，第 49 页；（宋）司马光：《涑水记闻》卷一《杯酒释兵权》，中华书局 1989 年版，第 11 页。
④ （宋）黎靖德（编）：《朱子语类》卷一二八《本朝二》，中华书局 1986 年版，第 3070 页。
⑤ （宋）李焘：《续资治通鉴长编》卷一七，开宝九年冬十月乙卯，中华书局 2004 年版，第 382 页。
⑥ （宋）李焘：《续资治通鉴长编》卷六，乾德三年八月戊戌，中华书局 2004 年版，第 156 页。

第七章 短安与长治：宋代地方司法结构的制度张力与实施效能

师。宋太宗继位不久，令所有州直隶中央，"天下节镇无复领支郡者矣。"① 为了防止转运使司演变为藩镇，宋廷没有赋予转运使统军的权力，也没有赋予转运使任免、升黜本路官员的权力："诸路转运使、副及州郡长吏并不得擅举人充部下官。如有阙员处，当以状闻。"② 宋初又由中央派遣文官出任"知州""知县"，"列郡各得自达于京师，以京官权知。"宋朝中央政府紧紧掌握了地方职官的任免权。在地方司法方面，宋太宗开始设置提点刑狱司，又称为"宪司"。宋神宗时又增设了提举常平，掌管一路常平、义仓等事务，称为"仓司"，还设有被称为"帅司"的安抚使，掌一路兵工民事，领军旅禁令，赏罚肃清。通过行政权、人事权、财政权、司法权、选任权的收归，宋中央政府"收乡长、镇将之权悉归于县，收县之权悉归于州，收州之权悉归于监司，收监司之权悉归于朝廷"③，"吾宋制治，有县令，有郡守，有转运使，以大系小，系牵绳联，总合于上。虽其地在万里外，方数千里，拥兵百万，而天子一呼于殿陛间，三尺竖子驰传捧诏，召而归之京师，则解印趋走，惟恐不及。"④ 宋代分权制地方行政体制中，充满了权力分立与制衡的精神，宋人评价本朝行政体制："惟本朝之法，上下相维，轻重相制，如身之使臂，臂之使指。"⑤ 所以，宋代在根本上铲除了唐代藩镇割据发生的历史条件，建立起新的行政结构，即皇帝集权而臣下分权，皇权的集中超过前代，地方分权体制的深度则既远超前代，亦为后世元、明、清各代所不能企及。李治安先生认为唐宋元明清五个主要朝代中，形成突出地方分权、极端中央集权、分寄

---

① （宋）李焘：《续资治通鉴长编》卷一八，太平兴国二年八月戊辰，中华书局 2004 年版，第 411 页。
② （宋）钱若水等修，范学辉校注：《宋太宗皇帝实录校注》卷四一，中华书局 2012 年版，第 491 页。
③ （宋）范祖禹：《太史范公文集》卷二二《转对条上四事状》，载《宋集珍本丛刊》，线装书局 2004 年版，第 24 册，第 276 页。
④ （宋）苏洵著，曾枣庄注释：《嘉祐集笺注》卷一《审势》，上海古籍出版社 1993 年版，第 3 页。
⑤ （宋）范祖禹：《太史范公文集》卷二二《转对条上四事状》，载《宋集珍本丛刊》，线装书局 2004 年版，第 24 册，第 277 页。

式中央集权三种模式。① 宋代正是突出地方分权的朝代。

在分权制的地方体制下,宋代地方治理取得突出成就:一是没有地方割据的悲剧,二是没有全国性的农民起义危机。两宋三百多年间,军阀割据、藩镇坐大的现象再未重现。在宋王朝三百多年间,民众与士兵的反抗事件始终没有间断过,但从来没有全国性农民起义,类似直接唐王朝灭亡的王仙芝、黄巢式的全国性社会动乱的事件也没有在宋代发生,这在中国历代王朝中是从来没有的。对于这一历史特点,宋人对本朝的评价中就注意到了:"本朝祖宗立天下之士,非前代可比。内无大臣跋扈,外无藩镇强横,亦无大盗贼,独夷狄为可虑。"②

宋代与其他王朝相比,虽然没有影响全局的"大盗贼"动乱,但是社会却不是久安长治,"小盗贼"频发,呈现了"短安长治"的局面。

宋代这种规模较小的"盗贼"动乱伴随着宋王朝的整个历史。北宋自宋太祖乾德元年(963)朗州汪端领导"数千人聚山泽为盗"开始③,至宋钦宗靖康二年(1127)北宋灭亡,在164年间,共发生规模大小不同的"盗贼"事件203次,几乎历年都有"盗贼"发生。这也是此前历史中所罕见的。

现根据何竹淇《两宋农民战争史料汇编》④ 按朝代将北宋发生"盗贼"的次数作一粗略统计。列表于下:⑤

北宋时期

朝代名称	在位年限/年	"盗贼"发生次数/次
宋太祖	17	18
宋太祖	21	32

---

① 李治安:《唐宋元明清中央与地方关系研究》,南开大学出版社1996年版。
② (宋)邵伯温:《邵氏闻见录》卷一九,中华书局1983年版,第214页。
③ (元)脱脱:《宋史》卷二六四《薛居正传》,中华书局1977年版,第9110页。
④ 何竹淇:《两宋农民战争史料汇编》,中华书局1976年版。
⑤ 郭东旭:《论北宋"贼盗"重法》,《河北大学学报》2000年第5期。

第七章 短安与长治：宋代地方司法结构的制度张力与实施效能

续表

朝代名称	在位年限/年	"盗贼"发生次数/次
宋真宗	25	19
宋仁宗	41	57
宋神宗	19	35
宋哲宗	15	10
宋徽宗	25	31
宋钦宗	1	6

四川地区是北宋"盗贼"最早峰起的地区，主要是王小波、李顺起义。宋仁宗庆历年间（1041—1048）是北宋"盗贼"犯罪的一个高潮时期，对全国都有影响。张海、郭邈山、李铁枪、戴小人、党君子等"盗贼"，近在天子辇毂之下的京畿地区活动，① 远至京东、京西、河北、淮南、江浙、福建诸路，② 严重威胁了北宋王朝的统治。当时谏官欧阳修曾为此哀叹道："纪纲隳坏，盗贼纵横，天下大乱，从此始矣"③，盗贼"一年多如一年，一火强如一火。"④

在宋徽宗宣和年间，"盗贼"窃发又出现了新的高峰，并爆发了宋江、方腊这样政治影响大、涉及地域广的"盗贼"犯罪。

宣和元年（1119）宋江等三十六人为首起事于京东地区郓州，活动于青、济、郓、濮（今山东鄄城北）诸州境内，后从京东西路进至东路。亳州知州侯蒙上书，言其"以三十六人横行齐、魏，官军数万无敢抗者"⑤。后宋江等人自京东驾船渡海，进至沭阳县，与县尉王师心作战。史书上称宋江为"淮南盗"。又进攻淮阳军，进而向海州、楚州界进发，为海州知州张叔夜镇压和"招降"。

---

① （宋）包拯著，杨国宜校注：《包拯集校注》，黄山书社1999年版，第89页。
② （宋）包拯著，杨国宜校注：《包拯集校注》，黄山书社1999年版，第87页。
③ （宋）李焘：《续资治通鉴长编》卷一四五，庆历三年十一月辛巳，中华书局2004年版，第3498页。
④ （宋）欧阳修：《欧阳修全集》卷一〇〇《再论置兵御贼札子》，中华书局2001年版，第1539页。
⑤ （元）脱脱：《宋史》卷三五一《侯蒙传》，中华书局1977年版，第11114页。

方腊是两浙路睦州青溪西部山区的漆园主，因为屡遭"造作局"酷取，利用明教（摩尼教）组织，宣和二年（1120）十月初九，因"东南之民苦于剥削久矣，近岁花石之扰，尤所不堪"①，所以揭竿起事，攻占青溪县城，自称"圣公"，设官分职。因两浙苦花石纲之扰，民众争附至数十万人。苏州石生，湖州归安县陆行儿，婺州兰溪县灵山峒朱言、吴邦，永康县方岩山陈十四，处州缙云县霍成富、陈箍桶等，纷纷参加起事。台州仙居县吕师囊，越州剡县裘日新（仇道人），衢州郑魔王等领导当地摩尼教秘密组织起兵响应。方腊军烧毁官舍、学宫、府库、寺庙，镇压官吏、地主，先后攻下睦州、歙州、杭州、婺州、衢州、宣州等六州五十多县，包括今浙江省全境和安徽、江苏南部、江西东北部的广大地区。由于宋代东南地区尤以江浙一带，号为"膏腴千里"，是政府财政税收的主要来源地，方腊起事切断了宋王朝的经济命脉，因此震动了宋代江南半壁江山。宋徽宗调集准备联金灭辽之用的陕西六路汉蕃精兵南下，全力剿灭了方腊军队。

南宋初是一个社会矛盾尖锐、民变蜂起的乱世。当时的社会形势十分混乱："自江西至湖南，无问郡县与村落，极目灰烬，所至破残，十室九空。询其所以，皆缘金人未到，而溃散之兵先之，金人既去，而袭逐之师继至。官兵、盗贼劫掠一同，城市、乡村搜索殆遍。盗贼既退，疮痍未苏，官吏不务安集，而更加刻剥，兵将所过纵暴，而唯事诛求。嗷嗷之声，比比皆是，民心散叛，不绝如丝。"②

因此，南宋时期"盗贼"爆发的次数之多，可以说是历代所罕见，几乎贯穿南宋统治的始终。根据何竹淇先生的统计，在南宋统治的152年间，共爆发230次"盗贼"犯罪，与北宋相比，统治时间少16年，而"盗贼"犯罪的次数却是持平的。建炎元年（1127）至绍兴四年（1134）八年间，先后有关

---

① （宋）方勺：《青溪寇轨》附《容斋逸史》，中华书局1983年版，第112页。
② （宋）李心传：《建炎以来系年要录》卷四一，绍兴元年正月癸亥，中华书局1988年版，第759页。

第七章 短安与长治：宋代地方司法结构的制度张力与实施效能

中史斌、婺州浦江县何三五、婺州永康县民、婺州兰溪县僧居正、秀州卒徐明、建州卒叶浓、广东澄迈县陈韬、虔州乡民陈辛、奉化县蒋琎、洞庭湖地区的钟相和杨么、湖南茶陵县民、明州象山县民、信州王念经等、梅州杨隆、建州范汝为、虔州虔化县李敦仁、湖南郴州贺潮、韶州等地王少八、均州武当县红巾军、兴元府米仓山饥民、福建顺昌县余胜、湖南宜章县李冬至二、福建叶百三、福建建安县张毅、福建建阳县刘时举、福建崇安县廖公昭、建阳丁朝佐、南安军吴忠、南雄军邓庆、南剑州将乐县饥民、虔州陈颙、楚州五湖捕鱼人夏宁、建昌军百陂寨卒丁喜、泉州花郑贵、惠州谢达、湖南醴陵县张成、广东博罗县谢宝、广东民柳聪、惠州男子、虔、吉州彭友、袁州萍乡县高聚、虔州瑞金县钟十四、汀州、潮州周十隆、筠州黄十五、衢州余王婆、严州缪罗、江西南丰县黄琛、潮州黎盛、江西分宁县窨铁龙、湖南武冈军民杨再兴、韶州乐昌县区稠、吉州永丰县唐英等五十余次"盗贼"犯罪,①占高宗一朝农民起义的一半以上和整个南宋农民起义总数的百分之二十三左右。②现根据何竹淇《两宋农民战争史料汇编》按朝代将南宋发生"盗贼"的次数作一粗略统计。列表于下：

南宋时期"盗贼"发生情况统计表

朝代名称	在位年限/年	"盗贼"发生次数/次
宋高宗	36	95
宋孝宗	28	49
宋光宗	6	
宋宁宗	31	35
宋理宗	41	32
宋度宗	11	7

---

① 何竹淇：《两宋农民战争史料汇编》，中华书局1976年版。
② 何忠礼、徐吉军：《南宋史稿》，杭州大学出版社1999年版，第54页。原文中统计南宋农民起义为215次。

根据《两宋农民战争史料汇编》中的统计，以两宋共317年中，共爆发农民起义433起，平均每年约1.37起，因此从社会安定角度评价，宋代仅能是"短安"的政治局面。

二、宋代地方治理中"长治"目标的实现

从另一角度讲，宋代又是中国封建社会唯一统治超过300年的朝代。秦朝（前221—前207）共统治15年，西汉（前206—8）共统治215年，东汉（25—220）共统治196年，晋（265—420）共统治156年，唐（618—907）共统治290年，元（1271—1368）共统治97年，明（1368—1644）共统治277年，清（1644—1911）共统治268年。而宋代统治于960年立国，于1276年灭亡，长达317年。宋代在轮番面临辽、金、西夏和蒙古政权的威胁下，还能成为中国封建社会中持续时间最长的王朝，这种历史成就也应受到充分重视，可以说宋代实现了"长治"的政治目标。

"短安"与"长治"构成的矛盾，其背后的历史原因是值得思考的，这与宋代特别的分权性地方行政体制是密切相关的。

宋代所实行的分权制地方行政制度，使各级地方政府难以称得上是完整的政治、经济、军事一体的统治单元。宋代为防止地方割据势力，中央对地方在"削其支郡，以断其臂指之势；置通判，以夺其政；命都监监押，以夺其兵；立仓场库务之官，以夺其财"之后，"向之所患，今皆无忧矣。"[①] 实行尊京师而抑郡县政策，宋初下令拆毁江南、荆湖、京东西、川峡、淮浙等路州郡城郭，地方又仅配备只供役使的厢军，致使"天下空虚，全无武备"[②]。因此，一旦地方爆发民变，即使是小规模的，也会向重大社会事件演变，产生重大的社会影响。"处处无兵，城垒不修，或数十夫持锄耰、白梃，便可尽

---

① （宋）黎靖德（编）：《朱子语类》卷一一〇《论兵》，中华书局1986年版，第2707页。
② （宋）欧阳修：《欧阳修全集》卷一〇〇《论盗贼事宜札子》，中华书局2001年版，第1540页。

第七章 短安与长治：宋代地方司法结构的制度张力与实施效能

杀守令，开府库，谁复御者？"①规模数十人的"盗贼"②，"郡邑悉不能制御"③。北宋时，"王伦起沂，并淮渡江，历数千里无一人御之；张海等辈，剽吏御人于京淮湖陕间，州郡莫敢孰何；金州盗作，速召州兵，仅有二十四人。"④ "群盗剽劫淮南，将过高邮，知军晁仲约度不能御，谕富民出金帛，具牛酒，使人迎劳，且厚遗之。"⑤ 因此，宋代地方政府不能及时镇压这类民变事件，从而越演越剧，因而出现了"短安"的局面。

由于分权式地方行政制度的制约，宋代地方司法结构也以分权制为最大特征，但却是完整的地方治理单元。"监司付以一路，守臣付以一州，令宰付以一县，皆与天子分土而治"⑥，宋人总结的这句话，对宋代地方行政体制不是完全成立的，但对于地方司法而言，则是能够成立的。宋代地方司法结构以乡村为底础，以县级为基层，以州级为主体，以路级为统筹。其中，路级政府是地方司法监察的重要层级，州级政府是地方施政的重要层级，县级政府是国家财政的根须层级，如宋人所言："祖宗之规模在于州县，州委之生杀，县委之赋役。"⑦ 州县长官总治辖区民政，县级对杖罪以下案件有判决权，州级对死刑案件有审判权，因而成为完整的治理单元，这一点与其他中国古代的地方政府都是相同的。

宋代地方制度的特别之处在于，在分权制决定因素的制约之下，宋代地方司法结构则又是加强版的治理单元。这是因为宋代地方的分权式司法结构

---

① （宋）魏了翁：《鹤山先生大全文集》卷一五《论州郡削弱之弊》，载《宋集珍本丛刊》，线装书局 2004 年版，第 76 册，第 729 页。
② （宋）包拯著，杨国宜校注：《包拯集校注》，黄山书社 1999 年版，第 107 页。
③ （宋）包拯著，杨国宜校注：《包拯集校注》，黄山书社 1999 年版，第 87 页。
④ （宋）魏了翁：《鹤山先生大全文集》卷四二《简州见思堂记》，载《宋集珍本丛刊》，线装书局 2004 年版，第 77 册，第 157 页。
⑤ （宋）李焘：《续资治通鉴长编》卷一四五，庆历三年十一月辛巳，中华书局 2004 年版，第 3499 页。
⑥ （元）脱脱：《宋史》卷三三七《范祖禹传》，中华书局 1977 年版，第 10796 页。
⑦ （宋）赵汝愚：《宋朝诸臣奏议》卷一一一《上神宗论新法》（范镇），上海古籍出版社 1999 年版，第 1208 页。

是通过权力的条块切割与监察层次的增加而实现的,其多层性反而有助于增加司法审判的严谨性,而其制衡性特征亦有助于审判、判权、检法权与监察权的分立,反而使司法体系呈现复杂性与科学性,从而使各个地方政区成为独立而力量充实的治理单元。宋代地方司法结构中,以县、州、路级长官为主导,以各级僚佐为主体,以地方胥吏为辅助,建立起相当充实的司法人员力量。以县尉、巡检为专职的治安力量,以司理参军为专职的审理力量,以司法参军为专职的检法力量,以主簿、县丞、推官、判官为专职的长官副手,使地方司法结构既有相当的多层次性,也有相当的专业性,从而使地方司法结构的体系含量扩容了。

宋代地方司法结构充满了权力制衡性,路级监察地方,而州县政府是实际的施政者,长官直接由中央任免,直接向中央负责;州县长官统领属官,但属官亦可反制长官;官员是司法的主体,政治地位完全高过胥吏阶层,但胥吏又是宋代地方行政无法完全摆脱的辅助力量。在州级政府内部,长官亲审,幕职官拟判,司理参军审讯,司法参军检法,司法胥吏辅助,而又有录问、聚录之制,于民事审判又有判由之规,而民众则有越诉的自由,因而形成一个相互制衡的系统。在这种权力制衡中,相当程度上避免了人治可能带来的腐败。如太平兴国年间,曹翰知颍州,"部内不治",汝阴县令孙崇望诣阙击登闻鼓,讼曹翰"盗用官钱,擅筑烽台,私蓄兵器,擅补牙官,取官租羡利钱五百万,绢百匹"等事,太宗因而削夺曹翰官爵。① 即使宋代某个地方长官选人不当而造成恶果,"一县令不得人,则百里之地受其害;一郡守不得人,则千里之地受其害"②,但也难以产生跨越辖区的影响。"州郡地小"③ 是后人肯定宋代地方行政的重要方面。此外,在这种司法环节相互制衡的体系

---

① (清)徐松辑:《宋会要辑稿》职官六四之二,上海古籍出版社2014年版,第4766页。
② (宋)范祖禹:《太史范公文集》卷二二《转对条上四事状》,载《宋集珍本丛刊》,线装书局2004年版,第24册,第277页。
③ (清)康有为:《官制议》卷四《宋官制最善》,载《康有为全集》,中国人民大学出版社2007年版,第7集,第252页。

第七章 短安与长治：宋代地方司法结构的制度张力与实施效能

中，权力分割限制了司法腐败的一体化趋势，很大程度上可以避免各级政府、各个环节全部腐化的趋势。因此，可以说宋代地方司法中"有酷刑而无酷吏"，因为中央选用文人为亲民之官，长官受到较多的体制制约，其流动性又有法律规定，因而大幅减少了野蛮司法的现象。在司法腐败中，宋代官吏也要对酷刑加以掩饰，南宋时，"吏奸成市，未能遽革，或缘货鬻，或挟怨仇，或望风旨，或私逞威势，捶楚之下，欲致之死地，往往先以病闻，及其已死，县匿之不以申州，州匿之不以申监司，上下相蒙，难以稽察。"①

宋代地方司法有不能否定的阶级等级性，但对各个阶层与职业的人民也提供了一定程度的程序正义。宋代农民向小商、小工和雇工的转化，宋代生产经营的多样化产生了茶园户、盐户、坑冶户、茶贩、盐贩、木匠、兵匠、渔民等各个行业。宋代将各个阶层、各个职业皆视为"编户齐民"，提高了他们的法律地位，在理论上皆可以通过司法诉讼维护其正当利益。

宋代地方司法结构形成明显的官吏结合特征，吏成为民众与官员接触的中间环节，"吏强官弱"的局面下，胥吏成为司法腐败的主要推手，"乡村小民，畏吏如虎"②，以胥吏为主体的不良势力也被官员与民众共同认定为腐败导致者：吏胥"礼义消亡，贪饕成俗"③，"害民莫如吏"④，"是以百姓破家坏产者，非县官赋役独能使之然也，大半尽于吏家矣"⑤，"当免而笞，当窜而诛，重轻之权，或移于子弟、猾吏、豪民之手，善民痛瘝而无所诉，用刑之失犹如此，又岂暇议政教之美乎。"⑥ 在社会矛盾激化之时，以胥吏为代表的

---

① （宋）张纲：《华阳集》卷一四《论狱囚瘐死札子》，景印文渊阁《四库全书》本，台北：商务印书馆1983年版，第1131册，第85页。
② （宋）佚名：《名公书判清明集》卷一《官吏门·咨目呈两通判及职曹官》，中华书局1987年版，第3页。
③ （宋）马端临：《文献通考》卷一三《职役考二》，中华书局2011年版，第383页。
④ （宋）佚名：《名公书判清明集》卷二《官吏门·汰去贪庸之官》，中华书局1987年版，第40页。
⑤ （宋）司马光：《司马温公集编年笺注》卷二三《论财利疏》，巴蜀书社2009年版，第189页。
⑥ （宋）郑獬：《郧溪集》卷一七《治具论》，景印文渊阁《四库全书》本，台北：商务印书馆1983年版，第1097册，第267页。

431

不良势力常成为主要的反对对象:"一县一郡之间,有愚不肖之人,乘时射利,进其身于朝廷,人皆知其污佞,为害民蠹国,为天下毒蘖久矣。而朝廷曾不加罪,往往百姓、盗贼共起而攻之,致虏其家,夺其财,执而戮诸市,曰此宣和误国之人也。"① 这种局面使宋代民众斗争反吏不反官,或反对官府不反皇帝,从而构建起防止社会矛盾激化的多层次防波堤,从另一方面有利于宋代统治的维护。

在宋代分权制司法结构中,其治理思想有相当的进步。宋王朝高度重视地方社会治安管理:"内治柔和,无狡悍思乱之民,不烦寸兵尺铁,可以安枕无事,此其得也。"② 宋代地方官员在审判中重视调解,提出情、理、法相结合的理论,注重运用劝谕来改变民众认识。宋代宗族组织处理民间利益纠纷时,也产生了相当大的影响力,"倘有不平,在宗族,则具巅末诉之族长,从公以辨其曲直。"③ 所有这些变化使宋代地方司法增加了弹性。

因此,在宋代地方行政中,这种非完整的统治单元与完整的治理单元间的定位差异,使宋代出现"短安"的历史局面。但"短安"的历史形势又经过地方司法结构的地域分化和人群分化,呈现出地域性强和职业性强的特点。

宋代历史中,"盗贼"动乱数量众多,但绝大多数的"盗贼"动乱都是在一省之内,呈现了明显的地方性。《两宋农民战争史料汇编》一书中所统计的民变中,人多时只有千余人,更多的是数百人甚至数十人的零星暴动。绝大多数"盗贼"犯罪,其活动范围大多局限于一州一县,个别跨越数路的"盗贼"犯罪,也多发生在这些路的交界州郡。宋"盗贼"发生的地区看,东自海滨,西至川峡,北自河北,南至两广,在北宋统治的范围内,无处不有,可谓广泛。但北宋在方腊起义之前的一百余年中就没有发生过震动北宋朝廷和影响全国局势的农民武装反抗。宋初的王小波、李顺起义,始终没有出过

---

① (清)徐松辑:《宋会要辑稿》职官七一之三〇,上海古籍出版社2014年版,第4964页。
② (宋)叶适:《叶适集》卷一《上孝宗皇帝札子》,中华书局2010年版,第833页。
③ 陈科达编:《义门陈氏大同宗谱》卷四《义门家训》,上海图书馆藏民国木活字本。

第七章 短安与长治：宋代地方司法结构的制度张力与实施效能

蜀，其持续的时间也就一年有余，李顺占领成都仅有三四个月的时间。宋自中期之后，"盗贼"主要集中在京畿、河北、京东、京西等地，被通俗小说《水浒传》所文学化渲染的宋江团伙实际上是只有36人在京东一带横行的流寇。南宋时各种民变基本上服从于当时民族斗争的时代需要，规模也较小。如南宋时期有较大影响的范汝为起义，自宋高宗建炎四年（1130）七月爆发，到绍兴二年（1132）十二月失败，前后经历了两年半之久，队伍发展到十多万人，但"没有向外路发展，其活动区域仅限于建州、南剑州和邵武军这样一块狭小范围。"① 南宋其他农民斗争也局限于一隅之地："钟相、杨幺起义规模较大，但其活动范围也只限于洞庭湖四周；其他如李金起义、赖文政起义、陈峒起义、陈三枪起义等，虽然有的也曾试图向外发展，但在官军的追击堵截下，也未能发展起来，都始终呈现出地方性起义的色彩。"②

宋代各类民变呈现了职业背景多样化的特点。既有不堪压榨的农民反抗的，也有灾伤饥民啸聚为盗，有的是以传教形式组织起来的，亦有武装走私的盐贩，采矿的坑户，官府组织的"保甲"等铤而为"盗"的。所以，在北宋，农民、士兵、盐贩、坑户、保甲等构成了"盗贼"的主要力量。③ 而南宋的"盗贼"中，又增加了武装流民和散兵、游勇、游寇等。关履权先生总结："宋代农民起义的群众是很广泛的，除了佃农、自耕农和中小工商业者以外，还有士兵、流民、知识分子等。……如北宋初期王小波、李顺领导的起义表明了四川地区农民反抗地主阶级的剥削和布帛茶贩小贩所有者对于官榷法的反抗。北宋末方腊起义反映了浙西地区茶、漆、竹、木手工业原料供给者们对官府掠夺榨取的反抗。南宋初钟相、杨么起义反映了洞庭湖地区的佃农和渔民对于南宋官吏趁国难之际大肆搜括和剥削等行为的反抗。南宋初福建范汝为以及湖北、江西赖文政的起义则反映出私盐贩者、茶商对南宋统治者过

---

① 向祥海：《范汝为起义简论》，《湘潭大学学报》1980年第1期。
② 孙祚民、赵继颜：《中国农民战争史·宋辽金元卷》，湖北人民出版社1991年版，第188页。
③ 郭东旭：《论北宋"贼盗"重法》，《河北大学学报》2000年第5期。

重的压迫和剥削的反抗。"①

正是这种地域性强和职业性强这些"短安"特点,却使宋代实现了"长治"的政治目标。

关于两宋三百余年农民战争连绵不断,但却一直没有形成全国规模的原因,史学界最早认同"民族矛盾压倒阶级矛盾说"。认为在辽、西夏、金、蒙古等强大外敌几乎是接踵而来的重压下,广大农民将斗争的主要矛头指向了异族侵略者,于是反抗本族统治者的大规模农民起义就只好偃旗息鼓、隐而不发了。② 后来学者认为宋代的经济关系是这一问题的深层原因。王育济先生认为宋代"农民阶级与私人地主的矛盾在实践上就成为最直接最现实的矛盾",农民起义一般只反地主不反朝廷,只满足于一隅,不主动向全国进展。③ 夏露认为宋代农民起义的主因并非土地问题而是围绕赋役问题展开的。④ 竺培升、吴建华认为宋代发生了与前代不同的时代变化,因而使宋代不具备发生全国规模农民起义的条件:一方面,赵宋王朝的赋税结构发生了前所未有的变化,其庞大的财政开支,主要已不取自农业和农业劳动者;另一方面,随着租佃制的普遍推行,作为宋代农民主体的佃农,减轻了封建的人身依附关系,有了多种可供选择的谋生之路。因此,宋代农民额外负担相对减轻,并有多种可供选择的谋生之路。有些尽管生活仍很劳苦而又艰辛,但还是可以暂作栖身,不至于走投无路、大批流亡而激化全国范围的阶级矛盾。⑤ 任新民先生认为赵宋政治系统对经济系统的干预确实做到了管理方式较为灵活,对生产经营限制较少,对正常经济活动干扰较小,对人财物的取索亦较为适度。

---

① 关履权:《宋代历史发展的特点与阶级斗争的关系——兼论阶级社会中历史发展的动力问题》,《华南师院学报》1980年第1期,第87页。
② 翦伯赞:《中国史纲要》,人民出版社1983年版,下册,第91页;朱家源:《两宋社会经济关系的变化与农民阶级》,载《宋史论集》,中州书画社1983年版,第277页。
③ 王育济:《宋代社会的基本经济矛盾和农民战争的规模》,《东岳论丛》1983年第5期。
④ 夏露:《宋代农民起义的主因并非土地问题》,《河北学刊》1985年第1期。
⑤ 竺培升、吴建华:《探讨两宋始终未能形成全国规模农民起义的主要原因——与王育济同志商榷》,《湖北师范大学学报》1991年第4期。

第七章 短安与长治:宋代地方司法结构的制度张力与实施效能

另一方面宋廷牢牢地抓住了士人阶层,稳定了官僚士大夫队伍,保障了整个上层统治集团的整合和稳定,并使农民起义军无法从士阶层得到人才和思想。这也是导致宋代未能爆发全国性大规模农民起义的一个重要原因。① 邵洪兴先生对此问题从商品和货币经济角度也作了解释。② 近年来,李华瑞先生又从灾荒救济的角度解释了这一问题,认为宋朝将中国古代的社会保障推进到最高水平,可以说汉唐不能企及,元明清也没有超过。因此,宋朝尽管有数百次的中国小规模群体性事件发生,却是一个唯一没有发生全国范围的民变(农民起义)的朝代。③

中国古代统一王朝,大多有统治末期出现了全国范围的民变,如秦末陈胜、吴广起义,西汉末绿林、赤眉起义,东汉末黄巾大起义,晋末孙恩、卢循起义,隋末瓦岗军等起义,唐末黄巢起义,元末红巾军起义,明末李自成等起义。可以说汉、唐、明、清各代,是一种"长治大乱"的历史局面。宋代各种社会矛盾丛集,却呈现"短安长治"的局面。另外,宋代以后,由元迄明、清两代,再没有发生地方武力割据、分裂的局面。宋代在地方治理方面取得的这些历史功绩是值得肯定的。

宋代的地方统治模式,较之唐、元、明、清各代,展示了更强的社会矛盾承受能力,宋代的地方司法结构在其中起到了重要作用,作为独立而加强的地域治理单元,社会矛盾在这种结构中或被碎化,或分流,或导引,或转向,因而成为社会矛盾的缓冲阀,成为大规模社会动乱的防波堤。宋代地方司法结构能够不断消除和压抑内在不稳定因素,能够克服系统内不断出现的异动力量,从而亦成为一个能够动态调整的"超稳定系统"④,使宋王朝统治区域内没有爆发全国性的社会动乱。

---

① 任新民:《试论宋代没有爆发大规模农民起义的原因》,《南京社会科学》1995年第4期。
② 邵洪兴:《从商品经济看宋代农民起义特点》,《求是学刊》1999年第3期。
③ 李华瑞:《宋代的社会保障与社会稳定》,《探索与争鸣》2016年第3期。
④ 这一概念见金观涛《在历史的表象背后:对中国封建社会超稳定结构的探索》,四川人民出版社1984年版;金观涛、刘青峰《兴盛与危机:论中国社会超稳定结构》,法律出版社2011年版。

总而论之，宋代地方行政结构是非完整的统治单元，而地方司法结构则是加强的治理单元，这种共同体制中的职能偏差，对宋王朝的统治有利有弊，最终呈现了"长治"与"短安"并存的历史局面。放在唐朝中后期及五代时期地方长期动荡的历史前因下，宋代地方制度可谓治功显著，而缺点亦相当突出。宋代的地方制度设计理念，此前的汉、唐政治制度中都没有出现，此后的元、明、清王朝都没有沿用，因此成为独具特色的一代之地方法制。

参考文献

一、古籍部分

（汉）班固：《汉书》，中华书局 1962 年版。

（南朝·宋）范晔：《后汉书》，中华书局 1965 年版。

（南朝·梁）沈约：《宋书》，中华书局 1974 年版。

（唐）李延寿：《北史》，中华书局 1974 年版。

（唐）李延寿：《南史》，中华书局 1975 年版。

（唐）李百药：《北齐书》，中华书局 1972 年版。

（南朝·梁）萧子显：《南齐书》，中华书局 1972 年版。

（唐）魏徵：《隋书》，中华书局 1973 年版。

（后晋）刘昫：《旧唐书》，中华书局 1975 年版。

（宋）欧阳修、宋祁：《新唐书》，中华书局 1975 年版。

（宋）薛居正：《旧五代史》，中华书局 1976 年版。

（宋）欧阳修：《新五代史》，中华书局 1974 年版。

（元）脱脱：《宋史》，中华书局点校本，1977 年版。

（清）董诰：《全唐文》，中华书局 1983 年版。

（宋）王溥：《唐会要》，中华书局 1991 年版。

（宋）王溥：《五代会要》，中华书局 1998 年版。

（宋）李昉：《太平广记》，中华书局 1961 年版。

（宋）王钦若：《册府元龟》，景印文渊阁《四库全书》本，（台北）商务印书馆 1983 年版。

（唐）长孙无忌等：《唐律疏议》，刘俊文点校，法律出版社 1998 年版。

（唐）张九龄、李林甫：《唐六典》，陈仲夫点校，中华书局 1992 年版。

（唐）杜佑：《通典》，王文锦等标点，中华书局 1988 年版。

（宋）窦仪等：《宋刑统》，薛梅卿等标点，法律出版社 1999 年版。

（宋）李焘：《续资治通鉴长编》，中华书局 2004 年第二版。

（清）徐松（辑）：《宋会要辑稿》，中华书局 1987 年版。

（宋）李心传：《建炎以来系年要录》，中华书局 1988 年版。

（宋）李心传：《建炎以来朝野杂记》，中华书局 2000 年版。

（宋）谢深甫编撰：《庆元条法事类》，戴建国点校，《中国珍稀法律典籍续编》第一册，黑龙江人民出版社 2002 年版。

（宋）马端临：《文献通考》，上海师范大学古籍研究所、华东师范大学古籍研究所点校，中华书局 2011 年版。

（宋）佚名：《名公书判清明集》，中国社会科学院历史研究所、宋辽金元史研究室点校，中华书局 1987 年点校本。

（宋）佚名：《宋大诏令集》，中华书局 1961 年版。

（宋）赵汝愚：《宋朝诸臣奏议》，北京大学中国古代史研究中心校点整理，上海古籍出版社 1999 年版。

（宋）吕祖谦：《宋文鉴》，齐治平点校，中华书局 1992 年版。

（元）佚名著：《宋史全文》，汪圣铎点校，中华书局 2016 年版。

（宋）谢维新：《古今合璧事类备要》，景印文渊阁《四库全书》本，（台北）商务印书馆 1983 年版。

（宋）王应麟：《玉海》，广陵书社 2003 年版。

（宋）孙逢吉：《职官分纪》，中华书局 1988 年影印本。

（宋）高承：《事物纪原》，《丛书集成初编》本，中华书局 1985 年版。

（宋）章如愚：《山堂考索》，中华书局 1992 年影印本。

（宋）林駉：《古今源流至论》，景印文渊阁《四库全书》本，（台北）商务印书馆1983年版。

（宋）欧阳修：《欧阳修全集》，中华书局2001年版。

（宋）苏洵：《苏老泉先生全集》，景印文渊阁《四库全书》本，（台北）商务印书馆1983年版。

（宋）司马光：《司马文正公传家集》，景印文渊阁《四库全书》本，（台北）商务印书馆1983年版。

（宋）刘攽：《彭城集》，景印文渊阁《四库全书》本，（台北）商务印书馆1983年版。

（宋）强至：《祠部集》，景印文渊阁《四库全书》本，（台北）商务印书馆1983年版。

（宋）黄庶仁：《伐檀集》，景印文渊阁《四库全书》本，（台北）商务印书馆1983年版。

（宋）陈造：《江湖长翁集》，景印文渊阁《四库全书》本，（台北）商务印书馆1983年版。

（宋）刘克庄：《后村先生大全集》，《四部丛刊初编》本，上海商务印书馆1919年版。

（宋）黄震：《黄震全集》，浙江大学出版社2013年版。

（宋）陆游：《渭南文集》，《宋集珍本丛刊》，线装书局2004年版。

（宋）朱熹：《朱熹集》，郭齐、尹波点校，四川教育出版社1996年版。

（宋）真德秀：《西山先生真文忠公文集》，《万有文库》本，上海商务印书馆1937年版。

（宋）黄榦：《勉斋集》，景印文渊阁《四库全书》本，（台北）商务印书馆1983年版。

（宋）周必大：《文忠集》，景印文渊阁《四库全书》本，（台北）商务印书馆1983年版。

（宋）张纲：《华阳集》，景印文渊阁《四库全书》本，（台北）商务印书馆1983

年版。

（宋）洪适：《盘洲文集》，景印文渊阁《四库全书》本，（台北）商务印书馆1983年版。

（宋）刘挚：《忠肃集》，中华书局2002年版。

（宋）楼钥著：《楼钥集》，顾大朋点校，浙江古籍出版社2010年版。

（宋）汪藻：《浮溪集》，景印文渊阁《四库全书》本，（台北）商务印书馆1983年版。

（宋）胡寅：《斐然集》，景印文渊阁《四库全书》本，（台北）商务印书馆1983年版。

（宋）苏颂：《苏魏公文集》，中华书局1988年版。

（宋）洪迈：《夷坚志》，中华书局1981年版。

（宋）洪迈：《容斋随笔》，中国世界语出版社1995年版。

（宋）王栐：《燕翼诒谋录》，朱杰人、诚刚点校，中华书局1981年版。

（宋）魏泰：《东轩笔录》，李裕民点校，中华书局1983年10月版。

（宋）邵伯温：《邵氏闻见录》《后录》，李剑雄、刘德权点校，中华书局1983年版。

（宋）罗大经：《鹤林玉露》，王瑞来点校，中华书局1983年版。

（宋）司马光：《涑水记闻》，邓广铭、张希清点校，中华书局1989年版。

（宋）彭乘（辑）：《墨客挥犀》，孔凡礼点校，中华书局2002年版。

（宋）吴曾：《能改斋漫录》上海古籍出版社1979年版。

（宋）李攸：《宋朝事实》，《万有文库》本，上海商务印书馆1937年版。

（宋）江少虞：《宋朝事实类苑》，上海古籍出版社1981年版。

（元）施耐庵、罗贯中：《水浒传》，人民文学出版社1997年版。

（明）吴讷：《棠阴比事补编》，《丛书集成新编》第27册，台北：新文丰出版公司1985年版。

（宋）佚名：《宋人佚简》，上海博物馆藏，上海古籍出版社1990年版。

（清）范能浚编集：《范仲淹全集》，薛正兴校点，凤凰出版社2004年版。

曾枣庄、刘琳主编：《全宋文》，上海辞书出版社2006年版。

（宋）佚名：《武义南宋徐渭礼文书》，包伟民编，中华书局2012年版。

（元）李元弼等：《宋代官箴书五种》，闫建飞点校，中华书局2019年版。

二、今人著述

（一）著作

沈家本：《历代刑法考》，成书于清末，邓经元、骈宇骞点校，中华书局1985年版。

杨鸿烈：《中国法律发达史》上、下册，商务印书馆1930年版，上海书店1990年影印。

王亚南：《中国官僚政治研究》，初版于1948年，中国社会科学出版社1981年再版。

陈顾远：《中国法制史》，成书于1934年，中国书店1988年版。

邓广铭：《宋史刑法志考正》，《历史语言研究所集刊》第二十本下册，商务印书馆1949年版。

戴炎辉：《中国法制史概要》，（台北）汉林出版社1960年版。

戴炎辉：《中国法制史》，（台北）三民书局1966年版。

徐朝阳：《中国诉讼法溯源》，（台北）商务印书馆1973年版。

张金鉴：《中国法制史概要》，（台北）正中书局1973年版。

徐道邻：《中国法制史论集》，（台北）志文出版社1975年版。

上海社会科学院政治法律研究所编：《宋史刑法志注释》两册，群众出版社1979、1982年版。

范文澜：《中国通史》，人民出版社1978年版。

聂荣岐：《宋史丛考》，中华书局1980年版。

杨奉琨：《洗冤集录校译》，群众出版社1980年版。

蔡枢衡：《中国刑法史》，广西人民出版社1983年版。

贾静涛：《中国古代法医学史》，群众出版社1984年版。

王汉昌、林代昭：《中国政治制度史略》，人民出版社 1985 年版。

周宝珠、陈振：《简明宋史》，人民出版社 1985 年版。

周密：《中国刑法史》，群众出版社 1985 年版。

漆侠：《宋代经济史》上、下册，上海人民出版社 1987、1988 年版。

张晋藩、王超：《中国政治制度史》，中国政法大学出版社 1987 年版。

杨奉琨：《疑狱集、折狱龟鉴校释》，复旦大学出版社 1988 年版。

邓广铭：《两宋政治经济问题》，知识出版社 1988 年版。

薛梅卿、叶峰：《中国法制史稿》，高等教育出版社 1990 年版。

张晋藩、李铁：《中国行政法史》，中国政法大学出版社 1991 年版。

王永兴：《唐勾检制研究》，上海古籍出版社 1991 年版。

郑学檬：《五代十国史研究》，上海人民出版社 1991 年版。

王云海：《宋代司法制度》，河南大学出版社 1992 年版。

蒲坚：《中国古代行政立法》，北京大学出版社 1992 年版。

邱永明：《中国监察制度史》，华东师范大学出版社 1992 年版。

邓小南：《宋代文官选任制度诸层面》，河北教育出版社 1993 年版。

陈晓枫：《中国法律文化研究》，河南人民出版社 1993 年版。

李欣：《中国秘书发展史》，高等教育出版社 1993 年版。

陈仲安、王素：《汉唐职官制度研究》，中华书局 1993 年版。

郭建：《古代法官面面观》，上海古籍出版社 1993 年版。

赵晓耕：《宋代法制研究》，中国政法大学出版社 1994 年版。

戴伟华：《唐方镇文职僚佐考》，天津古籍出版社 1994 年版。

赵世瑜：《吏与中国传统社会》，浙江人民出版社 1994 年版。

苗书梅：《宋代官员选任和管理制度》，河南大学出版社 1996 年版。

贾玉英：《宋代监察制度》，河南大学出版社 1996 年版。

白钢主编：《中国政治制度通史》，人民出版社 1996 年版。

苏基郎：《唐宋法制史研究》，香港中文大学出版社 1996 年版。

郭东旭：《宋代法制研究》，河北大学出版社 1997 年初版，2000 年第 2 版。

邓小南：《课绩·资格·考察——唐宋文官考核制度侧谈》，大象出版社 1997 年版。

张希清：《宋朝典制》，吉林文史出版社 1997 年版。

周密：《中国刑法史纲》，北京大学出版社 1998 年版。

张晋藩：《中国古代民事诉讼制度史》，巴蜀书社 1999 年版。

张晋藩：《中国法制通史》，法律出版社 1999 年版。

张晋藩：《中华法制文明的演进》，中国政法大学出版社 1999 年版。

刘俊文：《唐代法制研究》，台北文津出版社 1999 年版。

白寿彝：《中国通史·五代辽宋金夏时期》，上海人民出版社 1999 年版。

戴建国：《宋代法制初探》，黑龙江人民出版社 2000 年版。

周密：《宋代刑法史》，法律出版社 2001 年版。

包伟民：《宋代地方财政史研究》，上海古籍出版社 2001 年版。

郭东旭：《宋朝法律史论》，河北大学出版社 2001 年版。

程维荣：《中国审判制度史》，上海教育出版社 2001 年版。

吕志兴：《宋代法制特点研究》，四川大学出版社 2001 年版。

周密：《宋代刑法史》，法律出版社 2002 年版。

刘子健：《中国转向内在——两宋之际的文化内向》，赵冬梅译，江苏人民出版社 2002 年版。

薛梅卿、赵晓耕：《两宋法制通论》，法律出版社 2002 年版。

李交友：《中国诉讼法史》，中国检察出版社 2002 年版。

巩富文：《中国古代法官责任制度研究》，西北大学出版社 2002 年版。

吕思勉：《中国制度史》，上海世纪出版集团、上海教育出版社 2002 年版。

陈振：《宋史》，上海人民出版社 2003 年版。

石云涛：《唐代幕府制度研究》，中国社会科学出版社 2003 年版。

屈超立：《宋代地方政府民事审判职能研究》，巴蜀书社，2003 年版。

包伟民：《宋代制度史研究百年（1900—2000）》，商务印书馆 2004 年版。

张晋藩：《中国司法制度史》，人民法院出版社 2004 年版。

张其凡：《宋代史》，澳门澳亚周刊出版有限公司2004年版。

任爽主编：《十国典制考》，中华书局2004年版。

那思陆：《中国审判制度史》，台北正典出版文化2004年版。

赖瑞和：《唐代基层文官》，台北联经出版公司2004年版，

张兆凯：《中国古代司法制度史》，岳麓书社2005年版。

邢铁：《宋代家庭研究》，上海人民出版社2005年版。

林文勋：《唐宋乡村社会力量与基层控制》，云南大学出版社2005年版。

梅原郁：《宋代司法制度研究》，东京：创文社2006年版。

杜文玉：《五代十国制度研究》，人民出版社2006年版。

赵旭：《唐宋法律制度研究》，辽宁大学出版社2006年版。

陈志英：《宋代物权关系研究》，中国社会科学出版社2006年版。

天一阁博物馆、中国社会科学院历史研究所点校：《天一阁藏明钞本天圣令校证（附唐令复原研究）》，中华书局2006年版。

戴建国主编：《唐宋法律史论集》，上海辞书出版社2007年版。

刘馨珺：《明镜高悬——南宋县衙的狱讼》，北京大学出版社2007年版。

李淑媛：《争财竞产——唐宋的家产与法律》，北京大学出版社2007年版。

张晋藩：《中国监察法制史稿》，商务印书馆2007年版。

柳立言：《宋代的家庭和法律》，上海古籍出版社2008年版。

郭东旭：《宋代法律与社会》，人民出版社2008年版。

戴建国：《宋代刑法史研究》，上海人民出版社2008年版。

林文勋：《中国古代的"富民"阶层研究》，云南大学出版社2008年版。

王晓龙：《宋代提点刑狱司研究》，人民出版社2008年版。

肖建新：《宋代法制文明研究》，安徽人民出版社2008年版。

高随捷、祝林森：《洗冤集录译注》，上海古籍出版社2008年版。

吕志兴：《宋代法律体系与中华法系》，四川大学出版社2009年版。

魏殿金：《宋代刑罚制度研究》，齐鲁书社2009年版。

高楠：《宋代民间财产纠纷与诉讼问题研究》，云南大学出版社2009年版。

戴建国：《唐宋变革时期的法律与社会》，上海古籍出版社 2010 年版。

张利：《宋代司法文化中的人文精神》，河北人民出版社 2010 年版。

[美] 马伯良：《宋代的法律与秩序》，杨昂、胡雯姬译，中国政法大学出版社 2010 年版。

彭慧雯：《宋代幕职州县官之研究》，载王明荪主编《古代历史文化研究辑刊》第六编，新北：花木兰文化出版社 2011 年版。

戴建国、郭东旭：《南宋法制史》，人民出版社 2011 年版。

黄正建编：《〈天圣令〉与唐宋制度研究》，中国社会科学出版社 2011 年版。

韩瑞军：《宋代官员经济犯罪及防治研究》，中国社会科学出版社 2011 年版。

郭东旭：《宋代民间法律生活研究》，人民出版社 2012 年版。

柳立言：《宋代的宗教、身份与司法》，中华书局 2012 年版。

张正印：《宋代狱讼胥吏研究》，中国政法大学出版社 2012 年版。

陈玺：《唐代诉讼制度研究》，商务印书馆 2012 年版。

魏文超：《宋代证据制度研究》，中国政法大学出版社 2013 年版。

陈玉忠：《宋代刑事审判权制约机制研究》，人民出版社 2013 年版。

张本顺：《宋代家产争讼及解纷》，商务印书馆 2013 年版。

余蔚：《中国古代地方监察体系运作机制研究》，上海古籍出版社 2014 年版。

贾文龙：《卑职与高峰——宋朝州级属官司法职能研究》，人民出版社 2014 年版。

康武刚：《宋代地方势力与基层秩序研究》，合肥工业大学出版社 2015 年版。

杨卉青：《宋代契约法律制度研究》，人民出版社 2015 年版。

王扬：《宋代女性法律地位研究》，法律出版社 2015 年版。

贾玉英：《唐宋时期地方政治制度变迁史》，人民出版社 2016 年版。

王晓龙、郭东旭：《宋代法律文明研究》，人民出版社 2016 年。

高玉玲：《宋代买卖契约的法律效力问题研究》，安徽师范大学出版社 2016 年版。

李云龙：《宋例研究》，载王明荪主编《古代历史文化研究辑刊》第十六编，新北：花木兰文化出版社 2016 年版。

刘昕：《宋代讼师讼学和州县司法审判研究》，湖南人民出版社 2016 年版。

栾时春：《宋代证据制度研究》，法律出版社 2017 年版。

徐道邻：《徐道邻法政文集》，清华大学出版社 2017 年版。

贾芳芳：《宋代地方政治研究》，人民出版社 2017 年版。

李华瑞：《探寻宋型国家的历史》，人民出版社 2018 年版。

胡兴东：《宋朝立法通考》，中国社会科学出版社 2018 年版。

王晓龙：《宋代地方政府行政成本问题研究》，科学出版社 2018 年版。

戴建国：《宋代法制研究丛稿》，中西书局 2019 年版。

林文勋主编：《传统中国的社会力量与地方治理》，科学出版社 2019 年版。

王文涛：《宋例与宋代法律体系研究》，中国政法大学出版社 2019 年版。

（二）论文

今人论文

宫崎市定：《宋代州县制度的由来及其特色——以衙前演变为中心》，《史林》1953 年 36-2。

漆侠：《宋朝的"差遣"和"通判"的职责和性质怎样区别？》，《历史教学》1954 年第 10 期。

片山正毅：《宋代幕职州县官的形成过程》，《东洋史学》1964 年第 27 期。

严耕望：《唐代府州僚佐考》、《唐代方镇使府僚佐考》，《唐史研究丛稿》香港新亚研究所 1969 年版。

陈铁凡：《判院探源》，《宋史研究集》第七集，台北宋史座谈会编，1974 年。

严耕望：《唐代府州上佐与录事参军》，原刊台湾《清华学报》1970 年第 8 卷第 1—2 期，后收入《严耕望史学论文选集》，台北：联经出版事业公司 1991 年版。

季怀银：《宋代法官责任制度初探》，《中州学刊》1981 年第 1 期。

卓帆：《宋朝法官的选拔和任用》，《江西大学学报》1982 年第 1 期。

漆侠：《赵匡胤与宋专制主义集权制的发展》，载《求实集》，天津人民出版社 1982 年版。

金圆：《宋代监司监察地方官吏摭谈》，《上海师范大学学报》1982 年第 3 期。

王曾瑜:《宋朝宣抚使等的属官体制》,《文史》第 22 辑,中华书局 1984 年版。

陈杭生:《论两宋法律思想的特点》,《中州学刊》1984 年第 4 期。

曾代伟:《〈水浒〉和宋代法律制度》,《文史知识》1985 年第 2 期。

乔宗传:《赵匡胤重视法制的原因和策略》,《史学集刊》1985 年第 4 期。

朱瑞熙:《宋代幕职州县官的荐举制度》,《文史》第 27 辑,中华书局 1986 年版。

张邦炜:《宋代官吏经济违法问题考察》,《社会科学研究》1986 年第 1 期。

邓小南:《北宋文官考课制度考述》,《社会科学战线》1986 年第 3 期。

曾小华:《宋代磨勘制度研究》,《宋史研究集刊》,浙江古籍出版社 1986 年版。

曹海科:《试论北宋初年的法制与吏治》,《兰州大学学报》1987 年第 4 期。

郭东旭:《论南宋的越诉法》,《河北大学学报》1988 年第 3 期。

张其凡:《试论宋初的法制建设》,《中州学刊》1988 年第 4 期。

张其凡:《宋初择人用吏述论》,《晋阳学刊》1988 年第 6 期。

陶绪:《宋代吏人召募考试制度初探》,《中国史研究》1989 年第 2 期。

陈景良:《两宋法制历史地位新论》,《史学月刊》1989 年第 3 期。

何忠礼:《论南宋刑政未明之原因及其影响——由〈名公书判清明集〉所见》,《东方学报》61 册,1989 年。

张民生:《中国古代刑民诉讼之分别与比较》,《江海学刊》1990 年第 1 期。

苗书梅:《宋代通判及其主要职能》,《河北学刊》1990 年第 2 期。

宋强刚:《近年来宋代历史地位和宋初政策研究述评》,《中国史研究动态》1990 年第 3 期。

王世农:《宋代通判略论》,《山东师范大学学报》1990 年第 3 期。

平田茂树:《南宋裁判制度考——〈朱文公语文集〉卷百〈约束榜〉》,《東洋学》第 66 辑(1991)。

毛元佑:《宋初文武臣僚处世态度之心理分析》,《中国史研究》1991 年第 1 期。

殷啸虎:《北宋前期司法监督制度考察》,《中国史研究》1991 年第 2 期。

季怀银:《宋代司法审判中的限期督催制度》,《史学月刊》1991 年第 2 期。

吴晓萍:《宋代御史推鞫制度述论》,《安徽师范大学学报》1991 年第 4 期的。

殷啸虎：《试论北宋的审判复核制度》，《中州学刊》1991年第4期。

巩富文：《中国古代的逐级审转复审制度》，《文史知识》1991年第9期。

巩富文：《中国古代法官淹禁不绝的责任制度》，《西北大学学报》1992年第1期。

宫崎市定：《宋元时代的法制和审判机构》节译，《日本学者研究中国史论著选译》第八卷中华书局1992版。

季怀银：《宋代文职官吏的注官法律试》，《河南大学学报》1992年第4期。

孙继民：《唐代军事统帅僚属制度及其对藩镇形成的影响》，《河北学刊》1992年第6期。

赵忠祥：《宋代公文吏人职能研究》，《西北师范大学学报》1992年第6期。

石川重雄：《南宋时期的民事诉讼与番诉》，《立正史学》，1992年。

罗炳良、范云：《宋代通判制度述论》，《河北师范大学学报》1993年第1期。

季怀银：《宋代法官责任制度初探》，《中州学刊》1993年第1期。

德永洋介：《南宋時代の紛争と裁判——从租佃关系的现象来看》，《中国近世の法制と社会》京都大学人文科学研究所、1993年。

邓小南：《试论宋代资序体制的形成及其运作》，《北京大学学报》1993年第2期。

吕志兴：《试论宋代防治官吏犯赃的"文治"特点》，《重庆师院学报》1993年第3期。

郑强胜：《宋初的用人政策及影响》，《史学月刊》1993年第3期。

林煌达：《宋代官箴与吏员管理》，《中国历史学会史学集刊》1994年26卷。

江晓敏：《宋代中央政府对地方官员的任用、管理与监察》，《南开学报》1994年第1期。

巩富文：《中国古代法官责任制度的基本特征》，《学习与探索》1994年第2期。

冯昀：《中国封建社会理冤制度述论》，《社会科学辑刊》1994年第3期。

白智刚：《北宋州县刑狱执行具体情况之探讨》，《宋史论文集——罗球庆老师荣休纪念专辑》香港中国史研究会出版1994年。

巩富文：《中国古代法官违法行刑的责任制度》，《政治论坛》1995年第2期。

马作武：《"录囚""虑囚"考异》，《法学评论》1995年第4期。

参考文献

顾吉辰:《宋太祖加强中央权威的举措》,《学术月刊》1995年第7期。

陈景良:《"文学法理,咸精其能"——试论两宋士大夫的法律素养》(上、下),《南京大学法律评论》1996,1997年号。

陈平:《中国封建录囚制度述评》,《渝州大学学报》1996年第2期。

张晋藩:《中国古代民事诉讼制度通论》,《法制与社会发展》1996年第3期。

李昌宪:《略论宋代知州制的形成及其历史意义》,《南京大学学报》1996年第4期。

王云海、苗书梅:《宋朝幕职州县官及其改官制度》,载《庆祝邓广铭教授九十华诞论文集》,河北教育出版社1997年2月。

祖慧:《宋代胥吏的选任与迁转》,《杭州大学学报》1997年第2期。

祖慧:《宋代胥吏出职与差遣制度研究》,《浙江学刊》1997年第5期。

李裕民:《通判不始于宋》,《晋阳学刊》1997年第6期。

郭东旭:《论南宋名公的审判精神——读〈名公书判清明集〉有感之一》,原载《宋史研究论文集》,云南民族出版社1997年版。

杨旭辉:《宋代秘书制度述略》,《铁道师院学报》1998年第2期。

傅箭星:《两宋地方秘书职官简述》,《地方政府管理》1998年第2期。

徐忠明:《中国古代传统法律文化视野中的清官司法》,《中山大学学报》1998年第3期。

王广彬:《中国古代司法官责任制度探究》,《政治论坛》1998年第5期。

郑胜强:《宋初的用人政策及其影响》,《史学月刊》1998年第11期。

祝总斌:《试论我国古代吏胥的特殊作用及官、吏制衡机制》,《国学研究》,北京大学出版社1998年。

苗书梅:《宋代知州及其职能》,《史学月刊》1998年第6期。

侯淑雯:《中国古代法官自由裁量制度的发展脉络》,《法商研究》1999年第1期。

屈超立:《〈名公书判清明集〉书判性质述略》,《中国古代法律文献研究》第1辑,社会科学出版社1999年版。

郭学信:《时代迁易与宋代士大夫的观念转变》,《文史哲》2000年第3期。

戴建国：《宋代从刑考述》，《中华文史论丛》第64辑，2000年。

吕志兴：《宋代司法中的分权与监督制度初探》，《中央政法管理干部学院学报》2000年第3期。

冯锦：《北宋司法监察制度述论》，《湖北大学学报》2000年第4期。

林明：《略论中国古代司法公正保障制度》，《法学论坛》2000年第5期。

戴建国：《宋代折杖法的再探讨》，《上海师大学报》2000年第6期。

林煌达：《宋代州衙录事参军》，《唐研究》第十一卷，北京大学出版社2000年版。

路育松：《试论宋太祖时期的忠节观建设》，《中州学刊》2001年第1期。

童光政：《唐宋"四等官"审判制度初探》，《法学研究》2001年第1期。

霍存福：《中国传统法文化的文化性状与文化追寻——情理法的发生、发展及其命运》，《法制与社会发展》2001年第3期。

陈景良：《讼师与律师：中西司法传统的差异及其意义》，《中国法学》2001年第3期。

魏殿金：《试析宋代配的刑罚内容》，《中国史研究》2001年第4期。

李文凯：《北宋加役流新探》，《中国史研究》2001年第4期。

邓君：《浅析宋代的档案法规》，《辽宁大学学报》2001年第4期。

程遂营：《五代幕府文职僚佐》，《南都学坛》2001年第5期。

李交发：《古代中国司法官的处事风格与角色意识》，《湘潭大学社会科学学报》2001年第6期。

陈景良：《讼学、讼师与士大夫——宋代司法传统的转型及其意义》，《河南省政法管理干部学院学报》2002年第1期。

毛晓燕：《中国古代录囚制度评析》，《河南社会科学》2002年第2期。

郭东旭：《宋朝以赃致罪法略述》，《河北大学学报》2002年第3期。

魏殿金：《宋代适用于犯罪官员的资格刑》，《烟台师范学院学报》2002年第3期。

巩富文：《中国古代法官责任制度的基本内容与现实借鉴》，《中国法学》2002年第4期。

盛险峰：《"维制"与宋初政治格局》，《史学月刊》2003年2期。

屈超立：《宋代民事上诉案件的上诉程序考述》，《现代法学》2003年第2期。

戴建国：《宋代加役流刑辨析》，《中国史研究》2003年第3期。

李晓燕、李麒：《我国古代司法官责任制度的历史演变》，《理论探索》2003年第3期。

陈长征：《北宋中央控驭地方的派出机构——路》，《山东大学学报》2003年第3期。

屈超立：《论宋代转运司的司法职能》，《浙江学刊》2003年第4期。

汪圣铎：《宋代军的再研究》，载《李埏先生九十华诞纪念文集》，云南大学出版社2003年版。

高明士：《从律令制的演变看唐宋间的变革》，《台大历史学报》第32期，2003年12月。

吕志兴：《宋代配刑制度探析》，《西南师范大学学报》2004年第1期。

赵旭：《论北宋法律制度中"例"的发展》，《北方论丛》2004年第1期。

郭东旭：《宋朝的物价变动与计赃论罪》，《中国经济史研究》2004年第1期。

黄瑞亭：《〈洗冤集录〉与宋慈的法律学术思想》，《法律与医学杂志》2004年第2期。

吕志兴：《宋格初探》，《现代法学》2004年第4期。

邓勇：《论中国古代法律生活中的"情理场"——从〈名公书判清明集〉出发》，《法制与社会》2004年第5期。

苗书梅：《宋代州级公吏制度研究》，《河南大学学报》2004年第6期。

孔学：《论凌迟之刑的起源及在宋代的发展》，《史学月刊》2004年第6期。

黄纯燕：《宋代登闻鼓制度》，《中州学刊》2004年第6期。

万安中：《录囚制度考论》，《学术研究》2004年第6期。

张全民：《郑克法律思想初探》，《法制与社会发展》2004第6期。

孙景坛：《关于宋代的历史定位及总体评估新探》，《南京社会科学》2004年第8期。

王曾瑜：《用现代史学眼光审读〈水浒传〉》，《文史知识》2004年第11期。

贾玉英：《唐宋地方监察体制变革》，《史学月刊》2004年第11期。

柳立言：《宋代的社会与流动与法律文化：中产之家的法律?》，《唐研究》，北京大学出版社2005年版。

范立舟、蒋启俊：《两宋赦免制度新探》，《暨南学报》2005年第1期。

陈骏程、张其凡：《论宋初皇帝的法制思想与实践》，《信阳师范学院学报》2005年第1期。

杨芹：《宋代流刑考》，《中山大学学报》2005年第1期。

敖惠、徐晓光：《中国古代会审制度及其现代思考》，《法学研究》2005年第1期。

郑颖慧、谢志强：《略论宋代法官审判活动之法律责任》，《保定师范专科学校学报》2005年第1期。

张爱武：《宋代刑事诉讼制度考》，《法律图书馆》网站收藏，http://www,law,-hb,com/lw/lw_ view,asp?no=2685。

戴建国：《唐宋时期法律形式的传承与演变》，《法制史研究》第7期，2005年6月。

伊敏：《宋代流刑考略》，《青海师范大学学报》2005年第3期。

牛杰：《民讼官——宋代民众对官员的诉讼抗争论略》，《云南社会科学》2005年第3期。

苗苗、赵晓耕：《从"阿云之狱"看宋代刑法中的自首制度》，《河南省政法管理干部学院学报》2005年第3期。

郭尚武：《论宋代民事立法的划时代贡献》，《山西大学学报》2005年第3期。

伊敏：《北宋沙门岛之免死流浅议》，《青海社会科学》2005年第4期。

黄宽重：《从中央与地方关系互动看宋代基层社会演变》，《历史研究》2005年第4期。

余蔚：《完整制与分离制：宋代地方行政权力的转移》，《历史研究》2005年第4期。

赵旭：《唐宋死刑制度流变考论》，《东北师范大学学报》2005年第4期。

赵旭：《论宋代民间诉讼的保障与局限》，《史学月刊》2005年第5期。

郭东旭、郑迎光：《宋朝司法腐败现象简论》，《河北大学学报》2005年第5期。

魏殿金：《宋代的换刑制度》，《南京财经大学学报》2005年第5期。

刘长江：《宋代法政体制述论》，《西南民族大学学报》2005年第11期。

戴建国：《宋代的恩赦制度》，《中国古文献与传统文化学术研讨会论文集》，华文出版社2005年版。

陈景良：《宋代"法官"、"司法"和"法理"考略——兼论宋代司法传统及其历史转型》，《法商研究》2006年第1期。

曹家齐：《宋代书判拔萃科考》，《历史研究》2006年第2期，又见《徐规教授九十华诞纪念文集》浙江大学出版社2009年版。

柳立言：《何谓"唐宋变革"》，《中华文史论丛》第81辑，上海古籍出版社2006年版。

张利：《"义理决狱探析"——以〈名公书判清明集〉为主要依据》，《河北学刊》2006年第2期。

吕志兴：《宋代法律体系研究》，《现代法学》2006年第2期。

杜文玉、王凤翔：《唐宋时期牢城使考述》，《陕西师范大学学报》2006年第2期。

吕志兴：《宋"式"考论：兼论唐式之性质》，《西南师范大学学报》2006年第3期。

陈景良：《宋代司法传统的现代解读》，《中国法学》2006年第3期。

王美华：《唐宋时期地方官教化职能的规范与社会风俗的移易》，《社会科学辑刊》2006年第3期。

吴茜：《〈折狱龟鉴〉中的审讯思想初探》，《北京人民警察学院学报》2006年第4期。

叶炜：《论魏晋至宋律学的兴衰及其社会政治原因》，《史学月刊》2006年第5期。

高楠：《南宋民事案件执行状况考述——以〈名公书判清明集〉中的财产案件为中心》，《河北大学学报》2006年第6期。

赵立新、高京平：《唐宋流刑之变迁》，《山西师大学报》2007年第3期。

张正印：《宋代司法中的"吏强官弱"现象及其影响》，《法学评论》2007年第5期。

祁琛云：《北宋前期审刑院与宰相的司法复审权》，《史学月刊》2007年第9期。

淮建利：《宋朝的配隶法与厢军中的配军》，《史学月刊》2007年第11期。

刘馨珺：《宋代判决文书中"检法拟笔"的原则》，《法制史研究》2007年第11期。

苗书梅：《宋代的"使院"、"州院"试析》，《宋代文化研究》第17辑，2008年。

赵旭：《宋代赎刑制度考述》，《辽宁大学学报》2008年第1期。

霍存福：《宋、明、清"告不干己事法"及其对生员助讼的影响》，《华东政法大学学报》2008年第1期。

岳纯之：《论宋代民间不动产买卖的原因与程序》，《烟台大学学报》2008年第3期。

苗书梅：《宋代的"使院"、"州院"试析》，《宋代文化研究》2008年第17辑。

陈景良：《宋代司法传统的叙事及其意义——立足于南宋民事审判的考察》，《南京大学学报》2008年第4期。

谭景玉：《宋代乡村行政组织与民间刑事诉讼》，《求索》2008年第4期。

高叶青：《"宋无罚金之刑"质疑》，《陕西师范大学学报》2008年第5期。

张正印：《论宋代狱讼胥吏的地位》，《上海政法管理干部学院学报》2008年第5期。

黎桦、张正印：《宋代胥吏对立法的影响》，《法学评论》2008年第5期。

林煌达：《北宋州衙散曹官之探析》，《宋史研究论文集》，云南大学出版社2009年版。

戴建国：《唐宋时期判例的适用及其历史意义》，《江西社会科学》2009年第2期。

郭东旭、陈玉忠：《宋代刑事复审制度考评》，《河北大学学报》2009年第2期。

滕健、万川：《宋朝法定赎刑制度的演变及其特点》，《中国人民公安大学学报》2009年第2期。

刘欣：《兴讼乎？息讼乎？——对〈袁氏世范〉中有关诉讼内容的分析》，《邢台学院学报》2009 年第 3 期。

陈景良：《宋代司法中的法理问题》，《公民与法》（法学版）2009 年第 3 期。

王为东：《南宋民事审判依据的分类考察》，《中州学刊》2009 年第 4 期。

黄宽重：《宋代基层社会的权力结构与运作——以县为主的考察》，载《中国史新论——基层社会册》，黄宽重主编，"中央研究院"2009 年。

赵旭：《宋代以"重禄法"治吏惩赃政策评析》，《史学集刊》，2010 年第 1 期。

田志光：《宋朝对大理寺审判的约束机制》，《云南社会科学》2010 年第 1 期。

田志光：《宋代士大夫"以法治国"观论析》，《安徽师范大学学报》2010 年第 1 期。

廖峻：《〈名公书判清明集〉中宋代司法审判的中庸理念及其方法》，《贵州民族学院学报》2010 年第 1 期。

张雨：《唐宋间疑狱集议制度的变革——兼论唐开元〈狱官令〉两条令文的复原》，《文史》2010 年第 2 期。

廖峻：《宋代"公人世界"中的官吏共生与制衡》，《法学杂志》2010 年第 3 期。

谢波：《宋代法律形式"申明"考析》，《史学月刊》2010 年第 7 期。

贾文龙：《南宋县级审判体制改良述议》，载姜锡东主编《中华文明的历史与未来国际学术研讨会论文集》，河北大学出版社 2010 版。

程皓：《北宋配隶沙门岛刍议》，《首都师范大学学报》2010 年增刊。

黄开军：《阿云案与北宋慎刑重刑之争》，《社会科学论坛》2011 年第 2 期。

赵晶：《宋代明法科登科人员综考》，《华东政法大学学报》2011 年第 3 期。

刘馨珺：《宋代衙门的放告与保人》，载邓小南、杨果、罗家祥主编《宋史研究文集（2010）》，湖北长江出版集团、湖北人民出版社 2011 年版。

柳立言：《〈名公书判清明集〉的无名书判——研究方法的探讨》，《中国古代法律文献研究》第 5 辑，社会科学出版社 2011 年版。

张邦炜：《不必美化赵宋王朝——宋代顶峰论献疑》，《四川师范大学学报》2011 年第 6 期。

曹家齐：《由唐到宋的身言书判试》，2011 年第四届韩中宋辽金元史国际学术研讨会（韩国首尔）提交论文。

刘笃才：《中国古代地方法制的功能结构与发展》，《北方法学》2012年第1期。

汪庆红：《唐宋录事参军法定职能演变探究》，《宁波大学学报》2012年第1期。

吕志兴：《宋令的变化与律令法体系的完备》，《当代法学》2012年第2期。

陈景良：《法律史视野下的唐宋社会变革——从"皇权统治国家，士绅构建社会"说起》，《公民与法（法学版）》2012年第2期。

柳立言：《妾侍对上通仕：剖析南宋继承案〈建昌县刘氏诉立嗣事〉》，《中国史研究》2012年第2期。

陈景良：《"卢纾"非"卢纡"说略——徐道邻〈中国法制史论集〉献疑一则》，《法制与社会发展》2012年第5期。

陈景良：《释"干照"——从"唐宋变革"视野下的宋代田宅诉讼说起》，《河南财经政法大学学报》2012年第6期。

马玉臣：《宋代官吏失入死罪法规初探》，"宋都开封与十至十三世纪中国史"国际学术研讨会暨中国宋史研究会第十五届年会提交论文，2012年8月。

柳立言：《南宋的民事裁判：同案同判还是异判》，《中国社会科学》2012第8期。

柳立言：《名公书判清明集》的无名书判——研究方法的探讨》，《中国古代法律文献研究》2012年号。

张正印：《宋代"鞫谳分司"辨析》，《当代法学》2013年第1期。

董春林：《法律视域下南宋绍兴冤狱的政治取向》，《中南大学学报》2013年第2期。

祁琛云：《北宋县丞任职资格与迁转途径述论——以开封府赤畿县丞为例》，《北方论丛》，2013年第3期。

苏洁：《宋代家法族规与基层社会治理》，《现代法学》2013年第3期。

李建东：《宋朝鞫谳分司制度及其现代启示》，《学术探索》2013年第7期。

陈景良：《唐宋州县治理的本土经验：从宋代司法职业化的趋向说起》，《法制与社会发展》2014年第1期。

韩玉胜：《宋明乡约：乡村道德教化展开的历史逻辑》，《伦理学研究》2014年第

2 期。

戴建国：《南宋基层社会的法律人——以私名贴书、讼师为中心的考察》，《史学月刊》2014 年第 2 期。

汪庆红：《宋代录事参军司法职能初探》，《河南广播电视大学学报》2014 年第 2 期。

陈景良、吴欢：《清明时节说包公：包公"司法之神"形象的形成动因与观念基础》，《法学评论》2014 年第 3 期。

赵晨：《试析宋代县衙中的层级关系——以《名公书判清明集》为中心》，《宁夏社会科学》2014 年第 4 期。

汪庆红：《宋代州府司法的理性化悖论》，《北方论丛》2014 年第 4 期。

陈景良、吴欢：《宋代司法公正的制度性保障及其近世化趋向》，《河南大学学报》2015 年第 1 期。

王瑞来：《从近世走向近代——宋元变革论述要》，《史学集刊》2015 年第 4 期。

徐忠明：《明清司法的构造、理念与机制：一个论纲》，《外国法制史研究》2015 年，第 18 卷。

柳立言：《第十八层地狱的声音：宗教与宋代法律史研究法》，《中西法律传统》2015 年号。

柳立言：《吏理中的法理：宋代开国时的法制原则》，《中国古代法律文献研究》2015 年号。

朱文慧：《榜示·读示·门示——〈名公书判清明集〉所见宋代司法中的信息公开》，《浙江学刊》2015 年第 5 期。

李康：《略论宋代通判职能及其演变》，《郑州航空工业管理学院学报》2015 年第 4 期。

陈凌：《宋代地方衙署建筑的选址原则》，《文史杂志》2015 年第 5 期。

郑文豪：《宋代的武臣知州（军）的选任与管理》，《学术研究》2015 年第 5 期。

张本顺、陈景良：《宋代亲属财产诉讼中的"利益衡平"艺术及其当代借鉴》，《兰州学刊》2015 年第 6 期。

胡威、李伟：《两宋时期鞫谳分司制度对刑事审判权的监督制约》，《兰台世界》2015年第15期。

胡兴东：《宋代判例问题考辨》，《云南师范大学学报》2016年第1期。

汪庆红：《宋代州府司法形式化的历史考察——以诸曹官为中心》，《甘肃政法学院学报》2016年第1期。

胡兴东：《宋朝对士大夫官僚法律知识改善措施、失败及其影响研究》，《思想战线》2016年第2期。

祁琛云：《宋代地方建设危机及其应对研究》，《河南大学学报》2016年第2期。

王美华：《唐宋时期分家律法演进趋势论析》，《人文杂志》2016年第4期。

霍存福：《宋代"鞫谳分司"："听""断"合一与分立的体制机制考察》，《社会科学辑刊》2016年第6期。

张中秋、朱仕金：《从"文学"到"吏事"——唐宋判文演变的法律文化探析》，《法学》2016年第6期。

柳立言：《"天理"在南宋审判中的作用》，《清华法律评论》2016年号。

肖建新：《论宋代"审计"的法制内涵》，《会计之友》2016年第22期。

游彪：《宋代民间社团对基层社会治理影响几何》，《人民论坛》2016年第30期。

陈景良：《突出"民族性"是中国民法典编纂的当务之急》，《法商研究》2017年第1期。

陈景良：《何种之私：宋代法律及司法对私有财产权的保护》，《华东政法大学学报》2017年第3期。

古戴、陈景良：《宋代疑难案件中的法学命题及其反思——以"阿云案"为分析文本》，《河南大学学报》2017第3期。

张本顺、陈景良：《试论中国古代司法传统中的善治艺术》，《兰州学刊》2017年第3期。

李永卉：《试论南宋地方官员的离任审计法律》，《中原文化研究》2017年第4期。

柳立言、陈建志：《北宋司法参军毛滂与饶州安太守的法律对决》，《法律史译评》2017年号。

戴建国：《宋代州府的法司与法司的驳正权》，《人文杂志》2018年第4期。

陈景良：《浅谈宋代司法传统中的若干问题》，《师大法学》2018年第2期。

陈景良、王天一：《典卖与倚当：宋代法律的逻辑与生活原理——以会要体文献为中心》，《法律科学》2018年第3期。

赵龙：《再论宋代县丞的设置及其迁转》，载包伟民、曹家齐主编《宋史研究论文集（2016）》，中山大学出版社2018年版。

张文勇：《略论宋代民众的诉讼手法及其意义》，《宋史研究论丛》第23辑，科学出版社2018年版。

赵龙：《试论宋代知县（县令）的出身及其待遇》，《宋史研究论丛》第23辑，科学出版社2018年版。

祁琛云：《资序家世、地理空间与职任迁转——立足于北宋开封府赤畿知县迁转趋向及影响因素研究》，《宋史研究论丛》第23辑，科学出版社2018年版。

陈玺：《水穷云起：两宋之际长流刑的运行与嬗变》，《上海政法学院学报（法治论丛）》2018年第5期。

薛政超：《宋代富民与"隐寄产业赏告之法"初探》，《宋史研究论丛》第24辑，科学出版社2019年版。

罗祎楠：《中国国家治理"内生性演化"的学理探索——以宋元明历史为例》，《中国社会科学》2019年第1期。

尤陈俊：《"讼师恶报"话语模式的力量及其复合功能》，《学术月刊》2019年第3期。

耿元骊：《宋代乡村社会秩序与法律运行机制——〈清明集〉所见之乡村诉讼》，《山西大学学报》2019年第6期。

贾文龙：《好畏之间：宋代地方民众法律观念流向探究》，载林文勋主编《传统中国的社会力量与地方治理》，科学出版社2019年版。

贾文龙、郑迎光：《亦功亦伤：宋代地方治理中"短安长治"模式的生成》，《中原文化研究》2018年第1期。

学位论文

彭慧雯：《北宋幕职州县官之研究》，台湾师范大学 1994 年硕士学位论文。

张利：《宋代"义理决狱"——以〈名公书判清明集〉为基本依据》，河北大学 1995 年硕士学位论文。

刘馨珺：《南宋县衙的"狱讼"》，台湾大学历史学研究所 2001 年博士学位论文。

刘琴丽：《五代司法制度研究》，陕西师范大学 2001 年硕士学位论文。

王海燕：《中晚唐时期司法制度之变化初探》，中国政法大学 2001 年硕士学位论文。

盛险峰：《五代典章制度研究》，东北师范大学 2003 级博士学位论文。

周国平：《宋代幕府研究》，河北大学 2003 年硕士学位论文。

李华：《宋代证据制度研究》，河北大学 2003 年硕士学位论文。

郑颖慧：《宋代司法官吏职务犯罪研究》，河北大学 2003 年硕士学位论文。

宋靖：《十国地方行政考》，东北师范大学 2003 年硕士学位论文。

余蔚：《宋代地方行政制度研究》，复旦大学 2003 年博士学位论文。

杨爱民：《宋代大理寺制度研究》，河南大学 2004 级硕士学位论文。

马泓波：《〈宋会要辑稿·刑法〉整理与研究》，陕西师范大学 2005 年博士学位论文。

祁琛云：《北宋前期审刑院制度研究》，河南大学 2005 年硕士学位论文。

边媛：《唐代后期法制演变初探》，中国政法大学 2005 年硕士学位论文。

马洪强：《宋代翻异别勘制度之思考与借鉴》，中国人民大学 2005 年硕士学位论文。

高益青：《宋朝通判制度研究》，云南大学 2005 年硕士学位论文。

王钟杰：《宋代县尉研究》，河北大学 2006 年博士学位论文。

赵旭：《法律制度与唐宋社会秩序》，东北师范大学 2006 年博士学位论文。

陈骏程：《宋代官员惩治研究》，暨南大学 2006 年博士学位论文。

颞静莉：《真德秀法律思想研究》，河北大学 2006 年硕士学位论文。

李永卉：《宋代豪横研究》，安徽师范大学 2006 年硕士学位论文。

连宏：《五代法律制度考》，东北师范大学 2006 年硕士学位论文。

王星光：《宋代专门档案管理研究》，郑州大学 2006 年硕士学位论文。

汪初芸：《〈名公书判清明集〉中所见南宋女性诉讼》，西南政法大学 2006 年硕士学位论文

吴爱华：《略论宋代恩赦制度及其历史作用》，中南财经政法大学 2007 年硕士学位论文。

胡月明：《从〈名公书判清明集〉看南宋的情理法》，吉林大学 2007 年硕士学位论文。

王胜：《宋代州县官职务犯罪研究》，河南大学 2007 年硕士学位论文。

黄蓉：《宋代物证之研究》，安徽师范大学 2007 年硕士学位论文。

罗超：《宋元官箴内容研究》，吉林大学 2007 年硕士学位论文。

田志光：《宋代大理寺研究》，河北大学 2008 年硕士学位论文。

袁嘉轩：《宋代医学发展对司法检验的影响》，上海师范大学 2008 年硕士学位论文。

王瑞蕾：《宋代民事诉讼权利研究》，河北大学 2008 年硕士学位论文。

程彩利：《宋代司理参军制度研究》，河南大学 2009 年硕士学位论文。

虎威：《南宋州县狱讼—以〈夷坚志〉为中心》，河南大学 2009 年硕士论文。

魏磊：《宋代法律教育研究》，河北大学 2009 年硕士学位论文。

李婕：《宋代民众畏讼根源探研》，河北大学 2009 年硕士学位论文。

吴镇国：《北宋府州行政制度研究》，福建师范大学 2009 年硕士学位论文。

王静雯：《宋代"健讼"原因研究》，郑州大学 2009 年硕士学位论文。

黄道诚：《宋代侦查制度与技术研究》，河北大学 2009 年博士学位论文。

刘伟：《宋代牢城研究》，河北大学 2010 年硕士学位论文。

余小满：《宋代职务犯罪研究》，河南大学 2010 年博士学位论文。

蒋文轩：《宋代州制研究》，湖南师范大学 2010 年硕士学位论文。

刘丽兰：《宋代刑罚制度中的配隶》，嘉义大学 2010 年硕士学位论文。

张洪新：《宋代县制探析》，山东大学 2010 年硕士学位论文。

赵敏：《宋代提点刑狱司制度研究》，山东大学 2010 年硕士学位论文。

朱文慧：《宋代江南地区的民间纠纷及其解决——法律史视野下的社会变迁》，暨南大学 2011 年博士学位论文。

王瑞蕾：《宋代官吏渎职犯罪与惩治研究》，河北大学 2011 年博士学位论文。

裴会涛：《敕与北宋立法关系研究》，河南大学 2011 年博士学位论文。

张凝凯：《宋代亲属间民事争讼研究》，吉林大学 2011 年硕士论文。

董焕君：《刘克庄政法思想研究》，河北大学 2011 年硕士学位论文。

王志峰：《黄榦政法思想及其实践活动研究》，河北大学 2011 年硕士学位论文。

刘本栋：《五代至北宋初期刑部制度研究》，河南大学 2011 年硕士学位论文。

冉大伟：《宋代路级监察制度研究》，安徽大学 2011 年硕士学位论文。

陈明明：《府际视角下的北宋县政》，西北大学 2011 年硕士学位论文。

张宗娟：《宋代民事证据制度研究》，南京师范大学 2011 年硕士学位论文。

冉勋：《北宋前期地方统兵体制研究——立足于兵马都监的考察》，河南大学 2012 年硕士学位论文。

周晓丹：《宋代地方监察制度研究》，湘潭大学 2012 年硕士学位论文。

潘家雯：《宋代地方监察制度研究》，南京师范大学 2012 年硕士学位论文。

陈冰玉：《论宋代地方司法分权制度》，西南政法大学 2012 年硕士学位论文。

陈亚敏：《宋朝狱空现象研究》，郑州大学 2012 年硕士学位论文。

王文渊：《唐宋女性犯罪问题探研》，四川师范大学 2012 年硕士学位论文。

贾晓霞：《宋代州县官员经济犯罪研究》，南昌大学 2013 年硕士学位论文。

张月峰：《宋代县尉制度研究》，山东大学 2013 年硕士学位论文。

丁佳：《宋代御史台的立法与司法职能研究》，郑州大学 2013 年硕士学位论文。

杨帆：《宋代县级财政研究》，河北大学 2014 年博士学位论文。

李清章：《北宋行政法若干问题研究》，河北大学 2014 年博士学位论文。

张力巾：《宋代鞫谳分司制探析》，吉林大学 2014 年硕士学位论文。

陆伟剑：《宋朝审判分离制度研究》，广西师范大学 2014 年硕士学位论文。

宋雯：《富民阶层与宋代经济法制变革》，山东师范大学 2014 年硕士学位论文。

张锋:《宋代司法参军制度研究》,河南大学 2014 年硕士学位论文。

刘陳良:《宋代刑部职能研究》,河南大学 2015 年博士学位论文。

景亚平:《宋代录囚制度研究》,西南政法大学 2015 年硕士学位论文。

赵炎:《从〈名公书判清明集〉看南宋名公的审判理念》,安徽大学 2015 年硕士学位论文。

王欢:《宋代审判制度中的鞫谳分司研究》,黑龙江大学 2015 年硕士学位论文。

陈丹丹:《宋代刑事证据制度研究》,山东师范大学 2016 年硕士学位论文。

罗伟:《宋代循吏管理制度研究》,安徽大学 2016 年硕士学位论文。

强星星:《宋代司法秩序中讼师作用研究》,安徽大学 2016 年硕士学位论文。

孔维博:《宋朝直诉制度研究》,河北经贸大学 2016 年硕士学位论文。

李雪蓉:《宋代死刑复核制度研究》,吉林大学 2016 年硕士学位论文。

潘婷:《宋代民间家庭财产纠纷与诉讼研究》,湖南大学 2016 年硕士学位论文。

邓灵灵:《宋代鞫谳分司制度的动因和功效》,华南理工大学出版社 2018 年硕士学位论文。

李瑜:《宋代鞫谳分司制度研究》,安徽大学 2017 年硕士学位论文。

张喜月:《宋代买卖婚姻及其法律规制研究》,河北大学 2018 年硕士学位论文。

祖欣:《宋代州级违法审判责任制度研究》,安徽大学 2018 年硕士学位论文。

付兆敏:《试论宋代录问制度研究》,河南大学 2018 年硕士学位论文。

王莹莹:《北宋州级判官制度研究》,浙江师范大学 2018 年硕士学位论文。

孙琪:《论宋慈〈洗冤集录〉中的刑事诉讼证据制度》,内蒙古大学 2018 年硕士学位论文。

王薇:《临民治吏:黄榦州县治理思想研究》,河北大学 2019 年硕士学位论文。

后 记

自博士学位论文之后，我给自己选定的题目是《宋代地方法制研究》，并将之作为我博后论文题目。

但是自己总感觉这个题目有不妥帖之处，一是宋代地方立法还处于起始阶段，虽有"一路一州一县一司一务敕"的记载，但没有充足的史料展开地方立法的研究。二是在我读硕士时期，李华瑞老师曾经提醒"学位论文切忌写成教材"，我素来对教科书没有好感，因此深以为然，自己则努力避免。

这样"宋代地方法制研究"在选题与思路之间就出现了矛盾：一方面要尽量包含宋代地方法制的各个方面；另一方面要避免写成面面俱到的教科书。在我寻找合适的研究方法之际，在2011年国家社科基金项目指导目录中有"中国古代司法结构与运作研究"一项，由此我受到启发，认为可以将"司法结构"一词作为研究方法，以之作为分析工具，将宋代地方法制的组成部分进行拆解，进而将每个元件切割成部分再予以探讨。在河南大学博士后论文开题时，亦得到陈景良先生的指点，使我更加明确了思路。

我在河南大学博士后合作导师是苗书梅先生。苗老师很宽容，而我又性情懒散，结果这个题目拖到2015年年初时还没有完成。而河南大学博士后管理人员突然通知，必须半年内办理出站手续。我只能将已经完成的三章和博士论文中的部分相组合，以《宋朝州级鞫谳分司制度研究》为题作为出站报

后　记

告。颇感辜负了苗老师的厚望！

这个题目如此拖拉，也有难度超出了我预想的原因。本来我认为《宋代地方司法结构研究》是很容易完成的，因为地方司法中的每个部分只需写一章，在史料搜集上基本没有压力。但在实际写作过程中，却发现如果要避免成为教科书的写作，就要在使用数量有限且学界已经引用过的史料前提下，提出与前人不同或有区别的观点。我自己比喻本来感觉做一个拼盘就可以了，却发现拼盘中每道菜色皆须与独道大餐相比较。我自己想了很多办法，努力写出自己的特色。课题中有些必要而仅需略述的部分，实在难以避免与前人成果的重复，这实是写作中最痛苦的部分。现在端出拼盘，惴惴等待学界品评。

汪圣铎先生是我的二导，先生治学严谨，关爱后辈，特为小书作序，让我备感温暖！

此书虽已完成，实际上脑中还有一个疑问：既然我拆解了宋代地方司法制度，按道理自然应该能够重新组合成本来的整体。但现在我仍然觉得没找到方法，不能原样复还。或许汪圣铎先生在序言中提到的"皇帝要有皇帝样，大臣要有大臣样，百姓要有百姓样"的法律文化，才是正确的复原之道。

2011 年曾经以个题目申请国家社科基金项目，为增加成功率，特意增加了"治理效能"一章。此章是与郑迎光先生合作完成，特此致谢！

关于本书，自己评价仅仅是宋代法律史研究的入门之作。

结稿之际，总想起那些关心和指导过我的先生们，半是感激！半是愧疚！

出版之前，邵永忠先生认为"宋朝地方司法结构变革与治理效能研究"作为题目显得冗长，不便于读者理解，建议改成《宋代地方法治问题研究》。正符合我选题时的本意，言简而意赅，因此确定为最后的题目。特此致谢！

也许，将来我会留恋宋代法史研究吧。

2020 年春夏之交时

责任编辑：邵永忠
封面设计：石笑梦
封面制作：姚　菲
版式设计：胡欣欣

图书在版编目（CIP）数据

宋代地方法治问题研究/贾文龙 著.—北京：人民出版社，2021.3
ISBN 978-7-01-022845-7

Ⅰ.①宋… Ⅱ.①贾… Ⅲ.①地方法规－法制史－研究－中国－宋代　Ⅳ.① D929.44

中国版本图书馆 CIP 数据核字（2020）第 249375 号

宋代地方法治问题研究

SONGDAI DIFANG FAZHI WENTI YANJIU

贾文龙　著

人 民 出 版 社 出版发行

（北京市东城区隆福寺街 99 号）

天津文林印务有限公司印刷　新华书店经销

2021 年 3 月第 1 版　2021 年 3 月第 1 次印刷
开本：710 毫米 × 1000 毫米　1/16　印张：30　字数：470 千字
ISBN 978-7-01-022845-7　定价：90.00 元

邮购地址　100706　北京市东城区隆福寺街 99 号金隆基大厦
人民东方图书销售中心　电话（010）65250042　65289539
版权所有·侵权必究
凡购买本社图书，如有印制质量问题，我社负责调换。
服务电话：（010）65250042